宋人文集篇目分類索引

(二)

主 编 鄧廣銘
張希清

中 華 書 局

貳、詔令

【編纂說明】

（一）詔令類下分制詞、政令、典禮三目，然後按內容再分若干項。

（二）"制詞"目下又分后妃、公主、宗室、臣僚、擬制等五項。

"后妃"項下諸篇目先按姓氏筆畫排列；姓氏同者，再按皇后、貴妃、淑妃、德妃、賢妃等封號排列；無姓氏者列於最後。

"公主"項下諸篇目按封號筆畫排列。

"宗室"項下諸篇目按名字筆畫排列。

"臣僚"項下諸篇目亦按姓名筆畫排列；無姓名者列於最後，則按宋人文集順序排列。

"擬制"項下諸篇目亦按宋人文集順序排列。

（三）"政令"目下又分帝系、災祥、官制、經籍科舉、營繕、農田水利、財賦、誡飭禁約、刑賞、獎諭撫問、恩賜、優答、備架征伐、方域、道釋、對南唐等關係、對遼關係、對西夏關係、對金關係、對大理等關係、對高麗等關係、雜詔、擬詔等二十三項。

其中"獎諭撫問、恩賜、優答"三項下諸篇目按承受人姓名筆畫爲序排列，姓名未詳者列於該項最後；其餘"帝系、災祥"等二十項，每項之下諸篇目均按宋人文集的順序排列。

（四）"典禮"目下又分郊祀、明堂、封祀、封神、褒崇、宗廟陵寢、宴遊、喪服、禮樂、帝后表文等十項。每項之下諸篇目均按宋人文集順序排列。

一、制詞

（一）后妃

四畫

王皇后

立琅邪郡夫人王氏爲皇后制　宋詔令集 18/88

~皇后

立王皇后制　宋詔令集 19/91

姨張氏　皇后姨張氏封孺人制　東窗集 8/27a

~貴妃

賢妃王氏進位德妃制　宋詔令集 23/114

德妃王氏特進位淑妃制　宋詔令集 23/114

淑妃王氏進位貴妃制　宋詔令集 23/115

~淑妃

婉儀王氏進封德妃制　宋詔令集 23/113

德妃王氏進位淑妃制　宋詔令集 23/113

~賢妃

婉容王氏進位賢妃制　宋詔令集 24/116（慈憲）

王夫人（皇太子妃）

皇太子册妃慈憲王夫人家贈告十五道

曾祖王安民　曾祖安民不仕特贈太保追封唐國公　後村集 73/13a

曾祖母邊氏　曾祖母邊氏特贈唐國夫人　後村集 73/13b

祖王份　祖份己贈武翼郎特贈太傅追封豫國公　後村集 73/14a

祖母單氏　祖母單氏己贈恭人特贈豫國夫人　後村集 73/14a

父王大節　父大節己贈慶遠軍節度使特贈太師追封徐國公　後村集 73/14b

母王氏　姑南陽郡夫人王氏贈徐國夫人　後村集 73/15a

伯王思聰　伯己贈忠訓郎思聰贈潭州觀察使　後村集 73/15a

伯母王氏　伯母贈安人王氏贈碩人　後村集 73/15b

伯王太中　伯己贈宣教郎太中贈銀青光祿大夫　後村集 73/16a

伯母陳氏　伯母贈安人陳氏贈高平郡夫人　後村集 73/16a

兄王純夫　兄己贈和州防禦使純夫贈保寧軍節度使　後村集 73/16b

嫂趙氏　嫂贈令人趙氏贈淑人　後村集 73/17a

堂弟王晗孫　堂弟武翼郎晗孫贈金紫光祿大夫　後村集 73/17a

弟婦趙氏　弟婦孺人趙氏贈新興夫人　後村集 73/17b

親屬王氏　親屬王氏特贈淑人　後村集 73/18a

~才人

宮人王氏除才人制　翟忠惠集 4/21b

尹皇后

尹某　淑德尹皇后孫姪等轉官　臨川集 52/6a　王文公集 13/3b

六畫

全皇后

皇太子妃全氏立爲皇后制　碧梧集 3/2a

朱德妃

昭容朱氏進位賢妃制　王魏公集 3/8b　宋詔令集 22/107

賢妃朱氏進位德妃制　王魏公集 3/9a　宋詔令集 22/108

~賢妃（沖惠）

淑儀太和宮明真大師朱沖惠特進封賢妃依前明真大師制　宋詔令集 21/105

~皇妃（皇太子妃）

朱伯材女孺人朱氏充皇太子妃制　宋詔令集 25/130

向皇后

立向皇后制　宋詔令集 18/90

皇太后三代

曾祖向敏中　曾祖敏中申王　樂城集 31/4b

曾祖母梁氏　曾祖母梁氏魏國　樂城集 31/5a

曾祖母張氏　曾祖母張氏魯國　樂城集 31/5b

曾祖母宋氏　曾祖母宋氏楚國　樂城集 31/5b

曾祖母王氏　曾祖母王氏陳國　樂城集 31/6a

祖向傅亮　祖傅亮榮王　樂城集 31/6b

祖母吴氏　祖母吴氏越國　樂城集 31/7a

父向經　父經周王　樂城集 31/7a

母李氏　母李氏豫國　樂城集 31/7b

母張氏　母張氏冀國　樂城集 31/8a

堂叔向綜　皇后生日奏親堂叔國子博士向綜可檢校工部尚書充内園使　蘇魏公集 32/7a

七　畫

沈貴妃

婉容沈氏特進封德妃制　宋詔令集 21/105

德妃沈氏進封貴妃制　華陽集 25/11a　宋詔令集 21/106

曾祖沈升　德妃沈氏曾祖升贈太師宣特贈尚書令　武溪集 12/12a

曾祖母華氏　德妃沈氏曾祖母追封燕國太夫人華氏宜封國太夫人　武溪集 12/12b

祖沈倫　德妃沈氏祖贈太師尚書令冀王倫宜特贈兼中書令　武溪集 12/12b

姪孫沈獻卿　德妃沈氏姪孫獻卿可試大理評事制　臨川集 54/11b　王文公集 12/4b　宋文鑒 38/11a

姪沈某　沈德妃姪授監簿制　臨川集拾遺/6a　王文公集 12/5a　宋文鑒 38/11a

宋貴妃

淑妃宋氏進位貴妃制　宋詔令集 23/114

~德妃

婉儀宋氏特進位賢妃制　宋詔令集 22/109

賢妃宋氏進位德妃制　宋詔令集 22/110

~淑儀(惠沖)

宋惠沖淑儀制　宋詔令集 21/105

~充媛

姪好宋氏特封充媛制　宋詔令集 22/107

邢皇后

姊邢氏　后姊邢氏加封郡夫人　張華陽集 3/9a

妹邢氏　后妹邢氏封安人　張華陽集 3/10a

弟婦高氏　弟婦高氏封安人　張華陽集 3/10a

曾祖邢允迪　皇后曾祖邢允迪可特贈太傅制　紫微集 16/1a

曾祖母郭氏　故曾祖母郭氏可特贈秦國夫人制　紫微集 16/2a

曾祖母李氏　故曾祖母李氏可特贈蜀國夫人制　紫微集 16/1b

祖邢宗賢　故祖邢宗賢可特贈太師制　紫微集 16/2a

祖母侯氏　故祖母侯氏可特贈韓國夫人制　紫微集 16/2b

父邢煥　故父邢煥可特追封楚國公餘如故制　紫微集 16/3a

母熊氏　故母熊氏可特贈魏國夫人制　紫微集 16/3b

邢貴妃

邢氏進位淑妃制　宋詔令集 22/108

淑妃邢氏進位貴妃制　宋詔令集 22/109

~賢妃

邢氏進號賢妃制　宋文鑒 35/15a

~美人

永嘉郡君邢氏美人制　宋詔令集 22/107

杜皇后

孫姪杜某　覃恩昭憲杜皇后孫姪等轉官制　臨川集 52/6a　王文公集 13/3b

姪孫杜士寶　昭憲皇后親姪孫杜士寶特補承信郎　止齋集 12/6a

李皇后

姊李氏　皇后親姊故任武節郎閤門宣贊舍人致仕霍漢臣妻平涼郡夫人李氏封成國夫人　止齋集 11/1a

姉李氏　皇后親姉故任武經郎致仕馬煥妻安化郡夫人李氏封信國夫人　止齋集 11/1a

姉李氏　皇后親姉忠訓郎某士廉妻彭原郡夫人李氏封崇國夫人　止齋集 11/1a

姪李孝純　皇后歸謁家廟親姪忠訓郎閤門宣贊舍人幹辦軍頭司李孝純特轉右武郎　止齋集 11/1a

姪李孝友　皇后歸謁家廟親姪武經郎帶御器械辦皇城司李孝友特轉右武郎　止齋集 11/1a

姪婦潘氏　皇后親姪婦故忠訓郎贈文州刺史李斌妻安人潘氏特封恭人　止齋集 11/1b

姪婦趙氏　皇后親姪婦右武郎帶御器械幹辦皇城司李孝友妻安人趙氏特封恭人　止齋集 11/1b

姪女李氏　皇后親姪女通直郎充點檢贈軍激賞酒庫所幹辦公事韓松妻安人李氏特封恭人　止齋集 11/1b

姪孫女李氏　皇后親姪孫孫女右武郎帶御器械幹辦皇城司李孝友女孺人李氏特封安人　止齋集 11/1b

姪孫李瑜　皇后親姪孫承節郎李瑜轉兩官　止齋集 11/1b

姪孫李策　皇后親姪孫承節郎李策轉兩官　止齋集 11/1b

姪女夫韓松　皇后親姪女夫通直郎充點檢贈軍激賞酒庫所幹辦公事韓松特轉一官　止齋集 11/2a

姪女之子韓大用　皇后親姪女之子從事郎韓大用循兩資　止齋集 11/2a

姪女之子韓大任　皇后親姪女之子從事郎韓大任循兩資　止齋集 11/2a

親屬韓大有　皇后親屬進武校尉韓大有將轉承信郎　止齋集 11/2b

~皇后

立隴西李氏爲皇后制　宋詔令集 18/88

~順容

李氏等順容制　宋詔令集 21/104

~才人

李氏可才人制　文莊集 3/1a　宋詔令集 21/104

吳皇后

姑吳氏　皇后姑吳氏封恭人制　東窗集 14/8b

姨單氏　皇后姨單氏封恭人制　東窗集 14/8b

姉吳氏　皇后姉吳氏二人並封淑人制　東窗集 14/8b

妹吳氏　皇后妹吳氏二人並封淑人制　東窗集 14/8b

皇后贈曾祖制

曾祖吳某　皇后贈曾祖制　楳溪集 4/4a

曾祖母某氏　皇后贈曾祖母制　楳溪集 4/4b

祖父吳某　皇后贈祖制　楳溪集 4/5a

祖母某氏　皇后贈祖母制　楳溪集 4/5b

父吳近　皇后贈父制　楳溪集 4/6a

母某氏　皇后贈母制　楳溪集 4/6b

姪吳珽　慈福太皇太后姪淮東總領吳珽特轉一官　止齋集 14/3b

八　畫

武賢妃

昭儀武氏進位賢妃制　宋詔令集 22/110

~才人

同安郡夫人武氏進封才人　宋本攻媿集 35/8b

攻媿集 39/8a

林貴妃

故賢妃林氏特贈貴妃制　宋詔令集 24/119

周貴妃

賢妃周氏進位德妃制　宋詔令集 22/108

德妃周氏進位淑妃制　宋詔令集 22/108

淑妃周氏進位貴妃制　宋詔令集 22/109

孟皇后

立孟后制　宋詔令集 18/90　宋文鑒 36/15b

復元祐皇后制　宋詔令集 17/86　宋文鑒 36/19b

隆祐太后推贈制

曾祖孟隨　曾祖　浮溪集 7/1a　浮溪集/附拾遺 7/75

曾祖母某氏　曾祖母　浮溪集 7/1b　浮溪集/附拾遺 7/75

祖孟元　祖　浮溪集 7/2a　浮溪集/附拾遺 7/76

祖母某氏 祖母 浮溪集 7/2b 浮溪集/附拾遺 7/76

父孟某 父 浮溪集 7/3a 浮溪集/附拾遺 7/76
母某氏 母 浮溪集 7/3b 浮溪集/附拾遺 7/77

九 畫

苗貴妃

淑儀苗氏特進封賢妃制 宋詔令集 21/106
賢妃苗氏進封德妃制 華陽集 25/11b 宋詔令集 21/106 宋文鑑 35/11b
德妃苗氏進位貴妃制 宋詔令集 22/108

姊男張士端 沂國公主趙氏苗賢妃親姊永安縣君苗氏男張士端試將作監主簿制 臨川集 54/12a

姪張士昌 賢妃苗氏奏親姊永安縣君苗氏男習進士張士昌可試將作監主簿 西溪集 6(三沈集 2/48a)

姪張閎 兗國公主奏苗賢妃親外男姪習進士張閎可試將作監主簿 西溪集 6(三沈集 2/48a)

姪苗仲淵 德妃苗氏奏遇南郊乞親任習進士苗仲淵可將作監主簿 蘇魏公集 30/11a

苗貴妃三代

曾祖苗某 曾祖 樂城集 32/1a
曾祖母某氏 曾祖母 樂城集 32/1a
祖苗某 祖 樂城集 32/1b
祖母某氏 祖母 樂城集 32/2a
父苗繼宗 父 樂城集 32/2a
母某氏 母 樂城集 32/3a

韋皇后

平昌郡君韋氏可才人制 撫文集 9/2a
宣和皇后封贈三代 程北山集 25/11a
曾祖韋舜臣 故曾祖贈太子太保韋舜臣贈太子太傅 程北山集 25/11b
曾祖母段氏 故曾祖母惠國夫人段氏贈徐國夫人 程北山集 25/11b
祖韋子華 故祖贈太傅韋子華贈太師 程北山集 25/12a
祖母杜氏 故祖母慶國夫人杜氏贈秦國夫人 程北山集 25/12b
父韋安禮 故父贈太師追封普安郡王韋安禮追封簡王 程北山集 25/13a

母宋氏 故母越國夫人宋氏贈魏國夫人 程北山集 25/13b

宣和皇后推贈推封制 浮溪集 7/4a 浮溪集/附拾遺 7/77

曾祖韋舜臣 曾祖贈太保 浮溪集 7/4a 浮溪集/附拾遺 7/77

曾祖母段氏 曾祖母贈越國夫人 浮溪集 7/4b 浮溪集/附拾遺 7/77

祖韋子華 祖贈太傅 浮溪集 7/4b 浮溪集/附拾遺 7/78

祖母杜氏 祖母贈徐國夫人 浮溪集 7/5a 浮溪集/附拾遺 7/78

父韋安禮 父贈太師 浮溪集 7/5b 浮溪集/附拾遺 7/78

母宋氏 母封福國夫人 浮溪集 7/6a 浮溪集/附拾遺 7/79

姪女母吳氏 宣和皇后姪女母吳氏封恭人制 浮溪集 7/14b 浮溪集/附拾遺 7/85

曾祖韋舜臣 韋太后曾祖舜臣追封廣王制 東窗集 7/11b

曾祖母段氏 曾祖母段氏贈秦國夫人制 東窗集 7/12a

祖韋子華 祖子華追封福王制 東窗集 7/12b

祖母杜氏 祖母杜氏贈鎮國夫人制 東窗集 7/13a

父韋安禮 父安禮追封宛王制 東窗集 7/13a

母宋氏 母宋氏贈陳曹國夫人制 東窗集 7/13b

姪女韋十娘 皇太后姪女韋十娘封郡夫人制 東窗集 9/15a

曾祖韋舜臣 皇太后贈曾祖制 梅溪集 4/1a

曾祖母段氏 贈曾祖母制 梅溪集 4/2a
祖韋子華 贈祖制 梅溪集 4/2b
祖母杜氏 贈祖母制 梅溪集 4/3a
父韋安禮(一作安道) 贈父制 梅溪集 4/3a
母宋氏 贈母制 梅溪集 4/3b

皇太后封贈

曾祖韋舜臣 故曾祖冀王韋舜臣追封吳王 海陵集 20/6b
曾祖母段氏 故曾祖母冀國夫人段氏贈魏國夫人 海陵集 20/7a
祖韋子華 故祖 海陵集 20/7a

祖母杜氏　故祖母　海陵集 20/7b
父韋安禮　故父　海陵集 20/7b
母宋氏　故母　海陵集 20/8a

十　畫

高皇后
立皇后高氏制　宋詔令集 18/90　宋文鑑 34/12b
蜀文輯存 7/4a
復元祐皇后制　宋文鑑 36/19b
皇后三代制十道
曾祖高瓊　曾祖瓊皇任忠武軍節度使贈侍中累贈尚書令兼中書令追封韓國公贈太師　臨川集 53/13b
曾祖母李氏　贈曾祖母潘原縣太君追封滕國太夫人　臨川集 15/13b
曾祖母李氏　曾祖母隴西郡夫人李氏追封舒國太夫人　臨川集 53/14a
祖高繼勳　祖繼勳建雄軍節度使累贈太師中書令可特贈兼尚書令　臨川集 53/14a
祖母康氏　祖母會稽縣君康氏追封祈國太夫人　臨川集 53/14b
祖母郭氏　祖母太原郡太夫人郭氏追封鄆國太夫人　臨川集 53/14b
祖母王氏　祖母金城縣太君王氏追封成國太夫人　臨川集 53/14b
父高遵甫　父遵甫皇任北作坊使特贈檢校太傅保信軍節度使　臨川集 53/15a
母曹氏　母鉅鹿郡君曹氏特追封沂國太夫人　臨川集 53/15a
母李氏　母樂壽縣君李氏進封均國夫人　臨川集 53/15b
姪高公繪　皇太后親姪高公繪通州刺史制　元豐稿 22/4b
姪高公紀　皇太后親姪高公紀達州刺史制　元豐稿 22/4b
姑高氏　皇太后姑故右侍禁李守慶妻高氏可特封延安郡夫人　蘇魏公集 35/3a
妹高氏　皇太后妹皇姪故鄆州觀察使令典妻高氏封長樂郡君制　蘇魏公集 35/3b
妹高氏　皇太后妹右班殿直霍宣仲妻高氏封平恩郡君　蘇魏公集 35/3b
姊高氏　皇太后姊皇伯文州防禦使宗達

妻高氏封咸寧郡夫人　蘇魏公集 35/4a
太皇太后三代
曾祖高瓊　曾祖瓊魏王　樂城集 31/1a
曾祖母李氏　曾祖母李氏燕國　樂城集 31/1b
曾祖母李氏　曾祖母李氏韓國　樂城集 31/1b
祖高繼勳（一作隆）　祖繼勳楚王　樂城集 31/2a
祖母康氏　祖母康氏魯國　樂城集 31/2b
祖母郭氏　祖母郭氏豫國　樂城集 31/2b
祖母全氏　祖母全氏秦國　樂城集 31/3a
父高遵甫　父遵甫唐王　樂城集 31/3b
母曹氏　母曹氏吳國　樂城集 31/4a
母李氏　母李氏秦漢國　樂城集 31/4a
再從弟高士鑛　太皇太后再從弟高士鑛可左班殿直　蘇東坡全集/外制下/12b
再從弟高士淹　太皇太后再從弟高士淹可左班殿直　蘇東坡全集/外制下/12b

夏皇后
皇后封贈三代
曾祖夏令吉　曾祖吉水簿夏令吉太保制　盤洲集 22/1a
曾祖母張氏　曾祖母張氏衛國夫人制　盤洲集 22/1b
祖夏穀　祖穀太傅制　盤洲集 22/1b
祖母孫氏　祖母孫氏蔡國夫人制　盤洲集 22/2a
父夏協　父協太師制　盤洲集 22/2b
母趙氏　母趙氏福國夫人制　盤洲集 22/2b

十 一 畫

郭皇后
立秦國夫人郭氏爲皇后制　宋詔令集 18/88
立郭皇后制　宋詔令集 18/89
追册郭皇后制　宋詔令集 20/96

曹皇后
立曹皇后制　宋詔令集 18/89
曾祖曹芸　皇后曾祖太師尚書令兼中書令追封魯國公曹芸可追封魏國公　武溪集 11/10a

曾祖母張氏　曾祖母追封陳國太夫人張氏可國太夫人　武溪集 11/10b

父曹冘　父贈開府儀同三司太師兼中書令曹冘可贈尚書令　武溪集 11/11a

母馮氏　母贈吳國太夫人馮氏可國太夫人　武溪集 11/11b

曾祖曹芸　皇后曾祖芸制　蔡忠惠集 12/1a

曾祖母張氏　曾祖母魯國太夫人制　蔡忠惠集 12/1b

祖曹彬　祖曹彬制　蔡忠惠集 12/1b

祖母高氏　祖母制　蔡忠惠集 12/2a

姪孫曹易　太皇太后遇同天節親堂姪內殿崇班曹海男易可太常寺奉禮郎　蘇魏公集 34/6a

姪重孫女曹氏　太皇太后姪孫曹詮女皇叔克頵妻曹氏封同安郡君　蘇魏公集 35/4b

皇太后三代制九道

曾祖曹芸　曾祖曹芸　臨川集 53/11b

曾祖母某氏　曾祖母　臨川集 53/12a

祖曹彬　祖曹彬　臨川集 53/12a

祖母高氏　祖母高氏　臨川集 53/12a

祖母劉氏　祖母劉氏　臨川集 53/12b

祖母劉氏　祖母劉氏　臨川集 53/12b

祖母高氏　祖母高氏　臨川集 53/12b

父曹冘　父曹冘　臨川集 53/13a

母某氏　母某氏　臨川集 53/13a

~賢妃

故貴儀曹氏可追封賢妃制　文恭集 21/5b　宋詔令集 24/118

崔貴妃

婉容崔氏進位賢妃制　宋詔令集 23/114

賢妃崔氏進位德妃制　宋詔令集 23/114

德妃崔氏進位貴妃制　宋詔令集 23/115

曾祖崔某　冬祀赦崔貴妃曾祖贈太傅制　襄陵集 2/8b

曾祖母某氏　曾祖母贈燕國夫人制　襄陵集 2/9a

祖崔某　祖加贈太師制　襄陵集 2/9b

祖母某氏　祖母贈楚國夫人制　襄陵集 2/10a

父崔某　父贈太師制　襄陵集 2/10b

母某氏　嫡母贈魏國夫人制　襄陵集 2/

11a

繼母某氏　繼母封魯國太夫人制　襄陵集 2/11b

曾祖崔某　賢妃崔氏贈曾祖父制　翠忠惠集 4/23b

曾祖母陳氏　曾祖母陳氏制　翠忠惠集 4/24a

祖母傅氏　祖母傅氏制　翠忠惠集 4/24b

母張氏　母張氏制　翠忠惠集 4/25b

繼母張氏　繼母張氏制　翠忠惠集 4/25b

繼母王氏　繼母王氏制　翠忠惠集 4/25b

符皇后

追册越國夫人符氏爲皇后制　宋詔令集 20/96

張貴妃

除婉容張氏封貴妃制　景文集 31/12a

~貴妃

姑張氏　貴妃大姑張氏可特授典正制　文恭集 19/16b

妹張氏　貴妃第八妹張氏可封清河郡君制　文恭集 19/16b

~貴妃

美人張氏進封貴妃制　宋詔令集 21/105

貴妃張氏追册爲皇后制　宋詔令集 20/97

父張堯封　美人張氏父堯封贈秘書監可贈工部尚書　武溪集 11/4b

故追册溫成皇后弟姪授官制　蔡忠惠集 11/7a

~淑妃

姪張琬　故淑妃張氏姪張琬可補借職制　摘文集 8/5b

姪張瑋　故淑妃張氏姪張瑋可補借職制　摘文集 8/5b

~淑妃

張淑妃明堂恩贈三代

曾祖張某　曾祖　止齋集 16/2a

曾祖母某氏　曾祖母　止齋集 16/2a

祖張某　祖　止齋集 16/2b

祖母某氏　祖母　止齋集 16/2b

父張某　父　止齋集 16/3a

母某氏　母　止齋集 16/3a

~賢妃

充儀張氏進位賢妃制　宋詔令集 23/112

~賢妃

嫂儀張氏贈賢妃制　東窗集 14/7b

張婕妤贈二代　斐然集 14/14a

婕妤張氏姪孫張承可借職制　摘文集 8/5a

婕妤張氏封贈

祖張仲迪　祖贈中奉大夫張仲迪贈太中大夫　程北山集 27/5b

祖母孫氏　祖母令人孫氏贈淑人　程北山集 27/6a

父張彥度　父任忠翊郎贈修武郎張彥度贈武節大夫　程北山集 27/6b

母李氏　故母蕭人李氏贈淑人　程北山集 27/6b

繼母趙氏　故繼母蕭人趙氏贈淑人　程北山集 27/7a

~美人

故美人張氏特追册爲皇后制　宋詔令集 20/96

~美人

兄張孫林　美人張氏親兄孫林可假承務郎制　王魏公集 2/25a

陳皇后

父陳守貴　欽慈皇后父陳守貴賜謚榮穆制　道鄉集 18/11a

~淑妃

父陳守忠　武德大夫帶御器械幹辦皇城司陳守忠係重華宮淑妃陳氏親父火在殿陞特與帶行遂郡刺史　止齋集 14/4b

十 二 畫

馮才人

父馮紹　才人馮氏父賜駕部郎中紹可特贈朝議大夫制　彭城集 22/14a

母李氏　才人馮氏母崇德縣君李氏可特贈仙居縣太君制　彭城集 22/14a

賀皇后

追册會稽郡夫人賀氏爲皇后制　宋詔令集 20/96

孝惠賀皇后孫姪等轉官制　臨川集 52/6a　王文公集 13/3b

十 三 畫

楊貴妃

曾祖楊舜元　楊貴妃曾祖贈太子少保舜

元贈太子太保制　尊白堂集 5/15a

曾祖母王氏　曾祖母齊安郡夫人王氏贈大寧郡夫人制　尊白堂集 5/15b

祖楊全　祖太子少傅全贈太子太傅制　尊白堂集 5/16a

祖母解氏　祖母順政郡夫人解氏贈文安郡夫人制　尊白堂集 5/16a

父楊漸　父任保義郎贈太子少師漸贈太子太師制　尊白堂集 5/16b

前母趙氏　前母通義郡夫人趙氏贈永寧郡夫人制　尊白堂集 5/17a

前母孫氏　前母薪春郡夫人孫氏贈溥陽郡夫人制　尊白堂集 5/17a

母張氏　母和政郡夫人張氏贈安康郡夫人制　尊白堂集 5/17a

~淑妃

楊淑妃制　四明文獻集 4/12a

叔楊知信　保慶皇太后叔楊知信可贈兼中書令制　元憲集 21/1a

叔母蓋氏　保慶皇太后叔母蓋氏追封榮國太夫人制　元憲集 26/15a

~賢妃

故賢妃楊氏贈貴妃賜謚懿静制　宋詔令集 24/119

賈貴妃

伯賈冲　才人賈氏故伯冲贈迪功郎制　平齋集 20/12a

兄賈貫道　才人賈氏故兄承奉郎貫道贈承事郎制　平齋集 20/12a

貴妃賈氏贈三代

曾祖賈嗣業　故曾祖嗣業太子少保贈太子太保制　平齋集 20/1a

曾祖母於氏　故曾祖母於氏贈文安郡夫人制　平齋集 20/1b

繼曾祖母於氏　故繼曾祖母於氏贈通義郡夫人制　平齋集 20/1b

祖賈偉　故祖偉太子少傅贈太子太傅制　平齋集 20/21a

祖母於氏　故祖母於氏贈薪春郡夫人制　平齋集 20/2b

繼祖母陸氏　故繼祖母陸氏贈和政郡夫人制　平齋集 20/2b

父賈涉　故父涉太子少師贈太子太師制　平齋集 20/3a

母史氏　故母史氏贈太寧郡夫人制　平齋集 20/3b

董淑妃

故充媛董氏贈婉儀制　臨川集 54/10a

父董某　淑妃董氏遺表父右侍禁女内殿崇班制　臨川集 54/11b

養女張氏　故董淑妃養女御侍張氏安福縣君依舊御侍制　臨川集 54/11a

養女李氏　故董淑妃養女御使李氏仁和縣君依舊御侍制　臨川集 54/11a

十 四 畫

臧貴儀

臧氏等貴儀制　宋詔令集 21/104

翟貴妃

翟貴妃封贈三代

曾祖翟世俊　曾世俊太子少保制　盤洲集 22/4a

曾祖母孫氏　曾祖母孫氏齊安郡夫人制　盤洲集 22/4b

祖翟思成　祖思成太子少傅制　盤洲集 22/4b

祖母張氏　祖母張氏和義郡夫人制　盤洲集 22/5a

父翟益　父益太子少師制　盤洲集 22/5b

母劉氏　母劉氏咸寧郡夫人制　盤洲集 22/5b

～婉容

親屬蔣世忠　婉容翟氏進封特與依格合得恩澤親屬故武節郎蔣世忠特與贈武義大夫　益國文忠集 97/16a　益公集 95/48b

親屬張氏　進封親屬張氏淑人　益國文忠集 97/16b　益公集 95/49a

親屬劉氏　進封親屬劉氏孺人　益國文忠集 97/16b　益公集 95/49a

十 五 畫

潘皇后

追册苕國夫人潘氏爲皇后制　宋詔令集 20/96

鄭皇后

才人鄭氏特進封美人制　道鄉集 17/11b　宋詔令集 22/111

婕好鄭氏進封婉儀制　宋詔令集 23/112

婉儀鄭氏進位賢妃制　宋詔令集 23/112

賢妃鄭氏進位淑妃制　宋詔令集 23/113

淑妃鄭氏進位貴妃制　宋詔令集 23/113

立鄭皇后制　宋詔令集 19/92

慕婉儀

慕氏轉婕好　張華陽集 1/9a

婕好慕氏轉婉儀制　東窗集 9/1a

劉皇后

曾祖母李氏　皇太后曾祖母李氏追封魯國太夫人可追封秦國太夫人制　王魏公集 3/1a

祖劉繼勳　祖繼勳贈太師中書令兼尚書令追封荊王餘如故制　王魏公集 3/1b

祖母王氏　祖母王氏追封陳國太夫人可追封荊國太夫人制　王魏公集 3/2a

祖母康氏　祖母康氏陳國太夫人可追封荊國太夫人制　王魏公集 3/2a

祖母郭氏　祖母郭氏韓國太夫人可追封荊國太夫人制　王魏公集 3/2b

父劉遵甫　父遵甫贈太師尚書令兼中書令追封衛王可追封楚王餘如故制　王魏公集 3/2b

母曹氏　母周國太夫人曹氏可追封楚國太夫人制　王魏公集 3/3a

母李氏　母周國太夫人李氏可進封楚國太夫人制　王魏公集 3/3a

～皇后

立劉皇后制　宋詔令集 19/91

元符皇后劉氏進號太后制　宋詔令集 17/86

～皇后

修儀劉氏封德妃制　宋詔令集 21/104

立德妃劉氏爲皇后制　宋詔令集 18/89

～貴妃

明節和文貴妃劉氏特追册明節皇后制　宋詔令集 20/97

～貴妃

淑妃劉氏進位貴妃制　宋詔令集 24/116

明達懿文貴妃劉氏特追册明達皇后制　宋

詔令集 20/97

~賢妃

婉儀劉氏進位賢妃制 宋詔令集 22/109

~賢妃

婉儀劉氏進位賢妃制 宋詔令集 23/115

~婉容

婕妤劉氏可特授婉容制 摘文集 9/2a

十六畫

閻美人

閻氏封美人制 四庫拾遺 405/東澗集

錢美人

美人錢氏追贈婕妤制 道鄉集 16/11b 宋詔令集 24/119

十七畫

謝皇后

立皇后謝氏制 益國文忠集 102/17b 益公集 102/ 74a

韓皇后

姪曾熙 恭淑皇后祠廟姪曾熙等循資制

尊白堂集 5/34a

皇后初册封贈三代

曾祖韓小青 曾祖資政殿學士贈少師韓小青贈太師 止齋集 15/1a

曾祖母王氏 曾祖母秦國夫人王氏贈魯國夫人 止齋集 15/1a

曾祖母文氏 曾祖母文氏贈國夫人 止齋集 15/1a

祖父韓楶 祖承議郎贈中奉大夫韓楶贈太傅 止齋集 15/1b

祖母馮氏 祖母令人馮氏贈國夫人 止齋集 15/2a

父韓同卿 父朝奉大夫提舉仿神觀韓同卿授揚州觀察使 止齋集 15/2a

母莊氏 母莊氏贈安國夫人 止齋集 15/2b

~才人

宮正韓氏封才人制 東窗集 8/27a

十八畫

魏婕妤

魏氏轉婕妤 張華陽集 1/9a

婕妤魏氏轉修容制 東窗集 9/2b

后妃無姓氏者

某太上皇后

太上皇后贈三代 斐然集 14/22b

~皇后

姪女婿劉永清 皇后姪女婿故西染院使劉永清可贈諸司使遂郡刺史制 文恪集 21/5a

~皇后

乳母賈氏 皇后乳母賈氏可封遂寧郡君制 郎溪集 7/4a

~皇后

弟妻趙氏 皇后弟妻趙氏封恭人制 東窗集 14/8a

弟妻錢氏 皇后弟妻錢氏封碩人制 東窗集 14/8a

~皇后

嫂許氏 皇后親嫂碩人許氏特封郡夫人

宋本攻媿集 30/22a 攻媿集 34/20a

~皇后

姨母郭氏 皇后姨母郭氏贈平原郡夫人

後村集 60/1a

~皇太妃

乳母趙氏 皇太妃乳母趙氏可封掌贊夫人制 彭城集 20/16a

~貴妃

乳母周氏 貴妃乳母周氏可特封長安縣君制 文恪集 19/17a

母曹氏曾祖曹旭 貴妃母夫人曹氏曾祖旭可贈秘書丞制 文恪集 21/5a

母曹氏祖曹靖 貴妃母夫人曹氏祖靖可贈祠部員外郎制 文恪集 21/5a

妹某氏 貴妃妹宜特封清河郡君制 蔡忠惠集 10/5b

~德妃

姪亡妻張氏 德妃姪亡妻張氏可特追封郡君制 文恪集 21/6b

~充媛

某氏封充媛制 王魏公集 3/17a 宋詔令集 22/107

(二) 公 主

五 畫

永壽公主
　皇第十一女封永壽公主制　宋詔令集 36/194
～慶公主
　皇第二女特封永慶公主制　宋詔令集 38/203

申國大長公主
　建國長公主進封申國大長公主依前報慈正
　覺大師制　宋詔令集 36/192
～福帝姬
　皇第二十一女特封申福帝姬制　宋詔令集
　40/212

令福帝姬
　皇第二十九女封令福帝姬制　宋詔令集 40/
　213

六 畫

安福帝姬
　安福公主特改封安福帝姬制　宋詔令集 39/
　210
～壽公主
　皇第三女封安壽公主制　宋詔令集 36/192
～慶公主
　皇第八女特封安慶公主制　宋詔令集 39/206

成德帝姬
　昌福帝姬特進封成德帝姬制　宋詔令集 40/
　214

七 畫

沂國長公主
　皇第八女進封沂國長公主制　宋詔令集 37/
　198
～國公主
　皇女兗國公主降封沂國公主制　宋詔令集
　40/215　宋文鑑 34/14b　蜀文輯存 7/5a

祁國長公主
　乳母侯氏　祁國長公主乳母侯氏可封壽光
　縣君　蘇魏公集 35/5a

吳國大長公主
　楚國大長公主進封吳國大長公主制　宋詔
　令集 38/201
～越國大長公主
　吳國大長公主特進封吳越國大長公主制
　宋詔令集 39/206
～國長公主
　皇第七妹陳國長公主封吳國長公主號報慈
　正覺大師制　宋詔令集 36/191

延慶公主
　皇第五女特封延慶公主制　宋詔令集 38/203
～禧公主
　皇長女封延禧公主制　郡齋集 7/1b

八 畫

定國長公主
　康國長公主進封定國長公主制　宋詔令集
　38/200

昌福帝姬
　昌福公主特改封昌福帝姬制　宋詔令集 39/
　210

和慶公主
　皇第九女封和慶公主制　宋詔令集 39/206

周國大長公主
　韓國大長公主進封周國大長公主制　宋詔
　令集 37/198
～國公主
　皇女昇國公主進封周國公主制　後村集 54/
　9a

兗國長公主

神宗第九女贈蔡國長公主追封袞國長公主制 宋詔令集 40/216

~國公主
皇長女福康公主進封兗國公主制 宋詔令集 36/193

九 畫

昭慶公主
皇長女封昭慶公主制 宋詔令集 36/190

保福公主
皇第二十三女特封保福公主制 宋詔令集 40/212

衍福公主
陳皇第十四女特封衍福公主制 宋詔令集 39/207

~福帝姬
衍福公主改封衍福帝姬制 宋詔令集 40/211

柔惠長帝姬
徐國長公主特改封柔惠長帝姬制 宋詔令集 39/209

~福公主
皇第二十女特封柔福公主制 宋詔令集 39/208

~福帝姬
柔福公主特改封柔福帝姬制 宋詔令集 40/212

十 畫

唐國長公主
故燕國長公主追封唐國長公主賜謚賢穆制 宋詔令集 40/216

益國長公主
慶國長公主進封益國長公主制 宋詔令集 38/204

秦國大長公主
故楚國大長公主可追封秦國大長公主謚莊孝 蘇魏公集 35/2b

~國大長公主
冀國大長公主進封秦國大長公主制 宋詔

令集 38/200

~國長公主
冀國長公主封秦國長公主制 宋詔令集 38/203

~國公主
鄭國公主進封秦國公主制 宋詔令集 36/190

恭福帝姬
恭福帝姬追封隋國公主制 浮溪集 7/15a 浮溪集/附拾遺 7/86

晉國公主
許國公主進封晉國公主制 宋詔令集 36/190

荊國大長公主
故魯國大長公主賜謚賢懿追封荊國大長公主制 宋詔令集 40/216

徐國公主
皇長女德寧公主進封徐國公主制 華陽集 25/9b 宋詔令集 37/195 宋文鑒 35/12a

十 一 畫

清虛靈昭大師
皇妹故道士七公主仍賜號清虛靈昭大師賜紫法名志沖制 宋詔令集 40/215

淑和帝姬
陳國公主特改封淑和帝姬制 宋詔令集 39/209

~慎帝姬
韓國公主特改封淑慎帝姬制 宋詔令集 39/209

~壽公主
皇第三女封淑壽公主制 宋詔令集 37/197

~慶公主
皇第四女封淑慶公主制 宋詔令集 38/203

許白公主
皇女三公主進封許國公主制 宋詔令集 36/190

康白長公主
皇第四女進封康國長公主制 宋詔令集 37/

198

～福帝姬

康福公主特改封康福帝姬制　宋詔令集 39/ 210

～慶公主

皇第十女進封康慶公主制　宋詔令集 39/206

曹國長公主

温國長公主進封曹國長公主制　宋詔令集 37/199

崇福帝姬

崇福公主特改封崇福帝姬制　宋詔令集 39/ 210

～慶公主

封崇慶公主制　宋詔令集 36/192

～德帝姬

崇福帝姬特進封崇德帝姬制　宋詔令集 40/ 213

陳國長公主

皇長女徐國公主進封陳國長公主制　華陽集 25/8b

～國長公主

徐國公主進封陳國長公主制（神廟）　宋詔令集 37/196

～國公主

瀛國公主特進封陳國公主制　宋詔令集 39/ 207

十 二 畫

温國長公主

淑壽公主進封温國長公主制　宋詔令集 37/ 198

越國大長公主

越國賢惠長公主追封大長公主　樂城集 31/ 8b　宋詔令集 40/216

～國大長公主

秦國大長公主進封越國大長公主制　宋詔令集 38/201

～國長公主

岐國公主進封越國長公主制　宋詔令集 37/ 195

～國長公主

故蜀國長公主追封越國長公主賜謚賢惠制

宋詔令集 40/216

惠慶公主

皇第七女特封惠慶公主制　宋詔令集 39/205

華國公主

故熙福公主追封華國公主制　宋詔令集 40/ 216

～福帝姬

皇第三十女特封華福帝姬制　宋詔令集 40/ 214

舒國長公主

寶安公主進封舒國長公主制　華陽集 25/7a 宋詔令集 37/196

順國長公主

寶壽公主進封順國長公主制　華陽集 25/7b 宋詔令集 37/195

～福公主

皇第十九女特封順福公主制　宋詔令集 39/ 208

～福帝姬

順福公主特改封順福帝姬制　宋詔令集 40/ 211

～慶公主

皇第三女特封順慶公主制　宋詔令集 38/203

十 三 畫

福安公主

皇第九女封福安公主制　歐陽文忠集 88/12b 宋詔令集 36/194　宋文鑑 34/5b

～康公主

封福康公主制　宋詔令集 36/192

～慶公主

皇長女封福慶公主制　宋詔令集 38/200

楚國大長公主

魏國大長公主進封楚國大長公主制　宋詔令集 37/197

～國公主

皇故第十三女追封楚國公主制　臨川集 54/ 10a　王文公集 14/2a

熙福公主

皇第十七女特封熙福公主制　宋詔令集 39/ 207

嘉福帝姬特進封嘉德帝姬制　宋詔令集 40/ 212

十五畫

綏福公主
皇第十五女特封綏福公主制　宋詔令集 39/ 207

慶國長公主
德國長公主進封慶國長公主制　宋詔令集 38/202

十四畫

寧福帝姬
皇第二十二女特封寧福帝姬制　宋詔令集 40/212

齊國長公主
鄧國長公主進封齊國長公主制　宋詔令集 36/193

~ 國公主
號國公主封齊國公主制　宋詔令集 36/191

榮國公主
德康公主進封榮國公主制　宋詔令集 38/202

~ 福帝姬
榮福公主特改封榮福帝姬制　宋詔令集 39/ 209

~ 福帝姬
皇第二十四女特封榮福帝姬制　宋詔令集 40/213

~ 德帝姬
榮福帝姬特進封榮德帝姬制　宋詔令集 40/ 213

壽福公主
皇第十八女特進壽福公主制　宋詔令集 39/ 208

~ 慶公主
皇第六女特封壽慶公主制　宋詔令集 39/205

嘉國長公主
皇第十九女進封嘉國長公主制　宋詔令集 37/198

~ 國公主
懿康公主進封嘉國公主制　宋詔令集 38/202

~ 福帝姬
除嘉福公主特封嘉福帝姬制　宋詔令集 39/ 209

~ 德帝姬

~ 福帝姬
皇第三十一女特封慶福帝姬制　宋詔令集 40/214

~ 壽公主
皇第十女封慶壽公主制　歐陽文忠集 88/13a 宋詔令集 36/194

鄭國公主
皇女三公主進封鄭國公主制　宋詔令集 36/ 190

賢德懿行大長帝姬
韓國大長公主特改封賢德懿行大長帝姬制 宋詔令集 39/208

號國公主
皇女三公主進封號國公主制　宋詔令集 36/ 190

德康公主
皇第二女封德康公主制　宋詔令集 38/200

~ 國長公主
皇第十女進封德國長公主制　宋詔令集 37/ 198

~ 寧公主
皇長女封德寧公主制　華陽集 25/9a 宋詔令集 37/195

~ 慶公主
皇長女特封德慶公主制　宋詔令集 38/202

衛國長公主
祁國長公主特進封衛國長公主制　傳家集 16/14a 司馬溫公集 56/15a 宋詔令集 37/196 宋文鑑 34/12a

魯國大長公主
邠國大長公主進封魯國大長公主制　宋詔令集 37/197

~ 國長公主
韓國長公主特封魯國長公主制　宋詔令集 38/204

鄧國長公主
福國長公主進封鄧國長公主　宋詔令集 36/ 191

~ 國長公主
定國長公主進封鄧國長公主制　宋詔令集 38/202

~ 國公主
皇第八女保慈崇祐大師幼悟封鄧國公主仍舊師號制　宋詔令集 36/193

十六畫

燕國長公主
皇妹封燕國長公主制　宋詔令集 36/190

~ 國長公主
周國長公主進封燕國長公主制　宋詔令集 38/201

冀國大長公主
順國長公主進封冀國大長公主制　華陽集 25/8a 宋詔令集 37/196

~ 國大長公主
鄂國長公主進封冀國大長公主制　宋詔令集 36/192

~ 國大長公主
衛國長公主進封冀國大長公主制　宋詔令集 37/199

~ 國長公主
曹國長公主進封冀國長公主制　宋詔令集 38/202

~ 國長公主
益國長公主進封冀國長公主制　宋詔令集 39/205

十七畫

韓國公主
慶國公主特進封韓國公主制　宋詔令集 39/ 208

徽福帝姬
徽福公主特改封徽福帝姬制　宋詔令集 40/ 211

十八畫

魏國公主
皇第四女蔡國公主進封魏國公主制　宋詔令集 36/191

~ 國大長公主
冀國大長公主進封魏國大長公主制　宋詔令集 37/197

~ 國大長公主
魏國大長公主進封制　宋詔令集 39/206

二十畫

寶和公主
皇第四女封寶和公主制　宋詔令集 36/192

~ 壽公主
封寶壽公主制　景文集 31/12b

~ 壽公主
皇第十二女封寶壽公主制　宋詔令集 36/194

~ 慶公主
皇第二女封寶慶公主制　華陽集 25/10b 宋詔令集 37/197

二十二畫

懿康公主
皇第三女封懿康公主制　宋詔令集 38/201

~ 寧公主
皇第四女封懿寧公主制　宋詔令集 38/201

二十三畫

顯福公主
皇第十六女特封顯福公主制　宋詔令集 39/ 207

~ 福帝姬
顯福公主特改封顯福帝姬制　宋詔令集 40/ 211

（三）宗　室

趙乃裕

皇姪乃裕特授檢校少保依前保寧軍節度使天水郡開國公加食邑食實封制　後村集 54/15a

~士兊

故右監門衛大將軍郢州防禦使士兊贈昭化軍承宣使追封安康郡公　益公文忠集 97/2a 益公集 95/51b

~士出

右監門衛大將軍士出可遂郡刺史制　彭城集 19/7a

~士宇

朝奉大夫趙士宇可轉一官制　摘文集 7/9b

~士忞

環衛宗室士忞換武節郎制　東窗集 13/4a

~士奇

士奇轉官制　梅溪集 4/22a

~士敗

侍禁趙士敗可轉一官制　摘文集 7/4a

~士周

宗室士周轉遂郡團練使制　東窗集 6/23a

~士洪

正任承宣使士洪轉官　海陵集 18/7a

~士昇

皇兄右千牛衛將軍士昇轉官　宋文鑑 40/6b

~士峋

皇叔士峋贈州防禦使追封濟陽侯制　東窗集 14/1b

~士香

祖母和氏　右監門衛大將軍士香故父所生母和氏可安吉縣太君制　彭城集 20/ 6a

~士衍

除皇叔士衍特授崇慶軍節度使　海陵集 11/ 4a

除皇叔士衍加食邑制　海陵集 11/7a

~士㟧

皇叔祖少保士㟧贈少師　宋本攻媿集 32/16a 攻媿集 36/16a

皇叔祖贈少師士㟧追封郡王　宋本攻媿集 33/ 6a　攻媿集 37/5b

士㟧女三人並封縣主　宋本攻媿集 33/6b　攻媿集 37/6a

~士盇

妻高氏　皇兄右千牛衛將軍士盇等妻高氏等可封永康縣君等制　淨德集 9/18a

~士倞

皇姪右千牛衛將軍士倞可右監門衛大將軍　宋文鑑 39/10b

~士桌

皇姪前金紫光祿大夫右監門率府率士桌可舊官服闕　蘇魏公集 32/6b

~士膨

皇叔士膨磨勘轉遂郡團練使制　東窗集 6/ 22a

~士晤

士晤轉防禦使　張華陽集 1/9b

~士荇

故右監門衛大將軍眉州防禦使士荇贈鎮東軍承宣使追封會稽郡公　益國文忠集 97/2a 益公集 95/51b

~士琛

士琛轉官制　橫塘集 7/8b

~士受

知鄂州趙士受職事修舉除直秘閣　筠溪集 9/19a

~士博

士博轉一官　張華陽集 3/1b

~士㬋

皇兄右武衛大將軍保州刺史士㬋可轉一官制　摘文集 7/12a

~士蒨

右監門衛大將軍士蒨可依前右監門衛大將軍資州刺史制　摘文集 5/4a

~士街

皇叔右監門衛大將軍秀州防禦使士街磨勘轉正任防禦使制　東牟集 8/1a

節度使同知太宗正事士街贈少師追封威義

郡王　益國文忠集 97/1a　益公集 98/104a

妻張氏　安德軍節度使同知太宗正事士街故妻令人張氏遇明堂赦特贈清河郡夫人　益國文忠集 97/3a　益公集 94/14b

～士階

故右監門衛大將軍復州防禦使士階贈保寧軍承宣使追封東陽郡公　益國文忠集 97/2a　益公集 95/51b

～士漆

右千牛衛將軍士漆依例合換武節郎　苕溪集 35/1b

～士欽

皇叔祖保康軍節度使提舉佑神觀天水郡開國公士欽加食邑五百戶食實封二百戶制　益國文忠集 103/20a　益公集 96/98a

士欽加食邑實封制附賜告口宣　宋本攻媿集 41/11a　攻媿集 45/2a

皇叔祖士欽除節度使制　玉堂稿 1/2a

～士廉

忠訓郎士廉妻彭原郡夫人李氏封崇國夫人　止齋集 11/1a

～士圽

建寧軍節度使提舉江州太平興國宮天水郡開國公士圽贈少師追封咸安郡王　益國文忠集 97/1b　益公集 98/105b

～士暇

士暇右班殿直　蘇東坡全集/外制上/13a

～士嶢

正任承宣使士嶢轉官　海陵集 18/7a

静江軍承宣使天水郡開國侯士嶢贈開府儀同三司追封和國公　益國文忠集 97/2b　益公集 96/34a

～士赫

士赫磨勘轉遙郡刺史制　東窗集 6/12b

～士蒲

右監門衛大將軍士蒲可遙郡刺史制　彭城集 19/7a

～士遜

士遜贈觀察使　歸愚集 8/6b

～士淪

士淪可西頭供奉官　蘇東坡全集/外制上/4b

～士淪

皇叔士勘磨勘　斐然集 12/17a

～士劇

士劇磨勘轉正任防禦使制　東窗集 6/8b

～士編

右監門衛大將軍士編可遙郡刺史　彭城集 19/7a

～士諰

皇叔右監門衛大將軍文州刺史士諰磨勘轉官制　東窗集 8/14a

～士樽

士樽轉正任防禦使　張華陽集 3/2b

嫡母王氏　士樽嫡母王氏吳國夫人　歸愚集 8/6a

妻李氏　故妻李氏夫人　歸愚集 8/6a

～士暢

士暢磨勘轉遙郡防禦使制　東窗集 6/8a

皇叔祖士暢明堂轉官加恩制　玉堂稿 1/5b

～士穎

皇兄故右監門衛大將軍士穎可特贈洛州防禦使追封廣平侯　公是集 30/13b

～士彰

趙士彰兩浙運判　歸愚集 7/4b

～士賜

士賜轉遙郡刺史　張華陽集 3/2b

～士覿

士覿贈左領軍衛將軍　樂城集 31/10a

～士顯

皇姪右千牛衛將軍士顯可莊宅副使制　文恭集 19/2a

～士瞻

母郭氏　宗室士瞻所生母郭氏封縣太君制　道鄉集 15/6a

～士僎

差充趙士僎祇謁陵寢屬官先次轉一官　苕溪集 39/1a

皇叔檢校少保光山軍節度使知大宗正事士僎加恩制　浮溪集 11/4b　浮溪集/附拾遺 11/127

士僎特起復依前檢校少保光山軍節度使制　浮溪集 11/5b　浮溪集/附拾遺 11/128

檢校少保光山軍節度使同知大宗正事士僎可除知大宗正事制　北海集 4/10b

～士籛

除皇叔士籛安慶軍節度使加食邑制　海陵集 11/7b

妻曹氏　安慶軍節度使同知太宗正事士籛故妻令人曹氏特贈永嘉郡夫人　益國文

忠集 97/3a 益公集 94/14b

妻譚氏 安慶軍節度使同知太宗正事士籛故妻令人譚氏特贈信安郡夫人 益國文忠集 97/3a 益公集 94/14b

~士鑨

士鑨磨勘轉右監門衛大將軍 樂城集 29/4b

~久弱

皇伯祖鳳翔雄武等軍節度使開府儀同三司守太保兼中書令判太宗正事東平郡王久弱起復制 郢溪集 2/4b

~子昉

知恩州趙子昉落職降三官制 浮溪集 9/9a 浮溪集/附拾遺 9/109

~子春

妻劉氏 左領軍衛將軍子春新婦劉氏可特封長樂縣君制 王魏公集 3/7a

~子厚

上舍出身宗室子厚從事郎制 翟忠惠集 4/1a

知漳州府趙子厚除直秘閣制 東窗集 8/28b

趙子厚中興聖統轉官 歸愚集 7/2a

趙子厚依舊直秘閣知贛州 海陵集 17/8a

~子修

上舍出身宗室子修從事郎制 翟忠惠集 4/1a

~子泰

朝請郎趙子泰可除司封員外郎制 北海集 4/3a

~子砥

趙子砥爲叙元降一官制 紫微集 15/4a

~子淹

趙子淹復職制 橫塘集 7/11b

趙子淹復徽猷閣待制制 東牟集 7/14a

趙子淹判西外大宗正司 斐然集 13/25a

趙子淹江西運使 斐然集 13/30a

~子崧

趙子崧復集英殿修撰制 東牟集 7/11b

~子偁

趙子偁特轉朝奉郎秘閣修撰與郡 斐然集 13/3a

~子畫

左司員外郎趙子畫太常少卿 程北山集 24/4b

~子游

趙子游轉官制 襄陵集 1/12a

~子混

賜同進士出身右班殿直子混可換承武郎制

彭城集 20/20b

~子溫

左奉議郎趙子溫降一官制 東窗集 12/25b

~子劇

子劇贈威德軍節度使封嘉國公 斐然集 12/20b

~子漸

趙子漸除直秘閣兩浙運副 海陵集 16/5a

兼知臨安府趙子漸修城及碑轉一官 益國文忠集 95/2a 益公集 97/83a

~子僎

趙子僎降官制 東牟集 8/8a

~子巖

趙子巖廣東運判 筠溪集 4/25a

~元旦

皇伯滕王第十六女封縣主制 元豐稿 21/9b

~元份

皇子越王元份加恩制 宋詔令集 26/134

~元佐

皇兄楚王元佐天策上將軍興元牧賜劍履上殿詔書不名制 宋詔令集 26/135

皇伯楚王元佐兼江陵牧加恩制 宋詔令集 26/136

廢楚王元佐爲庶人制 宋詔令集 35/186

~元祐

皇子元祐光祿大夫檢校太保左衛上將軍兼御史大夫上柱國信國公制 宋詔令集 26/134

~元偓

皇弟元偓兼尚書令加恩制 宋詔令集 26/135

皇叔鎮王元偓賜劍履上殿詔書不名食邑制 宋詔令集 27/138

~元傑

皇第五子益王元傑加恩制 宋詔令集 26/133

~元偁

皇子陳王元偁侍中開封尹制 宋詔令集 26/133

~元儼

授荊王依前守太師尚書令兼中書令行荊州揚州牧判南淮南節度大使加食邑實封功臣制元憲集 26/13b

妻張氏 皇叔荊王亡妻張氏可追封魏國夫人制 元憲集 26/15b

閣門賜宰臣荊王使相節度使加恩告勅 元

憲集 30/4a

皇叔荊王元儼可贈徐兗二州牧追封燕王加天策上將軍制　歐陽文忠集 79/2b

皇叔淫王元儼守太尉尚書令移兩鎮進封定王加恩賜贊拜不名制　宋詔令集 26/136

皇弟元儼移兩鎮改封彭王制　宋詔令集 26/137

皇叔元儼詔書不名加食邑實封制　未詔令集 27/138

榮王元儼降封端王制　宋詔令集 35/186

皇叔荊王元儼追贈天策上將軍燕王謚恭肅制　宋詔令集 35/187

~不凡

趙不凡淮東提鹽　苕溪集 45/3a

~不曲

趙不曲責官制　東牟集 8/3a

~不廷

皇叔祖太子右監門率府率不廷特授千牛衛將軍　止齋集 12/5a

~不恔

皇叔祖士峴男太子右監門率府率不恔轉一官　宋本攻媿集 30/18b　攻媿集 34/17a

~不屈

承節郎趙不屈爲打死人力時議特降一官　益國文忠集 96/6a　益公集 94/22a

~不括

宗子趙不括補承信郎　益國文忠集 94/3a　益公集 94/24a

~不悔

趙不悔降官制　鄮峰録 6/16a

~不流

秘閣修撰知紹興府趙不流職事修舉除集英殿修撰　宋本攻媿集 32/9a　攻媿集 36/9a

集英殿修撰知紹興府趙不流知廣州制　宋本攻媿集 34/12b　攻媿集 38/12a

煥章閣待制趙不流換正任承宣使知大宗正事　宋本攻媿集 35/20a　攻媿集 39/19a

~不迹

華文閣待制知慶元府趙不迹改差知潭州制　尊白堂集 5/34b

知湖州趙不迹都大提點坑冶鑄錢　宋本攻媿集 31/5b　攻媿集 35/5b

提點坑冶鑄錢趙不迹淮南運判　宋本攻媿集 35/17b　攻媿集 39/16b

~不退

趙不退轉左奉議郎　苕溪集 44/1b

~不淊

武經郎趙不淊換太子右監門率府率　宋本攻媿集 30/1b　攻媿集 34/1b

~不敢

皇叔祖武德郎主管台州崇道觀不敢特換右監門衛大將軍　止齋集 12/5b

~不遜

湖南提刑趙不遜除江西提刑　止齋集 18/2a

趙不遜江西提舉　宋本攻媿集 35/25b　攻媿集 39/23b

~不溢

皇姪右千牛衛將軍不溢可莊宅副使制　摘文集 6/6a

趙不溢降官制　于湖集 19/9b

~不棄

趙不棄工部侍郎制　紫微集 11/7b

趙不棄知臨安府制　紫微集 16/17a

~不憊

趙不憊贈左領軍衛將軍　西垣稿 2/6b

~不愚

四川宣撫制置兩司保奏官屬趙不愚往來計議邊事應辦錢糧擦遣軍器有勞與轉官　益國文忠集 95/19a　益公集 97/96a

~不微

不微式武　歸愚集 8/4b

~不暈

趙不暈直秘閣制　大隱集 1/14a

知宣州趙不暈直龍圖閣再任　斐然集 13/3b

趙不暈除兩浙運副　海陵集 19/1a

~不澊

朝散大夫知南外宗正事趙不澊換右監門衛大將軍漳州團練使擢知太宗正事　止齋集 18/1a

~不龍

建寧軍節度使士劃遺表男忠訓郎不龍乞依士太男換文資特換右承奉郎　益國文忠集 94/2a　益公集 98/108a

~不器

皇姪不器可千牛衛將軍追封越國公制　道鄕集 17/10b

~不儓

皇叔祖昭慶軍節度使提舉佑神觀嗣濮王不

儕可特授檢校少保加食邑食實封制 雲
莊集 5/1a 真西山集 19/5a

~不應
不應西外知宗 育德堂外制 1/12b

~不遴
趙不遴知西外宗正事 宋本攻媿集 31/22a 攻媿集 35/21b

~不倦
皇叔祖右千牛衛將軍不倦磨勘轉右監門衛大將軍 止齋集 12/5a

~不璧
不璧贈開府 育德堂外制 1/10b

~不讓
趙不讓換率府副率 西垣稿 2/7a

~友諒
趙友諒轉一官 西垣稿 2/9a

~公介
趙公介知舒州 止齋集 17/6a

~公悅
趙公悅責官制 東牟集 8/2a

~公淡
宗室趙公淡登科循左修職郎制 東窗集 13/7b

~公普
趙公普降官制 楊溪集 5/32b

~公晰
宗室趙公晰登科循左修職郎制 東窗集 13/7b

~公傅
宗室趙公傅登科循左修職郎制 東窗集 13/7b

~公廣
故通直郎趙公廣昨知贛州因旱歉民流臣條奏迫兩官勘停男彥俊訴冤特追復承議郎
止齋集 12/2b

~公稱
知贛州趙公稱復直秘閣制 盤洲集 23/12b

~公逷
監建康府權貨務武翼郎趙公逷收稔增羡轉一官 宋本攻媿集 34/3a 攻媿集 38/3a

~公曼
趙公曼補承信郎制 東窗集 10/4a

~公懋
趙公懋降官 歸愚集 7/5a

~允升
平陽郡王允升第二十二女趙氏可某縣主制
歐陽文忠集 80/7b

~允良
乳母王氏 皇弟安德軍節度使華原郡王允良乳母王氏可封永壽縣君制 文恭集 19/15b

除皇弟允良特授特進依前檢校司空同中書門下平章事使持節鄭州諸軍事行鄭州刺史華原郡王充奉寧軍節度使鄭州管內觀察處置河隄等使加食邑一千戶仍賜功臣制 文恭集 22/3a

皇弟鄭州防禦使允良因鄭州升爲泰寧軍可移別州防禦使 元憲集 20/2a

除皇弟允良安德軍節度使加食邑實封制
景文集 31/15b

除皇弟允良加功臣食邑實封制 景文集 31/16b

皇弟允良安德軍節度使加恩制 宋詔令集 41/218

皇弟允良加恩制 宋詔令集 41/219

皇弟允良特授特進依前檢校司空同中書門下平章事華原郡王充奉寧軍節度使加恩制 宋詔令集 41/219

皇叔允良檢校太保兼中書令泰寧軍節度使襄陽郡王加恩制 宋詔令集 41/220

~允初
除皇弟允初特授特進依前檢校尚書右僕射使持節耀州諸軍事行耀州刺史兼御史大夫充感德軍節度使耀州管內觀察處置等使加食邑七百戶仍賜推誠保順翊戴功臣制 文恭集 22/2a

除皇弟允初特授依前檢校尚書右僕射充感德軍節度使加食邑食實封餘如故制 歐陽文忠集 83/9b 宋文鑑 34/5a

節度使允初長女殿直梁鑄妻特封嘉興郡君制 臨川集 54/14a

皇弟允初建節制 宋詔令集 41/219

皇弟允初特授特進依前檢校尚書右僕射兼御史大夫感德軍節度使加恩制 宋詔令集 41/220

皇叔允初開府儀同三司檢校司空同中書門下平常事感德軍節使加恩制 宋詔令集 42/222

~允迪

除皇弟允迪安靜軍節度使加食邑實封制　景文集 31/16a　宋文鑑 34/6b　宋詔令集 41/219

皇弟安靜軍節度使允迪可責授右監門衛大將軍制　歐陽文忠集 81/15a　宋詔令集 50/255

贈太尉追封永嘉郡王允迪長女左侍禁錢隆積妻可特封郡君制　蔡忠惠集 10/7a

~允弼

皇兄允弼特授依前檢校尚書右僕射充寧國軍節度使同中書門下平章事北海郡王加食邑一千户實封三百户仍賜推誠保順亮節守正翊戴功臣制　文恭集 22/1a　宋詔令集 41/220

除皇兄允弼武康軍節度使加食邑實封制　景文集 31/14b　宋文鑒 34/6a　宋詔令集 41/218

皇伯允弼授依前北海郡王加食邑實封功臣制　華陽集 25/4b　宋詔令集 42/225

皇伯允弼授檢校司徒兼中書令改封東平郡王加食邑實封制　華陽集 25/5a　宋詔令集 42/222

皇伯允弼授依前東平郡王加食邑實封制　華陽集 25/5b　宋詔令集 42/222

母耿氏　皇伯祖東平郡王允弼母光國太夫人耿氏追封楚國太夫人制　鄖溪集 7/2b

母段氏　母沛國夫人段氏可追封衛國太夫人制　鄖溪集 7/3a

母閻氏　母越國太夫人閻氏可追封魯國太夫人制　鄖溪集 7/3b

~允寧

皇兄故武定軍節度使檢校太保允寧可贈太尉追封信安郡王制　元憲集 21/3a

贈太尉允寧女趙氏封縣君　武溪集 11/3b

~允讓

除皇兄允讓寧江軍節度使加食邑實封制　景文集 31/14a　宋詔令集 41/218

~尹甫

尹甫換授皇弟太子右内率府副率制　鶴林集 6/5b

~立之

趙立之降官制　東牟集 8/7a

~立夫

趙立夫除秘閣修撰樞密副都承旨制　平齋集 20/14a

趙立夫授權户部侍郎兼同詳定兼知臨安府

制　鶴林集 6/13b

趙立夫授守太府卿兼刪修勅令官兼知臨安府制　鶴林集 8/13b

趙立夫磨勘轉官制　樓鑰集 7/6a

~必鉱

趙必鉱授承信郎制　四庫拾遺 343/鶴林集

~必普

趙必普檢詳　侍村集 62/13b

~必願

趙必願除左司郎中制　東澗集 4/21b

趙必願除度支郎官兼權右司制　東澗集 4/23a

趙必願除右司制　蒙齋集 8/3b

趙必願除太府寺丞制　蒙齋集 8/15b

趙必願除户部郎官制　蒙齋集 9/14b

趙必願授煥章閣學士知福州福建路安撫制　樓鑰集 7/4b

~必濯

趙必濯轉承議郎制　平齋集 21/6b

~世永

皇姪孫左屯衛大將軍登州防禦使世永改隨州防禦使制　臨川集 51/4a　王文公集 10/4a

右屯衛大將軍登州防禦使邢國公世永第三女左班殿直徐鎮妻特封金城縣君制　臨川集 54/14b

~世法

皇叔世法贈官追封制　道鄉集 18/1b

~世枚

皇叔右武衛大將軍忻州刺史世枚可贈觀察使追封侯　公是集 30/13a

~世芬

皇姪孫世芬贈洛州防禦使追封廣平侯制　臨川集 54/15b

~世采

母李氏　世采母李氏安康郡太君世智母何氏永昌郡太君　樂城集 32/9b

~世胈

故右武衛大將軍化州刺史世胈可贈安州觀察使追封安陸侯　韓南陽集 16/13a

~世恩

楚州防禦使楚國公世恩可贈奉國軍節度使依舊楚國公制　彭城集 20/12b

~世清

皇兄茂州防禦使中國公世清可特降依前左武衛大將軍鄆州防禦使中國公　蘇魏公集 34/3b

~世設

右武衛大將軍吉州防禦使世設可轉一官制　摘文集 7/13a

~世崇

皇姪孫故右屯衛大將軍世崇可贈防禦使追封侯制　蔡忠惠集 9/23b

~世符

皇兄故金紫光祿大夫右武衛大將軍世符可贈鎮海節度觀察留後北海郡公　蘇魏公集 35/1b

~世雄

皇伯均州防禦使世雄可觀察使制　彭城集 22/9a

皇伯世雄建節封安定郡王制　宋詔令集 48/245

~世智

母何氏　世智母何氏永昌郡太君　樂城集 32/9b

~世程

皇伯右金吾衛大將軍坊州防禦史世程可正任防禦史制　彭城集 19/3b

~世福

妻張氏　宗室世福新婦張氏等叙封制　道鄉集 15/11b

~世經

皇伯故龍武軍大將軍滁州團練使世經可贈洛州防禦使追封廣平侯　公是集 30/12b

~世榮

皇伯故右武衛大將軍漢州團練使世榮可特贈密州觀察使追封高密侯　公是集 30/11b

妻某氏　千牛衛將軍世榮等妻可封縣君制　郡溪集 7/5b

~世儀

皇姪世儀可贈鄆州防禦使追封富水侯制　郡溪集 2/2b

~世儦

皇伯世儦贈奉國軍節度觀察留後追封奉化郡公　樂城集 31/8b

~世顯

皇姪孫右千牛衛將軍世顯可贈右屯衛大將軍　西溪集 4(三沈集 1/66a)

~世庸

母李氏　嘉州防禦使世庸所生母永安縣太君李氏可封咸安郡太君制　摘文集 8/10a

~世繁

世繁贈安武軍留後追封信都郡公　樂城集 31/9a

~世閎

右監門衛大將軍世閎第三女婿鄭敦臨可將作監門主簿制　王魏公集 3/14b

皇伯右金吾衛大將軍蘄州防禦使世閎可正任防禦使制　摘文集 6/3a

~以夫

趙以夫除直煥章閣樞密副都承旨誥　東澗集 3/18b

趙以夫除左曹郎官制　東澗集 4/20a

趙以夫除左曹郎官兼左司制　東澗集 4/21b

趙以夫除右文殿修撰樞密副都承旨知慶元府主管沿海制置使制　東澗集 6/2a

趙以夫除兩浙轉運判官制　東澗集 6/12b

趙以夫除江西路提舉常平茶鹽公事制　平齋集 20/12b

趙以夫除左司郎中制　蒙齋集 8/12a

趙以夫授刑部侍郎制　楳埜集 6/15a

~令史

皇兄令史贈博州防禦使博平侯　蘇東坡全集/外制下/12a

~令羽

皇姪前右千牛衛將軍令羽可舊官服闕　蘇魏公集 33/4a

皇兄令羽磨勘轉遥團　樂城集 27/9a

~令衿

趙令衿福建提刑　苕溪集 43/12a

趙令衿都官員外郎　筠溪集 4/6a

~令括

右監門衛大將軍令括可遂郡刺史制　彭城集 19/7a

~令成

趙令成起復黄州制　大隱集 2/21a

~令覩

令覩以率府率講書授通直郎　樂城集 30/10b

宗室令覩特贈朝請郎制　道鄉集 16/11b

~令宴

皇姪皇城使登州防禦使令宴可依前官加食

邑三百戶實封一百戶制 王魏公集 2/12a

~令淘

供奉官趙令淘可轉一官制 摘文集 8/5a

~令琮

皇兄右武衛大將軍常州刺史令琮可依前右武衛大將軍遂郡團練使制 彭城集 19/2a

~令結

妻包氏 權洸州趙令結妻包氏封令人制 盤洲集 24/17a

~令誾

趙令誾降朝散大夫制 東窗集 14/9b

趙令誾福建運判制 東牟集 7/4b

~令赫

皇兄某贈蔡州觀察使追封汝南侯 蘇東坡全集1/外制上/4a

~令疏

令疏該覃恩特服終喪除右千牛衞將軍 樂城集 29/15b

~令圖

母王氏 左羽林大將軍令圖故母同安郡君王氏可追封南康郡夫人 蘇魏公集 35/5a

~令摐

皇叔祖光山軍承宣使提舉江州太平鎮興國官授昭慶軍節度使封安定郡王同知大宗正事制 靈巖集 1/5a

~令韓

左班殿直令韓可換承奉郎制 彭城集 20/20b

承奉郎趙令韓可南京簽判制 彭城集 23/6b

~令僩

皇兄故右金吾衞大將軍單州防禦使令僩可贈安化軍節度觀察留後追封高密郡王制 彭城集 20/2a

~令護

皇姪千牛衞將軍令護可右監門衞大將軍 蘇魏公集 32/2a

~令顗

皇兄故右監門衞大將軍令顗可贈博州防禦史制 彭城集 19/5a

~令襄

妻劉氏 宗室令襄等新婦劉氏等封縣君制 華陽集 31/14b

~令擿

母某氏 皇兄令擿等所生母贈縣太君

樂城集 32/14b

~令鐸

母張氏 皇兄惠州防禦使令鐸母金城縣君張氏可普寧郡太君制 彭城集 20/8b

~令穆

母錢氏 右監門衞大將軍令穆故母錢氏可追封仁和縣君制 臨川集 54/12a

~令鑠

趙令鑠柯部郎中制 元豐稿 20/5b

~汝似

趙汝似降授朝請郎制 四庫拾遺 300/鶴林集

~汝玖

趙汝玖授宣教郎制 四庫拾遺 299/鶴林集

~汝柄

趙汝柄知巖州制 東澗集 6/4b

~汝晞

趙汝晞降授修職郎制 四庫拾遺 309/鶴林集

~汝种

宗子汝种補承信郎 宋本攻媿集 35/21b 攻媿集 39/20a

~汝捧

趙汝捧和耀賞轉朝奉大夫制 平齋集 22/20b

趙汝捧落閣職制 鶴林集 9/13b

~汝佅

趙汝佅降授宣義郎制 四庫拾遺 390/鶴林集

~汝膜

趙汝膜太常寺簿 後村集 61/5b

~汝章

從政郎建康府江寧縣尉趙汝章收使射賞轉文林郎 止齋集 14/5b

~汝渠

趙汝渠降授宣教郎制 四庫拾遺 296/鶴林集

~汝弼

趙汝弼補承節郎 益國文忠集 94/2b 益公集 98/106b

量試中宗子汝弼等八十一人補官 止齋集 13/8b

~汝棁

趙汝棁降授朝散大夫制 鶴林集 9/10b

~汝與

趙汝與降授脩職郎制 四庫拾遺 302/鶴林集

~汝得

趙汝得降授從事郎制 四庫拾遺 292/鶴林集

~汝暨

詔令一 制詞 宗室 475

汝暨授司農寺丞制 榘集 7/1b

~汝談

從事郎趙汝談特授行太社令制 後樂集 1/1a

權禮部侍郎趙汝談除權刑部尚書制 東澗集 4/10b

禮部郎官兼學士院權直趙汝談除秘書少監兼權直學士院制 平齋集 17/5b

秘書少監趙汝談除宗正少卿依舊兼權直學士院制 平齋集 20/13a

趙汝談授吏部侍郎直學士院兼侍講制 鶴林集 6/2a

趙汝談授兼侍講制 鶴林集 7/10a

趙汝談除禮部侍郎兼直學士院制 蒙齋集 8/16b

~汝遇

趙汝遇除度支郎中制 平齋集 18/8b

趙汝遇除軍器監丞制 蒙齋集 9/14b

~汝愚

慈福太皇太后册寶書册文官中大夫知樞密院事趙汝愚轉大中大夫 止齋集 14/1a

右丞相趙汝愚初拜贈三代並妻

曾祖趙士虛 趙汝愚曾祖贈太傳 止齋集 15/7b

曾祖母某氏 贈申國夫人 止齋集 15/7b

祖趙不求 贈太傳 止齋集 15/8a

祖母晁氏 贈國夫人 止齋集 15/8a

父趙善應 贈溫國公 止齋集 15/8b

母李氏 贈夫人 止齋集 15/9a

妻徐氏 贈衛國夫人 止齋集 15/9a

右丞相趙汝愚明堂恩贈三代

曾祖趙士虛 贈太師 止齋集 16/3a

曾祖母某氏 贈陳國夫人 止齋集 16/3b

祖趙不求 贈申國公 止齋集 16/3b

祖母晁氏 贈吳國夫人 止齋集 16/4a

父趙善應 贈國公 止齋集 16/4a

母李氏 贈冀國夫人 止齋集 16/4b

妻徐氏 贈益國夫人 止齋集 16/4b

倉部郎中庄梓以趙汝愚親嫌除淮東提舉 止齋集 18/4a

吏部尚書趙汝愚兼侍讀 宋本攻媿集 30/1a 攻媿集 34/1a

吏部尚書趙汝愚同知樞密院事 宋本攻媿集 31/16b 攻媿集 35/16a

同知樞密院事趙汝愚初除封贈

曾祖趙士虛 曾祖東頭供奉官士虛贈太子少保 宋本攻媿集 32/2a 攻媿集 36/2a

曾祖母龔氏 贈高平郡夫人 宋本攻媿集 32/2b 攻媿集 36/2b

祖趙不求 贈秉義郎不求太子少傳 宋本攻媿集 32/3a 攻媿集 36/2b

祖母晁氏 祖母太孺人晁氏贈咸寧郡夫人 宋本攻媿集 32/3a 攻媿集 36/2b

父趙善應 贈太中大夫善應太子少師 宋本攻媿集 32/3b 攻媿集 36/3b

母李氏 母淑人李氏贈安化郡夫人 宋本攻媿集 32/4a 攻媿集 36/4a

妻徐氏 妻淑人徐氏贈鄱陽郡夫人 宋本攻媿集 32/4b 攻媿集 36/4b

同知樞密院事趙汝愚知樞密院事 宋本攻媿集 33/1a 攻媿集 37/1a

知樞密院事趙汝愚初除封贈

曾祖趙士虛 曾祖太子少保士虛太子少保 宋本攻媿集 34/20b 攻媿集 38/19b

曾祖母龔氏 曾祖母高平郡夫人龔氏文安郡夫人 宋本攻媿集 34/21a 攻媿集 38/20a

祖父趙不求 祖太子少傳不求太子太傳 宋本攻媿集 34/21b 攻媿集 38/20a

祖母晁氏 祖母咸寧郡夫人晁氏濟陽郡夫人 宋本攻媿集 34/21b 攻媿集 38/20b

父趙善應 父太子少師善應太子太師 宋本攻媿集 34/21b 攻媿集 38/21a

母李氏 母安化郡夫人李氏饒陽郡夫人 宋本攻媿集 34/22a 攻媿集 38/21a

妻徐氏 妻鄱陽郡夫人徐氏通義郡夫人 宋本攻媿集 34/22b 攻媿集 38/21b

知樞密院趙汝愚該 覃恩封贈

曾祖趙士虛 曾祖太子太保士虛少保 宋本攻媿集 37/6a 攻媿集 41/6a

曾祖母龔氏 曾祖母文安郡夫人龔氏崇國夫人 宋本攻媿集 37/6b 攻媿集 41/6b

祖趙不求 祖太子太傳不求少傳 宋本攻媿集 37/7a 攻媿集 41/6b

祖母晁氏 祖母濟陽郡夫人晁氏濮國夫人 宋本攻媿集 37/7b 攻媿集 41/7a

父趙善應 父太子太師善應少師 宋本攻媿集 37/7b 攻媿集 41/7a

母李氏 母饒陽郡夫人李氏申國夫人 宋本攻媿集 37/8a 攻媿集 41/7b

妻徐氏 妻通義郡夫人徐氏安定郡夫人

宋本攻媿集 37/8a 攻媿集 41/8a

右丞相趙汝愚加食邑食實封制 宋本攻媿集 41/ 8b 攻媿集 45/1a

右丞相趙汝愚特授銀青光祿大夫加食邑食實封制 宋本攻媿集 43/7b 攻媿集 45/8b

趙汝愚復觀文殿大學士 育德堂外制 4/1a

趙汝愚罷右丞相制 南宋文範 11/7a

~汝爽

趙汝爽降授格職郎制 四庫拾遺 303/鶴林集

~汝悙

趙汝悙轉中奉大夫致仕制 平齋集 22/10b

~汝霖

趙汝霖爲監袁州萍鄉縣酒稅節次折欠宮錢特降一官衛替制 紫微集 15/7a

~汝静

趙汝静降授文林郎制 四庫拾遺 375/鶴林集

~汝擢

趙汝擢授州刺史權知德安軍府制 鶴林集 8/19b

~汝績

汝績授太府寺丞制 樸墅集 7/1b

~汝諶

趙汝諶太府寺簿制 平齋集 17/21a

太府寺簿趙汝諶除樞密院編修官兼權兵部郎官制 平齋集 20/6b

樞密院編修官趙汝諶除宗正寺丞仍兼右司制 平齋集 23/9b

趙汝諶除秘書丞兼右司制 蒙齋集 8/16a

~汝墨

宗子汝墨對策中間全寫御題首尾各用一段湊成特降一官推恩補承信郎 止齋集 13/ 9b

~汝騰

趙汝騰昨任權通判光州日同議調遣勸退敵兵轉一官制 東澗集 6/17b

趙汝騰權史部侍郎 後村集 60/5b

~守節

乳母徐氏 贈鎮江軍節度追封丹陽郡王守節乳母徐氏可封高平縣君制 文恭集 19/ 16a

~安止

宗子安止正任觀察使制 橫塘集 7/1b

~安時

皇兄安時除節度使制 楳溪集 4/13b

皇兄安時用遺表轉一官 斐然集 12/22b

~安期

東上閤門使普州刺史趙安期可右領軍衛大將軍致仕制 歐陽文忠集 79/15b

~充夫

知秀州趙充夫改知湖州 宋本攻媿集 31/21a 攻媿集 35/20a

·朴

皇第十三子朴特授檢校太尉充鎮洮軍節度使上柱國雍國公食邑食實封制 宋詔令集 31/164

皇子朴特授檢校太保鎮洮軍節度使雍國公勳食邑食實封如故制 宋詔令集 32/169

皇子朴加恩制 宋詔令集 33/172

皇子朴特授依前檢校太保静難軍節度使開府儀同三司進華原郡王加食邑食實封制

宋詔令集 34/182

~有古

皇姪有古加恩制 宋詔令集 48/248

~有奕

右驍衛將軍有奕可大將軍遂郡刺史制 攖文集 8/9a

~有恭

皇姪右驍衛將軍有恭可正任觀察使制 攖文集 4/9b

皇姪有恭建節制 宋詔令集 49/249

~有常

皇姪右武衛大將軍有常可依前右武衛大將軍遂郡刺史制 攖文集 5/2b

故燕王第三男賜名有常可右武衛大將軍制攖文集 8/9b

~光美

光美加恩制 宋詔令集 26/132

~光義

皇弟開封尹某加恩制 宋詔令集 26/132

~ 价

皇子价特授特進檢校太尉充武勝軍節度使建國公食邑食實封仍賜功臣制 宋詔令集 27/142

皇子价贈太師尚書令追封衛王謚悼惠制宋詔令集 35/188

~仲江

濮安懿王孫右監門衛大將軍仲江王詔封邑號制 陶山集 10/7a

~ 仲并

皇叔博州防禦使仲并可特授府州管内觀察使制 摘文集 4/9b

~ 仲优

皇姪仲优贈官制 歐陽文忠集 79/13a

~ 仲行

皇兄左衛將軍開州刺史仲行贈虔州觀察使南康侯制 鄱溪集 2/3a

~ 仲汾

皇叔右武衛大將軍和州禦史仲汾可正任防禦史制 彭城集 19/4a

~ 仲林

皇姪右武衛大將軍仲林可安州觀察使安陸侯 西溪集 5(三沈集 2/19a)

~ 仲侃

右監門衛大將軍仲侃可轉一官制 摘文集 7/12a

~ 仲的

皇叔右監門衛大將軍仲的可右武衛大將軍遂郡刺史 彭城集 19/6b

濮安懿王孫左千牛衛將軍仲的王詔封邑號制 陶山集 10/7a

~ 仲忽

皇叔黔州觀察使知西京外宗正事仲忽可觀察留後制 摘文集 4/10b

皇叔仲忽門府儀同三司加恩制 宋詔令集 48/246

仲忽進同判大宗正事提舉宗子學事制 宋詔令集 48/246

皇叔仲忽加恩制 宋詔令集 48/247

皇叔仲忽依前檢校少師鎮安軍節度開府儀同三司判宗正事兼神霄玉清萬壽宮使提舉宗子學事普安郡王加恩制 宋詔令集 49/250

~ 仲郜

皇姪右監門衛大將軍仲郜可依前右監門衛大將軍黄州刺史特封齊安郡公 宋文鑒 38/17b

~ 仲洽

皇伯右金吾衛大將軍開州防禦使仲洽可正任防禦使制 彭城集 19/3a

~ 仲革

皇伯右金吾衛大將軍舒州防禦使仲革可正任防禦使制 彭城集 19/3a

~ 仲軌

皇叔仲軌加恩制 宋詔令集 48/247

~ 仲馳

皇兄前右武衛大將軍春州刺史仲馳可舊官服闕 蘇魏公集 33/4a

~ 仲昀

皇叔祖鄭州觀察使同知宗正司事仲昀可承宣使制 浮溪集 8/1a 浮溪集/附拾遺 8/87

~ 仲爱

皇叔霸州防禦史仲爱可正任防禦使制 彭城集 19/4a

榮文恭王親屬封贈告四道

親屬錢沆 贈奉直大夫錢沆贈龍圖閣待郎 後村集 73/18a

親屬陳氏 贈安人陳氏特贈令人 後村集 73/18b

堂姪趙興華 堂姪贈朝奉郎興華特贈容州觀察使 後村集 73/19a

堂姪婦虞氏 堂姪婦虞氏封碩人 後村集 73/19a

皇叔仲爱依前檢校少保奉寧軍節度使開府儀同三司江夏郡王加恩制 宋詔令集 49/250

皇叔仲爱嗣濮王制 宋詔令集 49/251

~ 仲郜

皇姪右監門衛大將軍仲郜可依前右監門衛大將軍黄州刺史特封齊安郡公 韓南陽集 16/3a 宋文鑒 38/17b

皇伯仲郜贈使相 蘇東坡全集/外制上/13a

皇伯仲郜贈保靜軍節度使開府儀同三司制 宋詔令集 50/257

~ 仲癸

磨勘防禦使仲癸 樂城集 29/1a

~ 仲柔

皇叔右武衛大將軍昌州刺史仲柔可特授依前右武衛大將軍貴州團練使 摘文集 6/1b

~ 仲淡

仲淡轉正任防禦使 樂城集 29/10b

~ 仲涂

皇弟右千牛衛將軍仲涂可贈右屯衛大將軍 蘇魏公集 35/1b

~ 仲容

母王氏 宗室仲容所生母王氏可封縣太君制 陶山集 10/7a

~ 仲真

皇伯右監門衛大將軍祁州團練使仲真可遥郡防禦使制 彭城集 19/1b

~ 仲峋

宗室仲峋可贈安化軍節度使制 陶山集 10/6a

皇叔仲峋贈昭化軍節度使制 宋詔令集 50/258

~ 仲奭

母王氏 宗室仲奭所生母王氏等封郡縣太君制 道鄉集 15/5b

~ 仲卿

磨勘防禦使仲卿 樂城集 29/1a

~ 仲雪

皇叔故右武衛大將軍榮州團練使仲雪可贈徐州觀察使追封彭城侯制 淨德集 9/2b

~ 仲理

皇叔仲理加恩制 宋詔令集 48/247

~ 仲禹

宗室仲禹贈節度觀察留後追封郡公制 道鄉集 15/11a

~ 仲郵

皇叔右監門衛大將軍舒州團練史仲郵可右武衛大將軍遥郡防禦史制 彭城集 19/4b

濮安懿王孫右監門衛大將軍仲郵王詔封邑號制 陶山集 10/7a

~ 仲御

皇叔仲御建節制 宋詔令集 48/244

皇叔仲御依前檢校少傅泰寧軍節度開府儀同三司嗣濮王加恩制 宋詔令集 49/249

~ 仲湜

故嗣濮王仲湜塤承節郎孟思恭可閤門祇候免供職 苕溪集 38/3b

皇叔祖檢校少傅靖海軍節度使開府儀同三司嗣濮王仲湜加恩制 浮溪集 11/6a 浮溪集/附拾遺 11/128

仲湜贈少傅 筠溪集 5/8b

~ 仲其

皇叔右武衛大將軍榮州團練使仲其可特授威州防禦使依前右監門衛大將軍制 摘文集 6/3a

~ 仲華

皇叔右監門衛大將軍昌州刺史仲華可特授泰州團練使依前右監門衛大將軍制 摘文集 6/1b

~ 仲卓

皇伯故太保節度觀察留後仲卓可贈開府儀同三司追封榮國公制 摘文集 8/10a

~ 仲替

皇姪右監門衛大將軍仲替服闕舊官制 臨川集 52/9a

仲替磨勘改正任防禦使 樂城集 28/16a

皇叔祖保信軍節度使宗隱男仲覡可太子右内率府副率制 彭城集 19/21a 宋文鑑 39/12b

~ 仲慈

母陳氏 右千牛衛將軍仲慈所生母陳氏可封長安縣太君 摘文集 8/10a

~ 仲瑀

母楊氏 皇叔右千牛衛將軍仲瑀所生母楊氏可封瑞安縣太君 摘文集 8/10a

~ 仲琮

皇叔右監門率府率仲琮可右千牛衛將軍制 彭城集 19/6a

~ 仲聘

磨勘防禦使仲聘 樂城集 29/1a

~ 仲損

皇伯仲損制 宋詔令集 48/245

~ 仲葳

皇叔太子右監門率府率仲葳可小將軍制 彭城集 19/6b

濮安懿王孫左千牛衛將軍仲葳王詔封邑號制 陶山集 10/7a

~ 仲暉

皇伯仲暉贈保寧軍節度使進封東陽郡王制 宋詔令集 50/257

~ 仲徵

妻陳氏 皇叔右千牛衛將軍仲徵新婦陳氏可封壽安縣君制 淨德集 9/18b

~ 仲隗

母李氏 皇叔恩州防禦使仲隗所生母崇德縣太君李氏可安康郡太君制 彭城集 20/8b

磨勘防禦使仲隗 樂城集 29/1a

~ 仲珵

皇叔右監門衛大將軍康州刺史仲珵可特授海州團練使依前右監門衛大將軍制 摘文集 6/1b

~ 仲遠

皇叔右武衛大將軍袁州刺史仲遷可遙郡團練使制　彭城集 19/6b

宗室仲遷贈開府儀同三司　劉給諫集 2/11a

~仲銘

皇長子仲銘除忠正軍節度同中書門下平章事封淮陽郡王制　宋詔令集 27/139

~仲僕

妻張氏　皇叔興州防禦使仲僕妻崇仁縣君張氏可封長樂郡君制　淨德集 9/17b

~仲緒

皇伯故台州防禦使仲緒可贈武康軍節度使追封崇國公制　彭城集 20/13a

~仲維

右監門衛大將軍仲維可轉一官制　摘文集 7/12a

~仲諭

皇兄前右武衛大將軍榮州團練使仲諭可舊官服闕　蘇魏公集 31/7a

~仲帆

仲帆鎮西節度加恩制　宋詔令集 48/246

~仲樽

皇叔閬州管內觀察使仲樽可特授建武軍節度使觀察留後制　摘文集 3/7b

~仲憫

皇叔府州管內觀察使仲憫可特授昭化軍節度觀察留後制　摘文集 3/7b

~仲嬰

皇伯仲嬰贈奉國軍節度使追封中國公　蘇東坡全集/外制下/5a

~仲賜

皇叔仲賜建節制　宋詔令集 48/244

~仲遹

仲遹可遙郡防禦使　蘇東坡全集/外制上/19a

~仲號

皇叔仲號遙郡團練使　蘇東坡全集/外制下/17/a

~仲銳

皇兄仲銳服闕可舊官制　郡溪集 5/5a

~仲諭

妻某氏　右千牛衛將軍仲諭等新婦一十人可並封縣君制　蔡忠惠集 10/13b

~仲譚

右千牛衛將軍仲譚可右監門衛大將軍制　彭城集 19/7a

~仲遷

~仲曉

皇叔仲曉贈保康軍節度使追封房國公制　宋詔令集 50/258

~仲暉

皇伯仲暉贈保寧軍節度使封東陽郡王　蘇東坡全集/外制下/2b

~仲隨

皇兄故右武衛大將軍沂州團練使仲隨可贈曹州觀察使追封濟陰侯制　王魏公集 2/24a

~仲營

皇叔仲營依前崇信軍節度使安化郡王加恩制　宋詔令集 49/250

~仲麋

皇叔仲麋依前鎮潼軍節度使淮安郡王加恩制　宋詔令集 49/250

~仲霜

磨勘防禦使仲霜　樂城集 29/1a

~仲嬰

皇伯仲嬰贈奉寧軍節度使追封中國公制　宋詔令集 50/257

~仲歐

皇叔右監門衛大將軍滁州團練使仲歐可遙郡防禦使制　彭城集 19/6a

~仲儡

仲儡自外官換環衛　斐然集 12/6a

仲儡轉一官　斐然集 12/13b

仲儡磨勘　斐然集 12/16a

~仲議

衛州防禦使仲議可蔡州觀察使制　摘文集 4/9b

~仲翹

妻郭氏　皇后妹仲翹新婦宜特封鉅鹿郡君制　蔡忠惠集 10/5a

皇姪孫故右監門衛大將軍仲翹可贈眉州防禦使追封通義侯　西溪集 6(三沈集 2/52a)

~仲證

皇叔右監門衛大將軍康州刺史仲證可特授依前右監門衛大將軍榮州團練使　摘文集 6/1b

~仲釋

皇叔故皇城使榮州團練使仲釋可贈密州觀察使追封高密侯制　彭城集 23/5a

~仲顯

宗室仲頡贈開府儀同三司追封崇國公制
道鄉集 16/10b 宋詔令集 50/257

~仲勛

妻陳氏 右監門衛大將軍仲勛新婦陳氏封邑制 臨川集 54/14b

~仲馨

皇叔右千牛衛將軍仲馨可授大將軍制 彭城集 19/5b

右監門衛大將軍仲馨可轉一官制 摛文集 7/11b

~仲鸞

妻某氏 皇伯右武衛大將軍渭州防禦使仲鸞等十人故新婦可並贈縣君制 彭城集 20/9a

仲鸞磨勘防禦使 樂城集 29/1a

~自明

自明換授皇叔太子右內率府副率制 鶴林集 6/3a

~自重

自重授率府副率 育德堂外制 2/15a

~多才

皇兄沂州防禦使權王奉吳王祭祀多才磨勘轉明州觀察使 大隱集 3/12a 止齋集 11/4a

妻高氏 皇兄故吳王府奉利州觀察使多才上遺表妻令人高氏特封碩人 止齋集 12/4b

~多見

多才上遺表親弟修武郎多見特授太子右監門率府率 止齋集 12/4b

~多助

皇弟右監門衛大將軍復州團練使多助實及一十年該磨勘轉防禦使 止齋集 11/6a

皇弟右監門衛大將軍某州刺史多助收使父居中遺表轉遂郡團練使 宋本攻媿集 30/25b

~多能

皇弟右監門衛大將軍成州團練使多能實一十年該磨勘轉防禦使 止齋集 11/6a

皇弟右監門衛大將軍某州刺史多能收使父居中遺表轉遂郡團練使 宋本攻媿集 30/25b

~多慶

多慶贈開府 育德堂外制 1/9b

妻蔡氏 妻蔡氏封郡夫人 育德堂外制 1/9b

~多讓

皇叔祖奉國軍節度使提舉萬壽觀主奉吳王祭祀天水郡開國公多讓加食邑食實封制

東澗集 5/1a

父趙居端 皇叔祖多讓父居端贈太師制 鶴林集 10/1a

母任氏 母任氏魏國夫人制 鶴林集 10/1b

妻閔人氏 妻閔人氏封齊安郡夫人制 鶴林集 10/2a

~多識

皇叔祖多識贈開府儀同三司追封崇國公制 鶴林集 10/2a

~多藝

多才上遺表親弟訓武郎多藝特授太子右監門率府率 止齋集 12/4b

~良傑

趙良傑降官 歸愚集 7/2b

~良弼

趙良弼自豐州刺史除撫州刺史制 文恪集 18/6a

~孝永

皇弟孝永正任團練使制 道鄉集 18/8b

~孝治

荊王子孝治逐州團練使 蘇東坡全集外制上/17a 宋文鑒 39/15b

~孝奕

皇姪右武衛將軍孝奕可休前官加勳制 王魏公集 3/4b

~孝參

皇姪右武衛將軍孝參可休前官加勳制 王魏公集 3/4b

皇兄孝參除奉國軍節度使封信都郡王制 宋詔令集 48/245

皇兄孝參加恩制 宋詔令集 48/245

皇兄孝參加恩制 宋詔令集 48/247

皇兄孝參依前檢校少保武寧軍節度使開府儀同三司豫章郡王加恩制 宋詔令集 49/250

~孝詒

皇兄孝詒依前保寧軍節度使加恩制 宋詔令集 49/251

~孝詔

皇姪右武衛將軍孝詔可休前官加勳制 王魏公集 3/4b

~孝顯

皇弟孝颖依前德庆军节度使加恩制　宋詔令集 49/251

~ 孝骞

皇兄孝骞依前宁国军节度使开府仪同三司晋康郡王加恩制　宋詔令集 49/251

~ 孝骞

杨王子孝骞逐州团练使　蘇東坡全集/外制上/17b　宋文鑑 39/15b

皇兄孝骞加恩制　宋詔令集 48/248

皇兄孝骞除昭化军节度使封广陵郡王制　宋詔令集 48/245

~ 材

皇子材特授检校太保镇安军节度使魏国公勋食邑食实封如故制　宋詔令集 32/169

~ 杞

皇子杞特授检校太保开府仪同三司山南东道节度使文安郡王勋食邑食实封如故制　宋詔令集 32/168

皇子杞特授太保护国武昌军节度使进封景王加食邑食实封制　宋詔令集 33/175

皇子杞依前太保兩镇景王加恩制　宋詔令集 33/177

~ 克友

皇伯故右龙武大将军克友赠华州观察使华阴侯　蘇魏公集 35/1b

~ 克如

宗室金吾卫大将军代州防禦使克如降两官勒住朝参制　續文集 6/9a

~ 克孝

皇兄右骁卫大将军衢州刺史克孝可依前右骁卫大将军高州团操使　韓南陽集 18/8a

妻某氏　皇姪右监门卫将军克孝妻某氏可封仁和县君　公是集 30/13b　宋文鑑 37/14b

~ 克迁

皇叔前右监门率府率克迁可旧官服阙　蘇魏公集 31/7a

~ 克洵

右屯卫大将军茂州刺史克洵第二女右班殿直宋纪妻等并特封县君制　臨川集 54/14b

~ 克思

皇伯祖故保平军节度观察留後克思可赠开府仪同三司追封昌国公制　彭城集 20/13b

~ 克修

母李氏　右领军卫将军克修所生母李氏可封南阳县太君制　文恭集 19/14b

~ 克勋

克勋磨勘改正任防禦使　樂城集 28/16a

~ 克怀

右龙武军大将军克怀可右卫大将军制　蔡忠惠集 10/2b

~ 克眷

皇叔前右监门卫大将军克眷可旧官服阙　蘇魏公集 31/7a

皇叔克眷赠曹州观察使追封济阴侯　蘇東坡全集/外制下/7a

~ 克温

皇姪克温可赠洛州防禦使追封广平侯制　郧溪集 2/2b

~ 克愉

皇兄右屯卫大将军克愉可依前右屯军卫大将军昭州刺史　韓南陽集 17/16a

皇伯祖克愉可赠忠正军节度使开府仪同三司　蘇東坡全集/外制上/8a

~ 克贵

皇弟右监门卫大将军克贵赠防禦使封侯制　郧溪集 2/2a

~ 克瑜

皇伯祖克瑜赠忠正军节度使开府仪同三司制　宋詔令集 50/257

~ 克杨

皇亲左监门卫将军克杨以下可并右领军卫大将军　西溪集 4(三沈集 1/73b)

~ 克勤

皇伯故湖州观察使克勤赠镇宁军节度使仪国公制　宋詔令集 50/256

~ 克爱

皇叔祖克爱遂郡团练使　蘇東坡全集/外制下/17a

~ 克畅

皇叔祖克畅依前保康军节度使加恩制　宋詔令集 49/249

~ 克壁

皇叔右监门卫大将军克壁可右武卫大将军彬州刺史制　王魏公集 3/7b

~ 克罕

克罕遂郡防禦使　蘇東坡全集/外制上/13b

~ 克贤

克賢贈奉國軍兩使留後封奉化郡公　樂城集 31/9b

~克慕

皇叔前右監門率府率克慕可舊官服闕　蘇魏公集 31/7a

~克顏

皇弟右監門衛大將軍克顏可遙郡刺史制　鄱溪集 5/5a

~克觀

皇叔祖右監門衛大將軍彭州刺史克觀可遙郡團練使制　彭城集 19/1a

妻孫氏　左監門衛大將軍克觀所生母孫氏可特封安福縣君制　王魏公集 3/7a

~克懼

宗室克懼復官制　元豐稿 21/8a

~克關

皇弟左武衛大將軍建州刺史克關贈觀察使封侯制　鄱溪集 2/2a

~休夫

趙休夫降授修職郎制　四庫拾遺 307/鶴林集

~希古

中亮大夫趙希古知客省事制　褐忠惠集 2/23a

~希丞

希丞換授皇叔右監門衛大將軍高州刺史提舉佑神觀免奉朝請制　鶴林集 6/3a

希丞授薪州防禦使仍提舉佑神觀制　鶴林集 6/3b

~希抵

希抵換右千牛衛將軍　育德堂外制 1/3a

~希沛

趙希沛降授儒林郎制　四庫拾遺 369/鶴林集

~希昔

趙希昔除工部郎官制　平齋集 21/7a

~希杼

趙希杼司農少卿　後村集 60/8b

趙希杼授度支郎官制　模壁集 6/15b

~希全

趙希全降授文林郎制　四庫拾遺 371/鶴林集

~希衮

希衮授南外知宗制　模壁集 7/1b

~希哲

趙希哲辟知瓊州　後村集 68/11a

~希彭

趙希彭降授修職郎制　四庫拾遺 301/鶴林集

~希得

趙希得降授迪功郎制　四庫拾遺 317/鶴林集

~希廟

皇叔希廟贈少師追封咸寧郡王制　鶴林集 10/3b

~希許

趙希許降授修職郎制　四庫拾遺 313/鶴林集

希棟

趙希棟大理丞　後村集 63/2a

~希惠

趙希惠轉承事郎制　平齋集 22/21a

~希絜

趙希絜降授儒林郎制　四庫拾遺 364/鶴林集

~希堅

趙希堅改知嘉興府制　東澗集 6/8a

~希宝（堅）

趙希宝除將作簿制　蒙齋集 9/1b

希宝磨勘轉官制　模壁集 7/7b

~希瑛

皇伯希瑛贈開府儀同三司杞國公制　鶴林集 10/2b

~希棣

趙希棣秘閣致仕　後村集 61/6b

~希逾

趙希逾轉兩官授朝奉郎制　平齋集 22/11a

~希微

希微授太社令制　模壁集 7/8a

~希潛

趙希潛降授修職郎制　四庫拾遺 306/鶴林集

~希徹

趙希徹司農寺丞　後村集 60/10a

趙希徹太府丞　後村集 60/11b

~希謐

希謐授州防禦使依前皇叔提舉佑神觀制　鶴林集 6/4b

希謐降右監門衛大將軍薪州防禦使制　鶴林集 6/5a

希謐復和州防禦使致仕制　鶴林集 6/5b

~希導

趙希導降授修職郎制　四庫拾遺 372/鶴林集

~希璋

希璋授知南外宗正事制　鶴林集 6/2a

希璋可改知西外宗正事制　鶴林集 6/2b

父趙師彭　皇伯希璋父師彭贈和州防禦

使制　鶴林集 10/3a

妻鄭氏　皇伯希璉妻鄭氏特封郡夫人制

鶴林集 10/5a

～希櫱

趙希櫱江西提刑　育德堂外制 3/8a

趙希櫱江西運判　育德堂外制 3/10b

希櫱特授昭信軍節度使開府儀同三司進封

制　真西山集 19/14b

～希錧

皇叔希錧贈少師追封郡王制　鶴林集 10/4a

～希燫

趙希燫降授奉議郎制　四庫拾遺 393/翰林集

～希贊

朔州觀察使左驍衛大將軍趙希贊可泰州刺

史　咸平集 28/2b

～希鑣

趙希鑣降授修職郎制　四庫拾遺 304/翰林集

～希鑑

趙希鑑降授承事郎制　四庫拾遺 285/翰林集

～希儼

趙希儼特轉一官制　蒙齋集 9/11a

～希遹

希遹授(闕)軍承宣使制　鶴林集 6/4a

妻石氏　皇叔希遹故妻石氏贈碩人制

鶴林集 10/6a

～廷美

魏王宣州大都督制　徐公集 7/8a

皇弟秦王廷美行河南尹西京留守制　宋詔

令集 26/133

秦王廷美勸歸私第制　宋詔令集 35/186

秦王降封涪陵縣公房州安置　宋詔令集 35/

186

涪陵縣公廷美追封涪陵王制　宋詔令集 35/

187

贈魏王告詞敕　八瓊金石補 111/1a

～砢

皇弟大寧郡王砢加食邑制　蘇魏公集 21/5b

皇弟九子砢拜官制　宋詔令集 28/144

皇子似加恩制　宋詔令集 28/145

皇弟砢加恩制　宋詔令集 28/147

皇弟砢加恩制　宋詔令集 29/151

皇弟砢加恩制　宋詔令集 29/153

皇弟砢兩鎮封申王制　宋詔令集 29/155

皇弟砢特授守司空依前開府儀同三司申王

充保平奉寧等軍節度使加食邑食實封勸如

故制　宋詔令集 30/156

皇兄砢加太傅進封陳王賜贊拜不名制　宋

詔令集 30/158

皇兄砢授守太尉改荊南節度使加恩制　宋

詔令集 30/159

皇兄陳王砢加恩制　宋詔令集 31/161

皇兄砢特授守太師充河東山南西道節度使

勸食邑食實封如故　宋詔令集 31/162

～似

皇弟似加恩制　樊城集 33/6b 宋詔令集 29/152

除皇弟似守太保依前開府儀同三司蔡王充

保平鎮安等軍節度使制　曲阜集 3/3a 宋文

鑑 36/18a

皇弟故荊南武寧等軍節度管內觀察處置等

使守太師開府儀同三司荊州牧兼徐州牧

蔡王贈太師尚書令兼中書令加冀州牧改

封韓王可特追封楚王餘如故制　摘文集

8/8a

皇弟十二子拜官制　宋詔令集 28/146

皇弟似開府進封加恩制　宋詔令集 28/146

皇弟似加恩制　宋詔令集 29/151

皇弟似加恩制　宋詔令集 29/153

除皇弟似特授依前檢校太尉開府儀同三司

充橫海等軍節度使進封簡王加食邑食實

封勸如故制　宋詔令集 30/157

皇弟似守司徒移鎮封蔡王制　宋詔令集 30/

158

皇弟蔡王似加守太保改保平鎮安軍節度使

制　宋詔令集 30/159

皇弟似改鳳翔雄武軍節度使加恩制　宋詔

令集 30/160

皇弟似特授依前守太保開府儀同三司荊州

牧兼徐州牧蔡王充荊南武寧等軍節度管

內觀察等使加食邑食實封勸如故制　宋

詔令集 31/162

～伯牛

趙伯牛除直秘閣福建路轉運副使制　東窗

集 6/9b

趙伯牛湖北提刑　斐然集 14/4a

～伯圭

趙伯圭除安德軍節度使與宮祠任使加封制

益國文忠集 102/16b　益公集 102/73a

趙伯圭除開府儀同三司加封制　益國文忠集

102/18a 益公集 112/116a

趙伯圭加封制 益國文忠集 103/18a 益公集 103/95a

趙伯圭除開府儀同三司 益國文忠集 112/6a 益公集 112/75a

趙伯圭除節度使 益國文忠集 112/6a 益公集 112/116a

妻妹宋氏 皇伯太師嗣秀王伯圭合得冠敕一十五道並特換封誥人賜親屬内欲將一名與故妻秦國夫人妹宋氏封誥人

止齋集 11/3b

妻宋氏 皇伯嗣秀王伯圭故妻秦國夫人宋氏追封兩國夫人 宋本攻媿集 31/3b 攻媿集 35/4a

皇伯祖太師嗣秀王伯圭特授兼中書令加食邑實封制 宋本攻媿集 43/3b 攻媿集 45/7b

~伯浩

特奏名宗室趙伯浩授承節郎制 東窗集 10/11a

~伯耆

趙伯耆轉官 歸愚集 8/6b

~伯栩

趙伯栩贈開府 育德堂外制 5/10b

~伯强

趙伯强承信郎制 盤洲集 24/9a

~伯韶

宗子伯韶在建康日慶辦事務委有勤勞可特補承信郎特添差建康府不釐務兵馬監押請給人從並依正官例支破 益國文忠集 94/3a 益公集 96/57a

~伯揚

四川量試宗子伯揚補承信郎 宋本攻媿集 35/19b 攻媿集 39/18a

~伯瑀

宗子伯瑀三經覆試不中年四十以上補承信郎 益國文忠集 94/3b 益公集 96/75a

~伯鎮

趙伯鎮換授承信郎制 梅溪集 5/3a

~伯驌

趙伯驌落階官 西垣稿 2/6a

~宗旦

妻某氏 防禦使宗旦等新婦可並封郡縣君制 文恭集 19/14a

除皇伯宗旦制 韓南陽集 15/7b

皇伯宗旦除崇信軍節度使制 宋詔令集 42/224

皇伯宗旦復崇信軍節度使知大宗正事如故制 宋詔令集 43/226

~宗沔

皇姪故左監門衞將軍宗沔可贈防禦使追封侯制 蔡忠惠集 11/10b

~宗治

皇弟右領衞將軍宗治可逐州刺史 韓南陽集 17/11b

~宗祐

皇弟右領衞大將軍宗祐可逐州刺史 韓南陽集 17/11b

皇叔祖宗祐加恩制 樂城集 33/4b 宋詔令集 46/237

皇叔祖宗祐寧遠軍節度使加恩制 宋詔令集 45/234

皇叔祖宗祐加恩制 宋詔令集 45/235

皇叔祖宗祐特授檢校司空充横海軍節度使加食邑食實封勳如故制 宋詔令集 46/239

皇叔祖宗祐加恩制 宋詔令集 46/239

皇叔祖宗祐除開府儀同三司封景城郡王制

宋詔令集 47/242

皇叔祖宗祐除檢校司徒依前開府儀同三司充清海軍節度使進封嗣濮王加食邑食實封勳如故制 宋詔令集 47/242

~宗述

皇姪宗述可右屯衞大將軍制 文恭集 19/1a

~宗晟

皇兄右驍衞大將軍連州刺史宗晟可光州團練使 韓南陽集 17/10a

母孫氏 皇伯彰化軍節度使開府儀同三司高密郡王宗晟等故母康國太夫人孫氏可贈越國太夫人制 彭城集 20/17b

除皇伯祖宗晟特起復制 蘇東坡全集/内制 9/4b 宋文鑑 36/11b

賜皇伯祖宗晟辨免起復恩命許終喪制諭

蘇東坡全集/内制 10/2b

母孫氏 高密郡王宗晟建安郡王宗綽所生母孫氏封康國太夫人 蘇東坡全集/外制上/8b

皇伯宗晟安化軍節度使加恩制 宋詔令集 44/230

皇伯宗晟移彰化軍節度開府加恩制 宋詔令集 44/232

詔令一 制詞 宗室

皇伯祖宗晟加恩制 宋詔令集 45/234

皇伯祖前彰化節度判大宗正事宗晟起復制 宋詔令集 45/236

皇伯祖宗晟特授檢校司徒依前開府儀同三司判大宗正司事充武安軍節度使進封嗣濮王加食邑食實封勳如故 宋詔令集 46/238

~宗衮

皇兄右驍衛大將軍瓊州刺史宗衮可溫州團練使 韓南陽集 17/10a

皇伯故鎭安軍度觀察留後宗衮可贈武寧軍節度使兼侍中追封彭城郡王制 王魏公集 2/23b 宋詔令集 50/25b

~宗望

邢王孫宗望可遙郡刺史制 文恭集 18/7b

妻張氏 皇姪宗望故新婦張氏追封永嘉郡太夫人制 華陽集 31/14b

邢王孫右武衛大將軍道州團練使宗望舒州防禦使餘如故制 臨川集 55/5b

~宗敏

母范氏 右千牛衛大將軍文州刺史宗敏所生母范氏可封縣太君制 文恭集 19/14b

~宗博

皇弟右驍衛大將軍藤州刺史宗博可楚州團練使 韓南陽集 17/10a

~宗惠

妻郭氏 皇伯宗惠新婦郭氏進封郡夫人制 元豐稿 22/3a

~宗景

母張氏 皇叔祖感德軍節度使宗景故母襄陽郡太君張氏可特贈泰寧郡太夫人制 淨德集 9/13b

皇叔祖建雄留後宗景建節制 宋詔令集 46/237

皇叔祖宗景特授檢校司空持節曹州諸軍事曹州刺使同知大宗正事充彰信軍節度曹州管內觀察處置等使加食邑食實封勳如故制 宋詔令集 46/238

皇叔祖宗景特授依前檢校司空開府儀同三司判大宗正事充彰信軍節度使特封濟陰郡王加食邑食實封勳如故制 宋詔令集 46/239

皇叔祖宗景加恩制 宋詔令集 47/241

皇叔祖宗景特授依前檢校司空復開府儀同三司濟陰郡王食邑食實封勳如故制 宋詔令集 47/243

皇叔祖宗景落開府儀同三司罷判大宗正司制 宋詔令集 50/255

~宗勝

皇弟右領衛大將軍宗勝可逐州刺史 韓南陽集 17/11b

妻李氏 贈故尉北海郡王宗勝妻平昌郡夫人李氏可進封小國夫人制 彭城集 20/16a

皇伯祖宗勝贈太尉北海郡王 蘇東坡全集/外制中/8b

皇叔祖宗勝武泰軍節度使加恩制 宋詔令集 44/232

~宗綽

皇叔祖宗綽建節制 宋詔令集 48/244

~宗道

皇姪故左武衛大將軍常州團練使宗道可贈觀察使追封侯制 蔡忠惠集 10/3a

~宗瑗

皇叔祖故昭信軍節度使開府儀同三司宗瑗可贈太師追封崇王制 彭城集 20/1b

妻彭氏 皇叔祖昭信軍節度使開府儀同三司漢東郡王宗瑗故新婦嘉興縣君彭氏可贈英國夫人制 彭城集 20/16b

母耿氏 右驍衛大將軍冀州刺史宗瑗所生母耿氏可同安縣太君 西溪集 5(三沈集 2/18b)

右驍衛大將軍冀州刺史宗瑗長女可永嘉縣君 西溪集 5(三沈集 2/19b)

皇叔宗瑗漢東軍節度使加恩制 宋詔令集 44/231

皇伯祖宗瑗移昭信軍節度開府儀同三司檢校司空制 宋詔令集 44/232

皇叔祖宗瑗加恩制 宋詔令集 45/235

~宗楚

皇弟右領衛大將軍宗楚可逐州刺史 韓南陽集 17/11b

皇叔祖宗楚加恩制 樂城集 33/5a 宋詔令集 46/237

皇叔祖宗楚建武軍節度使加恩制 宋詔令集 45/234

皇叔祖宗楚加恩制 宋詔令集 45/235

皇叔祖宗楚特授檢校司空充武勝軍節度使加食邑食實封勳如故制 宋詔令集 46/239

皇叔祖宗楚加恩制　宋詔令集 47/241

皇叔祖宗楚開府儀同三司進封南陽郡王制　宋詔令集 47/242

皇叔祖宗楚封嗣濮王制　宋詔令集 47/242

~宗鼎

皇姪宗鼎可贈邵州觀察使追封新平王制　文恭集 21/1a

~宗暉

皇兄右驍衛大將軍雷州刺史宗暉可懷州團練使　韓南陽集 17/10a

母王氏淮康軍節度使同中書門下平章事母王氏可追封濮國夫人制　王魏公集 3/4a

皇伯祖宗暉加恩制　樂城集 33/3b 宋詔令集 45/236

皇伯宗暉淮康軍節度使濮國公制　宋詔令集 43/228

皇伯宗暉拜使相制　宋詔令集 43/228

皇伯宗暉移鎭檢校司空加恩制　宋詔令集 44/230

皇伯宗暉進封濮陽郡王制　宋詔令集 44/230

皇伯宗暉加恩制　宋詔令集 44/231

皇伯祖宗暉移充鎭南軍節度使加恩制　宋詔令集 44/232

皇伯祖宗暉加恩制　宋詔令集 45/235

除皇伯宗暉依前檢校右散騎常侍充淮康軍節度使特封濮國公加食邑食實封餘如故制　宋文鑑 36/3a

~宗愈

皇弟右驍衛大將軍橫州刺史宗愈可饒州團練使　韓南陽集 17/10a

皇叔祖華原郡王宗愈加食邑制　蘇魏公集 21/4a

皇叔宗愈寧國軍節度使加恩制　宋詔令集 44/231

皇叔祖宗愈移昭化軍節度開府儀同三司制　宋詔令集 45/234

皇叔祖宗愈加恩制　宋詔令集 45/236

皇叔祖宗愈特授檢校司徒依前開府儀同三司充鎭安軍節度陳州管內觀察處置等使進封嗣濮王加食邑食實封勳如故制　宋詔令集 46/238

~宗漢

皇子行太子左清道率府率宗漢可右驍衛大將軍　韓南陽集 17/12a

母劉氏　淄州團練使宗漢所生母仁壽郡太君劉氏可特封安康郡太夫人制　王魏公集 3/6a

皇叔祖宗漢特授開府儀同三司充昭化軍節度使改封安康郡王加食邑實封勳如故制　宋詔令集 47/243

皇叔祖宗漢特授檢校司空依前開府儀同三司充彭德軍節度使進封嗣濮工加食邑食實封勳　宋詔令集 47/243

皇叔祖宗漢檢校司徒移鎭制　宋詔令集 48/244

~宗實

皇姪右衛大將軍岳州團練使宗實可起復舊官泰州防禦使知宗正寺制　臨川集 49/4a

皇姪右衛大將軍泰州防禦使知宗正宗實可岳州刺史充本州團練使制　臨川集 49/4b

宗實起復依前右衛大將軍泰州防禦使知宗正寺制　宋詔令集 41/220

~宗說

宗說第十八女右班殿直楚奎妻永泰縣君制　臨川集 54/14a

~宗粹

皇親太子率府率宗粹以下可並右千牛衛將軍　西溪集 4(三沈集 1/73a)

皇叔祖宗粹加恩制　宋詔令集 48/247

皇叔祖宗粹依前昭化軍節度使開府儀同三司信安郡王加恩制　宋詔令集 49/249

~宗輔

皇兄右驍衛大將軍白州刺史宗輔可磁州團練使　韓南陽集 17/10a

~宗肅

皇兄右驍衛大將軍濮州防禦使宗肅可和州防禦使　韓南陽集 17/12a

~宗綽

皇弟右驍衛大將軍漳州刺史宗綽可號州團練史　韓南陽集 17/10a

妻鄭氏　皇叔祖保靜軍節度使開府儀同三司建安郡王宗綽故新婦平昌郡君鄭氏可贈榮國夫人制　彭城集 20/16b

皇叔宗綽建寧軍節度使加恩制　宋詔令集 44/231

皇叔祖宗綽改保靜軍節度使開府儀同三司檢校司空加恩制　宋詔令集 44/233

皇叔祖宗綽加恩制　宋詔令集 45/235

皇叔祖宗綽特授檢校司徒依前開府儀同三司持節孟州諸軍事充河陽三城節度使進封濮王加食邑食實封勳如故　宋詔令集 46/239

皇叔祖宗綽加恩制　宋詔令集 47/241

~宗誼

皇兄右驍衛大將軍洛州防禦使宗誼可明州觀察使　韓南陽集 17/11a

皇伯宗誼特授依前檢校右散騎常侍充昭化軍節度使加食邑食實封餘如故制　宋詔令集 43/227

皇伯宗誼拜使相封濮國公制　宋詔令集 43/227

~宗魯

皇姪宗魯可贈徐州觀察使追封彭城侯制　郡溪集 2/3a

~宗諤

皇伯宗諤贈太尉韓王制　元豐稿 22/2a　宋詔令集 50/256

皇伯宗諤授光祿大夫檢校尚書左僕射同中書門下平章事號國公集慶軍節度使加食邑實封制　華陽集 25/3a　宋詔令集 42/223

皇伯宗諤落同中書門下平章事制　華陽集 25/3b　宋詔令集 50/255

除皇伯宗諤　傳家集 16/11b　司馬溫公集 56/13a

皇伯集慶軍節度使檢校尚書左僕射兼御史大夫上柱國號國公宗諤南郊加食邑功臣制　郡溪集 2/1b

嫡母劉氏　集慶軍節度使同中書門下平章事宗諤嫡母劉氏追封祁國太夫人制　郡溪集 7/3b

繼母宋氏　繼母宋氏可追封崇國太夫人制　郡溪集 7/4a

母朱氏　集慶軍節度使宗諤所生母朱氏可追封水嘉郡太夫人制　郡溪集 7/5b

皇伯宗諤加恩制　宋詔令集 43/226

皇伯宗諤檢校司空移鎮進封豫章郡王制　宋詔令集 43/228

除皇兄宗諤保靜軍節度使　宋文鑑 34/8a

~宗樸

皇姪宗樸可貴州刺史制　文恭集 19/1b

皇伯宗樸授光祿大夫依前檢校尚書左僕射同中書門下平章事充彰德軍節度使加食

邑功臣制　華陽集 25/2b　宋詔令集 42/223

育母吳氏　皇叔彰德軍節度使左僕射同中書門下平章事宗樸故育母樂安郡太君吳氏追封水嘉郡太夫人　蘇魏公集 35/1a

皇伯章德軍節度使濮國公宗樸可檢校左僕射同中書門下平章事充彰德軍節度使濮國公制　郡溪集 2/1a　宋詔令集 42/223

故宗僕改封惠王　張華陽集 8/10a

皇伯宗僕授光祿大夫依前檢校尚書左僕射同中書門下平章事充彰德軍節度使加食邑功臣制　宋詔令集 42/223

·皇伯宗樸進封濮陽郡王制　宋詔令集 43/227

~宗翰

母劉氏　左監門衛將軍宗翰所生母劉氏可進封縣太君制　文恭集 19/15a

皇弟右驍衛大將軍道州團練使宗翰可依前右驍衛大將軍德州防禦使　韓南陽集 17/12b

~宗儒

皇伯祖宗儒贈太尉追封北海郡王制　宋詔令集 50/256

~宗鎮

妻楊氏　左領軍衛大將軍宗鎮新婦楊氏等三人可並封郡君制　蔡忠惠集 10/13b

~宗隱

皇弟右驍衛大將軍汀州刺史宗隱可隰州團練使　韓南陽集 17/10a

皇叔祖安康郡王宗隱加食邑制　蘇魏公集 21/4b

皇叔祖保信軍節度使宗隱男仲琪等可並太子右內率府副率制　彭城集 19/21a　宋文鑑 39/12b

皇叔宗隱保信軍節度使加恩制　宋詔令集 44/231

皇伯宗隱移保信軍節度開府檢校司空加恩制　宋詔令集 44/232

皇叔祖宗隱加恩制　宋詔令集 45/236

~宗蓋

皇弟右領衛大將軍宗蓋可逐州刺史　韓南陽集 17/11b

~宗邈

皇姪故左監門衛將軍宗邈可贈防禦使追封侯制　蔡忠惠集 11/10b

~宗琼

皇弟右驍衛大將軍襄州刺史宗琼可真州團練使　韓南陽集 17/10a

~宗藝

皇姪宗藝可左領衛大將軍制　文恭集 19/1b

~宗懿

皇姪宗懿可端州刺史制　文恭集 19/1a

皇姪信州團練使宗懿改鄆州防禦使制　陸川集 55/5b　王文公集 10/4b

皇兄宿州觀察使宗懿可封濟國公制　鄱溪集 2/1b

~性夫

趙性夫直華文閣再任浙東提刑制　後村集 61/4a

~尚之

朝奉郎權知唐州趙尚之可除直秘閣制　北海集 4/5a

~叔元

皇伯叔元贈昭化軍節度使追封欽國公制　宋詔令集 50/257

~叔牙

皇叔叔牙降海州團練使制　宋詔令集 50/255

~叔勻

皇叔右金吾衛大將軍降授真州團練使叔勻可特授依前右金吾衛大將軍號州防禦使制　摘文集 6/3a

~叔皮

妻曹氏　皇兄右千牛衛將軍叔皮妻曹氏可封永嘉郡君　蘇魏公集 35/4b

~叔攸

叔攸除右班殿直　樂城集 28/1a

~叔果

母張氏　皇伯濮州防禦使叔果所生母仙源縣太君張氏可贈永嘉郡太君　彭城集 23/6a

~叔近

知秀州趙叔近落職制　浮溪集 9/11b　浮溪集/附拾遺 9/111

~叔封

皇伯故真州防禦使叔封可贈崇信軍節度使追封遂國公制　彭城集 20/14a

~叔兼

皇伯右武衛大將軍深州團練使叔兼防禦使制　彭城集 19/3a

~叔放

皇親叔放轉官加勳（一、二）　臨川集拾遺/6a-6b　王文公集 13/2b-3a

~叔劍

皇叔太子右内率府副率叔劍可特授太子右監門率府率制　净德集 8/11a

~叔豹

皇叔故右武衛大將軍罕漢州刺史叔豹可特贈襄州觀察使追封雲安侯　公是集 30/12a

~叔混

宗室叔混贈府儀同三司　劉給諫集 2/11b

~叔聃

母朱氏　皇叔右武衛大將軍德州刺史叔聃等所生母朱氏可贈崇仁縣太君制　净德集 9/15a

~叔曹

皇叔叔曹贈洛州防禦使封廣平侯　蘇東坡全集/外制上/9a

~叔奢

皇叔故右監門衛大將軍叔奢可贈濟州防禦使追封濟陽侯　公是集 30/12b

~叔紺

叔紺叙官制　道鄉集 18/5a

~叔姥

皇叔右武衛大將軍舒州團練使叔姥可贈觀察使追封侯　公是集 30/13a

~叔遂

皇叔叔遂可贈懷州防禦使追封河内侯　蘇東坡全集/外制上/17b

~叔董

皇弟右監門衛大將軍叔董可依前大將軍蘭州刺史制　摘文集 5/4a

~叔過

母董氏　皇叔右監門衛大將軍叔過故所生母董氏可縣太君制　彭城集 20/6a

~叔嫕

皇弟右千牛衛將軍叔嫕可右監門衛大將軍　宋文鑑 39/10b

~叔顏

叔顏男旼之可三班借職　蘇東坡全集/外制上/11a

~叔諲

叔諲先因殺人退官勒停已叙今叙右千牛衛將軍　樂城集 27/10a

~叔諷

皇姪右千牛衛將軍叔諷服除可舊官制　郎溪集 5/5b

~叔滕

皇叔右武衛大將軍環州刺史叔滕可遂郡團練史　彭城集 19/5b

~叔鮑

皇叔故右武衛大將軍惠州團練使叔鮑可贈鄆州觀察使追封東平侯　彭城集 23/5b

~叔羅

皇叔右監門衛大將軍叔羅可遂郡刺史制　彭城集 19/6b

~叔儼

皇叔武衛大將軍磁州刺史叔儼可遂郡團練使制　彭城集 19/20b

皇叔右金吾衛大將軍降授通州團練使叔儼可特授依前右金吾衛大將軍成州防禦使　摘文集 6/3a

~叡之

叔顏男叡之可三班借職　蘇東坡全集/外制上/11a

~　昕

皇子昕除忠正軍節度使壽國公制　宋詔令集 27/139

~　估

皇弟徽宗加恩制　樂城集 33/5b

皇第十子估鎭寧節度寧國公制　宋詔令集 28/144

皇弟估加恩制　宋詔令集 28/147

皇弟某加恩制　宋詔令集 29/150

皇弟估加恩制　宋詔令集 29/152

皇弟估加恩制　宋詔令集 29/154

皇弟估兩鎭封端王制　宋詔令集 29/155

皇弟估守司空移兩鎭加恩制　宋詔令集 30/156

~居中

皇弟居中加封制　益國文忠集 102/15b　益公集 102/71b

皇弟天水郡公居中加封制　益國文忠集 103/3b　益公集 103/77b

皇弟居中慶壽加恩　益國文忠集 112/5b　益公集 112/115b

皇弟右監門衛大將軍某州刺史多能多助收使父居中遺表各轉遂郡團練使　宋本攻媿集 30/25b　攻媿集 34/23b

皇弟居中明堂加恩制　玉堂稿 2/3b

~居廣

皇兄永陽郡王居廣郊祀加恩制　益國文忠集 102/2b　益公集 102/55b

皇兄居廣郊祀加恩　益國文忠集 112/3b　益公集 112/113b

皇兄居廣明堂轉官加恩制　玉堂稿 1/6a

~居禮

宗室居禮特補右内率府副率制　東窗集 14/3b

~承亮

磁州防禦使承亮等女可並封縣君制　文恕集 19/14a

皇伯祖承亮授檢校工部尚書榮國公感德軍節度使加食邑實封制　華陽集 25/1a　宋文鑑 35/11a　宋詔令集 42/223

皇伯祖承亮授依前感德軍節度使改封秦國公制　華陽集 25/1b　宋詔令集 42/224

皇伯祖威德軍節度使榮國公承亮加恩制　臨川集 47/5a　宋文鑑 34/16b

~承俊

皇弟故右屯衛大將軍霸州防禦使承俊贈崇信軍節度觀察留後追封樂平郡公制　臨川集 54/15a

~承翊

母霍氏　右龍衛大將軍饒州刺史承翊親育母霍氏可封縣太君制　文恕集 19/14b

~承裕

定武軍節度使承裕第六女遂寧縣君趙氏可進封長樂郡君制　文恕集 19/13b

皇伯祖承裕特授依前檢校工部尚書充寧武軍節度使加食邑食實封散官勳封加故制　宋詔令集 43/227

~承翊

妻崔氏　皇伯祖故贈安德軍節度觀察留後承翊新婦博陵郡君崔氏可進封仁壽郡夫人制　王魏公集 3/6b

~承幹

皇兄故懷州防禦使承幹可贈保靖軍節度使追封蕭國公制　蔡忠惠集 9/23a

~承假

皇叔故右神武軍大將軍鳳州團練使承假可贈安州觀察使追封安陸侯　韓南陽集 17/

15a

~承操

妻王氏 宗室承操新婦王氏進封國夫人制 元豐稿 21/7b

妻王氏 皇伯祖故贈涇州觀察使承操新婦新安郡王氏可延安郡夫人制 王魏公集 3/6a

~承選

皇伯祖承選特授依前檢校工部尚書充保大軍節度使加食邑食實封餘如故 宋詔令集 43/226

~承簡

皇兄故保康軍節度觀察留後承簡贈彰化軍節度追封安定郡王制 臨川集 54/15a 王文公集 14/1a 宋文鑑 38/12b

~承顯

除皇伯祖承顯 傅家集 16/7b 司馬溫公集 56/9b

~孟珏

趙孟珏除軍器少監 後村集 69/11a

~孟彪

趙孟彪降授迪功郎制 四庫拾遺 315/翰林集

~孟博

趙孟博陞秘撰 後村集 64/16a

~孟傳

趙孟傳直寶章閣知嚴州 後村集 61/3b

趙孟傳依舊秘閣修撰除提舉福建市舶兼知泉州 後村集 69/10b

趙孟傳特授華文閣直學士沿海制置使知慶元府諾 四明文獻集 5/16a

~孟儀

趙孟儀除將作監丞 後村集 70/3a

~洞夫

趙洞夫降授迪功郎制 四庫拾遺 317/翰林集

~ 汱

故巴陵縣公汱追復少保寧武軍節度使濟王食邑四千戶食實封一千五百戶制 翰林集 10/4b

~彥切

趙彥切降授儒林郎制 四庫拾遺 368/翰林集

~彥吶

趙彥吶授權兵部侍郎依舊四川安撫制置使制 翰林集 6/14a

~彥若

趙彥若轉官制 元豐稿 21/9a

妻龐氏(龐籍)第五女大理評事趙彥若妻德安縣君制 臨川集 54/13b

太子中允集賢校理趙彥若可太常丞依前職制 郡溪集 5/6a

趙彥若散官安置制 宋詔令集 207/777

趙彥若復龍圖閣學士制 宋詔令集 222/855

~彥玘

趙彥玘如容州 未本攻媿集 33/10a 攻媿集 3//9b

趙彥玘降朝奉大夫 育德堂外制 4/14a

~彥适

從事郎趙彥适收使射中減磨勘循一資 宋本攻媿集 30/20a 攻媿集 34/18b

~彥侯

趙彥侯湖南路轉運判官制 平齋集 22/16a

~彥紝

新知西外宗正事趙彥紝乞休致除直秘閣官觀制 平齋集 18/6a

~彥訏

趙彥訏除煥章閣學士依舊四川安撫制置使制 東澗集 5/21b

~彥堪

特奏名宗室趙彥堪授承節郎制 東窗集 10/11a

~彥覃

直秘閣新成都府路提刑趙彥覃除都大坑冶制 平齋集 17/17a

趙彥覃除直寶謨閣權知廣州兼廣東路經略安撫制 平齋集 21/16b

~彥逾

中奉大夫試工部尚書趙彥逾封祥符縣開國男食邑三百戶 止齋集 15/10b

工部尚書趙彥逾除端明殿學士知建康府恩數依執政 止齋集 17/2b

端明殿學士中大夫新知建康府趙彥逾改除四川安撫制置使兼知成都 止齋集 17/4b

端明殿學士四川安撫制置使趙彥逾贈三代曾祖趙叔寬 趙彥逾曾祖少師崇國公謚清簡加贈太傅 止齋集 17/8a

曾祖母某氏 趙彥逾曾祖母崇國夫人某氏加贈 國夫人 止齋集 17/8b

祖趙職之 趙彥逾祖端明殿學士四川安撫制置使 止齋集 17/8b

祖母某氏 趙彥逾祖母淑人某氏贈郡夫

人 止齋集 17/8b

父趙公照 趙彥逾父加贈太子少師 止齋集 17/9a

妻某氏 趙彥逾妻淑人某氏贈郡夫人 止齋集 17/9a

户部侍郎趙彥逾工部尚書 宋本攻媿集 33/21b 攻媿集 37/20b

見任侍從該覃恩轉官工部尚書趙彥逾 宋本攻媿集 36/18b 攻媿集 40/18a

趙彥逾侍讀 育德堂外制 2/3b

趙彥逾授觀文殿學士 育德堂外制 4/7b

趙彥逾授太中大夫 育德堂外制 6/1a

~彥衞

朝奉郎知湖州烏程縣趙彥衞爲鄉民訴水傷擁併死損八人降一官 宋本攻媿集 30/13a 攻媿集 34/12a

趙彥衞降官 育德堂外制 4/14b

~彥操

知贛州趙彥操知廣州 宋本攻媿集 30/27a 攻媿集 34/25a

知廣州趙彥操職事修舉並除煥章閣待制 宋本攻媿集 34/12b 攻媿集 38/12b

中大夫煥章閣待制趙彥操轉一官致仕 宋本攻媿集 36/3b 攻媿集 40/3b

~彥禮

前知建昌軍趙彥禮拖欠月椿錢降一官 宋本攻媿集 35/25a 攻媿集 39/23a

~彥槩

趙彥槩知寶慶府制 蒙齋集 8/15a

~彥讓

宗子趙彥讓補承信郎制 浮溪集 8/16a 浮溪集/附拾遺 8/98

~彥櫬

趙彥櫬户部郎中 育德堂外制 2/12a

~彥璧

趙彥璧取應合格承節郎 歸愚集 7/7b

~彥繩

前知撫州趙彥繩知贛州 止齋集 18/8b

~ 柄

皇第三十子柄授官制 宋詔令集 34/181

~ 珀

皇子珀追封肅王 育德堂外制 5/9a

~ 恒

皇子襄王某開封尹制 宋詔令集 26/134

~若淡

趙若淡轉一官制 平齋集 17/17a

~ 茂

哲宗子鄆王贈皇太子改謚獻愍制 宋詔令集 25/130

~思正

思正加恩制 翰林集 5/15a

思正依前皇叔安德軍節度使開府天水郡開國公加食邑食實封制附口宣 後村集 54/4b

~ 侯

皇弟咸寧郡王侯加食邑制 蘇魏公集 21/6a

皇兄故河東山南西道節度觀察處置橋道等使守太師開府儀同三司太原牧兼興元牧陳王賜入朝不趨詔書不名贈尚書令加徐州牧改封燕王可特加贈侍中追封吳王餘如故制 摘文集 8/8b

皇兄故河東山南西道節度觀察使守太師開府儀同三司太原牧兼興元牧陳王賜入朝不趨詔書不名可贈尚書令兼中書令加徐州牧改封燕王制 摘王集 8/9a

故燕王第三男賜名有常可右武衞大將軍制 摘文集 8/9b

故燕王第二女可封郡主制 摘文集 8/9b

皇第十一子侯拜官制 宋詔令集 28/145

皇弟侯加恩制 宋詔令集 28/147

皇弟侯加恩制 宋詔令集 29/151

皇弟侯加恩制 宋詔令集 29/153

皇弟侯守司空移兩鎮加恩制 宋詔令集 30/157

除皇弟侯特授依前檢校太尉開府儀同三司充河陽三城等軍節度使封莘王加食邑食實封勳如故制 宋詔令集 30/157

皇弟侯守太保移鎮進封衞王制 宋詔令集 30/158

皇弟侯改護國山南西道等軍節度使加恩制 宋詔令集 30/160

皇弟衞王侯加恩制 宋詔令集 31/161

皇弟侯特授依前守太保開府儀同三司青州牧兼兗州牧衞王充鎮海泰寧等軍節度使加食邑食實封勳如故制 宋詔令集 31/162

皇弟侯依前太傅永興成德軍節度使雍州牧兼真定牧燕王加恩制 宋詔令集 33/176

~ 俊

皇子俊授特進檢校太尉使持節曹州諸軍事

行曹州刺史兼御史大夫充彭信軍節度曹州管內觀察處置等使上柱國永公食邑三千户食實封一千户仍賜體仁保運功臣制　宋令集 27/141

皇子俊特授開府儀同三司加恩餘如故制　宋令集 27/141

皇子俊贈官制　宋令集 35/187

～杕

皇第十七子杕特授檢校太尉充靜江軍節度使上柱國廣國公食邑食實封制　宋詔令集 31/165

皇子杕特授檢校太保靜江軍節度使廣公勳食邑食實封如故制　宋詔令集 32/170

～拱

皇弟十六子拱特授檢校太尉充淮康軍節度使上柱國定國公食邑食實封制　宋詔令集 31/164

～桓

皇長子拜官制　宋詔令集 30/159

皇長子改興德軍節度使進封京兆王制　宋詔令集 30/160

皇長子桓特授太保依前武昌軍節度使定王勳食邑食實封如故制　宋令集 32/167

～桐

皇第二十九子桐特授檢校少保保慶軍節度使儀國公食邑食實封制　宋令集 34/180

～栩

皇子栩特授檢校太保開府儀同三司彰武軍節度使安康郡王勳食邑食實封如故制　宋詔令集 32/168

皇子栩加恩制　宋令集 33/172

皇子栩特授太保荊南清海軍節度使進封濟王加食邑食實封制　宋令集 34/179

～眷

妻郭氏　普安郡王妻郭氏封郡夫人制　楊溪集 4/15b

～捐之

右監門衞大將軍捐之可遂郡刺史制　彭城集 19/7a

～惘夫

趙惘夫降授儒林郎制　四庫拾遺 364/鶴林集

～時享

趙時享降授宣教郎制　四庫拾遺 297/鶴林集

～時格

趙時格降授儒林郎制　四庫拾遺 365/鶴林集

～時信

合格取應宗子時信等四十二人授官第一名捕承節郎餘補承信郎　止齋集 13/9a

～時淬·

母劉氏　承務郎知信州玉山縣丞趙時淬封母劉氏可特封太孺人　後村集 73/7b

～時敏

四川量試宗子時敏補承信郎　宋本攻媿集 35/19b　攻媿集 39/18a

～時逢

趙時逢大宗正丞制　尊白堂集 5/30b

朝散郎樞密院檢詳諸房文字兼國史院編修官兼實錄院檢討官趙時逢依官特授試將作監兼職如故制　後樂集 1/13a

～時侯

趙時侯授武德郎制　四庫拾遺 322/鶴林集

～時煥

時煥授太常寺簿制　樓鑰集 7/1b

～時蓁

趙時蓁除户部郎官　後村集 69/11b

～時願

趙時願除太常博士　後村集 70/10b

～偲

皇第八子某追贈爵謚制　宋詔令集 35/188

～師旦

知康州贊善大夫趙師旦宜特贈光祿少卿制　蔡忠惠集 9/12a

～師民

龍圖閣直學士趙師民邢部郎中　公是集 30/7b

～師光

趙師光侍右郎官　後村集 64/12a

侍右部官趙師光陞郎中　後村集 68/10b

～師垂

皇伯檢校少保師垂加食邑實封制　後樂集 3/17a

皇伯師垂特授少保依前定江軍節度使致仕天水郡開國公加食邑食實封令所司擇日備禮册命制　眞西山集 19/12a

～師厚

趙師厚補承信郎展二年出官　益國文忠集 94/2b　益公集 98/106b

～師禹

皇叔保康軍節度使師禹加食邑實封制　後樂集 3/18a

皇叔師禹除檢校少傅制　真西山集 19/17a

~師貢

皇叔祖少傅保寧軍節度使充萬壽觀使師貢加食邑實封制　東澗集 5/2a

~師湜

趙師湜降授修職郎制　四庫拾遺 303/鶴林集

~師造

朝散大夫知郡武軍趙師造降兩官　宋本攻媿集 30/2b　攻媿集 34/2b

~師敏

宗室趙師敏特補承信郎制　東窗集 10/7b

~師淵

朝奉郎添差權通判溫州軍州兼管內勸農事賜緋魚袋趙師淵依前官特授行將作監主簿賜如故制　後樂集 1/14a

~師挈

皇伯嗣秀王師挈加食邑實封制　後樂集 3/15a

皇伯奉國軍節度使開府儀同三司充萬壽觀使嗣秀王師挈可特授少保加食邑食實封制　真西山集 19/4a

皇伯師挈少傅奉國軍節度使充萬壽觀使嗣秀王食邑五千九百戶食實封二千一百戶特授少師依前奉國軍節度使充萬壽觀使嗣秀王加食邑實封仍令擇日備禮册命制　真西山集 19/19a

~師鉱

宗子師鉱量試不中依近降指揮年四十以上特補承信郎展三年出官　止齋集 13/9a

~師程

趙師程大理寺主簿　宋本攻媿集 35/9b　攻媿集 39/9a

~師道

宗子趙師道補承信郎制　東窗集 10/5a

~師楷

趙師楷直寶章閣廣東經畧安撫制　東澗集 5/17b

趙師楷除直秘閣依舊都大提點坑冶鑄錢公事制　東澗集 6/14b

趙師楷除太府寺丞制　平齋集 21/17b

趙師楷授江淮荊浙福建廣南路都大提點坑冶鑄錢公事制　鶴林集 8/12a

~師說

四川宗子師說等十人趁赴殿試不及並特補承信郎　止齋集 13/9a

~師潞

皇叔祖檢校少保安德軍節度使提舉萬壽觀會稽郡開國公師潞加食邑食實封制　東澗集 5/1b

~師葬

淮西運副趙師葬太府少卿淮西總領　宋本攻媿集 35/8a　攻媿集 39/7b

趙師葬降太中大夫　育德堂外制 1/4a

趙師葬知鎮江府　育德堂外制 3/11a

趙師葬復通奉大夫　育德堂外制 4/13a

太中大夫實謨閣學差知盧州祥符縣開國子食邑五百戶趙師葬依前官特試工部尚書知臨安軍府事兼管內勸農使充兩淅西路安撫使馬步軍都總管封如故制　後樂集 2/23a

太中大夫試工部尚書兼知臨安軍府兼管內勸農使充兩浙西路安撫使馬步軍都總管兼點檢戶部贍軍激賞灑庫祥符縣開國子食邑五百戶趙師葬特授通議大夫依前職封如故制　後樂集 2/24a

趙師葬知贛州制　山房集後稿 8b

趙師葬知江州制　山房集後稿 9a

~師睪

師睪授知南外宗正事制　鶴林集 6/1b

~師瑗

趙師瑗知德慶府　宋本攻媿集 31/5a　攻媿集 35/5a

~師彌

少傅保寧軍節度使判大宗正事嗣秀王師彌特授少師加食邑食實封制　東澗集 5/2b

師彌加恩制　鶴林集 5/14a

師彌依前皇叔祖太傅保寧軍節度使判太宗正事嗣秀王加食邑食實封制　後村集 54/2a

~師變

趙師變轉一官　益國文忠集 100/6a　益公集 100/139b

師變加食邑實封制附賜告口宣　宋本攻媿集 41/19b　攻媿集 45/4a

皇伯師變特授開府儀同三司加食邑實封制附賜告口宣　宋本攻媿集 43/9a　攻媿集 45/9b

~ 榷

皇第二十三子榷特檢校少保武康軍節度使相國公食邑食實封制 宋詔令集 32/171

皇子榷加恩制 宋詔令集 33/173

~ 悻（恭王）

妻李氏 恭王夫人李氏定國夫人制 盤洲集 21/3a

皇太子領臨安尹制 益國文忠集 102/7a 益公集 102/61a

~ 惟叙

皇姪孫惟叙等三人加官 咸平集 29/8a

~ 崇仇

趙崇仇降授從事郎制 四庫拾遺 295/鶴林集

~ 崇夷

趙崇夷降授從事郎制 四庫拾遺 290/鶴林集

~ 崇凤

趙崇凤降授修職郎制 四庫拾遺 303/鶴林集

~ 崇呂

趙崇呂降授儒林郎制 四庫拾遺 363/鶴林集

~ 崇洙

趙崇洙降授修職郎制 四庫拾遺 304/鶴林集

~ 崇官

趙崇官降授修職郎制 四庫拾遺 310/鶴林集

~ 崇玘

趙崇玘特授文林郎制 四庫拾遺 372/鶴林集

~ 崇忒

趙崇忒降授從事郎制 四庫拾遺 313/鶴林集

~ 崇貢

趙從貢降授修職郎制 四庫拾遺 301/鶴林集

~ 崇健

趙崇健授大理寺正制 鶴林集 6/18a

~ 崇畠

趙崇畠太府寺丞制 平齋集 17/20b

趙崇畠除大宗正丞制 蒙齋集 8/17b

~ 崇絢

趙崇絢除直秘閣知婺州 後村集 68/14a

趙崇絢除將作監 後村集 68/14a

~ 崇暉

趙崇暉除刑部郎官制 蒙齋集 9/15a

~ 崇嫩

趙崇嫩除大理評事制 平齋集 18/14b

趙崇嫩權戸侍兼檢正 後村集 62/8a

趙崇嫩吏部侍郎兼檢正 後村集 64/7b

~崇實

趙崇實叙復朝奉郎制 四庫拾遺 401/鶴林集

~崇端

趙崇端降授儒林郎制 四庫拾遺 368/鶴林集

~崇齊

趙崇齊措置耀買轉一官制 東澗集 6/25a

~崇搏

趙崇搏降授從事郎制 四庫拾遺 290/鶴林集

~崇僑

趙崇僑降授從事郎制 四庫拾遺 293/鶴林集

~崇濤

趙崇濤直秘閣知遂寧府制 平齋集 21/10a

~ 偲

皇弟偲加制 樂城集 33/7b 宋詔令集 29/152

除皇弟偲制 范太史集 29/3a

越王偲第八男乞特賜名可除右驍衛將軍制 橫塘集 7/1a

越王偲第十二女可宗姬制 橫塘集 7/1a

皇弟除太傅山東道節度使開府儀同三司進封越王 梁溪集 35/14a

皇弟偲拜官制 宋詔令集 28/148

皇弟偲加恩制 宋詔令集 29/151

皇弟祁國公偲開府儀同三司制 宋詔令集 29/152

皇弟偲加恩制 宋詔令集 29/154

皇弟偲特授依前檢校太尉開府儀同三司充武安軍節度使進封永寧郡王加食邑實封勳如故制 宋詔令集 30/156

皇弟偲加兩鎮進封睦王加恩制 宋詔令集 30/158

皇弟偲守司徒移鎮封定王制 宋詔令集 30/158

皇弟偲改武寧武勝軍節度使制 宋詔令集 30/160

皇弟定王偲加恩制 宋詔令集 31/161

皇弟定王進守太保移兩鎮加恩制 宋詔令集 31/162

皇弟偲特授依前守太尉開府儀同三司揚州牧兼雍州牧定王充淮南永興等軍節度使加食邑食實封勳如故制 宋詔令集 31/163

皇弟偲加恩制 宋詔令集 33/172

皇弟偲依前太傅鳳翔山南西道節度使鳳翔牧兼興元牧越王加恩制 宋詔令集 33/176

除皇弟偲武成軍節度使祁國公制 宋文鑑

36/5a

~從古

皇姪右衛大將軍薊州防禦使從古登州防禦使制 臨川集 51/4b

~從式

除皇伯從式制 韓南陽集 15/11a

涇州管內觀察使舒國公從式奏百姓醫人李詢可試國子四門助教不理選限 蘇魏公集 29/11a

母李氏 磁州防禦使從式所生母南陽縣太君李氏可永嘉郡君 西溪集 5(三沈集 2/19b)

皇伯從式保康軍節度使 宋詔令集 42/224

~從信

母許氏 大將軍從信故所生母許氏追封平原縣太君制 臨川集 54/12a

~從約

韓國公從約女封縣君令 鄱溪集 7/5a

~從善

皇姪故如京使從善可贈刺史制 元憲集 25/6b

~從質

皇姪故左衛屯大將軍信州團練使從質可贈觀察使追封侯制 蔡忠惠集 9/5b

~崇謁

母鄭氏 潁國公從謁所生母鄭氏可封縣太君制 文恭集 19/14b

~詠之

母某氏 趙詠之回授封母 西垣稿 2/10b

~善仁

成都府勘到保義郎趙善仁要有服婦人不報父母并擅離廣都縣商稅任所特降一官 益國文忠集 96/12b 益公集 95/42b

~善防

賜進士出身宣教郎趙善防係濮安懿王近屬更轉一官 止齋集 13/8b

趙善防直閣致仕 育德堂外制 5/14a

~善宣

趙善宣叙朝請大夫 育德堂外制 1/15a

趙善宣知臨安府 育德堂外制 3/7b

~善彥

湖北提刑張垓奏承議郎常德府通判趙善彥在任貪墨不法降一官放罷 止齋集 12/3a

~善俊

趙善俊降直徽猷閣制 西垣稿 1/5b

~善恭

趙善恭司農卿 育德堂外制 2/1b

~善淑

趙善淑可補承信郎制 浮溪集 8/15b 浮溪集/附拾遺 8/98

~善視

修職郎臨安府昌化縣主簿趙善視降一等放罷 宋本攻媿集 30/7a 攻媿集 34/6b

~善堅

趙善堅知紹興府制 尊白堂集 5/32a

趙善堅權户部尚書 育德堂外制 2/5b

通奉大夫知慶元軍府事兼管內勸農使兼沿海制置使武昌縣開國子食邑五百户趙善堅特授寶謨閣待制依前官職封如故制 後樂集 2/13a

~善湘

趙善湘依舊資政殿大學士知紹興府浙東安撫使制 東澗集 5/18b

~善淵

特奏名宗室趙善淵授承節郎制 東窗集 10/11a

~善登

左迪功郎趙善登可左從政郎制 范成大佚著/87

~善琮

父趙不卞 中奉大夫趙善琮轉一官回授本生父不卞贈承事郎制 平齋集 21/20a

母梅氏 中奉大夫趙善琮轉一官回授故本生母梅氏贈孺人制 平齋集 21/20b

趙善琮除刑部郎中制 平齋集 22/13b

~善曼

善曼換授皇叔祖太子右監率府率制 翰林集 6/1a

~善謙

文林郎保寧軍節度推官趙善謙降一資放罷 宋本攻媿集 30/10b 攻媿集 34/10a

~善禮

廣德縣令趙善禮循資制 盤洲集 19/5a

~善與

善與授右千牛衛將軍 育德堂外制 1/10a

~善繼

趙善繼除直秘閣 海陵集 19/4a

~善彌

趙善鑛轉忠翊郎制　東窗集 10/13a

～ 棟

皇第二十七子棟特授檢校少保雄武軍節度使溫國公食邑食實封制　宋詔令集 33/175

～ 械

皇子械特授檢校太保開府儀同三司淮南節度使濟陽郡王勳食邑食實封如故制　宋詔令集 32/168

皇子械加恩制　宋詔令集 33/173

～ 椅

皇第二十六子椅特授檢校少保定國軍節度使嘉國公食邑食實封制　宋詔令集 33/174

～ 植

皇第十二子植特授檢校太尉充定武軍節度使上柱國吳國公食邑食實封制　宋詔令集 31/163

皇子植特授檢校太保武定軍節度使吳國公勳食邑食實封如故制　宋詔令集 32/169

皇子植依前檢校太保定武軍節度使某國公加恩制　宋詔令集 34/178

皇子植特授依前檢校太保安遠軍節度使開府儀同三司進封信都郡王加食邑食實封制　宋詔令集 34/180

皇子植特授太保寧江靖康軍節度使進封莘王加食邑食實封制　宋詔令集 34/181

～ 棣

皇第十四子棣特授檢校太尉充鎮江軍節度使上柱國徐國公食邑食實封制　宋詔令集 31/164

皇子棣依前檢校太保鎮江軍節度使徐國公加恩制　宋詔令集 34/178

皇子棣特授依前檢校太保鎮南軍節度使開府儀同三司追封高平郡王加食邑食實封制　宋詔令集 34/182

～傅夫　～仉夫

父趙彥軏　趙傅夫弟仉夫父彥軏贈特進制　鶴林集 10/17b

母段氏　趙傅夫母段氏贈定襄郡夫人制　鶴林集 10/18a

～ 煥

皇第二子煥授官制　宋詔令集 30/159

～ 禎

皇子某拜官制　宋詔令集 26/134

皇子某忠正軍節度使封壽春郡王制　宋詔令集 26/135

皇子某進封昇王制　宋詔令集 26/135

～ 項

皇子項進封潁王制　宋詔令集 27/139

～ 椿

皇第十九子椿特授檢校太尉充慶源軍節度使上柱國慶國公食邑食實封制　宋詔令集 31/165

皇子椿特授檢校太保慶源軍節度使慶國公勳食邑食實封如故制　宋詔令集 32/170

～ 楷

皇子楷特授太保依前鎮東軍節度使嘉王勳食邑食實封如故制　宋詔令集 32/167

皇子楷移兩鎮加恩制　宋詔令集 33/174

皇子楷特授劍南西川鎮南節度使成都牧兼洪州牧依前太傅兼神霄玉清萬壽宮使提舉皇城等司鄆王加食邑食實封制　宋詔令集 33/175

皇子楷依前太傅荊南寧江軍節度使荊州牧兼襄州牧鄆王加恩制　宋詔令集 33/176

皇子楷特授河東寧海軍節度使加恩制　宋詔令集 34/181

皇子魏國公贈太師兼右弼追封魏王謚某制　宋詔令集 35/189

～ 模

抄依前保慶軍節度使建安郡王加食邑食實封制　後村集 54/3b

皇第二十五子模特授檢校少保武安軍節度使惠國公食邑食實封制　宋詔令集 32/171

皇子模加恩制　宋詔令集 33/174

～ 棫

皇第三子棫特授檢校太尉充山南東道節度使上柱國楚國公食邑食實封制　宋詔令集 31/163

第三子棫特授依前檢校太尉開府儀同三司奉寧軍節度使進封南陽郡王加食邑食實封勳如故制　宋詔令集 31/163

皇第四子棫贈太師尚書令兼中書令追封荊王謚悼敏制　宋詔令集 35/189

～ 樽

皇第十五子樽特授檢校太尉充橫海軍節度使上柱國冀國公食邑食實封制　宋詔令集 31/164

皇子樽特授檢校太保横海軍節度使冀國公勳食邑食實封如故制 宋詔令集 32/170

皇子樽加恩制 宋詔令集 33/173

~ 栎（趙璟孫）

信王孫換南班授太子右内率府副率制 尊白堂集 5/5b

~ 楗

皇第二十一子楗特授檢校少保感德軍節度使上柱國韓國公食邑食實封制 宋詔令集 31/165

皇子楗依前檢校少保感德軍節度使韓國公加恩制 宋詔令集 34/179

~ 楥

皇第二十子楥特授檢校少保昭信軍節度使上柱國衛國公食邑食實封制 宋詔令集 31/165

皇子楥加恩制 宋詔令集 33/173

~ 措

皇弟措趁赴朝參除防禦使制 後樂集 2/14a

~ 惰

妻錢氏 鄧王夫人錢氏廣國夫人制 盤洲集 21/2b

~ 愷

妻韋氏 慶王夫人韋氏華國夫人制 盤洲集 21/3a

皇子慶王愷郊祀加恩制 益國文忠集 102/1a 益公集 102/54a

皇子魏王愷加封制 益國文忠集 103/1b

皇子愷除荊南集慶軍節度使行江陵尹加封制 益國文忠集 103/5b 益公集 103/80a

皇子愷除永興成德軍節度使雍州牧加封制附乞改正魏王鎭牧奏（一、二） 益國文忠集 103/7a-8b 益公集 103/82a-84a

皇子愷加封制 益國文忠集 103/15b 益公集 103/92b

皇子魏王愷 益國文忠集 112/1b 益公集 112/111a

皇子愷郊祀加恩 益國文忠集 112/3a 益公集 112/113a

皇子魏王愷除荊南集慶軍節度使行江陵尹 益國文忠集 112/6b 益公集 112/116b

皇子魏王愷除永興成德軍節度使雍州牧 益國文忠集 112/7a 益公集 112/117a

~ 嗣先

翰林醫官趙嗣先可轉一官制 摛文集 7/15a

翰林醫官趙嗣先可轉一官制 摛文集 8/4a

~ 嗣宗

奏舉人前權知嘉州軍事推官趙嗣宗可大理寺丞 西溪集 5(三沈集 2/7a)

~ 備

皇子均國公備進封延安郡王制 宋詔令集 27/142

皇子備特授依前檢校太尉持節鄆州諸軍事鄆州刺史均國公充天平軍節度鄆州管内觀察處置河隄等使加食邑食實封勳如故制 宋詔令集 27/142

皇子備特授特檢校太尉充天平軍節度使均國公加食邑實封仍賜功臣制 宋詔令集 27/142

皇子備加恩制 宋詔令集 28/144

~ 榛

皇第十八子榛特授檢校太尉充建雄軍節度使上柱國福國公食邑食實封制 宋詔令集 31/165

皇子榛特授檢校太保建雄軍節度使福國公勳食邑食實封如故制 宋詔令集 32/170

皇子榛依前檢校太保建雄軍節度使福國公加恩制 宋詔令集 34/178

~ 構

皇子構特授檢校太保開府儀同三司鎭海軍節度使廣平郡王勳食邑食實封如故制 宋詔令集 32/168

皇子構依前檢校太保鎭海軍節度使開府儀同三司廣平郡王加恩制 宋詔令集 34/178

皇子構特授太保加兩鎭進封康王加食邑食實封制 宋詔令集 34/180

~與才

趙與才降授從事郎制 四庫拾遺 292/翰林集

~與奔

與奔換授太子右監門率府副率制 翰林集 6/6a

~與防

宗子與防補承信郎 宋本攻媿集 35/21b 攻媿集 39/20a

~與芮

將作少監趙與芮除大理少卿制 平齋集 18/18b

大理少卿趙與芮除寶文閣待制提舉佑神觀仍奉朝請制 平齋集 19/2a

與芮除武康軍節度使制 翰林集 5/8b

與芮換授揚州觀察使提舉佑神觀仍奉朝請制 鶴林集 6/7a

與芮授武康軍承宣使依舊提舉佑神觀制 鶴林集 6/7b

依前皇弟少保武康軍節度使充萬壽觀嗣榮王加食邑食實封制 後村集 54/3a

皇弟太師武康節度使判大宗正事嗣榮王

與芮三代誥贈

高祖趙子爽 故高祖太師秦國公子爽追封周王賜謚元藎 後村集 72/1a

曾祖趙伯昕 故曾祖太師齊國公伯昕追封楚王賜謚孝節 後村集 72/1b

祖趙師意 故祖太師魯國公師意追封吴王賜謚宣獻 後村集 72/2a

誥贈高祖趙子爽 故高祖太師秦國公子爽追封周王 後村集 72/2b

高祖母王氏 故高祖姑秦國夫人王氏贈周晉國夫人 後村集 72/2b

曾祖趙伯昕 故曾祖太師齊國公伯昕追封楚王 後村集 72/3a

曾祖母劉氏 故曾祖姑齊國夫人劉氏贈楚越國夫人 後村集 72/3b

祖趙師意 故祖太師魯國公師意進封吴王 後村集 72/4a

祖母石氏 故祖姑魯國夫人石氏贈吴魯國夫人 後村集 72/4a

與芮特授中書令 碧梧集 3/3b

與芮特授武康寧江軍節度使依前太師判大宗正事嗣榮王加食邑實封制 碧梧集 3/4b

嗣榮王某賜詔書不名依前皇權太師武康寧江軍節度使判大宗正事嗣榮王加食邑一千户實封四百户 四明文獻 4/8b

嗣榮王進封福王主祭王祀事加食邑一千户食實封四百户仍令司擇日備禮册命制 四明文獻 4/10a

~與度

趙與度授承節郎制 四庫拾遺 339/翰林集

~與茇

趙與茇太府丞 後村集 61/8a

~與迪

趙與迪降授修職郎制 四庫拾遺 300/翰林集

~與嘗

與嘗右文殿撰兩浙運副 後村集 61/13a

顯謨閣待制兩浙路轉運趙與嘗特授尚書户部侍郎兼知臨安府制 碧梧集 5/1a

~與爽

趙與爽除籍田令制 平齋集 23/11b

與爽換授吉州刺史提舉佑神觀仍奉朝請制 鶴林集 6/8a

~與進

趙與進降授朝奉郎制 四庫拾遺 396/翰林集

~與弱

與弱授司農寺簿制 模楚集 7/2a

~與强

趙與强降授從事郎制 四庫拾遺 290/翰林集

~與嘗

趙與嘗依舊寶章閣待制除江東路轉運使兼淮西總領 後村集 67/6b

~與嗣

趙與嗣降授修職郎制 四庫拾遺 309/翰林集

~與禧

趙與禧特贈朝請郎直華文閣諡 四明文獻 5/34a

~與蒸

與蒸換授皇弟太子右監門率府率制 鶴林集 6/6b

~與貌

趙與貌贈奉議郎制 平齋集 21/6a

~與譚

趙與譚西外知宗 後村集 64/2b

與譚降授宣教郎制 四庫拾遺 300/翰林集

~與懌

與懌特授保寧軍節度使制 碧梧集 3/5b

~與熺

趙與熺宗學論 後村集 61/9b

~與戩

趙與戩轉一官授儒林郎制 平齋集 22/21b

~與懋

趙與懋除太府寺丞制 平齋集 20/8a

~與邁

趙與邁降授承議郎制 四庫拾遺 393/翰林集

~與薇

與薇特授承務郎 四庫拾遺 410/束澗集

~與瓊

趙與瓊特授儒林郎制 四庫拾遺 287/翰林集

~與篁

知嘉興府趙與懃政績轉朝議大夫制 平齋集 22/9b

趙與懃除大宗正丞兼權樞密院檢詳諸房文字制 平齋集 22/21b

趙與懃除都官郎中兼樞密院檢詳文字制 平齋集 23/9a

都官檢詳趙與懃除直寶章閣兩浙路轉運判官制 平齋集 23/16b

趙與懃知慶元府兼沿海制置制 四庫拾遺 408/東澗集

~與權

與權授資政殿大學士兼侍讀制 樓塈集 6/12b

曾祖趙伯宗 趙與權曾祖伯宗追贈制 樓塈集 7/10b

曾祖母王氏 曾祖母王氏追贈制 樓塈集 7/11a

祖趙師至 祖師至追贈少傅制 樓塈集 7/11a

祖母林氏 祖母林氏追贈制 樓塈集 7/11b

父趙希言 父希言追贈制 樓塈集 7/11b

母陳氏 母陳氏贈制 樓塈集 7/12a

妻某氏 妻追贈制 樓塈集 7/12b

宗正少卿兼檢正兼户部侍郎趙與權除户部侍郎諾 東澗集 3/17b

户部侍郎兼權兵部尚書兼知臨安府趙與權户部尚書制 東澗集 4/8b

户部尚書趙與權除户部尚書制 東澗集 4/9a

趙與權除刑部郎官制 東澗集 4/18b

趙與權起復直寶謨閣淮西提刑制 平齋集 18/15b

與權依前皇兄安德軍節度使侍閣萬壽使天水郡開國公加食邑食實封制附口宣 後村集 54/5a

~像之

趙像之福建提刑 宋本攻媿集 35/7a 攻媿集 39/6b

~ 櫃

皇子櫃特授檢校太保依前開府儀同三司集慶軍節度使建安郡王勳食邑食實封如故制 宋詔令集 32/167

皇子櫃加恩制 宋詔令集 33/172

皇子櫃特授太保保平武寧軍節度使進封肅王加食邑食實封制 宋詔令集 33/174

皇子櫃加恩制 宋詔令集 33/176

~ 模

皇子模特授檢校太保武勝軍節度使鎮國公勳食邑食實封如故制 宋詔令集 32/169

皇子模特授依前檢校太保淮南節度使開府儀同三司進封樂安郡王加食邑食實封制 宋詔令集 34/179

除皇子模特授太保加兩鎮封祁王加恩制 宋詔令集 34/180

~ 碏

皇姪曾孫太子右內率府率令碏右千牛衛將軍制 臨川集 51/4b

~憙夫

趙憙夫特授承直郎制 四庫拾遺 287/鶴林集

~徽夫

趙徽夫降授奉議郎制 四庫拾遺 395/鶴林集

~德文

除皇叔德文忠武軍節度使加食邑實封制 景文集 31/13b 宋詔令集 41/218

皇叔德文忠武軍節度使加恩制 宋詔令集 41/218

~德明

皇第二子德明拜官封郡王制 宋詔令集 26/133

~德崇

皇長子德崇拜官封郡王制 宋詔令集 26/133

~德彝

皇弟故保信軍節度觀察留後德彝可贈昭德軍節度使特追封信都郡王制 宋詔令集 50/256

~ 樾

皇第二十四子樾特授檢校少保平海軍節度使瀛國公食邑食實封制 宋詔令集 32/171

皇子樾依前檢校少保平海軍節度使瀛國公加恩制 宋詔令集 34/179

~ 穗

皇第二十八子穗特授檢校少保集慶軍節度使英國公食邑食實封制 宋詔令集 34/182

~顒之

趙顒之降左文林郎制 東窗集 12/23b

~蔽之

右武衛大將軍合州刺史蔽之可遙郡團練使制 撙文集 6/1b

~ 顓

皇子頵授光祿大夫依前檢校太尉同中書門下平章事充武勝軍節度使進封安樂郡王加食邑實封制　華陽集 25/6b 宋詔令集 27/140

除皇弟顥　韓南陽集 15/10a 傅家集 16/7a 司馬溫公集 56/9a

皇子博州防禦使大寧郡公仲格可觀察使封國公仍賜君頵制　郢溪集 1/2a

皇叔故成德荊南等軍節度使守太尉開府儀同三司真定尹兼江陵尹荊王頵可贈太師尚書令荊州徐州牧改封魏王制　彭城集 20/7b 宋詔令集 35/188

荊王所乞推恩八人　蘇東坡全集/外制上/6a

妻王氏　荊王新婦王氏潭國夫人　蘇東坡全集/外制上/16a

荊王子孝治等七人逐州團練使　蘇東坡全集/外制上/17b

皇弟頵封高密郡王制　宋詔令集 27/140

皇弟頵兩鎮進封嘉王制　宋文鑑 35/16a 宋詔令集 27/140

皇弟頵加恩制　宋詔令集 28/145

皇叔頵移某軍節度進封加恩制　宋詔令集 28/146

皇叔頵進太傅移兩鎮制　宋文鑑 36/4a 宋詔令集 28/147

皇叔荊王頵遷官制　宋詔令集 28/148

皇叔頵加恩制　宋詔令集 29/150

皇叔頵贈太師尚書令荊州徐州牧改封魏王制　宋詔令集 35/188

~ 濤

安定郡王子濤遇慶典恩轉官　止齋集 14/3a

~ 璩

皇弟恩平郡王璩郊祀加恩制　益國文忠集 102/1b 益公集 102/55a

皇弟恩平郡王璩加封制　益國文忠集 103/1a

皇弟璩除少傅加食邑食實封制　益國文忠集 103/11b 益公集 103/87b

皇弟璩加封制　益國文忠集 103/16a 益公集 103/93a

恩平郡王璩（一、二）　益國文忠集 112/1a－3a 益公集 112/110b－112b

皇弟璩郊祀加恩　益國文忠集 112/3b 益公集 112/113b

信王孫換南班授太子右內率府副率制　尊白堂集 5/5b

~ 檀

皇第二子贈太師尚書令追封兗王賜名檀賜謚沖懿制　宋詔令集 35/188

~ 曙

皇姪右衛大將軍岳州團練使英宗舊名可起復舊官泰州防禦知宗正寺　王文公集 10/3b 宋文鑑 38/9a

~鑄夫

趙鑄大司農寺簿制　平齋集 17/21a

司農寺簿趙鑄夫除司農寺丞兼提領安邊所制　平齋集 18/22a

~警夫

趙警夫降授修職郎制　四庫拾遺 310/鶴林集

~ 顯

乳母宋氏　雍王顯乳母宋氏贈郡君制　元豐稿 22/7a

皇叔徐王顯加食邑制　蘇魏公集 21/3a

皇子和州防禦使樂安郡公仲糾可觀察使封國公仍賜名顯制　郢溪集 1/1b

皇弟泰寧鎮海等軍節度使檢校太尉中書門下平章事岐王顯南郊加食邑制　郢溪集 2/4a

皇某贈兗州觀察使追封東陽侯　蘇東坡全集/外制上/4a

楊王所乞推恩八人　蘇東坡全集/外制上/6a

楊王子孝騫等二人逐州團練使　蘇東坡全集/外制上/17b

徐王改封冀王制　范太史集 33/11a 宋文鑑 36/16b 宋詔令集 29/153

冀王顯布政榜　范太史集 33/13b

皇子頵特授特進檢校太傅同中書門下平章事充保寧軍節度使加上柱國進封東陽郡王加恩賜崇仁保運功臣餘如故制　宋詔令集 27/139

皇弟顯封岐王制　宋詔令集 27/140

皇弟顯加恩制　宋詔令集 27/141

皇弟顯加恩制　宋詔令集 28/145

皇叔顯移某軍節度進封加恩制　宋詔令集 28/146

皇叔顯進太傅移兩鎮制　宋詔令集 28/147

皇叔顯守太傅遷官制　宋詔令集 28/148

皇叔顯加恩制　宋詔令集 29/150

皇叔楊王顯改封徐王制　宋詔令集 29/151

皇叔顯加恩制　宋詔令集 29/154

除皇叔冀王顯特授依前守太尉開府儀同三

司充淮南荊南節度使進封楚王加食邑實封勳如故制 宋詔令集 29/154

~ 續之

特奏名宗室保義郎趙續之授承節郎制 東窗集 10/11a

~ 僎

皇子僎拜官 宋詔令集 27/141

~ 顯夫

宗子顯夫量試不中年四十以上特補承信郎 止齋集 13/8b

~ 曦

皇太子榮王曦加食邑實封制 後樂集 3/16a

無 名 者

~ 某

保寧王制 徐公集 6/1b

~ 某

南昌王制 徐公集 6/2a

~ 某

紀國公封鄆王加司空制 徐公集 6/5b

~ 某

信王改封江王加中書令制 徐公集 6/10a

~ 某

鄭王加元帥江寧尹制 徐公集 6/11a

~ 某

故皇姪右千牛衛將軍可贈右監門衛大將軍制 陶山集 10/6b

~ 某

皇伯節度使開府儀同三司除郡王 梁溪集 35/15a

~ 某

皇子封節度使國公 梁溪集 35/15b

~ 某

皇子除檢校少保節度使郡王 梁溪集 35/16b

~ 某

皇姪除節度使除郡王 梁溪集 35/17a

~ 某

皇子除大傅兩鎮節度使封韓王 梁溪集 35/17a

~ 某

皇兄沂州防禦使權主奉吳王祭祀多才磨勘轉明州觀察使 大隱集 3/12a

~ 某

皇叔慶遠軍承宣使授昭化軍節度使封安定郡王同知大宗正事制 小隱集/6a

~ 某

皇叔集慶軍承宣使徐保大軍節度使知大宗正事封東平郡王制 東萊集/外 3/1b

~ 某

皇兄保大軍節度使檢校少保河陽三城節度使權主奉吳王祭祀進封加食邑實封制 東萊集/外 4/9a

~ 某

寺丞趙某除江西提舉 止齋集 18/2a

~ 某

皇叔授光山軍節度使同知大宗正制 靈巖集 1/4b

~ 某

依前皇弟少保武康軍節度使充萬壽觀嗣榮王加食邑食實封制 後村集 54/3a

~ 某

皇太子開封牧制 宋詔令集 25/129

~ 某

皇兄贈太尉中書令進封周王謚悼獻元祐追封皇太子仍舊謚制 宋詔令集 25/130

~ 某

皇子某加恩制 宋詔令集 28/145

~ 某

皇子某加恩制 宋詔令集 33/173

~ 某

皇叔加恩制 播芳文粹 90/2a

~ 某

皇叔祖加恩制 播芳文粹 90/2b

~ 某

皇姪右衛大將軍泰州防禦使知宗正寺制 播芳方粹 90/9b

~ 某

皇姪孫左屯衛大將軍隨州防禦使制 播芳文粹 90/10a

宗 室 女

~ 氏（趙承裕女）

定武軍節度使承裕第六女遂寧縣君趙氏可進封長樂郡君制 文恭集 19/13b

~ 氏（趙承亮等女）

磁州防禦使承亮等女可並 文恭集 19/14a

~ 氏（李允寧女）

贈太尉允寧女趙氏封縣君 武溪集 11/3b

～ 氏(趙允升第二十二女)

平陽郡王允升第二十二女趙氏可某縣主制 歐陽文忠集 80/7b

～ 氏(趙允迪長女)

贈太尉追封永嘉郡王允迪長女左侍禁錢隆積妻可特封郡君制 蔡忠惠集 10/7a

～ 氏(趙元旦第十六女)

皇伯滕王第十六女封縣主制 元豐稿 21/9b

～ 氏

故興平郡主趙氏男供備庫使曹偁可如京使制 華陽集 28/14b

～ 氏(趙允初長女)

節度使允初長女殿直梁鑄妻特封嘉興郡君制 臨川集 54/14a

～ 氏(趙宗說十八女)

宗說第十八女右班殿直楚奎妻永泰縣君制 臨川集 54/14a

～ 氏(趙世永第三女)

右屯衛大將軍登州防禦使邢國公世永第三女左班殿直徐鎭妻特封金城縣君制 臨川集 54/14b

～ 氏(趙克洵第二女)

右屯衛大將軍茂州刺史克洵第二女右班殿直宋玘妻等並特封縣君制 臨川集 54/14b

～ 氏(趙從約女)

韓國公從約女封縣君制 郡溪集 7/5a

～ 氏

宗室女封縣君制 郡溪集 7/5b

～ 氏(趙宗瑗長女)

右驍衛大將軍冀州刺使宗瑗長女可永嘉縣君 西溪集 5(三沈集 2/19b)

～ 氏

安康郡主趙氏可封兩郡主制 摘文集 8/9b

～ 氏(趙侯第二女)

故燕王第二女可封郡主制 摘文集 8/9b

～ 氏(趙偲女)

越王偲第十二女可宗姬制 橫塘集 7/1a

～ 氏

宗女趙氏封永康郡夫人制 翟忠惠集 4/23b

～ 氏(趙土暢女)

昭化軍節度使嗣濮王土暢女夫司公度除閤門祗候 益國文忠集 94/11b 益公集 98/117a

～ 氏(趙土峴次女)

土峴女三人並封縣主 攻媿集 37/6a

～ 氏(東平郡主)

趙氏改封東平郡主制 鶴林集 10/6b

～ 氏(文安郡主)

趙氏改封文安郡主制 鶴林集 10/6b

～ 氏

賈德生妻趙氏封吳興郡主 後村集 66/6a

(四) 臣 僚

二 畫

丁 成

丁成爲敵人入侵順昌並係在城守禦者轉一官資制 紫微集 12/5b

～如翼

丁如翼降授迪功郎制 四庫拾遺 320/鶴林集

～克彥

承制武道紀崇班丁克彥可轉一官制 摘文集 7/4a

～伯桂

起居郎丁伯桂除中書舍人誥 東澗集 3/21a

權吏部侍郎丁伯桂除給事中制 東澗集 4/28a

丁伯桂除權吏部侍郎制 蒙齋集 9/4a

～宗臣

丁宗臣可太常博士制 文恭集 14/16a

前楚州團練判官丁宗臣可著作佐郎制 歐陽文忠集 81/6b

～ 杰

丁杰授承節郎制 四庫拾遺 343/鶴林集

～昌時

監建康府權貨務修武郎丁昌時收趁增羨轉一官 宋本攻媿集 34/3a 攻媿集 38/3a

~ 亮

丁亮授保義郎制　四庫拾遺 341/翰林集

~ 度

丁度可兵部侍郎制　文恭集 16/3a

翰林學士尚書刑部郎中知制誥丁度可尚書

右司郎中依前充職制　四庫拾遺 7/元憲集

~爲寶

丁爲寶可大理寺丞制　文恭集 14/12b

~ 政

内殿崇班丁政可内殿承　西溪集 5(三沈集 2/ 11b)

~ 恂

丁恂少府主簿　樂城集 27/15a

~ 則

丁則轉一官　筠溪集 4/26b

丁則太府丞　筠溪集 4/30a

丁則大理寺丞　筠溪集 5/18b

~ 信

丁信授忠訓郎制　四庫拾遺 335/翰林集

~ 禹

右贊善大夫丁禹可諸司副使制　元憲集 20/ 5a

~時發

廣東提舉告詞　誠齋集 133/2b

~執禮

太常博士充集賢校理丁執禮可依前太常博

士集賢校理兼監察御史制　王魏公集 3/13a

~常任

户部侍郎丁常任降兩官放罷制　後樂集 1/ 11a

~崇道

秀州司理參軍丁崇道可衛尉寺丞制　華陽集 29/11a

~ 逢

丁逢潼川府路轉運判官　宋本攻媿集 35/6a

攻媿集 39/5b

~ 鈞

除名人丁鈞可檢校水部員外郎充楚州團練

副使簽書本州公事　韓南陽集 17/2a

~ 煜

丁煜大理正留晉評事　育德堂外制 5/9a

~ 琢

前大理評事丁琢服闕可舊官制　元憲集 24/ 9b

~ 達

建康軍忠節指揮兵士丁達昨起發赴江州駐

劄前去壽春府陣亡贈承節郎與一子進勇

副尉　益國文忠集 98/5a　益公集 97/92b

~ 維

權貨務監官朝請郎丁維可轉一官制　摘文集 7/9a

~ 樸

丁樸落閣職除遂郡制　楊溪集 5/22a

丁樸轉一官　筠溪集 5/13b

~ 銳

醫官賜緋丁銳可轉一官制　摘文集 7/13b

~ 謂

丁謂拜昭文相制　宋詔令集 52/265

昭文相丁謂進左僕射太子少師　宋詔令集 52/265

丁謂進司徒兼侍中制　宋詔令集 60/300

丁謂罷相授户部尚書歸班制　宋詔令集 66/ 321

丁謂罷相議太子太保分司西京敕　宋詔令集 66/322

~ 諷

丁諷可大理寺丞制　文恭集 14/6b

柯部郎中充集賢校理丁諷可金部郎中依前

集賢校理散官如故　蘇魏公集 34/2b

~ 暐

丁暐除直寶謨閣淮東路轉運判官制　平齋集 23/4b

~ 箏

試秘校前冀州衡水縣令丁箏可著作佐郎

西溪集 5(三沈集 2/6a)

~ 濤

丁濤可司天冬官正制　文恭集 14/26b

~ 翼

丁翼可秘書丞制　文恭集 13/10b

~ 隋

朝散郎太常博士丁隋可右正言制　彭城集 22/1b

朝散郎右正言丁隋可左正言制　彭城集 22/ 1b

丁隋太常博士　樂城集 27/13b

~寶臣

丁寶臣可太常丞制　文恭集 14/16a

~ 騭

丁騤循右修職郎制 東窗集 13/7a

丁騤循右文林郎制 東窗集 13/9b

～顯明

掌儀丁顯明等轉官制 後樂集 1/30a

卜 伸

卜伸可太常博士制 文恭集 15/16b

職方員外郎卜伸可屯田郎中制 臨川集 50/ 6b

～ 淫

卜淫授修職郎 育德堂外制 5/14b

刁 起

刁起授宗學諭兼景獻府教授制 鶴林集 7/ 21b

刁起除太學博士制 蒙齋集 9/14a

～ 紹

大理卿判户部刁紹可工部尚書 徐公集 7/ 13b

～ 緩

比部員外郎刁緩可駕部員外郎 蘇魏公集 32/4b

～ 薦

刁薦轉官制 東牟集 7/34b

力 起

力起授承議郎 四庫拾遺 383/鶴林集

力起授朝奉郎制 四庫拾遺 400/鶴林集

三 畫

干 震

干震贈承務郎 育德堂外制 4/3a

于大遇

于大遇降授宣教郎制 四庫拾遺 299/鶴林集

～可度

檀州稅務于可度可太子左贊善大夫制 元憲集 24/1b

～ 仙

歸順人于仙補承信郎制 平齋集 22/13a

～用和

右侍禁于用和可左清道率府副率致仕 蘇魏公集 32/11a

～定遠

右迪功郎于定遠管押廣南市舶司乳香至行在與循一資 苕溪集 47/1a

～彥佐

奉議郎于彥佐可轉一官制 攻文集 8/4b

～祐之

青州司馬于祐之可青州長史制 文莊集 2/ 18a

～ 恭

應辦中官册寳于恭轉一官制 東窗集 8/16b

～惟偕

武功大夫和州防禦使帶御器械于惟偕除入内內侍省押班 止齋集 11/5a

～ 淵

于淵可司天監丞制 文忠集 14/26b

～ 萃

文思副使青州駐泊于萃可左藏庫副使制 郎溪集 4/5a

～ 誠

承節郎于誠爲建康府差監造床楯受板木牙人人情錢降一官 益國文忠集 96/11b 益公集 95/39a

～ 德

歸順人于德補承信郎制 平齋集 17/18b

～德源

入内東頭供奉官于德源可内殿承制制 元憲集 25/1b

～ 覯

駕部員外郎于覯可虞部郎中 韓南陽集 17/9a

～ 觀

奏舉人于觀大理寺丞制 臨川集 51/15a

士 奎

妻郭氏 保慶軍承宣使士奎故妻郭氏可特贈碩人制 紫微集 18/11b

妻郭氏 故妻郭氏可特贈碩人制 紫微集 18/12a

妻鄭氏 故妻鄭氏可特贈碩人制 紫微集 18/12b

～建中

殿中丞士建中可依前官 武溪集 10/8b

追官勒停人屯田員外郎士建中特授太常博士制 蔡忠惠集 11/12b

～ 某

士度支轉官制 臨川集拾遺/7a 王文公集 13/4b

万俟允中

万俟允中轉右承直郎制　東窗集 9/6b

～　虎

万俟虎除荆湖南路轉運判官制　東窗集 7/1b

～　卨

曾祖万俟琰　左中大夫參知政事万俟卨曾祖琰贈太子太保制　東窗集 12/3b

曾祖母楊氏　曾祖母楊氏贈蘄春郡夫人制　東窗集 12/4a

祖万俟敏　祖敏贈少傅制　東窗集 12/4b

祖母趙氏　祖母趙氏贈榮國夫人制　東窗集 12/4b

父万俟湜　父湜贈太子太師制　東窗集 12/5a

母李氏　前母李氏贈平原郡夫人制　東窗集 12/5b

母侯氏　故母侯氏贈通義郡夫人制　東窗集 12/5b

妻侯氏　妻侯氏封同安郡夫人制　東窗集 12/6a

万俟卨兼侍讀制　東窗集 13/19a

万俟卨贈少師　海陵集 20/5a

兀征蘭𤅢角

蕃官兀征蘭𤅢角補官制　道鄉集 17/5a

～逕常

蕃官兀逕常等十二人覃恩轉官　蘇東坡全集/外制上 8b

上官世端

上官世端降一官制　東窗集 12/26a

～　宏

迪功郎上官宏邊功换授忠訓郎制　襄陵集 1/20a

～　均

承議郎殿中侍御史上官均可兵部員外郎制　彭城集 19/7b

監察御史上官均可殿中侍御史制　彭城集 20/4a

上官均比部員外郎　欒城集 30/2a

～　悟

朝散郎上官悟除秘閣修撰制　北海集 3/11b

～涣酉

上官涣酉將作監　後村集 60/8b

～　愔

上官愔秘書省校書郎制　浮溪集 8/14b　浮溪集/附拾遺 8/97

上官愔吏部員外郎制　大隱集 2/1b

上官愔除直秘閣京畿運副制　大隱集 3/8a

～　瑛

上官瑛降一官　苕溪集 33/3b

～　凝

屯田員外郎上官凝可都官員外郎　韓南陽集 17/9a

乞　商

蕃官乞商等轉官制　道鄉集 16/5a

四　畫

斗　霆

斗霆爲措置禦敵馬保守宿州備見宣力忠義可嘉特除閤門祗侯兼殿前司選鋒軍將官依舊添差宿州兵馬鈐轄純制本州管内諸山寨鄉義民兵制　紫微集 16/15b

卞士端

圖書局藝學卞士端可轉一官制　摛文集 8/5b

～祝居

逯選卞祝居爲敕令所編修在京通用條册成書係本所供檢文字轉一官制　紫微集 12/2b

～　咸

司勳郎中知洪州卞咸可衛尉少卿　武溪集 10/10b

文大同

大理寺丞文大同可右贊善大夫　蘇魏公集 32/6a

～大淵

文大淵特轉一官制　蒙齋集 9/9b

～子震

知成州字文子震知潼川府　止齋集 17/10a

～天祥

文天祥除正字　後村集 67/2b

文天祥除校書郎　後村集 70/1a

文天祥除尚書禮部員外郎制　碧梧集 4/3a

文天祥特授端明殿學士依舊江西安撫使浙西江東制置使兼知平江府誥　四明文獻集

5/9a 南宋文範 11/11a

文天祥特授集英殿修撰樞密都承旨依舊江西安撫副使諾 四明文獻集 5/11b

文天祥依前權工部尚書都督府參贊軍事江西安撫使特授浙西江東制置使兼知平江府諾 四明文獻集 5/18b

文天祥授右丞相兼樞密使都督諸路軍馬制 南宋文範 11/11a

~ 及

文及可衛尉少卿 蘇東坡全集/外制中/10a

~ 及甫

文及甫太常博士制 元豐稿 20/6a

文及甫吏部員外郎制 元豐稿 22/1b

文及甫落職制 宋詔令集 209/789

~ 及翁

王戌召試文及翁 後村集 53/16a

文及翁除太學錄 後村集 70/2a

文及翁除秘書省正字 後村集 71/10a

~ 可觀

太子中舍判眉州文可觀可殿中丞餘如故制 文莊集 2/10a

~ 宗道

文彥博男宗道可承事郎 王懿公集 2/25a

~ 泊

尚書司勳員外郎判三司都磨勘司兼主轄支收拘收司文泊可尚書主客郎中制 元憲集 22/5b

~ 彥博

曾祖文崇遠 吏部侍郎同中書門下平章事文彥博曾祖崇遠贈太保可贈太傅制 文恭集 21/13b

曾祖母宋氏 曾祖母宋氏可追封魏國太夫人制 文恭集 21/14a

祖文銳 祖銳太傅可贈太師制 文恭集 21/14b

祖母王氏 祖母王氏可追封越國太夫人制 文恭集 21/15a

祖母郭氏 祖母郭氏可追封沂國太夫人制 文恭集 21/15b

父文泊 父泊贈太師可贈中書令制 文恭集 21/16a

嫡母耿氏 嫡母耿氏可追封秦國太夫人制 文恭集 21/16b

除文彥博特授檢校太尉同中書門下平章事

使持節孟州諸軍事行孟州刺史充河陽三城節度使判河南府兼西京留守司畿內勸農使加食邑實封制 文恭集 23/3b

除文彥博依前檢校太尉充忠武軍節度使授特進加食邑制 文恭集 23/5a

龍圖閣直學士文彥博可樞密直學士知益州 武溪集 10/1b

除文彥博易鎮判大名府制 歐陽文忠集 09/1b

曾祖文崇遠 樞密使淮南節度使兼侍中文彥博曾祖崇遠贈太師中書令兼尚書令郢國公特追封韓國公餘如故 韓南陽集 16/15a

曾祖母宋氏 文彥博曾祖母追封越國太夫人宋氏可特追封韓國太夫人 韓南陽集 16/15b

祖文銳 文彥博祖銳贈太師中書令兼尚書令齊國公可特追封吳國公餘如故 韓南陽集 16/16a

祖母王氏 文彥博祖母追封秦國太夫人王氏可特追封吳國太夫人 韓南陽集 16/16b

祖母郭氏 文彥博祖母追封魯國太夫人郭氏可特追封陳國太夫人 韓南陽集 16/17a

父文泊 文彥博父泊贈太師中書令兼尚書令魏國公可追封周國公餘如故 韓南陽集 16/17b

嫡母耿氏 文彥博嫡母追封魏國太夫人耿氏可特追封周國太夫人 韓南陽集 16/18a

母申氏 文彥博亡母吳國太夫人申氏可特追封秦國太夫人 韓南陽集 16/18b

文彥博授樞密使改賜功臣制 華陽集 25/16a

文彥博授守司空依前樞密使加食邑實封制 華陽集 25/16b 宋文鑑 35/6a

文彥博授依前檢校太師同中書門下平章事潞國公行真定尹充成德軍節度使加食邑實封制 華陽集 25/17a

文彥博授依前檢校太師尚書左僕射同中書門下平章事成德軍節度使判太原府制 華陽集 25/18a

除文彥博 司馬溫公集 56/8a

太師文彥博加食邑制 蘇魏公集 21/2a

曾祖文崇遠 文彥博曾祖崇遠贈太師中

書令兼尚書令齊國公可追封燕國公制　王魏公集 2/20b

曾祖母宋氏　曾祖母宋氏追封齊國太夫人可追封燕國太夫人制　王魏公集 2/21b

祖文銳　祖銳贈太師中書令兼尚書令韓國公可追封周國公制　王魏公集 2/21a

祖母王氏　祖母王氏追封唐國太夫人可追封周國太夫人制　王魏公集 2/21b

祖母郭氏　祖母郭氏追封唐國太夫人可追封越國太夫人制　王魏公集 2/21b

父文泊　父泊贈太師中書令兼尚書令陳國公可追封魏國公制　王魏公集 2/22a

陳文彥博太師河東節度使致仕制　樂城集 33/9b　宋文鑑 36/13a

故降授太子少保致仕潞國公文彥博追復河東節度管內觀察處置等使太師開府儀同三司太原尹潞國公制　曲阜集 3/8a　宋文鑑 40/16b

文彥博拜集賢相制　宋詔令集 54/276

文彥博進昭文相制　宋詔令集 55/277

文彥博拜昭文相制　宋詔令集 55/279

守太師致仕文彥博拜太師平章軍國重事制　宋詔令集 57/288

文彥博加恩制　宋詔令集 62/308

文彥博罷相進史部尚書觀文殿學士知許州制　宋詔令集 67/329

文彥博罷相特授檢校太尉同中書門下平章事充河陽三城節度使判河南府加恩制　宋詔令集 68/331

文彥博太師加兩鎮致仕制　宋詔令集 69/336

文彥博降太子少保致仕制　宋詔令集 208/784

追復河東節度使太師開府儀同三司文彥博特降太子少保依前潞國公制　宋詔令集 210/796

文彥博追復官制　宋詔令集 221/853

文彥博改諡忠烈制　宋詔令集 221/853

陳文彥博判大名府制　宋文鑑 34/4a

陳文彥博樞密使賜功臣制　宋文鑑 35/5b

陳文彥博平章軍國重事制　宋文鑑 36/6b

文彥博司徒判河南制　宋文鑑 36/14a

~ 保雍

文保雍將作監丞　蘇東坡全集/外制中/19b

~ 浩

文浩陳國監丞制　梅溪集 5/5a

~ 恭祖

大理寺丞文恭祖可右贊善大夫制　蔡忠惠集 10/14b

~ 貽慶

文貽慶可都官員外郎　蘇東坡全集/外制下/12a

~ 勗

守溫州瑞金縣尉文勗可特授處州縉雲縣令　韓南陽集 17/13b

~ 復之

文復之除宗學教諭制　蒙齋集 9/14a

文復之左曹部官　後村集 60/9b

~ 某

文某可兵部郎中制　彭城集 20/10a

元志忠

偽總領元志忠補承信郎制　平齋集 21/21b

方大琮

方大琮除秘書郎諾　東澗集 3/24a

方大琮除司農寺簿制　平齋集 18/23a

方大琮太府寺丞制　平齋集 22/22a

方大琮除著作郎兼侍左郎官制　四庫拾遺 407/東澗集

~ 元

歸順人方元補承信郎制　平齋集 17/18b

~ 正

御龍直上名方正等三人授忠訓郎　止齋集 11/5b

~ 安石

方安石可殿中丞制　文恭集 13/5b

~ 仲謀

前權潤州觀察推官方仲謀可大理寺丞　蘇魏公集 29/9a

~ 劦

將仕郎編修國朝會典所檢閱文字方劦改承奉郎除秘書省校書郎　劉給諫集 2/7a

方劦除監察御史制　翟忠惠集 3/13a

~ 來

中奉大夫方來特授太中大夫守寶章閣待制致仕制　碧梧集 9/4a

~ 岳

父欽祖　方岳父欽祖以明堂恩封官制　平齋集 18/13b

方岳宗學博士　後村集 60/12a

~仲弓

衛尉寺丞知湖州烏程縣事方仲弓可大理寺丞制 文莊集 2/11b

~承約

殿直方承約可轉一官制 摘文集 7/4a

~孟卿

方孟卿等落職制 橫塘集 7/12a

方孟卿除右司諫右司郎中 程北山集 26/9b

~信孺

方信孺授奉議郎 育德堂外制 1/8a

~待問

方待問授額內和安郎制 四庫拾遺 349/鶴林集

方待問授額內成和郎制 四庫拾遺 349/鶴林集

~ 淫

方淫循資制 東牟集 7/37a

~海水

方海水年一百七歲特補右迪功郎致仕制 東窗集 6/6a

~庭實

方庭實宗正少卿 苕溪集 38/1b

方庭實禮部郎官 筠溪集 5/24b

~ 涼

方涼降授朝請郎落閣職制 鶴林集 9/10a

~ 訪

水部郎中方訪可主客郎中東都留守判官 徐公集 8/11a

~崧卿

廣西運判方崧卿京西運判 宋本攻媿集 32/17a 攻媿集 36/17a

~逢辰

方逢辰知嘉興府 後村集 62/10a

賜改名勉黃 蛟峰集/外 1/1a

除正字誥 蛟峰集/外 1/1b

兼國史實錄院校勘勉黃 蛟峰集/外 1/2a

除校書郎誥 蛟峰集/外 1/2a

轉宣教郎誥 蛟峰集/外 1/2b

除秘書郎誥 蛟峰集/外 1/3a

兼莊文府教授勉黃 蛟峰集/外 1/3b

除著作郎誥 蛟峰集/外 1/3b

差知瑞州牧 蛟峰集/外 1/4a

除尚右郎誥 蛟峰集/外 1/4a

除司封郎誥 蛟峰集/外 1/4b

轉朝散大夫誥 蛟峰集/外 1/5a

兼國史院編修官勅 蛟峰集/外 1/5a

除秘書少監誥 蛟峰集/外 1/5b

除秘撰江東提刑誥 蛟峰集/外 1/6a

轉朝議大夫誥 蛟峰集/外 1/6b

陞集英殿修讓誥 蛟峰集/外 1/7a

除江西運使誥 蛟峰集/外 1/7b

~ 滋

如秀州方滋除直秘閣制 東窗集 8/28a

方滋知廣州 歸愚集 7/4a

方滋權刑部侍郎制 盤洲集 24/11a

敷文閣直學士右大中大夫提舉江州太平興國官方滋差知紹興府 益國文忠志 100/7b 益公集 100/140b

~雲翼

方雲翼爲敕令所編修在京通用條册成書轉一官制 紫微集 12/7a

~喜遠

方喜遠來歸正特與轉一官制 紫微集 12/10a

~ 登

方登太學錄 後村集 63/8b

~ 愷

方愷授秉義郎制 四庫拾遺 334/鶴林集

~ 會

徽猷閣侍制方會除給事中制 楳溪集 5/25b

~ 寧

前舒州太湖尉方寧可和州歷陽令 咸平集 28/10b

~ 榮

左侍禁方榮可轉一官制 摘文集 7/11b

~ 與

方與爲捉獲兇惡海賊轉一官制 紫微集 12/7a

~ 閒

方閒降兩官衝替制 浮溪集 9/7a 浮溪集/附拾遺 9/108

~ 銓

江西運判方銓以遞角違滯行下根究違限降一官制 後樂集 1/26b

~澄孫

方澄孫秘書郎 後村集 65/3b

知邵武軍方澄孫在任政績轉一官 後村集 65/4a

~ 閎

朝奉大夫秘閣修撰方閎都官員外郎 程北山集 26/11a

方閎國子司業制　浮溪集 8/4a　浮溪集/附拾遺 8/89

～懋德

垂拱殿成臨安府屬縣方懋德轉一官制　東窗集 8/15b

～　點

方點降授通直郎制　四庫拾遺 387/鶴林集

～　蘋

方蘋可太常寺太祝制　文恭集 14/23b

大理評事方蘋可衛尉寺丞制　蔡忠惠集 11/ 11a

方蘋太子中舍制　臨川集 51/10a

～　權

鄉貢進士方權輸米補迪功郎制　范成大佚著 /87　止齋集 18/9b

～　氏

慈福宮内人安化郡夫人方氏轉國夫人　宋本攻媿集 35/20a　攻媿集 39/18b

心年欽種

西蕃首領心年欽穫除化外州團練　樂城集 30/7a

王十朋

司封員外郎王十朋兼崇政殿說書　益國文忠集 95/13b　益公集 96/73b

～人英

王人英將作簿兼史館校勘　後村集 65/9b

～九成

敕賜進士及第王九成可試秘校郎制　文恭集 13/13a

～九言

前夏州節度推官王九言可宋州觀察支使咸平集 28/11a

～　力

都官郎中王力可職方郎中　蘇魏公集 32/4a

～之望

參知政事王之望贈三代

曾祖王遷　曾祖遷太子少保制　盤洲集 20/2a

曾祖母向氏　曾祖母向氏始興郡夫人制盤洲集 20/2b

曾祖母彤氏　曾祖母彤氏永嘉郡夫人制盤洲集 20/2b

祖王文　祖右朝奉郎文太子少傅制　盤

洲集 20/2b

祖母黃氏　祖母安人黃氏昌元郡夫人制盤洲集 20/3a

父王綱　父左朝散郎綱太子少師制　盤洲集 20/3b

母張氏　母碩人張氏清河郡夫人制　盤洲集 20/4a

妻張氏　妻令人張氏咸安郡夫人制　盤洲集 20/4a

王之望端明殿學士提舉江洲太平興國宮制盤洲集 23/1a

王之望封襄縣子制　盤洲集 24/6a

王之望除直秘閣成都府運副　海陵集 17/4b

～士享

殿直王士享可轉一官制　摘文集 7/4a

～士隆

王士隆可守少府監主簿充翰林待詔制　文恭集 14/26b

～　才

王才補承節郎制　平齋集 22/19a

～大才

御前諸軍都統制王大才　宋本攻媿集 44/23a

～大亨

修製奉上册寶主管所行遣書寫奏報文字承信郎權貨務檢法使臣王大亨轉一官減三年磨勘　益國文忠集 94/6a　益公集 97/90b

～大節

王大節敍武節郎　育德堂外制 1/3a

～大寶

敷文閣直學士王大寶轉一官致仕制　盤洲集 19/12b

王大寶禮部尚書制　盤洲集 24/10b

～子文

前知華州王子文可差通判大名府制　彭城集 22/4b

～子申

王子申落致仕除刑部郎中制　平齋集 21/6b

～子玘

王子玘等轉一官制　樓塘集 7/5b

～子宜

進義校尉王子宜補承信郎制　四庫拾遺 344/ 鶴林集

～子約

皇后三從伯王子約可三班借職制　摘文集

8/7a

~子曼

如京副使兼閤門通事舍人王子曼特與轉三官制 摘文集 7/1b

~子淵

太府少卿王子淵可權京西轉運使制 彭城集 19/14a

~子琦

王子琦太常寺主簿制 元豐稿 20/6b

朝請郎王子琦可衛尉丞制 彭城集 23/13a

~子獻

王子獻降官 劉給諫集 2/13a

奉直大夫充集英殿修撰知洪州王子獻可先次落職放罷制 北海集 5/7a

~子韶

王子韶禮部員外郎制 元豐稿 20/3b

王子韶主客郎中 蘇東坡全集/外制中 8a

王子韶知壽州 蘇東坡全集/外制中/19b 宋文鑑 40/5a

~子澄

王子澄除大理司直制 東窗集 6/24a

~子獻

王子獻復職 斐然集 12/11b

~文郁

內殿崇班閤門祇侯王文郁可內殿丞制依舊閤門祇候 蘇魏公集 31/8b

~文英

殿中丞知單州碭山縣王文英可國子博士制

元憲集 23/5b

~文思

王文思可內殿承制制 文恭集 13/1b

~文顯

王文顯可供備庫副使制 文恭集 17/18a

~ 亢

內藏庫使王亢與轉一官制 摘文集 6/10b

~ 方

特除名人王方可鄭州參軍 西溪集 6(三沈集 2/46b)

供奉官王方可轉一官制 摘文集 7/4a

~天覺

王天覺循資制 盤洲集 23/2b

~天麟

瀘州安溪寨蕃官王鑒男天麟承襲補承信郎

宋本攻媿集 37/24a 攻媿集 41/23a

~ 元

西染院使王元轉兩官制 摘文集 8/2b

王元可右衛大將軍遙郡觀察使 宋文鑑 38/8a

~元亨

前鄉貢九經王元亨可守國子監主簿制 四庫拾遺 9/元憲集

~元甫

王元甫殿中丞制 臨川集 51/6b

~元純

歸順人王元純補迪功郎制 平齋集 17/18b

~友直

復州防禦使王友直海州解圍當轉三官特正任觀察使 益國文忠集 95/9a 益公集 97/95a

王友直除殿前都指揮使 益國文忠集 112/6b 益公集 112/117a

武功大夫淮西副總管廬州駐劄仍兼務御前强勇右軍統制王友直爲戊守嘉定特與帶行閤門宣贊舍人職任依舊 後村集 69/1b

~日宣

王日宣可太子中舍人制 文恭集 15/6a

王日宣可禮賓副使制 文恭集 17/14b

~中立

王中立可屯田員外郎制 文恭集 15/15a

~中正

妻施氏 贈鎮南軍節度使王中正妻吳興郡君施氏可特進封渤海郡夫人制 文莊集 3/2b

王中正降官制 元豐稿 22/10a 東牟集 8/3a 宋詔令集 205/768

王中正追復遙郡防禦使制 道鄉集 15/5a

~中庸

王中庸可引進使制 文恭集 17/12a

王中庸可國子監丞致仕制 鄒溪集 5/7b

~中實

王中實督捕猺寇染瘴亡殁特贈承直郎與一子恩澤制 尊白堂集 5/27a

~ 介

王介秘書丞制 臨川集 51/7a

~ 介

王介國子錄 宋本攻媿集 35/12b 攻媿集 39/12a

~公亮

王公亮降兩官放罷制 浮溪集 9/6b 浮溪集/附拾遺 9/107

～公約

陳國長公主奏駙馬都尉王帥日親兄光祿寺丞王公約可宣德郎制　四庫拾遺 564/王魏公集

～公瑾

父王囚　王公瑾父囚以明堂恩封官制　平齋集 18/13b

～公儀

王公儀變州路轉運使　蘇東坡全集/外制中/21b

～公濟

武功大夫王公濟階官上轉一官　益公集 95/51a

～ 升

王升轉遙防遏團　張華陽集 1/6b

王升除正任防禦使制　紫微集 11/6a

～仁旭

濟州防禦使并代管內部署王仁旭可起復雲麾將軍依前濟州防禦使差遣依舊制　蔡忠惠集 10/9b

棣州防禦使知鄭州王仁旭可博州防禦使知滄州制　鄒溪集 4/14a

～ 勻

楊林渡陣亡王勻等贈官武翼大夫王勻贈六官於橫行遙郡上分贈與六資恩澤　益國文忠集 98/3b　益公集 97/86a

～ 允

王允可太子中舍人制　文恭集 13/7b

王允轉官制　臨川集 50/13a　王文公集 13/6a

～ 充

忠翊郎王充降三官　鴻慶集 25/9a　孫尚書集 27/1b

～允文

入內崇班王允文可轉一官制　摘文集 7/5a

～ 尹

王尹可大理寺丞制　文恭集 14/6a

～夫亨

王夫亨叙復通直郎差充沿江制機制　鶴林集 9/8a

王夫亨降授宣教郎制　四庫拾遺 356/鶴林集

～立文

王立文降授從事郎制　四庫拾遺 293/鶴林集

～ 水

禮院副禮直官王永可益州司戶參軍充職制　歐陽文忠集 80/13b

太子中舍王永可殿中丞　西溪集 5(三沈集 2/18a)

～永吉

贈六宅使王永吉可贈高州刺史制　華陽集 28/11b

～永肩

王永肩與遙郡上轉一官制　東牟集 7/24b

～永和

翰林醫官尚藥奉御王永和可依前尚藥奉御直翰林醫官　宋文鑑 39/8a

～正巳

駕部員外郎王正巳轉官　武溪集 10/14a

大理寺丞王正巳轉太子中舍制　歐陽文忠集 80/12b

～正民

王正民可虞部員外郎制　文恭集 15/9b

殿中丞王正民磨勘改官制　歐陽文忠集 81/4a

～正臣

王正臣可光祿寺丞制　文恭集 14/4b

主簿王正臣守秘書省校書郎致仕制　臨川集 53/9b

～正臣

東頭供奉官王正臣轉一官制　摘文集 7/1b

東頭供奉官王正臣與轉一官制　摘文集 8/3b

～正臣

進武校尉王正臣差齋文字過界與轉一官　苕溪集 31/1b

王正臣該第一賞轉一官特與轉遙郡刺史　海陵集 19/7a

～正倫

殿中丞通判河南府王正倫可太常博士制　文莊集 1/23b

～世下

供備庫副使王世下可西京左藏庫副使　西溪集 4(三沈集 1/62a)

～世安

內殿崇班王世安可內殿承制　蘇魏公集 31/10b

～世昌

王世昌爲首先乞歸正本與轉一官合轉承節郎制　紫微集 13/1b

承信郎王世昌轉一官　益國文忠集 95/17b　益公集 96/63a

歸順人王世昌補武翼大夫差知宿州制　平齋集 22/12a

~世忠

王世忠轉武功大夫刺史　斐然集 13/3a

~世益

東頭供奉官王世益轉一官制　擿文集 7/16b

~世雄

武德大夫充四川宣撫司提振諸綱進馬王世雄部轄本司攢積到甚好西馬五百正赴御前交納了當轉一官支酬設錢三百貫　益國文忠集 100/3b　益公集 100/144b

~世傑

王世傑宗學博士　後村集 65/8b

王世傑除秘書郎　後村集 69/12b

秘書郎王世傑爲周漢國公主遺表轉一官後村集 71/9b

~世隆

永清彰德等軍節度使駙馬都尉王承衍男世隆加階勳如京副使　成平集 29/1b

~世範

奏舉人前潞州上黨縣令王世範可大理寺丞制　蔡忠惠集 9/9a

~　本

待制王本轉官制　襄陵集 1/5b

湖南常平王本除京畿路提舉常平制　翠忠惠集 2/4b

~可久

奏舉人前太原府大谷縣令王可久可大理寺丞　西溪集 5(三沈集 2/7a)

~　丙

王丙特改承務郎制　平齋集 18/10b

~　古

秘閣校理試秘書少監王古可起居郎制　淨德集 8/8b

大理寺丞王古可通直郎提舉京東西路常平事制　王魏公集 3/16b

王古可工部郎中　樂城集 27/5a

王古吏部員外郎　樂城集 29/14b

王古落職制　宋詔令集 207/777

~以寧

王以寧送吏部　鴻慶集 25/11b　孫尙書集 27/14b

~　旦

王旦拜集賢相制　宋詔令集 51/262

王旦進官制　宋詔令集 59/298

王旦加恩每三五日一起居入中書制天禧元年五月庚申　宋詔令集 59/299

王旦拜太尉兼侍中制　宋詔令集 59/299

王旦罷相拜太尉制　宋詔令集 65/320

~　申

奏舉人前永興軍節度掌書記王申等太子中允制　臨川集 51/10b

~令圖

王令圖可郡水使者　樂城集 27/7a

~　用

供備庫副使王用可西京左藏庫副使制　蔡忠惠集 10/5b

追官人文思副使王用內殿承制制　臨川集 55/10a

~　用

進武校尉王用因軍功轉四資換授付身　苕溪集 36/2a

王用補承節郎制　平齋集 22/19a

~用亨

王用亨授武翼郎閤門宣贊舍人致仕制　鶴林集 9/15b

~　弁

河東轉運副使太常博士王平弟弁可將作監主簿制　文莊集 2/5a

~　弗

秀州華亭縣丞王弗轉宣教郎爲陳獻興農田水利推恩制　翠忠惠集 4/10b

王弗權户部侍郎制　盤洲集 24/12a

~母羅

蕃官王母羅等轉官制　道鄉集 15/10a

~汝舟

祖母胡氏　王汝舟祖母胡氏封嘉興縣太君汝舟乞以妻叙封回受　樂城集 32/14a

~汝明

王汝明開封工曹制　翠忠惠集 2/2b

~守一

供備庫副使沿邊巡檢都監王守一可就轉西京左藏庫副使制　歐陽文忠集 79/16a

~守忠

王守忠諸婦制　蔡忠惠集 11/19a

~守規

入內都知武軍節度觀察留後王守忠弟王守規制　蔡忠惠集 11/18a

內藏庫使王守規可榮州刺史制　華陽集 30/9b

~ 守斌

除王守斌特授節度使加食邑制　韓南陽集 15/13b

王守斌檢校太保移鎮威德軍侍衛親軍馬軍都指揮使加恩制　宋詔令集 89/361

殿帥王守斌罷軍職移鎮加恩制　宋詔令集 99/363

~ 安石

除王安石制　韓南陽集 15/8b

工部郎中知制誥王安石可舊官服闕　韓南陽集 16/10a

王安石授金紫光祿大夫禮部侍郎同中書門下平章事監修國史進封開國公加食邑實封功臣制　華陽集 26/11b

新除右諫議大夫參知政事王安石封贈三代

曾祖王明　蘇魏公集 35/8a

曾祖母某氏　蘇魏公集 35/8b

祖王用之　蘇魏公集 35/9a

祖母某氏　蘇魏公集 35/9a

父王益　蘇魏公集 35/9b

母某氏　蘇魏公集 35/10a

母某氏　蘇魏公集 35/10b

工部郎中知制誥王安石可翰林學士制　郡溪集 1/4b

王安石可三司户部副使　彭城集 20/11a

三司度支判官祠部員外郎直集賢院同修起居注王安石可刑部員外郎餘如故　西溪集 6(三沈集 3/48b)

王安石贈大傳　蘇東坡全集/外制上/13b

王安石辛相制　宋詔令集 56/283

王安石拜昭文相制　宋詔令集 56/284

王安石進左僕射制　宋詔令集 61/305

王安石罷相進更部尚書觀文殿大學士知江寧府制　宋詔令集 69/334

王安石罷相拜太傅鎮南軍節度同中書門下平章事判江寧府制　宋詔令集 69/334

王安石贈太傅制　宋詔令集 221/850

王安石封舒王制　宋詔令集 222/858

~ 安行

王安行特授州防禦使依舊提舉宮觀制　鶴林集 8/13a

~ 安禮

王安禮知揚州　樂城集 27/18a

曾祖王明　中大夫守尚書右丞王安禮曾

祖明贈太師中書令兼尚書令可追封英國公制　陶山集 10/7a

曾祖母某氏　曾祖母某氏可追封韓國太夫人制　陶山集 10/7b

祖王用之　祖用之贈太師中書令兼尚書令可追封衛國公制　陶山集 10/8a

祖母某氏　祖母某氏可追封燕國太夫人制　陶山集 10/8b

父王益　父益贈太師中書令兼尚書令可追楚國公制　陶山集 10/9a

母某氏　母某氏可追封魯國太夫人制　陶山集 10/9b

母某氏　母某氏可追封魏國太夫人制　陶山集 10/9b

妻某氏　妻某氏可進封魏郡夫人制　陶山集 10/10a

~ 亦

王亦特敘朔衛大夫　斐然集 12/23a

~ 沖

進武副尉王沖轉一官　宋本攻媿集 30/17a　攻媿集 34/15b

~ 次翁

王次翁起居舍人　苕溪集 38/1a

王次翁中書舍人　苕溪集 42/5a

王次翁工部侍郎　苕溪集 46/4b

王次翁除資政殿學士宮觀制　東窗集 6/18a

曾祖王异　左中大夫參知政事王次翁曾祖异贈太保制　東窗集 12/1a

曾祖母劉氏　曾祖母劉氏贈福國夫人制　東窗集 12/1b

祖王寂　祖寂贈少傅制　東窗集 12/1b

祖母趙氏　祖母趙氏贈成國夫人制　東窗集 12/2a

父王褐　父褐贈少師制　東窗集 12/2b

母張氏　故母張氏贈茂國夫人制　東窗集 12/3a

妻趙氏　故妻趙氏贈安康郡夫人制　東窗集 12/3a

王次翁進封長清郡開國侯加食邑五百户制　東窗集 14/1a

曾祖王异　故曾祖异可特贈少保制　紫微集 14/9b

曾祖母劉氏　故曾祖母劉氏可特贈崇國夫人制　紫微集 14/10a

曾祖母吴氏 故曾祖母吴氏可特贈榮國夫人制 紫微集 14/10b

祖王寂 故祖寂可特贈太子太傅制 紫微集 14/11a

祖母趙氏 故祖母趙氏可特贈蘄春郡夫人制 紫微集 14/11b

祖母丘氏 故祖母丘氏可特贈博平郡夫人制 紫微集 14/12a

父王提 故父提可特贈太子太師制 紫微集 14/12a

母張氏 故母張氏可特贈饒陽郡夫人制 紫微集 14/12b

妻趙氏 故妻趙氏可特贈同安郡夫人制 紫微集 14/13a

~ 式

著作佐郎充北宅諸院教授王式可秘書丞餘如故制 文莊集 2/13b

~圭

王圭收捕猖寇特轉三官 止齋集 17/6b

~老志

王老志封洞微先生制 宋詔令集 223/862

~再興

王再興加兩官 斐然集 12/7a

~ 存

王存轉官制 元豐稿 21/9a

右正知制誥王存可承議郎加上騎都尉丹陽縣開國男食邑三百戶制 王魏公集 2/8b

王存磨勘改朝散郎 樂城集 27/2b

妻胡氏 王存妻胡氏齊安郡夫人 樂城集 32/16a

王存贈左銀青光祿大夫制 道鄉集 17/11a

王存追復資政殿學士左正議大夫贈左銀青光祿大夫 張華陽集 5/1b

王存轉右正議大夫致仕制 宋詔令集 208/782

故資政殿學士左正議大夫致仕王存特贈左銀青光祿大夫餘如故 宋詔令集 222/856

~ 存

王存爲於未交地界已前與蔡綬等結集忠義遊說陝西諸帥爲叛逆投書人朱光庭李覺先捉獲事發並追攝赴開封送獄柙項禁勘存以父祖世食朝庭爵祿委與蔡綬等同謀存等招伏之後金國留守劉陶百端拷訊在獄一百四十餘日合斷絞罪緣與南使王倫

親戚特議放免乞推恩特改承務郎制 紫微集 19/15b

~ 成

起復武功大夫特轉遙郡刺史 益公集 98/115a

~成一

東頭供奉官閤門祗候王成一可内殿崇班依舊閤門祗候制 蔡忠惠集 11/8b

~夷簡

大理評事秘書校理通判渭州王夷簡可大理寺丞餘依舊制 文莊集 2/2b

~光祖

閤門通事舍人王光祖可西染院事使兼閤門通事舍人 韓南陽集 17/7a

如京副使兼閤門通事舍人王光祖可莊宅副使兼閤門通事舍人 蘇魏公集 33/5b

東上閤門使王光祖可四方館使皇城使制 陶山集 10/5b

~光賓

王光賓循右從事郎制 東窗集 12/19b

~光圖

衢州衢縣簿王光圖可衢州司理 咸平集 28/1a

~同老

水部員外郎王同老可朝奉郎充秘閣校理制 王魏公集 2/23a

~ 全

都虞侯王全遇明堂大禮合該換授忠訓郎 苕溪集 34/1a

王全爲驅逐楊德著熱身死特降一官制 紫微集 15/6a

~ 年

朝散郎王年可朝請郎制 彭城集 20/19b

~ 优

右班殿直王优可轉一官制 摘文集 8/3a

~ 仲

王仲可國子博士制 文恭集 15/11a

~ 仲

王仲忠義爲國理宜優賞轉忠訓郎閤門祗候制 紫微集 13/3a

依赦換給王清男王仲承信郎 益公集 94/25b

王仲換授迪功郎制 四庫拾遺 316/翰林集

~仲山

王仲山爲知撫州失守日除名勒停紹興九年正月五日赦文應軍興以來州縣官曾經失

守投降之人不以存亡並與叙復生前係中大夫與叙復原官制　紫微集 19/9a

~ 仲千

入內皇城使資州刺史王仲千可遂郡團練使制　摘文集 6/1a

~ 仲平

王仲平可內殿承制制　文恭集 13/5a

供備庫使王仲平可昌州刺史制　華陽集 30/10b

~ 仲安

淮南節度推官前知鄆州中都縣事王仲安可大理寺丞　蘇魏公集 31/6a

~ 仲甫

敕賜毛詩及第王仲甫可光化軍乾德縣尉制　文恭集 18/19b

~ 仲孚

天文官介王仲孚可轉一官制　摘文集 7/12a

~ 仲原

朝奉郎提舉京畿常平王仲原可轉一官制　摘文集 7/9b

~ 仲皖

王珪男仲皖可大理評事制　王魏公集 2/9a

~ 仲連

侍御史王仲連可起居舍人　徐公集 7/11b

~ 仲莊

虞部員外郎王仲莊可比部員外郎制　華陽集 27/9b

~ 仲華

母戴氏　右司諫直館王仲華母封太君　成平集 28/4a

~ 仲詢

奉聖旨哲宗皇帝隨龍人拱衛大夫王琮身亡其合得轉官恩例特許回授男王仲詢保義郎制　翟忠惠集 4/4b

~ 仲煜

承事郎王仲煜可宣教郎制　彭城集 20/20a

~ 仲寧

勅王仲寧等制　襄陵集 1/20b

~ 仲端

判登聞檢院王仲端除軍器少監制　翟忠惠集 2/22a

~ 仲蕘

降授通議大夫充顯謨閣待制知袁州王仲蕘可先次落職放罷制　北海集 5/6b

王仲蕘爲該大禮赦叙左通奉大夫制　紫微集 19/2a

~ 任

王任試大理評事充節推知縣制　臨川集 52/3b

縣令王任可試大理評事充節推知縣　王文公集 12/6b

~ 仰心

王仰心磨勘轉左太中大夫　海陵集 19/8b

~ 行可

王行可除開封府右司錄制　翟忠惠集 2/1a

~ 旭

王旦弟度支員外郎判國子監旭可尚書司封員外郎餘依舊制　文莊集 1/15b

~ 异

王异可太常丞制　文恭集 14/1a

都官員外郎充秘閣校理王异可司封員外郎制　臨川集 50/7b

~ 好生

王好生除籍田令制　蒙齋集 9/12b

~ 汗

侍禁王汗可轉一官制　摘文集 8/5a

~ 汾

朝議大夫充集賢院校理諸王府翊善王汾可中散大夫直秘閣差遣依舊制　彭城集 19/10b

王汾落職依前官致仕制　宋詔令集 208/783

~ 沃

太子中舍守本官致仕王沃可換通直郎致仕制　王魏公集 3/6b

~ 沂

廣南東路經畧安撫使余靖奏高郵軍醫博王沂試國子四門助教不理選限制　臨川集 55/11a

~ 汶

前辰州沅溪令王汶嘗盜有功循一資　苕溪集 31/1b

~ 宏

王宏補官知蘭州制　郎峰錄 6/13b

~ 宏

成忠郎王宏轉兩官　益國文忠集 95/17b　益公集 96/62b

~ 言恭

王言恭除駕部郎官制　東窗集 8/5b

~ 亨

特勒停人前職方員外郎王亨可都官員外郎

韓南陽集 18/10a

三司開折司守關前行滑州別駕王亨鄭州司馬制 臨川集 55/14b

~ 亨

王亨授忠州刺史制 鶴林集 8/20b

王亨授武翼郎差充應天府兵馬鈐轄制 鶴林集 9/5a

~ 序

直龍圖閣王序等除修撰制 襄陵集 2/19a

明州鄞縣丞王序轉宣教郎爲陳獻興農田水利推恩制 翟忠惠集 4/10b

王序封贈二代

祖王伯琪 祖王伯琪 張華陽集 4/1a

祖母張氏 祖母張氏 張華陽集 4/1a

父王夢陽 父王夢陽 張華陽集 4/1a

故母向氏 故母向氏 張華陽集 4/1a

前母陳氏 前母陳氏 張華陽集 4/1a

故妻鈞氏 王序故妻鈞氏 張華陽集 4/1a

~ 序辰

四川宣撫制置兩司保奏官屬王序辰往來計議邊事應辦錢糧撥遣軍器有勞與轉官

益國文忠集 95/19a 益公集 97/96a

~ 良

右騏驥副使王良可權知黔州制 彭城集 21/8b

~ 良

嘉王府講尚書徽章官屬乞祇應人轉一官資指揮使從義郎王良 攻媿集 34/12b

~ 良臣

三班奉職王良臣可南京柘城縣尉 武溪集 10/15a

慈州雷鄉縣令王良臣可河陽節度推官知洛州曲周縣制 鄖溪集 4/14b

~ 良存

王良存爲隨岳飛應辦錢糧有勞効轉一官內王良存除直徽猷閣制 紫微集 12/12b

王良存度支員外郎 斐然集 12/26b

~ 良佐

額內翰林醫官太醫局教授王良佐該遇皇后歸謁家廟特轉一官 止齋集 11/3a

~ 祁

試秘書省校書郎守河南府法曹參軍充魯王

官小學教授王祁可大理寺丞 蘇魏公集 32/9b

勅賜同進士出身王祁試秘校守青州益都縣主簿制 臨川集 55/5a

~ 罕

王罕可充户部判官制 文恭集 16/6b

奏舉人平江軍節度推官王罕可大理寺丞制景文集 31/8a

王罕贈觀察使制 大隱集 3/10b

~ 玘

瓜州及皂角林陣亡官兵贈官武功至武翼大夫王玘贈六官與六資恩澤係於橫行遙郡上分贈 益國文忠集 98/2b 益公集 97/83b

~ 志

東頭供奉官王志與轉兩官制 摘文集 7/1b

~ 孝

王孝開封府儀曹掾制 翟忠惠集 2/1b

~ 孝先

王孝先降一官知濮州 蘇東坡全集/外制中/16a

~ 孝叔

職方員外郎致仕王述男孝叔可試將作監主簿制 文恭集 19/6b

王孝叔充春州軍事推官通判春州兼知本州制 臨川集 52/14a

~ 孝忠

西京左藏庫副使王孝忠可降授供備庫副使制 王魏公集 2/7b

~ 孝迪

宣德郎尚書司封員外郎王孝迪可太常少卿制 摘文集 4/1a

宣德郎守尚書司封員外郎王孝迪可殿中少監制 摘文集 4/7a

~ 孝通

王孝通特降一資 西垣稿 2/2b

~ 材

王材因殺逆賊王關郭希賊馬立功授進義校尉制 摘文集 5/10a

~ 杞

王杞循右文林郎制 東窗集 13/8b

~ 克臣

龍圖閣直學士王克臣可知鄭州制 彭城集 21/17a

父王慈 左藏庫副使致仕王慈龍圖閣直

韶令一 制詞 臣僚 四畫 517

學士朝議大夫工部侍郎克臣父可贈左金吾衛上將軍制 彭城集 22/11b

母某氏 母可贈普寧郡太夫人制 彭城集 22/11b

王克臣可工部侍郎依前龍圖閣直學士 蘇東坡全集/外制上 1b

~克昌

內殿承制王克昌可供備庫副使 蘇魏公集 30/8a

~克忠

妻石氏 故引進使果州團練使王克忠妻上黨縣君石氏可進封武威郡君制 文恭集 19/11a

故四方館使新州刺史王克忠可贈引進使遂郡團練使制 文恭集 21/2a

~克明

東上閤門使運州刺史王克明可四方館使制

元憲集 20/4a

~克基

妻張氏 故引進使陵州團練使王克基妻張氏可封清河郡君制 文恭集 19/11b

王克基除東上閤門使制 安陽集 40/4b

~克詢

西京左藏庫副使王克詢知順安軍 蘇東坡全集/外制下 3a

~克勤

通直郎賜緋魚袋王克勤依前官特授太常寺主簿制 後樂集 1/2b

~克謙

王克謙起服淮西安撫司準備差遣制 鶴林集 9/5b

寶章閣直學士大中大夫提舉佑神觀王克謙可依前寶章閣直學士提舉佑神觀會稽縣開國男加食邑三百户 後村集 75/11b

王克謙除寶章閣學士提舉佑神觀 後村集 75/13a

王克謙授知安吉州制 樓鑰集 7/4b

~克讓

王克讓可內殿承制制 文恭集 17/14b

~ 扦

父王康 福州觀察使王汧父康贈武功大夫成州團練使 宋本攻媿集 30/3b 攻媿集 34/3a

~ 扶

授王扶大理評事忠武軍節度掌書記制 小

畜外集 12/9b

~ 孚

王孚開封府司兵曹事制 翟忠惠集 2/1b

~希呂

王希呂知紹興府 西垣稿 1/1a

~希顏

王希顏可殿中丞制 文恭集 13/6b

~ 谷

朝奉郎成都府路提舉常平王谷可户部郎官制 摘文集 4/6a

奉職王谷可轉一官制 摘文集 8/3b

~廷老

太常寺太祝王廷老可光祿寺丞制 華陽集 27/7a

~廷年

樞密使王某親姪孫廷年可守秘校制 文恭集 19/2b

~廷秀

王廷秀除直秘閣官觀 張華陽集 3/4a

~廷禧

知濟州王廷禧可知登州制 彭城集 21/12a

~利用

王利用除秘書郎 苕溪集 31/3a

王利用監察御史 苕溪集 37/1a

王利用成都府路提刑 苕溪集 46/1a

~利見

王利見贈承務郎 筠溪集 4/27b

~利涉

勅停人左侍禁王利涉除率府副率制 蔡忠惠集 10/20a

~利賓

司天監靈臺郎王利賓可特授守司天監主簿制 王魏公集 3/14b

~ 秀

王秀除直秘閣仍賜章服 張華陽集 4/8b

~ 秘

王秘授太府寺丞制 樓鑰集 7/1a

~ 佐

前石州方山縣令王佐司著作佐郎制 文恭集 12/12a 蘇魏公集 29/8b

~ 佐

知吉州王佐除直寶文閣制 澹庵集 6/7a

王佐直寶文閣知宣州制 盤洲集 21/4b

~ 佐

清河口皂角林立功官兵轉官王佐兩官於階官遞郡上分轉　益國文忠集 98/2a　益公集 97/93a

殿前指揮使行門長行右班王佐換武翼郎添差諸州駐泊兵馬都監　宋本攻媿集 30/14b　攻媿集 34/13b

～ 佑

入內左藏庫使工佑可轉　官制　摘文集 7/3b

～延慶

王延慶可太子中舍人制　文恭集 14/18a

～延贊

台州百姓王延贊年一百一歲求歸年一百二歲可並守本州助教　蘇魏公集 34/17a

～ 似

徽猷閣直學士通議大夫知慶陽府王似可差知成都府制　北海集 3/8a

王似除資政殿學士川陝宣撫使　張華陽集 6/5b

～ 伸

侍衛步軍司擺鋪使臣王伸降官制　濟庵集 6/4b

～伯大

王伯大除史部郎中制　東澗集 4/16b

王伯大除江南路提舉常平茶鹽公事兼知池州制　平齋集 22/20a

王伯大邢部尚書　後村集 60/3b

王伯大授吏部侍郎兼侍讀制　楙堅集 6/14a

王伯大磨勘轉官制　楙堅集 7/6a

～伯序

王伯序轉右承直郎制　東窗集 9/6a

～伯虎

朝散郎監在京進奏院王伯虎復秘書省校書郎制　彭城集 20/18a

～伯恭

王伯恭轉官制　臨川集 50/12b　王文公集 13/6a　宋文鑑 38/11b

～ 泌

王泌可光祿寺丞制　文恭集 14/2a

～ 宗

王宗等歸正　筠溪集 5/7b

～宗古

王宗古可殿中丞制　文恭集 15/18a

～宗望

左班殿直王宗望可轉一官制　摘文集 6/11b

勅王宗望等制　襄陵集 1/7a

～宗廉

御前諸軍副都統制王宗廉　宋本攻媿集 42/7b

御前諸軍副都統制王宗廉　宋本攻媿集 43/25b

～宗道

尚書祠部員外郎崇院檢討天章閣侍講王宗道可尚書度支員外郎制　元憲集 26/9b

～宗慶

比部員外郎王宗慶可駕部員外郎　韓南陽集 16/11a

～宗港

王宗港散官安置制　浮溪集 12/11a　浮溪集/附拾遺 12/144

～宗禮

武功大夫王宗禮降兩官制　橫塘集 7/14a

～ 定

監察御史王定授大理少卿制　鶴林集 6/18a

～定國

王定國特降一官　西垣稿 2/4b

～ 京

王京贈承信郎與一子父職名制係宿州陣亡官兵　紫微集 19/21a

～ 旅

奉議郎新監衢州酒稅王旅降通直郎添差監潤州織羅務制　宋詔令集 209/788

～ 炎

王炎除樞密使加封邑制　益國文忠集 102/8b

王炎除樞密使依舊四川宣撫使　益國文忠集 112/4b　益公集 102/63a

～ 青

歸順人王青補保義郎制　平齋集 21/24a

～青阿

王青阿補承信郎制　東窗集 9/8b

～ 玠

吳璘軍統領官武功大夫王玠轉行右武大夫　益國文忠集 95/15b　益公集 98/113b

～ 松

王松改轉敦武郎　苕溪集 40/1b

～ 坪

東頭供奉官王坪轉一官制　摘文集 8/5a

～東里

王東里著作佐郎制　盤洲集 19/4b

～ 直

發運判官王直可守殿中丞制　文莊集 1/5a

~直臣

奉議郎通判永興軍王直臣可轉一官制　摘文集 7/9b

~尚之

大理卿王尚之直龍圖閣知平江府　宋本攻媿集 31/9b

~　叔

王叔等四人爲與賊接戰陣殁贈承信郎制　紫微集 18/6a

~叔哥

王叔哥爲遠來歸正本朝委實忠義補承信郎制　紫微集 19/11b

~叔堪

承議郎開封府參軍王叔堪可士曹參軍制　摘文集 5/5b

~叔憲

奉議郎王叔憲可朝奉郎餘如故制　彭城集 20/19b

~　岡

王岡除直秘閣官觀　張華陽集 3/4a

~　旻

王旻　平齋集 18/19a

~　果

王果可東上閣門使並加輕車都尉制　文恭集 17/12a

衣庫副使如廣信軍王果可尚食副使制　元憲集 20/4b

王果除諸司使制　安陽集 40/6b

~　昌

潛邸人王昌應奉有勞轉一官制　後樂集 1/30b

~昌固

王昌固贈三宮恩澤五資制係順昌府與金人四太子轉戰臨陣戰殁　紫微集 19/20b

~　昇

中大夫徽猷閣待制王昇太中大夫致仕　程北山集 27/11a

王昇差充皇太后本殿準備使喚轉請給依中節人例施行　苕溪集 36/2a

~　易

京苑使王易可皇城使制　郡溪集 4/2a

~易知

都官員外郎王易知可職方員外郎制　臨川集 50/10b

~　忠

馬回山下陣亡贈官嘉眉州巡檢王忠贈兩官與一資恩澤　益國文忠集 98/6b　益公集 98/113a

~忠臣

前大理寺丞王忠臣舊官服闕制　臨川集 52/7b

大理司直王忠臣再任　鴻慶集 25/4b　孫尚書集 25/6b

~忠植

王忠植特贈奉國軍節度使開府儀同三司仍贈謚制　紫微集 18/3b

~　明

光州勅史王明可禮部侍郎　咸平集 28/6a

~　岷

故樞密副使贈兵部尚書王畛遺表長男太廟齋郎岷可太常寺太祝　西溪集 5(三沈集 2/15a)

~采苓

僞微仕郎王采苓補承信郎制　平齋集 21/21b

~知和

崇儀副使判湖北路駐泊王知和可六宅副使制　郡溪集 4/3b

~知信

王知信可内殿承制制　文恭集 13/2a

故右驍衛大將軍致仕王元祐男知信可内殿崇班制　歐陽文忠集 81/6b

~知新

御前諸軍副都統制王知新　宋本攻媿集 42/7b

御前諸軍副都統制王知新　宋本攻媿集 43/25b

~　依

中散大夫大理少卿王依可除大理正卿制　北海集 4/2b

~　佺

王佺光祿寺丞制　臨川集 51/8b

王佺通判荊南　樂城集 28/7b

~　侑

父王景年　權泉州惠安縣尉王侑父景年可右承務郎致仕制　淨德集 9/2a

~　佑

王佑除名配金登州制　宋詔令集 94/346

~　佑

王佑爲敵人入侵順昌並係在城守禦者轉一官資制　紫微集 12/5b

520　詔令一　制詞　臣僚　四畫

王优爲措置捍禦金人有功轉一官制　紫微集 12/8b

～朋約

王朋約贈直龍圖閣制　大隱集 1/7a

～　周

虞部員外郎致仕王周男某可試將作監主簿制　文恭集 19/7b

～居正

王居正除太常少卿　張華陽集 6/7a

王居正除起居舍人　張華陽集 7/7a

王居正爲臣僚上言天資凶悍學術迂疏好文姦言以欺世俗落職依舊宮觀制　紫微集 16/12a

王居正改台州　斐然集 12/14b

王居正降授待制宮祠　斐然集 12/18b

～居安

王居安太學博士諸　尊白堂集 5/39b

王居安兼侍講　育德堂外制 2/1a

王居安起居郎崇政殿說書　育德堂外制 2/4a

～承祖

王承祖等轉官制　盤洲集 24/11b

～　沐

王沐可守本官充史館修撰制　文恭集 12/2a

工部郎中知制誥王沐可封太原縣開國男加食邑制　華陽集 28/2a

王沐授刑部員外郎制　蜀文輯存 26/1a

～　泊

曹州南華縣尉王泊可太常寺奉禮郎　蘇魏公集 31/6b

～　宣

王宣防禦使制　盤洲集 21/12b

清河口皂角林立功官兵轉官王宣兩官於階官遙郡上分轉　益國文忠集 98/2a 益公集 97/93a

～宥孚

澧州進士王宥孚可守本州助教制　文莊集 2/19b

～　彥

王彥轉一官制　橫塘集 7/8a

～　彥

父王成　王彥父成贈官　歸愚集 8/3a

保平軍節度使龍神衛四廂都指揮使提舉江州太平興國宮王彥加食邑實封制　盤洲集 11/11b

王彥落龍神衛四廂指揮使制　盤洲集 20/9b

～　彥

馬回山下陣亡贈官下班祗應成都府等路第一隊將嘉州駐劄王彥贈承信郎與一子父職名　益國文忠集 98/6b 益公集 98/113a

～彥成

王彥成除官職制　翟忠惠集 3/1a

王彥成太僕少卿制　浮溪集 0/5a 浮溪集/附拾遺 8/90

～彥差

王彥差知金州　海陵集 17/1a

～彥雍

王彥雍乞得並補承信郎制　東窗集 10/7b

～彥雍

王彥雍大理司直制　蒙齋集 8/2b

～彥韶

朝散大夫權知曹州王彥韶可衛尉少卿制　彭城集 19/9b

～彥儒

王彥儒加階制　徐公集 7/3b

～　度

王度可太子中允制　文恭集 12/12b

～　庠

丞奉郎王庠可太常寺太祝制　彭城集 19/10a

～　爲

十二考人鄆州觀察支使王爲可著作佐郎制　元憲集 25/10b

～祖道

王祖道司封員外郎制　元豐稿 20/4b

朝請郎權江西運判王祖道可福建運判制　彭城集 19/12a

廣西經略使王祖道除龍圖閣直學士制　摛文集 3/11a

～　珏

王珏除湖北運判　海陵集 13/6a

王珏除湖南提舉　海陵集 17/8a

～　玠

王玠轉兩官閤門宣贊舍人　筠溪集 5/29a

～　政

王政轉左武大夫制　平齋集 22/8a

～政路

簽署鄭州節度判官廳公事王政路可將作監丞制　元憲集 23/10a

～　革

王革除大理正卿　劉給諫集 2/3a

户部侍郎王革除開封尹制　翟忠惠集 2/3a

户部侍郎王革磨勘朝請郎制　翟忠惠集 4/3b

王革追授中大夫仍落職　張華陽集 4/1b

～ 述

太常博士通判滑州王述可尚書屯田員外郎制　元憲 24/5b

～ 述

王述監永通監日欺隱官物累年不行送納降一官衝替　苕溪集 43/3b

王述降官　歸愚集 8/5a

～ 柄

宗正寺主簿王柄可太僕寺丞制　彭城集 22/16a

～ 栩

王栩授朝奉郎　育德堂外制 1/14a

王栩太府寺丞　育德堂外制 4/1b

王栩授朝請大夫　育德堂外制 5/3b

～ 柏

王柏特贈承事郎諡　四明文獻集 5/34b

～ 咸有

故王德基男咸有可閤門通事舍人許持服制　文恭集 19/8a

～ 厚

王厚貢授賀州別駕制　道鄉集 15/6a

武勝軍節度觀察留後王厚可贈節度使制　摘文集 8/12b

率府率添差監隨州酒稅王厚貢授賀州別駕郴州安置制　宋詔令集 210/793

～ 厚之

度支員外郎王厚之直秘閣兩浙路轉運判官　宋本攻媿集 31/18a　攻媿集 35/17b

直秘閣兩浙運判王厚之直顯謨閣知臨安府　宋本攻媿集 34/1b　攻媿集 38/1b

～ 邦

王邦等轉一官制　橫塘集 7/6a

～ 崧

河東轉運判官直秘閣王崧贈正議大夫　程北山集 24/9b

～ 持堅

王持堅除著作郎制　碧梧集 4/9a

～ 拱已

追官人前太常博士王拱已太常博士制　臨川集 55/7a

～ 拱安

侍讀學士户部侍郎王拱辰親兄拱安可試將作監主簿制　文恭集 19/5a

～ 拱辰

將作監丞王拱辰可著作郎直集賢院制　元憲集 23/10b

父王代怒　王拱辰父可贈太子中允制　元憲集 25/14b

諫議大夫御史中丞王拱辰加勸　武溪集 11/2a

端明殿學士兼翰林侍讀學士龍圖閣學士吏部尚書知大名府上柱國王拱辰可守太子少保依前充端明殿學士兼翰林侍讀學士龍圖閣學士加食邑五百户食實封二百户餘如故　韓南陽集 18/17a

翰林學士承旨吏部侍郎王拱辰加勳邑制　華陽集 26/12b

翰林學士承旨王拱辰封贈制

父王代怒　父代怒贈刑部侍郎　華陽集 31/6a

母李氏　母李氏追封延安郡太君　華陽集 31/6b

母趙氏　母趙氏追封永安郡太君　華陽集 31/7a

妻薛氏　翰林學士承旨王拱辰妻薛氏追封樂安郡君制　華陽集 31/13b

王拱辰納節予宮祠制　王魏公集 2/11a

～ 恬

軍器監主簿王恬除司農寺丞　止齋集 17/11a

幹辦審計司王恬軍器監主簿　宋本攻媿集 31/26b　攻媿集 35/25b

～ 格

王格降授奉議郎制　四庫拾遺 395/鶴林集

～ 貞

王貞換給修武郎制　東窗集 10/13b

～ 若谷

贊善大夫王若谷轉殿中丞制並唐勘改官　歐陽文忠集 80/10a

～ 昱

瓜州及皂角林陣亡官兵贈官武功至武翼大夫王昱贈六官與六資恩澤係於橫行遞郡上分贈　益國文忠集 98/2b　益公集 97/83b

～ 員

供奉官王員可轉一官制　摘文集 7/4a

～ 昂

522　詔令一　制詞　臣僚　四畫

王昂駕部員外郎制 大隱集 3/4a

~ 迪

王迪左司郎官 筠溪集 4/17a

~ 思

西京左藏庫副使王思可文思副使 蘇魏公集 34/7b

~思誠

王思誠爲壽慈宮職事右勞特與帶行遞刺制

尊白堂集 5/26a

~ 昭

王昭可濮州臨濮縣令制 文恭集 18/18b

~昭序

閤門承授文林郎守右金吾衛長史王昭序可特授守中書省主事依前充職散官如故制

蔡忠惠集 11/9a

~昭辰

四川宣撫制置兩司保奏官屬王昭辰往來計議邊事應辦錢糧撥遣軍器有勞與轉官

益國文忠集 95/19a 益公集 97/96a

~昭明

文思副使内侍押班王昭明可右騏驥副使

韓南陽集 16/15a

~昭遠

右武大夫榮州團練使權鄭州兵馬鈐轄王昭遠可轉一官制 北海集 2/7a

~ 岫

王岫光祿寺丞制 臨川集 51/8b

~ 信

煥章閣待制知鄂州王信知池州 止齋集 17/4b

中奉大夫煥章閣待制知鄂州王信磨勘轉官

宋本攻媿集 35/10b 攻媿集 39/10a

在外大中大夫以上官知州府該覃恩轉官中大夫煥章閣待制知鄂州王信 宋本攻媿集 36/22b 攻媿集 40/21b

~ 信

王信補承節郎制 平齋集 22/19a

~信之

王信之授從義郎制 四庫拾遺 343/翰林集

~保常

王保常内殿承制制 臨川集 53/5b

~ 侁

王侁降兩官制 浮溪集 9/6a 浮溪集/附拾遺 9/107

御史臺檢法王侁除監察御史 鴻慶集 24/3a

户部侍郎王侁落權字 筠溪集 4/8b

王侁變路提刑 筠溪集 4/19a

王侁轉一官 斐然集 12/3b 海陵集 18/8b

~ 俊

武暑大夫王俊贈五官 東牟集 8/17a

王俊爲統兵收復陷沒州縣與賊交戰大獲勝捷轉履正大夫武勝軍承宣使 紫微集 18/1a

~ 俊

官兵王俊贈承信郎制 四庫拾遺 348/翰林集

~俊民

王俊民責官制 東牟集 8/5a

~禹圭

王禹圭降授修職郎制 四庫拾遺 307/翰林集

~禹偁

翰林學士尚書禮部員外郎知制誥王禹偁制 宋詔令集 203/757

~禹得

王禹得禮部員外郎制 大隱集 2/4a

~ 侯

御史臺檢法王侯除監察御史 孫尚書集 26/4b

~衍之

王衍之轉閤門宣贊舍人制 東窗集 7/4a

~ 逍

殿中丞王逍轉官 劉給諫集 2/9a

~ 淡

父王某 昭州文學王淡父年九十封右承務郎致仕制 東窗集 6/5a

~ 淡

殿前指揮使行門長右班王淡換武翼郎添差諸州駐泊兵馬都監 宋本攻媿集 30/14b 攻媿集 34/13b

~ 浩

父王允恭 新授蘇州司户參軍王浩父允恭可假承務郎致仕制 淨德集 9/2a

~ 浩

王浩補承信郎制 東窗集 10/7a

~浚明

奉直大夫知泰州王浚明可除直秘閣制 北海集 4/5b

~ 容

王容起居郎制 尊白堂集 5/7b

著作佐郎王容該恤進至尊壽皇聖帝聖政特

轉一官　止齋集 11/8a

著作佐郎王容著作郎　宋本攻媿集 37/12b　攻媿集 41/12a

王容父加封　育德堂外制 4/8a

~　庭

歸順人王庭補保義郎制　平齋集 21/24a

~庭芝

王庭芝降奉議郎　育德堂外制 5/12a

~庭淨

父王倚　王庭淨父倚迪功郎　歸愚集 7/3a

~唐卿

東頭供奉官王唐卿可內殿崇班　蘇魏公集 33/11a

~　益

右武大夫高州刺史左衛大將軍權知蘄州王益爲守黃授鄂功特授左武大夫依舊職任

後村集 68/11b

~益之

王益之國博　育德堂外制 4/8b

~益柔

三司鹽鐵判官度支員外郎集賢校理王益柔可兵部員外郎制　臨川集 50/9a

龍圖閣直學士太中大夫知亳州王益柔可差知江寧府制　東堂集 5/1a

~益祥

承議郎充樞密院編修官兼資善堂說書王益祥依前官特授監察御史制　後樂集 2/2b

~　剝

王剝降授宣教郎制　四庫拾遺 297/翰林集

~　朗

左藏庫副使王朗可轉一官制　摘文集 7/9b

~　祥

內殿崇班王祥轉一官制　摘文集 6/10b

~　素

潭州觀察使王素可檢校司徒充青州觀察使加食邑五百戶食實封二百戶　韓南陽集 18/16b

龍圖閣直學士兵部郎中涇原路經畧使王素可諫議大夫　公是集 30/1a　宋文鑑 37/13a

~　珪

王珪可太常丞制　文恭集 14/1a

王珪制　蔡忠惠集 13/8b

翰林學士兼侍讀學士右諫議大夫知制誥充

史館修撰王珪可特授依前右諫議大夫翰林學士兼端明殿學士翰林侍讀學士知審官院兼充史館修撰散官如故　韓南陽集 18/7a

翰林學士兼端明殿學士翰林侍讀學士右諫議大夫知制誥充史館修撰王珪可朝請大夫給事中依前充翰林學士兼端明殿學士翰林侍讀學士知制誥充史館修撰加食實封二百戶　韓南陽集 18/15a

左僕射門下侍郎王珪追封三代並妻制

曾祖王永　曾祖永贈開府儀同三司　元豐稿 21/1a

曾祖母尹氏　曾祖母尹氏追封燕國太夫人　元豐稿 21/1a

祖王贊　祖贊追封魏國公　元豐稿 21/1b

祖母丘氏　祖母丘氏追封魏國大夫人　元豐稿 21/2a

父王準　父準追封漢國公　元豐稿 21/2a

母薛氏　母薛氏追封漢國太夫人　元豐稿 21/2b

妻鄭氏　妻鄭氏追封楚國夫人　元豐稿 21/3a

翰林學士承制兼端明殿學士翰林侍讀學士給事中知制誥王珪可禮部侍郎　蘇魏公集 30/2b

翰林學士兼侍讀學士知制誥充史館修撰王珪轉官加食邑制　臨川集 49/11b

翰林學士兼侍讀學士禮部郎中知制誥充史館修撰王珪改充史部郎中加食邑五百戶實封二百戶餘如故　王文公集 10/9b

翰林學士給事中王珪可承旨制　郡溪集 1/5a

曾祖王永　王珪曾祖永皇任起居舍人贈太師可特贈太師中書令制　王魏公集 2/13a

曾祖母尹氏　曾祖母追封韓國太夫人尹氏可追封吳國太夫人制　王魏公集 2/13a

祖王贊　祖贊皇兵部郎中贈太師中書令兼尚書令追封昌國公可追封蜀國公餘如故制　王魏公集 2/13b

祖母丘氏　祖母陳國太夫人丘氏可追封秦國太夫人制　王魏公集 2/13b

父王準　父準皇任三司鹽鐵判官太常博士秘閣校理贈太師中書令兼尚書令追封兗國公可追封魯國公餘如故制　王

魏公集 2/14a

母薛氏　母追封周國太夫人薛氏可追封

苑國太夫人制　王魏公集 2/14b

妻鄭氏　亡妻鄒國夫人追賜沖靜大師鄭

氏可特追封越國夫人制　王魏公集 2/14b

王珪拜集賢相制　宋詔令集 56/285

王珪左相制　宋詔令集 57/286

王珪授銀青光祿大夫兼門下侍郎依前平章

事監修國史制　宋詔令集 62/306

王珪加恩制　宋詔令集 62/306

王珪加恩制　宋詔令集 62/306

左相王珪進金紫光祿大夫封岐國公制　宋

詔令集 62/307

王珪追贈萬安軍司户參軍制　宋詔令集 209/786

王珪追復官制　宋詔令集 221/853

～ 珪

王珪除大常少卿　海陵集 19/5b

王珪降一資　西垣稿 2/7b

王珪轉武顯大夫制　平齋集 19/14a

王珪授保義郎制　四庫拾遺 340/鶴林集

～ 珩

王珩户部郎官　程北山集 24/7b

朝請大夫王珩可除户部員外郎制　北海集 3/1b

～ 珣瑜

西京留守判官廳公事王珣瑜可太子右贊善

大夫制　元憲集 24/1b

殿中丞王珣瑜磨勘改官制　歐陽文忠集 81/13b

～ 起之

王起之除屯田郎中　鴻慶集 26/4a　孫尚書集 27/10b

～ 起晦

王起晦除知宣州　後村集 70/5a

～ 恭

王恭爲敕令所編修在京通用條册成書係本

所供檢文字等轉一官制　紫微集 12/2b

～ 桓

祖父王善　平章政事王桓故祖父金吾衛上

將軍知中山府事善贈銀青榮祿大夫司徒

追封冀國公謚武靖制　新安文獻 2/後 4b

～ 勇

知汝州王勇加顯謨閣待制改知成德軍　劉

給諫集 2/3b

～致用

太子中舍王致用等六人轉官　武溪集 10/9a

～ 振

海州刺史充本州團練使王振可左千牛衛大

將軍海州團練使　蘇魏公集 30/7b

～ 振

王振大理少卿　蘇東坡全集/外制下/10b

～ 挺

王挺因葉祚學鄉談相爭打葉祚上齒一角斷

折二分係有戰功特降一官制　紫微集 15/9a

～挺之

王挺之押天申節馬轉官制　東牟集 7/28a

～ 哲

江南東路轉運使尚書祠部郎中充集賢校理

王哲可尚書刑部郎中制　韓南陽集 17/8b

～荀龍

王荀龍可大理寺丞制　文恭集 14/11a

王荀龍知棣州　蘇東坡全集/外制下/6a

王荀龍知潼州　樂城集 27/7b

～ 剛

朝奉郎大理正王剛可除刑部員外郎制　北

海集 3/3a

～剛中

王剛中禮部尚書兼給事中直學士院制　盤

洲集 21/1a

王剛中轉朝散大夫制　盤洲集 21/7b

王剛中端明殿學士僉書樞密院事制　盤洲

集 23/8b

王剛中除中書舍人　海陵集 15/2a

王剛中除起居舍人　海陵集 16/3a

王剛中除起居郎　海陵集 16/10a

起居郎王剛中經修神宗寶訓轉一官　海陵

集 19/7b

～ 晐

廣東提刑告詞淳熙八年二月五日　誠齋集 133/3a

～時升

王時升史部侍郎制　滄庫集 6/5b

王時升磨勘轉官制　滄庫集 6/6a

王時升除集英殿修撰知婺州制　滄庫集 6/6b

王時升權兵部侍郎制　盤洲集 22/3b

～ 俊

賜王俊除樞密使依舊四川宣撫使告　益公

集 112/115a

詔令一　制詞　臣僚　四畫　525

~ 柜

王柜除知饒州　益國文忠集 100/1b

~ 假

王假轉成忠郎制　東窗集 10/2a

~ 倫

王倫除同簽書樞密院事迎請梓宮太后交割地界使仍賜同進士出身　苕溪集 35/1b

修職郎王倫改朝奉郎充大金通問使制　浮溪集 10/4b　浮溪集/附拾遺 10/115　新安文獻 1/3b

王倫特轉朝奉大夫除右文殿修撰主管萬壽觀誥　東牟集 7/20b

~ 倫

王倫授保義郎制　鶴林集 7/20b

~ 師心

王師心大理寺丞　苕溪集 40/6a

王師心湖州制　盤洲集 23/2b

王師心除吏部尚書　海陵集 14/3b

王師心除顯謨閣直學士知紹興府　海陵集 15/1a

王師心除給事中　海陵集 16/1b

~ 師古

知江州王師古廣東提刑　宋本攻媿集 33/13b　攻媿集 37/13a

~ 師石

王師石授閣門祇候制　鶴林集 8/8a

~ 師旦

王師旦可大理寺丞制　文恭集 12/11b

~ 師仗

王師仗等除丞寺制　覈忠惠集 3/5b

~ 師約

駙馬都尉王師約轉觀察使制　元豐稿 22/9a

~ 師珪

睿思殿祇侯寄資武功大夫入內内侍省東頭供奉官王師珪轉歸吏部差在京宮觀免奉朝請　止齋集 12/3b

內侍王師珪等各降兩官制　後樂集 1/12a

~ 師原

醫官王師原叙復舊官制　道鄉集 18/10b

~ 能

王能加恩制　宋詔令集 97/358

~ 能甫

朝散郎試尚書禮部侍郎王能甫可轉一官制　摘文集 7/12b

~ 務民

皇城副使王務民可西京左藏庫使制　摘文集 6/3b

~ 忽

王忽用昔日功賞轉一官制　東澗集 6/18b

~ 純

王純通判峽州　樂城集 27/13a

~ 陟臣

王陟臣户部員外郎制右曹　元豐稿 20/3a

王陟臣右司郎中　樂城集 29/14a

~ 陞

王陞轉承節郎制　平齋集 20/22b

王 淑

禮部侍郎王淑可起復舊官制　文恭集 16/3b

王淑責官制　東牟集 8/2b

~ 淮

王淮加封制　益國文忠集 103/14b　益公集 103/91b

秘書省進今上會要十年經修官王淮轉官加封制　益國文忠集 103/13a　益公集 103/89b

王淮秘書省進書加恩　益國文忠集 112/7b　益公集 112/7b

王淮除樞密使制　玉堂稿 1/1a

王淮轉官加恩制　玉堂稿 1/3b

王淮修進四朝史志轉官加恩制　玉堂稿 1/7a

王淮除右丞相制　玉堂稿 1/8b

王丞相初除封贈三代

曾祖王某　曾祖贈太師　西垣稿 1/6a

曾祖母某氏　曾祖母贈楚國夫人　西垣稿 1/6a

祖王某　祖封魯國公　西垣稿 1/6a

祖母某氏　祖母贈魯國夫人　西垣稿 1/6a

父王某　父封慶國公　西垣稿 1/6a

母某氏　母封吳國太夫人　西垣稿 1/6a

妻某氏　妻封越國夫人　西垣稿 1/6a

~ 寅

王寅知江州　宋本攻媿集 35/5b　攻媿集 39/5b

~ 衮

王衮少卿制　元豐稿 20/7b

屯田員外郎王衮可都官員外郎　西溪集 6(三沈集 2/52a　宋文鑑 39/5b)

王衮知袞州　樂城集 30/4a

~ 庶

王庶轉兩官除徽猷閣直學士　程北山集 24/10b

樞密副使左通議大夫王庶除資政殿學士知潭州　苕溪集 31/1b

王庶落職宮祠　苕溪集 34/2b

王庶除直龍圖閣權發遣鄜延路經畧安撫使　鴻慶集 26/3a　孫尚書集 27/9b

起復徽猷閣直學士朝議大夫利州路經畧安撫使知興元府事王庶轉行兩官制　東牟集 8/11a　南宋文範 11/5b

王庶兵部侍郎　筠溪集 4/7b

知荊南府王庶復徽猷閣直學士　筠溪集 4/25b

王庶兵部尚書　筠溪集 5/20b

父王茂　左通議大夫王庶故父茂可特贈太子太保制　紫微集 20/16a

母劉氏　故母劉氏可特贈大寧郡夫人制　紫微集 20/16b

龍圖閣待制利夔路制置使王庶加徽猷閣直學士進官二等制　新安文獻 1/7b

~ 康

王康可太子中舍人制　文恪集 13/7b

太子中舍通判蔡州王康可殿中丞制　元憲集 25/10a

~ 球

王球可工部郎中制　四庫拾遺 19/景文集

~ 規

知大宗正丞王規可司封員外郎制　翟忠惠集 3/10b

~ 埜

王埜除軍器監諸　東澗集 3/25a

王埜知邵武日先事邢變轉一官制　東澗集 6/17a

王埜除太府少卿兼權樞密副都承旨制　蒙齋集 8/2b

~ 堅

父王某　王堅父　樂城集 32/7a

王堅致仕加恩制附口宣　碧梧集 9/5a-6a

~ 乾祐

王乾祐可太子仆舍人制　文恪集 15/7a

~ 採

王採特授文林郎制　四庫拾遺 370/鶴林集

~ 惟正

前尚書金部員外郎王惟正服闕可舊官制　元憲集 24/7b

~ 惟忠

妻范氏　入內部知王惟忠亡妻范氏追封郡君制　元憲集 26/20a

~ 處久

侍衛步軍郡虞侯措置防捍江面王處久　宋石攻瑰集 44/22b

王處久降武翼郎　育德堂外制 2/16a

~ 處仁

王處仁禹岳飛申白紹興七年承受本司往來軍期機速文字到今無稽遲伏乞指揮依一般進奏官制　紫微集 19/13b

~ 處厚

軍器庫副使兼翰林醫官副使王處厚可翰林醫官使制　摛文集 6/6b

醫官使王處厚可轉一官制　摛文集 7/15b

醫官王處厚可轉一官制　摛文集 7/16b

~ 莘

王莘降官　劉給諫集 2/12b

~ 野

王野特授朝請郎制　四庫拾遺 353/鶴林集

王野特授朝散郎制　四庫拾遺 357/鶴林集

~ 野民

軍事推官王野民可大理寺丞制　歐陽文忠集 81/18a

~ 國光

王國光降官制　東牟集 8/8b

~ 晞亮

知漳州王晞亮秘閣修撰致仕制　盤洲集 20/8a

王晞亮除左司郎官　海陵集 14/5b

~ 晞韓

左倁職郎朝州司理王晞韓賞轉兩資　苕溪集 36/2b

王晞韓充準備差遣　苕溪集 41/1b

~ 晦

故兵部郎中知應天府兼南京留守司王局男太廟齋郎晦可將作監主簿制　文莊集 2/5b

~ 崇文

王崇文本州觀察使制　除公集 7/8b

~ 崇吉

臨淄簿勒停人王崇古可建州建陽簿　咸平集 28/12b

~ 崇拯

王崇拯可遂郡刺史　蘇東坡全集/外制 上/12b

~ 崇昭

詔令一　制詞　臣僚　四畫　527

江州録事參軍王崇昭可江西觀察衙推　徐公集 8/12a

~崇善

三班奉職王崇善轉一官制　摘文集 7/16b

~　念

承議郎光祿寺丞王念可太常博士制　彭城集 19/10a

~　柜

任禮部侍郎再兼權中書舍人右朝奉郎權尚書刑部侍郎兼詳定一司敕令王柜除集英殿修撰知饒州見任人別與差遣　益公集 100/137a

~　敏

王敏可太子中舍人制　文恭集 20/6a

~敏文

王敏文潼川府路轉運副使制　浮溪集 8/7a　浮溪集/附拾遺 8/91

~　偶

王偶補承信郎制　東窗集 10/5b

~　健

右脩職郎新郢州録事參軍王健以叔倫奉使恩澤改合入官　苕溪集 36/2a

~　偉

西京左藏庫副使王偉可轉一官制　摘文集 7/13b

~得一

王得一太常博士　後村集 63/7a

~得臣

知唐州王得臣可知鄆州制　彭城集 21/3a

~得君

王得君贈官與一子恩澤制　宋詔令集 221/852

~得賢

王得賢可虞部員外郎制　文恭集 15/6a

~從志

書藝局藝學王從志轉一官　摘文集 8/5b

~從伍

王從伍知訖嵐軍制　元豐稿 22/8a 宋文鑑 39/7a

~從政

諸司使副陝西緣邊都監知州王從政轉官制　元憲集 22/7a

左藏庫使涇原鈴轄王從政可西上閤門使益州鈴轄制　歐陽文忠集 80/12a

妻郭氏　故東頭供奉官閤門祇候王從政妻郭氏可縣君制　蔡忠惠集 11/4b

崇儀使賀州刺史王從政可六宅使制　華陽集 30/6a

步軍都虞候王從政可馬軍都虞候制　華陽集 30/15a

~從益

王從益降官制　宋詔令集 204/762

~從善

王從善可西京左藏庫使依前充果州團練使制　文恭集 18/10a

~逢士

王逢士可殿中丞制　景文集 31/4b

~逢辰

殿前都虞候天平軍節度觀察留後李琦奏百姓醫生王逢辰可試國子四門助教　西溪集（三沈集 1/70b）

~　逸

偶都總領王逸補承信郎制　平齋集 21/21b

~　通

王通勅　襄陵集 3/8a

~　紹

天平軍節度使檢校太師同中書門下平章事判河南府王曾男太常寺太祝紹可將作監丞制　元憲集 25/5b

~紹宗

王紹宗降授修職郎制　四庫拾遺 312/鶴林集

~　陶

大理寺丞王陶轉殿中丞制　歐陽文忠集 80/12b

翰林學士右諫議大夫知制誥王陶可依前官充侍讀學士知蔡州　蘇魏公集 30/2a

左司諫王陶皇子伴讀制　臨川集 49/8a　王文公集 11/2a　宋文鑑 38/9b

提點福建路諸州刑獄公事王陶祠部郎中制　臨川集 50/3b

故觀文殿學士正議大夫王陶贈吏部尚書制　宋詔令集 221/850

~　滋

寢宮修奉司屬官王滋於遂郡上轉行一官制　東窗集 8/13a

王滋將隨駕恩賞回封祖母制　斐然集 12/16b

~　湜

王湜武論　後村集 60/10a

~　溫

王溫補忠訓郎差充忠勇諸軍統制應天府駐劄　鶴林集 9/5a

528　詔令一　制詞　臣僚　四畫

~温恭

權保安軍判官王温恭可知延州延水縣制

歐陽文忠集 80/7a

~ 淵

宰相富弼奏試國子四門助教王淵可試將作

監主簿 公是集 30/2b 宋文鑑 37/15a

王淵爲修免原河轉官制 襄陵集 1/10b

曾祖王重贈 故響德軍節度使同簽書樞

密院事副使贈開府儀同三司王淵曾祖

重贈贈太子少師制 東窗集 11/11b

曾祖母宋氏 曾祖母宋氏贈同安郡夫人

制 東窗集 11/11b

祖王仕榮 祖仕榮贈太子太保制

東窗集 11/12a

祖母楊氏 祖母楊氏贈文安郡夫人制

東窗集 11/12b

父王懷信 父懷信贈太子太傅制 東窗

集 11/13a

母燕氏 母燕氏贈通義郡夫人制 東窗

集 11/13a

妻倶氏 妻倶氏封大寧郡夫人制 東窗

集 11/13b

~ 渙

王渙可太子賓客致仕制 文恭集 20/1b

父王礪 屯田郎中王渙父礪可贈尚書左

丞制 元憲集 21/3b

~渙之

王渙之除起居舍人制 道鄉集 17/2a

~ 濬

王濬户部郎官 宋本攻媿集 35/13b 攻媿集 39/

12b

~ 寔

王寔權務羡賞轉一官制 平齋集 23/24b

~ 韶

王韶可衛尉寺丞制 文恭集 14/4a

父王舉元 奉議郎王韶弟奉議郎護故父

任給事中天章閣待制贈銀青光祿大夫

舉元可贈特進制 彭城集 23/18a

開封尹王韶除龍圖閣直學士提舉醴泉觀制

程忠惠集 2/23b

~敦祐

太史局冬官正王敦祐轉一官制 東窗集 8/

16a

~善之

大理卿王善之直龍圖閣知平江府 攻媿集

35/9b

~善長

屯田員外郎王善長等可轉官制 鄭溪集 6/1a

~ 翔

利州路提刑王翔除利路轉運判官制 平齋

集 18/9b

干翔除直秘閣利州路轉運判官兼知利州制

平齋集 21/8b

~ 曾

翰林學士主客郎中知制誥王曾可兵部郎中

餘依舊制 文莊集 1/14a

妻李氏 左諫議大夫參知政事王曾妻江

夏郡君李氏可進封隴西郡夫人制 文

莊集 3/4a

王曾進昭文制 宋詔令集 52/26b

王曾授中書侍郎同中書門下平章事集賢殿

大學士會靈觀使制 宋昭令集 52/266

王曾拜相制 宋詔令集 53/270

王曾罷相知兗州制 宋詔令集 66/323

王曾罷相授大資政判鄆州制 宋詔令集 66/

325

~補之

王補之除大理少卿制 尊白堂集 5/1a

王理評事王補之大理寺丞 宋本攻媿集 31/3a

攻媿集 35/3a

~ 霄

故朝散大夫天章閣待制贈左諫議大夫王霄

封臨川伯制 宋詔令集 222/858

~ 雲

宣德郎通判乾寧軍王雲可轉兩官制 摘文

集 7/11a

~ 霧

王霧改官 張華陽集 4/10b

~ 琮

王琮贈官與一子恩澤 苕溪集 33/2b

王琮知常德府制 東澗集 6/7b

~ 珏

知天台縣王珏轉官再任制 盤洲集 21/9a

~ 琪

殿中丞集賢校理知復州王琪可太常博士制

元憲集 23/7b

祠部員外郎直集賢院兩浙轉運按察使王琪

可就轉刑部員外郎制 歐陽文忠集 79/3b-4a

王琪贈武經郎制 浮溪集 8/19b 浮溪集/附拾遺 8/102

王琪轉秉義郎制 東窗集 10/9b

~ 琳

秘書省著作佐郎王琳可秘書丞 西溪集 4(三沈集 1/76b)

王琳爲與賊按戰陣歿贈承信郎制 紫微集 18/6a

~ 堯臣

王堯臣可大理寺丞制 文恭集 12/10b

王堯臣可三司使制 景文集 31/1a

王堯臣除翰林學士制 安陽集 40/3a

樞密使給事中王堯臣可金紫光祿大夫依前給事中充樞密使仍賜推忠佐理功臣勳封實食封如故制 蔡忠惠集 13/5b

待制王堯臣知單州制 元豐稿 21/6b

樞密副使給事中王堯臣可户部侍郎參知政事制 華陽集 27/3b

祖王礦 祖礦贈太師 華陽集 31/3a

父王濱 父濱贈太子太師 華陽集 31/3b

母仇氏 母仇氏追封南陽郡太夫人 華陽集 31/4a

贈太尉謚文安王堯臣可特贈太師中書令改謚文忠制 王魏公集 3/14a 宋詔令集 221/850

~ 堯佐

從事郎王堯佐前任復州司理載鐵入銅錢界算請鹽鈔降一資 攻媿集 34/18b

~ 堯明

左武衛大將軍遂郡刺史王堯明可東上閤門使制 元憲集 20/8b

~ 越

祖母沈氏 王越祖母沈氏封長壽縣太君制 道鄉集 16/10a

~ 超

王超進殿前都指揮使加恩制 宋詔令集 95/349

王超加恩制 宋詔令集 96/351

王超開府儀同三司檢校太尉加恩制 宋詔令集 97/355

~ 彭

知婺州王彭可知濟州制 彭城集 21/18a

新差知濟州王彭可改差知撫州制 彭城集 21/23a

大理寺丞充本寺詳斷官王彭可太子右贊善

大夫 西溪集 4(三沈集 1/71a)

王彭知婺州 蘇東坡全集/外制中/8a

~ 彭年

朝請郎王彭年可監察御史制 彭城集 20/5a

~ 喜

王喜轉保義郎制 東窗集 10/15b

王喜爲敵人入侵順昌並係在城守禦者轉一官資制 紫微集 12/5b

~ 喜

建武軍節度使充鄂州駐劄御前諸軍都統制王喜加食邑食實封制 真西山集 19/16a

~ 博古

屯田郎中致仕王希男博古可試秘書省校書郎制 郡溪集 6/10a

~ 博聞

王博聞直龍圖閣知延安府制 道鄉集 17/2a

權發遣河北路轉運副使王博聞可轉一官升充轉運使制 摘文集 4/11a

~ 棟

右朝奉大夫提轄文思院上下界王棟該第二册賞轉一官減二年磨勘 益國文忠集 94/6b 益公集 97/89b

~ 逑

王逑右正言制 盤洲集 20/8b

王逑直秘閣官觀制 盤洲集 22/6b

~ 暫

王暫知衛州 蘇東坡全集/外制上/12a

~ 棣

王棣贈資政殿學士制 大隱集 1/2b

~ 極

駕部郎官王極除監察御史制 東澗集 4/24b

起居郎兼權吏部侍郎王極特除史部侍郎制 東澗集 4/11a

王極權發遣順慶府制 平齋集 19/16b

王極除太府寺簿制 蒙齋集 9/2b

~ 畲

利州路轉運使尚書兵部員外郎王畲可尚書工部郎中制 元憲集 22/6a

~ 雄

王雄等轉官制 橫塘集 7/8a

~ 揚英

祖母朱氏 左奉議郎守秘書省著作郎王揚英祖母朱氏特封孺人制 東窗集 8/

26a

王揚英除成都府路運判　海陵集 18/3a

～挨

太常博士王挨丁憂服闋復舊官制　歐陽文忠集 79/8a

～戴

三班差使王戴轉一資制　彭城集 20/9b

～華甫

王華甫除兵部員外郎　後村集 70/2b

～景仁

西京作坊使知嵐軍王景仁可知原州制

彭城集 21/5a

～景良

衛尉寺丞知益州成都縣王景良可大理寺丞制　元憲集 23/9a

～景純

太常寺太祝王景純可大理評事　西溪集 4(三沈集 1/66b)

～景華

王景華可衛尉寺丞制　文恭集 12/10b

～景齊　～景崏

通議大夫王景齊弟奉議郎國子博士景崏封贈父母妻

父王保大　故父任朝奉郎已贈中奉大夫保大特贈通議大夫　後村集 73/6b

母吳氏　故母令人吳氏特贈碩人　後村集 73/7a

妻高氏　景齊故妻令人高氏贈碩人　後村集 73/7a

妻潘氏　景齊故妻令人潘氏贈碩人　後村集 73/7a

妻蔡氏　景齊故妻令人蔡氏贈碩人　後村集 73/7a

～貽永

除王貽永授依前檢校太師行尚書右僕射兼中充景靈宮使彰德軍節度使加食邑實封改賜功臣制　文恭集 22/5a

王貽永加食邑實封功臣制　景文集 31/18b

樞密王太尉三代

曾祖王建福　曾祖建福贈太師中書令可贈兼尚書令餘如故　武溪集 11/14a

曾祖母賈氏　曾祖母追封魏國太夫人賈氏可追封國太夫人　武溪集 11/14b

祖王祚　祖祚贈太師中書令兼尚書令可

追封國公　武溪集 11/15a

祖母嚴氏　祖母追封陳國太夫人嚴氏可追封國太夫人　武溪集 11/15a

父王溥　父溥贈尚書令兼中書令追封魯國公可贈太師　武溪集 11/15b

母常氏　母追封齊國太夫人常氏追封國太夫人　武溪集 11/16a

母中氏　母追封丹陽郡太太人中氏可追封國太夫人　武溪集 11/16b

兄王貽正　兄貽正贈太師可贈中書令

武溪集 11/16b

嫂魏氏　嫂追封鉅鹿郡太夫人魏氏可追封郡太夫人　武溪集 11/17a

～貴

王貴修宣德樓了畢轉官制　襄陵集 1/17a

王貴除侍衛親軍步軍指揮使添差福建路副都總管制　東窗集 14/2a

父王琳　王貴父琳贈官　歸愚集 8/3a

～峧

故樞密副使贈兵部尚書王曙遺表男峧可秘書省校書郎　西溪集 5(三沈集 2/15a)

～凱(一作顗)

王凱可檢校工部尚書隨州刺史充本州防禦使進封太原郡開國侯加食邑五百戶制

文恭集 17/5a

馬軍都虞侯王凱可殿前都虞侯制　蔡忠惠集 9/14a

軍節度觀察留後殿前都虞侯隴西防禦使王凱一作顗除步軍副指揮使□州觀察使制

蔡忠惠集 11/14a

武勝軍節度觀察留後王凱贈節度使制　臨川集 54/16a

王凱贈節度使　王文公集 14/3a

～嶼

親姪嶼可守作監主簿　西溪集 5(三沈集 2/15b)

～舜中

西京左藏庫副使王舜中轉一官制　摘文集 7/1b

～舜民

醫官副使王舜民可轉一官制　摘文集 7/15b

～舜圭

王舜圭確山縣尉尉獲賊二十一人除左班殿直　樂城集 27/18b

~舜臣

王舜臣等特與轉官制　道鄉集 15/11b

王舜臣致仕制　東牟集 8/13a

王舜臣贈妻制　東牟集 8/21b

~舜卿

太醫承直翰林醫官局王舜卿可轉一官制　摘文集 7/11b

~舜康

醫官王舜康可轉一官制　摘文集 7/15b

~ 鉄

提舉浙東茶鹽王鉄賞轉一官制　東窗集 8/23a

王鉄除兩浙西路提點刑獄制　東窗集 9/12b

~ 欽

承制王欽供備庫副使制　臨川集 53/5a

承制王欽等轉官制　臨川集拾遺/7b　王文公集 13/8a

~欽若

故守司空兼門下侍郎平章事王欽若可贈太師中書令制　文莊集 2/21a

王欽若罷相除太子太保歸班制　宋詔令集 66/321

故守司徒兼門下侍郎平章事王欽若可贈太師中書令制　宋詔令集 220/845

樞相王欽若拜相制　宋詔令集 52/264

王欽若拜相制　宋詔令集 52/266

~欽臣

王欽臣落職居住制　宋詔令集 208/783

~無逸

贈工中王裕長男無逸可試將作監主簿　西溪集 5(三沈集 2/22b)

~進之

朝散大夫王進之知德慶府　止齋集 14/5a

王進之知德慶府　宋攻媿集 35/2b　攻媿集 39/2b

~進爲

王進爲元係振武指揮使累年教閲委是整肅降等換承節郎換給制　紫微集 18/2b

~ 博

王博可國子博士制　文恭集 14/18a

~ 傅

王傅除提舉淮南東路茶鹽制　東窗集 13/17a

~ 順

起復王順特轉遂郡刺史　益國文忠集 95/12b

~ 皐

江淮宣撫司王皐當王師弔伐之初能背戎嚮華爲首率衆捕殺海口巡檢夾古阿打並副巡檢夾古尚叔忠愷可嘉今欲補承節郎制　四庫拾遺 273/後樂集

~ 復

父王沿　朝奉郎王復故父任刑部侍郎充天章閣待制贈開府儀同三司沿可贈司空制　彭城集 20/15a

~循友

王循友除倉部郎官制　東窗集 8/6b

倉部郎官王循友交割歲幣有勞特轉一官制　東窗集 8/11a

殯宮橋道頓遞使司屬官王循友轉一官制　東窗集 8/12b

王循友知建康府制　大隱集 2/13b　海陵集 19/1a

~ 勝

王勝叙復敦武郎　苕溪集 33/2b

歸正王勝轉一官制　東窗集 8/10b

王勝爲收復海州除正任觀察使制　紫微集 16/9b

王勝同前除正任承宣使　紫微集 18/1b

王勝贈兩官制係與金人見陣陣殁　紫微集 18/7b

進義副尉王勝贈兩官恩澤一資係順昌府與金人四太子轉戰臨陣戰殁　紫微集 19/20b

父王某　利州觀察使王勝故父名闕可特贈武翼郎制　紫微集 20/10a

母周氏　故母周氏可特贈碩人制　紫微集 20/10b

繼母牛氏　王勝繼母牛氏可特封太碩人制　紫微集 20/10b

妻楊氏　故妻楊氏可特贈碩人制　紫微集 20/11a

妻張氏　故妻張氏可特贈碩人制　紫微集 20/11a

採石立功人轉官王勝轉遂郡防禦使　益國文忠集 95/5b　益公集 96/57b

~ 登

王登可太子中舍人制　文恭集 13/7b

~ 賀

左班殿直王賀轉一資制　彭城集 20/9b

~ 源

國子監主簿王源國子監丞 宋本攻媿集 33/16a 攻媿集 37/15b

~ 準

王準贈修職郎制 四庫拾遺 312/翰林集

~ 說

王說可左衛將軍駙馬都尉 蘇魏公集 31/2b

~ 詢

土詢可太子中舍人制 文恭集 13/6b

~ 靖

太常寺太祝王靖可大理評事制 元憲集 20/ 13a

~ 靖

王靖轉保義郎制 東窗集 10/16b

~ 雍

故太守尉尚書令王旦男大理評事雍可光祿寺丞制 文莊集 2/1b

~ 義升

中奉大夫集英殿修撰沿江制置副使王義升可先次落職放罷制 北海集 5/7b

~ 義賓

王義賓爲措置捍禦金人有功轉一官制 紫微集 12/8b

~ 道

王道轉右朝奉郎制 東窗集 13/12a

~ 道恭

西上閤門使王道恭可康州刺史仍舊西上閤門使成都府利州路鈐轄 西溪集 5(三沈集 2/23a)

~ 道卿 道卿一作清臣

供備庫副使王道卿可西京左藏庫副使制 歐陽文忠集 79/10a

故保平軍節度使王貽永男西上閤門使道卿可貴州團練使制 華陽集 28/13a

西京作坊使高州刺史王道卿可西上閤門使制 華陽集 30/7b

~ 道寧

東頭供奉官王道寧可内殿崇班制 蔡忠惠集 11/9a

~ 逵

皇城史王逵可坊州刺史制 華陽集 30/9b

~ 遂

王遂除四川制置使制 東澗集 5/20a

王遂知平江府制 東澗集 6/7a

右臣言王遂除殿中侍御史制 平齋集 17/8a

~ 煥

汝州長史王煥移毫州長史制 元憲集 21/6b

~ 資深

王資深等除監察御史制 道鄉集 17/6a

王資深贈五官制 浮溪集 10/13b 浮溪集/附拾遺 10/122

~ 運

侍禁王運先降一官送人理寺取勘制 輸义集 6/10a

~ 福

王福轉武翼郎陞差淮西路鈐兼强勇軍都統制 平齋集 22/19b

~ 璹

幹辦行在諸軍糧科院王璹差知德慶府 益公集 100/146a

~ 瑛

王瑛三班借職制 元豐稿 22/8a

~ 瑛

忠訓郎王瑛除閤門祗候 益國文忠集 95/21b 益公集 94/30a

~ 瑜

王瑜可大理寺丞制 文恭集 15/15b

王瑜京西提刑 樂城集 29/5b

王瑜爲建築縣寨推恩制 襄陵集 2/8a

~ 瑜

歸順人王瑜補保義郎制 平齋集 21/24a

~ 瑀

王瑀除閤門祗侯免供職制 東牟集 7/6b

閤門祗侯王瑀持祖母餘服起復充殿前司副將 益國文忠集 96/17b 益公集 95/42b

忠訓郎閤門祗侯護聖軍副將王瑀再丁母楚國夫人憂起復 益國文忠集 96/17b 益公集 96/67a

~ 瑋

王瑋除四廂都指揮使知荊南府制(改永州防禦使) 東牟集 7/32b

~ 達

步軍都虞侯王達可馬軍都虞侯制 蔡忠惠集 9/14a

~ 達

工部郎中直昭文館王達可刑部郎中制 華陽集 27/10b

~ 達

武功郎帶行閤門宣贊舍人重慶府駐劄御前

諸軍都統制王達爲瀘城戰捷特授州刺史依舊帶行閤門宣贊舍人 後村集 69/2a

~達如

王達如除吏部郎官制 東窗集 8/9a

~ 勤

河東轉運判官王勤可轉一官制 摘文集 8/4b

~楊英

王楊英除吏部郎官制 東窗集 8/8b

~ 翠

承議郎王翠可權知宿州制 彭城集 21/6a

~畧成

王畧成循左文林郎制 東窗集 12/20a

王畧成循右承直郎制 東窗集 13/6a

~ 熙

王熙可大理寺丞制 文恭集 14/4a

~慎儀

大理寺丞王慎儀等改官 蘇魏公集 33/8a

~ 萬

宣德郎新除大理寺簿王萬可京畿轉運判官填創置闕制 摘文集 5/5a

宣議郎王萬可轉一官制 摘文集 7/9b

~ 萬

王萬國子録制 平齋集 20/21a

~萬修

左迪功郎王萬修用昨任敕令所删定官日經修紹興參附尚書吏部敕令格式等循修職郎 益國文忠集 95/20b 益公集 97/88a

~ 葆

王葆除司封郎官 歸愚集 7/7a

~ 鼎

王鼎可屯田員外郎制 文恭集 15/14b

~ 晩

知臨安府王晩除敷文閣直學士制 東窗集 6/16b

王晩除敷文閣待制知臨安府制 東窗集 13/2b

王晩充寶文閣學士知平江府制 楳溪集 5/6a

王晩致仕轉官制 東牟集 7/33a

~ 照

王照提舉准東措置料塜一般在料角防托委實宣力檢照特令王照一例推賞奉聖旨與轉一官於正名目上收使制 紫微集 12/10b

~昭辰

王照辰往來計議邊事應辦錢糧擗遣軍器有勞並與轉官 益公集 97/96a

~ 嵩

內殿承制閤門祗候王嵩禮賓副使制 臨川集 53/3b

~ 鉞

王鉞知金州 育德堂外制 1/2b

御前諸軍副都統制王鉞 宋本攻媿集 44/23b

~ 鉄

王鉄並除直秘閣制 東窗集 7/7a

~ 鉝

王鉝左司郎官 苕溪集 43/1a

王鉝起居舍人 苕溪集 46/2b

父王仁恕 試中書舍人王鉝故父仁恕可特贈承議郎制 紫微集 20/4a

母余氏 母余氏可特封太令人制 紫微集 20/4b

妻余氏 故妻余氏可特贈令人制 紫微集 20/5a

妻余氏 妻余氏可特封令人制 紫微集 20/5b

~ 愈

王愈光祿丞 樂城集 30/5b

~會龍

王會龍除工部郎官制 東澗集 4/19b

王會龍除右司郎中制 東澗集 4/21a

~ 節

殿前司拍試到舊行門王節與換敦武郎 苕溪集 34/2b

王節降授宣教郎制 四庫拾遺 311/翰林集

王節降授承議郎制 四庫拾遺 380/翰林集

~ 超

未復舊官人殿中丞王超太常博士制 臨川集 55/6b

~ 微

王微可屯田員外郎制 文恭集 15/14b

~ 演

轉運司准備差使王演特轉一官 止齋集 11/3a

~漢之

兵部侍郎王漢之可顯謨閣直學士知成都府制 摘文集 5/1b

~漢臣

王漢臣轉官制　于湖集 19/10a

王漢臣米綱折欠違程降官制　于湖集 19/13b

～漢忠

王漢忠加恩制　宋詔令集 96/352

～漢卿

崇儀副使王漢卿可左驍衛將軍致仕　韓南陽集 17/14b

～漸

守少府監致仕王山民男漸可守將作監主簿制　蘇魏公集 31/11b

～寧．

故翰林學士彭乘姪壻王寧可試將作監主簿制　文恭集 19/4b

保義郎王寧特轉一官　止齋集 11/3a

大理寺主簿王寧太府寺丞　止齋集 14/5a　宋本攻媿集 34/18b　攻媿集 38/17b

～賓

御史中丞王賓刑部尚書制　浮溪集 11/14b　浮溪集/附拾遺 11/134

王賓追復龍圖閣學士制　大隱集 1/6b

～實

朝奉郎王實特落致仕制　翟忠惠集 2/27a

從義郎江淮宣撫司提轄衛兵王實招募神効軍効用特轉一官　益國文忠集 95/13a　益公集 98/109a

～韶

觀文殿學士王韶贈金紫光祿大夫制　宋韶令集 221/849

～端

太常少卿權知壽州王端可光祿卿知壽州　韓南陽集 17/3b

～端復

王端復集賢殿修撰差知廣州制　摘文集 5/4b

～說

王說徐州制　元豐稿 22/3b

朝議大夫知密州王說可知淫州　彭城集 22/16b

王說除直龍圖閣知青州制　道鄉集 15/7b

～濤

大理評事監海州酒稅王濤可光祿寺丞制　元憲集 26/1b

比部郎中王濤可尚書制　蘇魏公集 33/1b

駕部員外郎王濤可虞部郎中　西溪集 5(三沈集 2/17b)

王濤知河中府　蘇東坡全集/外制上/5b

～誦

王誦可大理評事制　文恭集 14/25b

～墊

前廣信軍司理參軍王墊可衛尉寺丞制　蔡忠惠集 9/1a

王墊太子中舍制　臨川集 51/10a

～廣淵

羣牧判官屯田員外郎直集賢院王廣淵可度支員外郎依前直集賢院充羣牧判官　韓南陽集 16/7b

母朱氏　屯田員外郎廣淵弟太常博士臨亡母嘉興縣太君朱氏追封真定縣太君制　鄭溪集 7/4b

繼母許氏　繼母福昌縣太君許氏進封水安縣太君制　鄭溪集 7/4b

～廣廉

奏舉人前祁州深澤縣令王廣廉著作佐郎制　臨川集 51/11b

～榮

責侍衛步軍都虞侯峰州觀察使王榮詔　宋詔令集 203/756

～遷

殿中監致仕王緯孫男遷可試秘校　韓南陽集 18/1b

～毅

朝散大夫行大理正王毅可刑部郎中制　摘文集 4/4a

～嘉聞

都官員外郎知成州王嘉聞轉職方員外郎制　歐陽文忠集 79/14b

～榕

王榕江西提舉茶鹽　苕溪集 42/2a

～槐孫

王槐孫循資制　盤洲集 19/12a

～輔

王輔轉官知澤州制　道鄉集 18/10a

～筑

王筑湖南提刑　樂城集 29/3a

～戩

王戩補承信郎制　東窗集 10/6a

～與權

王與權可右司架率府副率致仕　西溪集 5(三沈集 2/22a)

～與權

國子祭酒王與權除起居郎誥 東澗集 3/22b
吏部郎中權國子司業王與權除國子司業制 平齋集 20/5b
王與權知寧國府制 平齋集 22/18b
王與權除大理少卿制 蒙齋集 8/1b
～夢易
王夢易試大理評事充永興軍節推知遂州青石縣事制 臨川集 52/4a
～夢得
王夢得太府丞 後村集 65/8b
～遹
王遹贈通奉大夫 育德堂集/外制 3/14a
王遹轉朝請郎制 平齋集 18/18a
～聞詩
中奉大夫提舉冲佑觀豐誼除吏部郎官奉議郎王聞詩除考功郎官 止齋集 16/4b
新除考功郎官王聞詩覃恩轉官 止齋集 17/3a
～聞顯
王聞顯武節大夫制 平齋集 20/22b
歸順人武翼郎王聞顯武翼大夫制 平齋集 17/11a
～鉎
王鉎進七朝國史列傳重加參補成書共二百一十五册與轉一官 苕溪集 36/2b
～銃
追官勒停人左衛將軍駙馬都尉王銃可慶州刺史制 王魏公集 3/8b
～鉛
王鉛除湖南路提點刑獄制 東窗集 13/17b
王鉛降左朝散大夫制 東窗集 14/9a
王鉛除右司 張華陽集 7/5b
～綽
知雜王綽吏部郎中直龍圖閣知徐州制 臨川集 49/9b 王文公集 12/5a
王綽秘書少監制 臨川集 49/14a
侍御史知雜事判都水監王綽刑部郎中制 臨川集 50/4b
龍圖王綽可秘書少監 王文公集 11/5a
～綱
殿中丞王綱可太常博士制 蔡忠惠集 11/17b
～綸
王綸除同知樞密院事 海陵集 15/10a
王綸除工部侍郎兼直學士院 海陵集 16/2a

知樞密院王綸前任經修仙源積慶圖特轉一官 海陵集 19/7a
資政殿大學士左大中大夫知建康府王綸乞致仕與轉一官致仕 益公文忠集 96/1b 益公集 94/20a
王綸上遺表特贈五官 益國文忠集 97/5a 益公集 94/20b
～維
王維特授儒林郎制 四庫拾遺 36/翰林集
～綺
祖王克存 資政殿大學士中大夫提舉萬壽宮兼侍讀王綺故祖任尚書都官郎中贈太子少傅克存贈太子少師 程北山集 23/11b
祖母韓氏 故祖母平原郡夫人韓氏贈文安郡夫人 程北山集 23/12a
祖母皇甫氏 故祖母安化郡夫人皇甫氏贈饒陽郡夫人 程北山集 23/12a
祖母來氏 故祖母臨淮郡夫人來氏贈淮安郡夫人 程北山集 23/12b
父王發 故父任宣教郎贈太子少師發贈太子太保 程北山集 23/13a
母張氏 故母高平郡夫人張氏贈太寧郡夫人 程北山集 23/13b
妻高氏 故妻淄川郡夫人高氏贈濟陽郡夫人 程北山集 23/13b
妻强氏 妻永嘉郡夫人强氏封同安郡夫人 程北山集 23/14a
王綺贈官 筠溪集 4/16a
給事中王綺復朝散郎制 浮溪集 10/7a 浮溪集/附拾遺 10/117
曾祖王世融 王參政贈曾祖制 大隱集 3/21a
曾祖母某氏 贈曾祖母制 大隱集 3/21b
祖王克存 贈祖制 大隱集 3/22a
祖母皇甫氏 贈祖母皇甫氏制 大隱集 3/23a
祖母韓氏 贈祖母韓氏制 大隱集 2/23b
祖母來氏 贈祖母來氏制 大隱集 3/24a
父王發 贈父制 大隱集 3/24b
母張氏 贈母制 大隱集 3/25a
妻高氏 贈故妻 大隱集 3/25b
妻强氏 封妻制 大隱集 3/26a
～諄

監徐州鹽税務王譚可禄寺丞制　元憲集 23/10a

大理寺丞王譚轉左贊善大夫制　歐陽文忠集 80/10a

~ 襄

王襄轉一官制　撝文集 7/5a

王襄降官制　東牕集 8/8b

~ 震

王震可大理寺丞制　文恭集 12/11b

朝奉郎充龍圖閣待制王震可朝散郎制　彭城集 20/19a

龍圖閣待制知河中府王震可知鄭州制　彭城集 21/5b

知南京王震可知荊南制　彭城集 22/17b

母張氏　故母金華縣太君張氏可贈汝南郡太夫人制　浮德集 9/14b

王震特追復朝請郎制　道鄉集 16/1a

王震轉翰林書藝局直長充告詔制　道鄉集 16/3a

王震湖南運判　筠溪集 5/5b

~ 霆

王霆改知光州主管蔡州安撫司事制　鶴林集 8/17b

王霆授武功大夫勅　鶴林集 12/7a

~ 爽

職方員外郎通判饒州爽可屯田郎中差遣如故　韓南陽集 16/1b

~ 爽

著作佐郎王爽除著作郎　止齋集 18/10a

著作佐郎校書郎王爽　宋本攻媿集 33/4a　攻媿集 37/4a

秘書郎王爽著作佐郎　宋本攻媿集 37/12b　攻媿集 41/12a

~ 穀

忠訓郎王穀乙改正轉官別給告命　苕溪集 38/5a

~ 楯

王楯授州防禦使制　鶴林集 8/13a

~ 罕

王罕可權知宿州制　彭城集 21/29a

王罕通判揚州　樂城集 28/4a

垂拱殿成臨安府屬縣王罕轉一官制　東窗集 8/15b

~ 醇

奏舉人試秘書省校書郎前守宣州司理參軍

王醇可著作佐郎　蘇魏公集 32/9a

~ 頤

延陵縣令監原州折博務王頤可大理寺丞制　鄖溪集 3/7b

~ 撝

王撝除直秘閣制　浮溪集 8/5b　浮溪集/附拾遺 8/90

~ 賞

王賞兼侍講制　東窗集 6/20a

王賞除權禮部侍郎兼實録院修撰制　東窗集 9/14a

王賞禮部侍郎落權字制　東窗集 9/14b

王賞麗禮部侍郎與外任制　楊溪集 5/27b

~ 餘慶

右侍禁王餘慶率府副率致仕制　臨川集 53/10a

~ 範

天雄軍習三傳王範可大名府文學制　文莊集 2/20a

~ 積

王積可比部員外郎制　文恭集 15/12a

王積可太子中舍人致仕制　文恭集 20/2a

~ 稽中

王稽中考功員外郎制　盤洲集 20/12a

王稽中起居舍人制　盤洲集 21/12a

~ 櫻

奏舉人前湖州烏程縣令王櫻可著作佐郎制　元憲集 25/4b

秘書丞邳州通判王櫻可太常博士　武溪集 10/11a

~ 儀

將作監丞王儀大理寺丞　西溪集 4（三沈集 1/66b）

~ 儀

王儀特轉朝奉郎致仕制　平齋集 18/6a

~ 徹

應天府鈴轄王徹降兩官制　浮溪集 9/9b　浮溪集/附拾遺 9/109

~ 德

曾祖王永　侍衛親軍都虞候清遠將軍節度使御前統制王德曾祖永贈太子少保制　東窗集 12/13b

曾祖母郭氏　曾祖母郭氏贈高平郡夫人制　東窗集 12/14a

祖王忠立　祖忠立贈太子少傅制　東窗集 12/14b

祖母韓氏　祖母韓氏贈恩平郡夫人制　東窗集 12/13b

父王達　父達贈太子少師制　東窗集 12/15a

母李氏　母李氏封信安郡夫人制　東窗集 12/15a

妻尹氏　妻尹氏封永嘉郡夫人制　東窗集 12/15b

王德爲張俊提統前去應授順昌府及收復宿亳州除正任承宣使制　紫微集 16/11a

王德爲收復宿亳州等處立功除龍神衞四廂都指揮使制　紫微集 18/2a

~德

奉使夏王德轉官制　後樂集 1/29a

~德用

除王德用特授依前檢校太師同中書門下平章事兼寧牧制置使充樞密使河陽三城節度使加食邑實封仍改賜功臣制　文恙集 23/10b　宋文鑑 34/11a

除王德用特授依前開府儀同三司檢校太師同中書門下平章事充樞密使河陽三城節度使進封魯國公加食邑制　文恙集 23/11b

曾祖王方　樞密使王德用曾祖方贈尚書令兼中書追封許國公特贈太師晉國公制　蔡忠惠集 12/12a

曾祖母畢氏　王德用曾祖母畢氏追封韓國太夫人特追封魯國太夫人制　蔡忠惠集 12/12b

祖王玄　王德用祖玄贈尚書令兼中書令追封曹國公宜特贈太師齊國公制　蔡忠惠集 12/13a

祖母路氏　王德祖母路氏追封陳國太夫人宜特追封□國太夫人制　蔡忠惠集 12/13b

父王超　王德用父超贈開府儀同三司太師尚書令兼中書令封魯國公宜特追封燕國公餘如故制　蔡忠惠集 12/14a

母朱氏　王德用母朱氏追封榮國太夫人宜特追封吳國太夫人制　蔡忠惠集 12/14a

~德明

西京留司御史臺正名知班驛使官王德明可將仕郎守蓬山縣主簿勒留　蘇魏公集 34/13a

~德厚

同總領河州蕃將兵内殿承制王德厚特與轉西上閤門副使　摘文集 6/10a

~德悅

王德悅可將作監主簿制　文恙集 14/27a

~德豐

内殿承制王德豐可供備庫副使制　華陽集 30/3b

~德彜

妻劉氏　故信都郡王德彜妻東平郡夫人劉氏可追封蕭國夫人制　文莊集 3/1b

~履

王履轉官制　襄陵集 1/4b

~鄰臣

王鄰臣可殿中丞制　文恙集 13/8a

~澐

王澐閤門宣贊舍人　劉給諫集 2/10b

~澤

宣德郎王澤可鑄部員外郎制　摘文集 4/5b

宣德郎尚書膳部員外郎王澤可轉一官制　摘文集 7/14a

王澤敖　襄陵集 3/12b

~諿

供備庫副使王諿可西京左藏庫副使　蘇魏公集 29/10b

水部郎中王諿可知濟州制　彭城集 19/9a

王諿水部郎中　蘇東坡全集/外制下/5b

~諿臣

國子博士王諿臣可虞部員外郎　西溪集 6(三沈集 2/34b)

~義叔

王義叔水軍措置副使制　大隱集 3/4a

~導

内侍王導除尚醞奉御制　翟忠惠集 4/14a

~璞

故給事中充天章閣待制王舉元遺表親孫王璞可將仕郎試將作監主簿　蘇魏公集 33/11a

~璞

王璞授太學博士制　樂菴集 7/3a

~璟

王璟提點刑獄兼保甲制　翟忠惠集 2/6a

王璟河北路沿邊安撫副使制　翟忠惠集 2/20a

詔令一　制詞　臣僚　四畫

~ 整

太子中舍監兗州酒務王整可殿中丞制 元憲集 24/2b

~ 駿

都官員外郎致仕王琉男駿可試將作監主簿制 文恭集 19/7a

~ 堯臣

入內内侍省官王堯臣特轉一官制 摘文集 7/5a

~ 默

王默爲不肯追贓田與王洙虛有陳論特降兩官其王默係進納成忠郎制 紫微集 13/16a

~ 興

王興可陵州團練使制 文恭集 18/9a

單州團練使王興可龍神衞四廂都指揮使袞州防御使制 華陽集 30/13a

捧日天武四廂都指揮使王興可步軍都虞侯制 華陽集 30/15a

~ 嶧

故樞密副使贈兵部尚書王疇遺表次男嶧可秘書省校書郎 西溪集 5(三沈集 2/15a)

~ 錫

故右侍禁王卞男錫可三班借職制 摘文集 8/8a

~ 穆

王穆可秘書丞制 文恭集 13/12a

~ 豫

右班殿直王豫轉一官制 摘文集 7/2

~ 選

王選高州刺史制 盤洲集 19/8b

~ 繹

王繹直秘閣知常州 苕溪集 32/5a

王繹秘閣知温州 斐然集 12/26a

王繹監察御史 斐然集 13/1a

王繹殿中侍御史 斐然集 13/18b

~ 隨

刑部員外郎知制誥新知揚州王隨可工部郎中餘依舊制 文莊集 1/13b

參知政事王隨除尚書更部侍郎知樞密院制 元憲集 22/3b

尚書吏部侍郎知樞密院王隨加功臣食邑實封制 元憲集 25/14b

監成都府上供機王隨可轉一官制 摘文集 7/8b

王隨拜昭文相制 宋詔令集 53/270

王隨罷免建節制 宋詔令集 67/326

給事中知杭州王隨責授秘書少監知通州制 宋詔令集 204/761

~ 灌

王灌降右宣義郎制 東窗集 9/10a

~ 謙

知池州王謙湖北提刑 宋本攻媿集 31/17a 攻媿集 38/16a

湖北提刑王謙湖南提刑 宋本攻媿集 36/2b 攻媿集 40/2b

~ 襄

王襄分司制 浮溪集 12/9b 浮溪集/附拾遺 12/143

王襄散官安置 浮溪集 12/10a 浮溪集附拾遺 12/144

王襄降官制 宋詔令集 210/793

~ 環

權軍事判官承信郎王環轉一官 益國文忠集 95/18a 益公集 96/56b

~ 瑱

太常博士王瑱可屯田員外郎制 蔡忠惠集 9/22a

~ 概

王概换秉義郎 宋本攻媿集 35/2b 攻媿集 39/2b

~ 臨

妻盛氏 屯田員外郎王廣淵弟太常博士臨妻太和縣君盛氏進封天興縣君制 郡溪集 7/5a

妻盛氏 故朝儀大夫充寶文閣待制王臨妻大興縣君盛氏可封仁壽縣君制 彭城集 20/9b

處士王臨試太學録 蘇東坡全集/外制下/6b

~ 舉元

王舉元刑部郎中制 臨川集 50/4a

~ 舉正

觀文殿學士王舉正封贈制 華陽集 31/7b

父王化基 父化基追封冀國公 華陽集 31/7b

母宋氏 母宋氏進封秦國太夫人 華陽集 31/8a

~ 渡

王渡轉右文林郎制 東窗集 9/6a

~ 邁

王邁授秘書省正字制 鶴林集 7/21a

~ 達

王逵除右司郎中制 東澗集 4/21a

~ 曙

贈太保中書令王曙元隨高貴可銀青光祿大夫檢校國子祭酒兼監察御史武騎尉充教練使制 元憲集 24/11b

給事中知海州王曙毗檢校尚書制 宋詔令集 204/761

~ 嶼

故樞密副使贈兵部尚書王曙遺表次男嶼可秘書省校書郎 西溪集 5(三沈集 2/15a)

~ 鑒

王鑒可大理評事制 文恭集 13/13a

王鑒兼侍講 歸愚集 7/1b

~ 穗

王穗爲與海賊戰沒贈承信郎與一子恩澤制 紫微集 18/8a

~ 皞

尚書司封員外郎直集賢院判三司開拆司兼提點催驅公事王皞可尚書工部郎中制 元憲集 25/11a

~ 翼

開封府兵曹參軍王翼可著作佐郎制 元憲集 25/4a

~ 懋

翰林醫效王懋兼重華宮祇應實及二年轉一官 宋本攻媿集 35/10a 攻媿集 39/9b

~ 隱

王隱加恩制 宋詔令集 97/356

王隱加恩制 宋詔令集 97/357

~ 隧

三門白波發運使尚書比部員外郎王隧可加勳制 元憲集 25/8a

~蕃弱

宣贊舍人王蕃弱轉遙郡刺史依舊句當皇城司 鴻慶集 25/8b 孫尚書集 25/12b

武功大夫王蕃弱知東上閤門 鴻慶集 25/9b 孫尚書集 27/12a

~ 潰

太常丞同判福州王潰可太常博士餘如故制 文恭集 2/9b

~ 謹

王謹等轉官制 道鄉集 15/10b

~ 璫

王璫除京西運使制 福忠惠集 2/7b

直秘閣京西運使王儕除集賢殿修撰知平江府制 翟忠惠集 2/12a

~ 贊

王贊制 蔡忠惠集 13/9a

王贊授殿中侍御史 宋文鑑 37/5a

~ 蕭

王蕭循右從事郎制 東窗集 12/21a

~ 鎔

王鎔轉兩官並授保義郎制 平齋集 22/19a

王鎔福建提刑 後村集 62/11a

王鎔職事修舉除直秘閣仍舊福建提刑 後村集 70/14a

王鎔除侍左郎官 後村集 71/6a

~ 簡

太常博士知越州蕭山縣王簡可尚書屯田員外郎制 元憲集 23/7a

~簡言

前光祿寺丞王簡言復舊官制 歐陽文忠集 79/4b

~ 獵

工部侍郎致仕王獵贈兵部侍郎制 宋詔令集 221/250

~ 璧

王璧秘書省正字 苕溪集 46/1b

~ 賀

王賀叙官制 東牟集 7/19b

~ 瓚

王瓚除考功郎中兼檢詳制 東澗集 4/23b

王瓚轉朝奉郎制 平齋集 22/8b

~ 壞

王壞降授文林郎制 四庫拾遺 376/鶴林集

~懷玉

王守忠男懷玉制 蔡忠惠集 11/18b

~懷忠

東頭供奉官閤門祇候王懷忠可内殿崇班依舊閤門祇候制 文莊集 1/6b

~懷淳

内殿承制王懷淳可供備庫副使 蘇魏公集 31/9b

~懷誼王懷誼妻、王守忠兒媳

妻張氏 王守忠諸婦制 蔡忠惠集 11/19a

~懷德

王懷德可内殿承制制 文恭集 13/4b

~懷勤

左藏庫副使知丹州王懷勳轉官制　郎溪集 6/2b

~ 翰

王翰少宰加恩制　宋詔令集 58/296

王翰加恩制　宋詔令集 64/315

王翰進少傅加恩制　宋詔令集 64/315

王翰遷少師加恩制　宋詔令集 64/316

· 畸

開封府推官王畸可開封府判官司制　華陽集 29/13b

刑部郎中知制誥王畸可右司郎中　宋文鑑 37/16b

~ 簿

泰州興化縣王簿可衛尉寺丞　宋文鑑 37/11a

~ 經

三司户部判官充秘閣校理王經工部郎中制

臨川集 50/6a

~ 瀾

王瀾特授從事郎制　四庫拾遺 289/翰林集

~ 渝

王渝浙西提點刑獄制　盤洲集 24/3b

~ 渝

王渝轉承議郎制　平齋集 18/16b

~ 榛

王榛轉右朝請郎制　東窗集 13/12b

~ 礪

開封府推官屯田員外郎王礪可依前官充開封府判官制　蔡忠惠集 9/17b

~ 獻

王獻可洛苑使　蘇東坡全集/外制下/17b

王獻可火山事　樂城集 28/8b

~ 獻臣

王獻臣可大理寺丞制　文恭集 13/7b

范鎭奏成都府醫人王獻臣試國子四門助教不理選限制　臨川集 55/12a

~ 蘭

資政殿大學士通奉大夫知潭州王蘭登極恩轉正議大夫　止齋集 15/5a

王蘭知江陵府　宋本攻媿集 31/23b　攻媿集 35/23a

端明殿學士知江陵府王蘭資政殿大學士知潭州　宋本攻媿集 36/15b　攻媿集 40/11b

王蘭兼崇政殿說書　西垣稿 2/10a

~ 曦

王曦轉一官制　襄陵集 1/14b

曾祖王某　大禮封贈王曦曾祖追封揚楚國公贈太師制　襄陵集 2/12a

曾祖母某氏　曾祖母贈揚楚國夫人制　襄陵集 2/12b

祖王某　祖贈太師進封秦魏國公制　襄陵集 2/13a

祖母某氏　祖母贈鎭益國夫人制　事砌集 2/13b

祖母某氏　祖母贈秦魏國夫人制　襄陵集 2/14a

曾祖母某氏　曾祖母贈衛國夫人制　襄陵集 2/15a

祖母某氏　祖母贈華國夫人制　襄陵集 2/15b

母某氏　母贈徐魯國夫人制　襄陵集 2/14b

母某氏　故母贈徐國夫人制　襄陵集 2/16a

母某氏　母封冀國太夫人制　襄陵集 2/16b

妻某氏　妻封徐國夫人制　襄陵集 2/17a

~ 纘先

王纘先轉遙郡承宣使制　東窗集 14/6a

~ 纘祖

京東路同提點刑獄內殿承制閣門祇候王纘祖可禮賓副使制　元憲集 20/8a

~ 纘恩

供備庫副使王纘恩可西京左藏庫副使制　宋文鑑 39/10b

~ 纘善

王纘善醫右勞轉官　歸愚集 8/3b

~ 纘榮

耀州司法王纘榮可郟州宜祿簿　成平集 28/10a

~ 纘遠

供備庫副使王纘遠等二人轉官制　郎溪集 6/2a

~ 愈

王愈轉朝奉郎致仕制　平齋集 21/15b

王愈農少兼左司　後村集 60/16a

王愈權禮部尚書　後村集 62/7b

王愈龍圖學士知平江府准浙發運使　後村集 65/11b

中大夫試史部侍郎兼太子左庶子王愈弟奉

議郎權知台州軍州華甫封贈父母　後村集 72/14a

父王夢得　故父任朝奉郎致仕已贈朝請大夫夢得特贈中散大夫　後村集 72/14a

母胡氏　故母令人胡氏特贈碩人　後村集 72/14b

王熵妻周氏　中大夫試吏部侍郎兼太子左庶子熵故妻令人周氏特贈碩人　後村集 72/15a

王熵授太府寺丞制　樓鑰集 7/1a

王熵授秘書丞制　樓鑰集 7/1a

龍圖閣學士王熵除端明殿學士提舉佑神觀兼侍讀制　碧梧集 4/8a

王熵依前少保特授平章軍國重事一月兩赴經筵五日一朝仍赴都堂議事加食邑食實封制　四明文獻集 4/13b

~ 露

樞密院主事王露可兵房副承旨制　四庫拾遺 90/浮溪集

~ 嚕尾

馬藏族蕃官副都軍王嚕尾可本族部軍主東谷寨　韓南陽集 18/11b

~ 蘭

王蘭爲與番兵接戰陣殁贈五官制　紫微集 19/17a

王蘭爲岳飛奏已蒙贈五官今乞贈七官恩澤六資制　紫微集 19/20a

~ 績

奉議王績知太康縣　蘇東坡全集/外制中/15b

~ 璋

三司度支判官尚書刑部郎中充集賢校理王璋可尚書兵部郎中依前集賢校理充三司度支判官制　蘇魏公集 33/1b

~ 懿

西京左藏庫副使充岢嵐軍使王懿轉官制　郎溪集 6/2b

~ 觀

故恩州司理參軍王獎男觀可守鄆州須城縣主簿制　蘇魏公集 33/10b

右司諫王觀可右司員外郎制　彭城集 19/11a

右司員外郎王觀可侍御史　彭城集 20/3b

奉議郎試侍御史王觀可承議郎制　彭城集 23/1a

王觀右司諫　蘇東坡全集/外制下/13a

王觀除中書舍人制　翟忠惠集 3/16b

王觀落職分司居住制　宋詔令集 208/781

朝散郎守少府監分司南京袁州居住王觀降某州團練副使制　宋詔令集 209/788

王觀降職制　宋詔令集 210/796

降授承議郎充寶文閣待制知潤州王觀落職依前官知海州制　宋詔令集 211/799

~ 權

父王克常　龍神衛四廂都指揮使寧州觀察使王權父克常贈武經郎制　東窗集 13/3b

王權轉一官制　斐然集 14/6a

~ 鑒

皇城副使王鑒知莫州制　彭城集 21/9a

宣德郎知京兆府長安縣王鑒可權通判岷州制　彭城集 22/4b

~ 鑑

王鑑守武功大夫遂郡團練使致仕制　東窗集 6/5a

~ 鑑

王鑑特授拱衛大夫某州觀察使制　蒙齋集 8/1a

~ 鰐

王鰐司封郎官　筠溪集 5/17a

~ 瓊

王瓊除天武捧日四廂都指揮使充淮南東西路安撫使司都統制　張華陽集 2/1a

父王亨　王瓊父亨贈太師制　東牟集 8/16b

母馬氏　王瓊故母馬氏贈國夫人制　東牟集 8/21a

母向氏　王瓊繼母向氏封秦國太夫人制　東牟集 8/21a

妻趙氏　王瓊故妻令人趙氏贈碩人制　東牟集 8/21b

王瓊降三官　斐然集 12/4a

~ 贊

王贊除大理寺簿制　四庫拾遺 409/東澗集

~ 嚴旻

侍御史王嚴旻可起居舍人制　彭城集 20/14b

承議郎直集賢院知齊州王嚴旻可起居舍人制　彭城集 20/14b

承議郎侍御使王嚴旻可直集賢院知齊州制　彭城集 21/22b

王嚴叟侍御史　蘇東坡全集/外制下/14a
王嚴叟追貶雷州別駕制　宋詔令集 208/782
追復朝奉郎王嚴叟特降授寧遠軍節度行軍司馬追貶清海軍節副　宋詔令集 210/796
王嚴叟追復官制　宋詔令集 222/855
王嚴叟追復朝奉郎制　宋詔令集 222/855
～　曒
殯宮總護使司屬官王曒轉　官制　東寶集 8/13a
王曒大府主簿制　楊溪集 5/23a
王曒除禮部侍郎　歸愚集 7/7a
～　觀國
奉議郎僉書陝州節度判官聽公事王觀國可轉一官制　摘文集 7/9b
岳州通判王觀國失收總制錢特降一官　苕溪集 42/4a
王觀國除祠部郎官制　楊溪集 4/26b
～　某
王相公贈官　武溪集 11/6b
～　某
王觀文制　蔡忠惠集 13/6a
～　某
王尚書制　蔡忠惠集 13/7a
～　氏
永清軍節度使駙馬都尉王承衍妹王氏封琅邪縣君　咸平集 28/1a
～　氏
御侍長安縣君王氏進封掌寶落御侍　元憲集 26/16b
～　氏
待制王居白女可封長安縣君制　蔡忠惠集 13/15b
～　氏
樞密副使王堯臣封贈制親姑王氏封安縣太君　華陽集 31/4b
～　氏
故王貽永二女縣君王氏等進封郡君制　華陽集 31/17b
～　氏
太皇太后殿王氏可典計　蘇魏公集 34/10a
～　氏
神宗皇帝御侍守永裕陵迴内王氏與掌閤夫人制　彭城集 23/7a
～　氏

宮正王氏可贈郡夫人制　淨德集 9/14a
～　氏
内人王氏授仙韶使制　道鄉集 16/4b
～　氏
内人王氏封郡夫人制　道鄉集 16/6b
～　氏
宮人王氏可特受掌言制　摘文集 9/1a
～　氏
宮人王氏贈蔡郡兩國夫人制　翟忠惠集 4/20b
～　氏
王氏封和義夫人　程北山集 24/9a
～　氏大娘
紅霞帔王大娘轉掌字　苕溪集 40/3a
～　氏
掌設王氏轉國夫人制　浮溪集 7/14b　浮溪集/附拾遺 7/85
～　氏受奴
紫霞帔王受奴轉掌字制　東窗集 10/21a
～　氏八兒
紅霞帔王八兒轉掌字制　東窗集 10/21b
～　氏惜奴
紅霞帔王惜奴轉典字制　東窗集 10/21a
～　氏
王氏特贈和義郡夫人制　蒙齋集 8/8b
～　氏安安
宮人王安安轉郡夫人　攻媿集 35/13a
～　氏
王氏封碩人制　鶴林集 10/24a
～　氏
仙韶副使王氏可掌樂充仙韶使依舊管干仙韶公事制　宋詔令集 22/111
～　氏
宮人王氏可特封楚國夫人制政和　宋詔令集 24/116

井亮采
河東運副井亮采可知滑州制　彭城集 21/21b
井亮采河東漕　樂城集 30/9a
～　溥
井溥係劉相公差作回易因劉相公罷宣撫使拘收回易錢爲溥名下錢未見下落及虛攤鹽鋪户錢特降一官制　紫微集 15/10a

元　賓

龍衛指揮使元賓可內殿承制制　歐陽文忠集 80/8b 宋文鑑 37/9a

元賓責授崇儀副使制　郡溪集 4/3b

元大章

歸州巴東縣令元大章母年九十一歲封長壽縣君　蘇魏公集 34/17a

～　方

圖書局藝學元方可轉一官　摘文集 8/5b

～　成

武德郎元成贈三官與三資恩澤制　東窗集 14/4b

～　玘

差使元玘可轉一官制　四庫拾遺 603/摘文堂集

～宗孟

樞密院副承旨元宗孟可文思副使制　陶山集 10/4a

～居中

前職方員外郎元居中舊官服闕制　臨川集 52/8a

～眷寧

元眷寧館閣校勘換校書郎　樂城集 29/8b

～時敏

通仕郎充詳定一司敕令所刪定官元時敏可特授宣德郎差遣如故制　摘文集 4/9a

～　絳

元絳可都官員外郎制　文恭集 15/6b

資政殿學士尚書工部侍郎元絳可正議大夫依前充資政殿學士加食邑四百戶食實封一百戶制　王魏公集 2/12b

～　當

監察御史元當可司諫　鴻慶集 24/3b

～　廣

元廣四次蔡州立奇功卒患身死元係合轉八官之人聖旨與贈八官元廣贈武經郎　益國文忠集 98/4a 益公集 97/86a

～　瑜

醫官元瑜叙權易使　樂城集 29/10a

～　導

圖書局藝學元導可轉一官　摘文集 8/5b

～積中

元積中可屯田員外郎制　文恭集 15/1b

～　隨

鎮安軍節度使同中書門下平章事元隨可銀青光祿大夫檢校國子祭酒兼監察御史武騎尉充教練使制　元憲集 24/11a

新知湖州木待問改知婺州　宋本攻媿集 31/19b 攻媿集 35/19a

木待問知寧國府　宋本攻媿集 32/18a 攻媿集 36/18a

木待問除中書舍人　四垣稿 1/2a

木待問磨勘轉中大夫制　西垣稿 1/5a

尤元龍

尤元龍贈通直郎制　平齋集 21/5b

～　袤

右司郎中告詞　誠齋集 133/6a

正議大夫守給事兼侍講尤袤禮部尚書兼侍讀四年正月十一除禮書三月二十日兼侍讀二詞並行　止齋集 12/1a

給事中尤袤禮部尚書　宋本攻媿集 31/1a 攻媿集 35/1a.

正議大夫尤袤轉一官守禮部尚書致仕　宋本攻媿集 34/7b 攻媿集 38/7a

尤袤贈四官　宋本攻媿集 34/8a 攻媿集 38/7b

～　焴

太府寺丞尤焴除樞密編修官兼權檢詳制　平齋集 17/22b

樞密院編修官兼右司尤焴除樞密院檢詳兼右司制　平齋集 20/6a

尤焴授淮南路運判兼權知廬州主管淮南西路安撫司公事制　鶴林集 8/17b

尤焴除兵部郎官兼淮西制置制　蒙齋集 8/6b

尤焴權工部尚書　後村集 60/7b

～　槦

尤槦除直秘閣權知江陵府兼主管湖北路安撫司公事制　平齋制 19/8b

尤槦除知江陵府兼京湖路安撫制　平齋集 23/12b

公乘高

前瀛州防禦推官充魏王宮大小學教授公乘高可大理寺丞　韓南陽集 16/14b

公孫知止

前韶州仁化縣令公孫知止可太子中舍致仕制　元憲集 21/8b

～ 迪

公孫迪可試秘校知齊州歷城縣制 文恭集 18/17a

大理寺丞公孫迪可太子中舍 西溪集 5(三沈集 2/13a)

～ 儀

公孫儀可太常丞餘依舊制 文莊集 1/22a

毛 友

毛友除監察御史制 翟忠惠集 3/13a

～永保

毛永保可内殿承制制 文恭集 17/14b

～ 宏

毛宏爲招安張清及掩殺賊首趙海等賊節次立功轉忠訓郎換給制 紫微集 13/5a

～昌達

越衢婺處州都巡檢毛昌達可左武衛將軍致仕制 元憲集 21/9a

～居實

入内内侍省東頭供奉官毛居實轉歸吏部授從義郎 止齋集 14/7a

～居禮

毛居禮授官 育德堂外制 1/16a

～致通

武顯郎左軍純領毛致通轉一官 宋本攻媿集 35/8b 攻媿集 39/8a

～ 窐

毛窐將作監丞 育德堂外制 5/11b

～敦書

毛敦書除大理正 苕溪集 44/3b

～ 漸

廣東轉運判官毛漸可湖北轉運判官制 彭城集 19/13b

～ 茞

毛茞秘書丞制 臨川集 51/7a

毛茞可秘丞 王文公集 11/5b

～維蕃

毛維蕃可大理寺丞制 文恭集 14/5a

～ 憲

朝奉大夫行監察御史毛憲依前官特授行左司諫兼侍講制 後樂集 2/3a

寶謨閣待制致仕毛憲明堂加恩制 平齋集 18/7b

～ 氏

高平郡夫人毛氏進封和國夫人制 平齋集 20/23a

～ 氏

毛氏以皇后謁家廟恩特封國夫人制 鶴林集 10/5b

牛大年

牛大年以子病乞祠除直敷文閣丰管建康府崇禧觀制 平齋集 21/14a

～子正

牛子正轉忠訓郎制 東窗集 10/10a

～文渥

牛文渥等改官制 歐陽文忠集 80/4a

～永壽

承信郎牛永壽因父武功大夫牛皓陣亡補官換給承信郎同詞 益國文忠集 95/7a 益公集 94/25b

～ 平

通判濮州牛平授朝奉大夫制 翟忠惠集 4/5b

～ 圭

太常博士牛圭可尚書屯田員外郎制 元憲集 26/9b

～伊格

蕃官内庭崇班牛伊格與轉一官制 摘文集 7/2a

～知親

牛知親可著作佐郎制 文恭集 12/12b

～威名

内殿承制牛威名與轉一官制 摘文集 8/3a

～拱辰

牛拱辰可國子博士制 文恭集 14/20b

～師正

牛師正因文武功大夫牛皓陣亡補官換給承信郎同詞 益國文忠集 95/7a 益公集 94/25b

～ 皋

牛皋轉兩官 張華陽集 1/2a

～ 萬

牛萬等歸明授承信郎敕 襄陵集 3/5a

仇延郎

皇城司勘契官仇延郎可銀青階兼官 咸平集 28/1b

～ 洵

醫官仇洵等轉官制 道鄉集 15/12a

韶令一 制詞 臣僚 四畫 545

~洵彦

醫官仇洵彦轉官制　道鄉集 18/2b

~　念

降授吏部員外郎仇念右司員外郎　程北山集 24/5a

仇念除寶文閣直學士陝西都轉運使　苕溪集 43/4a

仇念降兩官　張華陽集 2/8a

仇念復官制　楳溪集 4/25a

~　著

都官員外郎仇著等改官　蘇魏公集 33/3a

~　鼎

殿中省尚藥奉御直醫官院仇鼎充翰林醫官副使制　臨川集 55/13a

~　愈

仇愈復左朝請郎制　東窗集 13/11a

仇愈爲該大禮赦左朝散郎制　紫微集 19/6b

仇愈知明州兼沿海制置　斐然集 12/25a

~　蕭

翰林醫官副使殿中省尚藥奉御仇蕭可依前殿中省尚藥奉御充權易副使制　王魏公集 2/7a

勾仲甫

勾仲甫除荊湖北路提點刑獄　劉給諫集 3/11a

~　勉

太廟齋郎勾勉可將仕郎試秘書省校書郎知嘉州夾江縣監果州商稅制　蔡忠惠集 10/12a

~　濤

勾濤起居舍人　筠溪集 4/24a

勾濤中書舍人　筠溪集 5/9a

尹　才

尹才毫州司户　樊城集 27/10a

~　立

尹立可大理寺丞制　文恭集 14/10a

~必勝

尹必勝授忠翊郎制　四庫拾遺 341/翰林集

~　玉

尹玉特贈壕州團練使諡　四明文獻集 5/36b

~　正

文思副使尹正可内園副使制　摘文集 6/6a

左藏庫副使尹正可轉一官制　摘文集 7/16b

~光臣

永興軍節度推官大理評事前知儀州崇信縣事尹光臣可大理評事充山南東道節度推官知梓州東關縣事　西溪集 6(三沈集 2/38a)

~良佐

追官人前儒林郎守司户參軍尹良佐可鄭州別駕　蘇魏公集 34/13a

~　林

殿中丞尹林可國子博士　西溪集 5(三沈集 2/20a)

~東珣

駕部員外郎尹東珣庫部員外郎制　浮溪集 8/11a　浮溪集/附拾遺 8/94

~忠臣

都官員外郎尹忠臣廣南東路轉運判官制　浮溪集 8/12a　浮溪集/附拾遺 8/95

~忠恕

尹忠恕太子中舍制　臨川集 51/9b

~昭明

尹昭明敕　襄陵集 3/13b

~　恕

尹恕可御前忠佐制　文恭集 17/7b

~處晦

守濮州文學尹處晦可曹州文學　蘇魏公集 32/13a

~　倬

尹倬可國子博士制　文恭集 4/19b

~　焞

賜和靖處士告詞　尹和靖集/25b

除崇政殿說書告詞　尹和靖集/25b

除秘書省秘書郎告詞　尹和靖集/26a

除秘書少監依舊兼崇政殿說書告詞　尹和靖集/26b

除直徽猷閣主管萬壽觀依舊兼崇政殿說書告詞　尹和靖集/27a

除太常少卿兼崇政殿說書告詞　尹和靖集/27b

謚肅公告詞　尹和靖集/28a

尹焞秘書郎兼崇政殿說書　筠溪集 4/8a

徽猷閣待制提舉江州太平觀尹焞轉一官致仕制　新安文獻 2/後 1a

~　植

户曹參軍尹植可某官致仕制　歐陽文忠集 81/11b

~ 進
尹進補保義郎制 東窗集 10/7a
~ 源
秘書丞尹源太子中舍制 歐陽文忠集 79/4a
~ 機
尹機循右從事郎制 東窗集 13/6a
~ 稿
尹稿右諫議大夫制 盤洲集 20/1b

巴令渴
蕃官巴令渴等轉官制 道鄉集 15/3a
~ 奕
永興軍進士巴奕可試國子四門助教 韓南
陽集 16/11b

毋 玉
殿直毋玉可轉一官制 摘文集 7/4a
~ 丘廉
押馬毋丘廉轉一官 筠溪集 4/16b
~ 沆
權提點河東路刑獄公事尚書都官郎中毋沆
可尚書司封郎中差遣如故 韓南陽集 18/8b
~ 混
毋混可屯田員外郎制 文恭集 15/12a
都官員外郎知坊州毋混可侍御史制 蔡忠
惠集 9/23a

水丘衮
水丘衮特授承直郎制 四庫拾遺 288/鶴林集

孔文仲
孔文仲起居舍人 樂城集 28/4b 宋文鑑 40/8a
孔文仲中書舍人 樂城集 30/17a
~ 文舉
孔文舉朝奉郎制 宋詔令集 222/855
~ 立
孔立降忠訓郎 東窗集 12/23b
~ 平仲
太常博士充集賢校理孔平仲可秘書丞制
彭城集 19/13a
孔平仲太僕丞 樂城集 29/8a
孔平仲太常博士 樂城集 30/6b
孔平仲除金部郎中制 道鄉集 16/9b

~ 世卿
左諫議大夫知瀛州李肅之奏醫人孔世卿可
試國子四門助教不理選限 蘇魏公集 31/
12a
~ 仲原
孔仲原大理司直制 浮溪集 8/11a 浮溪集/附拾
遺 8/95
~ 宗愿
孔子四十六代孫文宣公宗愿改封衍聖公制
新安文獻 1/後 2b
~ 宗翰
秘書丞孔宗翰可太常博士 西溪集 6(三沈集
2/41a)
~ 宗願
濟州鉅野縣尉孔宗願可濰州北海縣尉制
元憲集 21/7a
~ 武仲
孔武仲落職居住制 宋詔令集 208/783
~ 昌祚
左領軍將軍孔昌祚可泗州刺史 徐公集 8/
10b
~ 彥舟
孔彥舟轉武翼大夫添差東平府鈐轄制 浮
溪集 8/8a 浮溪集/附拾遺 8/92
~ 奕
孔奕加官制 東牟集 7/24a
~ 括
右承事郎知淳安縣孔括轉一官再任制 東
窗集 8/21b
~ 勇
右班殿直孔勇可洛州別駕致仕 蘇魏公集
30/11b
~ 弱
孔弱邊功轉官制 襄陵集 1/9b
~ 搖
孔搖降兩官制 西垣稿 1/5b
~ 萬春
孔萬春特授宣義郎制 四庫拾遺 389/鶴林集
~ 嗣宗
秘書承充三司勾當修造案公事孔嗣宗可太
常博士餘如故 蘇魏公集 30/6a
~ 履常
孔履常上書中書後省召詔特補右迪功郎制
東窗集 13/5a

~ 禮

武顯大夫孔禮等迎護梓宮屬官各轉一官制

東窗集 8/17a

五 畫

主父寶臣

故贈昭慶軍節度使曹億門客進士主父寶臣

可假承務郎制 王魏公集 2/24b

正 濬

户部郎中正濬除直秘閣知平江府 止齋集

18/5b

~ 漸

正漸知階州 樂城集 29/3b

甘昭吉

西京左藏庫副使帶御器甘昭吉可特授文思

副使制 蔡忠惠集 10/3b

甘昭吉入内副都知制 臨川集 53/3a 王文公集

13/8b 宋文鑑 38/12a

~ 暉

甘暉可宣贊舍人制 浮溪集 8/9a 浮溪集/附拾

遺 8/93

秉義郎甘暉可閤門祇候制 浮溪集 8/17b 浮

溪集/附拾遺 8/100

~ 氏

桂州甘氏年九十可封太孺人制 浮溪集 7/

14b 浮溪集/附拾遺 7/85

巨 振

巨振降官 張華陽集 8/4a

~ 師古

親衛大夫榮州防禦使巨師古可降三官制

北海集 5/9a

~ 麟

巨麟係魏州暑縣尉因金人來侵本州同都巡

張志前去把截不期張志叛用鎗刺死麟麟

贈承信郎制 紫微集 18/6b

左之剛

左之剛換給承信郎制 東窗集 10/5b

~安仁

平分借職左安仁可轉一官制 摘文集 7/8a

~良辰

左良辰承信郎 鴻慶集 25/9b 孫尚書集 27/1b

~ 祐

左祐起復武功大夫護聖軍統領 益公集 94/

26a

~伯能

左伯能補官制 道鄉集 18/6a

~厚之

文思副使左厚之可轉一官制 摘文集 7/9b

~ 迪

左迪贈六官恩澤依舊使臣制 紫微集 19/19b

~惟温

前秀州崇德縣尉左惟温可漣水軍録事參軍

公是集 30/2a 宋文鑑 37/12b

石天瑞

石天瑞補秉義郎制 平齋集 18/17b

~元之

職方員外郎石元之可屯田郎中 西溪集 4(三

沈集 1/60a)

~元孫

母某氏 石元孫追封母制 元憲集 26/17a

妻某氏 石元孫妻進封郡君制 元憲集 26/

19b

~中立

尚書禮部侍郎參知政事石中立除尚書户部

侍郎資政殿學士制 元憲集 24/1a

~公揆

石公揆直龍圖閣知撫州 筠溪集 5/18b

~公弼

石公弼知襄州制 翟忠惠集 2/16b

~ 丞

石丞降官制 道鄉集 17/10b

~用休

用京左藏庫副使石用休文思副使制 臨川

集 53/4a

~ 弁

贊善大夫石弁可殿中丞 西溪集 6(三沈集 2/

34b)

~守正

皇城副使石守正可儀鸞使制 郡溪集 4/2b

~守信

石守信加恩制 宋詔令集 103/380

責石守信制 宋詔令集 203/755

~ 有

石有贈承信與一子父職名係陣亡官兵　紫微集 19/21b

～成

故如京副使石福姪孫成特授三班借職制　摘文集 5/9a

～光陳

西平州進奉都部押石光陳等加保順郎將制　郢溪集 6/8b

～全彬

石全彬可陵州團練使制　文恭集 18/9b

入內內侍押班石全彬可封平原郡開國侯加食邑制　華陽集 28/2b

入內內侍省副都知利州觀察使石全彬可宣政使制　華陽集 29/9a

入內內侍押班充荊湖南等路安撫副使石全彬可綿州防禦使制　華陽集 30/13b

～良輔

石良輔授承信郎制　四庫拾遺 346/鶴林集

～孝淳

石孝淳廣東路轉運判官制　平齋集 20/24a

～孝廣

石孝廣補承信郎　四庫拾遺 348/鶴林集

～邦哲

石邦哲大理寺丞制　東牟集 7/21a

～延年

通判海州石延年可大理評事制　元憲集 23/10a

～延慶

石延慶除國子監丞制　東窗集 9/19a

石延慶爲敕令所編修在京通用條册成書轉一官制　紫微集 12/7a

～君許

皇后閤祇應人石君許轉一官制　摘文集 8/4b

～宗尹

東頭供奉官閤門祇候石宗尹可內殿崇班制　歐陽文忠集 81/2a

如京副使閤門通事舍人石宗尹可南作坊副使制　郢溪集 4/7b

～宗昭

朝請郎權發遣滁州石宗昭除度支郎官　止齋集 18/6a

～育

莊宅使端州刺史內侍押班石育可內侍右班副都知餘如故　西溪集 6(三沈集 2/47b)

～明緒

石從事郎梁山軍判官石明緒任房州房陵縣尉日賣鹽增遞年一倍以上循一資　益國文忠集 95/1a　益公集 97/89a

～洵直

石洵直可屯田員外郎制　文恭集 15/12b

前鄉貢進士石洵直等三十三人可守秘書省校書郎制　元憲集 26/5b

職方郎中石洵直可太常少卿　韓南陽集 16/6b

～炳

內殿常班永寧寨都監石炳可內殿承旨制　郢溪集 3/6a

～祖沖

故石中立親孫祖沖可試監簿制　蔡忠惠集 9/22a

～祖良

石祖良大理評事制　監川集 51/16a

～思

石思轉官制　襄陵集 1/6a

石思除司農簿制　程忠惠集 3/5a

～保興

起復如京使順州團練使石保興可落起復加金紫光祿大夫依舊官　咸平集 28/15a

～禹明

知廣安軍渠江縣石禹明可著作佐郎制　華陽集 29/11a

～待問

石待問可太常博士致仕制　文恭集 20/8a

～娃保

故如京副使石福姪男娃保特授三班借職制　摘文集 5/9a

～淑問

石淑問軍器監丞　斐然集 12/23b

～堅

故如京副使石福男堅可三班奉職制　摘文集 5/9a

～畫問

知信州石畫問除司封郎官　止齋集 17/11a

～揚休

石揚休可祠部員外郎制　文恭集 15/4b

石揚休可太常博士兼秘閣校理充開封府推官制　文恭集 18/12b

～景暑

石景暑可宣德郎　樂城集 30/11b

~景術
朝請郎祠部員外郎石景術提點京西北路刑獄　劉給諫集 2/9a

~舜舉
供備庫副使石舜舉轉兩官制　摘文集 6/10b

~　遇
石遇四廂都指揮使制　臨川集 53/2b　王文公集 13/9b　王魏公集 2/6b

~端禮
德州團練使提舉醴泉觀駙馬都尉石端禮爲復州防御使　劉給諫集 2/1b

~　庶
朝奉郎石庶京東路提刑制　曲阜集 3/7b　宋文鑑 40/15b

~　瑾
入內內侍省官石瑾可特轉一官制　摘文集 7/5a

~　緯
通判峽州奉議郎石緯可轉一官制　摘文集 7/10b

~　榮
承信郎石璐父榮年九十五保義郎致仕　宋本攻媿集 30/11a　攻媿集 34/10b

~　鑑
內園使知欽州石鑑可南作坊使令再任　蘇魏公集 32/7a

~麟之
朝請郎工部員外郎石麟之可開封府推官制　彭城集 22/13a

~　某
知制誥石某可加階封食邑制　彭城集 22/7b

申　立
鄂州吳拱申武翼郎申立今年正月內四次蔡州立奇功卒患死申立合贈右武大夫遞郡刺史　益國文忠集 98/4a　益公集 97/86a

~宗諒
開封府功曹參軍申宗諒可著作佐郎制　華陽集 29/10b

~　房
前蘄州黃梅縣令兼監稅申房可潭一作漳州録事參軍監京山稅制　蔡忠惠集 9/15b
漳州録事參軍前監鄧州京山縣酒稅申房可太子洗馬致仕　西溪集 5(三沈集 2/8b)

~　明
申貴男申明换給承信郎　益公集 94/25b

~　陟
申陟可相州湯陰縣令制　文恭集 18/18a
殿中丞致仕申陟等登極轉官制　郡溪集 6/5a

~屠會
申屠會可殿中丞制　文恭集 14/19a

~屬雄
申屬雄公事不自陳避嫌降一官與邊郡　攻媿集 34/19a

田九思
儒林郎守雅州録事參軍兼司法事田九思特授太子中舍致仕制　蔡忠惠集 9/7b

~士亨
殿中丞同判鎮戎軍田士亨可國子博士制　文莊集 2/12b

~子諒
新除開封府推官田子諒可河北西路提刑制　彭城集 19/13b
田子諒湖南運判　樂城集 27/14a

~文廣
左侍禁田文廣可行太子左清道率府副率　西溪集 4(三沈集 1/79b)

田友及
等三等使臣武功大夫康州防御使田友及兩官　程北山集 27/1b

~化愚
田化愚可虞部員外郎制　文恭集 15/17a

~　立
爲與賊接戰陣殁贈承信郎制　紫微集 18/6a

~世輔
御前諸軍副都統制田世輔　宋本攻媿集 42/7b
御前諸軍副都統制田世輔　宋本攻媿集 43/25a

~　禾
朝奉郎田禾等磨勘制　翟忠惠集 4/7b

~守則
文思副使田守則可左騏衞將軍致仕　蘇魏公集 33/6b

~守忠
田守忠等因功合轉武功郎已贈三官欲各更贈三官欲各更贈兩官制係順昌府與金人等節次見陣戰殁　紫微集 19/17b
田守忠贈三官恩澤四資係順昌府與金人四

太子轉戰臨陣戰歿 紫微集 19/20b

~安衡

田安衡責官制 東牟集 8/5b

~有容

田有容轉保義郎制 四庫拾遺 338/翰林集

~至安

太子太傅致仕田況遺表男守秘校至安太常寺太祝制 臨川集 52/11a

~ 沂

田沂係溫州兵官及巡檢並船場官緣本州城外遺火並不部帶兵弁前去救撲以致延燒入城州東一半居民屋宇兼其夜民心驚擾之際致兵士搶奪其縱容受乞錢物各降一官制 紫微集 15/9b

~ 辛

龍衛右廂都指揮使田辛進封開國公加勳邑制 華陽集 28/3a

~延昭

右侍禁田延昭可右內率府率制 歐陽文忠集 /80/9b

~ 況

除田況特授檢校太傅充樞密使進封開國公加食邑實封制 文恭集 22/10b

翰林學士兼龍圖閣學士給事中權三司使田況可禮部侍郎充三司使制 蔡忠惠集 10/19a

三司使禮部侍郎田況可樞密副使制 華陽集 27/4b 宋文鑑 38/15b

三司使禮部侍郎田況封贈制

祖田行周 祖行周贈工部員外郎 華陽集 31/12a

祖母王氏 祖母王氏追封太原郡太君 華陽集 31/12b

父田廷昭 父廷昭贈右神武軍將軍 華陽集 31/13a

妻富氏 三司使田況妻富氏追封樂安郡君制 華陽集 31/13b

~ 京

田京可度員外郎制 文恭集 15/1b

尚書兵部員外郎直史館知滄州田京可工部郎中餘依舊制 蔡忠惠集 9/6b

兵部員外郎知滄州田京可工部郎中制 華陽集 29/15a

~ 武

皇城副使田武可特授儀鸞使制 蔡忠惠集/10/15a

~忠俊

忠俊可溪洞都巡檢制 文恭集 19/9a

金紫光祿大夫檢校司徒使持節順州諸軍事順州刺史兼御史大夫知順州兼充溪洞都巡檢上柱國京兆郡開國侯食邑一千五百户田忠俊可加檢校入保食邑三百户食實封二百户制 元憲集 22/10a

~忠懿

銀青光祿大夫檢校禮部尚書忠順將軍知溪洞安福州軍州事充寧邊寨東路沿溪洞把截外夷都巡檢副使兼監察御史上騎都尉田忠穩可加檢校户部尚書上輕車都尉制 元憲集 22/10a

~承喜

故知富州田承亮弟承喜可銀酒監武知富州制 文恭集 19/9a

~洪祐

故知溪洞新遠州軍州事田忠利長男洪祐可依前知溪洞新遠州軍州事 蘇魏公集 32/13b

溪洞高州四甲巡檢田洪祐弟洪保承兄官 蘇魏公集 32/13b

~洪盈

田洪盈加勳制 道鄉集 17/10b

~洪益

田洪益加勳制 道鄉集 17/10b

~洪部

銀青光祿大夫檢校國子祭酒充溪洞懷遠將軍知歸順州軍州事充寧邊溪洞把截外夷巡檢使兼監察御史武騎尉田洪部可加檢校太子賓客制 元憲集 22/10a

~洪惟

溪洞高州四甲巡檢田守元男洪惟可銀酒監武充溪洞高州四甲巡檢 蘇魏公集 30/12a

~彦宣

田彦宣承襲銀青光祿大夫檢校國子祭酒知京賜州兼監察御史武騎尉充東路都暑首制 東窗集 14/2b

~彦卿

田彦卿可將作監丞 蘇魏公集 34/5b

~彦章

田彦章承襲銀青光祿大夫檢校國子祭酒監察御史知溪洞珍州制　東窗集 9/18b

～祖周

田祖周授武德郎　育德堂外制 4/15a

～祖嚴

從義郎權知思州田祖嚴特轉一官　止齋集 13/6b

～　珏

内殿崇班田珏可内殿承制　宋文鑑 39/10b

～述古

田述古襄州司法　樂城集 27/10a

～思世

銀青光祿大夫檢校國子祭酒充溪洞恭順知州兼監察史武騎尉田洪奬長男思世承襲制　彭城集 22/19a

～思邁

田思邁襲封溪洞都誓首制　大隱集 3/13a

～重進

田重進依前步軍指揮使進封郡公加恩制　宋詔令集 95/349

鎭州節度田重進加恩制　宋詔令集 104/385

～待問

知楚州田待問可淮南轉運判官　蘇東坡全集/外制上/2a

田待問淮南運判可淮南提刑　樂城集 27/5a

～師中

田師中爲張俊提統前去應援順昌府及收復宿亳州除正任承宣使制　紫微集 16/11a

～　淵

田淵轉官制　于湖集 19/14a

～　曾

前大理丞田曾可舊官服闕　西溪集 4(三沈集 1/62b)

～　琳

田琳觀察使致仕　育德堂外制 1/14b

～　開

田開除刺史　張華陽集 4/2b

～開元

四川宣撫並制置司奏武功大夫建州觀察使致仕田開元係御前右軍統領軍馬昨因金瘡發動致仕乞令再任　益國文忠集 96/55b　益公集 96/17a

～欽亮

重拱殿成臨安府屬縣田欽亮轉一官制　東窗集 8/15b

田欽亮改初等官　斐然集 13/8b

～　進

清河口皂角林立功官兵轉官田進兩官　益國文忠集 98/2a　益公集 97/93a

～　阜

御前諸軍副都統制田阜　宋本攻媿集 42/7b

御前諸軍副都統制田阜　宋本攻媿集 43/25b

～　登

吏部郎中田登鴻臚少卿制　翟忠惠集 3/18a

～　瑋

大理寺丞田瑋可特授太子中舍制　蔡忠惠集 11/4a

駕部員外郎田瑋等改官　蘇魏公集 32/3a

～　瑜

太常博士知蒙州田瑜可尚書屯田員外郎制　元憲集 23/1b

～照鄰

母劉氏　太常少卿田照鄰母彭城縣太君劉氏封仁壽郡太君　蘇魏公集 34/16a

～鳴鶴

涇州司法參軍田鳴鶴可太子洗馬致仕制　元憲集 21/7b

～慶餘

殿中丞田慶餘可國子博士制　文莊集 2/12a

～　埠

田埠係城父縣及南京下邑縣等處迎敵金兵殺敗敵衆所有陣亡人欲贈承信郎制　紫微集 18/7a

～　濟

國子正田濟太學博士　宋本攻媿集 33/4b　攻媿集 37/4b

朝散大夫尚書左郎官田濟特授行尚書吏部員外郎制　後樂集 1/7b

朝散大夫行尚書吏部員外郎田濟依前官特授國子司業制　後樂集 2/1b

～　霖

秘書郎田霖可東都留守巡官　徐公集 8/11b

～　顗

十二考人前權保康軍節度推官田顗可著作佐郎　元憲集 23/8b

～　錫

賀部員外郎致仕田士亨男錫可試將作監主簿制　四庫拾遺 10/元憲集

～謹賢

田謹賢特授親衛大夫福建觀察使依舊知恩州兼御前諸軍都統制誥　四明文獻集 5/24b

～　璫

田璫降官制　東牟集 8/9b

～　儼

殿中丞致仕田儼服闕可舊官制　元憲集 24/8b

由　稳

西頭供奉官由稳與轉兩官　摘文集 8/2a

冉宗元

前京兆府觀察推官冉宗元可大理寺丞制　文莊集 2/2a

～　泉

冉泉起復左武大夫文州刺史制　東窗集 9/17b

史　才

史才國子監主簿制　東牟集 7/4b

史才除右正言　海陵集 13/2a

史才除右諫議大夫　海陵集 13/5b

史才與復龍圖閣學士見任宮祠人依舊　益公集 94/23a

史才復龍圖閣學士　益國文忠集 96/15a　益公集 94/23b

史才復龍圖閣學士　育德堂外制 1/5b

～文舒

史文舒降授修職郎制　四庫拾遺 311/翰林集

～元當

監察御史元當可司諫　孫尙書集 26/5a

～宇之

史宇之大資政知建寧府　後村集 65/10b

史宇之該遇明堂大禮加恩制　碧梧集 7/10a

～宅之

史宅之除待制知寧國府制　東澗集 6/3a

史宅之賞轉一官制　東澗集 6/20b

～安民

監安邑池儒林郎史安民可承奉郎制　四庫拾遺 603/摘文堂集

～次秦

史次秦改奉議郎　育德堂外制 5/13a

～次龍

史次龍降授修職郎制　四庫拾遺 306/翰林集

～　吉

海州團練使史吉可左驍衛大將軍致仕制　華陽集 28/7b

～吉亨

殿中丞史吉亨磨勘改官制　歐陽文忠集 81/13b

～全之

史全之監軍平蔡州轉兩官制　平齋集 23/24b

～　聿

史聿潼川府路轉運判官制　東牟集 7/5a

～　宏

史宏可大理寺丞制　文恭集 14/6b

～志聰

內侍省內侍左班都知史志聰等加勳邑制　華陽集 26/14a

～伯英

武功大夫京西南路兵馬鈐轄均州駐劄仍舊務史伯英爲應援鄂城特授帶行閣門宣贊舍人依舊任　後村集 69/2b

～宗範

朝散大夫知廬州史宗範可差知鄒州制　彭城集 21/2b

史宗範知淫州　樂城集 30/2b

史宗範知廬州　樂城集 30/6a

～定之

史定之不親蒞獄致囚自刎死降一官放罷　止齋集 13/10a

通直郎通判隆興軍府兼管內勸農營田事史定之特授奉議郎制　四庫拾遺 274/後樂集

～宜之

史宜之直龍圖閣致仕制　平齋集 20/22a

～　佑

德壽宮醫官保安郎致仕史佑依敘轉兩官　益國文忠集 94/6b　益公集 96/61b

～　治

史治轉奉直大夫制　平齋集 21/2b

～　珍

史珍可守太子中舍人制　文恭集 14/19a

～厚祖

朝奉郎史厚祖除大理寺丞制　後樂集 1/9b

～　叙

史叙可三班借職制　四庫拾遺 602/摘文堂集

～　信

史信爲隊下効用高儀與妻相打令節級用荊

棒決本人臂上瘡發身死追三官勒停制 紫微集 13/1b

~ 瑜

都官郎中史瑜可職方郎中 韓南陽集 17/1a

~ 侯

史侯改右宣義郎制 東窗集 9/9b

~ 椿卿

知武岡軍史椿卿在任政績轉一官 後村集 65/10b

~ 浩

史浩加封制 益國文忠集 102/12a 益公集 102/67b

史浩除右丞相制 益國文忠集 103/6a 益公集 103/81a

官少保右丞相史浩加食封制 益國文忠集 103/9b 益公集 103/84b

史浩罷相除少傅保寧軍節度使充禮泉觀使兼侍讀加封制 益國文忠集 103/10b 益公集 103/86b

史浩加封制 益國文忠集 103/16b 益公集 103/93b

史浩慶壽加恩 益國文忠集 112/5a

史浩玉牒所進書加恩 益國文忠集 112/7a 益公集 112/117b

史浩除少傅 益國文忠集 112/7a 益公集 112/117b

史浩除少師制 玉堂稿 1/7b

史浩明堂加恩制 玉堂稿 2/1a

~ 嵩之

史嵩之除淮西制置使沿江制置副使兼知鄂州制 東澗集 5/22a

户部侍郎京湖制置使史嵩之明堂恩進封鄖縣開國子加食邑制 平齋集 18/2a

户部侍郎京湖制置使史嵩之除權兵部尚書制 平齋集 19/1b

權兵部尚書史嵩之除寶章閣直學士宮觀制 平齋集 21/1a

史嵩之守金紫光祿大夫求國公致仕 後村集 61/11a

~ 願

史願除敷文閣待制制 東窗集 6/25b

~ 晉中

翰林醫官殿中省尚藥御醫史晉中可直翰林醫官局制 彭城集 19/16b

~ 愿之

史愿之除直寶謨閣致仕制 平齋集 22/23b

~ 劍

妻文氏 樞密使劍南西川節度使守司空兼侍中文彥博奏汾州介休縣草澤史劍妻文氏追封永嘉縣太君 蘇魏公集 35/13a

~ 德

將官親衛大夫史德等四官 程北山集 27/1b

史德橫行遙郡上轉行一官制 東窗集 8/21a

~ 能之

史能之貞州分權倍增轉朝奉郎 後村集 67/14a

~ 徵

勅史徵等制 襄陵集 2/5b 襄陵集 2/5b

~ 商卿

故母弟迪功郎史商卿贈修職郎制 平齋集 20/12b

~ 彌忞

權知信州史彌忞除將作監丞制 平齋集 18/15a

~ 晞祖

史晞祖降授宣教郎制 四庫拾遺 300/鶴林集

~ 彌忠

史彌忠除寶謨閣待制特賜金帶一條制 東澗集 5/7a

~ 崇信

故文思史遂州觀察使史崇信可贈振武軍節度制 文恭集 21/2b

~ 彌厚

史彌厚降授承議郎制 四庫拾遺 300/鶴林集

~ 混

史混除大理評事制 蒙齋集 8/2a

~ 彌堅

史彌堅太府寺丞制 尊白堂集 5/29b

~ 森卿

史森卿除將作監簿 後村集 67/8a

史彌堅權兵部侍郎 育德堂外制 3/3b

史彌堅知潭州 育德堂外制 4/9a

~ 復祖

史復祖除邢部郎中制 平齋集 17/19a

史彌堅賜謚忠宣制 鶴林集 10/7b

~ 彌廊

宣教郎史彌廊係秀王孫女夫轉一官 宋本攻媿集 31/20a 攻媿集 35/19b

~ 彌遠

史彌遠同知樞密院 育德堂外制 3/2b

史彌遠特授正奉大夫依前起復右丞相奉化

郡開國公加食邑食實封制 真西山集 19/6a

史彌遠特授光祿大夫右丞相兼樞密使兼太子少師加食邑食實封制 真西山集 19/9a

母某氏 史彌遠母封國太夫人 育德堂外制 4/4a

史丞相回授加恩進封永國公加食邑食實封制 真西山集 19/13b

～彌章

史彌章轉朝散郎制 平齋集 20/23a

史彌章推務義賞轉一官制 平齋集 23/24b

史彌章除秘書郎制 四庫拾遺 406/東澗集

～繩祖

史繩祖直寶章閣江西提舉 後村集 64/15a

史繩祖陞直煥章閣江東提舉制 碧梧集 5/6a

～繼莊

司天監臺郎史繼莊等可並司天監主簿 西谿集 6(三沈集 2/44a)

～嵓之

太府卿兼知臨安府史嵓之除權刑部侍郎制 東澗集 4/14b

史嵓之除左司郎中制 東澗集 4/20b

史嵓之除太府卿兼知臨安府制 東澗集 5/25b

令狐正

令狐正任觀察使襲封安定郡王 斐然集 12/13b

令狐頲

殿中丞新差同判鄂州令狐頲可國子博士餘如故制 文莊集 2/14b

丘宗之

武經郎丘宗之特理作軍功出身 後村集 67/11b

～岳

丘岳轉一官制 東澗集 6/20a

丘岳除淮東路轉運判官兼知真州制 平齋集 19/22a

丘岳除兵部郎官制 平齋集 23/9a

～夷

右宣義郎丘夷等充三京淮北宣諭司屬官各先轉一資 苕溪集 38/1b

～密

丘密國子博士告詞 範成大佚著/84

～窻

國子博士告詞 誠齋集 133/1a

煥章閣直學士中奉大夫丘窻磨勘轉官 宋本攻媿集 36/17b 攻媿集 40/17a

四川制置使丘窻煥章閣學士再任 宋本攻媿集 37/17b 攻媿集 41/17a

江淮制置大伋丘窻 宋本攻媿集 44/22a

丘窻落端明殿學士 育德堂外制 1/5b

丘窻江淮制置大使 育德堂外制 2/8a

寶文閣學士通議大夫知建康軍府事兼管內勸農使充江南東路安撫使馬步軍都總管兼營田使兼行宮留守司公事河內郡開國侯食邑一千二百戶丘窻依前通議大夫特授試刑部尚書充江淮宣撫使封如故諾 後樂集 2/25a

通議大夫試刑部尚書充江淮宣撫使河南郡開國侯食邑一千二百戶丘窻特授通奉大夫守刑部尚書差遺封如故制 後樂集 2/26a

丘窻除兵書江淮宣撫使制 山房集 2/8a

～淵

秉義郎丘淵特理作軍功出身 後村集 67/11b

～壽儔

丘壽儔籍田令 育德堂外制 4/10b

～賁

丘賁贈二官恩澤五資制 紫微集 19/19b

～麟

丘麟降授儒林郎制 四庫拾遺 365/鶴林集

～氏

宮人丘氏封信安郡夫人制 平齋集 22/7a

白下起

白下起降授宣教郎制 四庫拾遺 298/鶴林集

～守琪

西頭供奉官白守琪可崇儀副使 咸平集 29/6b

～均

西京左藏庫副使白均可供備庫使 西谿集 4(三沈集 1/78b)

～波

大理寺丞白波可守殿中丞制 文莊集 1/5a

～彦忠

修武郎白彦忠自川陝前來行在投下機密文

字各與優異推恩白彦忠轉兩官　苕溪集 41/5a

～　華

白華補秉義郎制　平齋集 18/17b

～舜元

白舜元可莫州長豐縣尉制　文恭集 18/19b

～　選

采石立功人各轉官白選轉遙郡防禦使　益國文忠集 95/5b　益公集 96/57b

～　贊

奏舉人白贊大理寺丞制　臨川集 51/14b

句士良

句士良秘書丞制　臨川集 51/8a

～仲甫

朝奉郎權發遣通利軍句仲甫可轉一官制　摘文集 7/10a

～龍如淵

中書舍人句龍如淵除御史中丞　苕溪集 31/2a

句龍如淵罷御史中丞提舉官觀　苕溪集 38/3a

句龍如淵起居舍人　筠溪集 5/7b

句龍如淵元是御史中丞馬因施庭臣語言狂率不即彈劾奉聖旨罷御中丞今遇明堂大豐赦合檢舉復敷文閣待制制　紫微集 12/1b

～　諶

父句希仲　屯田員外郎句諶父希仲已贈吏部侍郎贈金紫光祿大夫工部尚書制　臨川集 54/16b

包文顯

太常寺撮樂正包文顯可太常寺太樂署副樂正制　臨川集 52/4b

～　厚

蕃官包厚轉官制　道鄉集 15/3a

～　恢

大理卿包恢秘撰樞密院都承旨兼侍講　後村集 63/8b

包恢磨勘轉中奉大夫　後村集 65/15b

包恢磨勘轉中大夫　後村集 67/6a

包恢除禮部侍郎兼職依舊　後村集 68/1b

～　拯

龍圖閣直學士包拯刑部郎中　公是集 30/7b

樞密直學士右諫議大夫權三司使包拯加上輕車都尉食邑　公是集 30/8a

妻董氏　樞密副使給事中包拯妻仁壽郡君董氏可進封永康郡夫人　西溪集 6(三沈集 2/49b)

～　順

父瞻鑒心　皇城使榮州團練使岷洮州蕃部都巡檢使包順父瞻鑒心可太子左清道率府副率致仕制　王魏公集 2/23a

母鷄忙氏　母鷄忙氏可狄道縣君制　王魏公集 2/22b

妻抹卒氏　妻抹卒氏可長道縣君制　王魏公集 2/22b

～　喜

內庭崇班包喜轉兩官制　摘文集 7/1b

～　綬

宣德郎濠州簽判包綬可少府監丞制　彭城集 23/10a

～　繶

妻崔氏　故樞密副使包拯男太常寺太祝繶之妻壽安縣君崔氏可特封永嘉郡君仍封表門閭　蘇東坡全集/外制上/3b

司　卜

國子博士司卜可虞部員外郎制　文恭集 16/11b　蘇魏公集 29/8a

～公度

昭化軍節度使嗣濮王士暢女夫司公度除閤門祗候　益國文忠集 94/11b　益公集 98/117a

～　允

內殿承制司允可供備庫副使　蘇魏公集 31/9b

司馬旦

前太常寺奉禮郎司馬旦丁憂服闋復舊官制　歐陽文忠集 80/2a

～　池

三司户部副使尚書工部郎中司馬池可三司度支副使制　元憲集 20/11a

尚書工部郎中兼侍御史知雜事司馬池可三司户部副使制　元憲集 20/12a

～　朴

兵部員外郎司馬朴可右司員外郎　鴻慶集 24/5b　孫尚書集 26/8b

~ 光

前將作監主簿司馬光丁憂服闋復舊官制
　歐陽文忠集 80/2a

起居舍人直秘閣同修起居注司馬光改天章
　閣待制制　臨川集 49/5a　王文公集 10/10a　宋
　文鑑 38/9b

起居舍人直秘閣同修起居注司馬光知制誥
　制　臨川集 49/5a　王文公集 10/10a

天章閣待制司馬制　臨川集 49/10b　王文公集
　10/10b

待制司馬光禮部郎中制　臨川集 49/13a　王文
　公集 10/10a

度支員外郎直秘閣同修起居注司馬光可起
　居舍人同知諫院餘如故　西溪集 6(三沈集
　2/55a)

父司馬池　翰林學士右諫議大夫司馬光
　贈司空　蘇魏公集 35/11b

司馬光三代妻

曾祖司馬政　曾祖政太子太保　蘇東坡
　全集/外制中/1a

曾祖母薛氏　曾祖母薛氏温國太夫人
　蘇東坡全集/外制中/1b

祖司馬炫　祖炫太子太傅　蘇東坡全集/外
　制中/1b

祖母皇甫氏　祖母皇甫氏國太夫人
　蘇東坡全集/外制中/2a

父司馬池　父池贈太師追封温國公　蘇
　東坡全集/外制中/2b

母聶氏　母聶氏温國太夫人　蘇東坡全
　集/外制中/3a

妻張氏　故妻張氏温國夫人　蘇東坡全
　集/外制中/3a

門下侍郎司馬光拜左相制　宋詔令集 57/287

司馬光追贬官制　宋詔令集 208/782

故追贬清海軍節度副使司馬光追贬朱崖軍
　司户制　宋詔令集 209/787

追復太子太保司馬光特授右正議大夫太子
　少傅致仕制　宋詔令集 210/796

司馬光贈太師追封温國公制　宋詔令集 221/
　851

司馬光追復官制　宋詔令集 221/853

除司馬光左僕射制　宋文鑑 36/5b

除司馬光禮部郎中　播芳文粹 90/20a

除司馬光知制誥　播芳文粹 90/20a

宋温國文正公自宣德郎授行大理評事勅

司馬氏源流 2/1b

温國文正公自御史中丞改翰林學士勅　司
　馬氏源流 2/2b

温國文正公自翰林學士加柱國食實封二百
　户勅　司馬氏源流 2/5b

温國文正公自翰林學士充史館修撰勅　司
　馬氏源流 2/7a

温國文正公拜左僕射兼門下侍郎制勅　司
　馬氏源流 2/8b

~ 似

宋開國伯似自右奉議郎轉右丞議郎勅　司
　馬氏源流 2/10a

開國伯以右朝散郎總領淮西江東軍馬錢糧
　勅　司馬氏源流 2/12a

開國伯以右朝散大夫充秘閣修撰權知廣州
　軍州經畧安撫都總管勅　司馬氏源流 2/12b

~ 宏

宏試將作監主簿制　臨川集 52/9b

~ 范極

和州司馬范極可泰州司馬制　元憲集 25/12a

~ 倅

三省樞密院奏武鉅咋收復鄧州其知房州司
　馬倅首遣鄉兵二千人應副錢糧共濟國事
　聖旨特除直秘閣　益國文忠集 95/3b　益公集
　94/19a

~ 慎

開國伯似父右丞議郎慎贈右朝散郎誥勅
　司馬氏源流 2/10b

司徒昌運

尚書主客郎中判大理寺司徒昌運加柱國國
　子博士　元憲集 25/8b

司　勳

司勳降一官制　浮溪集 9/11b　浮溪集/附拾遺 9/
　111

~ 氏

官人司氏除司服制　翠忠惠集 4/22b

皮明德

皮明德除太社令　後村集 68/5a

~ 龍榮

皮龍榮參政　後村集 63/11b

皮龍榮除資政殿學士知潭州　後村集 68/5b

六 畫

江文叔

前提舉廣南市舶江文叔容縱押綱官移易香綱錢物特降一官 止齋集 14/6b

~元秉

徐氏 江元秉母徐氏封孺人 鐵菴集 6/2a

~中立

江中立除秘書丞制 安陽集 40/6b

~中行

江中行可秘書丞制 文恭集 13/8b

~公亮

江公亮倉部工部兩易其任 張華陽集 8/2a

~公望

江公望落職制 宋詔令集 212/802

~公著

江公著通判陳州 樂城集 29/7a

~少虞

江少虞等充宣諭司屬官 苕溪集 41/1b

江少虞責官制 東牟集 8/2b

~正倫

江正倫可太子中舍人制 文恭集 14/18b

~ 固

江固郎官制 翟忠惠集 3/11b

~昌朝

武功郎江昌朝該修制奉上德壽宫册寶賞轉一官 益國文忠集 94/5b 益公集 97/87a

~ 海

江海叙復從義郎制 四庫拾遺 332/翰林集

~ 淵

奉議郎江淵轉官制 北海集 2/6b

~ 常

顯謨閣待制江常知福州 鴻慶集 25/6a 孫尚書集 25/9a

~ 從

江從可供備庫副使制 文恭集 17/18b

~景倫

故太子少師致仕贈太子太師任中師外甥江景倫可試監簿制 蔡忠惠集 10/18a

~ 溥

江溥除直秘閣 西垣稿 1/10a

~瑞卿

贈官與一子恩澤 苕溪集 33/2b

~ 棐

江棐可秘書丞制 文恭集 13/11a

穎州推官江棐可大理寺丞制 歐陽文忠集 79/16b 宋文鑑 37/7b

~萬里

江萬里除校書諸 東澗集 3/18b

通議大夫守刑部侍郎兼國子祭酒兼侍讀江萬里弟承議郎新差充提領稿賞酒庫所主管文字萬頃封贈父母

父江燁 故父燁任奉議郎致仕已贈朝請今擬贈奉 後村集 72/11a

母陳氏 故母令人陳氏今擬贈碩人 後村集 72/11b

妻黃氏 江萬里故妻令人黃氏今擬贈碩人 後村集 72/12a

妻鄧氏 江萬里妻鄧氏今擬封碩人 後村集 72/12a

同簽書樞密院事江萬里封贈三代並妻

曾祖江英 故曾祖英贈太子少保 後村集 74/1a

曾祖母沈氏 故曾祖母沈氏贈齊安郡夫人 後村集 74/1b

曾祖母葉氏 繼曾祖母葉氏贈恩平郡夫人 後村集 74/1b

祖江璘 故祖璘贈太子少傳 後村集 74/2a

祖母寇氏 故祖母寇氏信安郡夫人 後村集 74/2b

父江燁 故父燁贈太子少師 後村集 74/2b

母陳氏 故姆陳氏已贈淑人今贈高平郡夫人 後村集 74/3a

妻鄧氏 妻淑人鄧氏封永嘉郡夫人 後村集 74/3b

江萬里除秘書郎諸 東澗集 3/24a

江萬里授秘書省正字制 鶴林集 7/21a

江萬里殿中侍御史 後村集 60/2a

江萬里侍御史 後村集 60/13a

江萬里吏部尚書 後村集 63/14b

江萬里授監察御史制 楳埜集 6/17a

江萬里授駕部郎官制 楳埜集 6/17a

江萬里授尚書右郎官兼侍講制 楳埜集 6/17b

端明殿學士知建寧府兼福建運使江萬里除

資政殿學士依舊任制　碧梧集 6/1a

江萬里該遇明堂大禮加恩制　碧梧集 7/6b

江萬里該遇明堂大禮加恩制　碧梧集 7/7a

曾祖江瑛　江萬里曾祖瑛贈太子太保制　碧梧集 7/7a

曾祖母沈氏　曾祖母齊安郡夫人沈氏贈清源郡夫人制　碧梧集 7/7b

曾祖母恩平郡夫人葉氏贈安定郡夫人制　碧梧集 7/8a

祖江璘　祖璘贈太子太傅制　碧梧集 7/8a

祖母巢氏　祖母信安郡夫人巢氏贈康郡夫人制　碧梧集 7/8b

父江燁　父燁贈太子太師制　碧梧集 7/9a

母陳氏　母普寧郡夫人陳氏贈永寧郡夫人制　碧梧集 7/9b

妻黃氏　妻通義郡夫人黃氏贈南康郡夫人制　碧梧集 7/9b

江萬里特贈太傅誥　四明文獻集 5/30b

江萬里特贈太師誥　四明文獻集 5/31a

江萬里除資政殿學士依舊任制　四庫拾遺 741/碧梧芳集

~ 萬頃

江萬頃除福建市舶司制　碧梧集 6/3b

~ 嗣宗

新差荊湖北路提點刑獄太常博士江嗣宗可屯田員外郎餘依舊制　文莊集 1/16b

祠部郎中知宣州江嗣宗可度支郎中餘如故制　文莊集 2/10a

~ 鈿

左儒林郎前知南劍州順昌縣江鈿獲賊改官　苕溪集 36/3b

~ 諸

江諸特轉一官　攻文集 7/5a

~ 邈

江邈除權史部侍郎制　東窗集 10/18b

江邈除集英殿修撰官觀制　楊溪集 5/21b

~ 鑰

尚書都官員外郎前通判宣州江鑰可尚書職方員外郎制　元憲集 24/5a

~ 躋

左司員外郎江躋除殿中侍御史　程北山集 27/4b

~ 顯

江顯授常州刺史充親從第三指揮都指揮使制　鶴林集 8/19b

池　評

西賊攻圍鎮戎軍南川寨等處戰守有勞池評轉一官　樂城集 30/16a

宇文价

知興元府宇文价知襄陽府　宋本攻媿集 31/24b 攻媿集 35/23b

新知襄陽府宇文价改知遂寧府　宋本攻媿集 32/12b　攻媿集 36/12b

在外大中大夫以上知州府該罷恩轉官寶文閣學士通奉大夫知遂寧府宇文价　宋本攻媿集 36/24a　攻媿集 40/23a

~ 昌齡

宇文昌齡吏部郎祝庶刑部郎　蘇東坡全集/外制中/14b

~ 師瑗

宇文師瑗除駕部郎官　張華陽集 7/2b

~ 紹奕

宇文紹奕叙官　西垣稿 1/12a

~ 紹彭

宇文紹彭大理少卿　育德堂外制 3/14a

朝請大夫荊湖北路轉運判官專一措置提督修城宇文紹彭可特授尚書度支郎中制　後樂集 1/7a

~ 紹節

京西湖南北路宣撫使宇文紹節　宋本攻媿集 44/22b

宇文紹節侍讀京湖宣撫　育德堂外制 1/1a

宇文紹節授太中大夫　育德堂外制 3/6a

宇文紹節授通議大夫　育德堂外制 5/1b

~ 淵

宇文淵排轉　斐然集 12/8a

宇文淵南荊門歸峽公安安撫使　斐然集 12/8a

~ 景

宇文景遷降授朝奉郎制　四庫拾遺 397/鶴林集

~ 景度

宇文景度知順慶府制　蒙齋集 8/14b

~ 粹中

工部侍郎宇文粹中降官叙復制　翟忠惠集 3/22a

詔令一　制詞　臣僚　六畫　559

知江寧府宇文粹中落職官祠安置制　浮溪集 9/1a　浮溪集/附拾遺 9/103

端明殿學士左光祿大夫提舉鳳翔府上清太平官宇文粹中復資政殿學士制　東牟集 7/16b

守　珍

大洪山僧守珍補承節郎制　浮溪集 8/19a　浮溪集/附拾遺 8/101

安世用

安世用爲措置捍禦金人有功轉一官制　紫微集 12/8b

安世用係點檢醫藥飯食昨因金人來侵數内立功人與循右承直郎制　紫微集 13/9b

~ 世賢

武功大夫榮州防禦使樞密院諸房副承旨安世賢階官上轉行一官制　東窗集 8/20b

~ 丙

四川宣撫使安丙　宋本攻媿集 44/21b

同知樞密安丙賜謚忠定制　鶴林集 10/7a

~ 郊

安郊除荆湖北路運判　苕溪集 31/4a

安郊右朝散郎成都府路轉運判所犯因應副王彥一軍錢糧未見起發數目等事先次降兩官又爲因吳玠軍前糧食關乏下行裝發放罷追五官添差鄂州在城酒税復遇明堂大禮赦與叙左通直郎　紫微集 18/4b

~ 扶

中書舍人安扶給事中　鴻慶集 25/2b　孫尚書集 25/3a

~ 泳

安泳將作監丞寺丞制　蒙齋集 8/2b

~ 宗說

安宗說知利州　樂城集 29/2a

~ 宗爽

朝散郎安宗爽可知單州制　彭城集 21/13a

~ 宗謹

奏舉人前權武信軍節推安宗謹可大理寺丞西溪集 4(三沈集 1/68b)

~ 知和

原標成忠郎安知和該修製奉上德壽宮册寶賞轉一官　益國文忠集 94/5b　益公集 97/87a

~ 居信

僞宣武將軍安居信特補忠翊郎制　平齋集 21/21b

~ 彥斌

瀘州被害官兵下州文學故忠訓郎瀘州駐泊兵馬監安彥斌贈三官與一子　止齋集 11/7a

~ 保衡

安保衡可大理寺丞知縣　武溪集 10/8b

安保衡都官員外郎制　臨川集 55/6b

~ 俊

龍神衛四廂都指揮果州團練使安俊除捧日天武四廂都指揮使制　蔡忠惠集 11/15a

~ 癸仲

安癸仲除太府少卿依舊總領四川軍馬錢糧制　平齋集 22/11b

~ 祥

勅安祥等制　襄陵集 1/11b

~ 恭行

安恭行除大理寺簿制　平齋集 18/9a

安恭行除大理寺正制　平齋集 23/11a

~ 時

安時轉官　張華陽集 2/7b

安　悙

奉議郎安悙可變州路轉運判官制　彭城集 22/19b

安悙落職制　宋詔令集 210/790

朝奉郎安悙降授奉議郎制　宋詔令集 211/798

故光祿大夫同知樞密院安悙贈特進制　宋詔令集 222/856

~ 勝

安勝贈承信郎與一子交職名係陣亡官兵紫微集 19/21b

~ 義

忠翊郎安義贈兩官與兩資恩澤制　東窗集 8/23b

~ 榮

安榮贈三官恩澤三資制　東窗集 12/18b

~ 壽

奏舉人前晉州趙城縣令安壽可著作左郎蘇魏公集 33/9b

~ 質

使臣安質轉一官制　攖文集 6/10b

~ 劉

秘書丞安劉爲思正上遺表轉一官　後村集

63/9a

~ 薰

太常博士充秘閣校理安薰可祠部員外郎
蘇魏公集 32/3a

同知樞密院事安薰守本官知樞密院事加食
邑實封制 彭城集 23/2b

明堂執政加恩 蘇東坡全集/外制下/16a

安薰三代妻

曾祖安某 樂城集 31/10a

曾祖母某氏 樂城集 31/10b

祖安某 樂城集 31/10b

祖母李氏 樂城集 31/11a

祖母齊氏 樂城集 31/11b

父安日華 樂城集 31/11b

母張氏 樂城集 31/12a

母王氏 樂城集 31/12b

妻某氏 樂城集 31/13a

安薰知樞密院贈三代

曾祖安某 樂城集 32/13a

祖安某 樂城集 32/13b

父安日華 樂城集 32/14a

安薰除觀文殿學士知河南府制 道鄉集 17/1a

安薰落職制 宋詔令集 209/785

安薰降職制 宋詔令集 210/796

州 秘

父州位 徽獻閣直學士左朝奉郎提舉江州
太平觀州秘父位贈右中奉大夫制 東窗集 7/15a

母宋氏 母宋氏贈碩人制 東窗集 7/15b

羊聲咬

蕃官羊聲咬等補官制 道鄉集 18/1a

米友仁

米友仁浙西提舉茶鹽 苕溪集 42/2a

米友仁除將作監制 東窗集 6/16a

米友仁屯田員外郎陞郎中制 東窗集 8/5a

米友仁除屯田郎官制 東窗集 8/7b

米友仁轉右朝請郎制 東窗集 13/10b

米友仁贈官 歸愚集 7/4a

~ 吉

諸司使副陝西緣邊都監知州米吉轉官制

元憲集 22/7a

~ 芾

奉聖旨米芾罷郎官差知准陽軍制 摘文集 6/8a

~ 信

米信檢校太傅加恩制 宋詔令集 95/348

米信依前馬步軍指揮使進封郡公加恩制
宋詔令集 95/349

米信彰武軍節度使制 宋詔令集 103/383

米信加恩制 宋詔令集 104/385

~ 崇楷

監察米崇楷可右補闕 徐公集 7/11b

~ 遷

入內東頭供奉官米遷可供備庫副使轉出制
彭城集 23/7b

~ 興

歸順人米興補保義郎制 平齋集 21/24a

~ 賓

米賓等轉官制 元豐稿 22/6b

吉希孟

閣門看班祇候吉希孟可轉一官並罷閣門看
班祇候制 摘文集 5/11b

~ 昌

應辦中官册寶吉昌轉一官制 東窗集 8/16b

~ 俊

吉俊補官換給付身 張華陽集 7/7b

西 珪

歸順人西珪補承信郎制 平齋集 22/13a

存 温

小首領存温君主制 摘文集 5/11b

成大亨

朝散大夫行祠部員外郎成大亨可除户部員
外郎制 北海集 3/2a

成大亨祠部員外郎制 大隱集 2/3b

成大亨直秘閣兩浙轉運使制 大隱集 3/7a

~ 公策

江州分司檢閱成公策爲拘椎茶課及數特授
太府簿依舊任 後村集 63/17a

~ 允顯

詔令一 制詞 臣僚 六畫 561

嘉王府講尚書徹章官屬諸色祇應人各轉一官資保義郎成允顯　宋本攻媿集 30/13b　攻媿集 34/12b

~永泰

集賢院楷書成永泰可江陵府公安縣主簿制　郡溪集 6/10a

~幼文

江西推官成幼文可主客員外郎　徐公集 8/6a

~吉甫

成吉甫可趙州隆平縣令制　文恭集 18/18a

~有宗

成有宗可河中府司錄參軍監汀州鍾賽金銅場制　文恭集 18/22b

~　京

故御前忠佐步軍副都頭成宗男京可三班奉職制　四庫拾遺 57/彭城集

~　卓

成卓閣門祇侯制　元豐稿 22/5a

成卓西京左藏副使崑州左右江都巡檢差人畫歸化州地圖致農智會乞割峝地與交趾降兩官緊筠州酒稅　樂城集 29/10b

~　昂

前泰寧軍節度副使成昂可太府少卿致仕誥　文莊集 3/8a

~　奕

京東轉運使祠部郎中成奕可邢部郎中權陝西轉運副使　西溪集 6(三沈集 2/45a)

~　偉

妻文氏　禮部尚書同中書門下平章事文彥博妹信安軍判官成偉妻可封永康縣君制　文恭集 19/12b

~　閔

成閔轉觀察使制　東牟集 7/2a

成閔同前除正任團練使制　紫微集 17/7b

成閔落太尉在外官祠婺州居住　益國文忠集 96/3b

慶遠軍節度使鎮江府駐劄御前諸軍都統制武功郡開國公食邑三千七百戶食實封一千三百戶成閔加食邑五百戶食實封二百户制　益國文忠集 102/4a　益公集 102/58a

慶遠軍節度使提舉江州太平興國宮武功郡開國公食邑□千□百戶食實封□千□百戶成閔加食邑五百戶食實封二百户制

益國文忠集 103/19b　益公集 103/97a

成閔郊祀加恩　益國文忠集 112/4a

成閔明堂加恩制　玉堂稿 2/4b

~無玷

通直郎直秘閣知鄂州成無玷降三官依舊知鄂州制　北海集 5/11a

~　道

忠翊郎成道陣亡特贈兩官與一子恩澤　苕溪集 36/4a

~道升

國子博士知貝州歷亭縣成道升可尚書虞部員外郎制　元憲集 26/7a

~端夫

追官人前朝奉郎成端夫行太常寺奉禮郎制　蔡忠惠集 9/6b

~穎達

成穎達敘武節郎制　四庫拾遺 323/鶴林集

~　壁

尚書虞部員外郎通判郈州成壁可尚書比部員外郎制　元憲集 26/7a

~　鑑

成鑑知黔州　宋本攻媿集 30/9a　攻媿集 34/8b

艾介石

艾介石可太子中舍人致仕制　文恭集 20/3b

~世安

艾世安等降官制　楳溪集 5/31b

~保卿

艾保卿殿中丞制　文恭集 15/16a

~　筠

浙西判官艾筠可江都少尹　徐公集 8/4b

曲　育

進義副尉曲育贈兩官與一資恩澤係建炎年間因隨軍陣亡官兵　紫微集 19/18a

~　珍

曲珍四廂都指揮使綏州防禦使制　元豐稿 22/1b

~　端

右武大夫吉州團練使涇原路經畧定無使知渭州曲端可除遂郡防禦使制　北海集 3/5a

曲端知渭州制　大隱集 2/20a

~慶祖

修武郎曲慶祖等差充陝西六路宣諭司幹辦官先次各轉一官　苕溪集 39/1a

同宗旦

伯父同繹　朝散大夫司農少卿同宗旦故伯父任尚書虞部郎中繹可贈朝請大夫　彭城集 23/20a

伯母杜氏　故伯母長嶽君杜氏可贈昭德縣君制　彭城集 23/20a

～進

偽武節將軍同進補承信郎制　平齋集 21/21b

～鼎

同鼎武節郎制　平齋集 20/22b

吃　埋

吃咩族軍主吃埋將授銀酒監武制　四庫拾遺 19/景文集

全大受

全大授授承信郎制　四庫拾遺 346/鶴林集

～子材

全子材除淮西安撫副使兼知廬州兼計度轉運副使制　平齋集 17/7a

全子材降授朝散大夫落直秘閣差知隨州制　鶴林集 9/9a

全子材降朝請郎制　四庫拾遺 351/鶴林集

～允堅

全允堅補丞務郎直秘閣　後村集 66/13b

～克懃

全克懃可供備庫副使制　文恭集 17/17b

～余白

全余白可大理寺丞制　文恭集 14/14b

～淫

全淫授承信郎制　四庫拾遺 346/鶴林集

～清夫

全清夫寶章待制提舉佑神觀仍奉朝請　後村集 65/18a

～惟幾

皇城使全惟幾可遥郡刺史制　摛文集 5/3b

～悉孫

全悉孫補承信郎　四庫拾遺 348/鶴林集

～照孫

全照孫授承信郎制　四庫拾遺 346/鶴林集

～端夫

全端夫轉官制　橫塘集 7/6b

～槐卿

全槐卿太府卿　後村集 66/8b

合羅角

角斯波男合羅角可本族軍主制　歐陽文忠集 81/2b

朱之彥

朱之彥爲應副大軍糧草循一資又爲措置良家子弟籍爲義士五萬餘人特改宣教郎換給制　紫微集 9/15a

～士挺

朱士挺降奏議郎　育德堂外制 2/16a

～子中

朱子中除太社令　後村集 67/3b

～子美

朱子美閣門舍人制　尊白堂集 5/4a

～子肅

朱子肅備禦有勞轉一官制　東澗集 6/16b

～文炳

朱文炳除軍器監仍舊四川都大提舉川秦茶馬兼報發御前軍馬文字兼變路提刑提舉　後村集 69/5b

～文海

前内殿承制朱文海可舊官服闕　韓南陽集 16/12a

～不棄

朱不棄降迪功郎　育德堂外制 1/15b

～公旦

朱公旦轉團練使　張華陽集 1/7a

～允元

賜中丞知貴州朱允元可國子博士　咸平集 28/14a

～允修

河陽中州習學究朱允修可將仕郎守孟州助教制　文莊集 2/19b

～正基

殿中丞同判鄧州朱正基可國子博士餘如故制　文莊集 2/9a

～正辭

光祿寺丞朱正辭可秘書省著作佐郎制　文莊集 1/20a

～世英

武義大夫淮西副總管朱世英爲漣水戍役功賞除帶行閤門宣贊舍人　後村集 71/2a

～光庭

左司諫朱光庭可左司員外郎制　彭城集 19/11a

左司諫朱光庭可左司員外郎制　彭城集 23/14a

朱光庭左司諫　蘇東坡全集/外制 下/13a

朱光庭太常少卿　樂城集 30/12b

朱光庭朝散大夫制　宋詔令集 222/855

～回

入內侍省武經郎朱回乞轉出歸部致仕依所乞制　浮溪集 10/10b　浮溪集/附拾遺 10/120

～先

朱先贈承節郎制　四庫拾遺 342/翰林集

～仲元

朱仲元可大理寺丞制　文恭集 13/6a

虞部員外郎朱仲元可比部員外郎　西溪集 6（三沈集 2/32b）

～良治

殿中丞知富順監朱良治可國子博士餘如制　文莊集 2/10a

～良弼

朱良弼往來計議邊事應辦錢糧援遣軍器有勞與轉官　益國文忠集 95/19a　益公集 97/96a

～初平

大理評事朱初平可光祿寺丞制　郎溪集 3/9a

～孝孫

四方館使榮州刺史樞密副都承旨朱孝孫可正任防禦使依前樞密都承旨制　摘文集 6/7a

～孝莊

左武郎朱孝莊簽書東上閤門制　翟忠惠集 2/23a

～延世

國子博士朱延世可虞部員外郎制　臨川集 50/9a

～伯材

故醴泉觀使武泰軍節度使贈開府儀同三司朱伯材特追封恩平郡王制　彭城集 20/2b

西京左藏庫使榮州刺史帶御器械朱伯材可特授文思使依舊榮州刺史帶御器械制　淨德集 8/13a

～宗懿

皇太后殿管勾文字朱宗懿可三班借職制　四庫拾遺 56/彭城集

～定

朱定轉兩官制　摘文集 6/10b

～炎

父朱師友　朱炎父師友明堂恩封官制　平齋集 18/13b

～松

朱松吏部郎官　苕溪集 4b/3b

朱松校書郎　筠溪集 4/23a

～長文

勅賜進士及第朱長文可試秘校守許州司戶參軍　西溪集 4(三沈集 1/74a)

～虎

朱虎轉官制　東澗集 6/15b

～芾

朱芾轉官制　襄陵集 1/5a

朱芾落敷文閣待制知徽州制　東窗集 12/24a

朱芾爲隨岳飛應辦錢糧有勞效轉一官制　紫微集 12/12b

～秉文

朱秉文循右承直郎制　東窗集 13/5b

～佺

知明州朱佺兩易知泉州　宋本攻媿集 33/20a　攻媿集 37/19b

～肱

朱肱醫學博士宋道方醫學錄制　翟忠惠集 3/4b

～服

朱服擢發遣泉州　樂城集 30/10a

知潤州朱服可知福州制　彭城集 21/8a

新差權發遣泉州朱服可知參州制　彭城集 21/21b

～承

將仕郎試昫應錄朱承可候今任滿日令再任制　摘文集 6/8a

～洪

瓜州及皂角林陣亡官兵朱洪贈六官與六資恩澤係於橫行遙郡上分贈　益國文忠集 98/2b　益公集 97/83b

～洵

朱洵轉修武郎制　東窗集 10/13a

～彥

564　詔令一　制誥　臣僚　六畫

朱彦除左司郎官制　道鄉集 17/2a

降授承議郎知常州朱彦可降奉議郎制　宋詔令集 211/800

朱彦降兩官知常州制　宋詔令集 212/802

～祐之

入内内侍省朱祐之轉一官制　摘文集 7/5a

～　革

朱革轉兩官制　橫塘集 7/4b

～東之

試大理司直兼監察御史朱東之大理寺丞制　臨川集 51/15b

～　勃

太僕寺丞朱勃可權發遣號州制　彭城集 22/18a

～　皆

朱皆工部郎中　育德堂外制 5/11b

～拱之

入内右騏驥使朱拱之轉兩官制　摘文集 7/7a

～思正

寄資訓武郎嘉王府都監朱思正轉歸吏部在京宫觀　宋本攻媿集 30/9a　攻媿集 34/8b

嘉王府講尚書徹章官屬諸色祇應人各轉一官資前都監訓武郎朱思正　攻媿集 34/12b

～思道

泰州興化縣主簿朱思道可衛尉寺丞制　歐陽文忠集 81/12b　宋文鑑 37/11a

～　衍

莊宅使文州刺史朱衍可知全州制　彭城集 22/17a

～　勇

朱勇爲金兵來侵陝西將帶官兵前來應副使喚轉武節郎兼閤門宣贊舍人換給制　紫微集 13/14b

瓦亭戰功人等轉官武功大夫賀州刺史朱勇轉遞郡團練使　益國文忠集 95/15a　益公集 97/80b

～　淫

主簿朱淫等太子洗馬致仕制　臨川集 53/11b

～　海

朱海敘復保義郎制　四庫拾遺 337/翰林集

～　祥

朱祥等補官制　鄂峰錄 6/14a

～　枝

朱枝除集賢殿修撰知壽州制　道鄉集 17/1b

～　恭

朱恭轉武德大夫制　東窗集 10/19b

～　秀

瓦亭戰功人等轉官武功大夫朱秀特轉右武大夫　益國文忠集 95/15a　益公集 97/80b

～　真

采石立功人各轉官朱真轉遞郡團練使　益國文忠集 95/5b　益公集 96/5/b

～夏卿

朱夏卿權户部侍郎制　盤洲集 20/11b

父朱勝非　户部侍郎朱夏卿父勝非魯國公制　盤洲集 22/11b

～　致

四川茶馬朱致知京西運判　宋本攻媿集 35/23a　攻媿集 39/21b

～致民

監都進奏院朱致民大理司直　宋本攻媿集 31/18b　攻媿集 35/18a

大理司直朱致民大理司丞　宋本攻媿集 37/22b　攻媿集 41/21b

～　晉

朱晉太學正制　翟忠惠集 3/1b

～　挺

朱挺大理丞　後村集 65/5a

～　俯

朱俯降授朝散郎制　四庫拾遺 356/翰林集

～　倬

朱倬除右正言　海陵集 14/6a

～　弦

秘書省校書郎守唐州泌陽縣令朱弦可大理寺丞餘如故　嵩魏公集 32/10b

～　埴

朱埴除太學博士　後村集 70/11b

～　楊

朱楊開封府兵曹係開封尹王韶特薦制　翟忠惠集 2/2a

～處約

朱處約可殿中丞制　文恭集 15/18b

朱處約祠部郎中制　臨川集 50/3b

～　彪

朱彪御史臺檢法官　苕溪集 42/2b

～　異

制置隨軍轉運副使朱異轉官制　北海集 2/6b

～　晴

詔令一　制詞　臣僚　六畫　565

朱晦降授文林郎制　四庫拾遺 376/翰林集　　　郎官制　平齋集 20/6b

~晞顏　　　　　　　　　　　　　　　　　　~揄祖

直秘閣京西運判朱晞顏直煥章閣知靜江府　　朱揄祖解罷閣職轉一官制　東澗集 6/16a

　宋本攻媿集 32/16b　攻媿集 36/16b　　　~ 斐

~敏修　　　　　　　　　　　　　　　　　　朱斐除大理少卿制　東窗集 6/15b

　朱敏修可著作佐郎制　文恭集 12/7b　　　朱斐除刑部郎官制　東窗集 8/8a

~從道　　　　　　　　　　　　　　　　　　朱斐大理寺丞　筠谿集 5/18b

　職方員外郎朱從道可屯田郎中制　臨川集　朱斐除大理少卿　海陵集 13/4a

　　50/6b　　　　　　　　　　　　　　　　~ 華孫

~逢吉　　　　　　　　　　　　　　　　　　朱華孫降官制　盤洲集 23/12a

　前信州録事參軍朱逢吉可太子中舍致仕　　~ 景陽

　　西溪集 4(三沈集 1/75a)　　　　　　　　朱景陽磨勘改官制　歐陽文忠集 81/4a

~ 翌　　　　　　　　　　　　　　　　　　~欽則

　敷文閣待制朱翌左朝議大夫制　盤洲集 23/　朱欽則降朝散大夫　育德堂外制 4/14b

　　1b　　　　　　　　　　　　　　　　　~ 傑

~ 綖　　　　　　　　　　　　　　　　　　宿州臨渙縣柳子鎮市户進納斛斗人朱億弟

　朱綖除給事中制　道鄉集 15/3b　　　　　　傑本州助教制　臨川集 55/16b

~ 湜　　　　　　　　　　　　　　　　　　~ 傑

　朱湜可虞部員外郎制　文恭集 15/18b　　　朱傑特降兩官放罷　西垣稿 2/2b

~温其　　　　　　　　　　　　　　　　　~復之

　刑部詳覆官前守慈州鄉寧縣令朱温其可大　朝渴八陵朱復之除軍器監主簿制　平齋集

　　理寺丞依前充職　韓南陽集 17/2b　　　　21/18a

　右贊善大夫朱温其可殿中丞制　蘇魏公集　朱復之授軍器監主簿兼權知惠州制　鶴林

　　32/6a　　　　　　　　　　　　　　　　　集 9/3b

~ 渙　　　　　　　　　　　　　　　　　　朱復之除太府寺制　蒙齋集 9/12b

　開封府提事使臣朱渙可轉一官制　摘文集　朱復之特授奉議郎制　四庫拾遺 390/鶴林集

　　7/1b　　　　　　　　　　　　　　　　追官人朱復之叙復宣教郎制　四庫拾遺 295/

　大理寺提事使臣朱渙可轉一官制　摘文集　　鶴林集

　　7/17a　　　　　　　　　　　　　　　~勝非

　右侍禁朱渙可轉兩官制　摘文集 8/4a　　朱勝非知湖州　苕溪集 37/4a

　三班借職朱渙可轉一官制　摘文集 8/4a　朱勝非直龍圖閣東道副都總管　鴻慶集 24/

~敦儒　　　　　　　　　　　　　　　　　　7a　孫尚書集 26/10a

　朱敦儒除秘書郎　苕溪集 39/3b　　　　　宣奉大夫提舉亳州明道宮朱勝非可除觀文

　朱敦儒都官　苕溪集 44/1a　　　　　　　　殿學士充江西荊湖南北路宣撫使制　北

　贛官總護使司屬官朱敦儒轉一官制　東窗　　海集 2/3a

　　集 8/12a　　　　　　　　　　　　　　除朱勝非特授依前左宣奉大夫守尚書右僕

~ 彭　　　　　　　　　　　　　　　　　　　射同中書門下平章事兼知樞密院事加食

　朱彭可大理寺丞制　文恭集 12/11b　　　　邑實封制　北海集 7/4a

~ 逵　　　　　　　　　　　　　　　　　　朱勝非觀文殿大學士知洪州制　大隱集 1/1a

　朱逵可大理寺丞制　文恭集 14/14a　　　~ 異

~揚祖　　　　　　　　　　　　　　　　　朱異寧國軍節度副使不簽書本州公事制

　朱揚祖昨任荊門軍日守城有勞轉一官制　　宋詔令集 204/761

　　東澗集 6/17b　　　　　　　　　　　　~ 靖

　太常寺簿朱揚祖除樞密院編修官兼權刑部　朱靖授官制　橫塘集 7/4a

~ 詰

太常博士朱詰可屯田員外郎 西溪集 4(三沈集 1/63a)

~ 說

朱說降授宣教郎制 四庫拾遺 297/鶴林集

~ 載

朱載進書轉官制 翟忠惠集 4/9a

~ 熙績

朱熙績降一資 西垣稿 2/9a

~ 業

朱業江州節度使制 徐公集 6/7a

朱業宣州節度使制 徐公集 6/7b

朱業加中書令宣州節度使制 徐公集 6/12a

~ 漸

內殿承制朱漸供備庫副使制 臨川集 53/5a

~ 實之

朱實之差知肇慶府制 平齋集 22/5a

~ 廣

李廣歸順補承節郎制 平齋集 22/7b

~ 壽昌

朱壽昌磨勘改官制 歐陽文忠集 79/4a

~ 壽隆

金部郎中朱壽隆三司鹽鐵判官制 臨川集 49/7a

~ 輔世

入內內殿承制朱輔世轉一官制 摘文集 7/5a

~ 夢應

朱夢應降授儒林郎制 四庫拾遺 367/鶴林集

~ 頵

太常博士朱頵可屯田員外郎制 文莊集 1/18b

~ 維

朝請大夫朱維可刑部郎中制 摘文集 4/4a

~ 熠

朱熠仍舊觀文殿學士知平江府兼淮浙發運大使 後村集 67/14b

觀文殿學士通奉大夫提舉臨安府洞霄宮朱熠初除贈二代

祖朱德一 故祖已贈太師德一特追封吉國公 後村集 74/11a

祖母蘇氏 故祖母慶國夫人蘇氏贈齊國夫人 後村集 74/11b

父朱貢亨 故父已贈太師貢亨永國公追

封衛國公 後村集 74/11b

母吴氏 故母福國夫人吴氏贈魏國夫人 後村集 74/12a

妻俞氏 故妻清源郡夫人俞氏贈安定郡夫人 後村集 74/12b

~ 震

朱震秘書省校書郎 鴻慶集 25/5a 孫尚書集 25/7b

朱震中書舍人 斐然集 12/25b

朱震轉一官 斐然集 13/21b

朱震轉一官 斐然集 14/2b

~ 質武

朱質武博士制 尊白堂集 5/37a

~ 澤

將作監丞朱澤可右贊善大夫 咸平集 28/17b

~ 諴

朱諴除尚書右丞制 摘文集 3/8b

~ 熹

朝散郎煥章閣待制兼侍講朱熹登極恩轉朝請郎 止齋集 15/5b

朝散郎煥章閣待制侍講朱熹封婺源縣開國男食邑三百户 止齋集 15/13b

煥章閣待制侍講朱熹明堂恩贈父朱松 明堂恩贈父 止齋集 16/7b

母祝氏 明堂恩贈母 止齋集 16/7b

朱熹知潭州 宋本攻媿集 34/5a 攻媿集 38/4b

朱熹煥章閣待制侍講 宋本攻媿集 37/18b 攻媿集 41/17b

~ 興

東頭供奉官朱興可內殿崇班 蘇魏公集 34/9a

~ 應之

朱應之特授儒林郎制 四庫拾遺 360/鶴林集

~ 應元

朱應元除右正言兼侍講制 碧梧集 3/10a

朱應元直徽猷閣浙東提刑兼提舉制 碧梧集 5/6b

~ 懋

朱懋爲殺獲興國縣兌賊首王大老等轉承信郎制 紫微集 13/3a

~ 臨

大理寺丞致仕朱臨可殿中丞制 郡溪集 2/7b

~ 巍孫

朝請郎守御史朱巍孫特授右諫議大夫制 碧梧集 3/9b

詔令一 制詞 臣僚 六畫 567

朱巍孫除侍御史制　碧梧集 4/6a

～翔

朱翔大理寺丞　宋本攻媿集 35/7b　攻媿集 39/7b

～寶

朱寶等轉武功大夫遂郡刺史　程北山集 27/1b

～懷玉

裝界藝學南州三嶽縣主簿御書院祇候朱懷玉可東嶽廟令　西溪集 6(三沈集 2/53b)

～鑑

朱鑑依舊將作監丞淮西制參兼運判制　東測集 6/12a

朱鑑除大理寺簿制　平齋集 20/14b .

～氏

朱氏母追封洛陽縣太君制　華陽集 31/16b

～氏

仙韶副使朱氏可特授掌樂同管勾仙韶公事制　王魏公集 3/4b

～氏

宮人朱氏可掌珍制　道鄉集 18/3b　宋詔令集 22/111

～氏

宮人朱氏除建國夫人充司服制　翟忠惠集 4/23a

～氏倩奴

朱倩奴轉掌緑　張華陽集 1/9b

～氏妙妙賜名從漈

直筆尚字朱妙妙知尚書內省事安康郡夫人賜名從漈　後村集 62/14b

～氏

朱氏掌籍制　宋詔令集 21/104

竹友直

竹友直循資制　盤洲集 23/10b

將仕郎竹友直用紹興二十八年修展外城及修城門賞循右修職郎　益國文忠集 95/1a　益公集 97/84a

印應飛

印應飛權户侍淮東總領兼知鎮江府　後村集 62/18b

印應飛權户部侍郎致仕　後村集 62/19a

～應雷

印應雷除右文殿修撰知福州制　碧梧集 6/2a

印應雷特贈端明殿學士諡　四明文獻集 5/32a

伍昌禹

伍昌禹元係鳳翔府僧因金人犯陝西麟遊知縣趙壁守節不屈招集忠義萬五千人後來陷僞更不出官依舊爲僧藏泊川陝宣撫司中已差充鳳翔府推官奉旨特與補迪功郎制　紫微集 19/10a

仲　政

延州藩落都虞侯俄千男仲政可三班借職制　四庫拾遺 54/彭城集

～苞

仲苞遙刺　樂城集 28/14a

～簡

兵部郎中仲簡可降授刑部郎中制　宋詔令集 205/766

兵部郎中充天章閣侍制仲簡可落侍制知筠州制　宋詔令集 205/766

任大方

任大方循左儒林郎制　東窗集 13/10b

～文素

秘書省著作佐郎知蜀州永康縣兼兵馬監押任文素可太子右贊善大夫餘如故制　文莊集 1/7b

～文鸞

任文鸞加官制　東牟集 7/22b

～天錫

任天錫左武大夫遂郡防禦使制　盤洲集 21/13a

～元

任元等換官制　東牟集 7/8a

～元之

任中師姪孫元之可試監簿制　文恭集 19/3a

～元善

醫官任元善可轉一官制　摘文集 7/15b

～中正

樞密直學士右諫議大夫任中正可給事中餘依舊制　文莊集 1/2a

母劉氏　樞密副使工部侍郎任中正母萬年縣太君劉氏可進封太原郡太夫人制　文莊集 3/2a

～中行

前太常博士任中行可太常博士散官制　文莊集 1/23a

任中行度支員外郎監許州酒務任中師太常博士監宿州稅制　宋詔令集 204/762

故太子太師致仕任中師可贈太子太傅制　文恭集 21/1b

任中師太常博士監宿州稅制　宋詔令集 204/762

故太子少師致仕任中師中贈太子太傅制　宋詔令集 220/846

～公迂

任公迂降授儒林郎制　四庫拾遺 362/翰林集

～公壽

任公壽轉官　育德堂外制 5/14b

～永德

任永德可試大理評事制　文恭集 14/25b

～世安

武節大夫權發遣鄂州任世安特轉一官再任　止齋集 13/6b

～　古

任古除監察御史　海陵集 15/5a

～　布

故太子少師致仕任布可贈太子太傅制　華陽集 28/9b　宋詔令集 220/846

～　旦

尚書職方員外郎知衡州任旦可尚書屯田郎中制　元憲集 23/3a

～申先

任申先徽猷閣待制　筠溪集 4/10a

任申先轉一官致仕　筠溪集 4/11b

任申先上遺表特贈四官　筠溪集 5/23a

任申先左史　斐然集 13/13b

～仕安

任仕安立功轉一官仍貴州刺史　斐然集 12/15b

～守忠

任守忠可宮苑使加輕車都尉制　文恭集 17/10b

西京左藏庫使內侍省內侍押班任守信可遙郡刺使依舊鄜延路駐泊兵馬鈴轄制　歐陽文忠集 79/7a　宋文鑑 37/5b

～守素

任守素可內殿承制　文恭集 17/14b

～有方

文思副使任有方可左驍衛將軍致仕　蘇魏公集 34/7a

～　同

太常寺奉禮郎任同可舊官服闕制　文莊集 1/23b

～仲言

醫官任仲言轉官制　道鄉集 16/2a

～良弼

任良弼罷大理少卿知密州　劉給諫集 2/2b

～希夷

任希夷知湖州　育德堂外制 5/7b

～利有

任利有可殿中丞制　文恭集 13/12b

～伯雨

任伯雨除度支員外郎制　道鄉集 15/5b

任伯雨贈右諫議大夫　斐然集 13/16a

～伯傳

任伯傳可殿中丞制　文恭集 13/7a

～直清

唐州鎮撫使司幹辦公事任直清與改合入官除直秘閣仍賜緋章服　程北山集 24/1b

～尚賢

任尚賢可轉一官並罷閣門看班祇候制　擴文集 5/11b

～叔向

任叔向閣門看班祇候落看班字制　東窗集 12/24b

～承亮

故洛苑使任承亮可贈正任團練使制　文恭集 21/2a

～承睿

樞密院任承睿可都承旨制　蔡忠惠集 9/22b

樞密院承旨左監門衛將軍任承睿可樞密都承旨制　郎溪集 2/7a

任承睿可都承旨制　擴文集 6/7a

～拱之

太子少傅致仕任布孫拱之可試秘校制　文恭集 19/3a

～若拙

任若拙改官制　歐陽文忠集 80/4a

～修已

內侍省內東頭供奉官任修已可內殿崇班制　蔡忠惠集 11/8b

～　汰

任汰補承信郎制　浮溪集 8/16b　浮溪集/附拾遺 8/99

~ 珪

入内皇城使忠州刺史任珪可遥郡團練使制

摘文集 5/2b

~ 迴

屯田員外郎任迴加勳制 臨川集 51/2b

前屯田員外郎任迴舊官服闕制 臨川集 52/7a

~ 清夐

任清夐陞郎中制 尊白堂集 5/9a

~ 埴

任埴金州副都統 育德堂外制 1/13a

~ 桶

任桶可秘書丞大理寺丞 西溪集 6(三沈集 2/37a)

~ 鄰

任鄰追叙朝奉郎致仕 後村集 61/17b

任鄰降授承事郎制 四庫拾遺 294/翰林集

~ 紳

母劉氏 左宣教郎任紳以所轉左奉議郎一官封母劉氏與封孺人 苕溪集 44/2a

~ 斯年

祖母黃氏 奉議郎任斯年祖母黃氏以母封回授永壽居 樂城集 32/12b

~ 景先

任景先補官制 道鄉集 16/11b

~ 景章

醫官任景章可轉一官制 摘文集 8/5b

~ 凱

奏舉人前江寧府上元縣令兼管勾府學任凱可著作佐郎制 元憲集 25/4b

任 逸

屯田員外郎任逸可都官員外郎制 邵溪集 3/3b

~ 雍

内殿崇班任雍可内殿承制 蘇魏公集 30/8a

~ 達

追官勒停人任達一作遠可濟州司馬致仕制

蔡忠惠集 9/24a

~ 熙明

任熙明除給事中制 梅溪集 5/26a

~ 端

任端等轉官制 道鄉集 17/4b

昭宣使福州管内觀察使同知内侍省事任端

可宣政使餘依舊制 摘文集 6/6a

~ 廊

將作監主簿任廊可奉禮郎 西溪集(三沈集 2/35b)

~ 粹

保定軍任粹可太常博士制 華陽集 27/6a

~ 鄧

任鄧交引循一官制 東澗集 6/22a

~ 盡言

任盡言除直秘閣江淮都督府參議官制 于潮集 19/9b

~ 諒

龍圖閣直學士中大夫任諒贈正奉大夫 鴻慶 25/1b 孫尚書集 25/1b

~ 慶之

未復舊官人檢校水部員外郎樺州團練副使任慶之大理寺丞制 臨川集 55/7b

~ 震亨

白身人任震亨襲父官補修武郎充珍州經陽縣沿邊都同巡檢制 平齋集 22/4b

~ 霆

任霆降授迪功郎制 四庫拾遺 319/翰林集

~ 鑄

任鑄致仕制 東牟集 8/13b

~ 氏

内人任氏等並封掌字制 道鄉集 16/6b

~ 氏喜奴

任喜奴轉掌字 苕溪集 40/3a

~ 氏

隨龍任氏可並封掌字制 宋詔令集 22/111

伊 克

伊克贈承信郎與一子父職名係前陣亡官兵

紫微集 19/21b

~ 昱

忠訓郎幹辦人船伊昱該遇皇后歸謁家廟特轉一官 止齋集 11/3a

~ 重

伊重爲監造平弩弓不合令弓匠將木胎錯磨怯薄就村改作軟弓特降兩官 紫微集 13/15b

~ 凌

蕃官伊凌等勒 襄陵集 3/12a

~ 噶格勒

甘州外甥回紇汗王伊嘻格勒可特進懷寧順化汗王制 文莊集 2/21b

向子侾

向子侾直秘閣制 大隱集 1/12b

~子忞

向子忞敘官制 東牟集 7/20a

向子忞復職 斐然集 12/10a

~子昌

向子昌降一官 苕溪集 33/3a

~子固

知旰胎軍向子固轉官制 楝溪集 4/23a

向子固轉官職制 東牟集 7/25b

向子固知揚州 歸愚集 7/3b

~子宸

通直郎向子宸除右衛將軍駙馬都尉制 橫塘集 7/1b

~子能

華亭縣監青龍鎮酒稅向子能奉聖旨特先次降一官仍令本路提刑司取勘具按聞奏制 紫微集 15/4b

~子章

向子章等轉官制 道鄉集 16/3a

~子廣

向子廣循右從事郎制 東窗集 12/20b

~子廉

向子廉復官 張華陽集 4/1b

~子褒

向子褒贈官制 浮溪集 8/19b 浮溪集/附拾遺 8/101

~子諲

向子諲轉一官致仕 苕溪集 43/4b

向子諲落職與郡制 浮溪集 9/4b 浮溪集/附拾遺 9/105

父向宗明 徽猷閣學士右中奉大夫致仕

向子諲父宗明贈耀州觀察使制 東窗集 7/6a

向子諲徽猷閣待制兩浙都轉運使 筠溪集 5/13a

父向宗明 徽猷閣直學士向子諲弟右朝散郎

子諶故父宗明可特贈沂州防禦使制 紫微集 20/13b

母李氏 故母李氏可特贈碩人制 紫微

集 20/14a

向子諲落致仕知江州 斐然集 13/9a

向子諲江東漕 斐然集 13/28b

徽猷閣直學士向子諲贈四官 海陵集 20/4a

~永晤

溪洞永晤可襲知富州制 鄮溪集 4/11b

~世章

向世章爲拖殺桑仲賊衆得功轉承節郎並部押義軍赴宣撫司轉保義郎換給制 紫微集 17/10a

~世僔

勅向世僔等制 襄陵集 1/21a

~守玠

故知古州向光璠男守玠可銀青光祿大夫國子祭酒兼監察御史武騎尉知古州軍州事制 文莊集 2/17a

~守興

溪洞鶴州知州向守興可銀酒監武餘如故 西溪集 6(三沈集 2/39a)

~ 安

向安可著作佐郎制 文恭集 12/6b

~ 朴

向朴循資制 尊白堂集 5/34a

~ 汮

右從政郎南安軍録參向汮爲勅上猶知縣留清國公事稍帶特降一資 益國文忠集 96/8a 益公集 95/45a

~ 汸

向汸提舉淮東常平茶鹽制 盤洲集 19/2a

~伯奮 ~仲堪

朝奉郎向伯奮弟奉議郎仲堪乞依敕回授封敘與祖父母

祖向蔚 祖父承議郎致仕蔚特授朝散郎致仕 程北山集 26/12b

祖母魏氏 程北山集 26/13a

向伯奮起復充河南府留守司參議官 苕溪集 44/3b

向伯奮除湖北提刑 海陵集 17/6a

~宗旦

祠部郎中向宗旦可兵部郎中制 彭城集 19/8b

向宗旦司農少卿 樂城集 30/8b

~宗良

向宗良知衛州 樂城集 28/5a

除向宗良檢校司空充體泉觀使昭信軍節度使制　曲阜集 3/2a　宋文鑑 36/17a

~宗厚

向宗厚除祠部郎官兼權太常少卿　程北山集 26/7a

向宗厚吏部郎中　苕溪集 43/2b

向宗厚除浙西提刑　苕溪集 45/2a

吏部員外郎向宗厚通理知州資序合升郎中　苕溪集 45/2a

~宗博

持服人前朝奉郎向宗博入錢助軍特起充京城東壁守禦　鴻慶集 25/4a　孫尚書集 25/6b

~宗傑

宣議郎向宗傑可權通判安肅軍制　彭城集 22/5a

~宗賢

朝請大夫知鄧州向宗賢可轉一官差遣依舊制　摘文集 6/11b

~季仲

向季仲轉右朝奉郎制　東窗集 10/20a

~　糾

左朝議大夫光祿卿向糾可降右朝議大夫制　宋詔令集 211/800

~思越

向思越姪載舞承襲制　彭城集 22/18b

~思遷

向萬聰男思遷承襲制　彭城集 22/18b

~　綱

向綱轉左朝議大夫除司農卿等制　道鄉集 16/2b

~　約

監溫州前倉鎮茶鹽酒稅務向約可大理寺丞餘如故制　文莊集 2/12a

~崇回

溫州刺吏提舉萬壽觀公事向崇回可知蔡州制　彭城集 21/5b

~敏中

向敏中可試作監主簿制　四庫拾遺 9/元憲集

向敏中拜集賢相制　宋詔令集 51/262

向敏中拜集賢相制　宋詔令集 51/263

向敏中景靈宮使制　宋詔令集 59/298

向敏中進官制　宋詔令集 59/298

向敏中進官制　宋詔令集 60/300

向敏中罷相歸班制　宋詔令集 65/320

~紹祖

修職郎萬州司理參軍向紹祖獄囚繫死降一資放罷　止齋集 13/10b

~　琪

樞密院奏武功大夫東南第二將盧州駐劄向琪見充沿邊差遣兼提舉沿淮民社職事修舉十月十二日聖旨與轉一官特轉遂郡刺史　益國文忠集 95/9b　益公集 94/15a

~傅式—作傅

向傅式可特授給事中制　文恭集 17/5b

給事中充集賢殿學士向傅式可加食邑三百戶制　蔡忠惠集 13/6b

~　滁

宣奉郎向滁可轉一官制　摘文集 7/9b

向滁應天府少尹　鴻慶集 25/6b　孫尚書集 25/9b

~載舜

故嶽峒都巡檢向思景男載舜承襲代父名目制　彭城集 22/19a

~載舞

向思越姪載舞承襲制　彭城集 22/18b

~萬聰

向萬聰男思遷承襲制　彭城集 22/18b

~傅師

向傅師可光祿少卿制　文恭集 16/4a

~傅　範

向傅範可四方館使制　文恭集 17/9b

向傅範可東上閤門使加上騎都尉制　文恭集 17/12a

鄧州防禦使向傅範可齊州防禦滄州制　郎溪集 4/13a

~　淫

光州團練使同提舉集禧觀公事向淫奏百姓醫人華詢可試國子四門助教　蘇魏公集 34/13a

~　綝

皇城使帶御器械向綝可遂郡刺史制　淨德集 8/13b

~　濤

奉議郎向濤可轉一官制　摘文集 7/9b

~　齊

向齊轉官制　橫塘集 7/5b

~　經

國子博士向經可尚書虞部員外郎制　景文

集 31/2a

~ 寶

皇城使向寶可貴州刺史依舊皇城使　蘇魏公集 29/10a

秦鳳路鈴轄左騏驥使向寶可皇城使再任制　鄖溪 4/2a

~ 氏

向氏等並准封次國夫人制　清獻集 16/3b

多　慶

主奉吳益王祭祀多慶磨勘轉觀察使制　後樂集 2/13b

危　佑

危佑可都官員外郎制　文恭集 15/10b

~ 昭德

危昭德除史館檢閱　後村集 68/10a

牟子才

牟子才除寶章閣待制知溫州　後村集 71/12a

試禮部尚書兼直學士院兼給事中兼修史牟子才特授翰林學士知制誥兼職依舊制　碧梧集 4/7b

父牟桂　牟子才父已贈大中大夫桂特贈通議大夫制　碧梧集 7/3a

妻喻氏　妻恭人喻氏贈令人制　碧梧集 7/3b

翰林學士知制誥兼給事中兼修史牟子才特授端明殿學士與宮觀制　碧梧集 9/2b

牟子才特授資政殿學士致仕制　碧梧集 9/3a

權禮部尚書兼直學士院兼給事中兼同修國史兼侍讀牟子才特授試禮端明殿學士　四庫拾遺 741/碧梧集

~ 天麟

牟天麟降一官放罷　西垣稿 1/6a

~ 元龜

牟元龜降授朝請郎制　四庫拾遺 351/鶴林集

~ 安禮

牟安禮轉承信郎制　東窗集 10/4b

~ 彥

牟彥爲番人齋到文字要壽春府投拜衆官等不肯順番死守府城並轉一官選人比類循右修職郎制　紫微集 13/10a

~ 獻

牟獻除大理司直　後村集 70/4a

七　畫

沈士安

沈士安西綾錦副使制　元豐稿 22/8a

~ 士彥

龍圖閣直學士戸部員外郎知永興軍王陶奏醫人沈上彥可試國丨四門助教不在選限　韓南陽集 16/5b

~ 士龍

追官人著作佐郎沈世龍秘書丞制　臨川集 55/7a

~ 亢

太子中舍知福州吉田縣事沈亢可殿中丞餘如故制　文莊集 2/13a

~ 友直

沈友直開封府刑曹掾　鴻慶集 25/6a　孫尚書集 25/8b

~ 介

沈介除秘書省正字制　東窗集 8/10a

沈介起復權兵部尚書湖北京西制置使制　盤洲集 21/10a

母莫氏　兵部尚書沈介故母莫氏贈碩人制　盤洲集 22/12a

母阮氏　生母阮氏贈碩人制　盤洲集 22/12a

沈介除秘書少監　海陵集 15/2a

知平江府沈介復敷文閣待制　益國文忠集 96/15b　益公集 95/41a

~ 立

河北轉運使兵部郎中沈立可太常少卿差遣如故　韓南陽集 17/3a

河北轉運使太常少卿沈立可依前太常少卿充集賢院修撰知滄州　韓南陽集 18/11b

兵部郎中沈立可依前官充三司戸部判官制　臨川集 49/6b

~ 丘

右文林郎沈丘知縣與轉一官制　紫微集 12/10a

~ 安義

沈安義辟差知宜州制　平齋集 21/15a

~ 有直

沈有直開封府刑曹掾　孫尚書集 25/8b

~ 有開

秘書省著作郎沈有開特轉一官　止齋集 11/ 8a

著作郎沈有開起居舍人　宋本攻媿集 36/10a　攻媿集 40/9b

覃恩轉官起居舍人沈有開　宋本攻媿集 36/20a　攻媿集 40/19b

～ 合

沈合知岳州　宋本攻媿集 35/25a　攻媿集 39/23b

～先庚

沈先庚降授儒林郎制　四庫拾遺 365/翰林集

～仲齡

沈仲齡授額外翰林醫官制　翰林集 7/23a

～ 扶

金部員外郎沈扶可司勳員外郎　蘇魏公集 30/5b

追官勒停人國子博士沈扶國子博士制　臨川集 55/7a　霅忠惠集 3/2a

～作賓

太府寺丞沈作賓刑部郎官　宋本攻媿集 31/17a　攻媿集 35/17a

刑部郎中沈作賓檢詳　宋本攻媿集 37/20a　攻媿集 41/19a

沈作賓再任評事　西垣稿 1/10b

中大夫充寶謨閣待制知潭州軍州事沈作賓可依前官特授試尚書户部侍郎賜封如故告詞　後村集 2/15b

沈作賓除户部侍郎制　山房集後稿/8a

～伯逵

沈伯逵爲失收侵隱總制司錢降一官制　紫微集 15/4a

～ 炎

沈炎同知兼參政　後村集 63/12a

沈炎除資政殿學士提舉臨安府洞霄宮　後村集 68/16a

～ 直

忠訓郎沈直特轉一官　止齋集 11/2b

～ 披

常州團練推官沈披可衛尉寺丞　公是集 30/ 3a　宋文鑑 37/16a

～長卿

沈長卿秘書省正字　斐然集 13/17a

～叔通

沈叔通知海州　蘇東坡全集/外制上/15b

～ 明

待詔沈明補承信郎制　襄陵集 1/3a

沈明換武翼郎添差諸州駐泊兵馬都監　宋本攻媿集 30/14a　攻媿集 34/13b

～季長

通直郎新差通判興國軍沈季長可差充揚州簽判制　彭城集 23/6b

沈季長知南康軍　蘇東坡全集/外制下/9a

沈季長少府監　樂城集 29/17a

沈季長秀州　樂城集 30/1a

～ 周

屯田員外郎通判楚州沈周可尚書都官員外郎制　元憲集 24/12a

祠部郎中沈周可開封府判官制　歐陽文忠集 79/9b

～宣之

沈宣之贈從義郎制　四庫拾遺 334/翰林集

～ 度

知衢州沈度轉官制　滹南集 6/10a

考功郎中沈度直秘閣知平江府制　盤洲集 20/4b

江南東路轉運副使沈度可秘閣修撰寧國府長史制　范成大佚著/90

～ 柄

沈柄降右儒林郎制　東窗集 12/22a

～厚載

尚書職方員外郎知歸州沈厚載可尚書屯田郎中制　元憲集 25/9b

～ 括

沈括罷黜制　宋詔令集 206/770

～ 思

沈思贈官制　大隱集 3/16a

～昭遠

沈昭遠改官制　張華陽集 3/3a

沈昭遠除户部郎官制　張華陽集 4/9a

父沈千　左朝請郎尚書户部沈昭遠父千贈左通議大夫制　東窗集 7/18a

母陳氏　故母陳氏贈碩人制　東窗集 7/ 18b

妻曹氏　妻曹氏封碩人制　東窗集 7/19a

～禹卿

沈禹卿江西提鹽　苕溪集 47/1a

～ 起

殿中丞沈起可監察御史裏行　公是集 30/4b　宋文鑑 38/4b

～ 夏

權工部侍郎兼臨安少尹沈夏除權户部侍郎　攻媿集 36/12a

益國文忠集 100/5b　益公集 100/142a

福建安撫使沈夏同詞　益國文忠集 111/7a　益公集 111/100a

～倫

故左僕射致仕贈侍中沈倫可追封魯國公　咸平集 29/7b

沈倫罷相責授工部尚書制　宋詔令集 65/318

～師顏

講筵所沈師顏循資轉一官制　後樂集 1/26a

～紡

沈紡大理正　育德堂外制 4/2a

～恕

沈恕降授承議郎制　四庫拾遺 380/鶴林集

～清臣

沈清臣太學録制　盤洲集 20/5a

沈清臣江東提舉　宋本攻媿集 37/25a　攻媿集 41/23b

～康

度支員外郎充集賢校理沈康可司封員外郎餘如故　西溪集 4(三沈集 1/60b)

～惟恭

故光祿卿沈繼宗次男試將作監主簿惟恭可守將作監主簿制　文莊集 2/6a

西京左藏庫使沈惟恭可遥郡刺史依舊西京左藏庫使制　蔡忠惠集 9/21b

文思使康州刺史沈惟恭可左藏庫使　西溪集 6(三沈集 2/49a)

～虛中

沈虛中史部郎官　歸愚集 7/5a

～晦

朝奉郎充集英殿修撰知婺州沈晦可除徽猷閣待制制　北海集 2/7b

沈晦降左朝散大夫制　東窗集 14/9b

～紳

沈紳可大理寺丞制　文恭集 12/11a

～超

內庭崇班沈超轉一官制　摘文集 7/1b

～挺

太中大夫權尚書吏部侍郎沈挺兼侍講　止齋集 13/2b

知平江府沈挺司農卿　宋本攻媿集 31/6a　攻媿集 35/6a

司農卿沈挺權吏部侍郎　宋本攻媿集 32/12a

中奉大夫吏部侍郎沈挺磨勘轉官　宋本攻媿集 32/14b　攻媿集 36/14a

大中大夫沈挺轉一官守權吏部侍郎致仕　宋本攻媿集 35/1a　攻媿集 39/1a

沈挺贈四官　宋本攻媿集 35/1b　攻媿集 39/1b

～貴

皇城副使沈貴與轉兩官制　摘文集 8/1a

～傑

沈傑降授保章正制　鶴林集 9/14b

～該

沈該磨勘轉官制　東牟集 7/31b

沈該權禮部侍郎制　紫微集 17/2b

除沈該特進制　海陵集 11/3b

沈該加食邑制　海陵集 11/5a

除沈該觀文殿大學士宮觀制　海陵集 11/10b

知潼州府沈該差知婺州　海陵集 17/7b

沈該落職制　于湖集 19/3a

～訊

沈訊試刑部侍部　育德堂外制 2/11a

沈訊授太中大夫　育德堂外制 4/9a

～義倫

沈義倫拜相制　宋詔令集 51/259

～遇明

翰林醫官使勾管本院公事沈遇明可推易使兼翰林醫官使　韓南陽集 18/10b

～畸

宣德郎守監察御史沈畸可殿中侍御史制　摘文集 4/3b

宣德郎新除守左正言沈畸可侍御史制　摘文集 4/3b

～端仁

沈端仁降授儒林郎制　四庫拾遺 366/鶴林集

～廓

沈廓降官　歸愚集 7/1b

～遷

龍圖閣學士吏部郎中權知開封府沈遷可右諫議大夫餘如故　韓南陽集 18/3a

關大夫右諫議大夫關知關集賢院沈遷可特授依前右關林學士知制誥判集賢院　韓南陽集 18/5b

秘書郎沈遷可太常寺丞集賢校理制　華陽集 27/5a

知制誥沈遷知杭州制　臨川集 49/8b

詔令一　制詞　臣僚　七畫　575

右正言知制誥知越州沈遹起居舍人制　臨川集 49/13b

～槐

沈槐除大理評事　止齋集 18/8b

～愿

沈愿降授通直郎制　四庫拾遺 388/翰林集

～與求

左中大夫同知樞密院事沈與求除知樞密院事制　翟忠惠集 1/9b

侍御史沈與求御史中丞　程北山集 27/10a

沈與求太學春秋博士　鴻慶集 25/4a　孫尚書集 5/6a

沈與求知鎮江府　張華陽集 5/6a

沈與求殿中侍御史制　大隱集 1/15a

沈與求兵部員外郎制　大隱集 2/2b

～縞

沈縞降右承議郎制　東窗集 12/22b

～維

沈維知房州　宋本攻媿集 33/13a　攻媿集 37/12b

～維恭

太子中舍監在京廣濟倉沈維恭可殿中丞制

元憲集 21/5a

供備庫副使沈維恭等可康州刺史制　華陽集 30/11a

～調

沈調提點諸路坑冶鑄錢公事　歸愚集 8/4b

沈調落職降官制　于湖集 19/4a

～樞

沈樞除御史臺簿　海陵集 15/6b

刑部郎中沈樞度支郎中　宋本攻媿集 31/17a　攻媿集 35/16b

在外大中大夫以上致仕官該覃恩轉官正議大夫寶文閣待制沈樞　宋本攻媿集 37/3a　攻媿集 41/3a

～澤

前權知單州團練推官廳公事沈澤可大理寺丞制　文莊集 2/3a

～遹

沈遹可殿中丞制　文恭集 15/16a

～積中

沈積中可特追復資政殿學士還舊官與合得致仕恩澤制　北海集 2/1b

～錫

承務郎差知婺州沈錫可吏部郎官制　摘文

集 4/6a

～應丑

沈應丑降授從事郎　四庫拾遺 370/翰林集

～翰

前舒州録事參軍沈翰可大理司直　徐公集 8/12a

～瀛

沈瀛知江州　宋本攻媿集 33/17a　攻媿集 37/16a

～獻卿

德妃沈氏姪孫獻卿可試大理評事　宋文鑑 38/11a

～某

沈兵部充省判　王文公集 11/3a

～氏

樂壽縣主可進封郡主　武溪集 11/12b

祖母田氏　祖母追封秦國太夫人田氏　武溪集 11/13a

父沈繼宗　父繼宗贈兵部尚書宜特贈　武溪集 11/13b

母吳氏　母追封福昌縣太君吳氏宜特追封　武溪集 11/13b

汪之强

汪之强殁於王事特贈朝奉郎與一子恩澤制　平齋集 21/8a

～之道

汪之道除國子録制　平齋集 18/21a

國子録汪之道除諸王宫大小學教授制　平齋集 21/9b

汪之道除太常寺丞制　平齋集 23/10a

～大定

右迪功郎汪大定可從事郎制　范成大佚著/8b

汪大定知力江郡　止齋集 16/9a

～大獻

在外大中大夫以上致仕官該覃恩轉官敷文閣直學士正奉大夫汪大獻　宋本攻媿集 37/3a　攻媿集 41/3a

～立信

汪立信左曹郎官　後村集 63/4a

汪立信浙西提刑　後村集 64/16b

汪立信除直寶章閣依舊浙西提刑　後村集 67/10a

汪立信除將作監　後村集 67/10a

汪立信除華文閣知江州主管江西安撫司公

事 後村集 70/3b

汪立信除秘閣修撰樞密副都承旨依舊沿江制置副使江西安撫使制 碧梧集 5/3b

汪立信除集英殿修撰依舊樞密副都承旨沿江制置副使知江州江西安撫使制 碧梧集 5/4a

汪立信特贈正奉大夫誥 四明文獻集 5/33b

～召嗣

汪召嗣除江南西路轉運副使制 楊溪集 5/ 11a

汪召嗣降官制 東牟集 8/10b

汪召嗣知潼川府制 紫微集 16/18a

～ 未

汪未降授文林郎罷祠制 四庫拾遺 376/鶴林集

～廷直

新授國子監汪廷直屯田員外郎 程北山集 27/3b

～伯彥

汪伯彥復觀文殿學士依舊宮祠 苕溪集 36/ 1b

汪伯彥除同知樞密院 鴻慶集 26/1a 孫尚書集 27/6b

～宗益

史館孔目官汪宗益可青州壽光縣尉制 文恭集 18/20a

～ 勃

汪勃御史臺檢法官制 東窗集 13/13b

汪勃太常寺主簿制 東窗集 13/20b

汪勃知湖州職事修舉特轉三官 海陵集 16/ 9b

汪勃復龍圖閣學士見任宮詞人依舊與宮觀 益國文忠集 96/15a 益公集 94/23a

汪勃復龍圖閣學士 益國文忠集 96/15a 益公集 94/23b

～思恭

汪思恭除吏部郎官主管侍郎左選 張華陽集 8/7b

～師忠

淮東提刑汪師忠降兩官制 浮溪集 9/7a 浮溪集/附拾遺 9/107

～清之

汪清之降授迪功郎制 四庫拾遺 318/鶴林集

～ 梓

倉部員外郎汪梓陞郎中 止齋集 16/9b

倉部郎中汪梓以趙汝愚親嫌除淮東提舉

止齋集 18/4a

汪梓軍器監丞 宋本攻媿集 33/21b

軍器監丞汪梓倉部郎中 宋本攻媿集 37/20b 攻媿集 41/19b

～ 紳

應辨中宮册寶汪紳轉一官制 東窗集 8/16b

～ 達

朝散郎江西提舉汪達除員外郎 止齋集 16/ 9b

汪達秘書少監 育德堂外制 4/6b

～義端

吏部員外郎汪義端監察御史 宋本攻媿集 31/ 2a 攻媿集 35/2a

汪義端知舒州 宋本攻媿集 34/12b 攻媿集 38/ 12a

～慈明

東頭供奉官汪慈明可閤門祇候令再任制 擷文集 5/11b

～楚材

汪楚材收捕徭寇特轉三官 止齋集 17/6b

～端中

汪端中知宜州 育德堂外制 5/12b

～ 粹

汪粹軍器監丞 宋本攻媿集 33/21b 攻媿集 7/20b

～ 綬

汪綬降授朝請郎制 四庫拾遺 380/鶴林集

～ 澈

汪澈端明殿學士知建康府制 盤洲集 23/6b

汪澈特贈左金紫光祿大夫 益國文忠集 100/3a 益公集 100/144a

觀文殿學士左通議大夫提舉臨安府洞霄宮汪澈特與轉一官致仕 益國文忠集 100/1a 益公集 100/143b

～德輸

汪德輸知崇慶府 宋本攻媿集 34/11b 攻媿集 38/11a

～ 澤

汪澤落直秘閣降授朝請郎制 四庫拾遺 351/ 鶴林集

～應辰

汪應辰改官 斐然集 14/4a

～ 藻

翰林學士汪藻龍圖閣直學士與郡 程北山集 22/11a

父汪穀 翰林學士汪藻父任奉議郎致仕

贈正議大夫殼贈正奉大夫　程北山集 23/5b

前母陳氏　翰林學士汪藻前母淑人陳氏贈淑人　程北山集 23/6a

故妻趙氏　翰林學士汪藻故妻淑人趙氏贈淑人　程北山集 23/6b

妻莊氏　翰林學士汪藻妻淑人莊氏封淑人　程北山集 23/6b

汪藻龍圖閣直學士知湖州　程北山集 24/3b

汪藻修史成書陞顯謨閣學士　苕溪集 33/1a

汪藻磨勘轉左大中大夫　苕溪集 45/4a

汪藻轉一官　張華陽集 7/1a

汪藻給事中制　大隱集 1/17a

汪藻落職與宮觀永州居住制　梅溪集 5/28a

父汪穀　汪藻贈父制　東牟集 8/19b

母某氏　贈故母制　東牟集 8/20a

父汪穀　顯謨閣直學士汪藻故父殼可特贈特進制　紫微集 18/13b

沃　協

環州蕃部沃協等可本族副軍主制　元憲集 25/13b

汶　光

陝西移四通判永興汶光移秦州　樂城集 29/15a

~熙載

路鈐可虞部員外郎汶熙載可太常博士制　文恭集 15/17b

汶熙載可大理寺丞制　歐陽文忠集 79/10a

~漢臣

歸順人汶漢臣補承信郎制　平齋集 17/18b

沙兀惹

歸順人沙兀惹特補修武郎添差蔡州兵鈐兼權蔡州事制　平齋集 18/17a

~世堅

知宜州沙世堅收捕徭寇有勞特轉團練使止齋集 17/7a

宋之才

宋之才除考功郎官制　東窗集 8/7b

宋之才除知衢州　海陵集 18/2a

知泉州宋之才磨勘轉官　海陵集 18/9a

父宋道元　宋之才父右中散大夫道元贈官制　濟庵集 6/8a

~之瑞

宋之瑞福建提舉　宋本攻媿集 35/19a　攻媿集 39/17b

~士堯

故内殿承制宋士堯等贈官制　臨川集 54/17a　王文公集 14/3b

~子儀

宋子儀大理寺丞　樂城集 29/13a

~文質

梓潼縣主簿宋文質可國子監丞致仕制　歐陽文忠集 79/11b

~　元

官兵宋元贈承節郎制　四庫拾遺 341/鶴林集

~　太

前守鄜州洛川縣令宋太可試大理評事充太平軍節度推官知潞州壺關縣事制　文恭集 18/16a　韓南陽集 16/13b

~永昌

翰林醫官少府監宋永昌可殿中省尚藥奉御制　鄖溪集 3/10b

~可觀

許州司法宋可觀可許州司理　咸平集 28/17a

~　弁

清河口皂角林立功官兵轉官宋弁一官於階官遙郡上分轉　益國文忠集 98/2a　益公集 97/93a

~守約

新差充益州路鈐轄宋守約可西上閤門使制　蔡忠惠集 11/17a

河北路安撫使宋守約可引進副使知恩州制　華陽集 29/5b

宋守約可殿前都虞侯制　臨川集拾遺/8a　王文公集 13/10a

~安世

宋安世爲壽慈宮職事有勞特與帶行遞刺制　尊白堂集 5/26a

~安道

皇城使巴州刺史宋安道落巴州刺史制　臨川集 55/9b

皇城史宋安道責授檢校水部員外郎充衢州團練副使不簽書本州公事制　臨川集 55/10a

～ 有
宋有充準備差遣 苕溪集 41/1b

～有言
西京左藏庫副使宋有言可莊宅副使制 華陽集 30/5a
宮苑使宋有言可南作坊使 西溪集 6(三沈集 2/35b)

～有志
入内內侍省內東頭供奉官宋有志東染院副使制 臨川集 53/3a

～ 任
司封郎中宋任太常少卿制 臨川集 49/14b
宋任可太常少卿 王文公集 12/2a

～ 宏
宋宏可太常博士制 文恭集 15/15a

～ 良
內殿承制閤門祗候宋良禮賓副使制 臨川集 53/3b

～良輔
壽慈宮額外掌箋奏成忠郎宋良輔轉一官制 後樂集 1/26a

～ 祁
宋祁可依前右諫議大夫充史館修撰制 文恭集 12/1b
翰林學士禮部郎中宋祁可吏部郎中 武溪集 10/3a
翰林侍讀學士禮部侍郎宋祁加勳邑制 華陽集 28/1a
端明殿學士吏部侍郎宋祁可尚書左丞 宋文鑑 37/16b

～ 玘
妻趙氏 右屯衛大將軍茂州刺史克詢第二女右班殿直宋玘妻等並特封縣君制 臨川集 54/14b

～孝先
宋孝先起復知揚州 張華陽集 7/8a
宋孝先降兩官 張華陽集 8/3a

～孝孫
奏舉人前知陳州宛丘縣宋孝孫可衛尉寺丞制 元憲集 26/1b
宋孝孫比部郎中制 臨川集 50/5b

～克俊
閤門宣贊舍人宋克俊該應舉人使十次賞轉一官 止齋集 11/9b

～延年
宋祁遺表孫延年守將作監主簿制 臨川集 52/11b

～伯友
宋伯友復官制 橫塘集 7/11a
刑部侍郎宋伯友除徽猷閣待制與郡 鴻慶集 24/9a
宋伯友除刑部侍郎 邵堯陽集 3/6a

～伯威
西頭供奉官宋伯威與轉兩官制 摘文集 7/4a

～ 定
廣南西路鈴轄皇城使忠州刺史宋定可果州團練使舊官充廣南西路安撫都監兼知宜州 西溪集 6(三沈集 2/55b)

～表微
朝奉郎權知解州宋表微可轉一官制 摘文集 7/11a

～ 林
宋林等爲自來訓練武藝比拍得事藝高强弓馬精熟累經戰陣諳曉出入轉武翼郎換給制 紫微集 17/9b

～松年
宋祁遺表孫松年守將作監主簿制 臨川集 52/11b

～ 或
奉議郎宋或可並大晟府樂令制 摘文集 4/9a

～ 昇
知單州宋昇可徽猷閣待制知應天府制 覈忠惠集 2/11b
徽猷閣待制知應天府宋昇除知汝州制 覈忠惠集 2/18b

～易從
逐便人宋易從可沂州參軍 西溪集 6(三沈集 2/44b)

～忠臣
宋忠臣可水部郎中制 景文集 31/7a
庫部郎中宋忠臣可司農少卿 西溪集 6(三沈集 2/43a)

～ 明
宋明可轉一官制 摘文集 7/3b

～明遠
宋明遠轉官制 蒙齋集 9/10b
宋明遠敘朝散郎制 四庫拾遺 359/翰林集
宋明遠降授承議郎制 四庫拾遺 380/翰林集

~ 受

宋受等加官制 東牟集 7/22b

~ 垂範

宋垂範可著作佐郎制 文恭集 12/10b

~ 知本

宋知本制 襄陵集 2/3a

~ 佑

入内東頭供奉官宋佑可轉一官制 擴文集 7/4b

~ 亮臣

宋亮臣幹事回轉官兩資 苕溪集 31/3a

~ 彦通

宋彦通待制知筠州制 大隱集 2/22b

~ 彦圖

宋彦圖轉内殿崇班再知歸信容城縣 樂城集 27/10b

~ 庠

妻胡氏 集賢相宋庠妻淮陽郡夫人胡氏可成國夫人制 文恭集 19/10a

曾祖宋駢 集賢相宋庠曾祖駢皇贈太傅可贈太師制 · 文恭集 21/10a

曾祖母王氏 曾祖母王氏可追封齊國太夫人 文恭集 21/10b

曾祖母丁氏 曾祖母丁氏可追封魏國太夫人制 文恭集 21/10b

祖宋曜 祖曜累贈太師可特贈中書令制 文恭集 21/11a

祖母賈氏 祖母賈氏可特追封楚國太夫人制 文恭集 21/11b

父宋玘 父玘累贈中書令兼尚書令追封榮國公可進封鄭國公制 文恭集 21/12a

母王氏 母王氏可追封越國太夫人制 文恭集 21/12b

母高氏 母高氏可追封漢國太夫人制 文恭集 21/12b

母王氏 母王氏可追封秦國太夫人制 文恭集 21/12b

母朱氏 母朱氏可追封燕國太夫人制 文恭集 21/12b

母鍾氏 母鍾氏可追封晉國太夫人制 文恭集 21/13a

除宋庠河陽三城節度使檢校太尉同中書門下平章事判鄭州制 文恭集 23/6a

除宋庠特授檢校太尉充樞密使仍賜功臣制

文恭集 23/6b

除宋庠制加恩進封 歐陽文忠集 87/10a

祖宋某 宋觀文祖制 蔡忠惠集 13/3a

父宋玘 宋觀文父玘制 蔡忠惠集 13/3b

母韓氏 宋觀文母韓氏封華原郡太夫人制 蔡忠惠集 13/3b

妻胡氏 宋觀文妻制 蔡忠惠集 13/4a

宋庠授依前檢校太尉同中書門下平章事充河陽三城節度使營國公加食邑實封功臣制 華陽集 26/1a

觀文殿大學士行户部尚書知許州宋庠可兵部尚書知河陽制 華陽集 29/4a

宋庠拜集賢相制 宋詔令集 55/277

宋庠罷相進刑部尚書觀文殿大學士知河南府加恩制 宋詔令集 67/329

~ 南强

知雅州宋南强知金州 宋本攻媿集 31/10b 攻媿集 35/10b

~ 若抽

夏州録事參軍宋若抽可著作佐郎 咸平集 28/19b

~ 昱

宋昱可贈供備庫使制 文恭集 21/4a

~ 迪

宋迪運糧有勞轉一官制 東窗集 8/11a

~ 昭遠

宋昭遠贈通直郎制 平齋集 21/6a

~ 俊

宋俊贈承節郎制 紫微集 18/8a

~ 俊國

翰林學士承旨宋祁遺表男俊國 守秘書省正字令持服制 臨川集 52/11a

~ 訓

宋訓授修武郎制 東窗集 10/8b

~ 唐卿

宋唐卿永祐陵懃宮復按副使横行遥郡上各轉一官制 東窗集 8/18a

宋唐卿入内内侍省都知 斐然集 12/12b

~ 庚

十二考前鎮國軍節度推官知鄲城縣宋庚可大理寺丞制 元憲集 23/5a

~ 珪

宋珪等勑 襄陵集 3/7a

~ 晟

奉議郎宋晟轉一官制 橫塘集 7/5b

~ 航

邵州録事參軍監成德軍倉場給納宋航可宣奉郎行廣濟軍録事參軍監軍監鄂州竹家渡制 蔡忠惠集 10/17a

~ 純

勅賜同學究出身宋純叫密州安丘簿 咸平集 29/3a

衛尉少卿宋純可光祿少卿制 華陽集 27/6b

~ 許

宋許循右從事郎制 東窗集 12/19b

宋許循右文林郎制 楳溪集 5/1b

~ 康年

權貨務監官朝奉大夫宋康年可轉一官制 摘文集 7/9b

淮南路轉運副使宋康年淮南江浙荊湖制置發運副使制 翟忠惠集 2/9b

~ 康濟

宋康濟可青州益都縣尉制 文恭集 18/18b

~ 惟渥

供備庫副使宋惟渥可西京左藏庫副使 蘇魏公集 31/9a

~ 惟幹

右諫議大夫分司西京宋惟幹等可中大夫進封閒國伯加食邑制 文莊集 2/16b

~ 彪

宋彪爲自番人圍閉宿州至今堅守山寨捍禦金人不順番前來歸朝委實忠義特與補正承節郎制 紫微集 19/13b

~ 敏求

右諫議大夫知制誥宋敏求依所乞落知制誥守本官差遣如故 蘇魏公集 32/1a

三司度支判官工部員外郎充集賢校理宋敏求可刑部員外郎餘如故 西溪集 6(三沈集 2/42b)

龍圖閣直學士右諫議大夫宋敏求贈禮部侍郎制 宋詔令集 221/849

三司度支判官太常博士集賢校理宋敏求可柯部員外郎依舊職任 宋文鑑 37/16b

~ 敏修

秘書丞宋敏修可太常博士制 蔡忠惠集 10/2b

秘書丞宋敏修可太常博士制 華陽集 27/6a

~ 逢丑

前知薊州宋逢丑降一官制 東澗集 5/12a

~ 滋

宋滋可右侍禁 蘇東坡全集/外制中/9b

武功大夫宋滋提舉京畿路保甲兼提刑制 翟忠惠集 2/5b

宋滋提點刑獄兼保甲制 翟忠惠集 2/6a

~ 混

朝奉郎宋混可朝散郎制 彭城集 20/19b

~ 渥

諸衛上將軍宋渥等加恩 咸平集 29/1a

~ 琪

蔡州陣亡贈官宋琪贈承節郎與一子進勇副尉 益國文忠集 98/4b 益公集 97/82b

宋琪相制 宋詔令集 51/260

宋琪罷相歸班制 宋詔令集 65/318

~ 超

宋超爲首先將帶軍馬一城官吏渡淮來歸淮西宣撫差權知壺州烏珠親率重兵攻打遂致失守除名勒停今該遇大禮敕係歸正之人特與敘從義郎制 紫微集 19/7b

~ 彭年

前江西提刑宋彭年可司農少卿制 彭城集 19/18b

朝奉大夫宋彭年可權知邢州制 彭城集 21/7b

~ 械

皇城使榮州刺史宋洸姪男械回授補借職制 摘文集 8/5b

~ 惠國 ~ 輔國 ~ 奉國 ~ 服國

母劉氏 朝散大夫宋惠國弟朝奉郎輔國弟朝奉郎服國故母豫章郡太君劉氏可贈榮國太夫人制 彭城集 23/18b

~ 景先

前内殿承制宋景先可舊官服闕 蘇魏公集 34/8a

~ 秉

宋秉除江西運判 苕溪集 44/1a

宋秉除太府少卿 海陵集 18/1a

~ 脫

應辨中官册寶宋脫轉一官制 東窗集 8/21b

權户部侍郎宋脫落棲字 歸愚集 7/5a

宋脫轉保義郎制 東窗集 10/16a

~ 鈞

宋鈞奉使回轉官 海陵集 18/10a

帶御器械宋均權知閤門事　益國文忠集 95/21a　益公集 94/31b

~喬年

左朝議大夫提舉西京崇福宮宋喬年可依前京畿轉運使制　摘文集 4/11a

正議大夫致仕宋喬年特贈金紫光祿大夫龍圖閣學士制　摘文集 8/12a

~　復

宋復右贈修武郎制　四庫拾遺 329/鶴林集

~　象

宋真定府平山縣主簿宋象特授守國子監丞致仕制　蔡忠惠集 9/7b

~誠彥

武平縣丞宋誠彥平虔賊有勞循一資　苕溪集 34/3b

~　詢

國子博士宋詢特授尚書屯田員外郎制　蔡忠惠集 9/19b

~　翊

宋翊備契有勞轉一官制　東洲集 6/16b

~道方

宋道方醫學録制　翟忠惠集 3/4b

~　煇

右武大夫宋煇磨勘制　翟忠惠集 4/7b

宋煇復秘閣修撰除京西路轉運副使　苕溪集 39/2a

宋煇改除應天府轉運副使依舊權京畿都轉運使　苕溪集 40/3b

宋煇落職　張華陽集 6/1b

~　福

宋福爲殺退金人轉一官　紫微集 12/2a

~聖寵

吏部員外郎宋聖寵可右司員外郎制　摘文集 4/4b

~　熙

內殿崇班宋熙可內殿承制　西溪集 6(三沈集 2/49a)

~萬年

宋萬年轉一官　張華陽集 8/9a

宋萬年爲金人內侵糾集軍馬竭力保捍敦減過官依舊給還仍差權知慶陽軍府兼主管經暑安撫司公事節制鄜延環慶路軍馬换給仍陞除直顯謨閣制　紫微集 16/15a

~　晚

宋晚貢授單州團練副使永州安置制　橫塘集 7/14b

貢授單制團練副使宋晚叙朝請大夫　程北山集 22/10a

右中奉大夫微獻閣待制賜紫金魚袋致仕宋晚上遺表特贈四官　益國文忠集 97/5b　益公集 94/21a

~　經

文思副使宋經可左藏庫副使　韓南陽集 18/13b

~　寧

清河口皂角林立功官兵轉官宋寧三官　益國文忠集 98/2a　益公集 97/93a

~　實

知禮州唐時奏路分都監武功大夫降授文州刺史宋實怒不支供給意欲行兇降一官送潭州居住　益國文忠集 96/6a　益公集 96/58a

~齊丘

宋齊丘知尚書省制　徐公集 7/2a

~齊愈

宋齊愈罷謀議大夫送御史臺根勘制　浮溪集 12/2a　浮溪集/附拾遺 12/138　新安文獻 1/前 4a

著作郎宋齊愈除監察御史　鴻慶集 24/2b　孫尚書集 26/4a

監察御史宋齊愈著作佐郎　鴻慶集 25/3b　孫尚書集 25/5a

宋齊愈起居郎　鴻慶集 26/3b　孫尚書集 27/10a

~廣國

翰林學士承旨宋祁遺表男廣國守秘書省正字令持服制　臨川集 52/11a

~　榮

宋榮可左屯衛大將軍致仕制　文恭集 20/10a

~　肇

武翼大夫宋肇知揚州轉一官制　東窗集 8/19b

~輔國

前太常寺奉禮郎宋輔國等並舊官服闕制　臨川集 52/7a

~蒼舒

宋蒼舒轉右宣教郎制　東窗集 12/26b

~　緒

左監門衛大將軍鳳州團練使宋緒年八十特除致仕制　郎溪集 5/8a

~　綱

宋綱贈兩官恩澤一資更與一名守闕　紫微

集 19/20b

~ 維

衛尉寺丞宋維可大理寺丞制　東窗集 9/3a

~ 諒

大將宋諒可三班借職制　四庫拾遺 602/摘文集

~慶曾

大理評事宋慶曾可光祿寺丞　西溪集 5(三沈集 2/16a)

~顥年

宋祁遺表孫顥年守將作監主簿　臨川集 52/ 11b

~ 輝

宋輝直龍圖閣發運副使制　大隱集 3/6a

~ 緬

大理寺丞宋緬磨勘改官制　歐陽文忠集 81/10b

~ 樓

宋樓除御史中丞　海陵集 13/1b

宋樓除端明殿學士簽書樞密院事　海陵集 13/3a

御史中丞宋樓兼侍講　海陵集 17/7b

宋樓除殿中侍御史　海陵集 19/1a

端明殿學士宋樓復龍圖閣學士見任宮祠人依舊　益國文忠集 96/15a　益公集 94/23a

宋樓復龍圖閣學士　益國文忠集 96/15a　益公集 94/23b

~興祖

宋興祖補官制　鄱峰録 6/14a

~ 謹

宋謹與轉行右武大夫遙郡刺史制　紫微集 12/17a

~蟫孫

宋蟫孫降授文林郎制　四庫拾遺 375/翰林集

~ 錡

太子中允御史臺推直宋錡可監察御史　成平集 28/13b

~ 瀚

宋瀚吏部郎　苕溪集 42/3a

~ 實

宋實深澤主簿威之父一百歲餘承務郎　樂城集 28/15a

~ 藻

成閤下主管機宜文字宋藻已差知江陰軍用荊襄功賞轉一官可特受轉左朝奉郎　益國文忠集 95/5b　益公集 97/95

宋藻加官制　東牟集 7/22b

宋藻循資制　東牟集 7/37a

成閤保明馬軍司主管機宜文字宋藻往來道路勞役又該出成暴路賞轉一官隨軍使換

益國文忠集 95/20a　益公集 97/85a

~繼垣

文思副使宋繼垣可左藏庫副使　韓南陽集 17/5b

~ 辯

宋辯爲監袁州萍鄉縣酒税節次折欠官錢及於醋庫節次貸錢助買常令入家及於醋錢內赴請逐月合得供給錢例外請過入已特降一官衝替制　紫微集 15/7a

~ 氏

尚服廣平郡夫人宋氏進封祁國夫人制　華陽集 31/15b

~ 氏

同中書門下平章事宋庠親孫女特封永寧縣君制　臨川集 54/13a

~ 氏

内人宋氏可贈柔惠恭穆夫人制　翠忠惠集 4/ 19b

~ 氏

掌衣宋氏典緑　程北山集 24/9b

~ 氏七娘

宋七娘轉司衣　張華陽集 1/9b

辛永宗

辛永宗貢官制　東牟集 8/4b

~次膺

辛次膺湖南提刑　筠溪集 4/10b

辛次膺除給事中　海陵集 14/8a

辛次膺差知泉州　海陵集 15/5b

~企宗

辛企宗提舉御營使司一行事務制　浮溪集 10/3a　浮溪集/附拾遺 10/114

辛企宗降官制　大隱集 3/28b

~克承

門下省檢正諸房公事辛克承除太府卿制　平齋集 17/13b

辛克承除直顯謨閣主管紹興府千秋鴻禧觀制　平齋集 19/2b

~ 宗

東頭供奉官辛宗可轉一官制　摘文集 7/17b

~押陀羅

辛押陀羅歸德將軍 蘇東坡全集/外制中/22b

~ 彥宗

辛彥宗移修殿前司轉一官制 襄陵集 1/16b

辛彥宗叙左武大夫康州刺史 張華陽集 2/7b

~ 炳

辛炳落致仕制 浮溪集 10/10a 浮溪集/附拾遺 10/12b

辛炳除御史中丞 張華陽集 6/2b

~ 炳

駕部郎中致仕辛惟簡男炳可試秘書省校書郎制 元憲集 26/5a

~ 若渝

辛若渝可衛少卿制 景文集 31/7a

服闕人辛若渝可依前少府監分司南京制 蔡忠惠集 11/15b

~ 悤

辛悤特授州防禦使依舊知閤門事制 鶴林集 8/9b

辛悤授知閤門事兼客省四方館事兼幹辦皇城司制 鶴林集 8/10a

辛悤授州團練使依舊帶御器械制 鶴林集 9/3a

~ 起宗

辛起宗等轉官制 東澗集 6/18a

~ 息

辛息授防禦使勅 鶴林集 12/7a

~ 終吉

奉舉人前鄺州錄事參軍辛終吉可著作佐郎 武溪集 10/15a

~ 景賢

辛景賢大理寺丞制 臨川集 51/15b

~ 棄疾

福建提刑辛棄疾太府卿 宋本攻媿集 31/11b 攻媿集 35/11b

太府卿辛棄疾集英殿修撰知福州 宋本攻媿集 32/11b 攻媿集 36/11a

辛棄疾落職罷新任 西垣稿 2/2b

辛棄疾叙朝請大夫 育德堂外制 1/2b

辛棄疾叙朝議大夫 育德堂外制 1/11b

辛棄疾待制致仕 育德堂外制 3/10a

降授朝散大夫充寶謨閣待制提舉建寧府武夷山沖佑觀賜紫金魚袋辛棄疾依前官特授知紹興軍府兼管內勸農使充兩浙東路安撫使馬步軍都總管賜如故制 後樂集

1/17b

辛棄疾待制知紹興府制 山房集 2/7a

~ 稈

辛稈潼川府路提點刑獄制 平齋集 21/7b

~ 興宗

勅停人辛興宗復遂郡防禦隆德府路鈐轄 鴻慶集 25/12a 孫尚書集 7/4b

辛興宗降官制 大隱集 3/28b

~ 應

朝請郎行太常博士辛應可太常寺丞制 彭城集 19/12b

辛應太常博士 樂城集 29/8a

言盧航

右正言盧航除殿中少監制 摘文集 4/7b

祁元振

母丁氏 試監簿祁元振亡母丁氏追封昭德縣太君制 臨川集 54/12b

~ 立

祁立轉團練使 張華陽集 1/8b

~ 可久

殿中丞通判安肅軍祁可久可國子博士制 元憲集 24/5b

~ 咸亨

祁咸亨可少府監主簿制 文恭集 14/27a

~ 愨

祁愨押川陝馬特轉敦武郎制 東窗集 10/15a

邢 几

東頭供奉官邢几可內殿崇班 西溪集 5(三沈集 2/8b)

~ 方

邢方爲與敵接戰陣亡贈兩官與一子恩澤制 紫微集 19/18a

~ 天從

邢天從奉使職員轉官制 後樂集 1/30a

~ 元

邢元轉官制 東牟集 7/27a

~ 平

朝奉郎邢平可知衡州制 彭城集 21/8b

~ 守中

翰林醫愈充重華官擺鋪軍兵醫治兼臨安府駐泊看醫邢守中到官及二年轉額外翰林

醫痊 止齋集 11/10b

~ 至

邢至可比部員外郎制 文恭集 15/12b

~孝揚

邢孝揚除保信軍承宣使充奉使大金國報謝副使制 東窗集 6/7b

邢孝揚除直秘閣 張華陽集 3/9a

~ 京

承事郎邢京可司農寺丞制 摘文集 4/6b

~ 浩

邢浩知欽州 樂城集 27/2b

~ 海

邢海補承信郎制 平齋集 17/18b

~ 保

邢保責授汝州團練副使英州安置制 北海集 5/5b

~ 倚

將仕郎充詳定一司敕令所刪定官邢倚可宣德郎善遺如故制 摘文集 4/8a

~ 恕

邢恕校書郎制 元豐稿 20/7a

知汝州邢恕可知襄州制 彭城集 21/6b

邢恕知汝州 樂城集 27/7a

邢恕知汝州 樂城集 28/6a

邢恕責知隨州制 宋詔令集 206/772

朝請郎知南京邢恕降承議郎知南安軍制 宋詔令集 209/787

邢恕落職分司制 宋詔令集 209/789

~從善

西京左藏庫副使邢從善可轉一官制 摘文集 7/8b

~ 裕

邢裕可大理寺丞制 文恭集 12/9a

~ 敵

殿前指揮使行門長行左班邢敵換武翼郎添差諸州駐泊兵馬都監 宋本攻媿集 30/14b 攻媿集 34/13b

~舜舉

邢舜舉與郡 斐然集 13/26b

~ 福

清河口皂角林立功官兵轉官邢福兩官 益國文忠集 98/2a 益公集 97/93a

~ 煥

徽猷閣待制邢煥換授正任觀察使制 浮溪

集 12/1a 浮溪集/附拾遺 12/137

除邢煥特授慶遠軍節度使充醴泉觀使特封德清縣開國子食邑五百戶食實封二百戶制 北海集 6/12a

邢煥特贈少師追封國公 張華陽集 3/8b

~ 慎

邢慎爲與賊接戰陣歿贈承信郎制 紫微集 18/6a

~ 構

奏舉人前彬州高亭縣令邢構改官 蘇魏公集 32/10a

~夢臣

刑夢臣可秘書丞制 文恭集 13/12a

都官員外郎邢夢臣可侍御史 公是集 30/4b 宋文鑑 38/4a

侍御史邢夢臣可司封員外郎制 臨川集 50/7b

~遵脱

妻趙氏 宗女殿直邢遵脱妻趙氏等封縣君制 華陽集 31/14b

~ 選

邢選吉子吉死於盜補二班借職 樂城集 27/9a

~ 氏念二

崇奉几筵內人掌字邢念二轉典 苕溪集 40/3a

典記邢念二轉司字制 東窗集 10/20b

杜千能

尚書祠部郎中杜千能可依前充三司鹽鐵判官 韓南陽集 17/14b

權提點廣南西路刑獄杜千能柯部郎中制 臨川集 50/4a

~子才

杜子才可太常寺太祝制 文恭集 13/12a

前大理丞杜子才可舊官服闕 西溪集 4(三沈集 1/62b)

~日思

醫官杜日思可翰林醫官使制 摘文集 6/6b

~日遷

醫官杜日遷可翰林醫官使制 摘文集 6/6a

~仁經

教坊使杜仁經等加恩 西溪集 6(三沈集 2/43b)

~幼節

校書郎杜幼節除秘書郎兼莊文府教授制

平齋集 20/8a

杜幼節除著作郎制　蒙齋集 9/6a

杜幼節授朝奉郎應儐授承議郎制　四庫拾遺 384/翰林集

～　充

東京留守杜充同知樞密院制　浮溪集 11/11b　浮溪集/附拾遺 11/132

降杜充觀文殿學士提舉江州太平觀制　浮溪集 12/4b　浮溪集/附拾遺 12/139

杜充宣撫使制　大隱集 3/4b

～　存

杜存補承信郎制　東窗集 10/4a

～　行

安遠軍節度推官杜行可知鄂州江夏縣制　華陽集 29/16a

～　沂

杜沂除閤門祗候　西垣稿 2/7b

～亨道

杜亨道爲係干預機速軍務等宣力尤多轉兩官制　紫微集 12/14a

～　杞

京西轉運按察使虞部員外郎杜杞可刑部員外郎直集賢院充廣西轉運使制　歐陽文忠集 81/13a　宋文鑑 37/11a

～　克

杜克庫部員外郎　翟忠惠集 3/6a

～宗象

東頭供奉官杜宗象可内殿崇班　韓南陽集 18/11b

～宗範

杜宗範可轉一官制　摘文集 8/5b

～　林

杜林轉遙防遥圓　張華陽集 1/6b

～　松

杜松可大理寺丞制　文恭集 12/10b

～　直

監杭州糧料院杜直可太子中舍光祿寺丞　元憲集 23/10a

～　昊

杜昊除兵部侍郎淮西制置使制　東澗集 5/21a

杜昊除太府卿兼淮西制置兼知廬州制　東澗集 5/23a

杜昊敍復朝散郎制　四庫拾遺 357/翰林集

～昌業

杜昌業江州制　徐公集 7/5b

～　宣

杜宣降官制　横塘集 7/14b

～　美

瀘州被害官兵故節度推官杜美贈兩資與一子　止齋集 11/7a

～英韋

杜英韋東頭供奉官　樂城集 29/10a

～保衡

太常博士杜保衡可屯田員外郎　西溪集 6(三沈集 2/52a)　宋文鑑 39/5b

～　泉

杜泉降授承議郎制　四庫拾遺 381/翰林集

～　衍

母某氏　御史中丞杜衍亡母追封京兆郡太君制　元憲集 26/17b

杜衍加食邑實封功臣制　景文集 31/17a　宋詔令集 60/301

太子太師致仕杜衍可依前太子太師致仕加食邑七百戶實食封二百戶制　蔡忠惠集 13/5a

杜衍集賢相制　宋詔令集 54/274

杜衍加恩制　宋詔令集 60/301

杜衍罷相連左丞知兗州制　宋詔令集 67/327

～　兼

權劍門縣杜兼循資制　盤洲集 19/2b

～　卿

侍禁杜卿可轉一官制　摘文集 7/4a

～　絃

杜絃刑部郎中　元豐稿 20/4a

朝散郎右司郎中杜絃可大理卿制　彭城集 19/17a

朝請郎試大理卿杜絃可直秘閣知齊州制　彭城集 21/3b

朝散郎大理卿杜絃可朝請郎餘如故制　彭城集 23/1a

杜絃右司郎中　蘇東坡全集/外制下/2b

～　純

杜純大理正制　元豐稿 20/8b

大理少卿杜純可侍御史制　彭城集 20/3a

侍御史杜純陞左司郎中制　彭城集 20/11b

侍御史杜純可知相州制　彭城集 21/5a

朝奉郎知相州杜純可知徐州制　彭城集 21/7b

杜純刑部員外郎 蘇東坡全集/外制下/2a

杜純大理少卿 蘇東坡全集/外制下/18a

龍圖閣直學士朝散大夫杜純集賢殿修撰 宋詔令集 222/855

~ 訢

都官員外郎權發遣三官都磨勘司兼主轄支收拘收司公事杜訢可職方員外郎差遣如故 蘇魏公集 31/3b

太常博士權御史臺推官杜訢可屯田員外郎制 臨川集 50/7a

杜訢衛尉少卿 蘇東坡全集/外制中/22a

~ 惟序

杜惟序可知滄州制 景文集 31/2a

杜惟序可西上閤門使福州刺史知涇州制 歐陽文忠集 80/12a

~ 常

杜常兵部郎中 元豐稿 21/7a 樂城集 28/9b

兵部郎中杜常可光祿少卿制 彭城集 19/8b

光祿少卿杜常可集賢校理知梓州制 彭城集 21/16b

吏部侍郎杜常可工部尚書制 摘文集 3/9a

~ 術

殿中丞杜術轉官 武溪集 10/14a

~ 紳

知趙州杜紳可知濱州制 彭城集 22/18a

~ 湛

杜湛轉武翼大夫遙郡刺史 張華陽集 3/4a

杜湛除遙郡團練使江西兵馬鈐轄 張華陽集 6/5a

~ 斌

杜斌贈拱衛大夫團練使制 盤洲集 20/8a

~ 琮

知鄂州穀縣杜琮轉二官 筠溪集 4/18a

~ 琳

杜琳降官 茗溪集 34/1b

~ 堯臣

杜堯臣責除虔員外郎兵部員外郎知齊州制 宋詔令集 204/761

~ 彭壽

司理參軍杜彭壽可大理寺丞制 歐陽文忠集 81/11b

~ 植

荊湖南路轉運使衛尉少卿杜植可光祿少卿制 郴溪集 3/5a

~ 鉞

前磁州錄事參軍杜鉞可衛尉寺丞制 歐陽文忠集 79/8b

~ 欽雲

杜欽雲加官制 東牟集 7/23b

~ 勝

杜勝降官制 梅溪集 5/29b

左武大夫忠州團練使杜勝因任東南第九將違法決軍兵致死降一官放罷見降作刺史遇登極赦叙元官 益國文忠集 96/16b 益公集 94/30b

~ 該

內殿承制杜該可供備庫副使 蘇魏公集 34/8a

~ 椿

殿前指揮使行門長行左班杜椿換武翼郎添差諸州駐泊兵馬都監 宋本攻媿集 30/14b 攻媿集 34/13b

~ 遠

杜遠爲照管關臨捍禦賦馬並兩次殺散逆賊等轉保義郎換給制 紫微集 13/1a

~ 震

添差充歙州監茶鹽酒稅左侍禁管勾融州臨溪堡事兼地方同巡檢杜震降兩官制 彭城集 23/8a

~ 橫

杜橫贈六官恩澤依舊制 紫微集 19/19b

~ 範

杜範軍器監丞制 平齋集 17/21b 蒙齋集 8/11b

杜範除監察御史制 蒙齋集 8/5a

曾祖杜廷臣 杜範曾祖廷臣追封制 楳埜集 7/14b

曾祖母 杜範曾祖母追贈制（一） 楳埜集 7/14b

曾祖母某氏 杜範曾祖母追贈制（二） 楳埜集 7/14b－15a

祖杜永修 杜範祖永修追封制 楳埜集 7/15a

祖母某氏 杜範祖母追贈制 楳埜集 7/15b

父杜友宣 杜範父友宣追封制 楳埜集 7/15b

母某氏 杜範母追贈制 楳埜集 7/16a

妻某氏 杜範妻追贈制 楳埜集 7/16a

杜範除秘書郎 四庫拾遺 144/蒙齋集

~ 諒

西作坊使杜謙轉一資制　彭城集 20/9b

～濟

杜濟可殿中丞制　文恭集 13/17b

～濬

杜濬大理丞　後村集 63/2a

杜濬大理正　後村集 65/4b

～諮

杜諮可大理寺丞制　文恭集 14/13b

杜諮轉官制　歐陽文忠集 81/8b

～籛

綿州錄事參軍杜籛加檢校水部員外郎制　郎溪集 3/4b

～繼忠

杜繼忠陣亡□□補官　歸愚集 8/3b

～觀

大將杜觀可特授三班奉職制　摘文集 5/8b

～氏

杜氏可司正制　蘇魏公集 34/10a

李九言

李九言可屯田員外郎制　文恭集 15/11a

～九齡

額內翰林醫痊李九齡轉翰林醫効　止齋集 13/8a

～之美

嘉王府講尚書徹章官屬諸色祇應人各轉一官資翰林醫侯李之美　宋本攻媿集 30/13b　攻媿集 34/13a

～之純

殿中丞李之純可太常博士　西溪集 6(三沈集 2/32a)

李之純户部侍郎　蘇東坡全集/外制中/20b　宋文鑑 40/5b

李之純可集賢殿修撰河北都轉運使　蘇東坡全集/外制下/1a

李之純寶文閣直學士知成都府　樂城集 30/13a

～之紀

祥符知縣李之紀可廣西提刑　蘇東坡全集/外制上/2a

～士吉

內庭崇班李士吉轉一官制　摘文集 7/2a

～士定

都水監署押官李士定可右班殿直制　摘文

集 5/9a

～士京

李士京大理寺主簿制　元豐稿 21/7a

李士京將作丞　樂城集 30/4a

李士京等轉官制　道鄉集 17/9b

～士昌

李士昌可大理寺丞制　文恭集 14/6a

～士隆

福州閩縣尉李士隆獲賊授齊州任城尉與萬戶請授制　蔡忠惠集 10/17b

～士衡

樞密直學士河北都轉運使工部侍郎李士衡可中大夫上輕車都尉制　文莊集 2/7b

妻雷氏　河北都轉運使樞密直學士工部侍郎李士衡妻安吉縣君雷氏可進封馮翊郡君制　文莊集 3/5b

～大卞

李大卞知洋州　宋本攻媿集 34/2b　攻媿集 38/2b

～大正

李大正循資制　干湖集 19/13b

～大有

李大有除右司　張華陽集 5/2a

～大同

待御史李大同除權刑部侍郎制　東澗集 4/14a

李大同除寶謨閣直學士知平江府制　東澗集 6/2b

國子博士李大同除秘書丞仍兼崇政殿說書制　平齋集 17/3a

秘書丞兼崇政殿說書李大同除右正言兼侍講制　平齋集 17/9b

李大同授兼侍講制　鶴林集 7/10b

李大同磨勘轉官制　楳埜集 7/7b

父李侃　李大同大禮追贈父制　楳埜集 7/8b

李大同授朝奉郎制　四庫拾遺 402/鶴林集

～大性

軍器少監兼權司封官李大性除浙東提舉　止齋集 18/6b

大宗正丞李大性軍器少監兼權司封郎官　宋本攻媿集 37/21b　攻媿集 41/21a

～大昌

李大昌加贈武康軍節度使制　鶴林集 10/20a

～大受

李大受該遇皇后歸謁家廟特轉一官　止齋集 11/3a

~大異

司農寺丞李大異除婺州路轉運判官　止齋集 17/10a

朝奉大夫敷文閣待制知鎮江軍府事兼管內勸農營田使賜紫金魚袋李大異依前官特授微猷閣待制知婺州軍州事兼管內勸農使賜如故制　後樂集 2/17a

將作監主簿李大異司農寺丞　宋攻媿集 31/25a　攻媿集 35/24b

~大援

李大援轉官制　于湖集 19/10a

~大謙

李大謙特轉朝議大夫依前直寶章閣致仕制

平齋集 18/7a

~大聲

李大聲授武節郎遊擊軍統制制　鶴林集 8/19a

李大聲授武經郎制　四庫拾遺 325/鶴林集

~大臨

度支員外郎充秘閣校理李大臨三司度支判官制　臨川集 49/7a

三司度支判官兵部員外郎秘閣校理李大臨可工部郎中制　郡溪集 3/1b

~巾行

李巾行敘復承議郎制　四庫拾遺 384/鶴林集

~　山

李山成忠郎　鴻慶集 25/7a　孫尙書集 25/11b

~斗南

太學上舍生李斗南賜釋褐出身　止齋集 18/2a

~文中

李文中太府寺主簿制　東窗集 13/21b

~文仲

瓊州監押李文仲酬獎可內殿承制　郡溪集 2/7a

~文益

儒州縉山簿李文益可太府寺主簿　咸平集 29/3b

~文著

金部郎中知洛州李文著可司勳郎中餘如故制　文恭集 2/10b

~文卿

李文卿大理寺丞制　臨川集 51/13b

~文會

李文會除殿中侍御史制　東窗集 6/11b

李文會附御史中丞制　楊溪集 5/3b

李文會除侍御史制　楊溪集 5/9a

李文會除四川安撫制置使兼知成都府　海陵集 16/4b

~方

李方改官制　歐陽文忠集 80/5b

~天祚

推誠順化崇義懷忠保信嚮德安遠承和秉禮歸仁協恭勵節纘美臣靜海軍節度觀察處置等使特進檢校太師安南都護上柱國南平王李天祚加食邑實封加遺度功臣制

盤洲集 11/12a

除南平王李天祚加食邑制　海陵集 11/10a

~天祐

父李瀆　恩州文學李天祐父瀆年九十七特封右承武郎致仕制　東窗集 6/5b

~元之

虞部員外郎致仕李卓男元之試將作監主簿制　臨川集 52/14a

~元方

李元方可國子博士制　文恭集 14/20b

堂後官李元方可大理寺丞制　歐陽文忠集 79/3b

西京左藏庫副使帶御器械李元方可莊宅副使　韓南陽集 18/3a

~元美

內侍李元美降忠翊郎放罷　宋本攻媿集 30/21b　攻媿集 34/19b

~元善

李元善轉右承議郎制　東窗集 13/12b

~元賓

內殿承制李元賓可供備庫副使　韓南陽集 16/8b

~元輔

李元輔知絳州　蘇東坡全集/外制上/5b

~元瑜

華州下邽縣令李元瑜等可著作佐郎制　郡溪集 3/5b

~元淪

李元淪除度支郎官　張華陽集 7/5b

~　木

李木降授文林郎制　四庫拾遺 374/翰林集

~ 友
使臣李友等依舊制　紫微集 19/19b

~友直
監登聞鼓院李友直宗正寺主簿　宋本攻媿集
33/16a　攻媿集 37/15b

~友聞
李友聞復集英殿修撰差提舉江州太平觀
程北山集 27/14b

~日休
前漢陽軍漢陽尉李日休可本軍司理　咸平
集 28/5b

~日新
李日新左清道率府副率致仕制　臨川集 53/
10a　王文公集 13/11b
閣門承授文林郎守右金吾衛長史李日新可
特授守中書省主事依前充職散官如故制
蔡忠惠集 11/9a

~中正
殿直李中正轉一官制　摘文集 3/5a

~中吉
李中吉可東上閣門使並加輕車都尉制　文
恭集 17/12a

~中行
李中行降授通直郎制　四庫拾遺 389/翰林集

~中祐
禮賓使李中祐可六宅使　西溪集 4(三沈集 1/
69b)

~ 介
得功人西京左藏庫副使李介二級每級轉一
官制　摘文集 7/3a

~公才
李公才降官制　梅溪集 5/31b

~公年
兩浙路提刑周邦式江東路提刑李公年兩易
制　翟忠惠集 2/6b

~公彥
朝議大夫試中書舍人李公彥可轉中奉大夫
守中書舍人致仕制　北海集 2/2b
李公彥中書舍人制　大隱集 2/11a

~公衍
進士李公衍可將仕郎制　摘文集 4/8a

~公懋
李公懋湖北提刑制　筠谿集 4/11a

李公懋著作佐郎　斐然集 13/5a

~公謹
殿中丞通判興元府李公謹可國子博士制
元憲集 23/6b
司門員外郎李公謹磨勘改官制　歐陽文忠集
81/1b

~公謹
李公謹轉太史局中官正制　東窗集 6/15b

~仁永
李仁永除太府丞　後村集 68/8b

~ 及
三司户部副使禮部郎中李及可吏部郎中充
淮南轉運使制　文莊集 2/16a
國子博士李及可虞部員外郎　蘇魏公集 30/6b
奏舉人前真州録事參軍李及可著作佐郎
西溪集 6(三沈集 2/35a)

~及之
李及之可都官員外郎制　文恭集 15/9a
父李邁　通議大夫致仕李及之故父贈特
進邁可特贈開府儀同三司制　彭城集
22/10b
母張氏　故母華原郡太君張氏可特贈榮
國太夫人　彭城集 22/10b

~允中
李允中可太子中舍人制　文恭集 12/13a

~允恭
李允恭可供備庫副使制　文恭集 17/18b
入内内侍省内東頭供奉官李允恭可内殿承
制制　歐陽文忠集 80/7b
内殿崇班李允恭可内殿承制制　歐陽文忠集
81/4b　宋文鑑 37/10a
太常寺太樂署副樂正李允恭可太常寺　臨
川集 52/4b

~丑父
李丑父秘書郎　後村集 62/15b

~立之
權三司户部判官尚書司勳員外郎李立之可
主客郎中　蘇魏公集 32/1b
李立之都水使者制　元豐稿 20/8b

~永世
太子中舍知汾州平遙縣事李永世可殿中丞
餘如故制　文莊集 2/12a

~永年
供奉官李永年轉一官制　摘文集 3/5a

~永言

蔡王府都監入内西京左藏庫副使李永言降兩官制　摘文集 6/9a

~永昌

翰林醫官殿中省尚藥奉御李永昌可權場使　彭城集 9/16b

~永恭

李永恭可内殿丞制制　文恭集 13/3b

~永誼

蕃官三班奉職李琮男永誼可三班借職制　四庫拾遺 602/摘文堂集

~永慶

東頭供奉官李永慶可内殿崇班　西溪集 4(三沈集 1/68a)

~永德

廣南西路提點刑獄虞部郎中李永德可金部郎中制　武溪集 10/15b

~正民

禮部侍郎李正民除徽猷閣待制知吉州　程北山集 26/11a

李正民筠州　筠溪集 4/24a

~正臣

李正臣轉官制　臨川集 50/13a　王文公集 13/6a

~　平

供備庫副使李平可殿中丞制　華陽集 27/6a

清河口皂角林立功官兵李平轉官　益國文忠集 98/2a　益公集 97/93a

~世南

宣德郎李世南可通直郎餘如故制　彭城集 20/19b

~世廣

御前諸軍副都統制李世廣　宋本攻媿集 42/7b

~世興

講筵吏人李世興因論語徹章轉一官制　後樂集 1/27b

~　丕

李丕循右從事郎制　東窗集 12/18b

~丕緒

光祿少卿李丕緒少府監制　臨川集 49/14a

~　丙

李丙落徽猷閣待制制　横塘集 7/12b

~以制

李以制大理寺簿制　平齋集 17/21b　蒙齋集 8/11b

李以制除大理寺丞制　平齋集 21/17b

~　田

李田可國子博士制　文恭集 14/19b

~由直

母任氏　開州文學李由直母任氏年九十六封太孺人制　東窗集 8/26a

~令將

户部郎中李令將等轉官制　翟忠惠集 4/8a

~仙卿

淮南轉運使李昭述男仙卿可試秘書省校書郎制　元憲集 26/4a

~　匀

李匀可殿中丞制　文恭集 14/20a

~　用

李用轉武顯郎制　東窗集 10/20a

~用希

故内侍省内東頭供奉官李用希可贈供備庫副使　韓南陽集 17/4a

~用和

李用和六宅副使制　臨川集 53/3b

李用和加恩制　宋詔令集 100/368

~用晦

李用晦可司天中官正制　文恭集 14/26b

~　司

左侍禁李司可供奉官　蘇東坡全集/外制上/9b

~　江

李江轉四官授武功大夫依舊淮東路兵馬鈐轄制　平齋集 2/20b

李汝明　李汝明轉右奉議郎制　東窗集 9/6b

~守文

醫人李守文可國子四門助教制　蔡忠惠集 11/17a

~守中

李守中降官制　鄞峰録 6/16b

~守仁

右衛大將軍致仕李繼惠男守仁可供備庫副使制　鄭溪集 4/6a

~守信

東頭供奉官閤門祗候知勝關寨李守信可就轉内殿崇班儀州寨主制　歐陽文忠集 79/14a

~守寧

前福州錄事參軍李守寧特授建州録事參軍監渭州大翟村酒税　翟忠惠集 9/17a

~安仁

和安大夫惠州刺史李安仁特落致仕發赴行在供職　苕溪集 35/3a

~安國

户部郎中李安國除大府少卿湖廣總領不候授告疾速朝辭訖起發前去　益國文忠集 100/2b　益公集 100/138b

李安國特轉武節郎制　平齋集 17/17b

李安國轉武功郎依舊知金州兼管內安撫制　平齋集 22/6b

~安期

前駕部員外郎李安期舊官服闕制　臨川集 52/8b

~安道

駕部員外郎李安道等改官　蘇魏公集 33/3a

~ 亦

李亦改官　張華陽集 6/1a

~匡明

李匡明御史大夫制　徐公集 7/1b

李匡明舒州刺史制　徐公集 7/4a

前舒州刺史李匡明可中書侍郎　徐公集 8/12b

~ 式

李式可衛尉寺丞制　文恭集 14/3b

~志行

李志行除刑部郎官制　東窗集 8/8b

~ 圭

修職郎李圭用玉牒日曆聖政會要四處進書賞循從事郎制　後樂集 1/4a

桂陽監司理李圭合循一資　苕溪集 31/1a

~ 吉

涇州廣銳第三十一指揮都虞侯李吉特授左侍禁制　摘文集 5/9b

李吉等爲有戰功換官制　東牟集 7/8b

李吉被宋驅擁過淮脫身歸朝轉一官制　筠溪集 5/20b

~ 朴

秘書少監李朴除國子監祭酒　鴻慶集 24/5

孫尙書集 26/7a

~ 亘

通直郎李亘可轉兩官制　摘文集 7/9a

~有卿

承節郎監資州盤石縣石同鎮酒稅兼合同場李有卿爲承例令鋪户等認稅錢並因人帶

酒入鎮情告買酒將布等折錢等事特降一官　益國文忠集 96/9b　益公集 95/38b

~百藥

李百藥秘書郎　苕溪集 44/1b

~存道

李存道和羅淮西總領所米般量少欠降一官　止齋集 14/6b

~存賢

國子博士李存賢可水部員外郎　韓南陽集 17/9a

~ 成

李成爲結集同華一帶鄕村士豪保險抗敵屢立功效備見忠義特轉行履正大夫遙郡觀察使節制同華等處忠義軍馬制　紫微集 12/19b

李成爲固守蒲城勞效轉五官内兩官授忠州防禦使制　紫微集 11/5b

~成允

朝散郎河東經畧司管勾機宜文字李成允可陝西轉運判官制　摘文集 5/5a

~ 光

朝奉郎徽猷閣待制知婺州李光尙書吏部侍郎主管右選　程北山集 24/8b

吏部侍郎李光吏部尙書　程北山集 27/12a

知洪州李光除吏部尙書　苕溪集 31/2b

朝奉郎知宣州李光治效顯著可除直龍圖閣制　北海集 2/12a

李光落職提舉台州崇道觀誌　東牟集 8/24b

李光知洪州　筠溪集 4/9b

父李高　李光封贈故父　筠溪集 4/12b

父李高　資政殿學士李光故父高可特贈太子太保制　紫微集 20/6a

母史氏　故母史氏可特贈文安郡夫人　紫微集 20/6a

李光知平江　斐然集 12/20a

~光嗣

内殿崇班李光嗣可内殿承制　西溪集 5(三沈集 2/10b)

~光輔

李光輔換給承信郎制　東窗集 10/4a

~ 早

北京留司御史臺正名知班驅使官李早可蓬州蓬山縣主簿勒留　西溪集 5(三沈集 2/21b)

~ 同

李同集賢殿修撰制 宋詔令集 222/855

~ 回

曾祖李祥 參知政事李回明堂大禮封贈曾祖贈正奉大夫詳贈太子少保 程北山集 23/1a

曾祖母印氏 參知政事李回明堂大禮封贈曾祖母咸寧郡夫人印氏贈武陵郡夫人 程北山集 23/1b

祖李禹 參知政事李回明堂大禮封贈祖任太子中允贈正奉大夫禹贈太子少傅 程北山集 23/2a

祖母姚氏 參知政事李回明堂大禮封贈祖母晉康郡夫人姚氏贈太寧郡夫人 程北山集 23/2a

父李琮 參知政事李回明堂大禮封贈父任寶文閣待制太中大夫贈太師琮追封襄國公 程北山集 23/2b

母吳氏 參知政事李回明堂大禮封贈嫡母魯國夫人吳氏贈秦國夫人 程北山集 23/3a

母常氏 參知政事李回明堂大禮封贈所生母信安郡夫人常氏贈文安郡夫人 程北山集 23/3b

繼母邵氏 參知政事李回明堂大禮封贈繼母越國夫人邵氏贈秦國夫人 程北山集 23/3b

繼母孫氏 參知政事李回明堂大禮封贈繼母燕國夫人孫氏贈秦國夫人 程北山集 23/3b

妻郭氏 參知政事李回明堂大禮封贈妻齊安郡夫人郭氏封同安郡夫人 程北山集 23/4a

參知政事李回加食邑實封 程北山集 23/5a

參知政事李回除資政殿學士江南西路安撫大使令謝辭上殿 程北山集 24/2a

李回追復資政殿學士依條與遣表恩澤 苕溪集 33/4a

李回秘書少監分司南京制 浮溪集 9/3a 浮溪集/附拾遺 8/104

李回散官安置制 浮溪集 12/11b 浮溪集/附拾遺 12/145

李回依舊延康殿學士知洪州 鴻慶集 26/2a 孫尚書集 27/8a

李回落職官觀 張華陽集 1/3a

~ 全

保義郎李全禦賊陣亡贈兩官 苕溪集 34/3b

忠義前軍陣亡贈官白身李全特贈承節郎與一子進勇副尉 益國文忠集 98/6a 益公集 97/92a

李全特追復彰化保康軍節度使開封儀同三司京東鎮撫使依舊京東忠義諸軍都統封制 大隱集 3/13b 後村集 54/17a 廬齋集十一稿 6/2b

~ 先

知撫州都官員外郎李先轉職方員外郎制 蔡忠惠集 9/18a

~ 仲昌

彰武軍節度推官李仲昌可大理寺丞簽署渭州判官公事制 歐陽文忠集 81/5b 宋文鑑 37/10b

~ 仲宣

殿中丞李仲宣丁憂服闋復舊官制 歐陽文忠集 80/4b

壽州稅户李仲宣本州助教制 臨川集 55/16b

~ 仲章

太醫丞直翰林醫官局李仲章可轉一官制 摘文集 7/11b

~ 仲連

李仲連可左清道副率致仕制 文恭集 20/9a

~ 仲淵

壽州稅户李仲淵本州助教制 臨川集 55/16b

~ 仲詢

李仲詢特落致仕差知濟州制 橫塘集 7/13a

~ 仲熊

李仲熊知紹慶府制 平齋集 21/11a

李仲熊授湖北轉運判官制 樓棠集 7/5b

~ 仲瑀

李仲瑀知廬州 苕溪集 46/5a

~ 份

垂拱殿成臨安府屬縣李份轉一官制 東窗集 8/15b

~ 如岡

李如岡磨勘轉官制 歸愚集 8/1a

李如岡磨勘制 盤洲集 24/5a

李如岡差知襄陽府 海陵集 18/3a

李如岡改差知靜江府 海陵集 18/4a

前本路帥臣李如岡見係敷文閣待制知廣州今轉一官 益國文忠集 95/18a 益公集 96/62a

~ 如璋

李如璋授保義郎制　四庫拾遺 341/鶴林集

～好義

李好義贈節度使　育德堂外制 1/13a

李好義贈檢校少保　育德堂外制 4/2b

～ 沆

李沆遷官制　宋詔令集 59/298

～ 汶

朝堂知班驅使官李汶開州開江縣主簿依前充職制　臨川集 55/14a

～ 沐

李沐吏部郎官　宋本攻媿集 32/10a　攻媿集 36/9b

吏部郎官李沐將作監　宋本攻媿集 37/20a　攻媿集 41/19b

～宋卿

太子中舍通判鄭州李宋卿可殿中丞制　元憲集 21/4b

～ 宏

李宏除淮西轉運判官　東窗集 8/3a

建康府通判李宏應辦宣力特轉一官制　筠谿集 5/20a

廣東經畧司申格武郎閣門祗候添差東南第十一副將李宏前去贛州龍南等縣擒獲宼賊沈才等及投降到出首曾珏等二十餘人特與轉壹官　益國文忠集 95/20b　益公集 95/40b

～ 兌

李兌可起居舍人同知諫院制　文恭集 12/5a

龍圖閣直學士知河陽李兌給事中依前龍圖閣直學士知鄧州制　臨川集 49/9a

龍圖閣直學士左司郎中知河陽李兌可左諫議大夫依前充龍圖閣直學士餘如故　西谿集 5(三沈集 2/9b)

～良臣

修職郎李良臣奉使書狀官循兩資　宋本攻媿集 35/20a　攻媿集 39/19b

西和州守陳寅族人立照壁館客李良臣死節贈官制　平齋集 17/12a

～良孫

李良孫知隆慶府制　平齋集 21/11a

知隆慶府李良孫轉一官再任制　蒙齋集 9/9b

～良輔

李良輔知盧州制　元豐稿 22/3b

～ 罕

朝散郎新除太僕少卿李罕可開封少尹制

摘文集 4/1a

～ 玘

李玘可內殿承制制　文恭集 17/6b

前西京左藏庫副使李玘可除舊官制　蔡忠惠集 11/11b

～ 玘

起復武功大夫李玘特轉遙郡刺史　益國文忠集 95/12b　益公集 98/115a

～ 志

東頭供奉官李志轉兩官　曲阜集 3/8b　宋文鑑 40/17a

東頭供奉官李志等轉官制　宋詔令集 94/344

～志行

李志行大理寺丞制　東窗集 9/2b

～孝友

南劍州司理參軍李孝友責授吉州參軍制歐陽文忠集 79/11b

～孝直

淮南轉運使李仲偃次男孝直可試秘書省校書郎制　文恭集 19/8b

～ 孝恭

李孝恭充樞密府提舉一行錢糧事務先轉一官　苕溪集 41/4b

李孝恭轉左朝散大夫制　東窗集 10/20a

～孝純

李孝純知樣州　樂城集 27/7b

～孝純

忠翊郎李孝純落階官閣門宣贊舍人　宋本攻媿集 30/18b　攻媿集 34/17a

李孝純開府致仕　育德堂外制 5/8a

太尉李孝純加食邑實封制　後樂集 3/23b

～孝孫

李孝孫可大理寺丞制　文恭集 14/8a

屯田郎中判吏部南曹李孝孫可都官郎中差遣如故　韓南陽集 17/7a

～孝嗣

李孝嗣授成忠郎制　四庫拾遺 343/鶴林集

～孝壽

知開德府顯謨閣直學士朝奉大夫李孝壽可轉一官制　摘文集 7/13a

～孝儼

故李孝儼追贈中奉大夫制　宋詔令集 212/807

～克文

端州防禦使李克文落起復依舊端州刺史充

本州防禦使 咸平集 28/2a

~ 克忠

崇儀副使李克忠可六宅副使 西溪集 5(三沈集 2/17a)

故秦國夫人林氏孫閣門祗候李克忠可內殿丞制制 摘文集 5/10b

~ 克明

李克明可國子監丞致仕制 文恭集 20/6a

故國子博士李克明可贈度支員外郎制 歐陽文忠集 80/13b

~ 扦

李扦不覺察過淮人降官制 于湖集 19/13b

~ 抗

李抗勉 襄陵集 3/11b

~ 忭

德安府通判李忭直秘閣 程北山集 24/13a

~ 芝

李芝除潼川府路轉運判官制 東窗集 8/2a

~ 孚佑

李孚佑可大理寺丞制 文恭集 14/10b

~ 希及

故莊宅使李希及可贈眉州防禦使制 文恭集 21/3a

~ 希成

西頭供奉官李希成可轉兩官制 摘文集 8/4a

~ 希逸

李希逸可國子博士制 文恭集 15/15a

~ 邵

脩職郎邵州司理參軍李邵獄囚多死特降一資 止齋集 13/3a

~ 邦安

訓武郎李邦安轉一官 宋本攻媿集 30/17a 攻媿集 34/15a

~ 邦彥

李邦彥史部員外郎制 翠忠惠集 3/11a

史部員外郎李邦彥編修五禮新儀成遷秩制 翠忠惠集 4/9b

起復通奉大夫尚書左丞李邦彥除銀青光祿大夫少宰兼中書侍郎神霄宮使加恩制 宋詔令集 58/296

~ 邦獻

李邦獻除直敷文閣江西運副 海陵集 19/6b

~ 利用

李利用除河南府路轉運判官 苕溪集 40/3b

~ 佐

東頭供奉官李佐可轉一官制 摘文集 8/4b

勉李佐等制 襄陵集 2/1b

~ 伍

李伍可兗州瑕丘縣令制 文恭集 18/18a

~ 佑之

李佑之可水部員外郎制 文恭集 15/12a

~ 延吉

回鶻進奉大使李延吉可右監門衛將軍 蘇魏公集 29/11a

~ 延渥

灊州團練使右領軍衛大將軍李延渥可左衛大將軍致仕諾 文莊集 3/9a

~ 延貢

李延貢除刑部郎官制 道鄉集 16/11a

~ 伯玉

李伯玉太傳 後村集 61/8b

李伯玉除尚右郎官 後村集 69/9b

起居郎兼權工部侍郎兼國史兼侍講李伯玉特受權禮部侍郎兼職如故制 碧梧集 4/2b

~ 伯杏

李伯杏降授朝奉郎制 四庫拾遺 397/鶴林集

~ 伯宗

開封府少尹李伯宗除衛尉鄉制 翠忠惠集 3/19a

~ 伯度

李伯度除直秘閣京西轉運判官兼提舉提刑制 平齋集 22/5b

~ 伯英

高州茂名縣尉兼主簿李伯英永州録事參軍兼司户參軍制 臨川集 55/4b

~ 伯淵

歸順人李伯淵武翼大夫和州防禦使制 平齋集 22/2a

~ 佛朗

李佛朗與右班殿直制 四庫拾遺 56/彭城集

~ 删

從義郎李删應奉人使到關一十番轉一官 宋本攻媿集 30/18a 攻媿集 34/16b

~ 君俞

追官人李君俞授大理評事制 蔡忠惠集 9/9b

~ 君卿

虞部郎中李君卿可降授駕部員外郎制 王魏公集 3/14b

～ 昷

李昷爲因父李弱陣亡初補承信郎次因金人內侵三泉縣應副宣撫使司一行軍須最爲宣力轉承節郎換給制 紫微集 13/1b

～ 泳

李泳除比部郎官 海陵集 13/7a

～ 宗

李宗爲措置河東路採斫木植除直秘閣制 襄陵集 1/19a

河東採斫木植李宗等轉一官制 襄陵集 1/15b

～宗元

越國長公主奏大方脈醫人李宗元可試國子四門助教不理選限 韓南陽集 18/18a

～宗旦

李宗旦邊功轉一官 襄陵集 1/6a

李宗旦邊功轉官制 襄陵集 1/8a

～宗紀

李宗紀授忠翊郎制 四庫拾遺 336/翰林集

～宗易

度支郎中致仕李宗易可司封郎中制 鄱溪集 3/2b

～宗勉

簽書樞密院事李宗勉除參知政事制 東澗集 4/6a

殿中侍御史李宗勉除工部侍郎兼給事中制 東澗集 4/15b

左司諫李宗勉除殿中侍御史制 東澗集 4/25b

李宗勉加恩制 東澗集 5/13a

吏部郎中兼右司李宗勉除監察御史制 平齋集 17/8b

李宗勉授兼侍講制（1－2） 鶴林集 7/9b－11a

李宗勉除司諫制 蒙齋集 8/3a

～宗訓

成閔奏額外翰林醫効殿前司隨軍醫治賜緋魚袋李宗訓該收復蔡州等賞轉額外翰林醫官 益國文忠集 95/21b 益公集 97/86a

～宗哲

內殿崇班李宗哲可内承制 韓南陽集 16/7a

～宗詠

兵部郎中李宗詠可鹽鐵副使 武溪集 10/4a

～宗傑

殿中丞監在京豐濟粳米倉李宗傑可國子博

士制 元憲集 24/3b

～宗誠

得功人蕃官六宅使李宗誠制 淨德集 8/13b

～宗瑛

李宗瑛授成忠郎制 四庫拾遺 337/翰林集

～宗儒

李宗儒可内殿承制制 蔡忠惠集 10/1b

～ 定

李定可工部郎中制 景文集 31/6a

内藏庫使李定可皇城使制 華陽集 30/6b

東上閤門使果州團練使李定可遥郡防禦使制 鄱溪集 4/7a

翰林學士太中大夫知制誥御史中丞李定可落翰林學士依前太中大夫知制誥知河陽制 王魏公集 3/10a

李定落翰林學士龍圖御史中丞依舊太中大夫知河陽制 宋詔令集 205/769

李定責授朝請大夫少府少監分司南京滁州居住制 宋詔令集 206/771

李定追復龍圖閣直學士通議大夫制 宋詔令集 221/853

～宜卿

屯田員外郎李宜卿可都官員外郎制 華陽集 27/9b

～ 庚

號州朱陽縣主簿李庚可國子監丞致仕 蘇魏公集 34/6a

李庚除兵部郎官 海陵集 18/1a

～ 育

新及第進士諸科李育等可幕職州縣官制 文恭集 18/23b

前邵州觀察推官李育可著作佐郎 公是集 30/1b 宋文鑑 37/14a

岐王府記室參軍尚書度支員外郎直史館李育可司封員外郎 蘇魏公集 29/6a

～ 肩

李肩可殿中省向藥奉御直翰林醫官 蘇東坡全集/外制中/23a

～ 拔

承節郎幹辦人船李拔該遇皇后歸謁家廟並轉一官 止齋集 11/3a

～青鋼

降受内殿承制李青鋼可轉一官制 摘文集 7/17a

~東之

前太常博士李東之服闕可舊官制　元憲集 24/7b

~　邲

李邲復舊職制　浮溪集 10/6a　浮溪集/附拾遺 10/ 117

資政殿學士李邲權知三省樞密院事廐從大 母往洪州制　浮溪集 11/11a　浮溪集/附拾遺 11/ 131

李邲知平江府制　大隱集 2/15a

端明殿學士左中大夫提舉臨安府洞霄宮李 邲復資政學士誥　東牟集 8/23a

~直柄

軍器監兼刑部郎官李直柄除大理少卿制 平齋集 17/19a

~性傳

李性傳授權刑部侍郎兼侍講制　鶴林集 7/1a

李性傳授兼侍講制　鶴林集 7/13b

李性傳改知寧國府制　蒙齋集 8/14a

李性傳授端明殿學士簽書樞密院事兼參知 政事制　楔堅集 6/14b

李性傳磨勘轉官制　楔堅集 7/6b

~尚行

朝散郎權發遣江東轉運副使李尚行可降一 官制　北海集 5/9b

~長民

李長民秘書省正字制　浮溪集 8/15a　浮溪集/ 附拾遺 8/98

~長卿

文學李長卿可長史制　歐陽文忠集 80/3b

~叔讓

前任惠安縣尉右宣義郎新知郎武軍秦寧縣 李叔讓爲透漏商販住密州降一官　益國 文忠集 96/8b　益公集 94/26a

~　虎

李虎特降三官落刺史罷帶御器械制　東澗 集 5/12a

李虎轉右武大夫　平齋集 22/8a

李虎授左武大夫依舊達州刺史知准安州制 鶴林集 8/18b

母高氏　李虎母高氏特封咸安郡夫人制 鶴林集 10/20b

~　芾

李芾陞尚書兵部員外郎制　碧梧集 4/5a

李芾特授秘閣修撰樞密副都承旨依舊知潭 州兼湖南安撫湖北鎮撫使諾　四明文獻 5/ 12b

~　防

故司空致仕贈尚書令追封韓國公李防可試 秘書省校書郎制　文莊集 1/21a

李防直龍圖閣官觀制　紫微集 16/5b

李防並相制　宋詔令集 51/260

李防相制　宋詔令集 51/261

李防罷相除左僕射制　宋詔令集 65/318

李防罷相制　宋詔令集 65/319

~　呆

東京轉運副使李呆可太府少卿制　彭城集 19/19a

~呆卿

屯田郎中李呆卿可都官郎中　蘇魏公集 31/3b

李呆卿可京西轉運副使　蘇東坡全集/外制中/ 10a

~昌本

李昌本補三班借職制　道鄉集 16/2a

~昌言

滁州屯留縣尉李昌言徐州録事參軍制　臨 川集 52/15b

李昌言許州司馬致仕制　臨川集 53/11b　王文 公集 13/11a

~昌圖

在外大中大夫以上致仕請覃恩轉官朝散大 夫敷文閣待制李昌圖　宋本攻媿集 37/3b 攻媿集 41/3b

~　明

太子右贊善大夫監通濟梗米第一倉李明可 殿中丞餘故制　文莊集 1/4b

~明允

都官員外郎知宿州李明允等十一人　武溪 集 10/8a

~　易

李易屯田郎官　程北山集 24/5b

敷文閣待制李易轉左朝散郎致仕制　東窗 集 6/3a

父李孝友　左朝奉郎新除給事中兼侍講

李易父孝友贈右朝請郎制　東窗集 7/32a

母蔣氏　李易母蔣氏贈令人制　東窗集 7/ 32b

妻牛氏　李易妻牛氏封令人制　東窗集 7/ 32b

李易除敷文閣待制官觀制　東窗集 8/9b
李易除給事中制　東窗集 9/7a
～忠
李忠等各與轉官制　橫塘集 7/5b
李忠等補承信郎制　橫塘集 7/10a
～忠履
故內殿承制李仙孫忠履可與三班借職制
　摘文集 8/7a
～受
左司郎中充天章閣待制兼侍讀李受可左諫
　議大夫依前待制兼侍讀餘如故　韓南陽
　集 16/2a
故刑部侍郎致仕李受贈工部尚書制　宋詔
　令集 221/850
～知己
李知己除大理寺丞　止齋集 18/7a
～知孝
李知孝降授朝散郎制　四庫拾遺 354/翰林集
～知和
李知和可西京左藏庫使制　景文集 31/3a
～秉
李秉可大理寺丞制　文恭集 14/14b
屯田員外郎李秉等可服闕舊官　西溪集 4(三
　沈集 1/75b)
～倍
前簡州平泉縣主簿李倍可守秘校致仕　西
　溪集 6(三沈集 2/25b)
～佃
文林郎李佃除國子正制　翟忠惠集 3/3b
～佑
忠翊郎李佑元係尚書省額外都事陳狀乞比
　換使臣出職吏部勘當中省狀內刮補添注
　舉發到官虛妄特降一官依衝替人例　苕
　溪集 34/4a
～周
通直郎李周可奉議郎致仕制　彭城集 23/16b
　父李齊　左朝散大夫充集賢院學士李周
　故父贈通議大夫齊可贈右正議大夫制
　淨德集 9/11a
故前母周氏　李周故前母仙遊縣太君周
　氏可贈安定郡太君制　淨德集 9/11b
故親母黨氏　李周故親母仙源縣太君黨
　氏可贈馮翊郡太君制　淨德集 9/12a
故繼母姚氏　李周故繼母仙居縣太君姚

氏可贈襄陽郡太尹制　淨德集 9/12b
故繼母劉氏　李周故繼母壽安縣太君劉
　氏贈彭城郡大太君制　淨德集 9/13a
故妻黨氏　李周故妻黨氏可贈真寧縣君
　淨德集 9/13a
故妻詹氏　李周故妻可贈永寧縣君　淨
　德集 9/13a
故妻郭氏　李周故妻郭氏可贈真定縣君
　制　淨德集 9/13a
李周太僕少卿　蘇東坡全集/外制上/11a
李周陝西運使　樂城集 28/6a
太僕少卿李周秘書少監制　曲阜集 3/3b　宋文
　鑑 40/11b
～周士
殿中丞李周士可太常博士通判秦州軍州事
　餘依舊制　文莊集 2/17b
～周道
內殿崇班李周道左監門衛將軍致仕制　臨
　川集 53/10b
～居中
翰林醫官李居中可轉官制　郡溪集 6/3b
～承之
龍圖閣直學士朝奉郎權三司使公事李承之
　可特授樞密直學士依前朝奉郎權三司使
　公事制　王魏公集 3/13a
李承之知青州　蘇東坡全集/外制中/4a　宋文鑑
　39/17a
～承祐
李承祐內殿崇班內臣轉官　蘇東坡全集/外制
　下/11a
～承造
李承造御營使司參議官制　浮溪集 8/11b　浮
　溪集/附拾遺 8/95
李承造右司員外郎制　大隱集 2/6a
李承造兩浙轉運使制　大隱集 3/6b
～孟傳
主管官告院李孟傳除將作監主簿　止齋集
　17/11b
李孟傳福建提刑　育德堂外制 4/2b
李孟傳江東提刑　育德堂外制 4/7a
～阿理
蕃官內藏庫使騎都尉李阿理可特授皇城使
　封清河縣開國男食邑三百户制　彭城集
　2/14a

~ 洪

祖母某氏 李洪用循資回封祖母 斐然集 12/23a

李洪江西提刑 育德堂外制 2/10b

李洪淮西總領 育德堂外制 3/11b

淮南運判李洪申管押第一次糧料至蔡州軍前乙旌別特改宣教郎制 後樂集 1/3a

~ 沫

前殿中丞李沫可舊官服闕 西溪集 5(三沈集 2/21b)

~ 洵仁

李洵仁轉官制 道鄉集 18/2a

李洵仁轉官制 道鄉集 18/9a

~ 宣

李宣收使功賞轉官制 東牟集 7/22a

~ 宣德

深州司户參軍李宣德一作德宣守大理評事致仕制 蔡忠惠集 9/16a

~ 彥

陝府西轉運使金部郎中李彥可司封充淮南等路發運使制 蔡忠惠集 11/7b

~ 彥正

祁州團練使入内内侍省押班李彥正除入内内侍省副都知 止齋集 11/5a

武功大夫祁州團練使入内内侍省副都知李彥正職事不謹各降一官 止齋集 12/3b

入内内侍省副都知李彥正除入内内侍省都知 止齋集 12/4a

李彥正復 止齋集 12/4a

~ 彥明

李彥明昨捉獲劉超賊徒立功便宜轉官給到尚書吏部公據本部照得本人付身並係真命合轉忠翊郎制 紫微集 13/5a

~ 彥卿

知宣州李彥卿除刑部郎官 程北山集 26/5a

~ 彥端

李彥端除開封府少尹制 翟忠惠集 2/2b

~ 彥機

閤門祇候訓武郎李彥機應奉使到關一十番轉一官 宋本攻媿集 30/18a 攻媿集 34/16b

~ 彥穎

觀文殿學士宣奉大夫致仕李彥穎登極恩轉光祿大夫 止齋集 15/4b

~ 庠

供備庫副使李庠可轉一官制 摘文集 7/14a

内殿崇班李庠轉一官制 摘文集 8/5a

李庠復官星夜發來赴行在制 浮溪集 10/6b

浮溪集/附拾遺 10/117

團練使李庠贈左武大夫團練使制 盤洲集 20/8a

~ 度

制置三司條例司奏潭州湘陰縣鄉貢進士李度可將仕郎潭州長史 蘇魏公集 33/11b

~ 炳

李炳開封府士曹檄 孫尚書集 25/9a

~ 炳堯

應辨中官册寶李炳堯轉一官制 東窗集 8/16b

~ 祐

李祐除京東轉運副使 鴻慶集 26/4a 孫尚書集 27/11a

~ 祐

寧化軍判官李祐可太子中舍致仕制 元憲集 21/7b

~ 春

李春等授官 育德堂外制 3/15b

~ 玨

提舉茶場故太子中舍李杞長男玨可將仕郎試將仕郎試將作監主簿制 王魏公集 3/15a

大理評事李玨再任 宋本攻媿集 30/23b 攻媿集 34/22a

李玨知紹興府 育德堂外制 2/7a

~ 珂

李珂解罷帶御器械轉團練使制 紫微集 17/8a

李珂改官制 盤洲集 24/1b

~ 政

李政等權太康縣與縣尉巡檢作劉錡嶢道掩殺金人捷與轉一官制 紫微集 12/9b

承節郎前權峽州蜀江巡檢李政不即追捕强盜該恩及去官特降一官 益國文忠集 96/9a 益公集 94/28b

~ 述

李述可秘書丞制 文恭集 15/9b

縣尉李述可縣令制 元憲集 21/2a

秘書丞知嘉州洪雅縣李述轉太常博士制 歐陽文忠集 81/1a

~ 柄

李柄開封府士曹榡　鴻慶集 25/6a 孫尚書集 25/ 9a

~東之

龍圖閣直學士李東之刑部侍郎充集賢院學士判西京留守司御史臺制　臨川集 49/9a

集賢院學士李東之轉官加勳邑制　臨川集 49/12b

刑部侍郎充集賢院學士李東之改兵部侍郎加食邑食實封　王文公集 10/9a

~咸熙

李咸熙可國子博士制　文恭集 15/13a

~　威

李咸贈秉義郎制　四庫拾遺 334/翰林集

~　奎

御前學究及第李奎可河南府澠池縣主簿制　文恭集 18/21b

~南公

李南公知滄州　蘇東坡全集/外制中/19b 宋文鑑 40/5a

龍圖閣直學士中大夫李南公特除落致仕誥　摛文集 9/3a

李南公落職制　宋詔令集 210/793

~南仲

借職李南仲可轉一官制　摛文集 8/5a

~　郁

修武郎馬軍行司選鋒軍統制李郁供職滿十年轉一官　宋本攻媿集 31/15a 攻媿集 35/15a

御前諸軍都統制李郁　宋本攻媿集 44/23a

李郁授團練使　育德堂外制 1/8b

李郁建康都統知廬州　育德堂外制 1/14a

~　括

李括知洋州　樂城集 28/10b

~　恪

李恪轉一官　張華陽集 5/3b

~　恂

李恂可秘書丞制　文恭集 13/8b

~若川

李若川循右承直郎制　東窗集 13/6a

李若川權刑部侍郎都督府參贊軍事制　盤洲集 22/7a

李若川除江西運判　海陵集 18/2b

~若水

建炎贈官誥詞　李忠愍集附錄/1a

建炎贈謚告詞　李忠愍集附錄/3a

~若谷

李若谷左司員外郎中制　東窗集 8/4b

李若谷除屯田郎官制　東窗集 8/5a

~若抽

起居舍人李若抽鹽鐵判官　咸平集 29/4a

~若虛

李若虛參議官　苕溪集 41/1a

李若虛落秘閣修撰制　東窗集 14/10a

~茂先

駕部員外郎李茂先可虞部郎中　蘇魏公集 29/8b

~　英

李英爲掩殺桑仲補守闕進義副尉掩殺李忠賊馬授承信郎又掩殺桑仲授保義郎制　紫微集 13/11a

~　昱

將官李昱贈承節郎制　四庫拾遺 341/翰林集

~昂英

李昂英直秘閣知贛州制　東澗集 5/26a

李昂英前任廣東機宜說諭叛卒有勞轉一官制　東澗集 6/18a

李昂英除大理寺司直兼廣東經略司機宜字制　平齋集 22/10a

李昱右正言　後村集 60/2b

除秘書郎兼沂靖惠王府教授李昂英轉朝散郎制　載起居舍人方大琮外制稿中　文溪稿卷末

~　迪

資政殿大學士刑部尚書李迪降授太常卿知密州制　元憲集 20/6b

曾祖李在欽　李迪曾祖在欽贈太師制　安陽集 40/8a

曾祖母潘氏　曾祖母潘氏追封魯國太夫人制　安陽集 40/8b

祖李令珣　祖令珣贈中書令制　安陽集 40/9a

祖母白氏　祖母白氏追封燕國太夫人制　安陽集 40/9b

李迪拜集賢相制　宋詔令集 52/264

李迪拜集賢相制　宋詔令集 53/269

李迪罷相授戶部侍郎歸班制　宋詔令集 66/ 322

李迪罷相進刑部尚書知亳州制　宋詔令集 66/324

~思恭

李思恭轉駕部員外郎制並磨勘改官　歐陽文忠集 79/14b

~思齊

歸順人李思齊補保義郎制　平齋集 21/24a

~　昭

李昭叙石州　樂城集 28/8b

李昭叙忻州　樂城集 29/4a

~昭己

李昭己除太常少卿制　道鄉集 15/6b

李昭己降官制　道鄉集 16/12a　宋詔令集 210/793

李昭己特降一官罷起居舍人與外任差遣制

宋詔令集 210/793

朝奉郎李昭己降承議郎制　宋詔令集 211/800

~昭亮

除李昭亮依前檢校太傅同中書門下平章事

充景靈宮使昭德軍節度使制　文恭集 22/8b

除李昭亮制　歐陽文忠集 87/11a

除李昭亮檢校太保判定州制　歐陽文忠集 89/2b

李昭亮授依前檢校太傅同中書門下平章事

充昭德軍節度使加食邑實封功臣制　華陽集 26/4b

李昭亮加恩制　宋詔令集 100/368

除李昭亮殿前副指揮使寧武軍節度使制

宋文鑑 34/9b

~昭述

李昭述可依前刑部侍郎充龍圖閣學士秦鳳

路馬步軍副都部署兼知秦州制　文恭集 18/4b

~昭素

未復舊官人內殿崇班李昭素內殿承制制

蔡忠惠集 9/9b

~昭逢

大理寺丞知陝府芮城縣李昭逢可右贊善大

夫　武溪集 10/9b

~昭假

相州永定令李昭假可濮州鄄城令　咸平集 28/13b

~昭慶

李昭慶可太子中舍人制　文恭集 15/16a

~昭璉

將作監主簿李昭璉可大理評事　西溪集 6(三沈集 2/47a)

~昭錫

李昭錫可大理寺丞制　文恭集 12/9a

~昭選

奏舉人前平海軍節度推官知福州懷安縣李

昭選可大理寺丞制　景文集 31/8b

~昭邈

故司空致仕贈尚書令追封韓國公李防孫男

昭邈等可試秘書省校書郎制　文莊集 1/21a

~昭懿

左侍禁李昭懿可左清道率府副率致仕　蘇魏公集 31/11a

~　重

削奪李重進官制　宋詔令集 203/753

~重勳

李重勳加恩制　宋詔令集 103/381

~　信

文思副使李信可左藏庫副使　韓南陽集 16/3a

~信甫

廣東提刑李信甫江東提刑　宋本攻媿集 32/11a

攻媿集 36/11a

~保信

李保信可供備庫副使制　文恭集 17/17a

~禹言，一作臣

東頭供奉官李禹言可內殿崇班制

歐陽文忠集 80/8b

~　衍

李衍循左文林郎制　梅溪集 5/1b

李衍可降授文林郎制　四庫拾遺 374/鶴林集

~　勉

李勉平黎賞轉朝奉郎制　平齋集 23/8a

~　迫

李迫京畿都轉運使　苕溪集 43/2b

李迫御營使司參議官制　浮溪集 8/11b　浮溪集/附拾遺 8/95

起復中散大夫武戸部侍郎李迫可除顯謨閣

待制江淮荊浙發運使制　北海集 3/13a

李迫除户部侍郎制　大隱集 1/21b

李迫兩浙運使　斐然集 13/30b

~建中

李建中可太常博士制　文恭集 14/16a

~　流

李流權貸務賞轉一官制　東窗集 8/16a

李流轉右朝散郎制　東窗集 13/12b

~　浦

皇城使合州刺史權發遣高陽關路鈐轄李浦可特授廉州團練使制 摘文集 6/1b

~ 汰

李汰換給承信郎制 東窗集 10/7b

~ 涉

習進士李涉可宛丘簿 咸平集 28/16a

~ 浩

武功大夫殿前司選鋒軍統制李浩總轄牧放合轉一官久任有勞轉行遂郡刺史 宋本攻媿集 36/4b 攻媿集 40/4b

~ 海

李海爲禦敵人得功並該喝轉暴露特轉七資及解圍方出原授一資因隨薛仁輔等遠赴行在寄兩資共寄一十一資每資合比折減三年磨勘依例每滿五年轉一官制 紫微集 12/7b

李海授保義郎制 四庫拾遺 341/翰林集

~ 淩

清河口皂角林立功官兵轉官李淩於階官遙郡上分轉 益國文忠集 78/2a 益公集 97/93a

~ 庭芝

李庭芝除權兵部侍郎依舊兩淮安撫制置使知揚州 後村集 68/2b

朝請大夫試兵部侍郎兩淮制置使兼知揚州李庭芝除寶章閣直學士依舊仕制 碧梧集 5/2b

兩淮安撫制置使兼知揚州李庭芝特授寶章閣學士依舊任制 碧梧集 5/3a

李庭芝該遇明堂大恩制 碧梧集 7/4a

父李唐臣 父唐臣贈朝奉大夫制 碧梧集 7/4b

母張氏 母張氏贈碩人制 碧梧集 7/5a

妻徐氏 妻宜人徐氏特贈碩人制 碧梧集 7/5b

特授參知政事依舊淮東安撫制置大使兼知揚州兼淮西策應大使誥德祐元年 四明文獻 5/3b

李庭芝特授知樞密院事兼參知政事誥 四明文獻 5/4b

妻徐氏 知樞密院事兼參知政事李庭芝妻徐氏特封永國夫人誥 四明文獻集 5/39a

~ 庭堅

衛尉寺丞知淄州淄川縣事李庭堅可大理寺

丞餘如故制 文莊集 2/12a

~ 唐卿

李唐卿可太常博士制 文恭集 15/8b

~ 唐卿

著作佐郎李唐卿修進至尊壽皇聖帝政特轉一官 止齋集 11/8a

秘書丞著作佐郎李唐卿校書郎 宋本攻媿集 33/4a 攻媿集 37/4a

著作郎李唐卿江東提舉 宋本攻媿集 37/4a 攻媿集 41/4a

~ 唐藩

李唐藩除直徽猷閣陝西路運副 苕溪集 45/4b

~ 益

李益可試大理評事充徐州觀察推官制 文恭集 18/15a

~ 益謙

李益謙户部員外郎制 盤洲集 19/13a

~ 祥

宗正少卿李祥除國子祭酒 止齋集 18/9a

樞密院檢詳李祥國子司業 宋本攻媿集 32/1b 攻媿集 36/1b

國子司業李祥宗正少卿 宋本攻媿集 36/6b 攻媿集 40/6a

~ 泰

澤州推官李泰可大理寺丞制 歐陽文忠集 80/5a

~ 班

李班贈官 苕溪集 31/3b

~ 珏

李珏永祐陵贊官復按副使階官遙郡上轉一官制 東窗集 8/18b

~ 琪

保義郎李琪家遺火燒民屋四百餘間有司自來以屋直計臟坐罪得旨宣諭依條聽贖臣僚上言特降一官 止齋集 12/2a

~ 珣

李珣可東上閤門使加上騎都尉制 文恭集 17/12a

李珣可文州刺史制 文恭集 18/5b

前東上閤門使文州刺史李珣可除舊官制 蔡忠惠集 11/11b

東上閤門使李珣可德州刺史制 華陽集 30/8b

泰寧軍節度使觀察留後李珣可知相州制

彭城集 21/17b

~ 恭

中書守當官李恭等五人可簿尉　咸平集 29/9b

~ 格

李格可太子中舍人制　文恭集 13/8a

~ 格非

太學錄李格非可太學正制　彭城集 19/20b

~ 真卿

李真卿可太常博士制　文恭集 14/15a

~ 時雨

李時雨上書可採轉一官制　筠谿集 5/11a

~ 挺

李挺知唐州　樂城集 27/12b

~ 釜

承事郎權通判河中府李釜可轉一官制　摘文集 7/11a

李釜中書舍人制　大隱集 2/10b

李釜待制知筠州制　大隱集 2/25b

李釜轉官致仕制　大隱集 3/27b

~ 柜

龍圖閣直學士起居舍人李絢遺表男將仕郎守將作監主簿柜特授太常寺大祝制　蔡忠惠集 9/7a

~ 杬

龍圖閣直學士起居舍人李絢遺表男杬特授將仕郎守將作監主簿制　蔡忠惠集 9/7a

~ 倩

審刑院詳議官太子中舍李倩可殿中丞制　元憲集 21/6a

審刑院詳議官太子中舍李倩加上騎都尉制　元憲集 25/8a

~ 倩

李倩爲敵人入侵順昌并係在城守禦者轉一官資制　紫微集 12/5b

~ 倚

翰林書藝局藝學李倚可翰林書藝局直長充待詔制　摘文集 5/6b

~ 條

屯田員外郎致仕李景長男條可試將作監主簿　韓南陽集 18/1b

~ 倫清

李倫清除淮南東路運判　苕溪集 31/4a

~ 師中

李師中可太常博士制　文恭集 14/16a

~ 師尹

李師尹知閤門事　育德堂外制 2/7a

~ 師老

翰林醫學李師老可轉一官制　摘文集 7/14a

~ 師信

李師信補壹壺正制　西垣類稿 2/9b

~ 師祖

皇城使忠州團練使兼翰林醫官使李師祖可轉防禦使依前皇城使兼翰林醫官使制　摘文集 6/2b

~ 師堯

德壽宮劉貴妃位醫官成全大夫李師堯依叔轉兩官　益國文忠集 94/7a　益公集 97/96b

~ 師舜

李師舜贈武翼郎制　四庫拾遺 326/翰林集

~ 師顏

武節郎侍衛步軍司前軍副將李師顏特差充閤門宣贊舍人制　益國文忠集 95/10b　益公集 96/73a

中侍大夫武當軍承宣使知變州李師顏差充興元府駐劄御前諸軍都統制、利州東路安撫使、馬步軍總管兼知興元府事　益國文忠集 95/14a　益公集 97/87b

~ 紘

尚書刑部郎中天章閣待制李紘可龍圖閣直學士知秦州制　元憲集 22/9b

~ 陝

李陝降授文林郎制　四庫拾遺 372/翰林集

~ 清

左侍禁李從式孫清並可太子左清道率府副率致仕制　歐陽文忠集 81/7a

~ 清臣

資政殿學士通議大夫知成德軍李清臣可户部尚書制　淨德集 8/3b

明堂執政加恩李清臣　蘇東坡全集/外制下/15b

李清臣資政殿學士知河陽　樂城集 29/9a

中大夫守尚書右丞李清臣可太中大夫依前守尚書右丞　宋文鑑 39/8b

李清臣落職制　宋詔令集 209/786

李清臣追貶安遠軍節度副使制　宋詔令集 212/802

故追貶武安軍節度副使李清臣特追貶雷州司户參軍制　宋詔令集 212/804

李清臣贈金紫光祿大夫制　宋詔令集 222/856

～淑

端明殿學士兼侍讀學士給事中李淑可加上護軍實封貳佰戶　武溪集 11/1b

端明殿學士禮部侍郎李淑起復原官制　華陽集 28/8b

古殿直李淑可轉一官制　摘文集 8/5a

殿直李淑可轉一官制　摘文集 8/5a

李淑落翰林學士制　宋詔令集 205/765

～寅

李寅降授修職郎制　四庫拾遺 309/翰林集

～宋

李宋廣西提刑　苕溪集 39/3b

李宋大理寺丞　鴻慶集 25/5b　孫尚書集 25/8a

李宋上殿改官　斐然集 13/7b

入內內侍省寄資拱衛大夫遙郡承宣使李宋與轉歸吏部特差幹辨內藏庫填見闕　益國文忠集 94/7b　益公集 94/19b

～章

李章屯田郎中制　臨川集 50/6a

～衮

太醫承直翰林醫官局李衮可翰林醫官副使制　摘文集 6/6b

～康彥

宣德郎李康彥可職方員外郎制　摘文集 4/5b

通直郎尚書職方員外郎李康彥可轉一官制　摘文集 7/14a

～望

著作佐郎李望轉秘書承制並磨勘改官　歐陽文忠集 80/10a

～鄴

李鄴可駕部員外郎　文恭集 15/6b

～煉

李煉轉承節郎制　東窗集 10/10b

～啓

武經郎提點都亭驛班荊館兼主管教習譯語李啓應辨使人十次無遺闕特轉一官　益國文忠集 95/4a　益公集 95/47a

～琳

李琳奉使回轉一官　海陵集 8/9a

李琳除吏部郎官　海陵集 13/7a

李琳除敷文閣待制知湖州　海陵集 17/3b

李琳磨勘轉左朝議大夫　海陵集 19/8a

～球

李球可內殿崇班制　文恭集 17/6b

李球可內殿承制制　文恭集 17/19a

前供備庫副使李球可除舊官制　蔡忠惠集 11/11b

～規

李規可秘書丞制　文恭集 13/11a

～執中

李執中可著作佐郎制　文恭集 12/6a

縣尉李執中可察推制　臨川集 52/14b　王文公集 12/7a

～執柔

李執柔司農寺丞　樂城集 28/13b

李執除柔屯田郎制　道鄉集 18/3b

～悅

户部員外郎李悅除右司員外郎　劉給諫集 2/4a

責授平海軍節度副使李悅可與復舊官除户部尚書留建康府掌户部錢斛官物及分劈錢物應副本府鎮江府太平州駐劄軍兵制　北海集 3/7a

～堇

李堇轉一官守同知致仕制　東澗集 5/11a

資政殿學士李堇加目制　東澗集 5/13b

資政殿大學士李堇除同知樞密院事四川宣撫使制　東澗集 5/16a

敷文閣學士李堇明堂恩加食邑實封制　平齋集 18/1b

權刑部尚書李堇除權禮部尚書兼侍讀制　平齋集 20/18b

李堇授守吏部尚書兼給事中兼修國史實録修撰制　鶴林集 6/11b

李堇授兼侍讀制　鶴林集 7/4b

李堇除端明殿學士提舉萬壽觀兼侍讀兼修史制　蒙齋集 9/16b

～乾德

南平王李乾德加食邑制　蘇魏公集 21/8b

～推實

李推實可閤門通事舍人制　文恭集 17/14a

～惟永

李惟永可大理寺丞制　文恭集 14/10a

～惟正

承制李惟正供備庫副使制　臨川集 53/5a

～惟忠

文思副使李惟忠可左藏庫副使　蘇魏公集

31/8a

~惟清

供備庫副使李惟清可西京左藏庫副使　蘇魏公集 31/8a

~惟寅

太子中舍同判變州李惟寅可殿中丞餘如故制　文莊集 2/14a

~惟賢

西上閤門使李惟賢可高州刺史知莫州制　華陽集 30/9a

~　常

宰相韓琦奏鄉貢進士李常可試將作監主簿　公是集 30/2a　宋文鑑 37/15a

李常太常少卿制　元豐稿 20/7a

李常轉朝議大夫　樂城集 27/6a

龍圖閣直學士朝議大夫御史中丞兼侍讀李常中大夫依前龍圖閣直學士御史中丞兼侍讀制　曲阜集 3/5a　宋文鑑 40/13b

~處厚

太常博士李處厚可屯田員外郎制　臨川集 50/11b

~處勵

李處勵等敘　襄陵集 3/9a

~處耘

故淄州敘史累贈太子太師李處耘可贈侍中　咸平集 28/12b

~處經

楚州通判李處經降右宣義郎制　東窗集 12/21a

~　彪

李彪換給父陣亡恩澤付身　苕溪集 33/2a

~　莘

朝請大夫江東轉運副使李莘可江南西路轉運副使制　彭城集 19/12a

~莘民

李莘民降右通直郎制　東窗集 12/22a

~　莫

李莫除直秘閣　海陵集 7/4a

~莫信

李莫信提舉廣東西路茶鹽制　東窗集 9/19b

~　茅

中散大夫李茅可知耀州制　彭城集 21/20a

~　莊

李莊除兩浙運判　海陵集 17/17a

~　曼

李曼知果州　蘇東坡全集/外制下/4b

~國慶

太子中舍李國慶可殿中丞制　歐陽文忠集 81/7b

~國賢

僞朝列大夫李國賢改補從事郎制　平齋集 22/13b

~　崇

左從政郎李崇充東京留守司幹辦官先次循兩資　苕溪集 37/2b

~　敏

李敏可虞部員外郎制　文恭集 15/10b

知雲安軍李敏可太子中舍人制　元憲集 24/3b

~　敏

李敏補修武郎制　平齋集 21/12a

~　健

淮西參議官李健叙復左朝散大夫　苕溪集 33/4a

李健直秘閣督漕制　斐然集 12/11a

李健應副收光州錢糧轉一官制　斐然集 12/28a

~　偉

李偉可大理寺丞制　文恭集 12/12b

~得臣

大理寺丞李得臣可守太子中舍　蘇魏公集 34/3b

~　從

李從可秘書丞制　景文集 31/4b

~從古

侍禁李從古可轉一官制　摘文集 8/5a

~從式

左侍禁李從式可太子左清道率府副率致仕制　歐陽文忠集 81/7a

~從吉

前内殿承制李從吉可舊官服闕（122）　蘇魏公集 29/10a-10b

~從政

李從政可秀州嘉興縣尉制　文恭集 18/20a

~從善

李從善可殿中丞制　文恭集 13/6a

江南進奉使李從善泰寧軍節度使制　宋詔令集 103/380

~ 逢

李逢可太子中舍人致仕制　文恭集 20/5b

~ 通

三班借職李通可特轉一官制　摘文集 8/2b

~ 通

李通起復中衞大夫忠州團練使鄜延路兵馬鈐轄御前統領制　東窗集 13/16a

~ 參

樞密直學士尚書刑部侍郎李參可尚書兵部侍郎依前樞密直學士加食邑五百戶　韓南陽集 18/15a

河北都運使李參可諫議大夫制　華陽集 29/8a

~ 紹

內庭崇班李紹與轉三官制　摘文集 7/2b

李紹邊功轉官制　襄陵集 1/9b

~ 湘

祠部郎中李湘可依前祠部郎中充三司度支副使制　文莊集 1/3b

~ 温

薪縣管界巡檢李温特補承信郎制　紫微集 19/11a

李温轉一官　西垣稿 2/9b

~ 渭

李渭責官制　宋詔令集 205/765

~ 滿

開封府職級李滿可奉職開封府　摘文集 5/8b

~ 評

李評可內殿承制制　文恭集 13/3b

供備庫副使李評可朝散大夫殿中丞　蔡忠惠集 10/2b

西上閤門使李評可東上閤門使　蘇魏公集 33/3b

守許州長史李評可守鄭州長史　蘇魏公集 34/12b

四方館使榮州刺史李評可特授引進使依舊榮州刺史制　王魏公集 3/8a

~ 敦復

同谷令李敦復可節度推官知乾寧軍乾寧縣制　鄖溪集 4/14b

~ 敦顥

新差通判瀛州李敦顥可軍器監丞制　彭城集 19/10a

朝散郎勾當左廂店宅務李敦顥可權通判瀛

州制　彭城集 22/3a

~ 曾伯

李曾伯知岳州制　東澗集 6/3b

觀文殿學士提舉臨安府洞霄宮李曾伯依舊職知慶元府沿海制置使　碧梧集 5/8a

李曾伯該遇明堂大禮加恩制　碧梧集 7/10b

~ 裕

李裕轉遙團勒　襄陵集 3/5a

承信郎李裕軍前有勞轉一官　鴻慶集 25/9a

孫尚書 27/1a

~ 裕

歸順人李裕補保義郎制　平齋集 21/24a

~ 雲

蔡州陣亡官兵無家屬李雲等一十九人各贈承節郎　益國文忠集 98/5a　益公集 97/82b

~ 琮

李琮知吉州　蘇東坡全集/外制上/17a

~ 琬

李琬太醫丞充中嶽廟令　樂城集 28/4a

~ 珹

供備庫副使李珹可轉兩官制　摘文集 8/4a

~ 琪

屯田員外郎李琪磨勘改官制　歐陽文忠集 79/8a

前西京左藏庫副使李琪可除舊官制　蔡忠惠集 11/11b

~ 琪

李琪國子錄　育德堂外制 4/13a

~ 琳

主簿李琳國子監丞致仕制　臨川集 53/10a

李琳除史部郎官　海陵集 13/7a

李琳除敷文閣待制知湖州　海陵集 7/3b

李琳奉使回轉一官　海陵集 18/9a

李琳磨勘轉左朝議大夫　海陵集 19/8a

~ 琦

李琦可內殿承制制　文恭集 13/3a

李琦可供備庫副使制　文恭集 17/19a

~ 琦

李琦武義大夫吉州刺史制　平齋集 22/1b

李琦除福州觀察使制　平齋集 22/1b

~ 瑀

李瑀可內殿承制制　文恭集 17/19a

前供備庫副使李瑀可除舊官制　蔡忠惠集 11/11b

~ 壹

妻晏氏 虞部郎中知沂州晏寧親姊故節度推官李壹妻晏氏可特封靖安縣君

韓南陽集 18/4a

~ 彭年

供備庫副使李彭年可轉一官制 摘文集 7/9b

內殿承制李彭年可轉一官制 摘文集 8/5a

~ 喆

李喆贈奉議郎制 盤州集 20/5b

~ 械

李械係金人來侵順昌府守禦官循兩資制

紫微集 13/8a

~ 植

李植落職放罷制 鄂峰録 6/16a

李植除湖北運判 海陵集 17/3a

~ 罕

濠州李罕可中舍致仕 武溪集 10/8a

~ 朝正

李朝正磨勘轉官制 東牟集 7/28b

~ 挨

李挨吏部郎中 育德堂外制 4/11a

~ 棠

李棠特改合入官 苕溪集 41/4a

~ 萃

知明州李萃可江東運副制 彭城集 21/23a

~ 華

李華直徽猷閣湖南安撫使制 東澗集 5/17b

李華除江西提刑兼知贛州制 東澗集 5/23b

李華依舊直華文閣廣東路轉運判官制 平齋集 22/10a

~ 景山

李景山除刑部郎官制 東窗集 8/8a

~ 景圭

奉禮郎李景圭可大理評事制 歐陽文忠集 81/6a

~ 景先

樞密院兵房主事李景先可吏房副承制 蘇魏公集 30/8b

~ 景和

李景和將作監制 尊白堂集 5/3a

~ 景述

舒州司馬李景述可虞部郎中 徐公集 8/5b

~ 景迪

保定郡公景迪可朝散大夫檢校左僕射賜紫

徐公集 8/4a

~ 景約

催促修造使臣李景約可轉一官制 摘文集 7/3b

~ 景真

太常寺少卿李獻卿遺表男景真可試將作監主簿 蘇魏公集 29/9b

· 景逵

安陸郡公景逵檢校司空太府少卿 徐公集 8/3b

~ 景進

屯田郎中李景進可工部郎中 徐公集 7/15b

~ 景賢

西京左藏庫副使李景賢文思副使制 臨川集 53/4a

~ 景融

屯田員外郎李景融轉官 蘇魏公集 30/5b

~ 景翰

李景翰和耀賞轉朝議大夫致仕制 平齋集 21/11b

~ 貽業

太常少卿李貽業可宗正卿 徐公集 7/14b

~ 貴

李貴轉右武大夫福建路兵馬鈐轄制 東窗集 6/14b

李貴遂郡刺史制 大隱集 2/18a

右武大夫和州防禦使添差江南西路兵馬鈐轉撫州駐劄李貴特降兩官仍落遂邦放罷送撫州居住令臨安府差得力使臣軍兵管押前去 益國文忠集 96/5a 益公集 94/31a

蔡州陣亡有家屬承節郎李貴贈三官與兩資恩澤 益國文忠集 98/4b 益公集 97/82b

~ 貴

武功大夫淮西副總管御前武勝左統制李貴爲鄂城功賞除帶行閤門宣贊舍人 後村集 71/1b

~ 畋

故內殿承制李仙男畋可與三班借職制 摘文集 8/7a

~ 畋

武經郎李畋該修製奉上德壽官册寶轉一官

益國文忠集 94/5b 益公集 97/87a

~ 閎

父李儀甫迪公郎李閎父儀甫該慶壽恩封

承務郎致仕 宋本攻媿集 35/11b 攻媿集 39/11a

~ 閔

知毫州李閔可知明州制 彭城集 21/15a

~舜元

國子博士李舜元可虞部員外郎制 蘇魏公集 31/4b

~舜元

李舜元爲押番人一十九人走失一十三人各特降三官制 紫微集 13/17a

~舜卿

内殿崇班李舜卿可内殿承制 蘇魏公集 33/7b

~舜舉

李舜舉轉官制 元豐稿 21/9b

入内東頭供奉官李舜可文思使充文州刺史制 王魏公集 3/8a

~ 鈞

殿前指揮使行門長行右班李鈞換武翼郎添差諸州駐泊兵馬都監 宋本攻媿集 30/14b 攻媿集 34/13b

~ 進

李進因與番人大軍戰鬪一十餘年堅守忠節永不順番自後思本朝前來歸朝李進修武郎制 紫微集 19/8a

李進爲殺敗金兵轉修武郎制 紫微集 19/14b

李進右武大夫制 盤洲集 19/11a

清河口皂角林立功官兵轉官李進轉兩官 益國文忠集 98/2a 益公集 97/93a

忠義前軍陣亡贈官李進特贈承節郎 益國文忠集 98/6a 益公集 97/92a

李進授保義郎制 四庫拾遺 338/翰林集

~ 備

李備可太子中舍人致仕制 文恭集 20/3a

虞部員外郎李備磨勘改官制 歐陽文忠集 81/5a

~ 順

李順換忠翊郎制 東窗集 10/12b

~ 傑

李傑梓州提刑 樂城集 30/1b

~ 皓

國子博士李皓柯部員外郎 翟忠惠集 3/6b

~復明

李復明贈忠州刺史制 翰林集 10/23a

~復奎

李復奎可太常博士制 文恭集 14/15b

~ 勝

殿前司拍試到舊行門李勝等武藝與換敎武郎 苕溪集 34/2b

~象之

大理寺丞李象之等可太子中舍餘依舊制 文莊集 1/7b

~ 發

李發轉三官 筠溪集 41/21b

~ 弼

左班殿直李弼轉一官制 摘文集 7/16b

~ 弼

李弼直太常博士 斐然集 14/6a

李弼解閣職轉官制 後樂集 1/25b

~弼儒

右朝請大夫直徽猷閣李弼儒可落職永不與堂除差遣 苕溪集 39/1a

李弼儒復直徽猷閣誥 東牟集 8/24a

~ 異

李異可大理評事制 文恭集 14/19a

~ 隊

李隊降官制 東牟集 8/6b

~ 階

監察御史知陝州軍府事李階可殿中侍御史餘依舊制 文莊集 1/19a

~ 溥

尚書司封員外郎直集賢院李溥可三司鹽鐵判官制 元憲集 23/12a

~ 源

李源封通應真人 育德堂外制 1/7a

~ 準

前濮州軍事判官李準可光祿寺丞 咸平集 28/5b

~靖臣

李靖臣轉官制 元豐稿 21/9a

~ 新

承議郎李新元符中上書論政事闕失陳備防十事言辭切直特贈一官 筠溪集 5/23b

~ 意

太常博士同判蘇州李意可屯田員外郎餘如故 文莊集 2/10b

~ 詳

李詳轉官制 道鄉集 16/9b

~ 誠

李誠陣亡恩澤敕　襄陵集 3/6b

~ 說

供備庫副使李說可西京左藏庫副使　西溪集 4(三沈集 1/71a)

李說自軍頭司除知忻州　樂城集 28/3b

李說隰州　樂城集 29/4a

~ 詢

淳州管內觀察使舒國公從式奏百姓醫人李詢可試國子四門助教不理選限　蘇魏公集 29/11a

~ 雍

入內內侍省官李雍可特轉一官制　摘文集 7/5a

~ 義

李義內殿崇班制　元豐稿 20/9a

~ 義

歸順人李義承節郎制　平齋集 17/11a

~ 道

李道遷榮州團練使　張華陽集 1/2b

父李某　龍神衛四廂都指揮使鎮南軍承宣使荊南駐劄御前諸軍都統李道該遇三十一年九月二日敕封贈父　益國文忠集 97/9a　益公集 95/36b

母某氏　李道該遇三十一年九月二日敕封贈母　益國文忠集 97/9b　益公集 95/37a

妻某氏　李道該遇三十一年九月二日敕封贈妻　益國文忠集 97/9b　益公集 95/37a

~ 道傳

李道傳贈直龍圖閣制　平齋集 21/3b

~ 煒

李煒知崇慶府制　平齋集 19/15a

李煒特授朝請大夫制　鶴林集 7/18b

~ 資

李資濰州北海縣主簿制　臨川集 55/5a

~ 福

李福贈兩官恩澤兩資係順昌府與金人四太子轉戰臨陣戰殁　紫微集 19/20b

李福贈兩官與恩澤一資制係宿州陣亡官兵　紫微集 19/21a

~ 福

兼同提點協忠大夫團練使李福監督製造軍器精緻特與轉行一官　益國文忠集 95/8a　益公集 97/84a

李福授保義郎制　四庫拾遺 341/鶴林集

~ 瑀

李瑀可內殿承制制　文忠集 17/19a

前禮賓副使李瑀可除舊官制　蔡忠惠集 11/11b

~ 瑀

李瑀降授承議郎制　四庫拾遺 379/鶴林集

~ 瑋

李瑋可起復雲麾將軍保州團練使制　文恭集 18/11a

駙馬都尉李瑋加食邑制　蘇魏公集 21/7a

楚國大長公主遇南郊奏駙馬都尉李瑋可試將作監主簿不理選限　蘇魏公集 32/12a

建州管內觀察使李瑋安州管內觀察使　臨川集 55/8b

~ 達

李達補承信郎制　東窗集 9/8b

~ 載

李載授州團練使依舊帶御器械制　鶴林集 9/2b

~ 椿

李椿落致仕除顯謨閣待制知潭州制　西垣稿 1/9b

~ 椿年

李椿年除直顯謨閣兩浙路轉運副使制　東窗集 6/10a

度支郎官李椿年救火轉一官制　東窗集 8/22a

垂拱殿成李椿年轉左朝散大夫　東窗集 10/19b

李椿年復官制　楓溪集 4/26a

權戶部侍郎李椿年落權字　歸愚集 7/1a

~ 棁

李棁監察御史制　浮溪集 8/4a　浮溪集/附拾遺 8/89

李棁島掩殺叛賊史斌生擒到偽第五將王晟轉一官比類循兩資制　紫微集 13/8a

~ 快孫

朝散郎叙州通判李快孫節制義軍驚動夷賊降一官放罷　宋本攻媿集 33/11b　攻媿集 37/11a

~ 熙明

宣德郎新除少府監丞李熙明可司封員外郎制　摘文集 4/5b

~ 熙政

監穎州酒税李熙政可衛尉寺丞制 元憲集 23/10a

~熙靖

宣德郎李熙靖廕學録制 翟忠惠集 3/3a

李熙靖贈五官制 浮溪集 10/13b 浮溪集/附拾遺 10/122

~ 構

熙河奏李憲立廟推恩李構等制 翟忠惠集 4/11b

~虞卿

大理寺丞知河南府登封縣李虞卿可太子右贊善大夫 元憲集 24/4a

大理評事知建昌軍南城縣李虞卿可光祿寺丞制 元憲集 26/1a

殿中丞府司録李虞卿可國子博士制 歐陽文忠集 81/16b

~ 遇

李遇兩易司農寺簿 四庫拾遺 410/東澗集

~遇龍

李遇龍軍器監簿特差京湖制參 後村集 61/9b

~嗣慶

李嗣慶降官 歸愚集 7/6a

~嗣徵

秦國莊孝大長公主遺表長男供備庫副使李嗣徵可供備庫使 蘇魏公集 33/5b

~ 暉

李暉贈承信郎與一子父職名係同前陣亡官兵 紫微集 19/21b

李暉降官制 盤州集 23/12a

~ 嵩

保義郎李嵩押川陝宣諭司御馬五十匹準備馬一匹到關轉一官減半年磨勘 益國文忠集 95/22a 益公集 97/95b

~ 會

李會徵歆閣待制知廬州制 浮溪集 10/1a 浮溪集/附拾遺 9/113

右司諫李會除秘書少監 鴻慶集 24/4a 孫尚書集 26/7a

~ 顧

李顧可太常博士制 文恭集 15/6b

~徵之

司門員外郎分司李徵之可庫部員外郎制 鄖溪集 3/3a

~ 經

皇城使李經可充利州刺史仍舊皇城使 韓南陽集 18/12b

~漢瓊

李漢瓊加恩制 宋詔令集 103/381

~ 察

朝奉郎李察可知濟州制 彭城集 21/15b

權發遣陝西運副李察可朝奉郎再任 宋文鑑 39/11a

~ 實

李實授同州團練使慶元府兵馬總管制 翰林集 9/2a

~ 韶

左正言李韶除殿中侍御史制 東澗集 4/25b

李韶授太府寺丞制 鶴林集 6/18b

李韶除正言制 蒙齋集 8/4a

李韶除吏部郎官制 蒙齋集 8/8a

李韶除都官郎中制 蒙齋集 9/14a

李韶翰林學士 後村集 60/3a

~ 端

蔡襄奏醫人李端試國子四門助教不理選限制 臨川集 55/11b

~ 端

殿前指揮使行門長行左班李端换武翼郎添差諸州駐泊兵馬都監 宋本攻媿集 30/14b 攻媿集 34/13b

~端卿

李端卿等營官服限制 臨川集 52/6b 王文公集 13/11b

~端愿

李端愿可檢校工部尚書越州刺史充本州團練使加食邑五百戶實封二百戶制 文恭集 17/4a

李端愿除西上閤門使制 安陽集 40/5b

李端愿授武康軍節度使知相州加食邑實封制 華陽集 26/5b

父李遵局 樂城集 32/10a

母趙氏 樂城集 32/10a

~端懿

東上閤門使陵州團練使李端懿眉州防禦使制 臨川集 52/16a

李端懿東上閤門使制 臨川集 53/2b 王文公集 13/9b

李端懿可華州觀察使加食邑 文恭集 17/4a

~端懿

除李端懿寧遠軍節度使知潭州制　歐陽文忠集 89/3b

端懿贈司空兼侍中制　臨川集 54/16a　王文公集 14/2b

~ 說

李說特授文林郎　四庫拾遺 370/鶴林集

~ 誠

將作監李誠可轉一官李誠係右朝議大夫　摘文集 7/2b

~ 廣

殯宮按行使司復按使司屬官李廣轉一官制　東窗集 8/13b

~ 榮

瓜州及皂角林陣亡官兵贈官李榮贈六官與六資恩澤係於橫行遞郡上分贈　益國文忠集 98/2b　益公集 97/83b

~ 需

李需可太子中舍人制　文恭集 15/7a

~ 遷

宣德郎李遷可大晟府協律郎制　摘文集 4/9a

~ 壽

右贊善大夫知大理少卿李壽可秘書丞依前充職　咸平集 28/12a

~ 壽

西頭供奉官李壽二級每級轉一官制　摘文集 7/3a

~ 壽孝

顯謨閣直學士中奉大夫李壽孝復正議大夫　劉給諫集 2/10a

~ 壽朋

度支員外郎李壽朋開封府推官制　臨川集 49/7b　王文公集 12/6a

開封府推官司封員外郎李壽朋可開封府判官制　郡溪集 5/1b

~ 壽朋

李壽朋直顯謨閣太平州制　東澗集 5/26a

~ 嘉努

李嘉努爲遠來歸附補承信郎制　紫微集 19/12b

~ 嘉謀

李嘉謀知襄陽府　止齋集 18/3a

~ 聚

李聚歸順補承節郎制　平齋集 22/7b

~ 輔

李輔可大理寺丞制　文恭集 14/11a

~ 碩

度支郎中李碩可三司户部判官　公是集 30/7a　宋文鑑 38/6a

~ 與趙

李與趙陞直華文閣與趙潼川提刑提舉兼運判　後村集 69/5b

~ 與樓

與樓陞直華文閣成都路提刑提舉並權四川制參　後村集 69/5b

~ 閎

朝請大夫光祿卿李閎可顯謨閣待制題舉官觀制　摘文集 3/12a

~ 鳴復

大理少卿李鳴復除大理卿制　彭城集 19/17b

~ 鳴復

資政殿學士知紹興府李鳴復除參知政事誥　東澗集 3/17a

權刑部尚書兼權吏部尚書李鳴復除端明殿學士簽書樞密院事制　東澗集 4/1a

權工部尚書李鳴復除權刑部尚書制　東澗集 4/10a

大理少卿李鳴復除大理卿制　平齋集 17/2a

大理卿李鳴復除待御史制　平齋集 17/9a

李鳴復授兼侍讀制　鶴林集 7/7b

李鳴復授兼侍講制　鶴林集 7/12b

參知政事李鳴復除知樞密院事兼參知政事制　四庫拾遺 408/東澗集

~ 圖南

顯謨閣待制知明州李圖南除知越州制　翟忠惠集 2/16b

~ 棻

李棻除太學博士制　平齋集 17/6a

太學博士李棻除諸王宮大小學教授制　平齋集 23/15a

~ 僑

父李證　新成都府司户李僑乙將所得官資回授父證贈迪功郎　宋本攻媿集 33/14a　攻媿集 37/13b

母廖氏　贈孺人　宋本攻媿集 33/14a　攻媿集 37/13b

~ 肅之

右諫議大夫李肅之可依前官充天章閣待制權知開封府　蘇魏公集 29/7a

~ 綽用

昭宣使福州觀察使入内内侍省都知李綽用隨龍恩轉景福殿使遂郡承宣使　益國文忠集 94/9b　益公集 95/47b

~ 綱

李綱除觀文殿學士知湖廣南路宣撫使兼知潭州　程北山集 27/13b　新安文獻 1/7a

李綱知潭州兼安撫大使改除宮祠　苕溪集 38/4b

李綱用登極恩封贈

父李變制　浮溪集 7/6a　浮溪集/附拾遺 7/79

母吴氏制　浮溪集 7/6b　浮溪集/附拾遺 7/79

妻張氏制　浮溪集 7/7a　浮溪集/附拾遺 7/80

李綱封贈制

曾祖僧護贈少保　浮溪集 7/7b　浮溪集/附拾遺 7/80

曾祖母盧氏廖氏龔氏已贈郡夫人贈國夫人　浮溪集 7/7b　浮溪集/附拾遺 7/80

祖李庠　贈少傅　浮溪集 7/8a　浮溪集/附拾遺 7/80

祖母黃氏饒氏已贈郡夫人贈國夫人　浮溪集 7/8b　浮溪集/附拾遺 7/81

父李變　父變贈少師　浮溪集 7/8b　浮溪集/附拾遺 7/81

母吴氏　母吴氏已封郡夫人進封國夫人　浮溪集 7/9a　浮溪集/附拾遺 7/81

妻張氏　妻張氏已封郡夫人進封國夫人　浮溪集 7/9b　浮溪集/附拾遺 7/81

李綱落職鄂州居住制　浮溪集 12/2b　浮溪集/附拾遺 12/138

李綱江西安撫制置大使　斐然集 12/1a

李綱除尚書左僕射兼門下侍郎御營使制建炎　南宋文範 11/1a

~ 綸

李綸因拖殺玟賊李忠授承信郎制　紫微集 13/5b

~ 維

李維浙東提刑除直秘閣　苕溪集 46/1b

~ 維

翰林學士左司郎中知制誥李維可中書舍人餘依舊制　文莊集 1/3a

~ 潛

李潛落致仕　宋文鑑 40/18a

李潛落致仕制　道鄉集 16/7a

~ 潤

李潤除監察御史制　東窗集 6/14a

李潤御史臺主簿制　東窗集 13/20b

李潤除司封郎官制　楊溪集 4/27a

~ 澄

東頭供奉官李澄可内殿崇班制　蔡忠惠集 10/20a

~ 澄

李澄宗正丞佑賢大理丞諾　尊白堂集 5/38b

~ 淳

權知江都令李淳正授　徐公集 8/2b

~ 適

唐南東路轉運使司封員外郎李適可工部郎中制　文莊集 2/11

~ 誼

李誼中書舍人兼直學士院兼侍講　苕溪集 38/2a

李誼除館職　斐然集 13/23a

~ 慶

左藏庫副使李慶可莊宅使　西溪集 4(三沈集 1/77a)

~ 養

李養與三班借職制　四庫拾遺 56/彭城集

~ 璋

除李璋殿前副都指揮使武康軍節度使制　華陽集 26/15a　宋詔令集 100/370　宋文鑑 35/9b

李璋授依前武康軍節度使加勳邑制　華陽集 26/15b　宋詔令集 101/371

李璋依前殿前副都指揮使武康軍節度使加食邑實封功臣制　華陽集 26/16a　宋詔令集 101/371

李璋加恩制　臨川集 47/4b 内詔書　宋文鑑 34/16a

除李璋制　王文公集 10/7b

母某氏　彭信軍節度觀察留後駙馬都尉李璋育母授仁壽郡太夫人制　王魏公集 3/5b

李璋檢校右僕射殿前都指揮使建雄軍節度使加恩制　宋詔令集 101/371

~ 璋

李璋轉保義郎制　東窗集 10/16a

~ 琿

李琿循資制　盤洲集 22/8b

~ 瑀

李瑀三代封贈

曾祖李某 樂城集 32/6a
祖李某 樂城集 32/6b
父李某 樂城集 32/7a

~ 廖

李廖復職制 橫塘集 7/12a
李廖除國子博士制 翟忠惠集 3/1b
承務郎李廖中上舍賜第除辟雍録制 翟忠惠集 3/3b
李廖復集英殿修撰制 東牟集 7/11a
李廖轉一官 斐然集 12/8b

~ 韜

李韜除直秘閣制 東窗集 8/29a
李韜除福建路提點刑獄制 東窗集 9/13b

~ 橫

李橫轉行翊衛大夫 張華陽集 1/4a

~ 樞

崇班閤門祗候李樞可供備庫副使制 蔡忠惠集 10/1a
文思使李樞可康州刺史 西溪集 5(三沈集 2/6b)

~ 藻

蜀州勘到右從事郎前崇慶軍節度判官李藻循例大支請受及買官估賣米及妄指遠程支借送還人請受降一資 益國文忠集 96/12a 益公集 95/40a

~ 慕清

前趙州軍州事判官李慕清可光祿寺丞 咸平集 29/2a

~ 閎之

京畿都轉運司屬官李閎之等循轉官資 苕溪集 45/2a

~ 錡

李錡差知嘉定府制 平齋集 21/10b
李錡軍器監制 後村集 60/8b

~ 積

故英州攝官李積宜特贈光祿寺丞制 蔡忠惠集 9/13a

~ 儀

李儀轉拱衛大夫係掩殺金人立功制 紫微集 12/19a
忠義前軍陣亡贈官李儀特贈承節郎與一子父職名更與一名進勇副尉 益國文忠集 98/6a 益公集 97/92a

~ 德

李德爲岳飛奏已蒙贈五官今乞贈七官恩澤

六資 紫微集 19/20a

~ 德

歸順人李德保義郎制 平齋集 17/11a

~ 德明

李德明遙郡團練使制 元豐稿 21/8a

~ 德政

特授李德政加食邑實封保節功臣制 景文集 31/19a 宋詔令集 238/930

~ 德劭

大理評事李德劭可光祿寺丞 蘇魏公集 33/8b
秘書省校書郎李德劭可集賢校理依舊充校書郎制 彭城集 20/18b

~ 德隆

母王氏 左班殿直李德隆母王氏可追封永安縣君制 歐陽文忠集 81/1a

~ 劉

李劉陞禮部郎中制 東澗集 4/17a
李劉除禮部郎官制 東澗集 4/17b 蒙齋集 9/4b
李劉昨任成都運判日起發會紙及五綱轉一官制 東澗集 6/23b

~ 綽

李綽可莊宅使制 文恭集 17/14b
故西上閤門使知雄州李綽可贈陵州團練使制 華陽集 28/12a

~ 澤民

李澤民贈朝奉郎 後村集 66/17a

~ 憲

李憲武勝軍節度觀察留後制 元豐稿 21/9a

~ 龍翰

推誠順化功臣靜海軍節度使觀察處置等使特進檢校太尉兼御史大夫上柱國安南國王食邑三千户食實封一千户李龍翰加食邑一千户食實封四百户仍兼秉信功臣制 益公集 103/99a

~ 諮

同知樞密院李諮除尚書户部侍郎知樞密院制 元憲集 22/3a

~ 璟

職方員外郎李璟除著作郎 劉給諫集 2/5b

~ 遵

李遵補承信郎制 東窗集 10/6a

~ 遵

李遵可洮州刺史充保順軍節度使制 文莊

詔令一 制詞 臣僚 七畫 613

集 2/15a

李貴男遵可三班奉職制　四庫拾遺 58/彭城集

~ 遵勗

駙馬都尉李遵勗兄加贈太師制　元憲集 21/2b

~ 熯

朝散郎直秘閣李熯特轉朝奉大夫直華文閣致仕制　平齋集 18/6b

~ 璋

李璋循右從事郎制　東窗集 12/19a

李璋奉公守職循一資　益國文忠集 95/10b　益公集 96/65b

~ 壇

父李全　李壇效順本朝請贖父遇既歸連海之境土復獻山東之版圖義概忠忱古今鮮儷節鎮王爵恩寵宜優可特授保信寧武軍節度使督視河北京東等路軍馬齊郡王制其故父全特與追復官爵改正日曆令所屬討論施行　後村集 54/15b

~ 機

朝散郎李機可知華州制　彭城集 21/14a

~ 整

宣徽北院使鎮寧軍節度使判鄆州充京東西路安撫使曹佃奏小方脈醫人李整　西溪集 5/(三沈集 2/9a)

~ 擇

李擇可衛尉寺丞制　文恭集 14/3a

~ 鄰

李鄰待制知越州制　大隱集 2/23a

~ 尊

宣州營田副使兼馬步都指揮使李尊可節度副使罷軍職　徐公集 7/10b

~ 興時

忠訓郎武學博士李興時知融州　止齋集 12/10b

~ 性傳

李性傳曾祖追贈制

曾祖李錫　追贈制　楳埜集 7/12b

曾祖母某氏　李性傳曾祖母追贈永嘉郡夫人制　楳埜集 7/12b

祖李發　李性傳祖追贈制　楳埜集 7/13a

祖母某氏　追贈制　楳埜集 7/13a

父李舜臣　李性傳父追贈制　楳埜集 7/13b

母某氏　李性傳母追贈制　楳埜集 7/13b

妻某氏　李性傳妻追贈制（一）　楳埜集 7/14a

妻某氏　李性傳妻追贈制（二）　楳埜集 7/14a

~ 穆

內侍李穆等轉官制　道鄉集 16/10b

~ 穆

隨龍壽慈宮祗應李穆轉一官制　後樂集 1/26b

~ 壁

李壁秘書省正字　宋本攻媿集 37/6a　攻媿集 41/5b

李壁封贈三代

曾祖母郭氏　曾祖母恭人郭氏贈隨西郡夫人　後樂集 1/19b

祖李中　祖中任朝奉大夫知陝州贈宣奉大夫擬贈太子少傅　後樂集 1/20a

祖母史氏　祖母碩人史氏贈德陽郡夫人　後樂集 1/20b

父李燾　父燾任敷文閣學士通奉大夫提舉佑神觀致仕丹稜縣開國伯食邑七百戶贈少師端明殿學士諡文簡擬贈太師餘如故　後樂集 1/21a

母楊氏　母秦國夫人楊氏擬贈秦國夫人　後樂集 1/22a

妻張氏　妻碩人張氏封宣春郡夫人　後樂集 1/22b

李壁降參知政事制　山房集 2/5b

秘書省正字李壁除校書郎　止齋集 17/7b

~ 隨

李隨可虞部員外郎制　文恭集 15/18b

故供備庫副使李隨可贈供備庫使制　文恭集 21/4b

太子中舍人李隨磨勘改官制　歐陽文忠集 79/4b

~ 濟

李濟補三班借職制　道鄉集 16/4a

~ 謙

御史臺檢法官李謙太常丞　宋本攻媿集 31/4a　攻媿集 35/4b

太常丞李謙浙東提舉　宋本攻媿集 32/18a　攻媿集 36/17b

父李翊　浙東提舉李謙乞將合轉朝奉郎一官回授生父翊贈承事郎　宋本攻媿集

33/9b 攻媿集 37/9a

前母王氏 浙東提舉李謙本生前母王氏贈儒人 宋本攻媿集 33/10a 攻媿集 37/9b

生母陳氏 浙東提舉李謙本生母陳氏贈儒人 宋本攻媿集 33/10a 攻媿集 37/9b

李謙授武翼大夫 育德堂外制 3/14b

~ 裹

石侍禁李裹可率府副率致仕 韓南陽集 48/1a 郎溪集 3/6a 宋文鑑 38/18b

~ 應

李應係温州兵官及巡檢并船場官緣本州城外遺火並不部帶兵弁前去救撲以致延燒入城州東一半居民屋宇兼其夜民心驚擾之際致兵士搶奪甚縱容受乞錢物降一官制 紫微集 15/9b

~ 膺

李膺除職方員外郎制 翟忠惠集 3/9b

李膺落職降一官 張華陽集 2/9b

~ 覲

告詞二首 直講集/外 1/1a

~ 璨

李璨轉武經大夫除和州防禦使制 平齋集 22/1b

歸順人李璨補武功郎制 平齋集 22/2a

~ 棃

李棃除太府寺丞制 東窗集 9/17b

~ 壎

李壎籍田令 後村集 63/3a

李壎軍器丞 後村集 65/9a

李壎除太府寺丞 後村集 67/9a

~ 擴

李擴轉官制 道鄉集 16/3b

~ 擢

李擢磨勘轉左朝散大夫進封開國伯加食邑三百户 苕溪集 42/2a

左司諫李擢除太常少卿 鴻慶集 24/4a 孫尚書集 26/5b

李擢封贈

父李公彥 徽猷閣直學士左朝請大夫提舉江州太平觀李擢父公彥贈左銀青光祿大夫制 東窗集 7/27b

母孫氏 母孫氏贈太寧郡夫人制 東窗集 7/27b

李擢除徽猷閣直學士與郡 張華陽集 3/5a

李擢知婺州 張華陽集 3/7a

李擢徽猷閣待制制 大隱集 1/8b

李擢袁州 筠溪集 4/24a

~駿起

李駿起復直龍圖閣四川都大茶馬制 平齋集 18/17b

~舉之

人理寺丞李舉之可郡水監主簿制 彭城集 22/16a

~舉賢

李舉賢可洛州曲周縣令制 文恭集 18/17b

~ 邁

李邁國子博士制 翟忠惠集 3/2a

~ 蹈

李蹈循資制 東牟集 7/35a

~翼之

李翼之除大理司直制 東窗集 6/24a

~彌大

李彌大除官職制 翟忠惠集 3/1a

校書郎李彌大除監察御史制 翟忠惠集 3/14a

李彌大尚書吏部侍郎主管左選 程北山集 24/9a

吏部侍郎李彌大户部尚書 程北山集 27/12a

知准寧府李彌大降兩官制 浮溪集 12/9a 浮溪集/附拾遺 12/143

~彌遜

李彌遜除徽猷閣直學士知漳州 苕溪集 37/2a

李彌遜直寶文閣知吉州 斐然集 14/9a

~ 謹

母毛氏 左侍禁李謹母毛氏特封制 道鄉集 18/5a

御龍直長行李謹可三班借職制 摛文集 8/7b

李謹轉忠訓郎制 東窗集 10/9b

~ 謩

李謩知潤州 斐然集 14/2a

~ 顏

都官郎中李顏可職方郎中 韓南陽集 17/6b

~ 燊

單州成武縣令李燊江陰軍録事參軍制 臨川集 52/15b

父李文俊 江陰軍録事參軍李燊父文俊守秘書省校書郎致仕制 臨川集 53/7b

~ 邀

李遴依舊真定安撫使制　橫塘集 7/2a
李遴贈節度使　程北山集 27/5a

~ 鎭
尚衣奉御李鎭可轉一官制　摘文集 7/3b

~簡能
光祿寺丞前知綿州彰明縣李簡能可著作佐
郎　咸平集 28/4b

~ 諶
知永興軍李諶責授團練副使安置　劉給諫
集 2/7a　宋詔令集 210/795
李諶散官安置制　宋詔令集 210/795

~ 懷
武功大夫李懷軍中探報有功特除遂郡刺史
若溪集 42/1a

~懷德
學士院孔目官遂州司户參軍李懷德可特授
□州陽信縣尉充學士院錄事制　歐陽文
忠集 81/5a

~懷德
茭村族軍主李懷德可本族都軍主　蘇魏公
集 29/11b

~懷寳
李懷寳可贈防禦使制　文恭集 21/3b

~懷曦
客省承受李懷曦遂州司户參軍制　臨川集
55/15a

~ 曈
故內殿承制李仙次男曈可三班借職制　摘
文集 8/7a

~ 鏃
李鏃轉官制　梅溪集 4/24b

~ 寳
李寳節度使制　東窗集 14/6a
李寳係義兵統制將帶京東忠義兵馬與金人
關敵同逐人老小轉清河前來歸投本朝與
轉兩官仍除遂郡刺史制　紫微集 12/15a
李寳轉左武大夫係掩殺金人立功制　紫微
集 12/19a
曾祖李舜卿　靜海軍節度使李寳曾祖朝
散大夫大理寺丞舜贈太子少保　益國
文忠集 97/14b　益公集 97/80a
兩浙東西路通泰海州沿海制置使充京東東
路招討使李寳依六月一日指揮與轉一官
益國文忠集 95/4b　益公集 97/81a

~獻可
李獻可除司農寺丞兼國史　後村集 71/8b

~ 藻
蜀州勘到右從事郎前崇慶軍節度使判官李
藻坐循例大支請受及買官佔賣米及妄指
遠程支借送還人請受降一資　益國文忠集
96/12a　益公集 95/40a

~繼明
李繼明可內殿承制制　文恭集 13/4a

~繼捧賜名趙保忠
祖母閔氏　耀州節度使李繼捧祖母河西
閔氏可特封西河郡太夫人　咸平集 29/
6b
母吳氏　母漢陽郡夫人吳氏可進封南陽
郡夫人　咸平集 29/6b
李繼捧移鎭制　宋詔令集 103/382
李繼捧加恩制　宋詔令集 103/382
李繼捧責授右千牛衛士將軍封有罪侯賜第
京城仍賜姓名趙保忠制　新安文獻 1/前 1a

~繼隆
李繼隆加恩制　宋詔令集 95/350
李繼隆檢校太傅移鎭加恩制　宋詔令集 96/
351
李繼隆加恩制　宋詔令集 104/386

~繼敏
樞密院押衙知客李繼敏可東明令　咸平集
28/18b

~繼源
東染院副使李繼源可左領軍衛將軍致仕誥
文莊集 3/9a

~ 鄴
大理評事監在京廣衍倉李鄴可光祿寺丞制
元憲集 26/1a

~襲之
李襲之循資制　蒙齋集 8/6a

~ 權
陣亡人李權特贈一官與一資恩澤　益國文
忠集 98/1b　益公集 96/63b

~ 鑑
屯田員外郎李鑑可都官員外郎　蘇魏公集
29/7b

~顯忠
除李顯忠特授威武軍節度使充左金吾衛工
將軍食實封如故制　文定集 8/2a　南宋文範

11/6a

除李顯忠加食邑制　海陵集 11/8a

封贈三代

曾祖李明德　太尉寧國軍節度使主管侍衛馬軍司公事李顯忠封贈三代曾祖任皇城使贈太傅明德特贈太師　益國文忠集 97/10b　益公集 98/99b

曾祖母野氏　曾祖母梓國夫人野氏特贈秦國夫人　益國文忠集 97/11a　益公集 98/100a

祖李中言　拱備庫使贈太師中言特追封和國公　益國文忠集 97/11a　益公集 98/100b

祖母折氏　祖母魯國夫人折氏特贈魏國夫人　益國文忠集 97/11b　益公集 98/101a

父李永奇　父同州觀察使贈太師追封魏國公永奇追封楚國公　益國文忠集 97/12a　益公集 98/101a

母拓跋氏　母越國夫人拓跋氏楚國夫人　益國文忠集 97/12a　益公集 98/103a

繼母蒙氏　繼母周國夫人蒙氏楚國夫人　益國文忠集 97/12a　益公集 98/103a

妻周氏　妻平陽郡夫人周氏安康郡夫人　益國文忠集 97/72b　益公集 98/101a

威武軍節度使主管侍衛馬軍司公事開國公食邑千百戶食實封千百戶李顯忠特復太尉餘如故制　益國文忠集 102/8a　益公集 102/62b

李顯忠加封制　益國文忠集 103/2b

李顯忠主管侍衛馬軍司公事　益國文忠集 112/4a　益公集 112/114b

李顯忠特復太尉　益國文忠集 112/4b　益公集 112/114b

隨州觀察使李顯忠授威武軍節度使充左金吾衛上將軍封食實封如故制　新安文獻 2/後 1b

~ 巘

翰林學士承旨李巘除寶文閣學士知參州改知太平州　止齋集 15/9b

見任侍從該覃恩轉官翰林學士李巘　宋本攻媿集 36/19a　攻媿集 40/18a

翰林學士李巘寶文閣學士知婺州　宋本攻媿集 37/19a　攻媿集 41/18a

~ 觀

開封府襄邑縣尉李觀可大理寺丞制　華陽集 29/11b

~ 觀

李觀成都路運判　筠溪集 5/14a

武功大夫果州團練使兼閤門宣贊舍人李觀階官上轉行一官　益公集 95/51a

~ 巑

李巑宣德郎　蘇東坡全集/外制 下/10b

~ 某

宣政使金州觀察使李某可宣慶使依前金州觀察使制　攘文集 4/9b

~ 氏

外祖母追封某國夫人　徐公集 7/13a

~ 氏

掌絲李氏進封典言制　元憲集 26/16b

~ 氏

太皇太后殿李氏可典記　蘇魏公集 34/10a

~ 氏

仁壽郡太君李氏可追封嘉興郡太郡制　郡溪集 7/6b

~ 氏

追封京兆郡李太君制　郡溪集 7/7a

~ 氏

燕國太夫人李氏可特封周國太夫人制　彭城集 22/11a

~ 氏

李氏與掌飾夫人制　彭城集 23/7a

~ 氏

李氏等並贈縣太君制　道鄉集 17/5b

~ 氏

掌簿李氏知尚書內省公事制　道鄉集 17/11b　宋詔令集 22/111

~ 氏

神宗皇帝朝宮人李氏特除温國夫人制　翟忠惠集 4/20b

~ 氏

宮人李氏除和國夫人充司儀制　翟忠惠集 4/22a

~ 氏

淑國夫人李氏陞添四字封柔和恭順制　東窗集 7/1b

~ 氏

南昌郡夫人李氏轉國夫人制　東窗集 7/2a

~ 氏（進進）

李進進轉通義郡夫人　宋本攻媿集 34/12a　攻媿集 38/11b

～氏

掌簿李氏可知尚書內省公事制　宋詔令集 22/111

車　全

車全去年十二月汝州陣亡贈承節郎與一子進勇副尉　益國文忠集 98/3b　益公集 97/89b

束　莊

束莊可大理寺丞制　文恭集 14/11a

巫　伋

巫伋等改官制　楊溪集 4/27a

巫伋進講尚書制　東牟集 7/1b

巫伋兼侍講　海陵集 16/6b

巫伋與復龍圖閣學士見任官祠人依舊　益公集 94/23a

巫伋復龍圖閣學士　益國文忠集 96/15a　益公集 94/23b

求揚祖

求揚祖司農寺簿　育德堂外制 4/11b

～歸

台州百姓求歸年一百二歲可守本州助教　蘇魏公集 34/17a

折可大

皇城副使兼閤門通事舍人折可大特與西上閤門副使制　摘文集 6/10b

～可名

左藏庫使折可名與轉一官内折可名換漢官制　摘文集 6/12a

～可襄

西頭供奉官折可襄與轉一官制　摘文集 7/3b

～克行

折克行轉官制　元豐稿 21/8b

～彥野

折彥野贈五資勅　襄陵集 3/9b

～彥質

折彥質知福州　筠溪集 4/1b

折彥質贈父制　斐然集 14/13b

～師武

蕃官折師武罩恩改西頭供奉官　樂城集 29/6b

～博務

延陵縣令監原州折博務可大理寺丞制　鄆溪集 3/7b

～繼宣

母某氏　文思使知府州折繼宣母進封郡太君制　元憲集 26/18b

～繼祖

右侍禁折繼祖可西染院使知福州制　文恭集 18/4a

莊宅使康州刺史折繼祖可本州團練使制　鄆溪集 4/1b

～御沖

東頭供奉官折御沖可崇儀副使加階勳　咸平集 29/9a

～御勳

折御勳加恩制　宋詔令集 103/380

呂士昭

呂士昭提舉保甲兼河東提刑制　浮溪集 8/18a　浮溪集/附拾遺 8/100

～士龍

呂士龍可衛尉少卿制　文恭集 16/5b

光祿少卿知滑州呂士龍可少府監差遣依舊制　蔡忠惠集 11/3a

～大圭

呂大圭特授秘閣修撰知漳州誥　四明文獻集 5/18a

～大防

除呂大防特授太中大夫守尚書左僕射兼門下侍郎加上柱國食邑實封餘如故制　蘇東坡全集/內制 6/16a

閤門賜新除宰相呂大防告口宣　蘇東坡全集/內制 7/14b

明堂執政加恩呂大防　蘇東坡全集/外制下/16b

呂大防中書侍郎　樂城集 27/15b

明堂呂大防加恩制　樂城集 33/2b

中書侍郎呂大防拜左相制　宋詔令集 57/288

呂大防轉官制　宋詔令集 63/309

呂大防加恩制　宋詔令集 63/309

左僕射呂大防進官制　宋詔令集 63/309

呂大防罷相進左光祿大夫觀文殿大學士知穎昌府加恩制　宋詔令集 69/337

呂大防落職降官知隨州制　宋詔令集 206/773

呂大防降官安州居住制　宋詔令集 207/778

呂大防責散官安置制 宋詔令集 207/778

故責授舒州團練循州安置追復右光祿大夫

呂大防特授太中大夫 宋詔令集 210/796

呂大防追復官制 宋詔令集 221/854

除呂大防太中大夫守尚書左僕射兼門下侍

郎制 宋文鑑 36/8b

~大忠

呂大忠發運副使 蘇東坡全集/外制 卜/3b

陝西運副呂大忠知陝府制 曲阜集 3/6b 宋文

鑑 40/15a

~大舉

呂大舉轉一官制 東窗集 8/14a

~大臨

呂大臨太學博士 蘇東坡全集/外制 下/1a

~大麟

呂大麟知常德府 宋攻媿集 31/6b 攻媿集 35/

6b

~大信

武功大夫沿江制司諸議官呂文信總統兵船

在櫚林夾白鹿磯陣歿於王事得旨特贈寧

遠軍承宣使其子師愈特與帶行閤職除合

得致仕恩澤外更與二子恩澤仍與立廟賜

額 後村集 69/1a

~文煥

呂文煥特授中大夫毫州防禦使依前職任

後村集 67/10b

~文德

呂文德特授開府儀同三司依前保寧軍節度

使京湖安撫制置大使四川宣撫使兼知鄂

州兼湖廣總領霍邱郡開國公加食邑食實

封制 後村集 54/13a

回奏宣諭改呂文德開封制 後村集 54/14a

呂文德特授少保職任依舊加食邑實封制

碧梧集 6/5a

呂文德依前官職加恩制附口宣 碧梧集 7/5b

呂文德依前少保寧武保康軍節度使荊湖安

撫制置大使屯田大使兼四川策應大使兼

荊鄂州軍州事兼管內勸農營田使兼侍衛

馬軍都指揮使霍邱郡開國公加食邑七百

户食實封三百户制 四明文獻集 4/11a

~元淳 ~元忠

父呂景初 呂元淳弟奉議郎元忠父史部郎

中充天章閣待制景初可特贈通議大夫制

彭城集 23/19a

元淳母陳氏 元淳母仙源縣君陳氏可特贈

潁川郡太君制 彭城集 23/19a

元忠母魏氏 元忠母永康縣君魏氏可封安

福縣太君制 彭城集 23/19a

~元規

比部員外郎呂元規可駕部員外郎制 臨川

集 50/12a

·友直

呂友直除大理評事制 元憲集 20/14a 止齋集

18/8b

~公垂

呂公垂可右贊善大夫制 文恭集 15/7a

~公善

著作佐郎呂公善可秘書丞 西溪集 4(三沈集

1/61b)

~公著

呂公著可屯田員外郎制 文恭集 15/14a

都官員外郎呂公著可司封員外郎依前崇文

院檢討制 蔡忠惠集 11/5b

翰林學士兼侍讀學士寶文閣學士禮部侍郎

呂公著可守御史中丞 蘇魏公集 31/1b

尚書户部侍郎同知樞密院事呂公著可正議

大夫充樞密副使加食邑一千户實封二百

户制 王魏公集 2/12a

樞密副使正議大夫呂公著可依前正議大夫

同知樞密院事制 王魏公集 3/15b

除呂公著特授守司空同平章軍國事加食邑

實封餘如故制 蘇東坡全集/內制 6/15a

閤門賜新除守司空同平章軍國事呂公著告

口宣 蘇東坡全集/內制 7/14b

賜新除司空同平章軍國事呂公著辭免册禮

許詔 蘇東坡全集/內制 7/14b

妻魯氏 呂公著妻魯氏贈國夫人 蘇東

坡全集/外制上/18b 宋文鑑 39/16a

門下侍郎呂公著拜右相制 宋朝令集 57/287

右相呂公著拜守司空同平章軍國事制 宋

詔令集 57/288

呂公著加恩制 宋詔令集 62/308

呂公著追貶散官制 宋詔令集 208/782

故追貶建武軍節度副使呂公著追貶昌化軍

司户制 宋詔令集 209/787

呂公著贈太師追封申國公制 宋詔令集 221/

851

呂公著追復官制 宋詔令集 221/853

除呂公著右僕射制 宋文鑑 36/7a

除呂公著守司空同平章軍國事制 宋文鑑 36/8a

~公弼

呂公弼可兵部員外郎制 文恭集 15/3a

尚書工部郎中充天章閣待制呂公弼可依前工部郎中充龍圖閣直學士高陽關路都部署兼安撫使兼知瀛州制 蔡忠惠集 10/16a

呂公弼授依前樞密使光祿大夫加食邑制 華陽集 26/2a

龍圖閣直學士呂公弼可權知開封府制 華陽集 29/2a

龍圖閣直學士給事中呂公弼改工部侍郎制 臨川集 49/12b

龍圖閣直學士給事中呂公弼改尚書工部侍郎餘如故 王文公集 10/9a

給事中呂公弼改尚書工部侍郎 播芳文粹 90/19b

除呂公弼樞密使檢校太傅制 宋文鑑 34/9a

~公綽

太子中允直集賢院知鄭州呂公綽可太常丞制 元憲集 23/6b

太常丞直集賢院判三司都理呂公綽可太常博士制 元憲集 26/3a

呂公綽可刑部員外郎制 景文集 31/4a

龍圖閣學士尚書刑部郎中知徐州呂公綽可復翰林侍讀學士制 蔡忠惠集 11/1b

翰林學士呂公綽可加護軍進封開國□食邑五百戶制 蔡忠惠集 13/8a

~公藻

呂公藻可屯田員外郎制 文恭集 15/14a

江南西路轉運使呂公藻太常少卿制 臨川集 49/14b

刑部侍郎龍圖閣直學士呂公藻可權知開封府制 彭城集 23/10b

祠部郎中判三司鹽鐵勾院呂公藻可刑部郎中 西溪集 5(三沈集 2/14a)

右諫議大夫呂公藻可給事中知青州制 王魏公集 2/24a

呂公藻知秦州 樂城集 28/17a

~升卿

呂升卿館閣校勘通判鄆州制 元豐藁 22/8b

呂升卿通判海州 蘇東坡全集/外制中/12a

呂升卿知軍通判制 宋詔令集 206/771

~本中

呂本中除祠部郎官 張華陽集 6/9a

呂本中太常少卿 筠溪集 4/9a

呂本中中書舍人 筠溪集 5/21b

呂本中元是中書舍人爲臣僚上言職掌外制率寓己私奉聖旨與宮觀遇明堂大禮合行檢舉復秘閣修撰制 紫微集 17/6a

~不問

呂不問工部郎官 斐然集 13/6a

~由庚

呂由庚太常寺太祝 蘇東坡全集/外制中/2a

~由度

宣德郎呂由度可光祿寺丞制 彭城集 19/10a

~由誠

宣義郎呂由誠可衛尉寺主簿制 四庫拾遺 54/彭城集

~用中

呂用中福建提舉茶事 苕溪集 46/2b

呂用中除直秘閣制 東窗集 7/7a

~用賢

呂用賢可磁州邯鄲縣令制 文恭集 18/17b

~夷簡

鎮安軍節度使同中書門下平章事呂夷簡可銀青光祿大夫檢校國子祭酒兼監察御史武騎尉充教練使制 元憲集 24/11a

呂夷簡拜集賢相制 宋詔令集 52/267

呂夷簡進昭文相制 宋詔令集 52/268

呂夷簡拜昭文制 宋詔令集 53/270

呂夷簡再相制 宋詔令集 53/272

呂夷簡守司空餘如故制 宋詔令集 53/272

呂夷簡依前判樞密院事制 宋詔令集 53/272

呂夷簡罷判樞密院除兼樞密使制 宋詔令集 54/273

呂夷簡守司空加恩軍國大事與中書門下密院同議制 宋詔令集 54/273

呂夷簡罷授使相判遣州制 宋詔令集 66/323

呂夷簡罷相判許州制景 宋詔令集 66/324

呂夷簡守太尉加恩制 宋詔令集 67/327

~企中

直敷文閣福建運判呂企中除福建路提點刑獄公事 益國文忠集 100/6b 益公集 100/145a

~仲甫

奉議郎河北東路提刑呂仲甫可依前官充河北西路提刑 宋文鑑 39/9b

~ 好問

資政殿學士太中大夫提舉臨安府洞霄宮呂好問守本官致仕 程北山集 22/3b

父呂希哲 呂好問父任奉直大夫直秘閣贈太子少師希哲太子太傅 程北山集 23/9b

母張氏 故母齊安郡夫人張氏贈文安郡夫人 程北山集 23/10a

妻王氏 故妻永嘉郡夫人王氏贈東萊郡夫人 程北山集 23/10a

呂好問除尚書右丞制 浮溪集 11/16a 浮溪集/ 附拾遺 11/135 鴻慶集 26/1b 孫尚書集 27/7a

~ 言

前侍御史呂言可舊官制 文莊集 1/19b

利州路轉運使工部郎中呂言可刑部郎中餘如故 文恭 2/9a

~ 言

呂言贈忠翊郎制 東窗集 10/13a

呂言爲管押錢糧隨軍應副支散被謝二花賊徒殺傷身死贈兩官與一子進義校尉制 紫微集 18/9a

~ 孝廉

呂孝廉轉運判官制 元豐稿 22/1a 宋文鑑 39/6b

~ 克禮

司農少卿致仕呂士宗男克禮可將仕郎試秘書省校書郎制 蔡忠惠集 9/5b

~ 拚

父呂夏卿 呂拚父夏卿贈右光祿大夫制 道鄉集 16/1a

~ 希哲

呂希哲除光祿少卿制 道鄉集 16/2a

呂希哲直秘閣知曹州制 道鄉集 18/6a 宋文鑑 40/19a

呂希哲分司居住制 宋詔令集 208/783

~ 希常

呂希常奉使有勞轉一官制 東窗集 8/20a

呂希常除司農少卿總領淮東財賦制 東窗集 11/1a

~ 希純

秘書丞呂希純可起居舍人制 淨德集 8/9a

呂希純分司居住制 宋詔令集 208/783

朝奉大夫寶文閣待制呂希純降充集賢殿修

撰依舊知潁州 宋詔令集 211/800

~ 希道

父呂公綽 職方員外郎呂希道父翰林侍讀學士右司郎中公綽可贈尚書户部侍郎制 郡溪集 5/10a

中散大夫呂希道可知亳州制 彭城集 21/15a

~ 希績

呂希績分司居住制 宋詔令集 208/783

朝奉大夫少府少監呂希績可權發遣潁州 宋文鑑 39/9b

~ 佐

呂佐可衛尉寺丞致仕制 文恭集 20/6b

~ 延年

太府寺丞呂延年除大理寺丞制 平齋集 22/15a

呂延年授太府丞制 鶴林集 6/18b

~ 定

京兆府興平縣尉呂定可鳳翔府左司理參軍制 歐陽文忠集 79/5a

~ 定

母吳氏 保義郎呂定母吳氏年九十二特封太孺人制 東窗集 8/26a

~ 祉

呂祉除正言制 浮溪集 8/2b 浮溪集/附拾遺 8/88

呂祉轉一官 張華陽集 2/6a

呂祉權兵部侍郎 斐然集 13/6b

~ 協

呂協可殿中丞制 文恭集 15/9b

~ 直

呂直陣亡贈官 益國文忠集 98/3a 益公集 97/91b

~ 昌宗

光祿少卿知單州呂師簡遺表次男昌宗武將作監主簿制 監川集 52/11b

~ 昌祐

將作監主簿呂昌祐可太常寺太祝 西溪集 4 （三沈集 1/72a）

~ 昌符

宣德郎致仕呂昌符可通直郎致仕制 彭城集 23/16b

~ 昌壽

奏舉人試大理評事前權信州軍事推官呂昌壽等改官 蘇魏公集 32/6b

~ 和卿

呂和卿考功員外郎制 元豐稿 22/7a

~居簡

龍圖閣直學士尚書刑部侍郎呂居簡可尚書兵部侍郎依前龍圖閣直學士進封開國公加食邑五百户食實封二百户　韓南陽集 18/15a

~祖儉

添差台州通判呂祖儉除太府寺丞呂祖儉贈直秘閣　育德堂外制 2/10a

~　拭

新除集賢殿修撰知江寧府呂拭可改知郢州制　翟忠惠集 2/13b

~昭序

沿堂五院正名驅使官鄭州司户參軍呂昭序常州宜興縣尉制　臨川集 55/15a

~昭敏

朝請大夫尚書省都事呂昭敏可轉一官制　摘文集 7/8a

~昭遠

呂昭遠知常德府　育德堂外制 4/10a

~　俊

天武下名副指揮使呂俊換修武郎　宋本攻媿集 30/15b　攻媿集 34/14a

~益柔

顯謨閣待制知鄭州呂益柔除知越州制　翟忠惠集 2/16a

~夏卿

呂夏卿可試秘校充石州軍事推官餘如故制　文恭集 18/15a

秘書丞直秘閣充編修唐書官呂夏卿可太常博士餘如故　西溪集 6(三沈集 2/51b)

~　殊

呂殊特授朝奉郎致仕制　東澗集 5/8a

呂殊除太學録制　平齋集 17/10a

~　荀

殿中丞知河南府王屋縣事呂荀可國子博士餘如故制　文莊集 2/14b

~師愈

武功大夫沿江制司諸議官呂文信總統兵船在櫓林夾白鹿磯陣殁於王事得旨特贈寧遠軍承宣使其子師愈特與帶行閣職除合得致仕恩澤外更與二子恩澤仍與立廟賜額　後村集 69/1a

~師龍

父呂文德　左武大夫高州刺史左領衛大

將軍

呂師龍將類草坪所得兩官及父文德回授兩官轉左武大夫　後村集 70/8b

左武大夫高州刺史左領衛大將軍呂師龍將節次所得參官特與轉行遙郡團練使　後村集 70/8b

~師簡

右贊善大夫知汝州梁縣呂師簡可殿中丞制　元憲集 25/9a

虞部員外郎呂師簡可比部員外郎制　歐陽文忠集 79/15a　宋文鑑 37/7a

~師嚴

借職呂師嚴可轉一官制　摘文集 7/4a

~務簡

國子博士通判鄧州呂務簡可尚書水部員外郎制　元憲集 26/6b

~　深

淮西强勇軍統制呂深轉武經郎制　平齋集 18/8b

~　規

呂規可殿中丞制　文恭集 15/18a

~惟和

呂惟和可殿中丞制　文恭集 14/20b

~惟簡

呂惟簡可司門郎中制　文恭集 15/8b

~紹寧

權大理少卿公事呂紹寧加輕車都尉制　元畫集 25/8b

~　陶

殿中侍御史呂陶可左司諫兵部員外郎制　彭城集 23/9b

呂陶京西運副　樂城集 30/2a

~游問

呂游問除知襄陽　益國文忠集 100/2a　益公集 100/138b

~　混

呂混可殿中丞制　文恭集 13/6b

~溫卿

知宿州呂溫卿可知潮州制　彭城集 21/6a

呂溫卿知饒州　蘇東坡全集/外制上/5b

通直郎河北西路提刑呂溫卿可依前官充河北東路提刑　宋文鑑 39/9b

~渭孫

京西宣撫申忠湖郎呂渭孫斬違犯紀律人朱

勝及捕殺作過人蔡飛等特轉三官仍令宣撫司更與陞擢授從義郎制　後樂集 1/13b

~ 琦

太史局保章正呂琦可太史局靈臺郎制　摘文集 4/8a

~惠卿

呂惠卿貢授建寧軍節度副使本州安置不得簽書公事　蘇東坡全集/外制中/13a　宋詔令集 206/771　宋文鑑 40/4a

呂惠卿落職制　道鄉集 17/10a　宋詔令集 210/790

~ 覃

前大理評事呂覃可薑官　咸平集 28/10b

~ 搢

奏舉人前相州永和縣令呂搢可大理寺丞　西溪集 4(三沈集 1/64b)

~ 秉

樞密院編修官呂秉太常丞　宋本攻媿集 33/15b　攻媿集 37/15a

在外大中大夫以上致仕官該覃恩轉官太常丞呂秉湖北提舉　宋本攻媿集 37/4a　攻媿集 41/4a

~ 景

侍御史呂景可司封員外郎　蘇魏公集 29/5b

~景初

殿中侍御史呂景初可上騎都尉制　蔡忠惠集 13/9a

~ 開權

呂開權淄州軍事推官依前充鎮南軍節度推官制　臨川集 52/14b

~ 漆

呂漆可右正言制　文恭集 12/5b

翰林學士呂漆可翰林侍讀學士知徐州制　華陽集 29/1b

未復舊官人兵部員外郎知池州呂漆吏部郎中制　臨川集 55/5b

給事中集賢院學士呂漆可龍圖閣直學士知杭州制　鄖溪集 4/11b

呂漆降兵部員外郎依舊分司和州居住制　宋詔令集 205/767

呂漆落職分司制　宋詔令集 205/767

~ 源

呂源復直龍圖閣制　東牟集 7/9b

呂源復一官　斐然集 12/5b

呂源落職　斐然集 14/26a

~ 靖

呂靖等改合入官　東窗集 8/14a

~ 福

呂福等因功合轉從義郎已贈兩官欲各更贈一官制並係順昌府與金人等節次見陣戰殁　紫微集 19/17b

~ 搪

呂搪除司農寺丞制　于湖集 19//a

~ 端

呂端拜相制　宋詔令集 51/261

呂端轉官制　宋詔令集 59/298

~ 誨

呂誨可著作佐郎制　文恭集 12/6b

右諫議大夫權御史中丞呂誨可落御史中丞依前官知鄧州　蘇魏公集 31/1a

呂誨贈通議大夫制　宋詔令集 221/851

~廣問

呂廣問敷文閣侍制在京宮觀兼侍講制　盤洲集 21/10a

呂廣問除江東提舉　海陵集 15/5b

~ 遷

國子博士呂遷可虞部員外郎制　蔡忠惠集 11/4a

~嘉問

呂嘉問貢授本官知准陽軍制　宋詔令集 206/772

~蒙正

呂蒙正拜相制　宋詔令集 51/260

呂蒙正起復制　宋詔令集 51/261

呂蒙正拜相制　宋詔令集 51/261

呂蒙正拜昭文相制　宋詔令集 51/262

呂蒙正罷相除吏部尚書制　宋詔令集 65/319

呂蒙正罷相除右僕射制　宋詔令集 65/319

呂蒙正罷相除太子太師萊國公加恩制　宋詔令集 65/320

除呂蒙正中書侍郎兼戶部尚書平章事制　宋文鑑 34/3a

~頤浩

曾祖呂元吉　左僕射呂頤浩曾祖贈太子少保元吉贈太子太保　程北山集 25/1a

曾祖母李氏　曾祖母榮國夫人李氏贈宂國夫人　程北山集 25/1b

祖呂京　祖贈太子少傅京贈太子太傅　程北山集 25/2a

祖母耿氏　故祖母崇國夫人耿氏贈徐國夫人　程北山集 25/2b

父呂當　故父任宣德郎贈太子少師當贈太子太師　程北山集 25/3a

母魏氏　故母温國夫人魏氏贈鄆國夫人　程北山集 25/3b

妻魏氏　故妻嘉國夫人魏氏贈蔡國夫人　程北山集 25/4a

妻姜氏　故妻和國夫人姜氏贈衛國夫人　程北山集 25/4a

呂頤浩除少傅依前鎮南軍節度使成國公致仕　苕溪集 41/4b

呂頤浩贈太傅　苕溪集 43/5a

户部侍郎呂頤浩户部尚書制　浮溪集 11/6b

浮溪集/附拾遺 11/129

少保尚書左僕射呂頤浩加恩制　浮溪集 11/7a 浮溪集/附拾遺 11/129

呂頤浩罷尚書左僕射同中書門下平章事御營使特授鎮南軍節度使開府儀同三司禮泉觀使食邑食實封如故任便居住制　浮溪集 12/3b 浮溪集/附拾遺 12/139

除呂頤浩特授依前尚書左僕射同中書門下平章事兼知樞密院事都督江淮兩浙荆湖諸軍事　北海集 7/5b 南宋文範 11/4b

除呂頤浩特授鎮南軍節度使開府儀同三司提舉臨安府洞霄宮加食邑食實封如故制　北海集 7/7b

呂頤浩湖南安撫制置大使　斐然集 12/1b

呂頤浩加恩麻　播芳文粹 90/3a

～　顯

呂顯降一官制　浮溪集 9/11b 浮溪集/附拾遺 9/111

～　整

安强寨守禦將佐等秦鳳第三將左藏庫使呂整特與轉一資制　摘文集 6/10a

～穆仲

呂穆仲京東提刑　蘇東坡全集/外制上/15a

～　選

舒州推官呂選可大理寺丞制　歐陽文忠集 79/6a

～聰問

呂聰問除吏部郎官　張華陽集 7/5b

呂聰問除宗正少卿　張華陽集 7/6b

～　擢

呂擢直徽猷閣知建康府制　盤洲集 19/12a

～　嬰

右侍禁呂嬰可左清道率府副率致仕　蘇魏公集 31/11b

～　薰

母屬氏　呂薰母屬氏封攝人　織奎集 6/2a

～　氏(六六)

紅霞岐呂六六轉掌記　張華陽集 8/9b

吹　忠

蕃官左藏庫副使吹忠可轉一官制　摘文集 8/1a

～冒勒

沙克冒伊實男吹冒勒承績制　文恭集 19/9b

吴之紀

侍禁吴之紀可轉一官制　摘文集 1/4a

～大圭

吴大圭除國子正　後村集 70/6b

～子良

吴子良直華文閣江西運判　後村集 61/6a

～天常

前泗州盱眙縣令吴天常可大理寺丞　文恭集 12/12a 蘇魏公集 29/8b

～元瑜

文思使吴元瑜可轉一官制　摘文集 7/4b

～元慶

内殿承制閤門祇候吴元慶可供備庫副使制　文恭集 1/21b

～太元

吴太元大理寺丞制　臨川集 51/14b

～立禮

光祿寺丞吴立禮可著作佐郎制　蘇魏公集 34/3b

～　永

承制吴永可轉一官制　摘文集 7/4b

～世才

吴世才以父没於王事得恩澤一資　苕溪集 31/3b

～世長

吴世長可檢校水部員外郎充堂後官制　文恭集 15/19a

～世昌

吴世昌轉閤門宣贊舍人制　東窗集 7/4a

~世雄

吳世雄以父沒於王事得恩澤一資　苕溪集 31/3b

~　本

武功大夫温州刺史吳本降一官　苕溪集 36/ 4a

左班殿直吳本可轉一官制　四庫拾遺 603/摘文堂集

~　旦

吳旦可國子監丞致仕制　文恭集 20/7b

~守一

吳守一改官制　歐陽文忠集 80/11a

~安本

秘書省正字吳安本將作監主簿　西溪集 6(三沈集 2/40b)

~安度

母王氏　朝請郎吳安度等故母廣陵郡太夫人王氏可贈榮國太夫人　宋文鑑 39/11b

~安持

吳安持太僕少卿制　元豐稿 22/4a

吳安持知蘇州　蘇東坡全集/外制下/4a

吳安持司農少卿　樂城集 29/2b

~安國

朝請郎吳安國可除考功員外郎制　北海集 3/13a

~安期

朝堂正名知班驅使官吳安期特授將仕郎制　臨川集 55/13b

~安詩

吳安詩降官落職監光州鹽酒稅務制　宋詔令集 207/776

吳安詩散官安置制　宋詔令集 208/784

~安憲

吳安憲都官　樂城集 28/11a

~安操

吳安操大理寺丞制　臨川集 51/13a

~　充

集賢校理判吏部南曹吳充可太常博士制　華陽集 27/5b

吳充轉官制　臨川集 50/12a

吳充拜相制　宋詔令集 56/284

吳充罷相進吏部尚書觀文殿大學士西太一宮使制　宋詔令集 69/335

吳充贈司空兼侍中制　宋詔令集 221/849

~次賓

吳次賓除刑部郎官　張華陽集 8/3b

~有鄰

尚書職方員外郎通判荊南府吳有鄰可尚書屯田郎中制　元憲集 25/11b

吳有鄰除駕部員外郎制　安陽集 40/6a

~　成

書藝局藝學吳成可轉一官制　摘文集 8/5b

~夷簡

刑部員外郎兼侍御史知雜事吳夷簡可朝奉郎加上輕車都尉制　文莊集 2/7a

~　早

建昌軍忠節指揮兵士吳早昨起發赴江州駐劄前去壽春府陣亡贈承節郎與一子進勇副尉　益國文忠集 98/5a　益公集 97/92b

~　回

內侍吳回等各降兩官制　後樂集 1/11b

~　开

吳开散官安置制　浮溪集 12/12a　浮溪集/附拾遺 12/145

吳开翰林學士承旨誥　四庫拾遺 614/橫塘集

~仲舒

吳仲舒轉從義郎制　東窗集 10/8a

~　价

大中大夫都水使者吳价轉官　劉給諫集 2/8a

都水使者吳价爲徽猷閣待制河北路都轉運使　劉給諫集 2/8a

~　沖

達州司户參軍吳沖可奉寧軍節度推官制　歐陽文忠集 81/9b

~　宏

左武大夫鄂州駐劄御前中軍第十將吳宏因拾劒隊下食錢等事聖旨降一官令本軍自効該六月十三日大赦叙復　益國文忠集 96/ 14b　益公集 94/23a

~良弼

忠翊郎吳良弼轉一官　宋本攻媿集 30/17a　攻媿集 34/15b

~　志

侍禁吳志可與轉三官制　摘文集 8/3b

~　材

吳材除謀官制　道鄉集 18/9a

~克仁

吳克仁補承信郎制　四庫拾遺 346/鶴林集

～求

吳求除大理評事制　東窗集 6/26b

～芭

吳芭特改右宣義郎制　東窗集 9/10a

～希祥

吳希祥降一官仍罷邵武軍通判　苕溪集 31/1a

～似孫

吳似孫授從事郎制　四庫拾遺 289/翰林集

～伸

吳伸可屯田員外郎制　文恪集 15/14a

～君厚

左光祿大夫守門下侍郎吳君厚可資政殿學士充太一宮使制　摘文集 3/10a

～君擢

吳君擢可封郎官　後村集 64/12a

吳君擢除將作監兼侍左郎官　後村集 69/5a

吳君擢直煥章閣知嘉興府　後村集 71/13a

～沛

朝奉郎吳沛可知開封府考城縣制　彭城集 19/14b

～泳

起居舍人吳泳除起居郎諸　東澗集 3/22a

起居郎兼權史部侍郎吳泳特除吏部侍郎制　東澗集 4/12b

著作郎權司封郎官吳泳除軍器少監兼直舍人院制　平齋集 17/5a

軍器少監直舍人院吳泳除秘書少監兼權中書舍人制　平齋集 22/11a

～宗旦

吳宗旦知舒州　宋本攻媿集 31/25b　攻媿集 35/25a

～宗傑

入內文思副使吳宗傑可轉一官制　摘文集 7/4b

～宗瑾

吳宗謹授承信郎制　楳溪集 5/3b

～育

右正言直集賢院吳育可三司户部判官制　元憲集 23/12b

尚書禮部侍郎充集賢院學士吳育可復資政殿學士兼翰林侍讀學士知陝州制　蔡忠惠集 10/16b

～奉雲

該差使吳奉雲轉一官　蘇東坡全集/外制 下/3a

～武陵

吳武陵獻更化論循兩資　苕溪集 33/2b

吳武陵除司封郎官　海陵集 19/5a

～青

吳青爲收捉叛賊黃先等賊馬轉承節郎又與金人見陣轉成忠郎換給制　紫微集 13/1a

～表臣

吳表臣兼侍讀　苕溪集 40/2b

朝奉郎吳表臣可除監察御史制　北海集 2/11b

敷文閣直學士吳表臣轉一官致仕　海陵集 20/1b

～玠

吳玠明州觀察使　程北山集 24/11a

明州觀察使吳玠起復前件官職差遣　程北山集 24/11b

除吳玠特授檢校少師奉寧保靜軍節度使依前川陝宣撫副使進封建安郡開國侯加食邑食實封制　北海集 6/10b

吳玠贈三代制

曾祖吳謙　贈少保制　斐然集 14/9b

曾祖母李氏　贈溫國夫人制　斐然集 14/9b

祖吳遂　贈少傅制　斐然集 14/9b

祖母齊氏　贈潤國夫人制　斐然集 14/9b

父吳扆　贈少保制　斐然集 14/9b

母劉氏　贈慶國夫人制　斐然集 14/9b

起復明州觀察使吳玠兼陝西諸路都統制制　新安文獻 1/7b

～攻

太尉吳益獻錢五萬貫與男忠訓郎吳攻轉一官　益國文忠集 94/12b　益公集 98/104a

～坰

吳坰成都府路轉運副使　歸愚集 8/4a

～柄

吳柄轉五官秘閣賜紫章服制　盤洲集 24/3a

～叔告

吳叔告補承事郎制　蒙齋集 9/5a

新知常州吳叔告改知嚴州　後村集 61/16a

吳叔告尚右郎官　後村集 66/10b

～叔賢

將仕郎吳叔賢可大晟府協律郎制　摘文集 4/9a

~ 芾

吳芾除祕書省正字制　東窗集 8/9b

給事中吳芾轉左朝議大夫制　盤洲集 19/3a

吳芾吏部侍郎制　盤洲集 19/11a

吳芾徽猷閣直學士知臨安府制　盤洲集 20/10b

吳芾吏部侍郎制　盤洲集 23/5a

~ 昌裔

吳昌裔除大理少卿制　東澗集 4/28b

吳昌裔除軍器監簿制　平齋集 19/16a

軍器監簿吳昌裔除將作監簿制　平齋集 19/18a

吳昌裔除太常寺簿制　平齋集 21/19b

吳昌裔除監察御史制　蒙齋集 8/5b

~ 忠

吳忠轉承信郎制　東窗集 10/14a

~ 知幾

前逕水軍判官吳知幾可大理寺丞制　歐陽文忠集 80/10b

~ 知新

陣亡人吳知新特贈一官與一子父職名　益國文忠集 98/1b　益公集 96/63b

~ 秉信

吳秉信除屯田郎官制　東窗集 8/5b

吳秉信除樞密院檢詳諸房文字制　東窗集 14/3a

吳秉信除右文殿修撰知常州　海陵集 13/9a

~ 侃

殿前指揮使守闕行門長行右班吳侃換從義郎　攻媿集 34/14a

~ 近

吳近降官　歸愚集 8/6a

~ 居厚

吳居厚京東轉運副使制　元豐稿 22/1a　宋文鑑 39/6b

吳居厚貴成州團練副使黃州安置制　宋詔令集 206/772

~ 承規

河北都轉運使吳鼎臣遺表奏親孫承規可試將作監主簿制　文恭集 19/8a

~ 洪道

父吳權　吳洪道父權授保義郎制　鶴林集 10/25a

母陳氏　吳洪道母陳氏封孺人制　鶴林集 10/25a

~ 彥先

吳彥先可大理寺丞制　文恭集 14/13a

都官郎中集賢校理吳彥先可司封郎中　蘇魏公集 29/5a

~ 彥章

吳彥章除太府寺丞　苕溪集 39/4a

~ 秘

吳秘可屯田員外郎制　文恭集 15/2a

~ 革

吳革可廣東轉運判官　蘇東坡全集/外制中/10a

吳革江西運判　樂城集 28/9b

~ 革

吳革除直龍圖閣京畿都轉運使兼開封少尹　苕溪集 37/4b

吳革除直秘閣　張華陽集 3/9b

吳革升職名　斐然集 12/3a

吳革福建提刑　斐然集 14/1b

~ 奎

吳奎可起居舍人制　文恭集 15/4a

父吳懷德　樞密副使吳奎父太常丞致仕制　臨川集 53/7a

樞密副使吳奎封贈制二道

父吳懷德　臨川集 54/9b

母王氏　臨川集 54/9b

妻趙氏　樞密副使吳奎亡妻趙氏追封信都郡夫人制　臨川集 54/10b

參知政事吳奎可資政殿學士知青州制　郎溪集 4/10b

~ 拭

集賢殿修撰知郴州吳拭復龍圖侍制知河南府制　翟忠惠集 2/12b

~ 拱

武康軍節度使捧日天武四廂都指揮使提舉隆興府玉隆萬壽宮武功郡開國公食邑□千□百戶食實封□千□百戶食邑五百戶食實封二百戶制　益國文忠集 102/15a　益公集 102/71a

吳拱慶壽加恩　益國文忠集 112/5b

吳拱除侍衛馬軍都指揮使　益國文忠集 112/6a　益公集 112/116b

吳拱加恩制　玉堂稿 2/2b

~ 英

吳英可著作佐郎制　文恭集 12/11a

～昱

成忠郎吴昱特與除閤門宣贊舍人日下供職　益國文忠集 95/7a　益公集 94/24b

～思忠

吴思忠贈節度使　育德堂外制 1/11a

武暑大夫淮西副總管吴思忠爲漣水戌役功賞除帶行閤門宣贊舍人　後村集 71/2a

～迪

吴迪可比部員外郎制　文恭集 15/13a

～昭嗣

吴昭嗣降授文林郎制　四庫拾遺 373/鶴林集

～侠

故資政殿大學士知河南府吴育遺表孫男侠守將作監主簿制　臨川集 52/11a

～俊

吴俊轉秉義郎制　東窗集 10/9a

～待問

太常博士同判揚州吴待問可屯田員外郎餘如故制　文莊集 2/12a

～省副

吴省副轉官制　臨川集/拾遺 7a　王文公集 13/4b

～飛英

吴飛英太學博士制　盤洲集 19/5a

～高

吴高可撫州長史致仕制　文恭集 20/9a

～益

吴益轉右武郎制　東窗集 13/4a

吴益除秀州防禦使制　楊漢集 5/13a

除吴益少傅充醴泉觀使依前保康軍節度使進封大寧郡王制　鄮峰錄 6/3b

吴益轉右朝奉郎制　盤洲集 24/7b

吴益加食邑制　海陵集 11/6a

在外大中大夫以上任官觀該覃恩轉官中奉大夫敷文閣待制吴益　宋本攻媿集 37/2a　攻媿集 41/1b

～珪

殿前指揮使行門長行左班吴珪換武翼郎添差諸州駐泊馬都監　宋本攻媿集 30/14b　攻媿集 34/13b

～挺

榮州刺史利州路兵馬鈴轄御前中軍統制吴挺除主管熙河路經畧安撫司公事馬步軍都總管兼知熙州依舊充御前中軍統制　益

國文忠集 95/15b　益公集 94/25a

定江軍節度使侍衛親軍步軍都指揮使興州駐劄御前諸軍都統制兼知興州軍州事兼管內勸農使充和州西路安撫使馬步軍都總管武功郡開國公食邑□千□百戶食實封□千□百戶吴挺加食邑五百戶食實封二百戶制　益國文忠集 103/19a　益公集 103/96b

吴挺除利州西路安撫使兼知興州　益國文忠集 112/7a　益公集 112/117b

太尉定江軍節度使興州駐劄御前諸軍都統制兼知興州吴挺守本官致仕　止齋集 13/3a

故太尉定江軍節度使興州駐劄御前諸軍都統制兼知興州致仕吴挺特贈少保　止齋集 13/3b

～時澤

吴時澤降兩官　苕溪集 33/3a

～秘

侍御史知濠州吴秘可降授屯田員外郎制　華陽集 29/13a

降授屯田員外郎知濠州吴秘可都官員外郎制　華陽集 29/13a

～倫

吴倫因金人來侵隨州掩殺金兵及解圍方山原等立功授左武大夫威州刺史制　紫微集 13/13a

～師中

與烏珠等見陣皆獲勝捷吴師中循左承直郎制　紫微集 13/9b

～師仁

試太學正吴師仁可試太學博士制　彭城集 22/12b

吴師仁可越州司法充杭州教授　樂城集 27/10a

～師顏

太史局令吴師顏降一官制　東窗集 12/25a

～廷

太府少卿吴廷太府卿淮東總領　宋本攻媿集 35/11b　攻媿集 39/10b

～執中

吴執中追復述古殿學士制　橫塘集 7/10b　南宋文範 11/1b

～堅

吴堅著作郎兼禮部尚書兼太子舍人　後村集 62/1b

吴坚除太常丞 後村集 68/6a

吴坚除起居郎 後村集 70/6a

中大夫吴坚特授華文閣待制福建路計度轉運使制 碧梧集 5/5b

~ 接

吴接直秘閣制 程忠惠集 3/15a

~ 挽

吴挽轉五官太府寺丞制 盤洲集 24/2b

吴挽駕部郎官制 盤洲集 24/8b

~ 授

吴授可主客員外郎制 文恭集 15/2b

吴授可金部員外郎制 文恭集 15/2b

~ 授

四川宣撫制置兩司保奏官屬吴授往來計議邊事應辦錢糧撥遣軍器有勞與轉官 益國文忠集 95/19a 益公集 97/96a

~ 帷寧

内殿崇班吴帷寧等可並内殿承制 西溪集 6（三沈集 2/40a）

~ 惟德

慈聖太后山陵復土提舉官吴惟德轉朝衛大夫制 平齋集 20/11a

~ 處仕

前吉州龍泉縣令監薊州薊口權務吴處仕可睦州建德縣令制 元憲集 21/2b

~ 處厚

吴處厚知漢軍 蘇東坡全集/外制中/17b

~ 敏

中大夫吴敏新除觀文殿學士知潭州除資政殿學士提舉洞霄宮以祖母老辭潭州 程北山集 26/13b

吴敏封贈二代

祖父吴某 故祖父 張華陽集 4/7a

祖母王氏 故祖母王氏 張華陽集 4/7a

祖母段氏 故祖母段氏 張華陽集 4/7a

祖母韓氏 祖母韓氏 張華陽集 4/7b

父吴某 故父 張華陽集 4/7b

母夏侯氏 故母夏侯氏 張華陽集 4/7b

妻曹氏 妻曹氏 張華陽集 4/8a

~ 偉明

吴偉明除直秘閣應天府路提刑 苕溪集 43/3b

~ 從

忠訓郎吴從捉獲僞券冒請轉兩官 苕溪集

5/23b

~ 湛

吴湛湖北提舉 後村集 64/3b

吴湛除廣東提舉 後村集 71/2b

~ 淵

吴淵西頭供奉官 樂城集 28/14b

~ 淵

淮東總領兼知鎮江府吴淵除權兵部侍郎制 東澗集 4/13b

吴淵除寶章閣直學士知太平州制 東澗集 6/1a

吴淵除户部侍郎淮東總領知鎮江府制 東澗集 6/1b

吴淵轉朝奉大夫制 平齋集 21/6a

吴淵除右文殿修撰知鎮江府制 平齋集 23/1a

吴淵落右文殿修撰制 鶴林集 9/12b

~ 淵

中書主書吴淵等加恩制 郢溪集 6/9b

~ 焯

中奉大夫新知撫州吴焯特授直秘閣守本官致仕 後村集 69/4b

~ 琦

吴琦節度使致仕 育德堂外制 1/9a

吴琦贈太尉 育德堂外制 1/12a

~ 球

保信軍節度使吴球加食邑實封制 後樂集 3/19b

吴球除檢校少保制 真西山集 19/18a

~ 琚

吴琚加食邑實封制 宋本攻媿集 41/20b 攻媿集 45/5a

~ 超

吴超轉官 斐然集 14/5b

清河口皂角林立功官兵轉官吴超兩官於階官遞郡上分轉 益國文忠集 98/2a 益公集 97/43a

~ 械

奉迎梓宮禮儀使司禮官吴械轉左承議郎制 東宫集 8/12a

~ 晏

贈安遠軍節度使馬懷德遺表門客吴晏試將作監主簿不理選限制 臨川集 55/12b

~ 援

紹令一 制詞 臣僚 七畫 629

吳援任武翼郎閣門宣贊舍人換右通直郎制 東窗集 9/9a

~ 總

吳總右朝奉大夫制 盤洲集 22/10b

吳總知瀘州 宋本攻媿集 32/20b

太中大夫敷文閣待制知瀘州吳總 宋本攻媿集 36/23b

吳總落寶謨閣直學士 育德堂外制 1/1b

吳總責團練副使 育德堂外制 1/7b

吳總復官致仕 育德堂外制 1/10b

~ 舜龍

吳舜龍除大理卿制 碧梧集 4/9b

~ 傅

吳傅除兩浙東路提點刑獄公事制 東窗集 9/12a

吳傅除江東提刑 海陵集 17/8a

~ 勝

瓦亭戰功人等轉官拱衛大夫秀州刺史吳勝轉遙郡團練使 益國文忠集 95/15a 益公集 97/80b

~ 給

吳給徽猷閣待制知東平府制 浮溪集 8/13a 浮溪集/附拾遺 8/96

~ 幾

屯田郎中權發遣三司度支判官吳幾可都官郎中 蘇魏公集 29/5a

~ 幾復

吳幾復可加騎都尉制 文恭集 17/8a

前光化軍乾德縣令國子監說書吳幾復可大理寺丞制 蔡忠惠集 10/10b

知梓州吳幾復任制 元豐稿 22/3b

~ 源

吳源特贈迪功郎制 蒙齋集 8/6a

~ 翊

吳翊改合入官通判本州制 浮溪集 8/18a 浮溪集/附拾遺 8/100

~ 瑛

吳瑛可太常寺太祝制 文恭集 14/23b

~ 勢卿

吳勢卿除軍器監依舊淮東總領 後村集 69/8b

吳勢卿羅足五十萬石特轉朝奉大夫 後村集 69/9a

~ 感

奏舉人權寧海軍節度推官吳感可大理寺丞制 元憲集 25/10b

~ 栗

吳栗除刑部郎官制 東窗集 8/8b

吳栗除大理寺丞制 東窗集 9/2b

刑部郎官吳栗除右司員外郎 歸愚集 7/1a

吳栗中興聖統轉官 歸愚集 7/2a

~ 照

武雄指揮兵士吳照昨起發赴江州駐劄前去壽春府陣亡贈承節郎與一子進勇副尉 益國文忠集 98/5a 益公集 97/92b

~ 愈

吳愈落煥章閣待制制 鶴林集 9/11b

~ 傅規

河北都轉運使吳鼎臣遺表奏親孫傅規可試將作監主簿 文恭集 19/8a

~ 漢英

吳漢英太常丞 育德堂外制 5/10a

~ 端

翰林書藝局藝學吳端可翰林書藝局硯紙待詔制 攻文集 5/6b

~ 駒

吳駒特轉武經郎制 平齋集 21/18b

~ 蒙

吳蒙除刑部郎官 後村集 70/9b

吳蒙除司農寺丞 後村集 70/9b

~ 蓋

吳蓋轉閣門宣贊舍人制 東窗集 7/4a

吳蓋除節度使制 楳溪集 4/14b

除吳蓋開府儀同三司充萬壽觀使依前寧武軍節度使制 鄮峰錄 6/4a

妻趙氏 吳蓋妻趙氏越國夫人制 盤洲集 22/6a

太尉寧國軍節度使提舉佑神觀吳蓋除太尉封贈三代

妻趙氏 妻永嘉郡夫人趙氏特封通義郡夫人 益國文忠集 97/4a 益公集 95/38a

~ 潛

江西路轉運副使吳潛除太常少卿制 都官集 5/5a 平齋集 23/18a

右文殿修撰吳潛除權兵部侍郎兼檢正制 東澗集 4/16a

吳潛改知平江府制 東澗集 6/8b

吳潛授秘閣修撰兼江西路計度運副制 鶴

林集 8/10b

吳潛落秘閣修撰制　鶴林集 9/11b

吳潛除知隆興府制　蒙齋集 8/13b

吳潛兵部尚書　後村集 60/4a

~ 潔

吳潔知泉州　後村集 62/9b

吳潔除將作監致仕　後村集 69/11b

~ 慶

吳慶贈承信郎制係掩殺金兵陣沒　紫微集 18/8a

~ 靚

檢校尚書水部員外郎充成州團練副使吳靚可依前檢校尚書水部員外郎充定國軍節度行軍司馬不得簽書本州公事　蘇魏公集 34/10b

~ 億

吳億降官制　東牟集 8/10a

~ 傲

勅廣南西路安撫都監提舉欽廉等州都巡檢吳傲　吳文肅集/附錄 1a

勅奉議郎吳傲除通判邕州　吳文肅集/附錄 1a

~德仁

入內內侍省皇城副使吳德仁可依前入內內侍省皇城副使充殿中尚舍奉御制　摘文集 5/8a

~ 畢

承議郎吳畢可大理寺丞管勾江右洽獄制　摘文集 4/6b

~ 澤

判太史局吳澤職事不謹降一官　止齋集 13/8a

判太史局降授官大夫吳澤降授中官大夫　宋本攻媿集 36/2b　攻媿集 40/2b

~ 璣

曾祖吳謙　檢校少師鎮西軍節度使充侍衛親軍步軍都虞侯行營右護軍都統制隨成岷鳳州經畧使吳璣曾祖謙贈少保制　東窗集 12/6b

曾祖母李氏　曾祖母李氏贈温國夫人制　東窗集 12/6b

祖吳遂　祖遂贈少傅制　東窗集 12/7a

祖母齊氏　祖母齊氏贈潤國夫人制　東窗集 12/7a

父吳宸　父宸贈太保制　東窗集 12/7b

母劉氏　母劉氏贈慶國夫人制　東窗集 12/7b

除吳璣太傅依前奉國軍節度使四川宣撫使領御前諸軍都統制充利州西路安撫使判興州進封新安郡王加食邑實封制　盤洲集 11/10b

吳璣判興元府制　盤洲集 24/10a

~ 琮

樞密副使吳奎奏長男琮守太常寺太祝制　臨川集 52/9a

~擇仁

户部員外郎吳擇仁可發運使制　摘文集 4/11b

~ 擇

吳擇進書賞轉官制　于湖集 19/14a

~ 穆

吳穆可太子中舍人制　文恭集 14/20b

~ 衡

追官人吳衡可密州安丘令　咸平集 28/13a

~ 績

朝奉郎吳績可朝散郎制　摘文集 4/7b

~ 謙

洪州通判吳謙不遵守分特降一官放罷　益國文忠集 96/11a　益公集 97/94b

~應龍

朝請大夫直秘閣江湖判判福建南路都大提點坑冶鑄錢公事兼知贛州吳應龍除寶謨閣廣西運判兼提舉制　楳溪集 5/19b

~ 懋

朝請郎直秘閣知明州吳懋轉朝奉大夫　程北山集 27/4a

吳懋敘一官制　東牟集 7/20a

~ 薦

權貨務監官朝奉大夫吳薦可轉一官制　摘文集 7/9b

~ 總

吳總知瀘州　攻媿集 36/20b

在外大中大夫以上知州府該覃恩轉官大中大夫數文閣待制知瀘州吳總　攻媿集 40/22b

通奉大夫充寶文閣待制知潼川軍府事兼管內勸農使提舉潼川府果渠州懷安廣安軍兵馬巡檢盜賊公事延陵郡開國侯食邑一千六百户食實封一百户吳總依前官特授

尚書工部侍郎實封如故制 後樂集 2/22b

~ 璋

婺州通判吳璋除職事官 止齋集 14/7a

~ 鑑

新改除浙西提舉吳鑑除司封郎官 止齋集 18/6a

知郴州吳鑑湖南提舉 宋本攻媿集 33/12b 攻媿集 37/12a

~ 獵

知常州無錫縣吳獵除秘書省正字 宋本攻媿集 31/21a 攻媿集 35/20b

秘書郎吳獵校書郎 宋本攻媿集 37/13a 攻媿集 41/12b

四川安撫制置使兼知成都府吳獵 宋本攻媿集 44/22a

吳獵四川制置使 育德堂外制 2/9a

吳獵授朝請大夫 育德堂外制 4/9b

~ 環

樞密副使吳奎奏次男環試秘校制 臨川集 52/9a

~ 璜

閣門宣贊舍人幹辦皇城司吳璜施行親從推埤子可轉右武郎制 范成大佚著/87-88

吳璜加食邑實封制 宋本攻媿集 41/20b 攻媿集 45/4b

少傅吳璜加食邑實封制 後樂集 3/20b

吳璜特授少師致仕加食邑食實封制 真西山集 19/12b

~ 蒿

吳蒿以妻父陳思恭陣亡恩澤補承信郎 苕溪集 34/3b

~ 曦

持服前武功大夫祁州團練使吳曦特授濠州團練使起復 止齋集 13/4a

~ 僎

故資政殿大學士知河南府吳育遺表孫男僎守將作監主簿制 臨川集 52/11a

~ 巘

吳巘司農寺主簿制 東窗集 13/21a

母彭氏 右通直郎監登聞鼓院吳巘母彭氏封淑人制 東窗集 14/8a

度支員外郎吳巘陞郎中制 盤洲集 19/10a

吳巘除淮東提舉 海陵集 18/5a

~ 某

知制誥吳某可加勳封食邑制 彭城集 22/7b

吳學士轉官 王文公集 13/4a

右朝奉郎新除秘閣修撰知閩州吳犯御名用前任四川宣撫使主管書寫機宜文字功賞轉兩官 益國文忠集 95/19b 益公集 98/112a

~ 氏

太皇太后殿典言吳氏可司設 蘇魏公集 34/10a

~ 氏

太皇太后殿吳氏可典贊 蘇魏公集 34/10a

~ 氏

皇太后殿吳氏可掌籍 蘇魏公集 34/10a

~ 氏

故尚宮吳氏可贈安定郡夫人制 彭城集 23/7a

~ 氏

隨龍慶國柔懿淑美保慈夫人吳氏上遺表特贈柔懿淑美端靖肅恭保慈夫人 苕溪集 46/3a

~ 氏

典言吳氏轉國夫人制 浮溪集 7/14b 浮溪集/附拾遺 7/85

~ 氏

宮正吳氏封郡夫人制 東窗集 7/2b

~ 氏

楚國夫人吳氏特贈秦魏國夫人 益國文忠集 97/3b 益公集 95/41b

別之傑

別之傑除秘撰兼制置副使制 四庫拾遺 408/東澗集

岑守素

入內内侍省押班岑守素母進封郡太君制 元憲集 26/18a

~ 笙

武功大夫忠州防禦使新差主管迎奉景靈宮萬壽觀會聖宮章武殿神御所岑笙除內侍省押班 眉北山集 26/7a

~象求

岑象求知果州 蘇東坡全集/外制中/8a

岑象求利州運判 樂城集 28/3a

岑象求除寶文閣待制知鄆州制 道鄉集 16/7b

岑象求充寶文閣待制致仕制 道鄉集 18/4b

~ 瑾

武經郎岑瑾轉一官 益國文忠集 95/17b 益公集 96/63a

余天錫

吏部尚書兼給事中兼侍讀余天錫除端明殿學士同簽書樞密院事制 東澗集 4/1b

知福州余天錫除吏部尚書兼給事巾兼侍讀制 東澗集 4/4b

同簽書樞密院余天錫除簽書樞密院事制 東澗集 4/5a

余天錫知福州制 東澗集 6/3b

~ 元廣

余元廣除著作佐郎誥 東澗集 3/23b

余元廣除秘書郎誥 東澗集 3/24a

余元廣國子監簿制 平齋集 17/21a

余元廣國子監丞制 平齋集 20/8a

余元廣除司農寺丞制 蒙齋集 8/15b

余元廣除著作佐郎制 四庫拾遺 406/東澗集

~ 中

余中軍器丞 樂城集 30/4a

~ 永弱

余永弱知閩州 宋本攻媿集 35/5b 攻媿集 39/5a

~ 仲葺

監簿余仲葺可太常寺太祝制 蔡忠惠集 10/4a

~ 良弱

余良弱除將作監丞 海陵集 15/8b

本路提刑余良弱見知靜江府今轉一官 益國文忠集 98/1a 益公集 96/62b

~ 良犒

太子中舍監建州造茶兼買納茶務余良犒可殿中丞餘如故制 文莊集 1/6a

~ 希旦

余希旦知濰州 蘇東坡全集/外制上/12a

~ 武康

右迪功郎余武康用紹興十六年隨韓京軍自廣東往福建平賊至梅州殺進賴權節林細花一十火第一等功轉一官循入右從事郎 益國文忠集 95/2a 益公集 94/22a

~ 玠

余玠起復宣教郎襄陽府通判兼京西制置司機宜文字制 王齋集 23/8a

~ 尚賓

余尚賓太府丞 後村集 66/14a

~ 祐之

余祐之將轉一官換封祖母 斐然集 12/15a

~ 殊

余殊封官 斐然集 14/13a

~ 致和

揭陽縣令余致和循資制 盤洲集 19/5a

~ 時言

余時言除國子監簿 海陵集 17/6a

~ 深

侍御史余深可除御史中丞制 摘文集 3/11b

余深落觀文殿大學士依前特進致仕制 橫塘集 7/12a

余深加恩制 宋詔令集 46/314

余深特進少宰兼中書侍郎制 宋詔令集 58/295

余深太宰兼門下侍郎制 宋詔令集 58/295

余深進少保制 宋詔令集 64/314

余深加恩制 宋詔令集 64/315

余深罷相授鎮西軍節度少傅知福州制 宋詔令集 70/340

~ 清夫

余清夫授直秘閣制 樸墅集 6/14a

~ 崇龜

余崇龜檢詳 育德堂外制 2/13a

余崇龜監察御史 育德堂外制 3/6a

余崇龜授朝請大夫 育德堂外制 3/11a

朝奉大夫新改差知袁州軍州兼管內勸農營田事余崇龜依前官特授尚書都官郎中制 後樂集 1/6a

~ 貫

前江陵府佐司理參軍余貫可大理寺丞制 景文集 31/9b

~ 淊

司農卿致仕余良藎遺表曾孫淊試將作監主簿制 臨川集 52/12b

~ 堯弱

余堯弱兼崇政殿說書進講左氏傳制 東牟集 7/1b

余堯弱除端明殿學士簽書樞密院事 海陵集 16/6a

勅余堯弱與復端明殿學士 益國文忠集 96/14b 益公集 94/23a

余堯弱復龍圖閣學士 益國文忠集 96/15a 益

公集 94/23b

~ 景

奉議郎余景可通判莫州制 彭城集 22/3b

承議郎余景可通判信安軍制 彭城集 22/6a

~ 閎

母潘氏 台州仙居縣尉余閎母潘氏可特封孺人制 范成大佚著/86

~ 靖

余靖可左神武大將軍遙郡刺史州鈴轄差遣制 文恭集 18/10b

尚書工部侍郎知桂州充廣南西路都鈴轄經暑安撫使余靖可依前尚書工部侍郎充集賢院學士依舊知桂州充廣南西路都鈴轄經暑安撫使制 蔡忠惠集 11/12a

尚書左丞余靖制 臨川集 49/10b 王文公集 10/8b

集賢院學士余靖轉官加勳邑制 臨川集 49/12a

尚書左丞充集賢院學士余靖改工部尚書加桂國食邑餘如故 王文公集 10/8b

~ 賓興

余賓興太府寺主簿制 東牟集 7/4a

~ 端禮

前導禮義使並奏禮畢通義大夫同知樞密院事余端禮轉通奉大夫 止齋集 14/1b

知建康府余端禮吏部尚書 宋本攻媿集 32/7b 攻媿集 36/7a

吏部尚書余端禮同知樞密院事 宋本攻媿集 33/1b 攻媿集 37/1b

同知樞密院事余端禮初除封贈曾祖余慶 曾祖慶太子少保 宋本攻媿集 33/6b 攻媿集 37/6b

曾祖母徐氏 曾祖母徐氏齊安郡夫人 宋本攻媿集 33/7a 攻媿集 37/7a

祖父余鐸 祖鐸太子少傳 宋本攻媿集 33/7b 攻媿集 37/7a

祖母傅氏 祖母傅氏高平郡夫人 宋本攻媿集 33/8a 攻媿集 37/7b

父余繪 父贈通議大夫繪太子少師 宋本攻媿集 33/8a 攻媿集 37/8a

母虞氏 母淑人虞氏咸寧郡夫人 宋本攻媿集 33/8b 攻媿集 37/8a

妻葉氏 妻淑人葉氏信安郡夫人 宋本攻媿集 33/9a 攻媿集 37/8b

同知樞密院事余端禮參知政事 宋本攻媿集 36/11a 攻媿集 40/10b

參知政事余端禮該覃恩轉官 宋本攻媿集 37/17a 攻媿集 41/16b

知樞密院事余端禮特授銀青祿大夫右丞相加食邑實封制附賜告口宣 宋本攻媿集 43/17a 攻媿集 45/10b

~ 顈

右迪功郎余顈可右從事郎制 范成大佚著/86

~ 應求

余應求除福建路轉運副使制 東窗集 6/17a

余應求降官制 東牟集 8/10b

余應求江西憲 斐然集 13/24a

~ 嶸

余嶸致仕制 東澗集 5/10b

敷文閣直學士知潭州余嶸除華文閣學士沿海制置使慶元府制 平齋集 17/16a

華文閣學士知慶元府余嶸明堂恩進封信安郡開國侯加食邑制 平齋集 18/3a

~ 齡

余齡爲招到賊首夏德等有勞轉承信郎制 紫微集 13/3a

~ 鑄

余鑄授權兵部尚書制 鶴林集 6/12a

~ 籛

余籛除浙西提刑 後村集 70/4b

余籛除司封郎官 後村集 70/4b

何九章

何九章爲妻父買信與董先賊兵關敵身死得兩資恩澤內將一資與次男僧奴其僧奴未曾承受間身死乞改正補承信郎換給 紫微集 19/12a

~ 文美

何文美轉武德郎依舊淮安州副都使制 平齋集 22/23a

~ 文寶

保義郎何文寶叙舊官 鴻慶集 25/7b 孫尙書集 25/11b

~ 元壽

何元壽除太府寺丞總領湖廣軍馬錢糧制 平齋集 19/21a

何元壽除户部郎官依舊總領湖廣軍馬錢糧制 平齋集 22/19b

~ 景先

知秦州龍圖閣直學士何中立男景先可特授

將仕郎守將作監丞制　蔡忠惠集 9/16b

～正臣

何正臣知梓州　樂城集 27/8a

～世昌

何世昌可著作佐郎制　文忠集 12/10a

屯田員外郎何世昌可都官員外郎制　臨川集 50/10b

～汝霖

御前諸軍副都統制何汝霖　宋本攻媿集 44/23b

～ 式

何式軍器少監兼權度支郎官　後村集 61/1a

～先明

西京左藏庫副使何先明可轉一官制　摘文集 8/1a

～ 休

何休降官制　東牟集 8/6b

～ 洵

入內內侍省西京左藏庫副使何洵可文思副使制　摘文集 6/5b

～志同

何志同轉官制　道鄉集 18/11b

何志同復顯謨閣直學士制　橫塘集 7/10b

徽猷閣直學士通議大夫何志同知潁昌府(1-2)　鴻慶集 25/3b　孫尚書集 25/4b-5a

何志同復待制制　大隱集 1/8b

何志同復徽猷閣待制制　東牟集 7/12b

～ 杞

何杞特降兩官　西垣稿 1/11a

何杞降授武翼郎制　四庫拾遺 328/鶴林集

～克忠

何克忠降授修職郎制　四庫拾遺 312/鶴林集

～伯熊

何伯熊改官　斐然集 13/27a

～伯謹

何伯謹太學博士制　濂庫集 6/7b

～ 宗

贈團練使何宗封贈制

父何均　父均千牛衛將軍致仕　華陽集 31/9b

母王氏　母太原縣君王氏封太原郡君　華陽集 31/9b

妻宋氏　妻河南縣君宋氏封河南郡君　華陽集 31/10a

～宗範

江西提刑何宗範可户部員外郎制　摘文集 4/5a

～ 青

官兵何青贈承信郎制　四庫拾遺 348/鶴林集

～ 昕

內侍何昕除尚衣奉御制　翟忠惠集 4/13b

～知至

何知至可度支郎中制　文忠集 16/7b

～季羽

父何璞　何季羽將一官回授與父何璞制　四庫拾遺 407/東澗集

～ 岳

何岳爲部領義兵有勞轉保義郎換給制　紫微集 17/11b

～ 洵

從義郎何洵轉一官　宋本攻媿集 30/17a　攻媿集 34/15b

～洵直

何洵直太常博士制　元豐稿 20/6a

何洵直可動郎　樂城集 29/7b

～彥良

權同知閤門事何彥良特與落權同字除右武大夫　苕溪集 35/4b

～ 炳

太府少卿何炳除司農卿制　平齋集 17/5b

何炳除集英殿修撰知江州制　平齋集 23/2a

何炳授權户部侍郎兼同詳定勅令官制　鶴林集 6/12b

～ 述

朝請大夫集英殿修撰陝西路制置解鹽使何述爲徽猷閣待制知永興軍　劉給諫集 2/6a

顯謨閣待制提舉體泉觀何述同爲顯謨閣直學士　劉給諫集 2/9b

徽猷閣待制知永興軍何述除淫原路經畧安撫使知渭州制　翟忠惠集 2/20b

～若

何若除監察御史制　東窗集 6/13a

～若冲

都官員外郎何若谷亡兄若冲追贈試大理評事制　臨川集 54/17a

～若谷

何若谷可秘書丞制　文忠集 13/11a

江浙等路提點鑄錢公事職方員外郎何若谷可祠部郎中　西溪集 5(三沈集 2/23b)

詔令一　制詞　臣僚　七畫　635

~ 倬

何倬權工部侍郎制　盤洲集 21/11b

~ 泉

何泉授武翼郎　四庫拾遺 406/東澗集

~ 涉

著作佐郎何涉可秘書丞　武溪集 10/15b

~ 刻

龍圖閣直學士尚書工部侍郎充集英殿修撰

何刻可刑部侍郎依前龍圖閣直學士充集

英殿修撰　韓南陽集 18/15a

~ 或

撫州奏臨川縣臨汝鄉何或一百七歲可本州

助教　四溪集 4(三沈集 1/63b)

~ 訴

入内文思使何訴可轉一官制　摘文集 7/4b

入内左藏庫副使何訴可轉兩官制　摘文集

7/7a

入内左藏庫副使何訴可轉一官制　摘文集

7/7b

~ 郕

何郕知永興軍制　臨川集 49/10a

龍圖何郕知永興　王文公集 12/6a

~ 執中

尚書左丞何執中可中書侍郎制　摘文集 3/9b

何執中除門下侍郎制　摘文集 3/10a

何執中特進左僕射兼門下侍郎加恩制大觀

三年六月　宋詔令集 58/294

何執中進司空制　宋詔令集 64/312

何執中進少師依前太宰制　宋詔令集 64/313

何執中進少傅改太宰兼門下侍郎加恩制

宋詔令集 64/313

何執中加恩制　宋詔令集 64/313

何執中罷相太傅致仕加恩制　宋詔令集 70/

339

~ 搢

何搢著作　斐然集 13/19a

~ 惟慶

朝堂正名知班驅使官何惟慶特授將仕郎制

臨川集 55/13b

~ 常

秘書丞何常特授承議郎　鴻慶集 24/9b　孫尚

書集 26/12a

~ 處久

何處久除直寶謨閣知鎮江府制　平齋集 18/

13a

何處久除太府卿制　平齋集 22/23a　蒙齋集 8/3a

何處久太府卿兼知嘉興府制　平齋集 23/13b

~ 處厚

何處厚復職與郡制　浮溪集 8/18b　浮溪集/附拾

遺 8/100

~ 處恬

何處恬太學正制　平齋集 20/21a

太學正何處恬除太學博士制　平齋集 23/15b

何處恬除宗正寺簿制　蒙齋集 9/2b

~ 處信

何處信課最轉一官制　平齋集 17/8a

何處信特轉一官制　蒙齋集 9/9a

~ 異

監察御使何異右正言　宋本攻媿集 31/2b　攻媿

集 35/2b

右正言何異湖南運判　宋本攻媿集 32/8b　攻媿

集 36/8a

何異授中大夫　育德堂外制 3/6b

~ 逢吉

何逢吉叙朝散大夫利路運判兼四川制參

後村集 66/4a

~ 琮

何琮除直徽猷閣福建路轉運副使制　平齋

集 18/13b

何琮依舊直徽猷閣知福州兼福建路安撫制

平齋集 22/15b

母包氏　何琮母包氏贈令人制　蒙齋集

8/8b

保琮除知福州制　蒙齋集 9/18b

~ 琬

何琬鴻臚丞　蘇東坡全集/外制中/19a

何琬江西運判　樂城集 28/3a

何琬府界提刑　樂城集 28/9a

何琬工部郎中　樂城集 30/11a

~ 景元

何景元大理評事制　臨川集 51/16b

~ 景先

何景先大理評事制　臨川集 51/16b

~ 貴

何貴制　襄陵集 2/3a

~ 進

何進特贈節度使右金吾衛上將軍制　鶴林

集 10/17a

~ 皋

何皋同前與轉四官兼閣門宣贊舍人制 紫微集 12/15b

~ 順

韓世忠保明苗傅劉正彥賊兵見陣賞功人第一等武功大夫何順等可轉三官制 北海集 2/5b

~ 幾先

何幾先循右從事郎制 東窗集 12/20a

~ 薄

何薄除左正言 海陵集 15/4a

~ 瑋

河南江北行省平章政事何偉贈推忠佐理同德功臣太傅開府儀同三司上柱國追封梁國公謐文正制 新安文獻 2/後 4b

~ 熙志

何熙志御史臺檢法官制 盤洲集 20/5a

~ 栗

中書侍郎何栗資政殿學士提舉體泉觀 鴻慶集 24/7a 孫尚書集 26/10b

~ 萬齡

前右正言何萬齡特轉朝奉大夫直寶謨閣致仕制 平齋集 18/19b

~ 嗣武

何嗣武授閣門祇候仍知滁州制 鶴林集 8/8b

~ 夢昇

何夢昇可國子博士制 文忠集 14/20a

~ 夢然

何夢然右諫議大夫 後村集 62/6b

何夢然端明貺櫃 後村集 63/13a

何夢然同知兼參政 後村集 65/5b

何夢然參政 後村集 66/6b

同知樞密院事兼參知政事何夢然封贈三代並妻

曾祖何汝能 故曾祖贈太子少保汝能贈太子太保 後村集 74/4a

曾祖母俞氏 故曾祖母恩平郡夫人俞氏贈臨海郡夫人 後村集 74/4b

曾祖母郭氏 故曾祖母恩平郡夫人郭氏贈臨海郡夫人 後村集 74/5a

祖何松 故祖贈太子少傅松贈太子太傅 後村集 74/5a

祖母杜氏 故祖母清河郡夫人杜氏贈和

政郡夫人 後村集 74/5b

父何逵 故父贈太子少師逵贈太子太師 後村集 74/6a

母張氏 故母永陽郡夫人張氏贈饒陽郡夫人 後村集 74/6b

母厲氏 故母永陽郡夫人厲氏贈饒陽郡夫人 後村集 74/6b

妻陳氏 故妻信安郡夫人陳氏贈歷陽郡夫人 後村集 74/7a

妻郭氏 今妻齊安郡夫人郭氏封濟陽郡夫人 後村集 74/7b

中大夫參知政事兼太子賓客何夢然封贈三代

曾祖何汝能 故曾祖已贈太子太保汝能特贈少保 後村集 75/1a

曾祖母郭氏 故曾祖母臨海郡夫人郭氏特贈吉國夫人 後村集 75/1a

曾祖母俞氏 故曾祖母臨海郡夫人俞氏特贈吉國夫人 後村集 75/1b

祖何松 故祖已贈太子太傅松特贈少傅 後村集 75/2a

祖母杜氏 故祖母和政郡夫人杜氏特贈永國夫人 後村集 75/2b

父何逵 故父已贈太子太師逵特贈少師 後村集 75/2b

母張氏 故母饒陽郡夫人張氏特贈惠國夫人 後村集 75/3a

母厲氏 故母饒陽郡夫人厲氏特贈惠國夫人 後村集 75/3b

妻陳氏 故妻歷陽郡夫人陳氏特贈會稽郡夫人 後村集 75/4a

妻鄭氏 今妻濟陽郡夫人鄭氏封安完郡夫人 後村集 75/4a

~ 愈

何愈知潼川府制 東窗集 13/2b

何愈度支員外郎 斐然集 13/5a

可愈太常少卿 斐然集 13/29b

~ 澐

何澐煥章閣學士知泉州 宋本攻媿集 33/15a 攻媿集 37/14b

新知泉州何澐兩易知明州 宋本攻媿集 33/19b 攻媿集 37/19a

母石氏 知明州何澐母太淑人石氏該慶

壽恩封齊安郡太夫人 宋本攻媿集 35/11a 攻媿集 39/10a

在外大中大夫以上官知州府該罃恩轉官煥章閣學士大中大夫知明州何澹 宋本攻媿集 36/21b 攻媿集 40/21a

~ 操

永興軍節度判官何操可太常博士致仕制 元憲集 21/8a

~ 謙

何謙循修職郎 宋本攻媿集 30/3a 攻媿集 34/3a

~ 譚

何譚贈兩官與一子父職名制係順昌府與金人四太子轉戰臨陣戰殁 紫微集 19/20b

~ 麒

何麒除宗正少卿制 東窗集 6/23b

~ 灌

崇儀使何灌可就差提舉河東路保甲兼提點刑獄制 摭文集 5/6a

崇儀使威州刺史提舉河東路保甲兼提點刑獄何灌可除西上閤門使依舊遙郡刺史差高陽關路兵馬鈐轄兼知滄州制 摭文集 5/6b

~ 權

崇儀使提舉河東路保甲兼提點刑獄何權可遙郡刺史制 摭文集 5/3b

~ 鑄

何鑄監察御史 苕溪集 43/1b

父何瓘 試御史中丞何鑄故父瓘可特贈朝請大夫制 紫微集 20/2b

母吳氏 母吳氏可特封太碩人制 紫微集 20/3a

妻張氏 妻張氏可特封碩人制 紫微集 20/3b

資政殿學士何鑄致仕 海陵集 20/1b

~ 鑄

奉議郎何鑄以修築廣州城轉承議郎 後村集 67/8b

~ 麟

何麟落職官觀制 梅溪集 5/29b

~ 某

兵部員外郎知制誥何某可依前兵部員外郎充龍圖閣直學士知秦州制 蔡忠惠集 9/8b

~ 氏寅名從謹

何寅寅授郡夫人名從謹 育德堂外制 3/10a

伯 奇

瞻木沁札實錫喇卜策進奉人小首領伯奇君主制 摭文集 5/11b

佟仲源

佟仲源授承信郎 四庫拾遺 344/鶴林集

狄 青

狄青可安遠軍節度觀察留後加食邑五百户制 文恭集 17/3a

狄青彰化軍節度使加恩制 宋詔令集 105/388

狄青落起復加恩制 宋詔令集 105/388

~ 沇

修武郎狄沇換宣教郎係從官薦試換授制 翟忠惠集 4/2a

~ 詢

閤門祗候狄詢內殿崇班依前職制 臨川集 53/6a

~ 諒

狄諒等降官制 梅溪集 5/35b

~ 諮

狄青男諮閤門祗候可閤門通事舍人制 華陽集 28/14a

狄諮降一官 蘇東坡全集/外制上/10a

阮大有

內殿崇班阮大有可內殿承制 蘇魏公集 34/8b

~ 炎正

阮炎正降授迪功郎制 四庫拾遺 319/鶴林集

~ 思聰

阮思聰援蜀之功賞未酬勞鄂落水陸戰襲捷非一特轉十官授州防禦使左衞大將軍知黃州 後村集 62/18a

~ 倍

洛苑副使阮倍太常博士制 元豐稿 22/2b

~ 邁

奏舉人阮邁著作佐郎制 臨川集 51/12b

八 畫

宗子伯

四川量試宗子伯補承信郎 宋本攻媿集 35/19b

~ 文式

除名人宗文式可東岳廟主簿 咸平集 28/12b

~志聰

宗志聰可左騏驥使加食邑制　文恭集 17/10b

~ 實

母任氏　宣州刺史宗實故所生母任氏可追封縣君制　文恭集 21/6a

~ 椊

曹瑾除湖北路提刑宗椊除潼川府路提刑　菅溪集 31/4a

宛 苑

內庭承制宛苑與轉兩官制　摘文集 7/1b

京砥腳

蕃官京砥腳可三班奉職制　四庫拾遺 57/彭城集

~砥結

蕃官京砥結可三班奉職制　四庫拾遺 57/彭城集

~ 鑑

朝散大夫權刑部尚書京鑑兼侍講　止齋集 13/2a

中奉大夫權刑部尚書兼侍講南昌縣開國子食邑五百戶京鑑封開國伯加食邑二百戶　止齋集 15/10b

同知樞密院事京鑑初除贈三代

曾祖京卓　曾祖贈太子太保　止齋集 17/1a

曾祖母某氏　曾祖母贈郡夫人　止齋集 17/1a

祖京德　祖贈太子少傅制　止齋集 17/1b

祖母某氏　祖母贈制　止齋集 17/1b

父京祖和　父贈制　止齋集 17/2a

母徐氏　母贈制　止齋集 17/2a

四川制置使京鑑權刑部尚書　宋本攻媿集 32/8b　攻媿集 36/8b

朝請大夫權刑部尚書京鑑磨勘轉官　宋本攻媿集 34/9b　攻媿集 38/9a

見任侍從該覃恩轉官刑部尚書京鑑　宋本攻媿集 36/19a　攻媿集 40/18b

~ 觀

沿江制參京觀爲提督屯田歲收增額特轉一官　後村集 64/3a

房仕忠

房仕忠勅　襄陵集 3/12b

~用和

程戡奏延州醫助教房用和國子四門助教不理選限制　臨川集 55/11b

~ 旺

在京進納斛斗楚州等第戶房旺可將仕郎守本州助教制　文恭集 18/22a

~從壽

二班差使房從壽可二班借職制　摘文集 8/7b

~應發

房應發轉文林郎制　平齋集 18/17a

~應龍

房應龍授閣門祗候仍舊幹辦御前忠佐軍頭引見司制　鶴林集 8/9a

祈 立

祈立等轉官制　樸塘集 7/5a

武日宣

故廣惠等八州沿海都大提賊西京左藏庫副使武日宣宜特贈忠州刺史制　蔡忠惠集 9/11b

~永孚

持服人前西京左藏庫副使武永孚可依前官免持服　西溪集 6(三沈集 2/51a)

~世安

趙棐奏醫人武世安武國子四門助教不理選限制　臨川集 55/12b

~世長

樞密院令史武世長可內殿承制制　蔡忠惠集 10/6b

~安寧

武安寧走失罪人降兩官制　東牟集 8/8a

~ 成

忠翊郎南安軍兵馬監押武成同巡尉獲賊轉一官　益國文忠集 95/17a　益公集 98/103a

~宗元

武宗元可國子博士制　文恭集 14/19b

~ 周

武周可檢校水部員外郎制　文恭集 15/19a

~宛國

武宛國邊功轉官制　襄陵集 1/15a

~ 泰

晉州醫博士武泰等二人可國子四門助教制

郡溪集 3/10b

～ 赴

武經大夫兼閤門宣贊舍人侍衛步軍司統制軍馬武赴依敕書内指揮轉一官　苕溪集 40/4b

武赴等降官制　楊溪集 5/33b

武赴降官制　楊溪集 5/36a

～ 昱

西頭供奉官武昱可轉一官制　摘文集 7/6a

～ 勗

江西路招討使張俊申具到掩殺李成等功狀奇功使臣武顯大夫武勗等各轉五官並遙郡　程北山集 27/1a

～ 康

武康可太常博士制　文恭集 14/19a

～ 雄

建昌軍忠節指揮兵士武雄昨起發赴江州駐劃前去壽春府陣亡贈承節郎與一子進勇副尉　益國文忠集 98/5a　益公集 97/92b

～舜忠

武舜忠授遥團　育德堂外制 2/14b

～ 義

武義爲與翟興軍兵接戰收復陝城轉忠訓郎制　紫微集 13/1a

～道紀

承制武道紀可轉一官制　摘文集 7/4a

～ 逵

西頭供奉官武逵等轉官制　元豐稿 22/1a

～ 戩

内藏庫副使武戩可六宅使制　華陽集 30/5b

～ 肅

前濟州録事參軍監汾州永利西臨武肅可大理寺丞　武溪集 10/10a

～繼隆

武繼隆可皇城使加上騎都尉制　文恭集 17/10b

皇城使内侍省内侍押班陵州團練使武繼隆可加食邑三百户制　蔡忠惠集 13/10a

陵州團練使武繼隆可果州防禦使制　華陽集 30/14a

～ 氏

御侍永樂縣君武氏進封典實落御侍制　元憲集 26/16b

青珪倫正結

青珪倫正結轉遥郡刺史制　摘文集 5/3b

～珪裕勒葉

青珪裕勒葉與皇城使遥郡刺史制　摘文集 5/2b

～陽炳文

迪功郎前金州司户青陽炳文年九十一遇慶典恩特封承務郎　止齋集 14/4a

林　义

林义工部員外郎陞郎中制　東窗集 8/4a

林义除工部郎官制　東窗集 8/6a

應辦中官册寶林义轉一官制　東窗集 8/21b

～之平

朝請郎監察御史林之平可除右司員外制北海集 3/12a

～之望

林之望閤門舍人　育德堂外制 1/12b

～士變

林士變特受奉議郎制　四庫拾遺 392/鶴林集

～大中

林大中磨勘轉官　止齋集 14/9b

朝奉大夫武中書舍人林大中封永康縣開國男食邑三百户　止齋集 15/12a

侍御史林大中直寶文閣知寧國府　宋本攷嫗集 30/22b　攷嫗集 34/20b

新寧國府林大中知贛州　宋本攷嫗集 31/12a攷嫗集 35/12a

林大中吏部尚書　育德堂外制 2/5b

林大中檢書樞密院　育德堂外制 3/2a

～大年

屯田員外郎林大年可都官員外郎制　臨川集 50/11b

～大聲

户部郎官林大聲特轉一官制　東窗集 8/11b

～大雅

又除吏部尚書　海陵集 13/1a

林大雅兼侍講　海陵集 13/1a

林大雅除謀議大夫　海陵集 13/8b

～千之

林千之追復承議郎制　四庫拾遺 384/鶴林集

～子堯

林子堯等補保義郎係從賊黨出首自新　苕溪集 34/2b

640　詔令　制詞　臣僚　八畫

~文仲

林文仲太府寺主簿制　東窗集 13/21b

~仁肇

林仁肇浙西節度使制　徐公集 6/4b

~孔昭

朝散郎行國子監丞林孔昭除大理寺丞制

後樂集 1/10a

~半千

林半千除江東路提點刑獄公事制　平齋集 19/21b

~　旦

林旦侍御史權淮南運副　樂城集 27/4b 宋文鑑 40/9a

~　申

林申除宗正寺簿制　平齋集 17/21a

宗正寺簿林申差權發遣安吉州制　平齋集 20/9b

~安上

朝奉大夫直龍圖閣知福州林安上可落職與

官觀制　北海集 5/1a

林安上復直龍圖閣制　東牟集 7/9a

~安宅

林安宅除廣東運判　海陵集 17/3a

~　充

林充等責官制　東牟集 8/4b

~充國

林充國特授承直郎制　四庫拾遺 288/鶴林集

~　存

資政殿大學士中大夫提舉臨安府洞霄宮林

存效恩贈父母妻

父林子登　故父已贈太子太師子登特贈

少保　後村集 75/8b

母王氏　故母太寧郡夫人王氏贈吉國夫

人　後村集 75/9a

妻曹氏　故妻文定郡夫人曹氏贈安康郡

夫人　後村集 75/9a

資政殿學士中大夫知温州林存可依前資政

殿學士知温州長樂郡開國侯加食三百戶

後村集 75/11a

資政殿學士中大夫新改差知建寧府林林存除

資政殿大學士提舉臨安府洞霄宮　後村集 75/12b

~　至

林至正字　育德堂外制 2/6b

~光世

浙東提舉林光世解到十七界破會二十八萬

五千貫乞送所司裁鑒以助國用轉一官

後村集 65/1a

林光世司農少卿　後村集 66/10a

~光謙

林光謙除樞密院編修官依舊督府主管機宜

文字制　東澗集 4/6b

~仲虎

林仲虎知安慶府　育德堂外制 4/8a

~宋偉

架閣林宋偉除太學正臨安府學教授制　平齋集 23/16a

~孝友

知廣德軍林孝友大理寺丞　宋本攻媿集 32/13b

攻媿集 36/13b

~　杞

前權清海軍節度掌書記林杞可著作佐郎制

元憲集 23/8b

~克從

林克從可國子博士制　文恭集 15/18a

~克讓

前太常寺太祝林克讓服闕可舊官制　元憲集 24/9b

~　芑

林芑降授文林郎制　四庫拾遺 378/鶴林集

~　希

林希著作佐郎制　元豐稿 20/7a

知湖州林希可知南京制　彭城集 22/17b

林希中書舍人　蘇東坡全集/外制下/18b

林希集賢殿修撰知蘇州　樂城集 27/1a

林希知宣州　樂城集 27/18b

林希湖州　樂城集 30/1a

林希降職知揚州制　宋詔令集 210/792

林希落職知揚州制　宋詔令集 210/792

林希追復資政殿學士制　宋詔令集 222/857

追復資政殿學士通議大夫林希特贈右銀青

光祿大夫餘如故制　宋詔令集 222/857

~希逸

林希逸校書郎　後村集 60/10b

林希逸依舊寶謨閣廣東運判　後村集 65/5a

林希逸除考功郎官　後村集 69/9b

~希道

林希道特追復彰化保康軍節度使開府儀同

三司京東路鎮撫使依舊京東忠義諸軍都統制　大隱集 3/13b

將作監林洙可司農卿　公是集 30/4a　宋文鑑 37/18a

~廷皓

筠州刺史林廷皓責授制　徐公集 8/14a

~祖治

淮東總領林祖治依前司農卿同參計官制　後樂集 2/7b

~伯成

林伯成閣門舍人制　尊白堂集 5/4b

~祖恭

政政郎廣東提刑司檢法官林祖恭以韶州築城賞循文林郎　後村集 67/9b

~伯順

林伯順除武學諭　平齋集 23/16a

~拓

林拓授閣門宣贊舍人制　鶴林集 8/7a

~宗言

林宗言大理寺丞制　臨川集 51/13b

~拱辰

~宗普

林宗普可供備庫副使制　文恭集 17/18b

林拱辰浙西提舉　育德堂外制 4/13b

承議郎幹辦行在諸司糧料院林拱辰依前官特授大理寺主簿制　後樂集 1/1b

~炎

林炎除大理評事制　平齋集 18/14b

林炎除大理評事制　蒙齋集 8/2a

~英

太常博士林英可屯田員外郎　韓南陽集 17/9a

林英大理少卿　樂城集 29/17a

~叔豹

林叔豹除秘書省正字　程北山集 26/10a

林叔豹除江東運判　苕溪集 39/4b

~思問

前秦州清水尉林思問可耀州華原令　咸平集 28/16a

~采

林采依前官特授知平江軍府事兼管內勸農使封如故制　後樂集 1/23a

~思濟

大理寺丞林思濟除大理正　止齋集 18/5b

大府寺主簿林思濟大理寺丞　宋本攻媿集 35/4b　攻媿集 9/4b

~和

林和轉一官　西垣稿 2/6b

~季友

尚書吏部員外郎林季友除右司員外郎　止齋集 17/3b

~待聘

校書郎林待聘司封員外郎　程北山集 26/10b

林待聘起居郎　苕溪集 42/5a

林待聘除中書舍人　苕溪集 45/3a

大理寺丞林季友吏部郎主管待郎右選　宋本攻媿集 35/3a　攻媿集 39/3a

~記孫

~季仲

林季仲檢正諸房公事　筠溪集 4/28a

林記孫降授從事郎制　四庫拾遺 294/鶴林集

~高

舉人前權筠州軍事推官林高可著作佐郎制　元憲集 23/9b

林季仲元係左朝奉郎中書門下省檢正諸房公事自陳宮觀除直龍圖閣主管洪州玉隆觀所犯因臣僚上言巧於身謀探伺言章之出未及進呈之間先爲詭計幸免罪去事落職依舊宮祠該遇大禮敘復直秘閣判　紫微集 17/6b

~恰

林恰宗正簿　後村集 62/2b

~栗

林季仲吏部右選　斐然集 13/14b

林栗除太學正　海陵集 17/5a

~邵

林邵太僕丞　蘇東坡全集/外制中/19a

林邵開封推官　蘇東坡全集/外制下/5b

~致和

林致和修造所有勞並補承信郎制　襄陵集 1/3a

~洞

林洞年一百二歲特補右迪功郎致仕制　東窗集 6/5b

~師說

廣西運判林師說再任　筠溪集 5/17b

~洙

~清之

倉部郎中林清之除直寶章閣都大坑冶制

642　紹令一　制詞　臣僚　八畫

平齋集 19/1a

~淳厚

林淳厚授朝散郎　育德堂外制 2/13b

~彬之

林彬之除寶章閣待制依舊提舉江州太平興國官　後村集 68/3b

朝奉大夫新除寶章閣待制提舉江州太平興國官林彬之特授朝散大夫依所乞守木官職致仕　後村集 70/7b

林彬之贈中大夫　後村集 71/11b

~楠

林楠右司制　尊白堂集 5/5a

~盛

林盛可國子博士制　文恪集 15/6b

~暑

林暑除太府少卿誥　東澗集 3/20a

左司諫林暑除殿中侍御史制　東澗集 4/25a

殿中侍御史暑除侍御史制　東澗集 4/26a

林暑除宗正少卿誥　東澗集 3/18a

~枅

林枅著作佐郎　後村集 65/2b

~術

平陽縣尉林術可試秘校知永州祁陽縣事制

歐陽文忠集 81/17a

~通

林通轉承節郎制　東窗集 10/11b

~陶

林陶檢校比部員外郎充歙州團練副使不簽署本州公事制 乾興元年二月戊辰　宋詔令集 204/762

~混

江西路轉運判官林混史部郎官　宋本攻媿集 31/26b　攻媿集 35/26a

史部郎中林混太府少卿　宋本攻媿集 34/5b　攻媿集 38/5a

~武

林武補保義郎制　楊溪集 5/2b

~朝佐

林朝佐可承節郎制　橫塘集 7/9b

~景

林景廣東潮州海界有賊臣作過本州遣使臣林景部領戰船追捕各得寧息承信郎上轉承節郎制　紫微集 13/2b

~景衡

林景衡權發遣德慶府制　鶴林集 8/14a

林景衡授武經郎制　四庫拾遺 324/鶴林集

~勝

承信郎林勝轉一官　益國文忠集 95/17b　益公集 96/63a

~詢

封州司理參軍林詢被螢賊殺害贈大理寺丞制　蔡忠惠集 10/6b

~琢

林琢國子正　育德堂外制 4/13a

~楷

林楷特轉朝議大夫直敷文閣致仕制　平齋集 21/1b

~熙載

林熙載授武節郎制　四庫拾遺 323/鶴林集

~鼎

林鼎可售官服闕　韓南陽集 16/2b

~經德

林經德太學博士　後村集 66/15a

奉議郎行太學博士林經德昨任建寧宰平寇轉一官　後村集 68/17a

~演

林演權知德安府制　平齋集 19/14b

林演提舉湖北路常平茶鹽公事制　平齋集 20/17a

~廣

步軍都虞侯英州刺史林廣可衛州防禦使馬軍都虞侯制　陶山集 10/5b

~夢龍

林夢龍降授修職郎制　四庫拾遺 311/鶴林集

~嶠

林嶠閣門舍人制　宋本攻媿集 30/25b　攻媿集 34/24a

~管

林管閣門舍人制　尊白堂集 5/4b

~瑋

前守汀州上杭縣尉林瑋可著作佐郎制　王魏公集 2/24b

~樞

林樞贈朝奉郎制　四庫拾遺 398/鶴林集

~賜

林賜轉一官　西垣稿 2/6b

~嶠

勒停追官人林嶠等加官　咸平集 29/4b

詔令一　制詞　臣僚　八畫　643

～ 億

林億司封郎中制　臨川集 50/2b　王文公集 11/3b

～ 德

司封郎中充秘閣校理判登聞檢院林德可太常少卿依前秘閣校理差如故　韓南陽集 17/8a

～ 禧

父林某　林禧子封父承務郎制　平齋集 17/18a

母某氏　林禧子封母稀人制　平齋集 17/18a

～ 樾

從政郎揚州司法林樾搜獲銅錢循一資　宋本攻媿集 35/19a　攻媿集 39/18a

～ 機

林機禮部郎官制　歸愚集 7/5a

林機除起居舍人　海陵集 13/5a

～ 憶年

親衛大夫清遠軍承宣使提舉佑神觀林憶年除入內內侍省押班　止齋集 12/4b

～ 積

林積知福州　樂城集 30/9b

～積仁

林積仁廣東運副　苕溪集 47/1a

林積仁落職監當　鴻慶集 25/11a　孫尚書集 27/3b

～ 勳

林勳除廣南東路轉運判官制　東窗集 8/2b

～ 衡

知華亭縣事林衡奉聖旨轉先次降一官仍令本路提刑可取勘具按閒奏制　紫微集 15/4b

～ 遹

父林格　龍圖閣待制知廣州林遹父任建州司理參軍贈中大夫格贈太中大夫制　程北山集 23/8b

母陳氏　故母令人陳氏贈碩人　程北山集 23/8b

妻范氏　妻令人范氏贈碩人　程北山集 23/8b

中書舍人林遹除待制官祠制　毘陵集 8/4b

林遹待制知福州制　大隱集 2/24a

～ 濰

京西路轉運副使尚書主客郎中林濰可加勳制　元憲集 25/8a

～應龍

林應龍轉承直郎制　平齋集 20/10b

林應龍降授文林郎制　四庫拾遺 376/鶴林集

～ 顏

知濠州林顏可知虔州　彭城集 21/19b

林顏權知泉州　樂城集 30/6b

林顏知濠州　樂城集 30/10a

～ 攄

龍圖閣直學士朝奉大夫林攄可開封尹制　摘文集 4/1a

端明殿學士知熙州林攄除知永興軍制　翟忠惠集 2/17b

端明殿學士正奉大夫新知永興軍林攄知應天府制　翟忠惠集 2/18a

～ 騤

林騤除大理評事　後村集 67/3b

～ 璟

林璟軍器監簿制　平齋集 20/14b

林璟除直秘閣與宮觀制　平齋集 22/8b

～ 獻

林獻可移袁州司馬制　元憲集 25/12a

～覺祥

林覺祥轉承節郎制　東窗集 10/11b

林覺祥爲應募戰船防秋轉一官資制　紫微集 12/5b

～ 觀

前權知建州節度判官林觀可大理寺丞　韓南陽集 16/4a

～ 氏

皇帝乳母韓國賢和佑聖夫人林氏進封秦晉國永壽佑聖夫人制　華陽集 31/16b

來之邵

監察御史來之邵可殿中侍御史制　淨德集 8/10a

～伯友

歸順人武翼大夫來伯友修武郎制　平齋集 17/11a

同鼎武節郎來伯友武翼郎制　平齋集 20/22b

～ 勇

來勇贈承信郎與一子父職名係陣亡官兵　紫微集 19/21b

～處和

來處和落看班字制　尊白堂集 5/28b

來處和引班太疾降一官制　後樂集 1/11a

～處恭

閣門祇候來處恭該應舉人使十次賞轉一官　止齋集 11/9b

~慶祥

司天監丞來慶祥可降授司天監主簿制　元憲集 21/4b

東方辛

登州黃縣尉東力辛可密州司士參軍制　歐陽文忠集 79/5a　宋文鑑 37/5b

~野瑾

縣令東野瑾太子中舍致仕制　臨川集 53/9b

奔巴凌阿袞

奔巴凌阿袞轉軍都指揮使制　摘文集 5/11b

奇多伊

皇城使奇多伊轉一官制　摘文集 8/3a

~多遇

大藏庫副使奇多遇與轉一官制　摘文集 7/2a

抹征兼錢

大首領抹征兼錢可特授銀青光祿大夫檢校國子祭酒兼監察御史武騎尉充本族副軍主制　彭城集 20/15b

尚正德

大理寺丞尚正德可太子中舍制　元憲集 24/3b

~　均

故右侍禁尚清男均可授三班借職制　摘文集 8/6b

~佐均

國子博士尚佐均除秘書郎制　翟忠惠集 3/6a

~　坦

故右侍禁尚清男坦可授三班借職制　摘文集 8/6b

~　奇

尚奇贈兩官與一子父職名係陣亡官兵　紫微集 19/21b

~　起

陳州録事參軍尚起可太子中舍致仕　西溪集 4(三沈集 1/65a)

~振午

尚振午降授朝奉郎制　四庫拾遺 398/鶴林集

~惟寅

尚惟寅轉敦武郎制　東窗集 10/15a

~惟賢

尚惟賢爲敕令所編修條册成書係本所供檢文字轉一官制　紫微集 12/3b

~從吉

圖書局藝學尚從吉轉一官制　摘文集 8/5b

~　瑜

尚瑜水部員外郎制　翟忠惠集 3/6a

~　頌

十二考人前益州節度判官尚頌可殿中丞制　元憲集 23/9b

~　葦

西京左藏庫副使兼閣門通事舍人殿中省尚葦可候今任滿日特令再任制　摘文集 6/7b

卓得慶

卓得慶秘書郎　後村集 66/11a

秘書郎卓得慶除著作佐郎　後村集 69/13b

~裕勒

左駟驥副使卓裕勒與轉一官　摘文集 6/10b

~順之

卓順之直翰林醫官局等制　元豐稿 22/5a

西綾錦副使兼翰林醫官副使殿中省尚藥奉御卓順之可軍器庫使　彭城集 19/16b

~夢卿

卓夢卿直寶章閣廣南提舶　後村集 64/4a

~遵國

軍器庫使兼醫官使卓遵國可轉一官制　摘文集 7/15b

醫官卓遵國可轉一官制　摘文集 7/15b

醫官卓遵國可轉一官制　摘文集 7/16a

~　樽

卓樽特授承議郎制　四庫拾遺 381/鶴林集

芮　煇

芮煇兼侍讀　西垣稿 1/3a

花　辛

花辛轉承信郎制　東窗集 10/6a

~　氏

太皇太后殿花氏可典珍　蘇魏公集 34/10a

宮人花氏除司服制　翟忠惠集 4/23a

昌 弼

京西路轉運副使昌弼降兩官制 浮溪集 9/9a

浮溪集/附拾遺 9/109

易致堯

易致堯循右文林郎制 梅溪集 5/1a

～嘉謀

吉州進士易嘉謀進納米斛準錢八千貫補右

迪功郎 益國文忠集 94/13a 益公集 97/91a

呼延必顯

紫微祖士衡字平叔撰呼延告詞加食邑 龍

學集 15/1a

～ 通

父呼延昌 洪洲觀察使呼延通故父昌可特

贈武義郎制 紫微集 20/8a

母劉氏 母劉氏可特贈太碩人制 紫微集

20/8b

～ 檢

呼延檢贈忠翊郎 四庫拾遺 334/翰林集

～ 實

歸順人呼延實修武郎制 平齋集 17/11a

～ 賞

武節大夫呼延賞武翼郎制 平齋集 20/22b

旺密桑

蕃官左藏庫副使旺密桑與轉一官制 摘文

集 8/1b

～默星

蕃官皇城副使旺默星與轉一官制 摘文集

8/1b

門 清

歸順人門清補保義郎制 平齋集 21/24a

明 公

潭州明公等歸出給空名助教官告一千道

韓南陽集 16/2b

～ 亮

奏舉人前鼎州龍陽縣令明亮可特授大理寺

丞制 蔡忠惠集 10/19a

～ 澤

殿前指揮使守關行長行左班明澤換從義郎

宋本攻媿集 30/15a 攻媿集 34/14a

～ 穆

明穆可太子中舍人制 文恭集 14/18a

～ 鎬

龍圖閣直學士左司郎中知并州兼并代經畧

明

鎬可右諫議大夫 武溪集 10/2a

帕克巴

西蕃首領帕克巴可銀青光祿大夫檢校國子

祭酒兼監察御史武騎尉充本族軍主制

文莊集 2/22b

采木初變

相度湖南北路采木初變可湖北路轉運判官

制 摘文集 5/5a

金九萬

金九萬太學博士 後村集 65/4b

金九萬除國子博士兼莊文教授 後村集71/5b

～之才

淮西總管金之才爲漣水戍役功賞除帶行閤

門宣贊舍人 後村集 71/2a

～子實

金子實贈承節郎制 四庫拾遺 349/翰林集

～文剛

金文剛龍圖閣致仕 後村集 63/18a

～文德

武翼大夫閤門宣贊舍人特除慶府駐劄御前

保定諸軍都統制金文德特贈復州團練使

後村集 67/5a

～安節

金安節殿中侍御史 筠谿集 4/6b

金安節除大理少卿 海陵集 14/2b

～君卿

金君卿可著作佐郎制 文恭集 12/8b

～彥達

保義郎金彥達轉一官 宋本攻媿集 30/17a 攻

媿集 34/15b

～重寶

金重寶等授承信郎制 襄陵集 1/2a

～ 淵

金淵轉一官制 橫塘集 7/8a

～ 淵

金淵除太學博士制 平齋集 17/6a
金淵國子博士制 平齋集 20/20b

和 郁

殿中丞新差通判和郁可太常博士餘依舊制
文莊集 1/22b

~ 僎

江州録事參軍監鄂州買納茶場和僎可大埋
評事 西溪集 4(三沈集 1/67b)

季用和

季用和轉官 王文公集 13/7a

~ 南壽

起居舍人季南壽直秘閣宮觀制 盤洲集20/5a

季南壽除考功郎官 海陵集 15/8a

~ 衍

復中大夫直龍圖閣致仕季衍特贈通議大夫
制 平齋集 18/5b

季衍直寶文閣致仕制 平齋集 18/24a

~ 清臣

季清臣三代妻

曾祖季某 樂城集 31/13a

曾祖母尹氏 樂城集 31/13b

曾祖母周氏 樂城集 31/14a

祖季某 樂城集 31/14a

祖母某氏 樂城集 31/14b

父季某 樂城集 31/15a

母某氏 樂城集 31/15a

妻某氏 樂城集 31/15b

~ 晞顏

太社令季晞顏除大理司直制 平齋集 18/1a

~ 陵

季陵右司員外郎制 浮溪集 8/10b 浮溪集/附拾
遺 8/94

朝請郎新除中書舍人季陵可除徽猷閣待制
知臨安府制 北海集 3/7b

朝散大夫充徽猷閣待制季陵可落職依舊宮
觀制 北海集 5/1b

季陵除中書舍人制 毘陵集 8/2b

季陵復待制知温州制 大隱集 2/26a

季陵復徽猷閣待制制 東牟集 7/13a

~ 温時

守太府卿兼國史季温時授起居郎制 碧梧

集 3/9a

~ 翔

季翔太學録制 盤洲集 24/4a

~ 鑿

季鑿降授文林郎制 四庫拾遺 377/鶴林集

~ 鑄

季鑄直秘閣知紹興府 後村集 63/5b

季鑄除將作監 後村集 70/13a

季鑄除陞直煥章閣依舊知紹興府兼主管兩
浙東路安撫司公事 後村集 70/13b

季鑄除大理卿制 碧梧集 4/9b

季鑄依舊秘閣修撰知紹興府浙東安撫使制
碧梧集 5/7b

季鑄除右文殿修撰依舊知紹興府制 碧梧
集 5/7a

侍其琙

前著作佐郎侍其琙可舊官服闕 蘇魏公集
29/7b

~ 其瑽

供備庫使侍其瑽可知祁州制 彭城集 21/10b

岳 元

岳元轉翰林書藝局直長充裝界待詔制 道
鄉集 18/3b

~ 申

岳飛孫申特與補承信郎 益國文忠集 95/9a
益公集 96/65a

~ 甫

岳飛孫甫特與補承信郎 益國文忠集 95/9a
益公集 96/65a

先兄甫等復官告 金佗續編 13/10a

~ 珂

户部侍郎淮東總領岳珂磨勘轉中大夫制
平齋集 20/10b

~ 建

岳建等贈官 育德堂外制 4/13b

~ 飛

岳飛叙復元官 益國文忠集 97/16b 益公集95/46a

妻李氏 岳飛妻李氏特與復楚國夫人
益國文忠集 97/17b 益公集 96/70b

中衛大夫武安軍承宣使告(絲綸傳信録卷
之一) 金佗續編 2/4b

鎭南軍承宣使充江南西路沿江制置使告

(絲編傳信録卷之一) 金佗續編 2/5a

清遠軍節度使湖北路荊襄潭州制置使特封武昌縣開國子食邑五百戶食實封二伯戶制(絲編傳信録卷之一) 金佗續編 2/6a

兩鎮節度使加食邑制(絲編傳信録卷之一) 金佗續編 2/7b

四年明堂加食邑五百戶食實封二伯戶(絲編傳信録卷一) 金佗續編 2/8b

檢校少保加食邑制(絲編傳信録卷之一) 金佗續編 2/9b

武勝定國軍節度使充湖北京西路宣撫副使置司襄陽加食邑制(絲編傳信録卷之一) 金佗續編 2/10b

內觀起復制(絲編傳信録卷之一) 金佗續編 2/12a

起復太尉加食邑制(絲編傳信録卷之一) 金佗續編 2/13a

明堂加食邑五百戶食實封二伯戶制(絲編傳信録卷之一)詞關 金佗續編 2/14a

開府儀同三司加食邑制(絲編傳信録卷之一) 金佗續編 2/14a

少保兼河南府路陝西河東河北路招討使加食邑制(絲編傳信録卷之一) 金佗續編 2/15a

明堂加食邑七百戶食實封三百戶制(絲編傳信録卷之一)詞關 金佗續編 2/16a

樞密副使加食邑制(絲編傳信録卷之一) 金佗續編 2/16b

武勝定國軍節度使萬壽觀使奉朝請制(絲編傳信録卷之一) 金佗續編 2/17b

追復少保兩鎮告 金佗續編 13/4b

妻李氏 先祖姑岳飛妻李氏復楚國夫人告 金佗續編 13/6a

賜謚告詞 金佗續編 16/2a

追封鄂王告 金佗續編 27/10b

太師鄂王岳飛改謚忠穆制 洛水集/卷首 2b

新安文獻/前 4a 南宋文範 11/8b

岳飛追復原官改葬録用其後制隆興 南宋文範 11/6b

宋追復岳武穆王並錫謚諡詞碑 兩浙金石志 9/13b

~ 紀

岳飛孫紀特與補承信郎 益國文忠集 95/9a 益公集 96/65a

~ 雲

岳雲爲與番人接戰大獲勝捷除右武大夫遙郡防禦使制 紫微集 16/10b

岳飛男雲追復左武大夫忠州防禦使 益國文忠集 97/18a 益公集 96/71a 金佗續編 13/6b

妻覃氏 雲妻覃氏復恭人 益國文忠集 97/18b 益公集 96/72a 金佗續編 13/7a

先伯雲贈節度使告 金佗粹編 28/10a

~ 琛

先兄琛等補官告 金佗續編 13/10b

~ 超

岳超轉防禦使 張華陽集 1/7a

~ 雷

岳飛男雷追復忠訓郎閤門祇候 益國文忠集 97/18a 益公集 96/71b 金佗續編 13/7a

~ 經

岳飛孫經特與補承信郎 益國文忠集 95/9a 益公集 96/65a

~ 綱

岳飛孫綱特與補承信郎 益國文忠集 95/9a 益公集 96/65a

~ 震

岳飛男震與補保義郎 益國文忠集 97/18a 益公集 96/71b

~ 緯

岳飛孫緯特與補承信郎 益國文忠集 95/9a 益公集 96/65a

~ 霖

知廣州岳霖敷文閣待制致仕 宋本攻媿集 30/26a 攻媿集 34/24b

岳霖贈四官 宋本攻媿集 30/26b 攻媿集 34/24b

先考霖復右承事郎告 金佗續編 13/7b

~ 霈

岳飛男霈與補保義郎 益國文忠集 97/18a 益公集 96/71b

~ 霽

岳飛男霽右承事郎與合入差遣補保義郎 益國文忠集 97/18a 益公集 96/71b

~ 氏(不惜)

紅霞帔岳不惜轉掌字 苕溪集 40/3a

邱 岳

邱岳除直秘閣准東轉運判官制 蒙齋集 9/7b

~ 幹

邱幹循右文林郎制 橘溪集 5/2a

~ 礪

邱礪除福建運判　海陵集 13/6a

周之純

朝請郎權發遣宣州周之純可廣東提刑制　彭城集 19/12a

周之純知秀州　蘇東坡全集/外制下/9a

周之純宣州　攻媿集 30/1a

~之翰

周之翰除大宗正丞制　東窗集 9/20a

~三畏

周三畏大理卿　苕溪集 43/2a

周三畏除刑部侍郎兼詳定一司敕令制　東窗集 10/19a

周三畏加官制　東牟集 7/23a

周三畏爲敕令所編修在京通用條册成書轉一官制　紫微集 12/3a

~士昌

左奉議郎周士昌出咨目於三等人户苗頭上科獻助錢特降一官　益公集 96/63b

~大老

文林郎監泰州鹽倉周大老降兩資放罷　宋本攻媿集 30/12b　攻媿集 34/11b

~大亨

單州文學周大亨密州司馬制　臨川集 55/11a

~大象

周大象可秘書丞　文恭集 13/12b

~文虎

周文虎特授朝散郎制　鶴林集 7/18b

~ 元

勝捷都虞侯周元可乘義郎制　范成大佚著/88

~元亨

學士院孔目官梓州司户參軍周元亨成都府溫江縣主簿制　臨川集 55/13a

~ 中

奉議郎周中轉一官制　摘文集 7/9b

~公彦

周公彦御史臺檢法官制　東窗集 13/13b

~仁厚

瑞昌縣玉仙鄉稅户迪功郎周仁厚與改承務郎　程北山集 24/10a

~ 尹

著作佐郎周尹可秘書丞　西溪集 4(三沈集 1/61b)

周尹考功郎中　蘇東坡全集/外制中/8a

~必大

周必大試中詞學循一資　海陵集 15/3a

周必大權禮部侍郎兼權直學士院陞同修國史實錄院同修撰制　范成大佚著/84-85

誥誥　益國文忠集/附錄 3/1a　益公集/附錄 3/1a

少保觀文殿大學士充醴泉觀使益國公周必大登極恩贈三代

曾祖周衍　曾祖故朝奉郎贈人師潭國公衍加封秦國公制　止齋集 15/3a

曾祖母郭氏　曾祖母潭國夫人郭氏贈秦國夫人　止齋集 15/3a

祖周說　祖故朝散大夫贈太師潭國公說封秦國公　止齋集 15/3b

祖母潘氏　祖母贈制　止齋集 15/3b

父周建利　父贈制　止齋集 15/4a

母王氏　母贈制　止齋集 15/4a

判潭州周必大判隆興府　宋本攻媿集 34/4a　攻媿集 38/4a

周必大加食邑實封制附賜告口宣　宋本攻媿集 41/13b　攻媿集 45/3a

~永清

閣門通事舍人周永清可充西染院副使兼閣門通事舍人　韓南陽集 18/10a

莊宅副使兼閣門通事舍人周永清可右騏驥副使　蘇魏公集 34/7a

引進副使定州兵馬鈐轄周永清可客省副使制　王魏公集 2/8b

~世昌

内殿承制周世昌可供備庫副使　西溪集 4(三沈集 1/77b)

~世昌

周世昌降一官　益國文忠集 96/9a　益公集 96/64a

~世南

周世南可比部員外郎制　文恭集 15/12b

~世修

金華知縣右通直郎周世修擢移兌折帛錢降一官　益國文忠集 96/9b　益公集 96/64a

~用之

周用之循資制　盤洲集 23/6a

~弘祚

撫州刺史周弘祚可池州刺史　徐公集 8/8a

~ 江

周江呈試武藝補承信郎制　襄陵集 1/2b

~汝霖

周汝霖降授朝請郎制　鶴林集 9/9b

~次旦

周次旦降授修職郎制　四庫拾遺 308/鶴林集

~成務

沿堂五院副行首左千牛衛長史周成務金吾衛長史制　臨川集 55/15a

~同

奏舉人周同大理寺丞制　臨川集 51/13a

奏舉録事參軍周同可大理寺丞　王文公集 12/4a

~聿

周聿權刑部侍郎　苕溪集 37/3b

周聿充陝西路宣諭使　苕溪集 38/4a

右通直郎權尚書刑部侍郎陝西宣諭使周聿磨勘轉右奉議郎　苕溪集 40/4a

父周子通　右通直郎試尚書刑部侍郎

周聿故父子通贈右太中大夫制　東窗集 7/20a

母王氏　前母王氏贈碩人制　東窗集7/20b

母王氏　故母王氏贈碩人制　東窗集7/20b

妻于氏　故妻于氏贈碩人制　東窗集7/21a

妻石氏　石氏封碩人制　東窗集 7/21a

周聿復右奉議郎制　東窗集 9/6b

周聿復右承議郎制　東窗集 13/13a

周聿改官　張華陽集 4/5a

~沆

前著作佐郎周沆服闕可舊官制　元憲集24/9a

河北轉運使工部郎中天章閣待制周沆可兵部郎中依舊　公是集 30/5b 宋文鑑 38/6b

河東轉運使周沆可三司度支副使制　華陽集 29/7b

周沆右諫議大夫制　臨川集 49/13a　王文公集 11/1b

父周圭　樞密直學士周沆父圭贈尚書右僕射制　郡溪集 5/9b

~宏

妻林氏　内侍省高班周宏妻林氏封福昌縣君制　華陽集 31/17b

~良臣

忠翊郎主管進奉周良臣特轉一官　止齋集 11/3a

~玎

周玎轉從事郎制　平齋集 22/8a

~孝

周孝贈兩官與一資恩澤係建炎年間因隨軍陣亡官兵　紫微集 19/18a

~孝孫

殿中丞周孝孫審刑院詳議官制　元憲集25/8b

~孝稀

吴川縣周孝稀轉一官　益公文忠集 95/17b　益公集 96/63a

~岐

周岐可著作佐郎　文恭集 12/9a

~邵

周邵通判壽春　樂城集 29/16a

~邦式

兩浙路提刑周邦式江東路提刑李公年兩易制　翟忠惠集 2/6b

~廷堅

承議郎周廷堅轉一官制　摘文集 7/9b

~佐堯

奏舉人前懷州武德縣令周佐堯可大理寺丞

西溪集 4(三沈集 1/62a)

~延年

特勒停人光祿寺丞周延年光祿寺丞制　臨川集 55/8b

~延僎

周延僎屯田郎中制　臨川集 50/6a

~昱

歸順周昱補武功郎遥郡刺史准東兵馬鈐轄制　平齋集 21/12a

~孜

故户部侍郎致仕周沈親孫孜可試秘書省校書郎制　鄞溪集 6/10b

~宗閔

周宗閔可衛尉寺丞制　文恭集 14/4b

~宗傑

周宗傑轉四官授武功郎制　平齋集 22/6b

~武仲

周武仲復官制　横塘集 7/11a

刑部尚書周武仲吏部尚書制　浮溪集 11/14a

浮溪集/附拾遺 11/134

~林

周林爲敕令所編修在京通用條册成書轉一官制　紫微集 12/7a

~坦

周坦磨勘轉朝請大夫 後村集 65/16b

寶章閣直學士朝請大夫知徽州軍州事周坦磨勘轉朝議大夫 後村集 69/17a

寶章閣直學士朝散大夫知徽州周坦封贈父父周澈 故父已贈朝議大夫澈贈中大夫 後村集 73/5b

寶章閣直學士朝散大夫知徽州周坦特封瑞安縣開國男食邑二白戶 後村集 73/11a

周坦特受中奉大夫守寶章閣直學士致仕制 碧梧集 9/3b

周坦授承事郎制 四庫拾遺 405/東澗集

~ 虎

周虎授文州刺史 育德堂外制 4/3b

~ 昇

忠翊郎前韶州兵馬監押周昇在任不法降成忠郎 止齋集 12/2a

~ 宣

殿前司拍試到舊行門周宣武藝與換敦武郎 苕溪集 34/2b

~彥質

周彥質除户部郎官制 道鄉集 16/9a

周彥質落職制 宋詔令集 210/794

~ 奕

太史局測驗渾儀刻漏所學生周奕特補舉壺正 止齋集 11/7a

周奕等轉官 育德堂外制 5/14a

周奕降授奉官正制 鶴林集 9/14a

~ 美

周美可檢校兵部尚書耀州刺史充侍衛親軍步軍副都指揮使耀州觀察使加食邑五百户實封二百户制 文恭集 17/3a

故侍衛親軍馬軍副都指揮使周美可贈忠武軍節度使制 華陽集 28/12a

~ 秘

周秘知婺州續改知紹興府 苕溪集 32/1a

~ 珉

周珉大理寺丞 宋本攻媿集 34/3a 攻媿集 38/3a

周珉刑部郎官 宋本攻媿集 37/20b 攻媿集41/19b

~ 革

樞密院編修周革轉官制 臨川集 51/2b 王文公集 13/5a

職方員外郎周革可屯田郎制 郎溪集 3/3a

~ 咸

尚書屯田員外郎通判池州周咸可尚書都官員外郎 元憲集 26/14b

~ 員

周員可大理寺丞制 文恭集 14/12a

~ 約

周約可著作佐郎 文恭集 12/9b

~ 起

尚書户部侍郎知青州周起真授太常少卿知光州制乾興元年二月戊辰 宋詔令集 204/761

~ 晉

周晉降授通直郎制 四庫拾遺 389/鶴林集

~ 時

周時變路運判制 盤洲集 23/3b

~ 乘

大理寺丞吴王宫教授周乘可殿中丞制 華陽集 27/8a

~ 秩

承議郎太常丞周秩可駕部員外郎制 彭城集 19/9b

~ 秩

朝散大夫添差監歙州鹽酒稅周秩復直龍圖閣提舉洞霄宫 劉給諫集 2/3b

~ 純

周純知鄂州朱陽縣 樂城集 29/12b

~ 墜

周墜除大理寺丞制 東牟集 1/21b

~ 淙

知旰哈軍周淙除直徽猷閣制 德庵集 6/7a

~ 章

周章降官 育德堂外制 1/3b

~ 望

給事中周望兵部尚書制 浮溪集 11/15a 浮溪集/附拾遺 11/134

兵部尚書周望同簽書樞密院制 浮溪集 11/15b 浮溪集/附拾遺 11/135

周望除考功員外郎 鴻慶集 26/4b 孫尚書集 27/11a

端明殿學士朝奉大夫同簽樞密院事周望可除中大夫同知樞密院事制 北海集 3/9a

端明殿學士朝奉大夫同簽書樞密院事周望可除兩浙宣撫使制 北海集 4/8b

周望給事中制 大隱集 1/18a

周望宣撫使制 大隱集 3/5b

~執羔

周執羔除吏部郎官制　東窗集 8/8b
徴獻閣待制周執羔封贈
　父周庭侯　父朝奉大夫致仕庭侯贈右朝
　請大夫制　盤洲集 19/8b
　母吴氏　母宜人吴氏贈令人制　盤洲集
　19/9a
　繼母劉氏　繼母宜人劉氏贈令人制　盤
　洲集 19/9b
周執羔復秘閣修撰改差知池州　海陵集 15/8b
~悼頤
　改周悼頤大理寺丞制　華陽集 29/11b
~惟德
　入内西頭供奉官勾當御藥院周惟德可内殿
　承制制　元憲集 25/1b
~　常
　周常中書舍人兼侍講制　道鄉集 18/5b
~　莘
　入内内侍省東頭供奉官周莘可入内内侍省
　内殿崇班制　摘文集 8/8a
~莊仲
　周莊仲轉左承議郎制　東窗集 12/27b
~　倩
　周倩可殿中丞制　文恭集 13/7b
~　紳
　户部員外郎周紳可淮南轉運判官制　摘文
　集 5/5b
~　陵
　廣南西路轉運按察使金部員外郎周陵可司
　勳員外郎就差充荆湖南路轉運按察使制
　歐陽文忠集 79/17a
周陵荆湖轉運使制　歐陽文忠集 81/14b
~　湛
　周湛可刑部郎中制　文恭集 16/8b
~　淵
　周淵循右儒林郎制　東窗集 13/10a
~敦禮
　周敦禮等仍授職制　橫塘集 7/13a
~　琮
　周琮可司天中官正制　文恭集 14/26b
~堯卿
　奏與人前桂州録事參軍周堯卿可著作佐郎
　制　元憲集 21/10a
~　喜

周喜授武翼郎制　四庫拾遺 327/鶴林集
~　撝
　周撝江東提刑　筠溪集 5/27b
~閔中
　三班奉職周閔中可右班殿直制　陶山集 10/4b
~舜元
　周舜元太府丞制　盤洲集 23/9b
~　復
　周復可著作佐郎制　文恭集 14/14b
~　登
　具州歷亭縣主簿周登可國子監丞致仕制
　歐陽文忠集 79/16a
~義起
　進士周義起充大金通問使屬官特授從事郎
　制　浮溪集 8/14a　浮溪集/附拾遺 8/97
~道降
　醫官周道降轉一官制　摘文集 8/5b
~　楙
　周楙除大理寺丞制　東窗集 9/2a
~　葵
　周葵太常少卿　苕溪集 37/4a
　周葵殿中侍御史　苕溪集 43/1b　斐然集 13/25b
　周葵起居郎　苕溪集 46/5a
　周葵元是起居郎爲臣僚上言挾私薦呂廣問
　奉聖旨落職與宫祠遇明堂大禮合行檢舉
　復直秘閣制　紫微集 17/6a
　周葵資政殿學士提舉臨安府洞霄宮制　盤
　洲集 21/2a
　周葵封宜興縣子制　盤洲集 24/5b
　起居郎兼權中書舍人兵部侍郎周葵兼侍講
　益國文忠集 95/8a　益公集 94/13a
~　鼎
　周鼎權刑部侍郎制　道鄉集 16/9a
　周鼎特贈待制　斐然集 13/9b
　降授朝奉大夫直龍圖閣知濟州周鼎落職依
　前官知鄆州制　宋詔令集 211/799
~　鼎
　武功大夫忠州刺史左屯衛將軍京湖制置大
　使司計議官周鼎戍瀧及援重慶功賞轉右
　武大夫墜帶右屯衛大將軍依舊任　後村
　集 70/7b
~　閎
　提舉兩浙東路常平茶鹽公事周閎可户部員

外郎總領淮西財賦制 范成大佚著/89-90

~秼

周秼大理評事制 蒙齋集 8/2b

~ 演

父周搏 著作佐郎知蔡州汝陽縣事周演父搏可特授守大理評事致仕 韓南陽集 18/9a

母趙氏 亡母趙氏可追封靈壽縣君 韓南陽集 18/9b

~ 寧

母某氏 管軍周寧母贈碩人制 襄陵集 2/18a

父周某 管軍周寧封贈故父勅 襄陵集 3/9b

繼母某氏 繼母敕 襄陵集 3/10a

妻某氏 故妻敕 襄陵集 3/10b

妻某氏 妻敕 襄陵集 3/10b

~ 端

周端可太子中舍人制 文恭集 13/8a

~ 端

官兵周端贈承信郎制 四庫拾遺 348/鶴林集

~端友

判太史局周端友職事不謹降一官 止齋集 13/8a

同判局降授局令周端友復元官 宋本攻媿集 36/2b 攻媿集 40/2b

~端朝

權刑部侍郎周端朝磨勘轉中大夫制 平齋集 19/17a

權刑部侍郎周端朝特轉通議大夫守刑部侍郎致仕制 平齋集 22/5a

~端節

周端節授額內成安郎制 四庫拾遺 349/鶴林集

~ 輔

著作佐郎周輔轉秘書丞制 歐陽文忠集 80/10a

~與齡

周與齡除凝神殿授經諸 襄陵集 3/1a

~夢若

母許氏 周夢若母許氏封儒人制 盤洲集 24/3a

~ 紹

左中奉大夫權尚書吏部侍郎兼史館修撰周紹除集英殿修撰知溫州制 文恭集 18/3b

~ 絡

周絡除京西路運判兼提舉制 楊溪集 5/15b

父周邊 敷文閣待制周絡故父邊贈開府儀同三司加少保制 瀘庵集 6/9a

母葉氏 故母榮國夫人葉氏贈定國夫人制 瀘庵集 6/9b

繼母宋氏 故繼母嘉國夫人宋氏贈福國夫人制 瀘庵集 6/9b

周絡除國子祭酒 海陵集 14/6b

周絡除吏部侍郎 海陵集 17/2a

周絡成都路提刑 歸愚集 8/5a

左中奉大大尤敷文閣待制提舉江州人平興國宮周絡遇明堂赦封贈

父周邊 父贈特進邊特贈開府儀同三司益國文忠集 97/10a 益公集 95/37b

母葉氏 母安定郡夫人葉氏特贈榮國夫人 益國文忠集 97/10a 益公集 95/37b

~ 綱

周綱檢正 苕溪集 43/1a

周綱除權吏部侍郎 苕溪集 45/3b

周綱除監察御史 張蕪陽集 7/5a

周綱措置收耀轉一官 斐然集 12/24b

周綱除監察御史制 南宋文範 11/3a

~ 綸

母某氏 著作佐郎周綸母年九十一歲封縣君 蘇魏公集 34/16b

~ 諒

周諒補承信郎制 東窗集 10/6b

~慶之

虞部員外郎周德延男慶之可試秘書省校書郎制 文恭集 19/7b

~ 震

朝請郎充樞密院編修官兼國史院編修官兼實錄院檢討官周震依前官特授知大宗正丞兼職如故制 後樂集 1/12b

~ 輝

周輝降官制 楊溪集 5/34a

~ 踐

通判沂州周踐可國子博士制 元憲集 24/6a

~ 德

御前忠佐周德等加恩制 鄮溪集 6/9b

~龍歸

周龍歸國子監丞 後村集 66/14b

周龍歸除太常寺丞兼沂靖惠王府教授 後村集 71/8a

~ 諝

周諝可太子中舍人制 文恭集 14/20b

詔令一 制詞 臣僚 八畫 653

～ 整

御前諸軍副都統制周整 宋本攻媿集 44/23b

～ 翰

捧日左廂都指揮使嘉州團練使周翰制 臨川集 52/16a

～ 顗

周顗轉官制 羅忠惠集 4/9a

周顗檢正制 大隱集 2/9a

～ 操

侍御史周操兼侍講制 滄庵集 6/2a

周操除吏部郎官 海陵集 15/8a

龍圖閣直學士左朝奉大夫提舉江州太平興國宮周操除太子詹事 益國文忠集 100/8b 益公集 100/141b

～ 興喬

宋勅制置使周興喬兼幹辦皇城司弓養提舉神祐觀誥命 周元公集/周世系遺芳集 12/3a

～ 豫

集賢校理周豫太常博士餘如故制 臨川集 51/5a

～ 濤

前著作佐郎周濤光祿寺丞致仕制 臨川集 53/8a

～ 應

周應可西京八作使制 文恭集 17/19b

～ 應合

周應合除史館檢閱 後村集 68/10a

～ 應旅

周應旅特授修職郎制 四庫拾遺 312/翰林集

～ 變

周變都官郎中制 臨川集 50/5a

～ 種

朝奉大夫直龍圖閣知毫州周種轉一官 劉給諫集 2/6b

～ 樸

周樸除直敷文閣制 梅溪集 5/24a

～ 瞻

周瞻贈六官恩澤依舊 紫微集 19/19b

～ 離享一作夐

周離享直秘閣轉運判官制 大隱集 3/14a

～ 覺

供奉官周覺轉一官制 擴文集 7/4a

～ 懿文

周懿文散官嶺外安置制 浮溪集 9/5a 浮溪集/

附拾遺 9/106

～ 氏

御侍周氏進封延安郡君 華陽集 31/15a

居 中

居中可宗正寺主簿 蘇東坡全集/外集 下/12a

屈 你

蕃官慶州柔遠寨柳橋寨屈你可充本族副軍主 蘇魏公集 33/13a

～ 移

府州靖化保屯毛州族子弟屈移可銀酒監武充本族副都軍主 蘇魏公集 34/14a

～ 黃

內殿崇班屈黃可供備庫副使制 王魏公集 2/8a

～ 塡

蕃官慶州大順城下骨咩族屈塡可充本族副軍主 蘇魏公集 33/13a

～ 德

麟州兀羅族子弟屈德可銀酒監武充本族副都軍主 蘇魏公集 32/14a

邵 才

權發遣廣德軍邵才可權知滁州制 彭城集 21/9b

～ 文炳

邵文炳侍制官觀制 尊白堂集 5/10a

邵文炳轉官致仕制 尊白堂集 5/35b

中書舍人邵文炳兼侍講制 尊白堂集 5/37b

～ 元

知謀院兼判司農寺邵元可依前尚書祠部員外郎知制誥兼太子右庶子 韓南陽集 17/17b

母劉氏 丁憂人邵元亡母劉氏追封孝感縣太君制 華陽集 31/14a

邵元太常丞制 臨川集 51/6a

省判邵元可太常丞 王文公集 12/2b

樞密直學士邵元可樞密副使制 郎溪集 1/3b

～ 公翰

邵公翰大理評事 宋本攻媿集 33/18a 攻媿集 37/17b

～ 及之

邵及之福建運判制 盤洲集 22/11a

～ 必

蘄州廣濟縣令充國子監直講邵必可大理寺丞制 歐陽文忠集 81/14a

～ 朴

曹莊太常丞邵朴國子監丞 育德堂外制 2/12a

～宏淵

親衛大夫常德軍承宣使主管建康府御前諸軍統制職事邵宏淵繳納逃亡事故人功賞告劄 丁五百 道與陳正仨觀察使 益國文忠集 95/16a 益公集 98/111b

～克忠

邵克忠授修武郎制 四庫拾遺 331/鶴林集

～ 忱

奉議郎添差通判袁州邵忱爲宣司結局特轉一官 後村集 62/15b

～希直

入內西京右藏庫使邵希直可入內文思使制 摘文集 6/5a

～希直

邵希直特封成州團練使致仕 益國文忠集 94/1a 益公集 98/98a

～伯溫

邵伯溫贈殿撰 斐然集 13/18a

～ 供

父邵某 邵供交封承務郎致仕制 尊白堂集 5/35b

～ 相

邵相户部郎官 苕溪集 42/3a

～若森

邵若森補承信郎 四庫拾遺 348/鶴林集

～ 剛

邵剛太學博士制 元豐稿 20/6b

邵剛通判泗州 蘇東坡全集/外制上/6a

～ 峒

從政郎光州宣城縣令邵峒特改宣教郎制 後樂集 1/3a

～ 裹

邵裹大理評事 宋本攻媿集 33/18a 攻媿集 37/17b

邵裹大宗正丞 育德堂外制 5/10a

～ 康

太常博士邵康除秘書丞 止齋集 18/10b

太學博士邵康國子博士 宋本攻媿集 33/4b 攻媿集 37/4b

邵康太常少卿 育德堂外制 2/4a

～ 從

邵從爲與海賊戰没贈承信郎與一子恩澤制 紫微集 18/8a

～ 淵

手分借職邵淵轉一官制 摘文集 7/8a

～ 鄂

邵鄂轉一官制 東窗集 8/19a

～ 溥

徵猷閣待制潼川府路宣撫使邵溥誤收試舉人降一官 苕溪集 36/3b

邵溥磨勘轉左朝議大夫 苕溪集 44/2b

前户部侍郎邵溥降一官制 浮溪集 9/5b 浮溪集/附拾遺 9/10b

邵溥落職京東小郡制 浮溪集 12/9b 浮溪集/附拾遺 12/143

邵溥復徵猷閣待制 張華陽集 1/1b

邵溥瀘南沿邊安撫使兼知瀘州 張華陽集 7/2a

邵溥復秘閣修撰諮 東牟集 8/23b

～ 該

邵該贈承奉郎制 四庫拾遺 360/鶴林集

～聞禮

故父邵必 左通直郎邵聞禮弟右通直郎敦詩弟右奉議郎約史故父任龍圖閣學士尚書右司郎中贈通議大夫必可贈左正議大夫制 淨德集 9/10a

母蔣氏 邵聞禮等故母通議郡太君蔣氏贈永寧郡太君制 淨德集 9/10b

繼母蔡氏 邵聞禮等故繼母和義郡太君蔡氏可贈遂寧郡太君制 淨德集 9/11a

～ 譯

父邵希直 寧海軍承宣使提舉佑神觀邵譯父任忠州刺史致仕希直特封成州團練使致仕 益公集 98/98a

～ 錢

應辦中官册寶邵錢轉一官制 東窗集 8/21b

～ 薄

朝奉郎提舉亳州明道宮邵薄可責授汝州團練副使峽州安置制 北海集 5/4b

～ 璋

寄班祇候邵璋轉一官制 東窗集 8/22b

～ 護

邵護爲父陣亡可承信郎制 襄陵集 1/1b

孟三英

父孟真　新授常州司理參軍孟三英父真可承務郎致仕制　彭城集 23/16a

~子禮

孟子禮轉右奉議郎制　東窗集 9/6a

~　元

孟元可普州刺史制　文恭集 18/9a

~元子

孟元子降授迪功郎制　四庫拾遺 313/翰林集

~元亨

孟元亨可大理寺丞致仕制　文恭集 20/7a

~元喆

孟元喆定武軍節度使制　宋詔令集 103/381

孟元喆開府儀同三司加恩制太平興國二年十一月　宋詔令集 103/381

~化成

十二考人前權資州軍事判官孟化成可著作佐郎制　元憲集 25/10a

~化琮

孟化琮可將仕郎守太常寺大樂署副樂正制　元憲集 25/14a

~永和

孟永和轉軍器庫副使兼翰林醫官副使　樂城集 27/17b

~永寧

孟永寧可新州新興縣主簿充翰林待詔御書院祇候制　文恭集 18/21a

~可道

孟可道可中書守閣主事制　文恭集 14/23b

~　甲

孟甲爲游說陝西帥府臣河北忠義之士被金人覺察得知已被處斬贈奉義郎與一子恩澤制　紫微集 18/8b

~　仔

孟仔授保義郎　四庫拾遺 340/翰林集

~汝嘉

孟汝嘉刑部郎官制　浮溪集 10/1b　浮溪集/附拾遺 10/113

~　均

內殿承制孟均可千牛衛將軍制　歐陽文忠集 81/13b

~　怡

蕃官慶州荔原堡左惟窯族孟怡充本族副軍主　蘇魏公集 33/13a

~昌齡

孟昌齡復官制　襄陵集 1/19b

~忠厚

曾祖孟隨　起復鎭潼軍節度使開府儀同三司充體泉觀使孟忠厚曾祖任內殿承制閣門祇候贈太師追封秦王隨追封魏王　程北山集 25/5b

曾祖母張氏　曾祖母徐豫國夫人張氏贈秦魏國夫人　程北山集 25/6a

祖孟遂　祖任武安軍節度觀察留後致仕贈太師追封岐王遂追封韓王　程北山集 25/6b

祖母王氏　祖母夏商國夫人王氏贈韓豫國夫人　程北山集 25/7a

父孟彥弼　父任中散大夫開封府左司録贈通議大夫徽猷閣待制彥弼贈太子少師　程北山集 25/7b

母李氏　母徐鄆國夫人李氏贈吳越國夫人　程北山集 25/8a

妻王氏　妻衛國夫人王氏封楚國夫人　程北山集 25/8a

起復鎭潼軍節度使開府儀同三司充體泉觀使孟忠厚加恩制　浮溪集 11/8a　浮溪集/附拾遺 11/130

孟忠厚特授起復鎭潼軍節度使開府儀同三司充體泉觀使進封東海郡開國侯加食邑食實封制　溪溪集 11/8b　浮溪集/附拾遺 11/130

除孟忠厚特授依前起復鎭潼軍節度使開府儀同三司充體泉觀使特封信安郡王加食邑食實封制　北海集 7/11b

孟忠厚知建康府制　東窗集 13/1a

妻王氏　孟忠厚妻王氏封秦國夫人　張華陽集 2/1b

孟忠厚知紹興府兼安撫使制　楳溪集 5/12b

孟忠厚加太保致仕　海陵集 20/3a

孟忠厚贈太傅　海陵集 20/5b

~　佺

孟佺換授承節郎制　四庫拾遺 340/翰林集

~　奎

孟奎換授奉議郎　後村集 61/3a

~　皆

大理寺丞知鉅野縣孟皆可太子中舍制　歐陽文忠集 80/5b

~　英

儒林郎前乾寧縣司理參軍孟英可試大理評事 蘇魏公集 30/11a

~思恭

故酬濮王仲淹婿承節郎孟思恭可閤門祗候免供職 苕溪集 38/3b

孟思恭轉閤門宣贊舍人制 東窗集 7/3b

右諫議大夫孟思恭奉使受賂止罷見任太輕奉聖旨特降一官史部供本人元保武功大夫吉州刺史落階官授文州刺史 益國文忠集 96/10a 益公集 94/14a

~ 俊

孟俊特降一官 西垣橋 2/1a

~ 淆

孟淆等並合轉承信郎制 橫塘集 7/10a

孟淆轉右武大夫 張華陽集 8/4a

~ 浩

監都進奏院孟浩除國子監主簿 止齋集 18/7a

~ 拳

孟拳勅 襄陵集 3/14a

~ 琪

江陵府副都統孟琪特轉武經郎制 平齋集 17/11b

孟琪轉八官以三官轉橫行五官轉遙郡制 東澗集 6/16b

~ 庚

孟庚除户部尚書 程北山集 22/2b 南宋文範 10/7a

父孟淳 户部尚書孟庚故父贈朝散大夫贈中奉大夫 程北山集 23/11a

母申氏 故母宜人申氏贈淑人 程北山集 23/11a

妻徐氏 妻宜人徐氏封淑人 程北山集 23/11b

孟庚除參知政事 程北山集 24/6a

曾祖玨 參知政事孟庚曾祖玨贈太子少保 程北山集 25/8b

曾祖母王氏 曾祖母王氏贈高平郡夫人 程北山集 25/9a

祖孟某 祖任趙州司録某贈太子少傅 程北山集 25/9b

祖母 祖母郭氏贈濟安郡夫人 程北山集 25/9b

父孟淳 父贈中奉大夫淳贈太子少師 程北山集 25/10a

母申氏 母淑人申氏贈永嘉郡夫人 程

北山集 25/10b

妻徐氏 妻淑人徐氏封普安郡夫人 程北山集 25/11a

孟庚除知河南府兼充西京留守 苕溪集 42/1a

孟庚觀文知紹興府制 斐然集 13/11a

~惟彥

孟惟彥降官 劉給諫集 2/14a

~虛舟

洪州豐城縣事孟虛舟可太常博士制 文莊集 2/11b

~處義

孟處義轉一官 苕溪集 33/1b

孟處義除淮南運判 海陵集 18/5b

~ 造

孟造可衛尉寺丞制 元憲集 26/2a

~逢原

殿宮修奉司屬官孟逢原於遙郡上轉行一官制 東窗集 8/13a

~ 琳

孟琳授閤門祗候制 鶴林集 8/8b

~ 逵

內庭崇班孟逵與轉一官制 摘文集 7/3a

~朝宗

孟朝宗可太子中舍人致仕制 文恭集 20/5a

~ 勝

孟勝轉三班借職制 道鄉集 15/3b

~ 詮

孟詮元係保正因掩殺桑仲賊馬立功節次轉成忠郎制 紫微集 17/3b

~ 獻

浙東常平司幹官孟獻除薦田令 止齋集 8/11b

孟獻降朝散郎 育德堂外制 3/15b

~ 遇

清河口皂角林立功官兵轉官孟遇兩官 益國文忠集 98/2a 益公集 97/93a

~ 愈

孟愈加官制 東牟集 7/24a

~ 端

散直上名孟端授承信郎 止齋集 11/6a

~ 榕

孟榕換授奉議郎 後村集 60/18a

~ 綸

朝請大夫試將作監孟綸依前官特授直秘閣荊湖北路轉運判官專一措置提督修城諸

後樂集 2/10a

~ 德

孟德轉武翼郎 東窗集 10/17b

~ 導

孟導知嚴州 育德堂外制 4/10a

朝散郎行將作監主簿孟導依前官特授行軍器監丞賜如故制 後樂集 1/14a

~ 濤

孟濤轉官制 橫塘集 7/9a

~應言

中書主事孟應言可堂後官 韓南陽集 16/9b

~ 點

孟點除湖北轉運判官制 東澗集 6/13b

孟點任湖北運判日應辦糧草轉一官制 東澗集 6/19b

孟點轉一官制 平齋集 21/3a

~ 端

孟端換授承事郎 後村集 60/18a

~懷义

祇候孟懷义轉猫邊花侍詔制 摘文集 5/7a

~纘勤

孟纘勤授文林郎制 四庫拾遺 375/翰林集

~ 某

孟某贈直秘閣 斐然集 14/7b

阿里骨

西蕃遵川首領阿里骨加食邑制 蘇魏公集 21/8a 宋文鑑 36/11b

阿里骨特授銀青光祿大夫檢校國子祭酒兼監察御史武騎尉充本族副軍主制 彭城集 20/15b

~ 星

阿星刺使制 元豐稿 22/5b

~憐官

阿憐官本族副軍主制 元豐稿 22/6a

~穆爾

保安軍順寧塞蕃弓箭手指揮覺默特族右侍禁阿穆爾與轉五官制 摘文集 7/2b

九 畫

洪天錫

洪天錫依舊職除廣東運判 後村集 69/8a

知漳州洪天錫除直寶謨閣依舊任 後村集 69/8a

新除秘閣修撰洪天錫特授侍御史制 碧梧集 4/6b

~中孚

熙河蘭湟路計度轉運使降授朝請郎充集賢殿修撰洪中孚可顯謨閣待制本路都轉運使制 摘文集 4/11b

顯謨閣直學士知成德軍洪中孚知永興軍 劉給諫集 2/3a

~ 似

朝散郎行大社令洪似特授大理寺簿制 後樂集 1/1a

~邦美

洪邦美爲效用韓政偷盜人民阿蔡家錢物並不鈐束特降三官制 紫微集 13/17b

~ 炎

洪炎轉一官致仕 張華陽集 3/3b

洪彥轉四官 張華陽集 3/8a

~彦升

給事中洪彥升磨勘轉官制 翟忠惠集 4/8b

侍御史洪彥升除給事中制 楳溪集 5/26a

~咨夔

翰林學士洪咨夔除端明殿學士提舉萬壽觀兼侍讀諸 東澗集 3/15b

吏部侍郎洪咨夔除給事中制 東澗集 4/27b 蒙齋集 9/3b

端明殿學士提舉萬壽觀兼侍讀洪咨夔轉四官致仕制 東澗集 5/9b

洪咨夔授試中書舍人制 鶴林集 6/14b 南宋文範 11/9b

洪咨夔授兼侍讀制 鶴林集 7/8a

洪咨夔授兼侍講制 鶴林集 7/14b

洪咨夔磨勘授朝請郎制 四庫拾遺 353/翰林集

父越特授奉議郎賜緋銀魚袋制 四庫拾遺 390/翰林集

~祐之

故知溪洞新遠州軍州事思忠利長男洪祐之可依前知溪洞新遠州軍州事 蘇魏公集 32/13b

~ 适

洪适除秘書省正字制 東窗集 8/10a

洪适除司農少卿江淮總領制 瀑庫集 6/11a

妻陳氏 故妻陳氏令人制 盤洲集 21/7a

江東提舉洪适按發宣州太平知縣 益公集 96/63b

~ 筠

太子舍人洪筠除左諫議大夫　鴻慶集 24/3a　孫尚書集 26/4b

~ 皓

洪皓大金通問使降兩官制　浮溪集 12/8a　浮溪集/附拾遺 12/142

洪皓除徽猷閣直學士提舉萬壽觀兼直學士院制　楊溪集 5/8a

洪皓追封魏國公制　范成大佚著/97

洪皓贈太子太師制　四庫拾遺 638/鄱陽集附錄

~ 鼎

妻梁氏　禮部尚書中書門下平章事梁適姉故度支員外郎直史館洪鼎妻保定縣君梁氏可安康郡君制　蔡忠惠集 13/14a

~ 蒇

洪蒇大理司直制　盤洲集 23/11b

~ 夢龍

洪夢龍贈保義郎制　四庫拾遺 338/鶴林集

~ 遵

洪遵除起居郎　海陵集 15/3a

洪遵除起居舍人　海陵集 16/9b

端明殿學士新知建康府洪遵　益國文忠集 112/2a　益公集 112/11la

~ 興祖

洪興祖特贈直敷文閣　海陵集 20/5a

~ 勳

洪勳集撰知建寧府　後村集 61/16b

洪勳依前集撰福建運副　後村集 62/5a

洪勳除兵部侍郎　後村集 69/3a

朝請大夫試尚書兵部侍郎洪勳磨勘轉朝議大夫　後村集 69/16b

朝請大夫試中書舍人兼直學士院洪勳弟朝請郎直敷文閣兩浙運判薦封贈

父洪咨夔　故父端明殿學士謚忠文已贈宣奉大夫咨夔可特贈銀青光祿大夫　後村集 72/10a

母阮氏　故母普寧郡夫人阮氏可特贈平陽郡夫人　後村集 72/10b

勳妻張氏　勳故妻宣人張氏可特贈令人　後村集 72/10a

朝議大夫試中書舍人兼直學士院兼同修國史實錄院同修撰兼崇政殿説書洪勳依前官職特封錢塘縣開國男食邑三百戸　後村集 73/9a

大中大夫兵部尚書兼直學士院兼修玉牒官兼侍讀洪勳特授通議大夫依前職制　碧梧集 4/3b

洪勳特授華文閣學士知寧國府制　碧梧集 5/11b

洪勳該遇明堂大禮加恩制　碧梧集 7/1b

父洪咨夔　洪勳洪藻父謚忠文已贈特進咨夔贈少保制　碧梧集 7/2a

母阮氏　母吳郡夫人阮氏贈吉國夫人制　碧梧集 7/2b

父洪咨夔　洪勳故父咨夔贈特進制　碧梧集 8/8b

母阮氏　母阮氏特贈吳郡夫人制　碧梧集 8/9a

勳妻張氏　故妻張氏贈淑人制　碧梧集 8/9b

端明殿學士通奉大夫致仕洪勳特贈光祿大夫制　碧梧集 8/9b

~ 擬

給事中洪擬明堂大禮封贈

父洪固　父贈通議大夫固贈通奉大夫　程北山集 23/10b

妻鄧氏　妻宣人鄧氏封令人　程北山集 23/10b

給事中洪擬除史部尚書　程北山集 24/3a

吏部尚書洪擬除龍圖閣待制知溫州　程北山集 24/14a

父洪固　徽猷閣直學士左通議大夫提舉亳州明道宮洪擬父固贈右金紫光祿大夫制　東窗集 7/15b

母鄧氏　贈永寧郡夫人制　東窗集 7/16a

洪擬轉一官　張華陽集 4/4b

洪擬起居郎制　大隱集 2/11b

~ 邁

按伴使洪遵等保奏權知泗州　益公集 96/56a

洪邁除秘書省校書郎　海陵集 16/10a

母沈氏　煥章閣學士宣奉大夫提舉隆興府玉隆萬壽宮洪邁弄朝散大夫新知陝州逢極想母楚國夫人沈氏加贈魏國夫人　止齋集 15/7a

~ 藻

洪藻權户部侍郎兼知臨安府　後村集 61/12b

洪藻磨勘轉朝散大夫　後村集 63/5a

洪藻除寶謨閣待制知太平州　後村集 69/10a

朝議大夫寶章閣待制江西運使知隆興府洪
薰磨勘中奉大夫制 碧梧集 5/12a
~ 礦
洪礦大理寺簿 後村集 65/9b

宣 繢
資政殿學士光祿大夫提舉洞霄官宣繢除
觀文殿學士依所乞守本官致仕制 東澗
集 5/8b
資政殿學士提舉萬壽觀兼侍讀宣繢除資政
殿大學士光祿大夫提舉洞霄官制 平齋
集 20/8b

計有常
勅令書成張淡回授計有常特轉右宣教郎制
東窗集 12/27a
~ 孝似
朝奉大夫知叙州計孝似夷賊作過不能彈壓
降一官 宋本攻媿集 33/11a 攻媿集 37/10b

度正
度正轉朝議大夫守禮部侍郎致仕制 平齋
集 23/14a
禮部侍郎致仕度正贈通議大夫制 平齋集
23/14b
度正授兼侍讀制 鶴林集 7/5b
度正授兼侍講制 鶴林集 7/13a

施廷臣
施廷臣監察御史 筠溪集 5/12a
~ 坦
施坦除敷文閣待制與郡制 東窗集 6/25a
父施任 左中奉大夫充敷文閣待制施坦
父任贈左宣奉大夫制 東窗集 7/33a
妻李氏 故妻李氏贈令人制 東窗集7/33b
~ 昌言
施昌言可龍圖閣直學士制 文恭集 16/2b
太常博士施昌言可尚書屯田員外郎制 元
憲集 26/8b
龍圖閣直學士施昌言可樞密直學士知潭州
制 華陽集 29/2b
樞密直學士施昌言知渭州制 臨川集 49/8a
~ 柏
施柏轉一資 西垣稿 2/9a

~ 衍
施衍等爲建築縣寨推恩制 襄陵集 2/8a
~ 庭臣
施庭臣元係左朝奉郎守起居郎所犯因語言
狂率令吏部與廣南監當今該遇明堂赦恩
復直秘閣官觀制 紫微集 17/7a
~ 師點
施師點奉使回程特轉一官 西垣稿 2/7b
~ 康年
太中大夫集英殿修撰知隆興軍府事兼管內
勸農營田使主管江南西路安撫司公事馬
步軍都總管施康年特授寶謨閣待制依前
官職制 四庫拾遺 273/後樂集
右正言施康年兼侍講制 尊白堂集 5/37a
~ 章于
前行漢陽軍録事參軍兼司法事施章于太子
中舍致仕制 臨川集 53/11a
~ 堪
施堪司農寺主簿制 東窗集 13/22a
~ 惠
東頭供奉官施惠可内殿崇班 盧陵公集 34/7b
~ 舜顯
施舜顯除江西提舉茶鹽制 東窗集 13/17b
~ 楠
施楠差知融州制 平齋集 18/23b
~ 鉅
施鉅除監察御史 海陵集 13/3b
施鉅除知洪州 海陵集 15/7a
~ 逖
施逖大理寺丞制 臨川集 51/13a 王文公集 12/3b
~ 漬
施漬降授儒林郎制 四庫拾遺 367/鶴林集
~ 德修
應辨中宮册寶施德修轉一官制 東窗集8/21b
~ 謀
武功大夫右領衛將軍建康府駐劄御前諸軍
副都統制施謀特授右武大夫依前職任
後村集 70/6b
~ 嶷
施嶷等四十五人並授保義郎制 四庫拾遺
339/鶴林集
~ 邈
施邈責散官制元豐 宋紹令集 206/770

姜 才

姜才依前右武大夫特授口州防禦使依舊建康府駐劄御前諸軍都統制諾 四明文獻集 5/26a

~ 子厚

尚書屯田郎中致仕姜鑄男子厚可試秘書省校書郎 蘇魏公集 34/12b

~ 文用

嘉王府講尚書徹章官屬諸色祇應人各轉一官資使臣忠訓郎姜文用 宋本攻媿集 30/13b 攻媿集 34/13a

~ 天佑

太后親舅女之夫姜天佑可三班借職制 摘文集 8/8a

~ 正顏

虞部員外郎姜正顏可比部員外郎 蘇魏公集 34/2a

~ 仲謙

姜仲謙起復湖北轉運使制 大隱集 3/7b

~ 虎臣

奉直大夫新差知泰州姜虎臣昨因應援懷遠以解重圍特轉朝議大夫 後村集 69/12a

~ 昂

姜昂贈訓武郎制 四庫拾遺 326/翰林集

~ 矜

大理寺丞知絳州翼城縣姜矜等可太子中舍餘依舊制 文莊集 1/8b

~ 特立

父姜綬 姜特立父綬贈太子少師制 蜀文輯存 75/1b

~ 師仲

姜師仲刑部郎官 苕溪集 45/2b

姜師仲除監察御史 張華陽集 7/5a 南宋文範 11/3a

~ 湛

姜湛可太子中舍人致仕制 文恭集 20/4b

~ 械

姜械應奉人使到闕及一十番與轉一官制 西垣稿 2/7a

~ 勝

神騎嵬補副指揮使姜勝换秉義郎 宋本攻媿集 30/15a 攻媿集 34/14a

~ 說

姜說兩浙運判制 盤洲集 23/7a

姜說進職制 盤洲集 24/8a

~ 潛

權濠州團練推官充吳王宮教授姜潛可大理寺丞差遣如故 蘇魏公集 31/3a

~ 覺

姜覺降一官制 東窗集 12/26a

郎 凡

奏舉人前陝州節推郎凡衛尉寺丞制 臨川集 51/8b

~ 安詩 郎安持

父郎充 禮部員外郎郎安詩弟司農少卿安持故父任觀文殿大學士吏部尚書贈太師開府儀同三司追封舒國公充可追封魯國公餘如故制 彭城集 22/10a

~ 倣

郎倣爲講回易視舶司歲解捌倍轉一官 後村集 62/3b

郎倣前任茶鹽檢閱官賣鹽增羨轉朝散郎 後村集 64/16a

~ 誠

郎誠以妻父朱棄奉使未回恩澤補承信郎 苕溪集 34/1b

祖士衡

起居舍人告詞 龍學集 14/1b

祖士衡落知制諾知吉州制 宋詔令集 204/762

~ 大享

祖大享係金人來侵順昌府守禦官循兩資制 紫微集 13/8a

~ 季實

祖季實敍官 斐然集 12/7b

~ 或

祖或可大理寺丞 文恭集 14/14b

~ 無顏

祖無顏開封府推官制 元豐稿 21/8b

~ 無擇

祖無擇應奉山陵加恩制 郡溪集 1/8a

祝永之

祝永之爲元申朝廷乞於對岸江南池州管界移治已割下只於本軍管界內措置今來却於行在官散納割子稱兩淮之民方且歸業若降移治指揮民間惶惶莫知所向顯見用

意二三鼓惑衆聽奉聖旨特降三官官制 紫微集 13/18a

～正辭

太常少卿祝正辭可光祿卿 韓南陽集 18/4b

～ 扒

蕃官德順軍靜邊寨剝波族都軍主扒令征親男祝扒可銀酒監武允本族軍主 韓南陽集 18/17b

～次齡

祝次齡烏與海賊戰没祝次齡贈兩官制 紫微集 18/8a

～ 廷

祝廷衛尉少卿制 浮溪集 8/5a 浮溪集/附拾遺 8/90

～邦固

祝邦固贈修武郎制 四庫拾遺 330/翰林集

～邦傑

祝邦傑贈承信郎制 四庫拾遺 348/翰林集

～廷賞

秘書監致仕祝正辭男延賞可守將作監主簿 蘇魏公集 34/11b

～師龍

祝師龍降一官 苕溪集 33/3a

祝師龍太府寺丞 苕溪集 47/2b

～ 庶

祝庶刑部郎 蘇東坡全集/外制中/14b

～ 康

朝奉郎祝康可朝散郎制 彭城集 20/19b

～ 雄

祝雄降授修職郎制 四庫拾遺 305/翰林集

～ 閔

祝閔利路運判制 盤洲集 23/10a

～端表

承節郎監明州户部贍軍酒庫祝端表爲不覺察專知官借貸官錢特降一官更展二年磨勘 益國文忠集 96/8a 益公集 94/31b

～夢良

祝夢良叙復承議郎制 四庫拾遺 382/翰林集

～ 德

祝德除右侍禁制 道鄉集 18/1b

～ 諸

屯田郎中祝諸作坊酬獎可都官郎中制 鄞溪集 3/1b

～ 櫰

父祝即温 祝櫰將一官回封父即温 益國文忠集 100/2a 益公集 100/141a

封 周

封周降官 歸愚集 7/5b

～承彦

勅封承彦制 襄陵集 1/12b

～彦明

封彦明樞密院票議賜錢轉一官制 後樂集 1/28b

耶律均

淮東路兵馬領耶律均復山陽有功轉三官授武德大夫兼知淮安州鹽城縣制 平齋集 23/15a

～适哩

耶律适哩致仕 止齋集 13/5a

耶律适哩贈官 止齋集 13/5a

革 保

革保等轉資制 道鄉集 18/8a

柯 甲

柯甲大理寺丞 育德堂外制 5/9b

朝請郎幹辦行在諸軍糧料院賜緋魚袋柯甲依前官特授行軍器監主簿制 後樂集1/14b

～ 柬

文林郎新芜州州學教授柯柬可辟廱錄制 摘文集 4/8b

～慶文

柯慶文除著作佐郎制 安陽集 40/7b

查文徽

水部員外郎判刑部查文徽可侍御史知雜 徐公集 7/12a

知雜御史查文徽可起居郎樞密副使 徐公集 8/7a

～冲之

太子中舍知鬱林州查冲之可殿中丞制 元憲集 23/7b

～ 道

刑部郎中充龍圖閣待制查道可右司郎中餘依舊制 文莊集 1/14b

～慶之

大理寺丞知宣州宣城縣事查慶之可太子中舍制　文莊集 2/11b

～　箭

查箭除變州路運判制　于湖集 19/7b

柳三接

柳三接可太常博士制　文恭集 15/10a

柳三接可大理寺丞制　景文集 31/5a

～天經

前永州東安縣令柳天經可大理寺丞　韓南陽集 17/6a

～世隆

武功大夫淮東總管柳世隆爲漣水成役功賞除帶行閤門宣贊舍人　後村集 71/2a

～廷俊

述古殿學士通議大夫柳廷俊贈正奉大夫　鴻慶集 25/1a　孫尚書集 25/1b

～　約

父柳庭俊　權户部侍郎柳約故父任述古殿直學士通議大夫贈正奉大夫庭俊贈光祿大夫　程北山集 26/2a

母胡氏　母碩人胡氏封齊安郡夫人　程北山集 26/2a

妻魏氏　故妻猶人魏氏贈碩人　程北山集 26/2b

柳約太常少卿制　大隱集 2/8a

柳約直龍圖閣知吉州制　大隱集 2/24b

柳約昨係左朝散大夫户部侍郎所犯因臣僚上言罷差提舉江州太平觀後該赦復祕閣修撰係已敘未復舊職今又該明堂赦復散文閣待制依舊提舉江州太平觀制　紫微集 18/18a

～　涉

皇城使宣州團練使柳涉可左千牛衛大將軍宣州團練使　蘇魏公集 33/5a

～庭俊

妻某氏工部侍郎柳庭俊妻封碩人制　襄陵集 2/18b

述古殿學士通議大夫柳庭俊贈正奉大夫　鴻慶集 25/1a　孫尚書集 25/1b

～真公

常州司法參軍監汾州永利鹽監柳真公可大理寺丞制　郡溪集 3/7b

～　倪

柳倪爲金人攻圍順昌府城係提舉四壁射殺敵兵甚衆兼自中箭署不退避委是忠勇轉行右武大夫制　紫微集 12/17b

～　植

柳植可特授尚書刑部侍郎加上柱國制　文恭集 17/5a

刑部員外郎直集賢院柳植可三司鹽判官制　元憲集 23/12b

～　說

陝州司理參軍柳說等二人可大理寺制　郡溪集 3/7a

～　濬

光祿寺丞簽署并州軍士判官柳濬可著作佐郎　武溪集 10/7b

～　灝

柳灝可工部郎中制　景文集 31/6a

～　氏

故尚宮柳氏可追封華原郡夫人制　王魏公集 3/5a　宋詔令集 24/118

咸　忠

咸忠轉官制　鄮峰録 6/15b

威女篇鼎

東頭供奉官威女篇鼎與轉一官制　摘文集 8/3a

南　永

東頭供奉官南永可内殿崇班　蘇魏公集 30/8b

～　信

左侍禁南信可轉三官制　摘文集 8/2b

～　清

南清補承信郎制　東窗集 10/3a

～　堅

南堅贈兩官與恩澤兩資係宿州陣亡官兵　紫微集 19/21a

～景仁

南景仁可承信郎制　橫塘集 7/10a

～　銑

南銑轉兩官制　鴻慶集 25/9b

胡士元

偽徵仕郎化平縣令胡士元補承信郎制　平齋集 21/21b

~大成

胡大成都大茶馬使制 尊白堂集 5/2b

~大同

忠翊郎胡大同轉一官 益國文忠集 95/17b 益公集 96/63a

~ 元

拱聖指揮使胡元可内殿承制制 歐陽文忠集 80/8b 宋文鑑 37/9a

天武右第三軍都指揮使昌州刺史胡元可武衛將軍致仕 蘇魏公集 34/9b

~元琰

胡元琰特轉兩官制 蒙齋集 9/11b

~元衡

胡元衡大理正制 尊白堂集 5/34b

~弌之

胡弌之工部員外郎 後村集 61/18a

胡弌之將作監兼國史 後村集 66/9b

~太初

胡太初軍器監 後村集 63/4b

胡太初職事修舉除直秘閣仍舊知贛州 後村集 70/14b

~ 及

朝奉大夫通判定州胡及可權知吉州制 彭城集 21/19a

朝散郎勾當京東排岸司胡及可依前官權發遣開府推官公事 宋文鑑 39/9a

~永錫

衝替人前益州司法參軍胡永錫可霸州録事參軍監淄州鹽税制 蔡忠惠集 11/20a

~世卿

胡世卿可國子博士制 文恭集 15/1b

~世將

吏部員外郎胡世將除監察御史 程北山集 24/1a

胡世將除寶文閣學士川陝宣撫副使諸路並聽節制 苕溪集 47/3a

胡世將知鎮江府 張華陽集 1/1a

胡世將除禮部侍郎 張華陽集 5/3b

胡世將除刑部侍郎 張華陽集 5/9b

胡世將除徽猷閣直學士知洪州兼安撫制置使 張華陽集 6/3a

胡世將樞密直學士四川安撫制置使知成都府 筠溪集 5/17b

胡世將兵部侍郎 斐然集 13/14a

~ 旦

户部員外郎充史館修撰胡旦可知制誥 咸平集 28/16b

尚書祠部郎中胡旦可銀青光祿大夫行秘書少監致仕誥 文莊集 3/8b

故秘書監胡旦特贈工部侍郎制 蔡忠惠集 10/15a

胡旦滿官制 宋詔令集 203/755

~ 田

胡田知誠州 樂城集 27/2b

胡田先以宮苑副使知誠州州改爲軍除爲知軍 樂城集 30/5a

胡田特復文思使制 道鄉集 16/8a

~安國

朝奉大夫胡安國除中書舍人兼侍講 程北山集 26/5b

胡安國除給事中制 大隱集 1/17b

~交修

給事中胡交修封贈

父胡宗旦 故父贈中大夫宗旦贈太中大夫 程北山集 26/1a

母姚氏 胡母令人姚氏贈碩人 程北山集 26/1a

繼母楊氏 繼母太令人楊氏封太碩人 程北山集 26/1b

給事中胡交修顯謨閣待制提舉江南太平觀 程北山集 27/13a

胡交修除兵部尚書兼權翰林學士 苕溪集 45/1a

知台州胡交修守端明殿學士左朝散大夫致仕制 東窗集 6/2b

父胡宗旦 試兵部尚書胡交修故父宗旦可特贈宣奉大夫制 紫微集 18/14a

~考寧

胡考寧直秘閣制 大隱集 1/11b

~ 存

胡存等二十五人爲與賊接戰陣殁並贈承信郎制 紫微集 18/6b

~ 成

起復武功大夫胡成特轉遂郡刺史 益國文忠集 95/12b 益公集 98/115a

~仲衡

胡仲衡除大理評事制 元憲集 20/14a

胡仲衡除大理評事 止齋集 18/8b

～行修

前秘書省校書郎胡行修可舊官服闕 蘇魏公集 29/9b

～志德

西京左藏庫副使胡志德與一官 摘文集 7/1a

～ 杞

修職郎權建寧府政和縣尉胡杞擒獲許伯祥等循兩資 末本攻媿集 35/5a 攻媿集 39/5a

～ 伸

奉議郎秘書胡伸可著作郎制 摘文集 4/2a

～ 況

胡況都官郎中制 臨川集 50/5a

～宗回

京東西路提刑胡宗回可京東轉運副使制 彭城集 19/11b

新知青州胡宗回可知開封府制 摘文集 5/1b

～宗炎

胡宗炎將作少監 樂城集 28/5a

～宗哲

胡宗哲遂州 樂城集 27/12a

胡宗哲宿州 樂城集 28/6b

～宗師

朝散郎胡宗師可權發遣泉州制 彭城集 21/21b

～宗傑

入內内侍省禮賓使及入內内侍省左藏庫副使胡宗傑等並轉一官制 摘文集 7/7b

～宗愈

妻丁氏 尚書右丞胡宗愈妻福昌縣君丁氏封同安郡夫人制 彭城集 20/12a

吏部侍郎胡宗愈可御史中丞制 彭城集 20/21a

胡宗愈吏部侍郎 樂城集 28/1b

御史中丞胡宗愈中大夫尚書右丞制 曲阜集 3/6a

吏部侍郎胡宗愈可御史中丞 宋文鑑 39/13b

御史中丞胡宗愈中大夫尚書右丞 宋文鑑 40/14a

～宗質

衛尉寺丞胡宗質可大理寺丞 西溪集 6(三沈集 2/50b)

～松年

胡松年復職制 橫塘集 7/12a

勅賜上舍及第第二人胡松年從事郎制 罐

忠惠集 4/1b

父胡增 端明殿學士左朝散大夫提舉臨安府洞霄宮胡松年父增贈少師制 東窗集 7/19a

母李氏 前母李氏贈秦國夫人制 東窗集 7/19b

母錢氏 故母錢氏贈魯國夫人制 東窗集 7/19b

胡松年除工部尚書 張華陽集 2/4b

胡松年除吏部尚書 張華陽集 5/8a

～直儒

父胡況 兵部尚書胡直儒父任職方郎中贈開府儀同三司況贈少保 程北山集 23/8a

母某氏 故母淑人某氏贈淑人 程北山集 23/8a

繼母龔氏 故繼母嘉國夫人龔氏贈徐國夫人 程北山集 23/8b

妻呂氏 故妻淑人呂氏贈淑人 程北山集 23/8b

通議大夫試兵部尚書兼侍讀胡直儒贈端明殿學士 程北山集 26/6b

～長卿

廣西提刑胡長卿除廣西路轉運判官 止齋集 17/7a

知吉州胡長卿廣西提刑 宋本攻媿集 33/13b 攻媿集 37/13a

～叔彩

新除秘書少監致仕胡旦男叔彩可試將作監主簿制 文莊集 2/4b

～ 防

太常博士知秀州嘉興縣胡防轉秘書丞制 歐陽文忠集 80/2a

～ 防

胡防直秘閣知盱眙軍制 盤洲集 23/9a

知泗州夏侯中收復泗州全得盱眙軍免解進士胡防之力望優賜推賞仍陶鑄州官特與補右迪功郎充泗州司戶參軍 益國文忠集 95/9b 益公集 94/15a

～ 明

鎮江府後軍統制胡明轉武經大夫制 盤洲集 19/4a

～ 侃

胡侃仍舊直秘閣知泉州 後村集 68/15a

～奕修

胡奕修復職　劉給諫集 2/11b

～彦國

胡彦國除直秘閣知潼川府　海陵集 17/4a

～束之

特勒停人守秘校胡束之守秘校制　臨川集 55/10b

～拱

文思副使胡拱可左藏庫副使　蘇魏公集 31/7b

～思聰

奏舉人前權祁州軍事判官胡思聰可著作佐郎制　元憲集 25/3a

～昭

胡昭爲討捕李朝賊盡靜轉一官内胡昭係文臣選人比類施行制　紫微集 12/12a

～勉

修武郎閣門祇候權長陽知縣胡勉降一宮　東窗集 12/23b

～唐老

胡唐老降兩官制　浮溪集 9/6a　浮溪集/附拾遺 9/107

校書郎胡唐老除殿中侍御史　鴻慶集 24/3b　孫尚書集 26/5b

朝散大夫秘閣修撰知衢州胡唐老可除徽獻閣待制知鎮江府充浙西路安撫使制　北海集 2/4b

胡唐老知鎮江府制　大隱集 2/17a

～琪

崇班胡琪等改官制　臨川集 53/5b　臨川集拾遺/8a　王文公集 13/8b

～晉臣

知樞密院事胡晉臣初除贈三代封妻

曾祖胡修己　曾祖贈太子太保修己贈少保　止齋集 12/8b

曾祖母黄氏　曾祖母濟陽郡夫人黄氏贈崇國夫人東來郡夫人張氏贈安南國夫人　止齋集 12/8b

曾祖母黄氏　曾祖母濟陽郡夫人黄氏贈崇國夫人　止齋集 12/8b

曾祖母張氏　曾祖母東來郡夫人張氏贈安南國夫人　止齋集 12/8b

祖父胡變　祖贈太子太傅變贈少傅　止齋集 12/9a

祖母王氏　祖母平原郡夫人王氏贈永國夫人　止齋集 12/9b

父胡宗　父奉議郎致仕贈太子太師宗贈少師　止齋集 12/9b

母鮮于氏　母通義郡夫人鮮于氏贈信國夫人　止齋集 12/10a

母蘇氏　母和政郡夫人通氏贈和國夫人　止齋集 12/10a

母王氏　母文安郡夫人王氏贈惠國夫人　止齋集 12/10a

妻康氏　妻大寧郡夫人康氏封安定郡夫人　止齋集 12/10a

大中大夫參知政事胡晉臣提舉修壽皇會要並禮議使轉一官　宋本攻媿集 30/19b　攻媿集 34/17b

參知政事胡晉臣知樞密院事　宋本攻媿集 31/15b　攻媿集 35/15a

通議大夫知樞密院事胡晉臣致仕　宋本攻媿集 33/2b　攻媿集 37/2b

胡晉臣贈金紫光祿大夫資政殿大學士　宋本攻媿集 33/3a　攻媿集 37/3a

～械

胡械轉遂郡刺史制　襄陵集 1/4a

～晏

尚書屯田郎中知衢州胡晏可尚書都官郎中制　元憲集 23/1b

～絃

知廣州胡絃捕猺賊有勞除華文閣待制制尊　白堂集 5/23b

～淳

太常博士胡淳可屯田員外郎制　文莊集 1/17b

～深

胡深轉官制　東牟集 7/31a

～清

胡清起復朝衛大夫貴州防禦使御前前軍副統領制　東窗集 13/16a

瓦亭戰功人等轉官武功大夫胡清轉右武大夫　益國文忠集 95/15a　益公集 97/80b

～寅

胡寅駕部員外郎制　浮溪集 8/10b　浮溪集/附拾遺 8/94

胡寅除起居郎　張華陽集 6/6b

胡寅直龍圖閣官觀制　大隱集 1/6a

胡寅左右史制　大隱集 1/16a

胡寅轉一官致仕制　東牟集 8/11b

～宿

翰林學士知制誥知審刑院胡宿可兼侍讀學士制 華陽集 27/2b

樞密副使胡宿封贈三代制六道

曾祖胡持 曾祖 臨川集 54//8a

曾祖母歐陽氏 曾祖母 臨川集 54/8b

祖胡徵 祖 臨川集 54/8b

祖母楊氏 祖母 臨川集 54/9a

父胡殊 父 臨川集 54/9a

母李氏 母 臨川集 54/9b

妻吳氏 亡妻崇仁縣君吳氏追封蘭陵郡夫人制 臨川集 54/10b

觀文殿學士知杭州胡宿可贈太子太傅制 鄖溪集 5/10a

~堅常

胡堅常直秘閣知旰眙軍制 盤洲集 23/11b

~ 披

胡披殿中丞制 臨川集 51/6b

~ 敏

三司前行胡敏可許州長史制 歐陽文忠集 80/9b

~ 楙

胡楙除兵部郎官 海陵集 17/1b

~朝宗

河東節度推官胡朝宗可大理寺丞制 鄖溪集 3/8a

~ 援

胡援刑部郎中 元豐稿 20/4a

~ 挺

屯田員外郎胡挺除都官員外郎 公是集30/5a 宋文鑑 38/5b

~景修

胡景修降官 劉給諫集 2/13a

~舜臣

胡舜臣補借職制 道鄉集 16/10a

~舜陟

胡舜陟降兩官制 浮溪集 9/6a 浮溪集/附拾遺 9/107

胡舜陟徽猷閣待制淮西安置使制 浮溪集 10/8b 浮溪集/附拾遺 10/118

殿中侍御史胡舜陟除侍御史 鴻慶集 24/2b 孫尚書集 26/3b

朝散郎充徽猷閣待制提領水軍沿江措置制使胡舜陟爲前知廬州日因郡盜孫琦攻城守禦有勞可特轉一官授朝請郎制 北海

集 4/3a

胡舜陟知建康府制 大隱集 2/15b

胡舜陟水軍措置使制 大隱集 3/3b

胡舜陟復集英殿修撰制 東牟集 7/10b

胡舜陟買馬及額轉一官 筠溪集 5/2a

~欽若

嘉州健爲縣尉胡欽若降授保義郎 益國文忠集 98/6b 益公集 98/113a

~ 宣

樞密副使胡宿奏親兄宣守秘校制 臨川集 52/9b

~ 瑗

國子監直講胡瑗可太子中允天章閣侍講制 華陽集 27/1a

殿中丞致仕同詳議大樂胡瑗授光祿寺丞充國子監直講制 新安文獻 1/後 2a

~ 琢

右正言胡琢左司諫 宋本攻媿集 31/2b 攻媿集 35/2b

左司諫胡琢司農少卿 宋本攻媿集 32/1b 攻媿集 36/1b

司農少卿胡琢湖北運判 宋本攻媿集 33/20b 攻媿集 37/19b

~ 熙

忠翊郎監楚州鹽城縣買納鹽場胡熙知蕃賊在近安職不去與轉一官 益國文忠集 95/2b 益公集 94/16b

~ 蒙

胡蒙度支郎官 程北山集 24/7b

~夢昱

胡夢昱贈朝奉郎制 平齋集 21/3b

~ 銓

胡銓保守吉州轉通直郎 筠溪集 4/12a

~ 澄

湖南提刑孫逢吉奏郡州獄囚死者二十餘人守臣胡澄持展二年磨勘 止齋集 13/3a

胡澄知光州 宋本攻媿集 33/10a 攻媿集 37/9b

~ 誼

右侍禁胡誼與轉五官制 摘文集 8/4b

胡誼勒 襄陵集 3/11b

~ 積

胡積可供備庫副使制 文恭集 17/16b

~德淵

文思使胡德淵可轉兩官 摘文集 8/3b

～ 某 12/5a

兵部員外郎知制誥胡某可依前兵部員外郎充翰林侍讀學士仍舊判銓制 蔡忠惠集 9/7b

～ 氏

慈福宮内人胡氏封郡夫人 宋本攻媿集 35/20a 攻媿集 30/18b

范丁孫

范丁孫除大理卿 後村集 67/2b

～之才

朝奉郎范之才爲倉部員外郎 劉給諫集 2/10b

倉部員外郎范之才除户部郎官制 翟忠惠集 3/12a

～子初

尚書户部侍郎知永興軍范雍親孫男子初可將作監主簿制 元憲集 25/5b

～子奇

范子奇工部郎中制 元豐稿 20/4b

提舉西京嵩山崇福宮范子奇可知管州制 彭城集 21/18a

朝議大夫充集賢殿修撰提舉崇福宮范子奇可知鄭州制 彭城集 21/19b

范子奇將作監 蘇東坡全集/外制中/18b

范子奇司農卿 樂城集 28/2b

范子奇河北轉運使 樂城集 29/2b

～子長

范子長潼川提刑 育德堂外制 2/8b

～之柔

范之柔國子監簿 育德堂外制 2/12b

～子淵

范子淵都水使者制 元豐稿 20/8b

司農少卿范子淵可知兗州 蘇東坡全集/外制上/3b

范子淵知峽州 蘇東坡全集/外制上/10b

范子淵降知峽州制 宋翟全集 206/771

～子諒

范子諒濮州制 元豐稿 22/7b

～天保

歸順人范天保補保義郎制 平齋集 21/24a

～中模

范中模可秘書丞制 文恭集 13/11a

～正己

范正己降兩官罷宣撫處置司參議 斐然集

～正平

范正平贈直秘閣 斐然集 13/23b

～正國

范正國除湖北路轉運判官制 東窗集 7/1b

范正國江東漕 斐然集 12/9b

～世文

范世文光祿寺丞 韓南陽集 16/2b

户部郎中直龍圖閣知明州范師道遺表第三男世文守將作監主簿制 臨川集 52/11b

范世文母封郡太君制 道鄉集 18/3a

～世延

開封府推官范世延降一官制 浮溪集 9/4a 浮溪集/附拾遺 9/105

～世修

承務郎知鄭州管城縣范世修可轉一官制 摘文集 7/9b

～世雄

范世雄落職官觀 鴻慶集 25/11b 孫尚書集 27/4a

～ 生

范生降官 歸愚集 8/4a

～ 仔

入内文思使范仔可轉一官制 摘文集 7/5a

～ 用

右武大夫高州刺史特添差江南西路馬步軍副總管范用特授拱衛大夫州團練使仍舊任 後村集 67/14a

～用吉

淮西路鈐范用吉授高州刺史節制京西北路軍馬制 平齋集 17/11b

范用吉叙復武翼郎高州刺史制 鶴林集 9/7b

～ 冲

范冲荆湖北路轉運副使制 浮溪集 8/6b 浮溪集/附拾遺 8/91

范冲除宗正卿 張華陽集 8/2a

范冲知婺州 琴溪集 5/25a

范冲爲臣僚上言禀傾邪之資貪墨之行落職依舊宮觀制 紫微集 16/11b

～百祿

范百祿刑部侍郎 蘇東坡全集/外制下/13a

～ 存

范存可殿中丞制 文恭集 15/7a

～成大

范成大秘書省正字制 盤洲集 22/10b

新知明州范成大 益國文忠集 112/3a

資政殿大學士通議大夫范成大轉一官致仕敕 南宋文範 10/10b 宋本攻媿集 34/14b 攻媿集 38/13b

范成大贈五官 宋本攻媿集 34/15a 攻媿集 38/14a

~同

范同除檢正 苕溪集 46/3b

范同除祠部郎官 張華陽集 8/3b

~全

范全可檢校工部尚書解州刺史充本州防禦使加食邑五百戶制 文恪集 17/5a

~仲壬

武學諭范仲壬除武學博士 止齋集 12/11a

范仲壬知變州 育德堂外制 1/9a

范仲壬知江陵府 育德堂外制 3/8b

范仲壬授武德郎 育德堂外制 3/14b

~仲回

單州團練副使范仲回可騎都尉制 文恪集 17/8a

~仲淹

除參知政事敕 范文正公集/補編 2/1a

復除參知政事知諫院敕 范文正公集/補編 2/1b

拜資政殿學士知鄧州兼陝西四路沿邊安撫使敕 范文正公集/補編 2/2a

妻某氏 贈太師楚國公衛國太夫人誥 范文正公集/補編 2/2b

追封魏國公誥 范文正公集/補編 2/3b

尚書禮部員外郎天章閣待制范仲淹可尚書吏部員外郎權知開封府制 元憲集 21/10a

范仲淹落職知饒州制 宋詔令集 205/765

~仲溫

范仲溫可台州黄巖縣尉制 歐陽文忠集 81/2a 宋文鑑 37/9b

~仲熊

曾班復左朝請大夫范仲熊復右承議郎制 東窗集 9/8a

~仲麟

秘書郎范仲麟著作佐郎 宋本攻媿集 33/4a 攻媿集 37/4a

范仲麟著作郎 宋本攻媿集 37/12b 攻媿集41/12a

~仰之

尚書比部郎中范仰之可駕部郎中 蘇魏公集 33/2b

~凤

范凤特贈朝奉郎集英殿修撰制 橫塘集 7/15a

~如圭

范如圭除直秘閣江西提舉 海陵集 19/3b

~孝思

前趙州録事參軍范孝思可大理寺丞制 蔡忠惠集 9/10b

~孝恭

屯田員外郎致仕范渭男孝恭可試將作監主簿制 四庫拾遺 10/元憲集

~伯奮

范伯奮改官 張華陽集 4/5a

~宗尹

中書舍人范宗尹御史中丞制 浮溪集 8/1b 浮溪集/附拾遺 8/87

范宗尹特授觀文殿學士提舉臨安府洞霄宮依前通議大夫食邑食實封如故任便居住制 浮溪集 12/5a 浮溪集/附拾遺 12/140

侍御史范宗尹除諫議大夫 鴻慶集 24/1b 孫尚書 26/2b

范宗尹除集英殿修撰提舉西京崇福宮 鴻慶集 24/8b

范宗尹除右諫議大夫 鴻慶集 26/2b 孫尚書集 27/8b

曾祖范德 故曾祖德贈太子少保制 北海集 2/8a

曾祖母朱氏 故曾祖母朱氏制 北海集 2/8b

曾祖母楊氏 故曾祖母楊氏制 北海集 2/8b

祖范昌 故祖昌可贈太子少傅制 北海集 2/9a

祖母某氏 故祖母制 北海集 2/9b

父范昱 故父昱可贈太子少師制 北海集 2/10a

母李氏 故前母李氏制 北海集 2/10b

母郝氏 故前母郝氏制 北海集 2/10b

母李氏 故母李氏制 北海集 2/10b

妻張氏 妻張氏可封和義郡夫人制 北海集 2/11a

~宗尹

除范宗尹特授通議大夫守尚書右僕射間中書門下平章事進封高平郡開國侯加食邑食實封制 北海集 6/9a

范宗尹除資政殿大學士知溫州 張華陽集

8/5a

范宗尹除中書舍人制　毘陵集 8/3a

范宗尹除參知政事制　大隱集 1/3b

～　育

承議郎直集賢院范育可權發遣鳳翔府制　東堂集 5/1b

范育直龍圖閣知泰州　宋文鑑 40/7a

～　炎

范炎辭免赴都堂審察特轉承議郎與宮觀制　平齋集 19/9a

～東叟

范東叟江東提刑　後村集 65/6b

～直方

范直方直秘閣參議官制　大隱集 1/10b

范直方閱憲　斐然集 13/20b

范直方樞密院檢詳官　斐然集 14/1a

～直言

范直言爲臣僚上言落職與遠小監當制　紫微集 16/12b

～昌世

承議郎范昌世牙契賞轉朝奉郎　後村集 67/8a

～昇卿

故虞部員外郎致仕范堯佐男昇卿可試將作監主簿　西溪集 4(三沈集 1/65a)

～　旺

起復武功大夫范旺特轉遂郡刺史　益國文忠集 95/12a　益公集 98/115a

～　洵

范洵大理寺主簿制　東窗集 13/21a

～祖禹

范祖禹可著作郎　蘇東坡全集/外制上/7a

范祖禹散官安置制　宋詔令集 207/777

范祖禹復朝奉大夫制　宋詔令集 222/855

～　格

起復雲麾將軍宣州管內觀察使侍衛親軍步軍副都指揮使范格可銀青光祿大夫餘並依舊制　蔡忠惠集 11/2b

步軍副都指揮使宣州管內觀察使范格可馬軍副都指揮使制　蔡忠惠集 11/14a

步軍副都指揮使范格可加桂國進開國公食邑□百戶仍賜忠果雄勇功臣制　蔡忠惠集 13/9b

～　俊

潛邸人范俊應奉有勞轉一官制　後樂集 1/30b

～柔中

范柔中特贈直秘閣　斐然集 13/2a

～　浩

范浩贈直徽猷閣制　浮溪集 10/13a　浮溪集/附拾遺 10/122

～　祥

陝西轉運使范祥追官知州制　蔡忠惠集 10/2a

～　珣

范珣考功員外郎制　元豐稿 20/5a

～珣武

范珣武降兩官　西垣稿 2/8b

～　致

責授安遠軍節度使范致可復舊官除資政殿學士提舉中太一宮制　北海集 4/7b

～致虛

龍圖閣學士朝散郎知河南府范致虛特降兩官制　摘文集 6/8b

范致虛知鄧州　鴻慶集 26/3b　孫尚書集 27/10a

責授安遠軍節度使范致虛可復舊官除資政殿學士提舉中太一宮制　北海集 4/7b

范致虛知鼎州制　大隱集 2/25a　南宋文範 11/3b

～　振

范振可太子中舍人致仕制　文莊集 20/5b

～　振

范振除江西提刑　苕溪集 44/4b

范振考功郎官　筠溪集 5/24b

～　秘

范秘轉官制　襄陵集 1/12a

～純父

范純父軍器監簿　後村集 62/16a

范純父監察御史　後村集 62/16b

范純父殿中侍御史　後村集 64/8b

范純父除侍史兼侍讀　後村集 67/16a

～純仁

拜中大夫同知樞密院事加勳邑誥　范忠宣集/補編 1a

拜中大夫守尚書右僕射兼門下中書侍郎誥　范忠宣集/補編 1b

以觀文殿學士出知穎昌府誥　范忠宣集/補編 2b

以通議大夫尚書右僕射兼中書侍郎再拜右相誥　范忠宣集/補編 3a

復以觀文殿大學士加正議大夫出知潁昌府　諸　范忠宣集/補編3b

復以觀文殿大學士充太乙宮使召赴闕供職　諸　范忠宣集/補編4a

父范仲淹　秘書丞范純仁父仲淹贈吏部尚書　公是集30/18a

妻王氏　尚書右僕射兼中書侍郎范純仁妻燕國夫人王氏可封魏國夫人制　淨德集9/17a

尚書刑部郎中知信陽軍范純仁可朝散大夫直集賢院仍加上護軍制　王魏公集3/12a

除范純仁特授太中大夫守尚書右僕射兼中書侍郎進封高平郡開國侯加食邑實封如故制　蘇東坡全集/内制6/116b

閣門賜新除宰相范純仁告口宣　蘇東坡全集/内制7/14b

明堂執政加恩　蘇東坡全集/外制下/16a

范純仁三代

曾祖范贊時　曾祖　樂城集31/16a

曾祖母某氏　曾祖母　樂城集31/16b

祖范墉　祖　樂城集31/16b

祖母某氏　祖母　樂城集31/17a

祖母某氏　祖母　樂城集31/17b

父范仲淹　父　樂城集31/17b

母某氏　母　樂城集31/18a

除范純仁制　范太史集29/9a

同知樞密院范純仁拜右相制　宋詔令集57/289

范純仁拜右丞相制　宋詔令集58/291

除范純仁觀文殿大學士知潁昌府制　宋文鑑36/15a

范純仁罷相觀文殿學士知潁昌府制　宋詔令集69/33b

范純仁罷相右正議大夫觀文殿大學士知潁昌府制　宋詔令集69/337

范純仁降官制　宋詔令集207/777

范純仁責散官安置制　宋詔令集208/780

故觀文殿大學士右正議大夫中太一宮使范純仁落職餘如故制　宋詔令集210/79b

故范純仁特贈開府儀同三司制　宋詔令集222/855

除范純仁太中大夫守尚書右僕射兼中書侍郎制　宋文鑑36/9b

~純粹

范仲淹男純粹等四人授守將作監主簿制

蔡忠惠集9/16b

知慶州范純粹可寶文閣待制再任制　彭城集22/14b

范純粹落職居住制　宋詔令集208/783

范純粹落待制降一官直龍圖閣知延安府制　宋詔令集209/786

~純熙

范純熙可鄧州節度推官制　文恭集18/13a

~純禮

朝散大夫左司郎中范純禮可太常少卿制　彭城集23/14b

范純禮吏部郎中　蘇東坡全集/外制上/11b

范純禮發運副使　樂城集30/12a

范純禮復天章閣待制樞密都承旨　曲阜集3/8a　宋文鑑40/16a

范純禮落職居住制　宋詔令集208/782

端明殿學士中大夫提舉西京嵩山崇福宮范純禮落職依前官差遣如故制　宋詔令集211/798

~寅秋

范寅秋湖南轉運判官制　東牟集7/4b

~訴

范訴罷東京留守司降授承宣使淄川居住制　浮溪集9/2b　浮溪集/附拾遺9/104

~袞

范袞可守殿中丞制　文恭集14/20b

前杭州司理參軍范袞可衛尉寺丞充堂後官制　歐陽文忠集79/9a

前杭州司理參軍范袞可衛尉寺丞　宋文鑑37/6b

~零

范零除秘書郎　東窗集13/18a

~溫

武翼郎閣門宣贊舍人范溫轉武功大夫康州刺史依前閣門宣贊舍人　程北山集27/2b

~雄

東南第四副將范雄丁母憂起復武功大夫　益國文忠集96/18a　益公集94/26a

~勝

范勝起復制　東牟集8/16a

~道卿

范道卿可著作佐郎制　文恭集12/8b

~填

范填除成都府路轉運副使制　東窗集6/8b

～ 鉞

宣德郎范鉞可知太康縣制 彭城集 19/14b

～微之

范微之可秘書丞制 文恪集 15/9a

～ 說

太常博士集賢校理知臺州范說可尚書祠部員外郎制 元憲集 25/9a

～ 廣

范廣贈三官係與金人見陣陣沒 紫微集18/7b

～ 榮

范榮忠州防禦史制 盤洲集 19/8a

～ 願

妻錢氏 故内殿崇班范願妻錢氏可封永寧縣君 蘇魏公集 34/16b

～ 蓀

太府寺簿范蓀除大理寺丞 止齋集 18/6a

幹辦審計司范蓀太府寺主簿 宋本攻媿集 35/7a 攻媿集 39/6b

～ 綜

范綜爲殺敗賊兵授右武大夫依前貴州刺史換給制 紫微集 13/12a

～ 褒

范褒殿中丞制 臨川集 51/6b

～ 質

范質等進官制 宋詔令集 59/297

范質等罷相制 宋詔令集 65/317

～德沖

垂拱殿成范德沖轉一官制 東窗集 8/15b

～龍翔

范龍翔授承節郎制 四庫拾遺 340/翰林集

～ 謂

前衢州軍事推官范謂可大理寺丞制 文莊集 1/2a

～ 鸂

范鸂知密州制 元豐稿 22/7b

～ 瀾

龍圖閣學士給事中知兗州范瀾可眞授武昌軍節度行軍司馬不簽署本州公事制 元憲集 20/7b

～ 鍔

金部郎中范鍔可京東轉運副使制 彭城集 19/8a

～ 鍾

兵部侍郎范鍾除吏部侍郎制 東澗集 4/11b

權兵部侍郎范鍾除兵部侍郎制 東澗集4/13a

范鍾除史部郎官制 蒙齋集 8/7b

～ 璋

范璋左司郎官 苕溪集 43/1a

范璋樞密院檢詳 苕溪集 4/16b

～ 鎔

范鎔授集英殿修撰制 樓鑰集 7/2b

范鎔授秘閣修撰依舊官觀制 樓鑰集 7/2b

～ 鎭

尚書金部員外郎直秘閣范鎭可依前金部員外郎直秘閣充開封府推官制 蔡忠惠集 11/15b

翰林侍讀學士尚書禮部侍郎集賢殿修撰范鎭可依前官充翰林學士制 蘇魏公集 29/3b

翰林學士守尚書禮部侍郎范鎭可守尚書户部侍郎 蘇魏公集 30/3a

范鎭加修撰制 臨川集 49/5b 王文公集 11/4a 宋文鑑 38/10a

翰林學士知制誥充史館修撰范鎭轉官加動邑制 臨川集 49//11b

翰林學士右諫議大夫知制誥充史館修撰范鎭改給事中加輕車都尉食邑五百户餘如故 王文公集 10/11b

范鎭可侍讀太一宮使 樂城集 27/9b 宋文鑑 40/10a

父范度 范鎭父 樂城集 32/4a

范鎭户部侍郎致仕制 宋詔令集 205/768

禮部郎中知制誥范鎭可吏部郎中 宋文鑑 37/16b

～ 鐘

太子中允館閣校勘范鐘可依前太子中允館閣校勘充監察御史裏行制 王魏公集 3/12a

～ 鑄

范鑄除國子祭酒誥 東澗集 3/19b

若汜沒移

蕃官皇城使簡州刺史若汜沒移可遥郡團練使制 彭城集 19/19b

苗再成

苗再成特授拱衛大夫依前和州防禦使除帶行御器械知真州誥 四明文獻集 5/27b

～ 存

苗存可太理寺丞制 文恪集 20/2a

～ 振

苗振職方郎中制　臨川集 50/4b

～ 授

保康軍節度使苗授加食邑制　蘇魏公集 21/6b

除苗授特授武泰軍節度使殿前副都指揮使動封食實封如故制　蘇東坡全集/內制 8/13a

除苗授保康軍節度知滁州制　樂城集 33/1a

步軍副指揮使苗授建節殿前副都指揮使制

宋詔令集 101/374

苗授羅殿師檢校司空移鎮知滁州制元祐四年七月十日　宋詔令集 101/374

苗授殿前副都指揮使保康軍節度使制　宋詔令集 102/376

除苗授武泰州軍節度使充殿前副都指揮使制　宋文鑑 36/10b

苗授步軍都虞侯　宋文鑑 39/7b

～ 靖

苗靖賣官制　東牟集 8/4a

～ 履

苗履轉官制　道鄉集 16/7a

～ 氏

御侍苗氏進封郡君依前御侍制　元憲集 26/20a

茅公正

茅公正授成忠郎制　四庫拾遺 337/鶴林集

～ 恭

修武郎監康府權貨務門茅恭收趁增羨轉一官　宋本攻媿集 6/3a　攻媿集 40/3a

咩 布

蕃官右武衛將軍兼監察御史柱國咩布可加上柱國右監門衛將軍兼侍御史　蘇魏公集 34/13b

是 清

三班借職是清可轉一官制　摘文集 6/11b

品仲甫

知應天府品仲甫落修撰差遣依舊制　宋詔令集 211/798

～ 福

品福贈兩官恩澤兩資係順昌府與金人四太子轉戰臨陣戰殁　紫微集 19/20b

畐木碏

滿濟畐勒噶卜楚男畐木碏承襲制　文恭集 19/9b

～勒幹斯結

畐勒幹斯結等制　襄陵集 1/20a

俞士龍

比部員外郎俞士龍可駕部員外郎　蘇魏公集 32/4b

～ 平

俞平授官制　橫塘集 7/4a

～ 布

俞布循資制　鄧峰録 6/13b

～ 召虎

俞召虎循右承直郎　東窗集 13/9a

～ 朴

俞朴授權知閣門事兼客省四方館事兼幹辦皇城司制　鶴林集 8/4a

俞朴授武經郎制　四庫拾遺 325/鶴林集

～亨宗

俞亨宗提點坑冶　育德堂外制 2/4b

～ 杞

俞杞授承信郎制　四庫拾遺 347/鶴林集

～希及

俞希及可太常寺太祝制　文恭集 13/12a

～希孟

屯田員外郎充殿中侍御史裏行俞一作余希孟可殿中侍御史充言事臺官制　蔡忠惠集 11/19b

～ 東

俞東贈修武郎制　鶴林集 10/43a

～祐甫

俞祐甫可換大理評事制　文恭集 14/25a

～ 垓

俞垓知安吉州制　東澗集 6/4a

～南仲

從政郎賀正使書狀官俞南仲循兩資　宋本攻媿集 30/3a　攻媿集 34/2b

～ 括

俞括轉承直郎制　蒙齋集 9/5b

～ 侯

俞侯知揚州　苕溪集 42/1b

父俞溫　敷文閣直學士右朝散大夫知臨安軍府事兩浙西路安撫使俞侯父溫贈

左銀青光祿大夫制　東窗集 7/16a

母萬氏　俞俛故母萬氏贈文安郡夫人制　東窗集 7/16b

母林氏　俞俛母林氏封孺人制　東窗集 7/17a

故妻史氏　俞俛故妻史氏贈碩人制　東窗集 7/17a

故妻陳氏　俞俛故妻陳氏贈碩人制　東窗集 7/17b

妻趙氏　俞俛妻趙氏封碩人制　東窗集 7/17b

俞俛磨勘轉官制　東牟集 7/33b

~ 建

知廬江縣俞建部押民夫運糧過淮措置前方特轉一官制　後樂集 1/28a

俞建除秘閣修撰致仕制　東澗集 5/7b

~ 海

俞海等二十五人並授修武郎制　四庫拾遺 329/鶴林集

~ 倞

俞倞補承信郎　鴻慶集 25/7b　孫尙書集 25/12a

~ 俛

俞俛循右文林郎制　東窗集 13/9a

~ 康直

駕部員外郎俞康直可虞部郎中　蘇魏公集 34/2a

~ 挺

知臨江軍俞挺除湖南提刑　後村集 64/18b

~ 處約

俞處約父封承務郎制　蒙齋集 9/4b

~ 焯

俞焯特補迪功郎制　蒙齋集 9/5b

~ 琎

太常博士俞琎可屯田員外郎　韓南陽集 17/14a

~ 栗

秘書省正字俞栗可校書郎制　摘文集 4/2b

翰林學士俞栗爲兵部尙書　劉給謙集 2/10a

~ 澈

俞澈知常德府　宋本攻媿集 35/10a　攻媿集 39/9b

~ 僑

皇城使俞隨男僑回授補借職制　摘文集 8/5b

俞僑遞郡團練使制　大隱集 3/3a

~ 德藻

俞德藻司農丞　後村集 60/11b

~ 龍潘

熟户俞龍潘可銀青光祿大夫檢校國子監察酒兼監察御史武騎尉制　元憲集 24/12a

~ 諲

俞諲左侍禁　樂城集 28/14b

~ 機

俞機叙復通直郎制　四庫拾遺 386/鶴林集

~ 隨

俞隨知東上閤門事　浮溪集 10/2a　浮溪集/附拾遺 9/114

~ 耀

俞耀授成忠郎制　四庫拾遺 337/鶴林集

~ 豐

俞豐除待制官觀制　尊白堂集 5/9b

~ 某

俞□俞杞劉元植並授承信郎制　四庫拾遺 347/鶴林集

~ 氏（沂王夫人）

俞氏母追封趙郡太君制　華陽集 31/16b

父俞治　沂王夫人俞氏父俞治贈潭州觀察使制　鶴林集 10/16a

母劉氏　沂王夫人母劉氏贈惠國夫人制　鶴林集 10/16b

郢慕清

前權相州觀察支使郢慕清可檢校尙書水部員外郎制　元憲集 26/10a

契　勘

翠漾岳飛甲契勘掩殺金人收服州縣累獲勝捷今將隨軍轉運使屬應副錢糧官欲轉兩官奉旨依制　紫微集 12/14b

江淮宣撫司契勘當王師弔伐之初能背戍齎華爲首率衆捕殺海口巡檢夾古阿打并副巡檢夾尙叔忠慎可嘉今欲各與補承節郎制　四庫拾遺 273/後樂集

香　布

蕃官右武衞將軍兼監察御史桂國香布可加上柱國右監門衞將軍兼侍御史　蘇魏公集 34/13b

~ 瑪

蕃官供備庫副使香瑪與轉一官制　摘文集 8/2a

蕃官供備庫副使香瑪可轉一官制　摘文集 8/3b

种世衡

贈號州刺史种世衡可賜成州團練使制　文恭集 21/3b

～古

种世衡男古可鳳翔府天興縣尉制　文恭集 18/19a

西上閤門使种古可知鄜州制　彭城集 21/7a

～成

承信郎閤門祗應种成轉兩官　鴻慶集 25/9b

～思道

种思道謚忠憲　斐然集 13/10b

～建中

涇原路修築大都臨光寨西安州种建中已下轉官制　宋詔令集 94/344

～法

承信郎閤門祗候种法轉兩官　孫尚書集 27/1lb

～師中

种師中提點刑獄兼保甲制　翟忠惠集 2/6a

种師中湟州觀察使侍衛親軍馬軍都指揮使制　翟忠惠集 2/21b

～師周

种師周等邊功特轉官制　襄陵集 1/14b

～師閔

左班殿直种師閔與轉三官制　摘文集 8/1b

～師道

种師道贈開府儀同三司　鴻慶集 25/1a 孫尚書集 25/1a

种師道保靜軍節度使制　宋詔令集 102/379

～診

殿中丞种診可洛苑副使　韓南陽集 17/5a

～鄂

國子博士种鄂可左藏庫副使　韓南陽集 17/5a

种鄂降官制　元豐稿 22/10a 東牟集 8/3a 宋詔令集 205/768

～潛

种潛轉官換給付身　張華陽集 8/3a

段　充

内殿崇班閤門祗候段充可内殿承制餘依舊　蘇魏公集 29/10a

～林

明法及第廉正臣可陝州靈寶縣主簿段林可霸州司法參軍制　文恭集 18/22b

～拂

段拂除禮部郎官兼玉牒所檢討官制　東窗集 13/15b

段拂除給事中　海陵集 16/7b

～叔獻

段叔獻大理寺丞制　臨川集 51/15a

～延憲

段延憲換給承信郎制　東窗集 10/4a

～高

殿中丞段高磨勘改官制　歐陽文忠集 81/1b

～惟幾

兵部員外郎知齊州段惟幾責授太常博士差監嶄州鹽酒税務制　宋詔令集 204/761

～綽

内殿承制段綽等知州制　元豐稿 21/7b

～暐

三司鹽鐵副使刑部員外郎段暐可吏部員外郎餘如故制　文莊集 1/15a

～獻

右侍禁段獻右清道率府副率致仕制　臨川集 53/10b

～繼隆

堂後官兼提點段繼隆可承議郎制　陶山集 10/5a

保默齋

保默齋皇城使與轉一官制　摘文集 8/3a

俊　胖

俊胖轉官制　東牟集 7/26b

皇甫宗孟

尚書屯田員外郎通判明州皇甫宗孟可尚書都官員外郎制　元憲集 24/6a

～采

皇甫采可大理寺丞致仕制　文恭集 20/7a

～倜

兵部郎中皇甫泌男倜可將作監主簿制　歐陽文忠集 79/13b

～偁

武翼郎皇甫偁與轉三官除閤門宣贊舍人　益國文忠集 95/11a 益公集 96/68b

皇甫偁降官吉州居住制　西垣稿 1/5a

～　望

奏舉人永康軍録事參軍皇甫望特授大理寺丞制　蔡忠惠集 10/18b

～　斌

御前諸軍都統制皇甫斌　宋本攻媿集 42/7a

～　僴

皇甫僴降官祠制　橫塘集 7/13b

侯士通

賢妃夏氏進封本位官吏諸色人合行推恩數內代手分克主管文字承信郎侯士通特與轉一官　益國文忠集 94/11a　益公集 96/65a

～文慶

翰林畫藝學守金城縣主簿侯文慶可翰林畫待詔制　華陽集 27/7a

～元吉

供備庫副使侯元吉可西京左藏庫副使　蘇魏公集 34/7b

～中立

侯中立宣司結局轉官制　襄陵集 1/9b

～公達

右承直郎侯公達換給付身　苕溪集 36/4b

侯公達準差齎詔撫諭陝西先與改入官　苕溪集 37/1b

侯公達暴露賞轉一官　苕溪集 38/4a

～公瑾

右侍禁侯公瑾可轉一官制　撰文集 8/2a

～允恭

侯允恭可秘校致仕制　文恭集 20/5b

～　可

守衛尉寺丞侯可可守大理寺丞　蘇魏公集 31/5a

～守權

武德郎建康府駐劄御前右軍副將准西安撫司統領軍馬侯守權與轉一官　益國文忠集 95/12b　益公集 94/15b

～自成

國子博士侯自成可虞部員外郎制　文莊集 1/18a

～克明

太子中舍侯克明磨勘改官制　歐陽文忠集 81/5a

～利建

京東轉運副使侯利建可金部郎中制　彭城集 19/8a

江東提刑侯利建可江東轉運副使　蘇東坡全集/外制中/15a

侯利建京東漕　樂城集 30/9a

～延慶

朝奉大夫起居舍人侯延慶除右文殿修撰與郡　程北山集 22/1b

侯延慶除太常少卿　張華陽集 5/7a

侯延慶除起居舍人　張華陽集 6/4a

～宗亮

如京副使兼閤門通事舍人侯宗亮可特授西上閤門副使制　蔡忠惠集 9/10a

～　叔

將仕郎侯叔可左班殿直制　撰文集 5/9a

～叔獻

試秘校前權知楚州團練判官侯叔獻可著作郎　韓南陽集 17/6a

～忠信

侯忠信授左武大夫依舊宮觀制　鶴林集8/11a

～　信

侯信爲河北却破金人大寨等忠義奮果立奇功特轉武義大夫遙郡制史制　紫微集 12/19a

～師正

蕃官侯師正轉官制　道鄉集 15/3b

～　訢

侯訢可殿中丞制　文恭集 14/17a

～　通

萊州萊陽縣尉侯通可守將作監主簿制　王魏公集 3/15a

～　渭

尚書虞部員外郎侯渭可尚書比部員外郎制　元憲集 24/4b

～　渙

侯渙開封府士曹參軍　劉給諫集 2/13a

～舜賢

左班殿直侯舜賢可右侍禁制　撰文集 5/10a

～　蒙

承議郎試刑部尚書侯蒙可朝奉郎試刑部尚書制　撰文集 3/9a

御史中丞侯蒙可刑部尚書制　撰文集 3/9b

～　綬

通直郎試中書舍人侯綬可給事中制　撰文

集 4/3a

~ 璋

侯璋降官制　東牟集 8/7b

~ 瑾

侯瑾可太常博士制　文恭集 14/17a

~ 愍

侯愍元係右朝請大夫江南西路安撫大使司參謀官所犯因措置招安建昌軍叛兵事務元并不覺察諸項人馬因而作過等事特降兩官後該遇明堂赦恩敘右朝請大夫制

紫微集 19/4b

~ 禧

侯禧可節察推官制　景文集 31/3b

~ 臨

河北路轉運副使侯臨移陝西路　劉給諫集 2/3b

除授朝請郎新陝西轉運副使侯臨加直秘閣

劉給諫集 2/7b

直龍圖閣知慶州侯臨知延安府制　翟忠惠集 2/9b

~ 氏（九娘）

侯九娘轉尚字制　東窗集 10/20a

昝萬壽

昝萬壽特授復州團練使知嘉興府兼成都□路安撫副使誥　四明文獻集 5/20b

韋永壽

和州陣亡官兵左武大夫韋永壽贈八官與恩澤八資於橫行遥郡上分贈合贈中衛大夫遥郡觀察使　益國文忠集 98/2b　益公集 97/83a

~ 彥章

韋彥章補忠翊郎閤門祗候制　東窗集 7/4b

~ 珏

韋珏補保義郎制　東窗集 10/15b

~ 訊

韋訊致仕　西垣稿 1/3b

韋訊贈節度使　西垣稿 1/4b

~ 益

韋益循修職郎　宋本攻媿集 30/3a　攻媿集 34/3a

~ 晟

韋定男晟補借職制　道鄉集 17/12a

~ 陟

韋陟可秘書丞致仕加上輕車都尉制　文恭

集 20/6b

~ 訢

韋訢換文官制　東牟集 7/7b

~ 淵

韋淵守昭軍節度使開府儀同三司平樂郡王致仕制　東窗集 6/1a

韋淵落致仕與在京宮觀制　東窗集 8/24b

~ 琳

秉義郎閤門看班祗候韋琳報班差錯降一官

宋本攻媿集 30/9b　攻媿集 34/9a

~ 順明

蕃官皇城使昭州刺史韋順明特與換漢官

摘文集 6/12a

~ 輔堯

奏舉人縣令韋輔堯可大理寺丞制　景文集 31/10a

~ 潛心

韋潛心降兩資放罷　西垣稿 1/9b

~ 興宗

韋興宗授州防禦使依舊知閤門事制　鶴林集 8/4b

韋興宗授州觀察使依舊知閤門事制　鶴林集 8/5a

~ 鑑

韋鑑授武節郎制　四庫拾遺 322/鶴林集

~ 覺

太子中舍知越州餘姚縣事韋覺可殿中丞餘如故制　文莊集 2/9a

胥元衡

太常博士胥元衡可屯田員外郎制　臨川集 50/11b

~ 世程

可前守桂州録事參軍胥世程可太子中充致仕　西溪集 5(三沈集 2/20b)

~ 氏

仙韶副使胥氏可充樂正管仙韶公事制　宗伯集 9/1a

姚之紹

姚之紹換給成忠郎制　東窗集 10/1a

~ 子材

姚子材湖南路提點刑獄制　平齋集 22/16b

姚子材除工部郎中制　蒙齋集 8/12b

詔令一　制詞　臣僚　九畫　677

~ 元

都虞候姚元换授制 干潮集 19/13a

~ 永寧

招箭班姚永寧可補右班殿直制 擴文集 5/9b

~ 平仲

姚平仲復吉州團練使所在出榜召赴行在制

浮溪集 10/5b 浮溪集/附拾遺 10/11b 新安文獻 1/後 4a

~ 可久

姚可久可左監門衛大將軍致仕制 文恭集 20/9b

~ 古

姚古轉官制 道鄉集 16/11a

引進副使雄州防禦使姚古可使額上轉一官制 擴文集 7/11a

殿前都虞候懷州防禦使姚古特授滄州觀察使侍衛親軍步軍副都指揮使環慶路經畧安撫使知慶州制 翟忠惠集 2/20b

姚古昭慶軍節度使加食邑實封制 宋詔令集 102/377

姚古檢校少保制 宋詔令集 105/390

姚古檢校少傅制 宋詔令集 105/391

~ 旦

步軍司左統制修武郎姚旦總轄牧放倒斃少轉一官 宋本攻媿集 30/24b 攻媿集 34/22b

~ 吉甫

前守陵州並研縣令姚吉甫可除授山南東道節度推官知廣州清遠縣事制 蔡忠惠集 10/17a

~ 仲

姚仲迎敵僞官并往僞地王武處幹事忠義爲國理宜優賞轉忠訓郎閤門祇候制 紫微集 13/3a

姚仲罷官觀降充鄂州防禦使達州居住 益國文忠集 96/5b 益公集 95/39b

姚仲除龍神衛四廂都指揮使御前諸軍都統制知興元府 海陵集 14/9a

九月二十二日聖旨姚仲罷官觀降充鄂州防禦使達州居住 益國文忠集 96/5b 益公集 95/39b

吴璘申已罷姚仲都統安撫職事送文州知管聽候朝廷指揮 益國文忠集 95/14a 益公集 97/87b

~ 仲孫

尚書户部員外郎兼侍御史知雜事姚仲孫可三司户部副使制 元憲集 20/11b

起居舍人知諫院姚仲孫可尚書户部員外郎兼侍御史知雜事制 元憲集 24/10a

~ 宏

姚宏轉防禦使再任 劉給諫集 2/12a

~ 兕

姚兕磨勘轉東上閤門使 樂城集 27/13a

皇城使忠州團練使姚兕可果州防禦使制

陶山集 10/5b

~ 希得

姚希得大宗正丞兼權金部郎官兼沂王府教授 後村集 61/1a

姚希得沿江制置使知建康府江東安撫使兼行官留守 後村集 65/7a

大中大夫敷文閣待制知慶元府兼淞海制置使姚希得封贈父妻

父姚端珪 故父端珪贈通奉大夫 後村集 73/5a

妻價氏 妻令人價氏封碩人 後村集73/5a

大中大夫敷文閣待制知慶元府兼沿海制置使沿縣開國男食邑三百户姚希得進封開國子食邑加二百户 後村集 73/9b

簽書樞密院事姚希得除同知兼參政制 碧梧集 3/8a

姚希得除兵部尚書兼侍讀制 碧梧集 4/4a

姚希得該遇明堂大禮加恩制 碧梧集 7/3b

~ 伸

姚伸降官制 東牟集 8/7a

~ 宗彥

姚宗彥除右司員外郎制 翟忠惠集 3/8b

~ 明

邕欽州沿邊溪洞都巡檢内殿崇班姚明可内殿承制 韓南陽集 17/8b

~ 侑

姚侑爲岳飛奏已蒙贈五官今乞贈七官恩澤六資姚侑贈六官恩澤依舊制 紫微集 19/20a

~ 居簡

姚居簡押木栰上京酬奬轉三班借職 蘇東坡全集/外制中/12a

~ 祐

通奉大夫吏部侍郎姚祐降官 劉給諫集 2/6b

宋詔令集 210/795

吏部侍郎姚祐除工部尚書制 翟忠惠集 3/21a

姚祐降官制 宋詔令集 210/795

～ 珍

姚珍除福建轉運判官制 東澗集 6/13a

～思正

嘉王府講尚書徹章官屬諸色祇應人轉一官資忠翊郎姚思正 宋本攻媿集 30/13b 攻媿集 34/13a

～ 瑱

姚瑱國子監丞制 平齋集 17/20b

國子監丞姚瑱除秘書丞制 平齋集 19/17b

姚瑱除直秘閣權知建寧府制 平齋集 23/11b

～原道

姚原道太常博士制 臨川集 51/5b

～ 嵩

姚嵩特授帶行太府寺丞依舊知常州諸 四 明文獻集 5/14a

～ 勗

姚勗可太常博士制 彭城集 19/13a

起居郎姚勗可中書舍人仍賜紫金魚袋制 淨德集 8/9b

姚勗宗正丞 樂城集 30/1a

姚勗秘書丞 樂城集 30/6a

姚勗分司居住制 宋詔令集 208/784

姚勗復寶文閣待制 宋紹令集 222/855

～ 偁

姚偁可大理寺丞制 文恭集 14/11b

～ 雄

姚雄授正任防禦使制 宋詔令集 94/343

姚雄加檢校司空泰寧軍節度使致仕進封開國公制 宋詔令集 105/389

～舜明

降授朝奉大夫姚舜明左司郎官 程北山集 24/5a

左司員外郎姚舜明直龍圖閣江淮荊浙等路發運副使 程北山集 27/10b

姚舜明降兩官制 浮溪集 9/6a 浮溪集/附拾遺 9/107

姚舜明復舊職 張華陽集 6/4b

姚舜明復一官制 東牟集 7/8b

～舜輔

太史局冬官正姚舜輔除算學博士告詞 翟忠惠集 3/4a

～廉仲

敍姚廉仲等制 襄陵集 1/11b

～ 孝

江東路轉運副使姚孝荊湖北路轉運副使孫漸兩易制 翟忠惠集 2/9a

～ 愈

諸王宮大小學教授姚愈除司農寺丞 止齋集 18/4a

～ 頊

姚頊可太常寺太祝制 文恭集 14/22a

～ 渠

姚渠知邕州 宋本攻媿集 35/22a 攻媿集 39/20b

～ 稱

守殿中丞姚稱可國子博士 蘇魏公集 30/6b

～慶長

從義郎致仕姚慶長落致仕轉修武郎 鴻慶集 25/7a 孫尚書集 25/11b

～ 穀

樞密直學士知益州張逸外孫姚穀可試將作監主簿制 元憲集 25/6a

～ 憲

知臨安府姚憲可司農少卿兼權户部侍郎制 范成大佚著/91

權户部侍郎姚憲除權工部侍郎兼臨安少尹 益國文忠集 100/5a 益公集 100/142b

～ 闢

奏舉人姚闢著作佐郎制 臨川集 51/12a

～ 麟

姚麟建節制 宋詔令集 102/376

殿前副都指揮使姚麟移鎮升使制 宋詔令集 102/377

～ 氏

故永嘉縣君姚氏可贈榮國太夫人制 彭城集 22/9b

紀 交

紀交除淮南轉運判官制 東窗集 8/3a

～ 昱

左藏庫副使紀昱可權知廣州制 彭城集 21/18a

～智春

紀智春授承節郎制 四庫拾遺 341/翰林集

～ 道

紀道轉武翼郎制 東窗集 10/18a

～ 震

故三班借職紀育弟紀震可三班借職制　摘文集 8/6a

～　質

捧日天武四廂都指揮使眉州防禦使紀質可侍衛親軍步軍都虞侯制　華陽集 30/15b

～　德

供備庫使紀德轉儀鸞使左遷任使制　蔡忠惠集 10/14b

十　畫

浪　嗊

蕃官内殿崇班浪嗊轉兩資制　彭城集 20/10a

涉　績

尚書駕部員外郎知慈州涉績可尚書虞部郎中　元憲集 23/1b

家安國

朝散郎家安國可轉一官制　摘文集 7/4a

～　抑

家抑除將作監丞制　平齋集 23/23b

～坤翁

家坤翁農丞制　後村集 63/2b

家坤翁樞密院編修官兼度支郎官　後村集 66/14a

～　遇

朝奉郎家遇以修浚静江府城池轉朝散郎　後村集 67/8b

～鉉翁

家鉉翁依前直華文閣樞密副都承旨特授知臨安府浙西安撫使諾　四明文獻 5/16b

～　演

家演授校書郎兼景獻府教授制　鶴林集 7/21b

～　槙

家槙授奉議郎　四庫拾遺 392/鶴林集

家槙授承議郎力起授朝奉郎制　四庫拾遺 400/鶴林集

～　横

家横除秘書郎制　蒙齋集 9/7a

宮　受

宮受轉武義郎制　東窗集 10/18a

～　誼

入内内侍省官容誼可特轉一官制　摘文集

7/5a

容　霖

容霖降兩官制　宋詔令集 210/793

高之問

高之問除直秘閣主管亳州明道宮制　平齋集 19/10a

～三受

歸順人高三受補承信郎制　平齋集 17/18b

～士永

高士永知文州　蘇東坡全集/外集下/12b

～士良

高士良可文思副使制　蘇東坡全集/外制上/17a

～士英

通直郎太僕寺丞高士英可工部員外郎制　彭城集 23/3a

太僕寺丞高士英可府界提點制　彭城集 23/15a

朝散大夫高士英承務郎制　宋詔令集 222/855

～士侯

東頭供奉官高士侯可轉一官制　摘文集 8/1b

～士瑊

高士瑊除直秘閣　張華陽集 8/8b

～士瞻

高士瞻轉遙郡承宣使差權管客省四方館閣門公事　張華陽集 2/1b

～子壽

高子壽三班借職　蘇東坡全集/外制中/22b

～文虎

高文虎將作監丞　止齋集 12/11a　宋本攻媿集 33/21a　攻媿集 37/20a

～不儂

高不儂轉奉議郎制　平齋集 20/23a

～中正

十二考人前權楚州團練判官高中正可大理寺丞制　元憲集 23/4b

～公紀

高公紀防禦使　蘇東坡全集/外制中/20a

～公海

高公海於横行上轉一官　海陵集 18/11a

～公純

高公純轉官制　襄陵集 1/18b

～公繪

高公繪防禦使 蘇東坡全集/外制中/20a

～化

高化封母制

母某氏 高化追封母制 元憲集 26/17a

妻某氏 高化妻進封郡君制 元憲集 26/19b

～允元

內殿承制高允元授供備庫副使制 蔡忠惠集 9/20b

西京左藏庫副使高允元可文思副使 西溪集 5(三沈集 2/15a) 宋文鑑 39/5a

～立

采石立功各轉官高立轉遂郡團練使 益國文忠集 95/5b 益公集 96/57b

～水

高永可試助教制 文恭集 18/22a

～永儀

高永儀軍中起復 苕溪集 31/3b

～永翼

高永翼特贈正任防禦使制 摘文集 8/12a

～世則

封贈

母楊氏 成德軍節度使開府儀同三司充萬壽觀使高世則母楊氏贈秦國夫人制 東窗集 7/4b

妻魏氏 故妻魏氏贈楚國夫人制 東窗集 7/5a

妻周氏 高世則妻周氏封鄆國夫人制 東窗集 7/5b

祖母郭氏 盛德軍節度使高世則故祖母郭氏可轉贈陳國夫人制 紫微集 18/9b

祖母王氏 祖母王氏可特贈韓國夫人制 紫微集 18/10a

母楊氏 故母楊氏可轉贈鄧國夫人制 紫微集 18/10b

妻周氏 妻周氏可特轉福國夫人制 紫微集 18/11b

～旦

高旦可著作佐郎 臨川集 51/11a 王文公集 11/6b 宋文鑑 38/10b

～汝士

高汝士可山南西道節度推官制 文恭集 18/16b

～安

大理寺丞高安可贊善大夫 韓南陽集 16/10a

～安世

高安世太子中舍制 臨川集 51/10a

～百之

高百之直秘閣制 紫微集 17/3a

高百之除浙東提舉 海陵集 13/8a

～仲謀

醫官高仲謀額外醫官賜緋魚 鴻慶集 25/10a 孫尙書集 27/2a

～好古

高好古爲該建炎元年五月一日覃恩轉進武校尉制 紫微集 17/3b

～良夫

高良夫可金部員外郎制 文恭集 15/4b

高良夫可依前主客員外郎充開封府判官制 文恭集 18/12b

殿中丞通判延州高良夫可國子博士制 歐陽文忠集 80/4b

江淮等路都大發運使高良夫可司勳郎中制 華陽集 29/8a

河北都轉運使高良夫可主客郎中益州路轉運使制 華陽集 29/9a

～良佐

高良佐可太子中舍人制 文恭集 13/6b

～克明

高克明換給秉義郎制 東窗集 10/8b

～伸

殿中監高伸殿中丞 劉給諫集 2/9a

～伯振

高伯振復職制 橫塘集 7/12a

～宗周

高宗周押馬賞轉官 止齋集 18/8a

～定

高定大理寺丞制 臨川集 51/13a

～定子

司農寺官高定子除司農卿兼玉牒官兼樞密都承旨制 東澗集 4/5b

高定子除軍器監依舊江東轉運副使制 東澗集 6/10a

～林

高林爲與番兵接戰陣歿贈五官制 紫微集 19/17a

高林爲岳飛奏已蒙贈五官今乞贈七官恩澤六資制 紫微集 19/20a

～昌言

高昌言等轉官制　宋詔令集 94/344

~昌哥

高昌哥補進勇副尉制　東窗集 9/8b

~昌庸

高昌庸除金部祠部官制　道鄉集 18/6b

~明之

軍器庫副使兼醫官使高明之可轉一官制

摘文集 7/15b

~　牧

高牧可太子洗馬制　文恭集 20/2b

~居弁

東南第十二將武節郎高居弁轉兩官制　益國文忠集 95/17b　益公集 96/63a

~居簡

故文思使内侍省内侍押班忠州刺史高居簡可特贈耀州觀察使制　王魏公集 2/23a

~　珂

嘉王府講尚書徹章官屬諸色祇應人轉一官資保義郎高珂　宋本攻媿集 30/13b　攻媿集 34/13a

~　政

高政轉團練使　張華陽集 1/7a

~　奎

高奎除樞密院檢詳諸房文字制　東澗集 4/7a

高奎國子監簿制　平齋集 20/8a

~若訥

高若訥可特授金紫光祿大夫行尚書户部侍郎依前參知政事加上護軍進封北海郡開國侯加食邑五百户食實封如故制　文恭集 17/1a

三代封贈

曾祖高諭　參知政事高若訥曾祖諭贈太子太保可贈太保制　文恭集 21/17b

曾祖母王氏　高若訥曾祖母王氏可追封祁國太夫人制　文恭集 21/18b

祖高審釗　高若訥祖審釗贈太子太傅可贈太傅制　文恭集 21/19a

祖母馬氏　高若訥祖母追封扶風郡太夫人馬氏可追封潧國太夫人制　文恭集 21/20a

父高懷譚　高若訥父懷譚贈太子太師可贈太師制　文恭集 21/21a

母閻氏(高若訥母追封河南郡太夫人閻氏)可追封鄴國太夫人制　文恭集 21/22a

三代封贈

曾祖高諭　樞密使高若訥曾祖諭贈太傅可贈太師制　文恭集 21/18a

曾祖母王氏　高若訥曾祖母冀國太夫人王氏可追封晉國太夫人制　文恭集 21/18b

祖高審釗　高若訥祖審釗贈太師可特贈中書令制　文恭集 21/19b

祖母馬氏　高若訥祖母衛國太夫人馬氏可追封魏國太夫人制　文恭集 21/20b

父懷譚　高若訥父懷譚贈太師中書令可贈兼尚書令制　文恭集 21/21b

母閻氏　高若訥母雍國太夫人閻氏可追封秦國太夫人制　文恭集 21/22b

監察御史裏行高若訥可尚書主客員外郎兼殿中侍御史裏行制　元憲集 24/10b

樞密使檢校太傅户部侍郎高若訥可尚書左丞充觀文殿學士兼翰林侍讀學士同羣牧制置使制　蔡忠惠集 10/7b

~　品

内侍高品降忠翊郎放罷　宋本攻媿集 30/21a　攻媿集 34/19b

~昭慶

龍圖閣直學士工部侍郎李兌奏醫人高昭慶可試國子四門助教不理選限　西溪集 5(三沈集 2/21a)

~　侁

高侁轉官制　道鄉集 16/5a

高侁拜太尉制　宋詔令集 102/377

高侁除使相制　宋詔令集 102/379

~保衡

國子博士高保衡等改官　蘇魏公集 33/3b

~　俊

高俊補保義郎制　東窗集 10/17a

~　海

瓦亭戰功人等轉官高海特轉遂郡刺史　益國文忠集 95/15a　益公集 97/80b

~泰叔

高泰叔降授朝議大夫　鶴林集 9/9b

~　珪

垂拱殿成武德郎高珪轉一官制　東窗集8/15a

~師中

瓦亭戰功人等轉官高師中特轉遂郡刺史　益國文忠集 95/15a　益公集 97/80b

～師說

高師說可著作佐郎制　文恭集 12/7b

逐便人高師說可檢校水部員外郎深洲團練使制　郎溪集 4/1b

～師說

高師說爲敵人入侵順昌係在城守禦者轉一官制　紫微集 12/5b

～師顏

成都府路第二將高師顏制置使司奏舉知黔州　宋本攻媿集 30/6a　攻媿集 34/5b

～挨

高挨變州路運判　筠溪集 5/14a

～揉

高揉轉官制　襄陵集 1/13a

～崇

高崇追復朝奉郎制　四庫拾遺 400/翰林集

～紳

追官人高紳等授官　咸平集 29/2a

～敦

高敦復建武軍節度使禮泉觀使制　宋詔令集 105/391

～堯舉

高堯舉　劉給諫集 2/10b

～越

浙西判官高越可檢校水部郎中賜紫　徐公集 8/3a

浙西判官高越可水部郎中　徐公集 8/9b　則堂集 1/1a

～斯得

高斯得依前行起居舍人特授兼侍讀詔　四明文獻集 5/10b

～森

武翼郎高森轉兩官　益國文忠集 95/17b　益公集 96/63a

～景雲

高景雲轉官制　橫塘集 7/7b

～覬

嘉州第四將官高覬犯私罪降一官銜替　苕溪集 34/4a

～貴

贈太保中書令高貴可銀青光祿大夫檢校國子祭酒兼監察御史武騎尉充教練使制　元憲集 24/11b

～閔

高閔除國子司業制　東窗集 9/20a

～舜舉

高舜舉轉官制　道鄉集 18/7b

～逸休

高逸休壽州司馬制　徐公集 1/10a

～弼

左司郎中高弼可元帥府書記　徐公集 8/10b

～靖

高靖可太常博士制　文恭集 15/10b

供備庫副使高靖轉一官制　擴文集 7/1b

～靖

高靖補保義郎郎制　東窗集 10/7a

～道禮

西京左藏庫使高道禮可知安蕭軍莊宅使制　彭城集 22/17a

～達

高達特授少保依前寧江軍節度使右金吾衛上將軍荊湖北路制置副使兼安撫使馬步軍都總管府兼知江陵軍府事兼管內勸農營田使節制本府屯戍軍馬固始郡開國公加食邑食實封制　四明文獻 4/23b

～慎交

職方員外郎知鄂州高慎交可屯田郎中制　文莊集 2/11

～案

歸正人歸州助教高案可右迪功郎制　范成大佚著/87

～遇

高遇轉修武郎制　東窗集 10/14b

～賜

高賜等轉官制　梅溪集 4/22a

～震

高震轉官一資　苕溪集 31/3a

～膚敏

高膚敏著作佐郎制　臨川集 51/12a

～賊

高賊可太常博士制　文恭集 15/17a

～稼

高稼殁于王事轉官予職制　東澗集 6/19a

高稼知河州兼利州路提刑獄公事制　平齋集 20/4a

高稼叙朝散郎制　四庫拾遺 359/翰林集

～衛

吏部侍郎高衛龍圖閣待制與郡　程北山集 22/11b

封贈

父高鉗　吏部侍郎高衛父任左朝請郎尚書戶部郎中鉗贈銀青光祿大夫　程北山集 23/7b

母趙氏　故前母普安郡夫人趙氏贈淮安郡夫人　程北山集 23/7b

母趙氏　故母齊安郡夫人趙氏贈同安郡夫人　程北山集 23/7b

妻李氏　故妻令人李氏贈碩人　程北山集 23/7b

高衛龍圖閣待制知撫州　程北山集 24/4a

中奉大夫龍圖閣待制知撫州高衛磨勘轉中大夫　程北山集 24/6b

高衛落職降兩官宮祠制　浮溪集 9/8a 浮溪集/附拾遺 9/10b

高衛可除顯謨閣待制知慶州制　北海集4/11a

吏部侍郎兼權戶部侍郎高衛可降一官制　北海集 5/8b

~遵甫

崇儀副使高遵甫可北作坊副使制　華陽集 30/2b

~遵易

高遵易改知全州　樂城集 30/10b

~遵固

西京左藏庫副使高遵固可閤門通事舍人制　彭城集 20/15a

~遵望

內殿承制高遵望可領右軍衛將軍致仕制　華陽集 28/7b

~遵惠

高遵惠員外郎制　元豐稿 20/4b

~遵裕

西京左藏庫副使高遵裕可依舊西京左藏庫副使兼通事舍人制　文忠集 17/13a 蘇魏公集 30/7a

~ 檟

安素處士高檟可光祿寺丞致仕　西溪集 4(三沈集 1/59b)

~器之

三班奉職高器之可將仕郎守高郵縣尉制　元憲集 21/7a

~衡孫

高衡孫權刑部侍郎　後村集 63/17b

~應之

高應之國子博士制　臨川集 51/6b

~ 瓊

高瓊進封郡公加恩制　宋詔令集 95/349

高瓊開府儀同三司制　宋詔令集 96/351

高瓊檢校太傅移鎭加恩制　宋詔令集 96/351

高瓊檢校太尉加恩制　宋詔令集 96/353

高瓊加恩制　宋詔令集 104/387

~懷德

高懷德加恩制　宋詔令集 103/380

~ 繪

國子博士知資州高繪可廣部員外郎餘如故　文莊集 2/13a

~ 騰

權南豐巡檢高騰因本寨兵級聶成等作亂勸殺净盡轉一官制　橫塘集 7/6b 苕溪集 34/4a

~繼隆

高繼隆除諸司使制　安陽集 407a

~繼勳

隴州團練使知雄州高繼勳可連州防禦使捧日天武四廂都指揮使知瀛州軍州事及管內勸農使充高陽關駐泊兵馬鈐轄制　文莊集 2/19a

高繼勳檢校尚書右僕射昭信軍節度仍舊軍職加恩制　宋詔令集 99/366

高繼勳加恩制　宋詔令集 100/367

~ 變

朝散大夫知明州高變爲提刑陳倚申屬雄公事不自陳避嫌降一官與邊郡　宋本攻媿集 30/20b 攻媿集 34/19a

高變知盧州　宋本攻媿集 30/25a 攻媿集 34/23a

~ 譽

高譽循右儒林郎制　東窗集 13/10a

~ 氏

慈福宮內人彭原郡夫人高氏轉國夫人　宋本攻媿集 30/20b 攻媿集 39/18b

唐文若

唐文若除起居郎　海陵集 16/3a

~文遠

唐文遠起復成和郎制　四庫拾遺 350/鶴林集

唐文遠授額內成安郎制　四庫拾遺 350/鶴林集

~中和

東頭供奉官唐中和可内殿崇班制 蔡忠惠集 10/7a

~ 介

龍圖閣學士右諫議大夫唐介可給事中依前龍圖閣學士加食邑五百戶食實封二百戶 韓南陽集 18/15a

龍圖閣直學士吏部郎中唐介可樞密直學士知瀛州制 郎溪集 4/11a

唐介責授春州別駕制 宋詔令集 205/765

唐介可改授英州別駕制 宋詔令集 205/766

唐介贈禮部尚書制 宋詔令集 220/847

~ 仲

唐仲贈承信郎與一子父職名係前陣亡官兵 紫微集 19/21b

~ 仲友

唐仲友秘書省正字制 盤洲集 22/3a

~ 均

大理評事唐均可衛尉寺丞餘如故制 文莊集 2/8b

~ 坳

唐坳可知舒州制 彭城集 21/19b

~ 恪

唐恪等勅令所進明堂大饗視朝頒朔布政儀範成書制 襄陵集 2/5a

~ 若虛

唐若虛降授從事郎制 四庫拾遺 291/鶴林集

~ 重

唐重贈端明殿學士 筠溪集 4/4b

~ 倪

唐倪蓬溪簿於瀘州隨軍部夫入界瘴死贈梓州録參 樂城集 31/9b

~ 時

唐時轉一官 筠溪集 5/4b

~ 恕

唐恕贈徽猷閣待制 張華陽集 5/4b

~ 淑問

湖州唐淑問任制 元豐稿 22/3b

~ 裕

迎護梓宮禮儀使司屬官唐裕轉一官制 東窗集 8/17b

~ 堯封

唐堯封殿中侍御史制 盤洲集 20/12b

唐堯封除太學博士 海陵集 15/5a

唐堯封除軍器監簿 海陵集 18/6b

~ 詢

内殿崇班唐詢可内殿承制 公是集 30/2b 宋文鑑 37/15b

~ 読

内殿承制唐読等並可供備庫副使制 西溪集 4(三沈集 1/78a)

~ 義問

河北運副唐義問可河東運副制 彭城集 19/15b

唐義問河北西路提刑 蘇東坡全集/外制上/15a

唐義問河北轉運副使 蘇東坡全集/外制中/18a

修撰唐義問責授圓副舒州安置制 宋詔令集 209/786

~ 煇

父唐述 徽猷閣直學士左朝奉郎提舉江州太平觀唐煇父述封右承議郎致仕制 東窗集 14/3a

唐煇除右史 張華陽集 4/3a

唐煇除中書舍人 張華陽集 5/10a

唐煇除諫議大夫 張華陽集 6/1b

~ 達

壽春陣亡兵士唐達等贈官唐達贈承節郎與一子進勇副尉 益國文忠集 98/5a 益公集 97/92b

~ 恰

唐恰大理司直制 盤洲集 23/9b

~ 閎

唐閎都官員外郎制 盤洲集 19/5b

唐閎司封員外郎制 盤洲集 21/9a

唐閎國子司業制 盤洲集 24/11b

~ 震

唐震特贈華文閣待制誥 四明文獻集 5/33a

~ 譚

屯田員外郎唐譚可都官員外郎制 臨川集 50/11a

~ 璘

唐璘除江東轉運判官制 蒙齋集 9/8a

~ 景任

唐景任和州通判日金人内侵勢力不加遂至殺宣贈兩官制 紫微集 19/16b

~ 邁

唐邁等將官制 楳溪集 5/31a

~ 賁

詔令一 制詞 臣僚 十畫 685

東頭供奉唐賓可内殿崇班 西溪集 5(三沈集 2/9b)

~ 顯

大理司直唐顯可監察御史 徐公集 8/13a

差 充

差充追册皇后霑宫都監 益公集 96/64b

凌文晦

皇城使帶御器械凌文晦可依前皇城使康州刺史差遣如故制 摘文集 5/4a

莊宅使帶御器械凌文晦可轉皇城使依舊帶御器械制 摘文集 6/2a

~ 唐佐

凌唐佐贈徵獻閣待制 華陽集 1/4b

凌唐佐直秘閣京畿提刑再任制 浮溪集 8/9a

浮溪集/附拾遺 8/93

凌唐佐升職知應天府制 大隱集 2/14b

~ 起

凌起可昭化軍節度推官制 文恭集 18/13b

~ 哲

凌哲除太常博士制 東窗集 6/14b

凌哲除權史部侍郎 海陵集 14/7b

凌哲除敷文閣待制知台州 海陵集 15/1a

~ 景夏

凌景夏復敷文閣直學士制 盤洲集 24/4b

凌景夏除直龍圖閣知信州 海陵集 13/9a

凌景夏就差知襄陽府 海陵集 15/7b

~ 景陽

凌景陽可職方員外郎制 文恭集 15/5b

~ 瑜

凌瑜可内殿承制制 文恭集 13/2b

~ 嵩

凌嵩除大理評事制 平齋集 23/18a

~ 德臣

入内内庭承制凌德臣可轉一官制 摘文集 7/4b

~ 結夫人

策凌結夫人制 襄陵集 2/2a

席 平

太常少卿席平可光祿卿 西溪集 4(三沈集 1/76a)

~ 旦

御史中丞席旦可吏部侍郎制 摘文集 3/10b

通直郎顯謨閣待制席旦可户部侍郎管鈎右曹制 摘文集 3/11a

顯謨閣學士席旦知永興軍制 翟忠惠集 2/18b

~ 汝賢

駕部員外郎致仕席夷甫男汝賢可將作監主簿制 歐陽文忠集 80/1a

~ 夷甫

駕部員外郎席夷甫可本官致仕制 歐陽文忠集 79/11b

~ 延年

行太常寺奉禮部席延年可行大理評事 蘇魏公集 30/10b

~ 弁

席弁降授奉議郎制 四庫拾遺 395/翰林集

~ 益

席益徵獻閣待制與郡 程北山集 22/2a

席益差知温州 程北山集 22/4b

草土席益特贈五官依條與致仕遺表恩澤

苕溪集 42/3b

知河中府席益落職制 浮溪集 12/8a 浮溪集/附拾遺 12/142

席益起復知成都府 筠溪集 4/2a

席益端明殿學士湖南安撫制置大使 斐然集 12/2b

席益成都利州梓夔潼川安撫制置大使 斐然集 13/27b

~ 貢

封贈

母趙氏 特贈燕國夫人制 横塘集 7/16b

樞密直學士通議大夫知遂寧府席貢贈五官

程北山集 26/14a

涇原路經畧使席貢降授朝請大夫 鴻慶集 25/11b 孫尚書集 27/4a

樞密直學士通議大夫知渭州席貢可除徵獻閣學士知遂寧府制 北海集 4/1b

~ 震

起居郎席震中衛尉少卿制 摘文集 3/12b

秦 中

秦州梓州運副 樂城集 28/12b

~ 世輔

御前諸軍都統制秦世輔 宋本攻媿集 44/23a

~ 戌

借職秦威弟戊可三班借職制 彭城集 23/4b

～伯祥

秦伯祥除虞部員外郎 鴻慶集 26/4a 孫尚書集 27/10b

～宗古

翰林醫官守勤州富林縣主簿秦宗古可守殿中省尚藥奉御依前充翰林醫官 蘇魏公集 31/9b

客省承受秦宗古遂州司户參軍制 臨川集 55/15a

～ 玠

秦玠等敘復官制 道鄉集 17/2b

醫官秦玠等降官制 道鄉集 18/10a

～ 玠

太常博士秦玠可屯田員外郎制 華陽集 27/8b

尚書刑部郎中判三司都理欠憑田司秦玠可兵部郎中 蘇魏公集 31/2a

～昌時

秦昌時浙東提鹽兼常平制 東牟集 7/3b

～亮世

秦亮世與遂郡上轉一官制 東牟集 7/24b

～ 祐

秦祐除遂郡刺史並係掩殺金人立功制 紫微集 12/19a

右武大夫果州團練使秦祐特轉左武大夫 益國文忠集 92/12b 益公集 98/115a

～ 拱

醫官秦拱復官制 道鄉集 18/2a

～ 純

侍禁秦純轉一官制 摘文集 7/4a

～ 梓

秦梓兼侍讀制 東窗集 13/19b

～ 通

秦通贈承信郎制並係與金人見陣陣沒 紫微集 18/7b

～ 湛

秦湛修道史制 襄陵集 1/21b

～ 熺

秦熺知嚴州 宋本攻媿集 31/25b 攻媿集 35/24b

～ 琪

秦琪降官制 東牟集 8/11a

～ 隆

秦隆贈忠翊郎制 四庫拾遺 335/鶴林集

～ 說

武經大夫馬軍行司右軍統制秦說改知光州制 後樂集 2/14b

～蕭之

入內内侍省東頭供奉官熙河路走馬承受公事秦蕭之特轉兩官制 摘文集 7/8a

～ 熺

秦熺加少師致仕制 蜀文輯存 36/13a

～ **檜**

封贈

曾祖秦知古 尚書右僕射秦檜封贈曾祖贈太子少保某贈太子太保 程北山集 22/6a

曾祖母王氏 曾祖母永嘉郡夫人王氏贈崇國夫人 程北山集 22/6b

祖秦仲淹 祖贈太子少傅某贈太子太傅 程北山集 22/7a

祖母俞氏 祖母普安郡夫人俞氏贈嘉國夫人 程北山集 22/7a

父秦敏學 父任信州玉山縣令贈太子少師某贈太子太師 程北山集 22/7b

母王氏 母和義郡夫人王氏贈榮國夫人 程北山集 22/8a

妻王氏 妻信安郡夫人王氏封鎮國夫人 程北山集 22/8b

秦檜特授通議大夫守尚書左僕射同中書門下平章事進封文安郡開國侯加食邑食實封制 浮溪集 11/16b 浮溪集/附拾遺 11/13b

監察御史秦檜除左司諫 鴻慶集 24/2b 孫尚書集 26/3b

左司諫秦檜可御史中丞 鴻慶集 25/2a 孫尚書集 25/2b

除秦檜特授觀文殿學士提舉江州太平觀依前通奉大夫食邑食實封如故任便居住制 北海集 7/8b

曾祖秦知古 秦太師曾祖知古追封秦國公制 東窗集 11/14a

曾祖母王氏 秦太師曾祖母王氏贈秦國夫人制 東窗集 11/14a

祖秦仲淹 秦太師祖仲淹追封秦國公制 東窗集 11/14b

祖母喻氏 秦太師祖母喻氏贈秦國夫人制 東窗集 11/15a

父秦敏學 秦太師父敏學追封秦國公制

東窗集 11/15b

母强氏 秦太師前母强氏贈秦國夫人制

東窗集 11/16a

母王氏 秦太師故母王氏贈秦國夫人制

東窗集 11/16b

母王氏 秦太師故母王氏特追封秦魏國夫人制(太師左僕射秦檜奏乞將秦魏國公恩命回授與母秦國夫人王氏)

東窗集 11/17a

妻王氏 秦太師妻王氏封魏國夫人制

東窗集 11/16b

三代封贈

曾祖秦知古 太師尚書左僕射同中書門下平章魏國公秦檜曾祖知古封秦國公制 東窗集 11/24a

曾祖母王氏 曾祖母王氏贈秦國夫人制

東窗集 11/24b

祖秦仲淹 太師尚書左僕射同中書門下平章魏國公秦檜祖仲淹追封秦國公制

東窗集 11/25a

祖母喻氏 秦檜祖母喻氏贈秦國夫人制

東窗集 11/25b

父秦敏學 父敏學追封秦國公制 東窗集 11/26a

母强氏 前母强氏贈秦國夫人制 東窗集 11/26b

母王氏 故母王氏贈秦國夫人制 東窗集 11/27a

妻王氏 妻王氏封魏國夫人制 東窗集 11/27a

封贈

曾祖秦知古 太師秦檜贈曾祖制 楊溪集 4/8b

曾祖母王氏 太師秦檜贈曾祖母制 楊溪集 4/9b

祖父秦仲淹 太師秦檜贈祖制 楊溪集 4/10a

祖母喻氏 太師秦檜贈祖母制 楊溪集 4/10b

父秦敏學 太師秦檜贈父制 楊溪集4/11a

母强氏 太師秦檜贈前母制 楊溪集4/11b

母王氏 太師秦檜贈母制 楊溪集 4/12a

妻王氏 太師秦檜贈妻制 楊溪集 4/12b

秦檜降爵易謚勅 山房集 2/3b

秦檜降爵易謚制 南宋文範 11/7b

秦檜建康郡王致仕制 蜀文類存 36/12b

~ 纘

冉泉起復左武大夫文州刺史秦纘起復左武大夫御前將官制 東窗集 9/17b

~ 某

秦某與緋章服除直秘閣與郡 程北山集 22/4a

~ 氏

官人秦氏除司儀制 翠忠惠集 4/22a

班漢卿

翰林醫官班漢卿可尚藥奉御制 彭城集 19/16b

起希边

起希边特授朝奉郎制 四庫拾遺 400/鶴林集

袁士宗

都省正名驅使官袁士宗守蓬山縣主簿依前充職制 臨川集 55/14a

~ 立儒

奉議郎袁立儒餉賞轉一官制 平齋集 17/6b

袁立儒除大宗正丞制 蒙齋集 8/17a

~ 正功

袁正功除直秘閣與郡 張華陽集 8/6b

~ 申儒

袁申儒知寧國府制 東澗集 6/7b

袁申儒授秘書省著作佐郎兼權考功郎官制 鶴林集 6/16a

袁申儒除攷功郎官兼檢詳制 蒙齋集 8/7a

~ 仲友

前知連州連山縣袁仲友太子洗馬致仕制 臨川集 53/9a

~ 弄

虛恨瑩酋首成忠郎袁弄滿三年轉一官 宋本攻媿集 34/2b 攻媿集 38/2b

~ 甫

袁甫除中書舍人誥 東澗集 3/21b

袁甫除著作佐郎誥 東澗集 3/23b

試中舍人袁甫權史部侍郎制 東澗集 4/12a

袁甫依舊寶章閣待制知福州建安撫使制 東澗集 5/19a

袁甫除秘書少監制 平齋集 20/13b

袁甫授起居舍人兼說書兼國史編修實録檢討官制 鶴林集 7/3b

袁甫授起居郎兼權中書舍人依舊兼說書制
鶴林集 7/17a

~ 佐
隨龍脩武郎閣門祗候兼皇后閣主管進奉袁
佐轉一官 止齋集 11/3a

~ 宗
鎮安軍節度使同中書門下平章事袁宗可銀
青光祿大夫檢校國子祭酒兼監察御史武
騎尉充教練使制 元憲集 24/11a

~ 宜中
袁宜中降授儒林郎制 四庫拾遺 366/鶴林集

~ 易
袁易可比部員外郎制 景文集 31/4b

~ 玘
逐選袁玘爲勒令所編修在京通用條册成書
係本所供檢文字等轉一官制 紫微集 12/2b

~ 政
內殿崇班袁政左監門衛將軍致仕制 臨川
集 53/10b

~ 柎
袁柎除大理評事填見闕 苕溪集 37/2b
袁柎除大理寺丞制 東窗集 9/1b

~ 胄
按撫司奏昭州保明袁胄准赦書特與恩澤授
試將作監主簿不理選限本州教授制 蔡
忠惠集 10/20b

~ 衍
隨行汧陽縣主簿袁衍可太子洗馬致仕 西
溪集 4(三沈集 1/63b)

~ 庭芝
前殿中丞袁庭芝可舊官服闕 歐魏公集 29/7b

~ 珪
袁珪授朝奉大夫 育德堂外制 5/12a

~ 晟
袁晟授湖州刺史充殿前指揮使左班都虞候
依舊押行門祗應制 鶴林集 8/20a

~ 特
洪州判官袁特可浙西判官 徐公集 8/6b

~ 務成
母趙氏 左班殿直袁務成母趙氏可特封
長壽縣太君制 淨德集 9/16b

~ 商
袁商武學博士兼魏惠獻王府教授制 平齋
集 20/20b

袁商太常博士並兼沂靖王府教授制 平齋
集 23/11a
袁商授朝奉郎制 鶴林集 7/19b
袁商授朝請郎制 鶴林集 7/20a
寶謨閣直學士正奉大夫提舉江州太平興國
宮奉化郡開國侯食邑一千二百戶袁商加
食邑三百戶 後村集 73/8a
寶謨閣直學士正孝大夫提舉江州太平興國
宮袁商依前寶謨直學士轉宣奉大夫致仕
後村集 75/15a
袁商贈特進 後村集 75/15b
袁商授承議郎制 四庫拾遺 383/鶴林集

~ 惟幾
太史局丞袁惟幾可轉一官制 摘文集 7/15b

~ 植
知岳州袁植贈龍圖閣 程北山集 22/3a

~ 舜卿
秘閣選滿楷書充編修院權書庫官袁舜卿濰
州北海縣尉制 臨川集 55/15b

~ 達
袁達授保義郎制 四庫拾遺 341/鶴林集

~ 嗣立
太平州文學袁嗣立改江州文學制 公是集/
拾遺/3a
太平州文學袁嗣立又徙洪州制 公是集/拾
遺/3a

~ 棐
袁棐因講筵論語徹章習學文字轉承信郎制
後樂集 1/3a

~ 說
袁說知博州 樂城集 28/14b

~ 說友
太中大夫權尚書戶部侍郎兼脩玉牒官建安
縣開國男食邑三百戶袁說友進封開國子
加食邑二百戶 止齋集 15/13a
太府少卿兼知臨安府袁說友權戶部侍郎
宋本攻媿集 34/1a 攻媿集 8/1a
户部侍郎袁說友 宋本攻媿集 36/20a 攻媿集
40/19b

~ 聚明
袁聚明贈承信郎制 四庫拾遺 349/鶴林集

~ 肅
樞密檢詳袁肅除右司郎中兼權樞密副都承
旨制 平齋集 17/1b

右司郎中袁肅除太府少卿兼知臨安府制
　平齋集 17/1b

～　震

袁震循資制　盤洲集 23/12a

～　樞

知常德府袁樞右文殿修撰知江陵府　宋本
　攻媿集 36/12b　攻媿集 40/12b

妻宣氏　妻東牟郡夫人宣氏封魯郡夫人

　宋本攻媿集 36/13a

～　穆

大理寺丞袁穆授殿中丞著作佐郎制　歐陽
　文忠集 79/12b

～　變

袁變除大學正　止齋集 18/11b

～應老

袁應老恩賞轉官制　樓塈集 7/7a

郝士特

偽朝列大夫敍士特特補忠翊郎制　平齋集
　21/21b

～大同

郝大同可守殿中丞制　文恭集 14/20b

～元規

郝元規可西京左藏庫副使知辰州制　景文
　集 31/2b

文思使敍元規可右騏驥使　西溪集 5（三沈集
　2/7a）

～中和

殿中丞致仕敍中和國子博士致仕制　臨川
　集 53/8a

～　平

入內內侍省西染院使郝平可特轉一官制
　摘文集 7/6a

～　周

前宿州臨渙縣令郝周授太子中舍致仕制
　蔡忠惠集 9/9b

～　浚

郝浚授承信郎制　四庫拾遺 344/鶴林集

～　容

敍容權發遣均州軍州兼管內安撫京西路兵
　馬鈴轄均金房達州兵甲事制　鶴林集8/16a

～致和

郝致和爲父仲與金人迎敵陣亡特補承信郎
　後因差充良家子隨軍勤勞訓閱不易轉承
　節郎換給　紫微集 13/2b

父郝仲

～師中

郝師中可轉一官監安邑池制　四庫拾遺 603/
　摘文堂集

～　恕

郝恕補承信郎制　東窗集 10/6b

～　逢

郝逢知岢嵐軍　樂城集 30/5b

～　琳

內殿承制郝琳御批故殿前都指揮使郝質孫
　男琳爲係勳臣之後可特與閤門祇候制
　摘文集 5/11a

～　畯

郝畯轉一官制　摘文集 6/10b

～　義

郝義等十一人爲收復商號等州並名各與轉
　兩官制　紫微集 12/14a

～　晏

敍晏遂郡刺史　斐然集 13/10b

～嗣宗

原州彭陽縣令敍嗣宗可某州推官制　歐陽
　文忠集 81/8a

～　榮

侍衞親軍馬軍都虞侯桂州管內觀察使桂州
　刺史郝榮可荊州刺史充安國軍節度觀察
　留後加食邑五百戶食實封二百戶制　文
　莊集 2/15b

～　戩

太子中允郝戩可奉寧軍節度推官制　鄖溪
　集 5/4b

～　質

內殿崇班郝質可內殿承制制　歐陽文忠集
　80/8a　宋文鑑 37/8b

內藏庫使賀州刺史郝質除□州團練使龍神
　衞四廂都指揮使制　蔡忠惠集 11/15a

敍質授殿前都指揮使安武軍節度使加食邑
　實封制　華陽集 26/6b　宋詔令集 101/371　宋文
　鑑 35/10a

除郝質　傳家集 16/8b　司馬溫公集 56/10b

殿前都指揮使安武軍節度使郝質贈侍中制
　宋詔令集 221/849

～　隨

延福宮使奉國軍節度觀察留後郝隨可依舊
　知入內內侍省事制　摘文集 5/7b

～ 蓋

保義郎耿蓋管押温州違程兩月降一官 益國文忠集 96/13a 益公集 97/89a

～ 觀

耿觀皇太后殿管勾文字生辰除借職 樂城集 28/5b

耿允恭

太常寺攝樂正耿允恭可太常寺太樂署副樂正制 臨川集 52/4b

～自求

耿自求鹽課轉官制 襄陵集 1/4b

～申之

勅耿申之等制 襄陵集 2/7b

～仲履

大理寺丞耿仲履可太子中舍 西溪集 4(三沈集 1/70a)

～良祐

耿良祐降從事郎 育德堂外制 4/14b

～延年

都大提點坑冶鑄錢耿延年兩浙轉運判官 宋本攻媿集 31/5a 攻媿集 35/5a

～延禧

中書舍人耿延禧除龍圖閣直學士 鴻慶集 24/8a 孫尚書集 26/11b

耿延禧充康邸參謀補子入右承務郎 鴻慶集 24/9b 孫尚書集 26/12b

～ 吉

大將耿宗言孫吉可轉一資制 摘文集 6/10b

～ 秉

集英殿修撰耿秉權兵部侍郎 宋本攻媿集 32/16a 攻媿集 36/15b

兵部侍郎耿秉落權字 宋本攻媿集 34/10b 攻媿集 38/10a

見任侍從該覃恩轉官兵部侍郎耿秉 宋本攻媿集 36/19a 攻媿集 40/18b

兵部侍郎耿秉煥章閣待制知太平州 宋本攻媿集 37/21a 攻媿集 41/20a

耿秉降一官 西垣類藁 2/5a

～ 政

耿政可東頭供奉官致仕 蘇東坡全集/外制 中/23a

～南仲

父耿某 耿南仲贈故父敕 襄陵集 3/8a

母某氏 耿南仲贈故母敕 襄陵集 3/8b

降授承議郎知衢州耿南仲爲禮部員外郎兼定王嘉王府侍講 劉給諫集 2/6a

耿南仲散官南雄州安置制 浮溪集 12/10b 浮溪集/附拾遺 12/144 新安文獻 1/前 4a

～茂直

太后殿掌膳奏耿茂直可特授三班借職制 摘文集 8/6a

～從政

耿從政可左領軍衛將軍分司南京致仕制 文恪集 20/10b

～ 著

耿著該遇紹興十年九月十日明堂敕文與敘武學大夫制 紫微集 19/2b

耿著昨自淮陽軍軍前齎奏赴行在內殿引對特與敘復舊官制 紫微集 19/8b

～道淳

大將耿道淳轉一官 摘文集 8/5b

～椿年

耿椿年補承信郎制 東窗集 10/3b

～端彥

皇城使鄜延路都監耿端彥特遣遙郡刺史制 摘文集 5/4b

耿端彥特與轉兩官係鄜延路制 摘文集 7/8b

～ 榛

耿榛降右奉議郎制 東窗集 12/23a

～維康

供奉官耿維康轉一官制 摘文集 7/4a

～ 興

進武校尉耿興贈承節郎與一子父職名更與一子進勇副尉於今正月二日在臨淮縣北曹家莊陣亡 益國文忠集 98/6b 益公集98/112b

～ 臨

供備庫副使耿臨轉兩官 摘文集 8/3b

桂如璋

桂如璋除川秦都大茶馬制 平齋集 20/4a

川秦都大茶馬桂如璋除户部員外郎制 平齋集 21/19a

～ 林

桂林爲因擅差官兵過淮催砍竹木等事於遂郡階官上各降一官遇紹興九年正月五日赦敘中侍大夫及遇紹興十年九月十日赦敘遂郡防禦使制 紫微集 19/1b

～萬榮

大理寺丞桂萬榮除考功員外郎制 平齋集 18/15b

考功員外郎桂萬榮除尚右郎官制 平齋集 18/19b

桂萬榮直寶章閣知常德府 平齋集 20/17b

~ 諒

桂諒降一官制 紫微集 15/9b

栢仲宣

尚藥奉御直醫官院栢仲宣可醫官副使 西溪集 6(三沈集 2/46b)

格札克

內殿崇班格札克與轉一官 摘文集 6/12a

~ 禧

格禧措置有方轉一官 筠溪集 5/27b

索琳密密

蕃官東頭供奉官索琳密密與轉一官制 摘文集 8/3a

~ 儒臣

太常博士索儒臣可屯田員外郎 韓南陽集 16/7b

鄭 宣

鄭宣通判永寧軍 樂城集 28/1a

鄭宣通判睦州 樂城集 28/4a

真德秀

真德秀正字 育德堂外制 5/13a

權户部尚書真德秀除翰林學士知制誥兼侍讀制 平齋集 20/15a

翰林學士真德秀磨勘轉中大夫制 平齋集 21/17a

參知政事真德秀除資政殿學士提舉萬壽觀兼侍讀制 平齋集 22/14b

資政殿學士中大夫提舉萬壽觀兼侍讀真德秀轉太中大夫守資政殿學士致仕制 平齋集 23/19a

資政殿學士太中大夫致仕真德秀贈銀青光祿大夫制 平齋集 23/19b

真德秀授參知政事制 鶴林集 6/9b

夏之禮

夏之禮降兩官 西垣稿 2/8b

~ 大中

西頭供奉官夏大中可特授宣德郎制 摘文集 5/8a

閣門看班祗候夏大中可轉一官並罷閣門看班祗候制 摘文集 5/11b

~ 元昌

故王貽永女婿左藏庫副使夏元昌可文思副使制 華陽集 28/13b

~ 元規

內殿崇班夏元規可內殿承制制 元憲集 25/2b

~ 元象

西京左藏庫副使夏元象可文思副使 西溪集 5(三沈集 2/13b)

~ 元幾

前東上閣門使果州刺史夏元幾可西上閣門使依舊果州刺史制 王魏公集 3/7b

~ 日宣

胡宿奏醫人夏日宣試國子四門助教不理選限制 臨川集 55/11b

~ 日華

歐陽修奏醫人夏日華試國子四門助教不理選限制 臨川集 55/12a

~ 允言

閣門宣贊舍人夏允言該應舉人使十次賞轉一官 止齋集 11/9b

夏允言授遥刺 育德堂外制 1/16a

~ 永壽

夏永壽制 尊白堂集 5/27a

~ 守恩

夏守恩進檢校司空威塞軍節度使侍衛親軍步軍副都指揮使加恩制 宋詔令集 98/360

夏守恩加恩制 宋詔令集 98/362

~ 守贇

妻某氏 侍衛親軍步軍副指揮使建武軍節度使夏守贇妻進封郡夫人制 文莊集 3/5a

夏守贇加恩制 宋詔令集 98/360

夏守贇建節侍衛步軍副都指揮使 宋詔令集 99/364

夏守贇加恩制 宋詔令集 99/365

夏守贇移鎮殿前都指揮使加恩制 宋詔令集 99/365

夏守贇加恩制 宋詔令集 100/367

夏守贇加恩制　宋詔令集 100/367

～全叙

夏全叙復武功郎特添差京西路馬步軍副總管襄陽府駐劄制　鶴林集 9/8b

～炎

夏炎特降一官罰銅十斤制　紫微集 15/7a

～武

夏武降授修職郎制　四庫拾遺 307/鶴林集

～松

夏松特贈保康軍節度使諾　四明文獻集 5/36a

～旻

職方員外郎夏旻可屯田郎中　蘇魏公集 34/2a

～俊

知漣水軍夏俊轉武節郎制　盤洲集 19/4b

夏侯旦

夏侯旦捕寇有功循右從事郎　苕溪集 33/2a

～圭

刑部法直官夏侯圭可大理寺丞制　郎溪集 3/8a

～延祐

翰林圖畫待詔夏侯延祐可廬州巢縣令　咸平集 28/6b

～或

尚書主客郎中知潭州夏侯或可尚書金部郎中制　元憲集 25/12b

～溥

和州防禦判官夏侯溥可太子中舍致仕制　歐陽文忠集 79/14a

～戡

前賀州錄事參軍夏侯戡可太子中舍致仕　蘇魏公集 29/9b

～維

夏侯維可衛尉寺丞制　文恭集 12/11b

～錫

夏侯錫可秘書丞制　景文集 31/4b

～琪

湖北運判夏琪職事修舉特令再任　筠溪集 5/19b

～執中

夏執中除閤門祇侯制　演庵集 6/4a

夏執中特補承信郎制　演庵集 6/4a

母沈氏　奉國軍節度使開府儀同三司充萬壽觀使夏執中所生母郡夫人沈氏贈崇國夫人　止齋集 14/9b

妻諶氏　故妻郡夫人諶氏贈寧國夫人　止齋集 14/10a

～悻

夏悻補承信郎制　東窗集 10/3a

～惟慶

東頭供奉官夏惟慶可內殿崇班制　歐陽文忠集 80/2b

～崇

皇太后殿管勾文字夏崇可三班借職制　四庫拾遺 56/彭城集

～倚

夏倚可內殿承制制　文恭集 13/4a

～偉

閤門祇候夏偉可閤門通事舍人制　華陽集 30/1a

西染院副使兼閤門通事舍人夏偉內園副使依舊閤門通事舍人制　臨川集 53/4b

～淑

户部尚書夏淑除三司使制　元憲集 20/9a

吏部尚書知亳州夏淑可資政殿大學士　武溪集 11/2b

夏淑制　郎溪集 2/5b

夏淑樞密使制　郎溪集 2/6a

罷夏淑制　郎溪集 2/6a

～貴

夏貴特授兩准宣撫大使知揚州依前開府儀同三司寧武軍節度使左金吾衛上將軍樞密副使兼侍衛馬軍都指揮使加食邑食實封如故制　四明文獻集 4/19a

～嗣忠

夏嗣忠轉官制　東牟集 7/34a

～僧句

涇原路定戎鹽池提舉措置官夏僧句轉一官制　摘文集 7/10a

～榮顯

武節郎夏榮顯殁於王事特贈吉州刺史更與一子恩澤　後村集 67/14b

～震

侍衛步軍司後軍統領威拱宿衛部轉官兵特轉一官夏震並同　止齋集 18/2a

夏震觀察使　育德堂外制 2/1a

夏震特授武信軍節度使殿前都指揮使進封加食邑食實封　真西山集 19/10a

夏震除太尉依武信軍節度使致仕進封武陽

郡開國侯加食邑食實封制　真西山集19/11a

～隨

夏隨除觀察使制　安陽集 40/5a

～鱣

刑部郎中夏鱣除大理少卿　劉給諫集 3/1a

晉　用

催促修造使臣晉用轉一官制　摘文集 7/3b

～德

偽明威將軍晉德補承信郎制　平齋集 21/21b

捉斯雞

捉斯雞本族副軍主制　元豐稿 22/6a

党中立

党中立補承信郎　鴻慶集 25/7b　孫尚書集 25/11a

～中和

党中和補承信郎　鴻慶集 25/7b　孫尚書集 25/11a

～中道

党中道補承信郎　鴻慶集 25/7b　孫尚書集 25/11a

～令支

党令支團練使　元豐稿 22/5b

～令征

蕃官党令征單恩改官　樂城集 30/16b

～忱

武郎大夫忠州防禦使黨忱落致仕　孫尚書集 25/8a

～俊

明州城下與金人接戰陣亡將官党俊可贈鄂州觀察使制　北海集 2/4a

～待問

大名府參軍黨待問可鄆州盧縣簿　咸平集 28/16a

馬士存

馬士存贈兩官與一子恩澤　筠谿集 4/20a

～大同

左宣教郎馬大同可國子監主簿制　范成大佚著/91

馬大同特復元官致仕　止齋集 18/10a

朝議大夫煥章閣待制馬大同磨勘轉官　宋本攻媿集 34/17b　攻媿集 38/16b

在外大中大夫以上官知州府該覃恩轉官中奉大夫煥章閣待制知鎮江府馬大同　宋

本攻媿集 36/22b　攻媿集 40/22a

～千

馬千轉行右武大夫　張華陽集 4/2b

～千之

堂後官膳部員外郎馬千之可倉部員外郎充堂後官　西溪集 5(三沈集 2/14b)

堂後官右贊善大夫馬千之可殿中丞餘如故　西溪集 6(三沈集 2/46a)

～子韶

馬子韶爲押番人一十九人走失一十三人特降三官制　紫微集 13/17a

～文貴

閩州南部縣遙池里稅戶馬文貴年一百二十歲依紹興三十一年九月明堂赦補右迪功郎致仕　益國文忠集 94/1b　益公集 96/57a

～文德

前内殿崇班馬文德舊官服闕制　臨川集52/8b

～天驥

馬天驥除資政殿太學士依舊知福州福建安撫使　後村集 68/13a

資政殿學士提舉臨安府洞霄宫信安郡開國公馬天驥食邑三百戶　後村集 73/10a

父母封贈

父馬億年　資政殿學士通奉大夫提舉臨安府洞霄宫馬天驥初除贈父母妻故父已贈太子太保億年特贈少保　後村集 75/9b

母劉氏　故母文定郡夫人劉氏贈東陽郡夫人　後村集 75/10a

妻徐氏　馬天驥故妻東海郡夫人徐氏贈奉化郡夫人　後村集 75/10b

妻余氏　故妻新安郡夫人余氏特贈和政郡夫人　後村集 75/10b

資政殿大學士知慶元府沿海制置使馬天驥除觀文殿學士依舊任制　碧梧集 5/8b

馬天驥依前觀文殿學士通奉大夫知慶元府沿海制置使制　碧梧集 5/9b

～元慶

授馬元慶河西節度副使制　大隱集 3/13a

～日房

司天監主簿馬日房可司天監丞制　元憲集 21/4a

～中民

馬中民可大理寺丞充堂後官制　文恭集14/9b

~中庸

馬中庸可衛尉寺丞制　文恭集 14/13a

比部員外郎馬中庸可駕部員外郎制　文恭集 16/11b

比部員外郎馬中庸可駕部員外郎制　蘇魏公集 29/8a

~ 立

馬立爲收復宿毫州等處立功除龍神衛四廂都指揮使制　紫微集 18/2a

~永錫

沿堂五院副行首佐千牛衛長史馬永錫左金吾衛長史充沿堂行首制　王魏公集 3/11b

~世綸

馬世綸帶行太府寺簿尚書省市舶所檢閱官分司慶元府　後村集 67/5b

~ 仙

采石立功人各轉官馬仙轉遥郡防禦使　益國文忠集 96/57b　益公集 96/57b

~ 用

畫邊花藝學澄州無虞縣主簿御書院祇候馬用可中嶽廟令　西溪集 6(三沈集 2/53b)

~守榮

馬守榮諸司副使　咸平集 28/11a

~ 充

致仕馬充等以登極恩改承奉郎　樂城集29/4a

~ 吉

隨龍韉官馬吉轉遥刺勅　襄陵集 3/5b

~再興

廬州修城官修武郎建康都統司中軍權副將馬再興轉一官　宋本攻媿集 35/8b　攻媿集 39/8a

~在貴

馬在貴加官制　徐公集 6/12b

~光祖

知高郵軍馬光祖政績轉朝奉郎制　平齋集 22/22b

沿江制置大使馬光祖爲安慶府移治築城任責助費特轉光祿大夫　後村集 62/8b

馬光祖依舊觀文學士提領户部財賦兼知臨安府　後村集 65/18b

馬祖光同知樞密院提領户部財用兼知臨安府　後村集 66/7a

三代封贈

曾祖馬千里　資政殿大學士正奉大夫沿江制置使知建康府馬光祖郊恩封贈三代故曾祖已贈少保千里特贈太保　後村集 72/15b

曾祖母葛氏　故曾祖母崇國夫人葛氏特贈福國夫人　後村集 72/16a

祖馬之純　故祖已贈少傅之純特贈太傅　後村集 72/16a

祖母樓氏　故祖母吉國夫人樓氏特贈慶國夫人　後村集 72/16b

父馬正己　故父已贈少師正己特贈太師　後村集 72/17a

母伍氏　故母惠國夫人伍氏特贈衛國夫人　後村集 72/17b

母葉氏　故母膺國夫人葉氏特贈相國夫人　後村集 72/17b

妻丁氏　故妻東陽郡夫人丁氏特贈普安郡夫人　後村集 72/18a

三代封贈

曾祖馬千里　同知樞密院事兼提領户部財用兼知臨安府兩浙西路安撫使馬光祖封贈三代並妻故曾祖贈太傅千里贈太師　後村集 74/8a

曾祖母葛氏　故曾祖母秦國夫人葛氏贈齊國夫人　後村集 74/8a

祖馬之純　故祖贈太師之純進封永國公　後村集 74/8b

祖母樓氏　故祖母越國夫人樓氏贈魏國夫人　後村集 74/9a

父馬正己　故父贈太師吉國公正己追封慶國公　後村集 74/9b　後村大全集 74/9b

母伍氏　故母齊國夫人伍氏贈周國夫人　後村集 74/9b

母葉氏　故母魯國夫人葉氏贈越國夫人　後村集 74/10a

妻丁氏　故妻南陽郡夫人丁氏贈同安郡夫人　後村集 74/10b

觀文殿學士提舉臨安府洞霄宮馬光祖依前職特授沿江制置大使兼知建康府兼江東安撫大使兼行宮留守制　碧梧集 5/1b

馬光祖該遇明堂大禮加恩制　碧梧集 7/11a

馬光祖特授朝散郎制　四庫拾遺 356/翰林集

馬光祖叙復朝散郎制　四庫拾遺 360/翰林集

馬光祖降授承議郎制　四庫拾遺 381/鶴林集

~光國

馬光國武學諭　後村集 62/5a

~ 先

馬先可殿中丞制　文恭集 14/19a

西頭供奉官馬先轉三官制　攻文集 8/2b

~仲旦

馬仲旦可殿中丞制　文恭集 15/16b

~仲甫

馬仲甫可屯田員外郎制　文恭集 15/11a

淮南江浙荊湖南北路都大發運使右諫議大夫馬仲甫可依前右諫議大夫充天章閣待制高陽關路都總管兼安撫使兼知瀛州軍州事管內勸農使　韓南陽集 17/16a

~仲謐

馬仲謐循右從政郎制　東窗集 13/6b

~ 向

馬向邢部郎官制　浮溪集 10/1b 浮溪集/附拾遺/ 10/113

~好賢

奏舉人阮邈著作佐郎馬好賢大理寺丞制　臨川集 51/12b

~ 良

封贈

母王氏　馬良母王氏封孺人　鐵菴集 6/2a

~ 玕、馬 玨

父母封贈

父馬仲甫　右朝散郎馬玕弟朝奉郎玨故父通議大夫充天章閣待制贈特進仲甫可贈司空制　淨德集 9/5b

母鍾離氏　馬玕等故母齊安郡太夫人鍾離氏可贈榮國太夫人制　淨德集 9/6a

母楊氏　馬玕等故母樂平郡太夫人楊氏可贈崇國太夫人制　淨德集 9/6b

母楊氏　馬玕等故繼母安康郡太夫人楊氏可贈康國太夫人制　淨德集 9/7a

~ 紀

馬紀可大理評事制　文恭集 14/25b

~孝孫

大理寺丞馬孝孫可太子中舍　蘇魏公集 34/5a

~希元

大理寺丞馬希元可太子中舍　西溪集 4(三沈集 1/70a)

~希古

馬希古轉一官　西垣稿 2/9a

~希言

馬希言太府寺主簿制　盤洲集 23/11a

~希崇

撫州節度使馬希崇除舒州節度使制　徐公集 6/3b

~廷鸞

封贈

父馬灼　編修官馬廷鸞乞以沂郡講堂徹章轉奉議郎回贈本生父灼承事郎　後村集 62/15a

馬廷鸞將作少監兼右司　後村集 65/2a

馬廷鸞除軍器監　後村集 68/6b

馬廷鸞除國子司業兼太子諭德　後村集71/5a

~延之

馬延之大理寺丞　苕溪集 39/1b

權貨務都茶場監官馬延之等推賞轉官　苕溪集 42/4a

馬延之提舉江東路茶鹽制　東窗集 9/19b

~ 伸

馬伸可比部員外郎制　文恭集 15/12a

殿中丞馬伸磨勘改官制　歐陽文忠集 79/8a

~宗諒

馬宗諒可監丞致仕制　文恭集 20/6a

~ 京

齊州司法參軍監秦州在城酒司馬京可衛尉寺丞制　蔡忠惠集 10/2a

~ 房

前南儀州推官試大理評事馬房衛尉寺丞致仕制　臨川集 53/9a

~ 坤

馬坤可國子博士制　元憲集 25/13b

~直方

馬直方可太子中舍人制　文恭集 14/18a

~直溫

大理評事馬直溫可衛尉寺丞　西溪集 5(三沈集 2/9a)

~ 昇

馬昇授保義郎制　四庫拾遺 341/鶴林集

~易簡

無爲軍録事參軍馬易簡可太子中舍致仕　公是集 30/10b 宋文鑑 37/13a

~ 忠

蕃落軍都指揮使馬忠等換内殿承制　蘇魏
公集 32/11a

馬忠落龍神衛指揮使降充經制副使制　浮
溪集 9/3a 浮溪集/附拾遺 9/104

河北經制使馬忠降兩官制　浮溪集 9/8a 浮溪
集/附拾遺 9/108

馬忠可龍神衛四廂都指揮使充河北路經制
使措置節制軍民兵等事制　浮溪集 10/2b
浮溪集/附拾遺 10/114

河北路都統馬忠降一官　鴻慶集 25/8b 孫尚
書集 25/13a

～ 制

東頭供奉官馬制可轉一官制　摘文集 8/1a

～知良

馬知良可司天監丞制　文恭集 14/26a

～居方

馬居方可試秘校知濮州臨濮縣制　文恭集
18/17a

～居中

馬居中除荊湖北路提點刑獄制　東窗集9/11b

～ 城

馬城湖北憲　樂城集 30/9b

～ 咸

馬咸除大理少卿　劉給諫集 2/3a

馬咸除大理少卿制　翟忠惠集 3/17b

～ 信

馬信爲敵人入侵順昌係在城守禦者轉一官
資制　紫微集 12/5b

～ 玹

馬玹户部員外郎制　元豐稿 20/3a

馬玹户部　樂城集 28/11a

～暮年

馬暮年權貨務賞轉一官制　東窗集 8/16a

馬暮年等轉官制　楊溪集 4/19b

～師謹

馬師謹與郡制　斐然集 13/26b

～ 純

馬純江西運副　苕溪集 46/1a

～ 清

供備庫副使馬清可左武衛將軍致仕制　蘇
魏公集 34/7a

～執中

馬執中降授朝奉大夫制　鶴林集 9/9b

～從先

光祿卿知壽州馬從先可秘書監差遣如故
韓南陽集 17/9a

馬從先太常少卿制　臨川集 49/14b

父馬震　馬從先父震右領軍衛大將軍
特贈尚書工部侍郎制　臨川集 54/16b

～ 張

馬張可太常博士餘如故　文恭集 2/10b

～ 湛

霸州鹽酒稅馬湛可衛尉寺丞制　元憲集
23/10a

～ 淵

殿中丞分司南京馬淵可國子博士加勳落分
司制　邵溪集 6/8b

朝議大夫馬淵可知沂州制　彭城集 21/7a

～ 寔

奏舉人前常州司理參軍馬寔可著作佐郎
武溪集 10/14b

～ 琮

馬琮可大理評事制　文恭集 14/25a

～ 責

馬責大司樂制　翟忠惠集 3/17a

～ 欽

拱衛大夫解州防禦使馬欽於遙郡階官上各
降一官制　東窗集 12/25b

父馬某　馬欽贈父　斐然集 14/13b

～ 進

馬進轉忠訓郎制　東窗集 10/9b

～ 登

審官院令史馬登可遂州司户參軍充職制
歐陽文忠集 79/7a

～ 尋

尚書虞部員外郎馬尋可尚書比部員外郎制
元憲集 23/2a

～ 綽

侍御史馬綽可三司户部判官制　元憲集
23/13a

～ 誠

奉議郎知陝州馬誠降官制　宋詔令集 209/788

～傳正

馬傳正大理寺主簿　蘇東坡全集/外制 下/9b

～傳慶

馬傳慶可太府寺主簿制　彭城集 23/8b

～ 僊

采石立功人轉官馬僊轉遙郡防禦使　益國

文忠集 95/5b 益公集 96/57b

~ 蒙卓

蕃官馬蒙卓轉官制 道鄉集 17/4b

~ 僑

太常博士通判定州馬僑可尚書屯田員外郎制 元憲集 23/2a

~ 綏

馬綏爲措置捍禦金人有功轉一官制 紫微集 12/8b

~ 慶

供備庫副使馬慶等可西京左藏庫副使制 華陽集 30/4a

~ 璟

馬璟可衛尉寺丞制 文恭集 15/17b

~ 默

尚書職方員外郎馬默可特授朝請郎權開封府判官專管勾使院公事制 王魏公集 3/13b

知徐州馬默可司農少卿 蘇東坡全集/外制上/2b

馬默河東運使 樂城集 28/2b

馬默落職居住制 宋詔令集 208/782

~ 興

馬興爲忠義首領不忘朝廷見團集民社保護鄉閭與補承信郎制 紫微集 19/13a

~ 適

武經郎左軍統制馬適各轉一官 宋本攻媿集 35/8b 攻媿集 39/8a

~ 擴

馬擴轉一官 斐然集 14/5a

~ 隱

親從都指揮使馬隱落權差充皇城四面巡檢勒 襄陵集 3/6b

~ 瑀

太常寺太祝監江州廣寧監馬瑀可大理評事制 元憲集 20/13b

~ 燧

馬燧轉一官制 橫塘集 7/7a

~ 鑑

修武郎前監紹興府東城酒庫馬鑑降兩官 宋本攻媿集 30/2b 攻媿集 34/2b

~ 識遠

武功大夫忠州刺史淮南西路提刑馬識遠可除右武大夫知壽春府兼淮南西路安撫使制 北海集 3/5b

~ 賁

馬賁贈六官恩澤依舊 紫微集 19/19b

~ 懷德

馬懷德可西上閤門副使制 文恭集 17/13a

西上閤門使新差高陽關路鈴轄馬懷德可雄州刺史仍舊西上閤門使兼雄州 蔡忠惠集 11/17a

引進副使馬懷德可西上閤門使制 華陽集 30/8a

西上閤門使馬懷德可四方館使英州刺史制 華陽集 30/11b

~ 櫸

馬櫸降授文林郎制 四庫拾遺 374/鶴林集

~ 觀國

馬觀國充秘閣修選制 梅溪集 5/23b

馬觀國直顯謨閣添差江東帥司參議 斐然集 13/5b

~ 氏

宮人馬氏可贈充國夫人制 宋詔令集 24/120

柴天因

京東路轉運判官柴天因升轉運副使兼知青州制 浮溪集 8/8b 浮溪集/附拾遺 8/92

~ 元謹

柴元謹衛尉寺丞制 臨川集 51/9a

~ 存

柴存換宣義郎監周陵廟制 東窗集 9/10b

~ 宗慶

授柴宗慶開府儀同三司依前檢校太師同中書門下平章事武成軍節度使駙馬都尉加食邑實封制 元憲集 26/10b

駙馬都尉柴宗慶可贈中書令制 歐陽文忠集 80/6a

~ 定官

右藏庫副使柴定官可轉一官制 摘文集7/14b

~ 斌

柴斌轉官換給制 張華陽集 8/1a

柴斌係武功大夫志州團練使新知長州特改差知唐州岳飛奏斌遷延不赴特降三官制 紫微集 13/17a

~ 萃

柴萃擬右宣義郎農封崇義公監周陵廟 若溪集 32/5b

~ 貽坦

內殿崇班柴貽坦可內殿承制制 歐陽文忠集 80/1b

~貽忠

文思副使柴貽忠可左藏庫副使制 郡溪集 4/5a

~貽慶

江南路提刑內殿承制柴貽慶可就轉禮賓副使制 歐陽文忠集 79/12a

~貽範

柴貽範可閤門通事舍人制 文恭集 17/13b

~貽憲

柴貽憲可左驍衞將軍致仕制 文恭集 20/11a

~ 進

忠訓郎柴進修蓋營棄有勞可乘義郎制 范成大佚著/88

~ 瑾

柴瑾降官制 東牟集 8/11b

~餘慶

柴餘慶國子博士制 臨川集 51/5b 翟忠惠集 3/2b

~ 璐

文林郎邵州錄事參軍柴璐獄囚多死特降一資 止齋集 13/3a

~ 氏

柴宗慶第三女可封郡君制 歐陽文忠集 81/9a

荊大聲

判太史局荊大聲職事不謹降一官 止齋集 13/8a

降授中官大夫荊大聲復元官 宋本攻媿集 36/2b 攻媿集 40/2b

~世顯

荊世顯降授中官正制 鶴林集 9/14a

苟 沂

苟沂補保義郎制 楳溪集 5/2b

~ 得

苟得以軍功轉一官 苕溪集 33/1b

茹宗元

權寧國軍節度判官茹宗元可大理寺丞致仕制 元憲集 21/7b

~ 端

茹端轉官制 橫塘集 7/6a

荔 晉

荔晉換給從義郎制 東窗集 10/8a

畢士安

畢士安拜同中書門下平章事監修國史加恩制 宋詔令集 51/262

~再遇

畢再遇兼知揚州 官德堂外制 1/1b

畢再遇授觀察使 育德堂外制 2/9b

~仲愈

畢仲愈除都官員外郎制 翟忠惠集 3/7b

~良史

畢良史進春秋正辭並通例特改右承務郎制

東窗集 13/22b

畢良史直敷文閣再任制 東牟集 7/7a

~ 衍

畢衍權發遣德慶府制 鶴林集 8/15b

~ 桓

畢桓轉官制 襄陵集 1/14a

~從益

故大府卿畢世長男試將作監主簿從益可授守將作監主簿制 蔡忠惠集 9/10b

~從善

太子中舍畢從善可殿中丞制 文莊集 2/12a

~ 煥

畢煥授從義郎制 東窗集 10/8b

~ 漸

太常少卿畢漸移鴻臚少卿制 翟忠惠集 3/18b

晏 仙

官兵晏仙贈承節郎制 四庫拾遺 341/鶴林集

~成裕

度支員外郎充崇文院檢討晏成裕可司封員外郎制 臨川集 50/8a

~孝本

晏孝本大理丞 斐然集 13/10a

~孝純

晏孝純除江西提點刑獄制 東窗集 9/11a

晏孝純降右朝散大夫制 東窗集 14/9a

~明遠

禮部尚書知亳州晏殊男明遠可秘書省校書郎制 元憲集 25/5b

~知止

晏知止成都運副秦中梓州運副　樂城集 28/12b

~祇德

大理寺丞晏祇德可右贊善大夫　蘇魏公集 31/5a

~　殊

樞密副使禮部侍郎晏殊可刑部侍郎餘如故制　文莊集 1/12b

妻孟氏　樞密副使禮部侍郎晏殊妻江夏郡君孟氏可進封鉅鹿郡夫人制　文莊集 3/3b

觀文殿大學士兵部尚書晏殊加食邑實封制　華陽集 28/1b

晏殊拜集賢相制　宋詔令集 54/274

晏殊罷相工部尚書知潁州制　宋詔令集67/327

~崇讓

晏崇讓太常博士制　臨川集 51/5b

~敦復

晏敦復寶文閣直學士知衡州　苕溪集 40/5b

晏敦復除吏部郎官　張華陽集 5/8a

晏敦復除左司　張華陽集 8/6a

~　勝

晏勝係涪原將下新立功人比拘事藝特降二等換保義郎制　紫微集 13/16b

~幾道

通判乾寧軍晏幾道可開封府推官制　摘文集 5/5b

~　詹

晏詹可殿中丞制　文恭集 13/7b

~　融

太子右贊善大夫通判吉州晏融可殿中丞制　元憲集 25/9b

晁公武

晁公武侍御史制　盤洲集 20/1b

晁公武權户部侍郎制　盤洲集 21/1a

晁公武除監察御史制　于湖集 19/7a

~公爲

晁公爲直顯謨閣制　大隱集 1/5b

晁公爲直秘閣知台州制　大隱集 2/21b

~公邁

晁公邁開封府户曹掾　鴻慶集 25/4a　孫尚書集 25/6a

~仲衍

秘閣校理晁仲衍可太常博士　武溪集 10/5a

~仲約

屯田員外郎晁仲約可都官員外郎制　臨川集 50/11a

~仲紘

太常寺奉禮郎監開封府陳留縣鹽稅務晁仲紘可大理評事制　元憲集 23/10a

~仲熙

晁仲熙殿中丞制　臨川集 51/6a

~仲綽

職方郎中晁仲綽可太常少卿　韓南陽集16/10b

晁仲綽可屯田郎中制　臨川集 50/7a

~仲蔚

父晁宗愨　國子博士晁仲蔚父宗愨贈尚書右僕射制　華陽集 31/10b

父晁宗愨　贈尚書左僕射　華陽集 31/11a

母王氏　母王氏追封懷德郡太夫人　華陽集 31/11b

~宗愨

尚書刑部郎中知制誥晁宗愨可起復制　元憲集 22/4b

翰林學士尚書刑部郎中知制誥晁宗愨可尚書右司郎中依前充職制　四庫拾遺 7/元憲集

~宗簡

江南西路提點刑獄尚書都官員外郎晁宗簡可尚書司封員外郎制　元憲集 24/2b

~　迴

翰林學士工部侍郎知制誥晁迴可刑部侍郎餘依舊制　文莊集 1/11b

~補之

晁補之落校理監當制　宋詔令集 208/784

~端彥

晁端彥金部員外郎制　元豐稿 20/5a

晁端彥吏部郎　樂城集 29/7b

~　遷

尚書比部員外郎提舉兗州仙源縣靈宮晁遷可尚書駕部員外郎制　元憲集 23/7b

~謙之

晁謙之檢詳　苕溪集 43/1a

晁謙之除右司郎中　苕溪集 45/2b

晁謙之權户部侍郎　苕溪集 47/1b

晁謙之充敷文閣待制知撫州制　楳溪集5/10a

晁謙之磨勘轉官制　東牟集 7/30b

晁謙之再任福建運判　筠溪集 5/5b

晁謙之轉官制　歸愚集 8/2a

敷文閣直學士晁謙之磨勘　海陵集 16/7b

骨舜輔

骨舜輔隨金國賀正使充引接儀範回程循修職郎　止齋集 17/5b

員延年

員延年爲金人攻取懷德軍陷沒特贈朝請大夫換給制　紫微集 12/2a

~ 法

員法爲用妻父陣亡合得下班祇應恩澤比類轉一官授保義郎換給制　紫微集 17/3a

~ 青

員青爲保護七殿神御並殺獲草寇僞大王等有勞正補敦武郎閤門祇候　紫微集 12/18a

~ 素

守鄧州錄事參軍前監道州黃富場員素可大理評事致仕　魏鶴公集 34/5b

時士良

時士良可中書守闕主事　韓南陽集 16/9b

~ 汝翼

時汝翼大理評事制　尊白堂集 5/2a

~ 孝悌

時孝悌轉一官制　橫塘集 7/4b

~ 定

供備庫副使時定可西京左藏庫副使　韓南陽集 18/13b

~ 明

西京左藏庫使忠州刺史高陽關路駐泊兵馬鈐轄時明可文思使　公是集 30/2a　宋文鑑 17/15a

~ 宣

采石巡檢時宣訊民致死降官制　于湖集 19/12b

~ 彥

著作佐郎時彥可集賢校理兵部郎中制　淨德集 8/6b

~ 恢

時恢可奉議郎制　陶山集 10/5a

~ 敏

應辦中官册寳時敏轉一官制　東窗集 8/21b

~ 愷

使臣時愷可轉一官　攻文集 6/10b

~ 貴

建康都統制下使臣時貴押馬五十匹倒斃二十五匹降一官更展二年磨勘　益國文忠集 96/13a　益公集 97/84b

·· 道陳

時道陳轉官制　襄陵集 1/5a

~ 微

故駙馬都尉曹司女夫進士時微可借職制　攻文集 8/5b

~ 選

大理寺丞時選可太子中舍　西溪集 4(三沈集 1/70a)

奚士遜

奚士遜大理評事　宋本攻媿集 33/18b　攻媿集 37/17b

朝請郎守尚書刑部郎中賜緋魚袋奚士遜依前官特授尚書右司郎中賜如故制　後樂集 1/6b

~ 概

奚概除軍器監丞兼權淮西提刑兼都督府隨軍轉運制　東澗集 6/10b

郡　漸

郡漸除直秘閣制　東窗集 8/28b

翁　合

翁古侍左郎官　後村集 65/15a

翁合除直秘閣浙西提刑　後村集 68/4

翁合除國子祭酒制　碧梧集 4/11b

翁合除國子司業制　碧梧集 4/12a

翁合特授試尚書禮部侍郎誥　四明文獻 5/10a

~ 孟桂

翁孟桂除國子監簿　後村集 70/11a

~ 宜

翁宜爲講回易視船司歲解拾倍轉一官　後村集 62/3b

承議郎告院翁宜轉官　後村集 61/15b

翁宜大府簿　後村集 63/7b

~ 彥升

都官員外郎翁彥升轉官制　郎溪集 6/2b

～彦深

秘書丞翁彦深除禮部官制　翁忠惠集 3/12a

九域志編修官翁彦深除秘書丞制　翁忠惠集 3/15b

翁彦深進書轉官制　翁忠惠集 4/9a

～彦國

翁彦國落徵獻閣直學士制　横塘集 7/13a

翁彦國等特降兩官制　横塘集 7/13b

翁彦國追奪寶文閣學士制　浮溪集 9/2a　浮溪集/閏拾遺 9/103

翁彦國除寶文閣學士知江寧府兼江南東西路經制使　鴻慶集 26/2b　孫尚書集 27/9a

～挺

翁挺少府監丞　鴻慶集 25/5a　孫尚書集 25/7a

～喜弟

沿海制置使下進勇副尉多樂船部將翁喜弟港口陣亡特贈承節郎與一子父職名更與一子進勇副尉　益國文忠集 98/4b　益公集 97/91b

～奭

翁奭可和州司馬致仕制　文恭集 20/8b

～顏

海州劫棄身死長行翁顏贈承信郎與一子守闘進勇副尉　益國文忠集 98/5a　益公集 97/82a

～氏

尚服翁氏進封安定郡夫人制　華陽集 31/15a

部師孟

奉使官屬忠訓郎部師孟轉一官　宋本攻媿集 30/17a　攻媿集 34/15a

乘允恭

太子洗馬知汝州襄城縣事乘允恭可殿中丞餘如故制　文莊集 2/10b

俱彦忠

俱彦忠轉遙郡刺史　張華陽集 6/3a

倫布

齊勒巴族東頭供奉官本族巡檢阿瓊男倫布與右班殿直制　摘文集 5/10a

～珠卜

錫默族大首領倫珠卜補左藏庫副使帶本族

巡檢制　摘文集 5/6a

倪　灼

倪灼特授承議郎制　四庫拾遺 382/翰林集

～祖常

倪祖常授軍器監主簿制　鶴林集 9/3a

倪祖常軍器監　後村集 60/12b

～思

部侍郎倪思訪修至尊壽皇聖帝聖政特轉一官　止齋集 11/7b

朝奉大夫試尚書禮部侍郎倪思薦舉不當降一官滿一期叙復朝散大夫　止齋集 14/8a

倪思知泉州　止齋集 18/9b

倪思等係常良孫舉主降一官　宋本攻媿集 30/7b　攻媿集 34/7a

新知紹興府倪思知婺州　宋本攻媿集 36/1b　攻媿集 40/1b

倪思授太中大夫　育德堂外制 2/2a

倪思權兵部尚書　育德堂外制 3/3a

倪思依前官特授試尚書禮部侍郎兼直學士院封賜如故制　後樂集 2/21b

～俊

懷州防禦判官試大理司直倪俊可檢校水部員外郎制　歐陽文忠集 80/6b

懷州防禦判官倪俊可著作佐郎制　歐陽文忠集 81/10a

～偶

倪偶太常寺主簿制　盤洲集 23/7a

～皋

倪皋轉一官制　横塘集 7/4b

～普

召試倪普　後村集 53/13b

倪普監察御史兼殿講　後村集 64/9a

鬼　章

四蕃大首領鬼章可陪戎校尉制　彭城集 22/8a

師　孟

師孟可轉一官制　摘文集 7/4a

～敏

師敏轉遙郡刺史諾　東牟集 8/22a

～仲說

尚書虞部員外郎知金州師仲說可比部員外

郎 元憲集 26/7b

徐人傑
徐人傑江西提舉常平制 盤洲集 23/10a

~三兒
徐三兒補承節郎爲遠來歸正委實忠義制
紫微 19/11a

~士龍
徐士龍授國子博士制 樓墅集 7/3a

~大任
徐大任貢官制 東牟集 8/5b

~子寅
知台州徐子寅廣東提刑 宋本攻媿集 35/17a
攻媿集 9/15b

~天民
徐天民廣東運判 苕溪集 45/3a

~元杰
徐元杰除校書郎誥 東澗集 3/19a

~元德
徐元德知均州 宋本攻媿集 33/4a 攻媿集 37/3b

~中立
供奉官徐中立可轉一官制 摘文集 7/4a

~ 介
前光化軍乾德縣令同監秦州西溪鎮鹽倉徐
介可著作佐郎制 蔡忠惠集 9/6a

~公裕
左朝議大夫充秘閣修撰徐公裕因赦敘元降
一官 苕溪集 38/3b
太府卿徐公裕等降兩官制 浮溪集 9/7b 浮溪
集/附拾遺 9/108

~公壽
泉州晉江尉徐公壽循資制 濟庵集 6/5a

~公輔
職方員外郎致仕徐仲容男公輔試將作監主
簿制 臨川集 52/13b

~ 申
朝散大夫徐申可大晟府樂令 摘文集 4/9a

~用文
右屯衛將軍致仕徐用文可右武衛將軍致仕
蘇魏公集 31/10a

~ 弁
尚書比部員外郎知房州徐弁可尚書駕部員
外郎制 元憲集 24/12a

~ 宅
承議郎徐宅可轉一官制 摘文集 7/9b
荊湖北路提刑徐宅除荊湖南路運判制 翦
忠惠集 2/7b

~安民
右武大夫徐安民昨知峽州半年間軍米三十
六萬石上變特授左武大夫依前帶行御器
械知江陵府 後村集 67/13a

~ 弁
追官人徐弁太常寺奉禮郎制 臨川集 55/8a

~ 圭
徐圭降授宣教郎制 四庫拾遺 396/鶴林集

~西美
徐西美爲歸州捍禦桑仲等賊馬轉忠訓郎又
因殺王鐵創賊馬轉忠訓郎換給制 紫微
集 13/5b

~ 成
宣武嵌補指揮使徐成換從義郎 宋本攻媿集
30/15a 攻媿集 34/14a

~仲翔
比部員外郎通判泉州徐仲翔可駕部員外郎
制 文莊集 1/19a

~ 凤
右承議郎徐凤降一官制 東窗集 12/25a

~ 沆
貴州刺史知順安軍徐沆轉團練使制 浮溪
集 8/6a 浮溪集/附拾遺 8/90

~ 冶
大名府推官徐冶可著作佐郎制 歐陽文忠集
81/16b

~ 良
徐良授承信郎制 四庫拾遺 346/鶴林集

~ 杞
徐杞除司勳郎官 張華陽集 4/8b

~邦憲
徐邦憲更部員外郎 育德堂外制 4/6b
徐邦憲司封員外郎 育德堂外制 4/11a
徐邦憲叙承議郎 育德堂外制 4/12b
知處州被召徐邦憲降兩官罷與郡指揮制
後樂集 1/24a

~希顏
徐希顏在任失覺察檻司於赤歷内大椿糧米
及專斗等乞覃特降一官 益國文忠集 96/11b
益公集 95/39a

~ 位

右侍禁徐位可特授西頭供奉官制　摘文集 5/8b

~ 宗臣

前行南康軍建昌縣主簿徐宗臣可大理寺丞致仕　韓南陽集 16/12a

~ 宗況

徐宗況可兵部員外郎制　文恭集 5/4a

~ 宗說

太府卿徐宗說除權戶部侍郎　海陵集 13/3b

~ 炎卯

徐炎卯補承信郎制　四庫拾遺 345/鶴林集

~ 林

徐林除權戶部侍郎　海陵集 15/6a

徐林除刑部侍郎　海陵集 16/2b

~ 松

嘉王府講尚書徽章官屬諸色祇應人各轉一官資保義郎徐松　宋本攻媿集 30/13b 攻媿集 34/13a

~ 昇

徐昇可轉一官制　摘文集 7/4a

~ 昇

修武郎徐昇授秉義郎制　四庫拾遺 341/鶴林集

~ 玟

司門員外郎鄭昂鴛部員外郎徐玟兩易制　翟忠惠集 3/9a

~ 和常

徐和常沖虛先生制　宋詔令集 223/862

~ 秉哲

右諫議大夫徐秉哲除給事中制　鴻慶集 24/1b　孫尚書集 26/2a

御史中丞徐秉哲可開封尹制　鴻慶集 24/4b　孫尚書集 26/7b

~ 彥孚

徐彥孚澶州通判　樂城集 27/6a

朝散大夫試尚書戶部侍郎徐彥孚可顯謨閣直學士知太原府制　摘文集 5/1b

徐彥孚降一官制　宋詔令集 211/799

~ 度

徐度除館職　斐然集 13/23a

徐度除江東運判　海陵集 18/4b

~ 栢

朝奉大夫徐栢除廣東路轉運判官　止齋集 17/10a

殿中侍御史徐栢兼侍講制　後樂集 2/3b

徐栢依前官特授守侍御史兼侍講賜如故制　後樂集 2/4a

~ 高

徐高可大理寺丞制　文恭集 14/12b

~ 起

殿中丞前知濰州徐起可國子博士制　元憲集 24/5b

太常少卿新差知宛州徐起可光祿卿制　蔡宗惠集 9/18a

~ 晃

迪功郎徐晃兌換會子局賞循修職郎制　後樂集 1/3b

~ 峻

徐峻可太常博士制　文恭集 15/7a

~ 俯

徐俯知信州　苕溪集 44/2a

徐俯除端明殿學士宮祠制　張華陽集 7/9b 南宋文範 11/3b

~ 師旦

前絳州防禦推官監晉州折博務徐師旦可大理寺丞制　蔡忠惠集 11/6b

太常博士徐師旦等三人轉官制　邵溪集 6/4b

~ 師回

徐師回等改官制　臨川集 51/3a 王文公集 13/7b

~ 清叟

權工部侍郎徐清叟除集英殿修撰知靜江府廣西經略安撫使制　東澗集 5/17a

太常博士徐清叟除秘書郎仍兼崇政殿說書制　平齋集 17/3b

徐清叟著作佐郎兼權司封郎官制　平齋集 20/7b

軍器少監徐清叟除將作監依舊兼司封郎官兼崇政殿說書制　平齋集 23/8b

徐清叟授兼侍講制　鶴林集 7/9a

徐清叟兼侍講制　鶴林集 7/12a

徐清叟授軍器少監依舊兼司封兼崇政殿說書制　鶴林集 7/16b

徐清叟授朝奉郎制　鶴林集 7/17b

徐清叟除太常少卿兼權戶部侍郎制　四庫拾遺 407/東澗集

~ 康

提舉浙西茶鹽徐康賞轉一官制　東窗集 8/23a

徐康除浙西提刑　海陵集 18/3b

徐康降官制 于湖集 19/6a

~ 鹿卿

九月已西春正月除禮部侍郎誥 清正稿/附錄/8a

秋九月疾亟乞謝事旨特轉一官進華文閣待制致仕誥 清正稿/附錄/9b

徐鹿卿授右司制 樓攻集 6/16a

封豐城縣開國男食邑二百户誥 清正楠/附錄/10a

~ 搶

徐搶大社令 後村集 64/17b

~ 楊

徐楊落職追兩官勒停 鴻慶集 25/12a 孫尚書集 27/4b

~ 處仁

奉議郎守殿中侍御史徐處仁可左正言制 摘文集 4/3a

左正言徐處仁可除給事中制 摘文集 4/3b

端明殿學士徐處仁知潁昌府制 翟忠惠集 2/19a

徐處仁贈官制 大隱集 3/15a

~ 晞契

徐晞契叙復從義郎制 四庫拾遺 332/鶴林集

~ 紹齡

國子博士通判南安軍徐紹齡可尚書虞部員外郎制 元憲集 23/7b

~ 渭

徐渭可守秘校致仕制 文恭集 20/2b

~ 善寶

太子中舍知揚州天長縣事徐善寶可殿中丞餘如故制 文莊集 2/13b

~ 雄

國子監書庫兼皇后宅教授徐雄除國子錄制 平齋集 23/2a

徐雄除秘書丞制 四庫拾遺 406/東澗集

~ 揚

徐揚循左文林郎 東窗集 12/20a

~ 閎中

通直郎編具興復所點檢官徐閎中可衛尉寺丞制 摘文集 4/6b

~ 傑

鎮慶關使徐傑轉防禦使制 浮溪集 10/8b 浮溪集/附拾遺 10/119

~ 復

徐復除秘書少監 後村集 68/7a

徐復除起居舍人 後村集 70/6a

徐復該遇明堂大禮加恩制 碧梧集 7/11b

~ 弱

徐弱授武經郎制 四庫拾遺 324/鶴林集

~ 靖

承信郎監潭州南嶽廟徐靖該進至尊壽皇聖帝聖政轉一官 止齋集 11/8b

~ 運

太子少傅徐運授太子太保制 徐公集 6/6b

~ 稀

監察御史徐稀郎官制 翟忠惠集 3/11b

~ 瑱

徐瑱贈集英殿修撰制 平齋集 21/4a

~ 琰

徐琰試大理評事充保信軍節推知梓州射洪縣制 臨川集 52/4a

~ 琮

徐琮降授通直郎制 四庫拾遺 388/鶴林集

~ 楷

大將軍發運司前行徐楷可三班借職制 摘文集 8/8a

~ 慎言

徐慎言落職制 浮溪集 9/12a 浮溪集/附拾遺 9/111

~ 栗

顯謨閣學士宣奉大夫提舉江州太平興國宮六合縣開國子食邑六百户徐栗加封三百户 後村集 73/8b

~ 粗

徐粗降授通直郎制 四庫拾遺 387/鶴林集

~ 經孫

徐經孫起居郎兼給事兼諭德 後村集 61/15a

徐經孫磨勘轉中大夫 後村集 64/10a

徐經孫除刑部侍郎兼職依舊 後村集 68/2a

贈金紫誥 徐文惠稿附錄/2a

~ 說

太常博士徐說可屯田員外郎 西溪集 4(三沈集 1/63a)

~ 壽

宣義郎徐壽可宣德郎添差福建路轉運使勾當公事制 彭城集 23/4a

~ 嘉問

徐嘉問大理正　鴻慶集 25/5b　孫尚書集 25/8b

徐嘉問降右朝請郎　東窗集 12/23a

～　愿

徐愿除直秘閣依舊福建提舉制　蒙齋集 8/13a

～　棨

徐棨降授儒林郎制　四庫拾遺 369/翰林集

～　僑

秘書少監徐僑除太常少卿制　平齋集 17/12b

權工部侍郎徐僑除集英殿修撰提舉佑神觀兼侍讀制　平齋集 23/4a

徐僑授工部侍郎依舊兼國子祭酒兼侍講制　翰林集 7/1b

徐僑授兼侍講制　翰林集 7/15b

～　誼

吏部員外郎徐誼右司　宋本攻媿集 31/17b　攻媿集 35/17a

右司徐誼左司員外郎　宋本攻媿集 33/15a　攻媿集 37/14a

右司徐誼中書門下省檢正諸房公事　宋本攻媿集 37/20a　攻媿集 41/19a

中書門下省檢正諸房公事兼權刑部侍郎徐誼除權工部侍郎兼知臨安府　止齋集 18/11a

～　霆

徐霆授修武郎制　四庫拾遺 341/翰林集

～　樰

徐樰太府寺丞　歸愚集 7/4b

～敷言

徐敷言除中書舍人制　翟忠惠集 3/16b

～　嵬

降授朝奉郎權通判建康府徐嵬任國子博士日奏對失儀降官特復朝散郎致　華陽集 28/8b　止齋集 14/5b

朝散郎國子博士徐嵬上殿堅劾降一官　宋本攻媿集 30/21a　攻媿集 34/19b

～　億

嚴州建德縣百姓徐億年一百歲補右迪功郎致仕　益國文忠集 94/1b　益公集 96/74a

～謝禮

徐謝禮將作簿制　後村集 60/10b

～　禧

徐禧御史中丞制　元豐稿 20/5b

徐禧給事中制　元豐稿 21/5b　宋文鑑 39/6a

～　霖

徐霖校書郎　後村集 61/3a

～　積

改官告詞　節孝集/事實/8a

賜諡告詞　節孝集/事實/9a

～　衡

武功大夫安州團練使徐衡提舉京畿保甲兼提點刑獄　鴻慶集 25/5a　孫尚書集 25/7a

～　鎮

徐鎮大理寺丞制　臨川集 51/13b

～　總

徐總可光祿寺丞制　文恭集 13/12a

～　嘉

徐嘉知紹興府制　盤洲集 20/1a

～　鎭

妻趙氏　右屯衛大將軍登州防禦使邢國公世永第三女左班殿直徐鎭妻特封金城縣君制　臨川集 54/14b

～　寵

徐寵爲掩捕海賊生擒賊首卓全高等徐寵轉兩官資制　紫微集 12/5a

～獻子

徐獻子特授承直郎制　四庫拾遺 287/翰林集

～　鐸

徐鐸太學博士　元豐稿 20/6b　宋文鑑 39/6a

～　觀

武翼郎徐觀轉一官　益國文忠集 95/17a　益公集 96/63a

～　某

徐口可虞部員外郎　蘇魏公集 31/4b

留子邁

留子邁救荒推賞轉朝奉大夫依舊潭州通判制　平齋集 21/15b

～元英

權工部侍郎留元英除集英殿修撰知江州制　平齋集 18/21a

～元剛

留元剛太博　育德堂外制 4/8b

留元剛正字　育德堂外制 5/13a

留元剛轉中大夫直寶文閣致仕制　平齋集 20/18a

～元鈞

留元鈞降授宣教郎制　四庫拾遺 297/翰林集

~ 正

左丞相留正初除少保封贈

曾祖留耀卿

曾祖贈太師耀卿追封英國公 宋本攻媿集 31/7b 攻媿集 35/7a

曾祖母藥氏 曾祖母周國夫人藥氏贈周國夫人 宋本攻媿集 31/7b 攻媿集 35/7b

祖留寔 祖贈太師沂國公墓追封福國公

宋本攻媿集 31/8a 攻媿集 35/7b

祖母洪氏 祖母楚國夫人洪氏贈商國夫人 宋本攻媿集 31/8a 攻媿集 35/8a

父留鑄 父贈太師衛國公鑄追封魏國公

宋本攻媿集 31/8b 攻媿集 35/8b

母鄭氏 燕國夫人鄭氏贈齊國夫人 宋本攻媿集 31/9a 攻媿集 35/9a

母劉氏 秦國夫人劉氏贈魏國夫人 宋本攻媿集 31/9a 攻媿集 35/9a

妻徐氏 故妻魏國夫人徐氏贈秦國夫人

宋本攻媿集 31/9b 攻媿集 35/9b

~ 佑賢

留佑賢大理丞諾 尊白堂集 5/38b

~ 晉

留晉評事 育德堂外制 5/9a

~ 張遇

留張遇授太社令制 樓鑰集 7/8a

~ 夢炎

留夢炎宗正少卿 後村集 66/8b

留夢炎除秘閣修撰福建提舉 後村集 71/10b

留夢炎除吏部石侍郎兼職仍舊制 碧梧集 4/1a

留夢炎特授宣奉大夫右丞相兼樞密使都督諸路軍馬加食邑食實封制 四明文獻集 4/16a

能 誠

平和大夫貴州團練使判太醫局能誠轉兩官合轉成安大夫 益國文忠集 94/7a 益公集 97/77a

隨龍醫官成安大夫貴州團練使能誠轉兩官

益國文忠集 94/10b 益公集 95/50a

~ 說

能說轉官制 于湖集 19/10a

桑宗望

西京左藏庫副使桑宗望可文思副使差充河北沿邊安撫都監 武溪集 11/12a

~ 青

淮東路兵馬鈴轄桑青轉武功大夫制 平齋集 21/16a

~彥修

桑彥修爲金人來侵華州日沒於王事贈承務郎與一了下州文學制 崇儀集 18/6a

~ 衍

前興州軍事推官桑衍可秘書省著作佐郎制

文莊集 1/20b

~ 混

皇城副使桑混可西京左藏庫使 蘇魏公集 30/7a

供備庫副使桑混可文思副使 西溪集 4(三沈集 1/61a)

~ 達

東頭供奉官桑達可內殿崇班制 歐陽文忠集 79/6b

內殿承制桑達可左監門衛將軍致仕制 歐陽文忠集 80/1a

純 昱

左藏庫副使純昱可權知廉州 宋文鑑 39/12b

孫之敏

孫之敏知雍 樂城集 30/7b

~ 士龍

劉元瑜奏醫人孫士龍試國子四門助教制

蔡忠惠集 11/20b

~ 元

追官人孫元可文學制 鄭溪集 3/9b

~ 元

管押餘丁使臣供奉官孫元特與轉一資制

摘文集 6/10a

~ 元卿

太學正孫元卿除武學博士制 翟忠惠集 3/4b 止齋集 18/7a

主管户部架閣孫元卿太學正 宋本攻媿集 35/5a 攻媿集 39/4b

~公亮

衛尉寺丞孫公亮可大理寺丞 韓南陽集 18/8b

前衛尉寺丞孫公亮舊官服闕制 臨川集52/7b

~ 升

殿中侍御史孫升可權知濟州制 彭城集

21/10b

孫升監察御史可殿中侍御史　樂城集 27/5b

孫升落職知房州制　宋詔令集 207/776

孫升散官安置制　宋詔令集 209/785

～　丹

殿直孫丹可轉一官制　摘文集 7/4a

～　立

武功大夫淮東總管孫立爲漣水成役功賞除帶行閤門宣贊舍人　後村集 71/2a

～　永

尚書司封員外郎兼子舍人孫永可尚書工部郎中天章閣待制皇太子侍讀餘如故　韓南陽集 18/2a

～永言

故太子少傅致仕贈太子太保孫抃遺表孫男永言可守將作監主簿　西溪集 5（三沈集 2/16b）

～正平

孫正平除秘閣制　東窗集 8/27b

～世詢

孫世詢轉三官制　橫塘集 7/7a

～可度

孫可度可太子中舍人致仕制　文恭集 20/4a

～　用

孫用可左藏庫副使制　文恭集 17/14b

～汝翼

孫汝翼降官　歸愚集 7/3b

孫汝翼除成都府路運副　海陵集 13/5b

～　宇

奏舉人前權知建州節度推官孫宇改官　蘇魏公集 33/9a

～安道

孫安道贈三官　斐然集 13/8b

～　吉

孫吉可轉一資制　摘文集 6/10b

～有孚

奏舉人前同州支使孫有孚可著作佐郎制　蔡忠惠集 10/17b

～有慶

三司後行孫有慶可曹州司馬制　鄭溪集 5/5a

～　成

孫成轉修武郎制　東窗集 10/14b

～夷甫

孫夷甫屯田員外郎制　臨川集 55/6b

～光祖

侍衞步軍司後軍統領威拱宿衞部轄官兵特轉一官孫光祖同　止齋集 18/2a

～　仲

信陽軍義士首領孫仲補秉義郎制　浮溪集 8/19a　浮溪集/附拾遺 8/101

～仲籛

孫中籛除司勳員外郎　海陵集 16/3a

～　向

母張氏　宣義郎致仕孫向母張氏可封長壽縣太君制　淨德集 9/16b

孫向保州通判　蘇東坡全集/外制上/16a

～行友

削奪孫行友官制　宋詔令集 203/754

～　沔

樞密直學士給事中孫沔可樞密副使制　蔡忠惠集 10/8b

曾祖孫鷔　孫副樞曾祖鷔贈太子少保再贈太子太保制　蔡忠惠集 12/5a

曾祖母某氏　曾祖母追封太山郡太夫人□氏再追封太原郡太夫人制　蔡忠惠集 12/5b

祖孫植　祖植贈太子少傅再贈太子太傅制　蔡忠惠集 12/6a

祖母周氏　祖母追封汝南郡太夫人周氏再追封河間郡太夫人制　蔡忠惠集 12/6a

父孫不　父不贈太子少師再贈太子太師制　蔡忠惠集 12/6b

母周氏　母追封河南郡太夫人周氏再追封江陵郡太夫人制　蔡忠惠集 12/7a

母張氏　母追封清河郡太夫人張氏再追封京兆郡太夫人制　蔡忠惠集 12/7b

妻邊氏　新除樞密副使孫沔妻可進封郡夫人制　蔡忠惠集 13/14b

妻邊氏母某氏　樞密副使孫沔妻母制　蔡忠惠集 13/14b

樞密副使孫沔可資政殿學士知杭州制　華陽集 29/5a

樞密直學士知潭州孫沔可給事中制　華陽集 29/6b

孫沔特賜兵部尚書制　宋詔令集 220/847

～志雄

孫志雄補借職制　道鄉集 17/12a

～　甫

孫甫可起居舍人制 文恭集 12/4a

右正言秘閣校理孫甫可右司諫知鄧州 武溪集 10/6a

右正言孫甫加恩 武溪集 11/4a

~ 扦

孫扦可依前禮部郎中知制誥充史館修撰判館事制 文恭集 12/2b

~ 抗

孫抗祠部郎中制 臨川集 50/3b

~ 邦

孫邦可太學錄 孫尚書集 25/13a

~ 佐

殿前司拍試到舊行門孫佐武藝與換敦武郎 苕溪集 34/2b

~ 佑

孫佑追復直徽猷閣制 于湖集 19/9a

~ 伸

殿前指揮使守闕行門長行左班孫伸換從前郎 宋本攻媿集 30/15a 攻媿集 34/14a

~ 注

孫注轉官換給付身 張華陽集 8/2b

~ 京

西京作坊使知忻州孫京可尚書虞部員外郎 蘇魏公集 30/7b

~ 庚

孫庚太子中允致仕制 臨川集 53/7a 王文公集 13/11a

~ 亞夫

山南西道節度推官孫亞夫可大理寺丞制 鄖溪集 3/8b

左朝議大夫孫亞夫降授朝散大夫制 宋詔令集 211/798

~ 林

孫林告發軍姦補承信郎制 平齋集 23/14b

~ 坦

開封府界提點諸縣鎮公事祠部員外郎充秘閣校理孫坦可度支員外郎依前充秘閣校理差遣如故 韓南陽集 17/1b

~ 長卿

孫長卿可開封府判官制 鄖溪集 5/1a

淮南等路都大發運使守少府監孫長卿可右諫議大夫充陝府西路諸州水陸計度都轉運使兼本路營田勸農史 西溪集 5(三沈集 2/12b)

~ 虎臣

孫虎臣特授清遠軍節度使加食邑食實封制 四明文獻集 4/20b

孫虎臣特贈太尉諡 四明文獻集 5/35b

~ 昌

尚書比部員外郎知澤州孫昌可尚書駕部員外郎制 元憲集 26/6b

~ 昌祖

嘉王府講尚書徽章官屬諸色祇應人各轉一官資使臣忠訓郎孫昌祖 攻媿集 34/12b

~ 昌齡

兩浙轉運副使孫昌齡可秘閣校理知福州 蘇東坡全集/外制上/2b

孫昌齡知蘇州 蘇東坡全集/外制中/8a

~ 昂

孫昂可宅副使制 文恭集 17/15b

~ 忠臣

三班奉職孫彰男忠臣可三班借識制 四庫拾遺 55/彭城集

~ 迪

孫迪等修築黃河堤岸推賞制 翟忠惠集 4/12b

~ 固

晉州霍邑縣令孫固可大理寺法直官制 蔡忠惠集 11/4b

尚書兵部員外郎孫固可尚書工部郎中天章閣待制皇太子侍讀餘如故 韓南陽集 18/2a

觀文殿學士知河南府孫固可知鄭州制 彭城集 21/16a

觀文殿學士知鄭州孫固可兼侍讀提舉中太一官制 彭城集 22/14b

樞密院副使太中大夫孫固可特授依前太中大夫知樞密院事制 王魏公集 3/15b

孫固追復官制 宋詔令集 222/855

~ 知古

福州寧德縣令孫知古可太子中舍致仕制 歐陽文忠集 80/1b

~ 侑

權貨務監官修武郎孫侑收趁增羨轉一官 宋本攻媿集 31/26a 攻媿集 35/25a

~ 近

孫近吏部郎官 程北山集 24/7b

孫參政近封贈三代並妻

曾祖孫吉甫 曾祖吉甫可特贈太子太保 苕溪集 32/2b

曾祖母張氏　曾祖母張氏特贈昌元郡夫人　苕溪集 32/3a

祖孫珣　祖珣可特贈太子太傅　苕溪集 32/3b

祖母張氏　祖母張氏可特贈德陽郡夫人　苕溪集 32/3b

父孫擇　父故贈光祿大夫擇可特贈太子太師　苕溪集 32/4a

母李氏　母金城郡夫人李氏可特贈博平郡夫人　苕溪集 32/4a

妻鮑氏　妻淑人鮑氏可特封永嘉郡夫人　苕溪集 32/4b

孫近落資政殿學士依舊官觀制　東窗集 13/18b

孫近除給事中　張華陽集 4/9b

孫近爲同提舉救令所編修條册成書轉一官制　紫微集 12/4a

~ 周

大理寺丞孫周磨勘改官制　歐陽文忠集 81/10b

比部郎中孫周可轉官制　郎溪集 6/1b

~ 承祐

孫承祐加恩制端拱口年鄭恩　宋詔令集 103/382

~ 附鳳

孫附鳳殿中侍御史　後村集 62/7a

孫附鳳右諫議大夫兼侍讀　後村集 64/8a

右諫議孫附鳳磨勘轉承議郎　後村集 64/11b

孫附鳳除端明殿學士簽書樞密院事兼太子賓客　後村集 67/15b

端明殿學士朝奉郎簽書樞密院事兼太子賓客

孫附鳳贈三代

曾祖孫行之　故曾祖行之贈太子少保　後村集 75/6a

曾祖母曾氏　故曾祖母曾氏贈永郡夫人　後村集 75/6a

祖孫調　故祖調贈太子少傅　後村集75/6b

祖母陳氏　故祖母陳氏贈恩平郡夫人　後村集 75/7a

父孫子直一故父贈宣教郎子直贈太子少師　後村集 75/7a

母郭氏　故母安人郭氏贈新興郡夫人　後村集 75/7b

妻李氏　故妻安人李氏贈德陽郡夫人　後村集 75/8a

~ 沭

前秘書丞充集賢校理孫沭等可並舊官服闕　蘇魏公集 33/2b

尚書祠部員外郎知制誥直學士院孫沭可翰林學士知制誥　宋文鑑 39/7b

~ 彥

孫彥責官制　東牟集 8/5b

~ 彥卿

母宋氏　鄆州東阿縣尉孫彥卿母宋氏封壽縣太君制　彭城集 20/6b

~ 奕

濠州通判國子博士孫奕刈到芟草四百萬轉運使乞酬獎與轉官知通利軍制　蔡忠惠集 10/13b

福建運判孫奕可福建路轉運副使　蘇東坡全集/外制中/15a

~ 炳炎

孫炳炎除武學論　後村集 70/3a

~ 祖道

殿中丞監真州權貨務孫祖道可國子博士制　元憲集 26/3b

~ 祖慶

孫祖慶可大理寺丞制　文恭集 12/11a

~ 政

孫政換給武翼大夫　筠溪集 5/29b

歸順人孫政補承信郎制　平齋集 17/18b

~ 述

通直郎孫述可知開封府長垣縣制　彭城集 19/15a

~ 奎

承議郎孫奎轉一官制　摘文集 7/9b

~ 南金

孫南金降授修職郎制　四庫拾遺 310/翰林集

~ 昱

虞部員外郎孫昱可比部員外郎　蘇魏公集 31/4a

孫昱太子中舍制　臨川集 51/9b

~ 思恭

尚書祠部員外郎直集賢院孫思恭可尚書刑部員外郎充天章閣待制餘如故　韓南陽集 18/2a

國子監直講孫思恭著作佐郎制　臨川集 51/11b　王文公集 11/6a

~ 昭先

孫昭先浙東提刑 育德堂外制 2/10b

~昭謀

皇城使孫昭謀可差知隨州制 彭城集 21/17a

~ 泉

立功人武翼大夫孫泉乞推恩奉聖旨與轉一官制 紫微集 12/6a

~ 珪

徐珪重傷部三白人折外亡失二十五人轉四官制 襄陽陵 1/16a

勅孫珪等制 襄陵集 1/20b

~ 恭

孫恭降官制 楊溪集 5/36a

~桂發

孫桂發國子監簿莊文教授 後村集 66/18a

孫桂發除太常寺簿兼太子舍人 後村集 70/10b

~ 乘

父孫洙 孫乘父洙贈右正議大夫制 道鄉集 18/7a

~ 适

廣南轉運使孫抗男适可試秘書省校書郎制 蔡忠惠集 11/14a

~ 特

孫特換朝奉郎 後村集 67/1b

~師旅

敕賜五經及第孫師旅可鄆州須城縣尉制 文恭集 18/19b

~師望

孫師望隨吳璘弓門寨與僞賊戰立功轉成忠郎除叙復進武校尉付身外合給今來付身制 紫微集 17/4a

~ 紡

孫紡可試將作監主簿制 四庫拾遺 9/元憲集

~淮

奏舉人前陳州司理參軍孫淮可大理寺丞制 元憲集 23/8b

~ 宋

三班借職孫宋可三班奉職制 撰文集 5/9a

~ 彬

殿前指揮使行門長行右班孫彬換武翼郎添差諸州駐泊兵馬都監 宋本攻媿集 30/14b 攻媿集 34/13b

~惟忠

孫維忠可內殿承制制 文恭集 13/2b

~處厚

孫處厚降官制 東牟集 8/10b

~敏修

孫敏修除大理評事制 東窗集 6/26b

~逢吉

父孫宣 權史部侍郎孫逢吉等明堂恩贈父制 尊白堂集 5/25a 止齋集 16/7a

朝奉大夫權尚書史部侍郎孫逢吉封盧陵縣開國男食邑三百戶 止齋集 15/12b

妻李氏 明堂恩妻恭人李氏封令人 止齋集 16/8b

湖南提刑孫逢吉書少監 宋本攻媿集 33/17b 攻媿集 37/16b

秘書少監兼權史部侍郎孫逢吉 宋本攻媿集 36/20b 攻媿集 40/20a

~ 通

孫通贈承信郎制並係掩殺金兵陣歿 紫微集 18/8a

~紹祖

孫紹祖等制 尊白堂集 5/27a

~ 渥

鈞容直製撰應奉文字孫渥可將仕郎守衛州參軍依舊祇應制 文莊集 2/18b

~ 渥

孫渥贈節度使制 東窗集 14/4b

孫渥川陝宣司參議 斐然集 12/14a

~ 寘

孫寘大理評事制 臨川集 52/3b

~ 善

采石立功人各轉官孫善轉遙郡防禦使 益國文忠集 95/5b 益公集 96/57b

~ 琬

奏舉人前權復州軍事推官孫琬大理寺丞制 臨川集 51/9a

~ 琪

孫琪可太常寺太祝制 文恭集 14/22a

孫琪衛尉寺丞制 臨川集 51/9a

~ 琳

孫琳祠部郎中制 臨川集 50/3b

度支郎中知都水鹽丞事孫琳可本官充開封府判官制 鄖溪集 5/1b

~ 琦

朝散郎權發遣陝西府兩路轉運判官公事孫琦可轉一官制 撰文集 7/11a

孫琦贈五資制　襄陵集 2/18b

～貢

朝散郎孫貢可知邵州制　彭城集 21/4a

～惠義

從義郎孫惠義降一官　西垣稿 1/3a

～朝隱

母宋氏　左迪功郎孫朝隱母宋氏年九十一特封太孺人制　東窗集 8/25b

～雄飛

孫雄飛除館職　斐然集 13/23a

～逼

孫逼降授奉議郎制　四庫拾遺 394/鶴林集

～華

監保州監酒稅務孫華可太子中允制　華陽集 29/10a

～量

開封府開封縣主簿孫量可保大軍節度掌書記制　歐陽文忠集 81/12a

～舜舉

孫舜舉授武功郎制　四庫拾遺 321/鶴林集

～舜卿

孫舜卿例帶行閣門祇侯聖旨特依所乞　益公集 94/17b

～進

通直郎孫進可國子監主簿制　彭城集 23/7b

～傅

孫傅試中宏詞除正字制　翟忠惠集 3/5a

兵部尚書孫傅除尚書右丞　鴻慶集 24/8a　孫尚書集 26/11b

尚書右丞孫傅除同知樞密院　鴻慶集 25/1b　孫尚書集 25/2a

應辦中官册寶孫傅轉一官制　東窗集 8/21b

～傑

孫傑可大理寺丞制　文恭集 14/13a

～復

國子監直講青州千乘縣主簿孫復可大理評事制　歐陽文忠集 81/7b

孫復可秘書省校書郎國子監直講制　歐陽文忠集 81/14b

～逸

孫逸大理少卿　斐然集 13/4b

～源

故崇政殿說書孫源授籍田令制　新安文獻 2/後 4a

～義叟

孫義叟降官制　宋詔令集 210/794

～道夫

孫道夫除權禮部侍郎　海陵集 16/1a

～運

前濟州金鄉令孫運可左贊善大夫致仕　咸平集 28/9b

～瑜

司勳郎中充秘閣校理孫瑜可太常少卿餘如故　西溪集 6(三沈集 2/45b)

～載

朝奉郎孫載可通判陝州制　彭城集 22/3a

～路

中散大夫知熙州孫路降一官制　宋詔令集 209/788

孫路落職知興國軍制　宋詔令集 209/789

孫路陝西運判　蘇東坡全集/外制中/21a

～節

故荊湖北路駐泊都監孫節可贈忠武軍節度觀察留後制　華陽集 28/10a　宋詔令集 220/847

～僅

左諫議大夫充集賢院學士孫僅可給事中餘如故制　文莊集 1/1b

～漸

江東路轉運副使姚孝荊湖北路轉運副使孫漸兩易制　翟忠惠集 2/9a

～端

朝散大夫前尚書駕部員外郎孫端可復直龍圖閣制　北海集 2/13b

～廣

莊宅副使本路第六將孫廣特與轉兩官係郡延路制　擴文集 7/8b

～榮

孫榮轉承節郎制　東窗集 10/11b

～搏

孫搏手詔順昌府官吏軍民等敵兵犯境在城内守禦者與轉一官制　紫微集 12/10a

～夢觀

孫夢觀知嘉興府　後村集 61/4b

～誼緣

孫誼緣有去失將四官作四資制　東牟集 7/37b

～諒

孫諒轉遙郡刺史制　盤洲集 24/2b

～慶

降授西京作坊使孫慶可轉一官制　摘文集 8/2b

孫慶降官制　東牟集 8/10a

～慶祖

比部員外郎孫慶祖轉官制　郎溪集 6/2b

～章

保義郎孫章特與轉一官令吏部添差沿邊兵官一次　益國文忠集 95/7a　益公集 95/42a

～億

奏舉人前昭信軍節度推官孫億可大理寺丞　武溪集 10/16b

～德

忠翊郎閤門祗候孫德爲押馬綱倒斃三十匹降一官展磨勘一年　益國文忠集 96/14a　益公集 98/115b

～德之

孫德之降授文林郎制　四庫拾遺 375/鶴林集

～德顯

後省令史孫德顯修文林郎制　四庫拾遺 274/後樂集

～諸

孫諸可著作佐郎制　文恭集 12/11b

～觿

刪定官孫觿宣議郎　蘇東坡全集/外制下/10a

孫觿大學博士　欒城集 28/7a

孫觿除國子祭酒制　道鄉集 17/6b

～義曼

刑部員外郎孫義曼除直秘閣知變州制　翟忠惠集 2/14b

～樸

承務郎孫樸可承奉郎制　彭城集 20/20a

～默

孫默復官制　浮溪集 10/7a　浮溪集/附拾遺 10/118

～錫

尚書度支員外郎孫錫可開封推官制　蔡忠惠集 9/17b

提點淮南刑獄公事度支員外郎孫錫可司封員外郎制　華陽集 29/14a

秘書丞集賢校理孫錫可太常博士　武溪集 10/5a

～穆之

東頭供奉官孫穆之可內殿崇班　蘇魏公集 31/10b

～勳

比部員外郎孫勳轉官制　郎溪集 6/5a

～龜年

太常寺太祝孫龜年可大理評事　蘇魏公集 34/5b

～應武

兩淮制司帳前都統制孫應武爲漣水戍役功賞除帶行閤門宣贊舍人　後村集 71/2a

～應鳳

孫應鳳將作監簿　後村集 64/9b

～應龍

孫應龍權發遣德慶府制　鶴林集 8/15a

～璋

隨龍使臣孫璋與除閤門祗候先次供職支破諸般請祗候有闘日依資次撥填入額　益國文忠集 94/8b　益公集 94/24b

～檢

主簿孫檢守秘書省校書郎致仕制　臨川集 53/9b

～薰

孫薰可大理寺丞制　文恭集 14/13b

～鎮

孫鎮安撫司屬官左從事郎循一資制　紫微集 13/7b

～懷用

母王氏　太君皇城副使孫懷用母仙居縣太君王氏可贈崇國太夫人制　彭城集 23/6a

孫懷用知寧化軍　欒城集 30/5b

～曈

從事郎試太學錄孫曈可候今任滿日令再任制　摘文集 6/8a

～鑄

父孫价　孫鑄父价以明堂恩封官制　平齋集 18/13b

～繹

孫繹爲前權房州司理日將麥折請杭粟米等降一資制　紫微集 13/10b

～礦

太子中舍孫礦可殿中丞制　歐陽文忠集 81/7b

～覺

奏舉人編校昭文館書籍孫覺著作佐郎制　臨川集 51/11b

御史中丞孫覺可龍圖閣直學士提舉體泉觀依舊兼侍讀制　彭城集 21/1a

孫覺可給事中　蘇東坡全集/外制上/7a

孫覺龍圖閣直學士朝散大夫　宋詔令集 222/855

~ 馨

孫馨贈五官制　浮溪集 10/13b　浮溪集/附拾遺 10/122

~ 覽

新知秦州孫覽可河中府制　彭城集 23/10b

孫覽河北運副除右司郎官　樂城集 27/8b

孫覽降兩官差遣依舊制　宋詔令集 209/788

~ 觀

新除中書舍人孫觀可待制與郡制　浮溪集 10/7b　浮溪集/附拾遺 10/118

孫觀知平江府制　浮溪集 10/8a　浮溪集/附拾遺 10/118

孫觀除户部尚書制　昆陵集 8/4a　南宋文範 11/2a

~ 鑑

權録參承信郎孫鑑轉一官　益國文忠集 95/18a　益公集 96/56b

~ 顯忠

侍衛步軍司後軍統領威扶宿衛部轉官兵特轉一官孫顯忠並同　止齋集 18/2a

~ 顯祖

賀金國正旦使副孫顯祖　益國文忠集 112/2a

~ 龍扑

朝散大夫直龍圖閣提舉成都府利州陝西等路茶事兼陝西等路買馬監牧事孫龍扑可與轉一官制　摘文集 7/11a

~ 觀

監杭州清酒務孫觀可太子中允制　華陽集 29/10a

十一畫

淳于佺

國子博士通判齊州淳于佺加上騎都尉制　元憲集 25/8b

梁子美

户部尚書梁子美可尚書右丞制　摘文集 3/8a

梁子美除尚書左丞制　摘文集 3/8b

直龍圖閣權發遣河北路都轉運使梁子美可

特落發遣字制　摘文集 6/11a

曾祖梁顯　中大夫守尚書右丞梁子美故曾祖任翰林學士右諫議大夫贈太師中書令兼尚書令周國公顯可贈開府儀同三司追封燕國公制　摘文集 8/10a

曾祖母閻氏　故曾祖母唐國太夫人閻氏可贈冀國太夫人制　摘文集 8/10b

祖梁適　故祖任太子大傅致仕贈太師中書令兼尚書令秦國公適可贈開府儀同三司追封鄆國公制　摘文集 8/10b

祖母任氏　故祖母越國太夫人任氏可贈曹國太夫人制　摘文集 8/11a

父梁彥昌　故父任尚書職方員外郎贈光祿大夫彥昌可贈太子少師制　摘文集 8/11a

母張氏　故母東平郡太君張氏可贈清河郡太夫人制　摘文集 8/11b

妻宋氏　妻文安郡君宋氏可封文安郡夫人制　摘文集 8/11b

資政殿學士知大名府梁子美爲資政殿大學士知太原府　劉給諫集 2/2a

~ 子野

朝請大夫都水使者梁子野可左中散大夫行都使者制　摘文集 4/7b

顯謨閣直學士知青州梁子野知定州　劉給諫集 2/1a

顯謨閣直學士梁子野知河陽府制　翟忠惠集 2/11a

~ 文恭

梁文恭軍器監簿　育德堂外制 2/13a

~ 用律

交州進奉使副梁用律太常博士制　元豐稿 22/2b

~ 弁

梁弁右司員外郎陞郎中制　東窗集 7/4a

梁弁監察御史　斐然集 13/8a

~ 汝水

右迪功郎太學錄梁汝水再任　益國文忠集 100/7a　益公集 100/140a

~ 汝嘉

梁汝嘉户部侍郎　苕溪集 32/2b

梁汝嘉寶文閣直學士提舉江州太平觀　苕溪集 47/1b

父梁固　寶文閣學士左朝請大夫知明州

軍州事梁汝嘉父固贈右通議大夫制 東窗集 7/14a

母何氏 梁汝嘉母何氏贈淑人制 東窗集 7/14b

妻葉氏 梁汝嘉妻葉氏封淑人制 東窗集 7/14b

梁汝嘉轉一官 張華陽集 4/5a

梁汝嘉除徽猷閣待制 張華陽集 5/6a

梁汝嘉直秘閣制 大隱集 1/12b

梁汝嘉知鼎州 歸愚集 8/4b

梁汝嘉磨勘轉官 海陵集 19/9a

~ 吉

梁吉爲與烏珠接戰獲捷轉一官制 紫微集 12/9b

~ 成大

梁成大降授宣教郎制 四庫拾遺 295/翰林集

梁成大降授承議郎制 四庫拾遺 378/翰林集

~ 仲文

梁仲文與三班借職制 四庫拾遺 56/彭城集

~ 仲敏

梁仲敏太府寺丞 筠溪集 4/27a

~ 份

梁份郊恩封贈

父梁某 贈故父制 東牟集 8/20a

母某氏 贈故母制 東牟集 8/20b

梁份奉使回轉一官 海陵集 18/9b

~ 宏

前永州零陵縣令梁宏可大理寺丞 蘇魏公集 34/4b

~ 克家

梁克家除右丞相制 益國文忠集 102/10b 益公集 102/65b

~ 扑

梁扑權貨務賞轉一官制 東窗集 8/16a

~ 谷

梁谷可左贊善大夫制 文恭集 13/11b

~ 邦彥

明州觀察使入內侍省都知梁邦彥祇應大金人使有勞進郡上轉一官 苕溪集 36/3a

~ 法

偽保義副尉梁法特授秉義郎制 後樂集 1/6a

~ 宜

著作佐郎梁宜可舊官 咸平集 28/3b

~ 青

訓武郎臨安府湖州巡轄遞鋪梁青違滯金字牌降一官 宋本攻媿集 35/12a 攻媿集 39/11b

~ 和

入內東頭供奉官梁和可供備庫副使轉出制 彭城集 23/7b

~ 季琇

梁季琇知光州 宋本攻媿集 32/9b 攻媿集 36/9b

梁季琇試吏部侍郎 育德堂外制 2/2a

朝議大夫中書門下有檢正諸房公事兼國用司參計官麗水縣開國男食邑三百户梁季琇依前官特授權尚書户部侍郎兼同詳定敕令官 後樂集 2/5a

~ 周弱

訓武郎監秘書省門梁周弱該進至尊壽皇聖帝聖政轉一官 止齋集 11/8b

~ 彥

梁彥贈官 張華陽集 3/4b

~ 彥回

大理寺丞梁彥回可特授殿中丞制 蔡忠惠集 11/6a

~ 彥通

大理評事梁彥通可光祿寺丞 西溪集 6(三沈集 2/36a)

~ 春選

梁春選除右正言兼侍講制 碧梧集 3/10b

~ 珂

梁珂解帶特轉遂郡一官制 濟庵集 6/3a

~ 思

入內內侍有寄資武翼郎梁思爲久病特與轉歸吏部守本官致仕 益國文忠集 93/3a 益公集 94/21b

~ 昭慶

入內皇城使梁昭慶可遂郡刺史制 摘文集 5/2b

入內左藏庫使梁昭慶可轉一官制 摘文集 7/5b

~ 俊彥

秉義郎梁俊彥降一官放罷制 東窗集 14/10b

梁俊彥轉遂郡刺史制 盤洲集 24/5b

~ 師成

梁師成觀察留後制 翠忠惠集 4/16a

~ 師孟

韶州樂昌縣主簿兼縣尉事梁師孟可太常寺奉禮郎 西溪集 6(三沈集 2/55b)

~康民

原標幹辨内東門梁康民轉歸吏部充德壽宮差遣 益國文忠集 94/7b 益公集 94/29b

~ 堅

著作佐郎監華州鹽酒稅務梁堅可秘書丞制 元憲集 21/6b

~惟一

入内東頭供奉官梁惟一可大將軍致仕制 蔡忠惠集 10/4b

~惟吉

前國子博士梁惟吉服闕可舊官制 元憲集 24/8a

~惟簡

梁惟簡文思副使内侍省内侍押班 蘇東坡全集/外制下/8a

文思副使梁惟簡可皇城副使 蘇東坡全集/外制下/12b

梁惟簡供備庫使 樂城集 27/3a

~ 造

奏舉人前懷州修德縣令梁造可大理寺丞 西溪集 4(三沈集 4/62a)

~ 偉

梁偉爲閣門祇候落角班字 苕溪集 36/4a

~從吉

梁從吉遙郡團練使入内内侍省副都知 蘇東坡全集/外制下/8b

~從政

内殿崇班梁從政可内殿承者制 郎溪集 3/6a

入内都押梁從政降官制 道鄕集 15/4b

延福宮使福州觀察使梁從政可觀察留後依前延福官使制 摘文集 4/10a

~ 敦

入内左藏庫副使梁敦可入内皇城副使制 摘文集 6/2b

~ 善

左班殿直梁善三班借職制 摘文集 6/11b

~揚祖

承務郎梁揚祖可國子監主簿制 摘文集 4/9a

梁揚祖復徽猷閣學士 程北山集 22/10a

梁揚祖除寶文閣學士呂觀制 東窗集 6/21b

梁揚祖磨勘轉官制 東牟集 7/33a

梁揚祖爲措置搜捕度吉州盜賊今已盡靜除顯謨閣學士制 紫微集 16/13b

~ 總

權户部侍郎梁總除刑部侍郎 止齋集 18/3b

~舜舉

御前毛詩學究及第梁舜舉可守輝州司法參軍 西溪集 6(三沈集/34a)

~ 進

中大夫權尚書户部侍郎西安縣開國男食邑三百户梁進封開國子加食邑二百户 止齋集 15/13a

~ 該

梁該降授奉議郎制 四庫拾遺 394/鶴林集

~ 實

西京左藏庫副使梁實可文思副使制 郎溪集 4/4b

~嘉曼

右侍禁梁嘉曼可轉一官制 摘文集 7/6a

~ 構

太常太祝梁構光祿寺丞致仕制 臨川集 53/8a

~ 監

梁監可監察御史制 景文集 31/6b

~ 髦

故三班奉職梁權兄髦可三班奉職制 摘文集 5/8b

~ 蒨

侍御史梁蒨可刑部員外郎直史館知襄州制 華陽集 29/3b

~ 誼

右班殿直梁誼可依前右班殿直閣門祇候制 摘文集 5/10b

~ 適

賜梁適特授依前行尚書禮部侍郎知鄭州仍改賜功臣制 文恭集 22/11a

除梁適制特授特進加恩 歐陽文忠集 87/12b

祖梁文度 新除宰臣梁適祖文度皇任齊州禹城縣令累贈太師中書令可贈兼尚書令餘如故制 蔡忠惠集 13/1a

祖母衞氏 梁適祖母追封榮國太夫人衞氏可追封□國太夫人制 蔡忠惠集 13/1b

父梁顥 梁適父顥皇任翰林學士右諫議大夫累贈太師中書令可贈兼尚書令餘如故制 蔡忠惠集 13/2a

母閻氏 梁適母追封安國太夫人閻氏可追封□國太夫人制 蔡忠惠集 13/2b

封贈

曾祖母鄒氏 昭德軍節度使梁適曾祖母陳國太夫人鄒氏可追封楚國太夫人制

鄒溪集 7/2a

祖母衛氏 梁適祖母燕國太夫人衛氏可追封楚國太夫人制 鄒溪集 7/2b

妻任氏 太子太傅梁適妻封充國夫人制

鄒溪集 7/2a

梁適授忠武軍節度使知河陽加食邑實封制

華陽集 26/4a

梁適拜集賢相制 宋詔令集 55/278

梁適罷相特授依前行尚書禮部侍郎知鄭州仍改賜功臣制 宋詔令集 68/330

~ 震

梁震爲管勾御膳局有勞轉遙團勅 襄陵集 3/7b

~ 璋

如京副使本路第六副將梁璋特與轉兩官係鄜延路制 摘文集 7/8b

~ 餘慶

尚書虞部員外郎梁餘慶可尚書比部員外郎制 元憲集 26/8b

~ 德

內殿崇班梁德與轉一官制 摘文集 7/4a

~ 澤民

梁澤民江西運判 苕溪集 42/2a

淮西運判梁澤民直秘閣 筠溪集 5/4a

梁澤民淮西運判 筠溪集 5/5a

~ 諝

梁諝供備庫副使轉出 蘇東坡全集/外制下/9b

~ 興

父梁建 親衛大夫忠州刺史權發遣河南府路兵馬副都監御前同副都統制梁興父建贈武翼郎制 東窗集 7/31a

母喬氏 梁興母喬氏贈恭人制 東窗集 7/31

梁興因與番人大軍戰鬪一十餘年堅守忠節永不順番自後思本朝前來歸朝梁興武經郎閤門宣贊舍人制 紫微集 19/8a

~ 總

權户部侍郎梁總登極恩轉官 止齋集 15/6a

~ 燕

右諫大夫梁燕可集賢殿修撰知潞州制 彭城集 21/22a

梁燕右諫議大夫 蘇東坡全集/外制下/13b

梁燕轉朝奉大夫 樂城集 29/8b

梁燕復資政 斐然集 13/21a

梁燕落職降官知鄂州制 宋詔令集 206/774

梁燕安置制 宋詔令集 208/780

故責授雷州別駕化州安置追復左中散大夫梁燕降授朝請大夫制 宋詔令集 210/796

梁燕追復官制 宋詔令集 221/854

尚書左丞梁燕資政殿學士同體泉觀使 宋文鑑 40/17b 蜀文輯存 15/1a

~ 鑄

妻趙氏 節度使充初長女殿直梁鑄妻特封嘉興郡君制 臨川集 54/14a

~ 鑱

西頭供奉官梁鑱可右清道率府副率致仕

蘇魏公集 32/11a

~ 氏（媍娘）

司寶梁媍娘賜名從順轉郡夫人知尚書內省事 張華陽集 8/9a

密 桑

東頭供奉官密桑與轉一官制 摘文集 8/1a

~ 球

密球元係拱衛大夫文州刺史因虛詞進狀論山地事降兩官遇赦已叙一官今滿再期再叙未復官 益國文忠集 96/14a 益公集 94/28a

寇仲溫

寇仲溫可大理寺丞制 景文集 31/5b

~ 玘

寇玘可國子博士制 文恭集 15/13a

~ 忠

寇忠陣亡贈承信郎與一子恩澤 苕溪集 34/1b

~ 彥明

寇彥明左班殿直以兄殿直寇彥右求樂成死事 蘇東坡全集/外制下/7a

~ 彥卿

寇彥卿左班殿直以兄殿直寇彥古求樂成死事 蘇東坡全集/外制下/7a

~ 逵

寇逵起復淮西宣撫司將領 筠溪集 4/28a

~ 準

贈太傅中書令寇準可謚忠愍制　元憲集 25/ 15a

寇準拜同中書門下平章事集賢殿大學士加恩制　宋詔令集 51/262

寇準拜相制　宋詔令集 52/264

寇準罷相除刑部尚書制　宋詔令集 65/320

寇準罷相太子太傅歸班封萊國公制　宋詔令集 66/321

寇準太常卿知相州制　宋詔令集 204/759

寇準追復開府儀同三司太子太傅上柱國萊國公制　宋詔令集 220/845

～ 寧

同州郝縣令寇寧可太子中舍致仕制　元憲集 21/8a

～ 誦

寇誦可大理寺丞制　文恭集 14/4b

大理寺丞寇誦可加騎都尉　西溪集 4(三沈集 1/73a)

寇誦覃恩改朝請大夫　樂城集 29/1b

章大任

章大任司農丞　後村集 61/8a

～ 大醇

章大醇侍左郎官　後村集 60/9a

～ 子仁

章子仁降授文林郎制　四庫拾遺 374/翰林集

～ 友直

草澤國子監蒙石經章友直可試將作監主簿不理選限　西溪集 6(三沈集 2/33a)

～ 公權

章公權太學錄　後村集 61/9a

～ 升之

朝散郎權發遣安慶軍府兼管內勸農營田屯田事章升之依前官特授太府寺丞制　後樂集 1/14b

～ 沖

中散大夫知通州章沖　宋本攻媿集 30/8a　攻媿集 34/7b

～ 良能

章良能起居舍人制　尊白堂集 5/7b

章良能試禮部侍郎　育德堂外制 3/3b

章良能授朝散大夫　育德堂外制 5/2a

朝請郎江南西路轉運判官賜緋魚袋章良能依前官特授江南東路轉運判官賜如故制

後樂集 1/17a

～ 延之

虞部員外郎章延之等四人轉官制　郢溪集 6/2a

～ 岵

章岵除大理寺丞　海陵集 19/2a

～ 帡

兵部郎中充集賢校理章帡可太常少卿依前充集賢校理　韓南陽集 16/6a

～ 承祖

章承祖循一資　筠溪集 4/20b

～ 炳

章炳左曹郎官　後村集 65/17b

～ 峒

淮東提舉章峒鹽賞轉一官　後村集 65/1a

～ 俞

都官員外郎章俞可職方員外郎制　臨川集 50/10a

～ 夏

章夏除端明殿學士簽書樞密院事　海陵集 13/8b

章夏除御史中丞　海陵集 19/1b

章夏與復龍圖閣學士見任宮祠人依舊　益國文忠集 96/14b　益公集 94/23a

章夏復龍圖閣學士　益國文忠集 96/15a

～ 峴

章峴可太常博士制　文恭集 14/15a

～ 望之

大理評事章望之可光祿寺丞致仕　蘇魏公集 32/5a

～ 惇

曾祖章炎　章惇曾祖炎皇不仕可贈金紫光錄大夫太子少保制　王魏公集 2/16a

曾祖母李氏　曾祖母韓國太夫人李氏可追封燕國太夫人　王魏公集 2/16b

曾祖母陳氏　可追封潁川郡太夫人制　王魏公集 2/16b

祖章佺　章惇祖保櫃贈太師中書令兼尚書令國公餘如故章惇祖佺贈工部尚書可贈金紫光錄大夫太保制　王魏公集 2/16b

祖母周氏郭氏　均追封魏國太夫人可並追封冀國太夫人　王魏公集 2/17b

祖母楊氏　福昌縣太君楊氏可建安郡太

夫人制 王魏公集 2/17b

母蒲氏王氏 周國太夫人蒲氏王氏可並追封宛國太夫人 王魏公集 2/17b

母羅氏 吳興郡君羅氏可追封吳興郡夫人制 王魏公集 2/17b

妻程氏張氏 妻廣平郡君程氏可永嘉郡夫人妻定安郡君張氏可嘉興郡夫人制 王魏公集 2/18a

章惇知揚州 樂城集 27/6b

章惇左正議大夫左僕射兼門下侍郎制 宋詔令集 58/291

章惇金紫光祿大夫加恩制 宋詔令集 63/310

章惇加恩制 宋詔令集 63/310

左僕射章惇轉特進中國公制 宋詔令集 63/311

章惇罷相責本官知越州制 宋詔令集 70/338

章惇責授武昌軍節度副使潭州安置制 宋詔令集 210/790

~ 得象

翰林學士承旨尚書禮部侍郎知制誥章得象加階食邑實封制 元憲集 25/1a

章得象拜集賢相制 宋詔令集 53/271

章得象兼樞密使制 宋詔令集 54/273

章得象進首相制 宋詔令集 54/274

章得象罷相授使相判陳州制 宋詔令集 67/328

~ 參

章參可屯田郎中制 文恭集 16/11a

~ 珙

章珙殿中侍御史兼侍講 後村集 60/14b

章珙府少兼檢討 後村集 60/16b

~ 森

章森依舊知興元府 宋本攻媿集 32/20a 攻媿集 36/20a

顯謨閣侍制知江陵府章森煥章直學士知興元府 宋本攻媿集 31/23a 攻媿集 35/22b

新知興元府章森改知瀘州 宋本攻媿集 32/10a 攻媿集 36/10a

在外大中大夫以上知州府該覃恩轉官煥章閣直學士中大夫知興元府章森 宋本攻媿集 36/23b 攻媿集 40/22b

~ 著

垂拱殿成臨安府屬縣章著轉一官制 東窗集 8/15b

~ 傑

章傑除工部郎官 張華陽集 7/10a

江公亮章傑倉部工部兩易其任 張華陽集 8/2a

~ 煥

章煥換授從義郎制 四庫拾遺 333/翰林集

~ 粲

新除卞部郎中章粲可知歙州制 彭城集 21/15a

章粲吏部 樂城集 28/11a

章粲同知樞密院制 道鄉集 17/3b

曾祖章某 章粲贈曾祖制 道鄉集 17/7a

曾祖母某氏 章粲贈祖母制 道鄉集 17/7b

祖章類 章粲追贈祖制 道鄉集 17/8a

祖母某氏 章粲追贈祖母制 道鄉集 17/8b

父章訪 章粲追贈父制 道鄉集 17/8b

章粲贈銀青光祿大夫制 宋詔令集 222/857

章粲同知樞密院 宋文鑑 40/18b

~ 蒙

奏舉人前杭州昌化縣令章蒙改著作佐郎 蘇魏公集 30/9a

~ 誼

章誼轉一官 張華陽集 4/4b

章誼除龍圖閣學士 張華陽集 4/9a

章誼端明殿學士建康留守 筠溪集 5/26b

~ 勸

章勸將作監簿制 平齋集 17/21b

章勸太府寺簿 平齋集 20/8a

~ 煬

朝散郎行軍器監主簿賜緋魚袋章煬依前官特授行司農寺丞賜如故 後樂集 1/14b

~ 穎

太常丞兼國史日曆所編類聖政檢討官章穎該脩進至尊壽皇聖帝聖政特轉一官 止齋集 11/8a

太常丞章穎軍器少監 宋本攻媿集 31/2a 攻媿集 35/2a

軍器少監章穎左司諫 宋本攻媿集 32/6a 攻媿集 36/5b

左司諫章穎侍御史 宋本攻媿集 36/5b 攻媿集 40/5a

該覃恩轉官侍御史章穎 宋本攻媿集 36/20b 攻媿集 40/20a

~ 頻

章頻比部員外郎監饒州鹽酒稅制 宋詔令集 204/763

~ 衡

朝奉大夫提舉杭州洞霄宮章衡可知滁州制 鄞溪 4/11a

~ 綽

淮東提刑章綽降兩官送吏部與遠小處監當制 摘文集 6/9a

~ 謙亨

章謙亨除京西路提舉常平茶鹽公事制 平齋集 21/16a

~ 勵

章勵將作監簿制 蒙齋集 8/11b

~ 燾

章燾大理司直制 東窗集 6/24b

章燾大理寺正制 東牟集 7/22a

章燾大理少卿 歸愚集 8/1b

~ 藴

章藴差充留守司準備差遣先轉一官 苕溪集 44/3b

~ 鑑

章鑑除上太常博士 後村集 68/9a

章鑑特授端明殿學士同簽書樞密院事誥 四明文獻集 5/3a

~ 顯

奉議郎新差簽書鎮海軍節度判官廳公事章顯可知開封府尉氏縣制 彭城集 19/15b

~ 氏

宮人章氏除英國夫人司儀制 翟忠惠集 4/22a

商令閔

商令閔可大理寺丞制 文恭集 14/4a

~ 江

商江贈官制 盤洲集 19/10a

~ 守抽

商守抽除直顯謨閣制 模塘集 7/3a

商守抽大理卿制 浮溪集 8/4b 浮溪集/附拾遺 8/89

商守抽待制制 大隱集 1/10a

商守抽知筠州制 大隱集 2/23a

~ 泰

商泰可大理寺丞制 景文集 31/5b

~ 瑗

前荊門軍當陽縣令商瑗太子中舍致仕制 臨川集 53/8a

~ 傅

國子監直講商傅光祿寺丞制 臨川集 51/8a 王文公集 12/3a

~ 體仁

商體仁可殿中丞制 文恭集 14/17b

~ 瀕

商瀕降授宣教郎制 四庫拾遺 299/翰林集

訥呼約蘇

熟户訥呼約蘇可本族軍主制 元憲集 25/13a

許士廉

大理寺丞知梅州許士廉可特授太子中舍依舊知梅州制 蔡忠惠集 10/4b

~ 士臻

內殿丞制許士臻可供備庫副使 蘇魏公集 34/8a

~ 大成

許大成授承信郎制 四庫拾遺 346/翰林善

~ 大同

許大同轉團練使 張華陽集 1/7a

~ 大英

又許大英大理少卿制 紫微集 17/12a

~ 才良

東頭供奉官許才良可內殿崇班 西溪集 5(三沈集 2/9b)

~ 上達

許上達可太子洗馬 文恭集 20/2b

~ 文德

許文德特授口州觀察使依舊知淮安州淮東安撫副使兼淮東策應副使誥 四明文獻 5/ 23b

~ 元宗

起居舍人許元宗與郡 鴻慶集 25/10b 孫尚書集 27/3a

許元宗知台州 斐然集 12/23b

~ 元

江淮等路都大發運使許元可充天章閣待制 華陽集 29/6a

~ 元

殿前指揮使左班年代工名許元授訓武郎 止齋集 11/5b

~元賓

中書守關録事許元賓中書録書事　韓南陽集 16/9b

~　中

許中降直秘閣　張華陽集 1/5b

許中知桂州制　大隱集 2/23b

許中明堂赦與叙一官制　紫微集 19/4a

許中廣東經畧司中海賊詹德劫廬作過其降授右修職郎潮州推官許中弟親捕獲詹德等與叙復右從仕郎制　紫微集 19/6a

~中正

許中正致仕覃恩改朝議大夫　樂城集 27/2a

~　介

樞密院編修官許介宗正丞　宋本攻媿集 35/13a

攻媿集 39/12a

~及之

降授散郎許及之前任淮東轉運判官不覺察私錢降一官滿一期復朝請郎　止齋集 12/1b

大理少卿許及之奉使回特轉一官　止齋集 14/7a

朝請大夫權尚書禮部侍郎許及之封永嘉縣開國男食邑三百戶　止齋集 15/13b

知廬州許及之大理少卿　宋本攻媿集 30/23b

攻媿集 34/21b

大理少卿許及之權禮部侍郎　宋本攻媿集 35/22b　攻媿集 39/21a

禮部侍郎許及之該覃恩封贈

父許櫃　父朝奉郎櫃贈朝請郎　宋本攻媿集 36/16a　攻媿集 40/15b

母呂氏　故母安人呂氏贈令人　宋本攻媿集 36/16b　攻媿集 40/16a

繼母伍氏　繼母太恭人伍氏封太令人　宋本攻媿集 36/17a　攻媿集 40/16b

妻洪氏　故妻安人洪氏贈令人　宋本攻媿集 36/17a　攻媿集 40/16b

妻潘氏　妻安人潘氏封令人　宋本攻媿集 36/17b　攻媿集 40/16a

見任侍從該覃恩轉官禮部侍郎許及之　宋本攻媿集 36/20a　攻媿集 40/19b

許及之復銀青光祿大夫　育德堂外制 1/3a

~　尹

許尹除直秘閣　海陵集 17/4a

~　立

許立可國子博士制　文恭集 15/8b

~世安

許世安除觀察使制　東牟集 7/2b

許世安左武大夫和州團練使　苕溪集 5/16a

許世安除正任防禦使制　紫微集 11/6a

~巨卿

知濮州許巨卿授朝議大夫制　翟忠惠集 4/5b

~安世

許安世都官員外郎制　元豐稿 22/2a

~　成

書藝局藝學許成可轉一官　摘文集 8/5b

~光凝

顯謨閣待制知鄧州許光凝轉朝散大夫制

翟忠惠集 4/6a

許光凝降官制　宋詔令集 210/794

~　份

許份轉一官致仕　張華陽集 4/3a

許份贈四官　張華陽集 5/3a

~　沉

許沉太常博士　育德堂外制 2/12b

從事郎許沉可依前特授行國子正制　後樂集 1/9a

~宋烈

承節郎許宋烈因人陳論爭競事到江陰軍衙宋烈意恨知軍楊師中不斷下狀人高聲咆哮特降一官　益國文忠集 96/8b　益公集 95/38a

~良肱

熙河第三將許良肱降官制　宋詔令集 210/790

~良輔

許良輔爲決打女使戴榮奴身死特降一官制

紫微集 15/4b

~孝恭

太史局直長許孝恭可太史局丞制　彭城集 19/21a

~克昌

新知通州許克昌可秘書省秘書郎兼權司封郎官制　范成大佚著 /91

~克明

許克明降一官　苕溪集 33/3b

~　忻

許忻吏部郎官　苕溪集 45/2b

~　佃

入內内侍省官許佃可特轉一官制　摘文集 7/5a

~宗孟

父許元 許宗孟父元贈右正議大夫制 道鄉集 15/10a

~宗壽

衛尉少卿許宗壽可光祿少卿制 華陽集 27/6b

~宗舉

奏舉人前權淮康軍節度推官試秘書省校書郎許宗舉等改官 蘇魏公集 33/9b

~ 青

許青爲與烏珠接戰能奮不顧死特於正法上轉遞郡防禦使制 紫微集 11/6b

~林宗

前趙州軍事推官許林宗可大理寺丞 公是集 30/1b 宋文鑑 37/14a

~ 坦

殿前指揮使守闕行門長行左班許坦換從義郎 宋本攻媿集 30/15a 攻媿集 34/14a

~ 明

許明轉成忠郎制 東窗集 10/1a

~ 制

許制轉官制 東牟集 7/26b

~ 宜

許宜轉官制 東牟集 7/34a

~彥先

許彥先知隨州 樂城集 28/7a

~ 奕

許奕起居郎 育德堂外制 2/10a

許奕授奉議郎 育德堂外制 5/3a

~咸亨

許咸亨可供備庫副使制 文恭集 17/17b

~ 恢

許恢可國子博士制 文恭集 14/19b

大理寺丞許恢授殿中丞制磨勘改官 歐陽文忠集 79/12b

~ 俊

許俊父贈官

父許某 許俊父贈官 育德堂外制 1/15b

母王氏 母王封太孺人 育德堂外制 1/15b

~ 高

許高可閣門宣贊舍人制 橫塘集 7/3a

~ 章

右武大夫御前中軍第七正將許章部押招撫及捉獲金賊一百一人并家小五百九十三人到行在特轉一官 益國文忠集 95/3a 益公

集 98/111a

~彪祖

朝散大夫前紹興府許彪祖寄居於瀘逆整誘之使降朝服以拜天地祖先率一家由少而長自縊而死可特贈中奉大夫直秘閣除致仕恩澤外更與一子恩澤 後村集 68/17b

~從善

許從善循修職郎 宋本攻媿集 30/2a 攻媿集 34/2a

~ 將

前鄉貢進士許將大理評事簽書昭慶軍節度判官廳公事制 臨川集 51/17a

許將可大理評事制 臨川集拾遺/5b 王文公集 12/4a

翰林學士兼侍讀許將落職知蘄州制 宋詔令集 205/769

~ 琳

故工部郎中充天章閣待制許元親姪琳可試監簿 韓南陽集 18/4a

~ 堪

起復右武大夫高州刺史權知池州許堪特授樞密副都承旨兼知鎮江府節制防江水步軍兼都大提舉兵船司公事制 梅溪集 5/17b

許堪轉兩官制 東澗集 6/20b

許堪授閣門宣贊舍人差充京湖制司計議官兼發遣棗陽軍制 鶴林集 8/6b

許堪權發遣德安府制 鶴林集 8/14b

~ 進

下班祇應許進贈承節郎與一子文職名更與一子進勇副尉在臨淮縣北曹家莊陣亡 益國文忠集 98/6a 益公集 98/112b

~ 登

許登承信郎 苕溪縣 31/1a

~ 弼

殿中丞致仕許弼可虞部員外郎致仕 蘇魏公集 31/5a

~ 幾

中大夫提舉洞霄宮許幾貢授永州團練使袁州安置 劉給諫集 2/4b

~ 棐

楚國大長公主週南郊奏駙馬都尉李瑋祖宅門客廣文館進士許棐可試將作監主簿不理選限 蘇魏公集 32/12a

~ 實

許實授保義郎制　四庫拾遺 341/鶴林集

~ 端卿

新差提點秦鳳刑獄許端卿降通直郎餘依舊制　宋詔令集 211/799

~ 搏

許搏改官　張華陽集 4/5a

~ 綸

許綸授刑部郎中制　鶴林集 6/17a

~ 震

許震可試大理評事充威武節度推官制　文恭集 18/14a

~ 德之

許德之復官制　浮溪集 10/7a　浮溪集/附拾遺 10/118

~ 遵

都官員外郎許遵可職方員外郎制　臨川集 50/9b

~ 翰

端明殿學士左通議大夫提舉萬壽觀許翰復資政殿學士制　東牟集 7/14b

~ 濤

敦武郎監明州户部贍軍酒庫許濤爲不覺察專知官借貸官錢特降一官更展二年磨勘　益國文忠集 96/8a　益公集 94/31b

~ 應龍

吏部侍郎兼中書舍人兼權直學士院許應龍兼侍讀　鐵菴集 6/1a

許應龍除禮部郎中制　平齋集 18/8a

許應龍授試國子祭酒依舊兼權直舍人院制　鶴林集 6/15a

許應龍除國子司業兼禮部郎官制　蒙齋集 9/18a

~ 懋

許懋兩浙運副制　元豐集 21/7a

許懋秘書丞制　臨川集 51/7b

兩浙轉運副使許懋可令再任　蘇東坡全集/外制上/3a

許懋秘閣校理知福州　蘇東坡全集/外制中/14a

許懋右司郎中　樂城集 30/7b

~ 懷德

除許懷德制加恩　歐陽文忠集 87/13b　宋詔令集 100/369

殿前都指揮使許懷德封贈制

曾祖許秉　許懷德曾祖秉贈太子太保　華陽集 31/8b

父許均　許懷德父均贈太尉　華陽集 31/9a

許懷德檢校尚書左僕射充殿前都指揮使保平軍節度使加恩制　宋詔令集 100/368

許懷德加恩制　宋詔令集 100/369

許懷德加恩制　宋詔令集 100/369

~ 觀

許觀放罷　鴻慶集 25/13a　孫尚書集 27/6a

~ 氏

齊國夫人許氏進封晉國夫人制　元憲集 26/16a

~ 氏

掌醖許氏進封司記制　元憲集 26/17b

~ 氏

聽宣許氏進封典言制　元憲集 26/17b

~ 氏

皇帝乳母故魏國肅成賢穆夫人許氏追封吳越國肅成賢穆夫人制　華陽集 31/16a

郭士達

東頭供奉官郭士達可內殿崇班　西溪集 5(三沈集 2/23b)

~ 士逸

前禮賓副使郭士逸可崇儀副使　西溪集 5(三沈集 2/23b)

~ 士選

持服人前內殿承制閤門祗候郭士選可禮賓副使　西溪集 5(三沈集 2/23b)

~ 子彥

前山南西道節度推官郭子彥可大理寺丞　蘇魏公集 29/9a

~ 文集

勅停人郭文集可邢州平鄉令　咸平集 28/13a

~ 天信

郭天信轉官制　道鄉集 16/6a

郭天信責授安置制　宋詔令集 212/806

~ 元义

郭元义可忠州刺史制　文恭集 18/7a

~ 元方

內殿承制郭元方可供備庫副使制　華陽集 30/3b

~ 元亨

故尚父汾陽王郭子儀孫元亨可永興軍助教制 歐陽文忠集 81/5b

郭元亨降右儒林郎制 東窗集 12/22a

~ 元明

郭元明補承信郎制 橫塘集 7/10a

~ 公變

郭公變提刑 育德堂外制 5/11a

~ 公譽

知成都府丘霍奏奉議郎知成都府郫縣郭公譽病昏乖謬降一官放罷 止齋集 12/3b

~ 升元

武經郎郭升元係敦武郎閤門祇候緣轉武翼郎依例除落閤職可特與除閤門宣贊舍人 益公集 97/76b

~ 及

殿中丞郭及磨勘改官制 歐陽文忠集 79/6a

~ 及之

郭仲荀男武翼郎閤門宣贊舍人及之換授右通直郎 苕溪集 38/5a

~ 允恭

前信陽軍錄事郭允恭可許州別駕 韓南陽集 17/3a

~ 永

郭永可光祿少卿制 臨川集 50/2b

都虞侯郭永遇明堂大禮合該換授忠訓郎 苕溪集 34/1a

~ 正己

郭正己除刑部郎官制 東澗集 4/19a

郭正己除大理正制 蒙齋集 9/15a

~ 右之

西官供奉官郭右之可右清道率府率致仕 蘇魏公集 31/11a

~ 旦

郭旦可依前秘校知單州成武縣制 文恭集 18/17a

郭旦降左奉議郎制 東窗集 9/5b

~ 申錫

户部郎中直史館知滄州郭申錫可三司鹽鐵使制 元憲集 20/10a

尚書都官員外郎郭申錫可侍御史制 蔡忠惠集 9/19b

~ 吉

江西路招討使張俊申具到掩殺李成等功狀奇功將官起復左武大夫忠州刺史郭吉轉

五官並遙郡 程北山集 27/1a

起復左武大夫忠州刺史沿江措置使司前軍統制軍馬郭吉御營累次差管押人船前去宣化渡濟人馬並無踈虞可特與橫行上轉一官制 北海集 2/6a

~ 仲

節度使郭仲妻姪陳玄補承信郎制 襄陵集 1/2a

郭仲罷軍職除建武軍節度使佑神觀使制 宋詔令集 102/378

郭仲依前建武軍節度使佑神觀使加恩制 宋詔令集 105/391

~ 仲荀

郭仲荀除東京副留守兼節制軍馬 苕溪集 36/1a

郭仲荀兼營田大使 苕溪集 44/3a

殿前都指揮使昭化軍節度使郭仲荀可責授汝州團練副使廣州安置制 北海集 5/3b

除郭仲荀武泰軍節度使依前侍衛親軍步軍都指揮使權主管殿前司公事制 編溪集 4/1a

郭仲荀官祠 斐然集 12/17a

~ 仲傅

儒林郎前溫州安撫司幹官郭仲傅失覺察本廳虞候張信爲亂首亂作復與賊宴飲相爲賓主特降三資放罷 止齋集 11/7a

~ 自中

太府寺丞郭自中知嚴州 後村集 67/9a

~ 汧

郭汧閤門祇候 筠溪集 4/18b

~ 宏

郭宏可大理寺丞制 文恭集 14/9b

~ 亨

郭亨可比部員外郎制 文恭集 15/13a

~ 孝友

郭孝友禮部郎官 張華陽集 3/9b

~ 佑賢

大理寺丞郭佑賢轉太子中舍制 歐陽文忠集 80/12b

~ 伯良

郭伯良降授朝奉大夫制 鶴林集 9/11a

~ 宗禮

尚書比部員外郎通判嘉州郭宗禮可尚書駕部員外郎制 元憲集 26/7a

~ 奉世

郭奉世除集英殿修撰制　横塘集 7/2b

~ 拓

宣教郎郭拓依前官特授直秘閣制　後樂集 2/1b

~ 長吉

太子中舍知青州千乘縣事郭長吉可殿中丞餘如故制　文莊集 2/14b

國子博士郭長吉可尚書虞部員外郎通判西京制　元憲集 23/2b

~ 呆

和州防禦使殿前副指揮使郭呆除耳州觀察使　止齋集 13/1a

武功大夫和州防禦使殿副都指揮使郭呆落階官　宋本攻媿集 30/17b　攻媿集 34/16a

郭呆加食邑實封制　宋本攻媿集 41/21b　攻媿集 45/5b

郭呆轉遙刺制　西垣稿 2/9b

~ 昌

節度推官郭昌可西京留守推官制　元憲集 22/1b

~ 昇

郭昇除閣門宣贊舍人　益國文忠集 94/10a　益公集 97/76b

~ 昕

尚書屯田員外郎致仕郭申男昕可試將作監主簿制　四庫拾遺 9/元憲集

~ 忠紹

皇城使昭州刺史郭忠紹可差知峽州制　彭城集 21/2b

~ 固

試助教郭固可寧州軍事推官制　歐陽文忠集 80/13a　宋文鑑 37/9b

~ 知章

郭知章知海州　樂城集 29/7a

郭知章授權那部尚書制　道鄉集 16/8b

~ 和中

郭和中除大理寺丞　後村集 69/15a

~ 承宗

郭承宗可六宅副使制　文恭集 17/15a

~ 承祚

郭承祚可殿中丞　景文集 31/4b

~ 承緒

供備庫副使郭承緒可西京左藏庫副使制

歐陽文忠集 80/10b

~ 彥

供奉官郭彥可轉一官制　摘文集 8/5a

~ 彥章

郭彥章轉官制　横塘集 7/6b

~ 祐

郭祐可太常博士制　文恭集 14/17a

~ 春

偽定遠大將軍郭春補承節郎制　平齋集 21/21b

~ 珍

歸順人郭珍補承信郎制　平齋集 22/13a

~ 茂恂

軍器少監郭茂恂除工部郎中制　彭城集 20/11b

知晉州郭茂恂可知密州制　彭城集 21/18b

~ 昱

循化城守禦將佐等京東第六副將供備庫副使郭昱特與轉兩官制　摘文集 6/10a

~ 思

臨汝軍等處差來投進表章等兵郭思轉一官

苕溪集 42/1b

~ 昭晦

内殿承旨郭昭晦可供備庫副使　蘇魏公集 31/10a

~ 昭著

尚書職方員外郎監衢州清酒務郭昭著可尚書屯田郎中制　元憲集 23/3a

~ 重

郭重加恩制　政和六年宗祀　宋詔令集 105/390

~ 禹臣

入内西京左藏庫使郭禹臣可轉一官制　摘文集 7/4b

~ 浩

郭浩除龍神衛四廂都指揮使陝西宣諭使苕溪集 39/2a

曾祖郭文貴　秦國軍節度使充侍衛親軍步軍都虞候永興軍路經畧安撫使馬步軍都總管知金州軍州事兼樞密院都統制陝西諸路軍馬郭浩曾祖文貴贈太子少保制　東窗集 11/18a

曾祖母王氏　郭浩曾祖母王氏贈永嘉郡夫人制　東窗集 11/18b

祖郭用　郭浩祖用贈太子少傅制　東窗

集 11/19a

祖母趙氏　郭浩祖母趙氏贈齊安郡夫人制　東窗集 11/19a

父郭成　郭浩父成贈太師制　東窗集 11/19b

母趙氏　郭浩前母趙氏贈蜀國夫人　東窗集 11/20a

母范氏　郭浩故母范氏贈漢國夫人制　東窗集 11/20a

妻張氏　郭浩故妻張氏贈和義郡夫人制　東窗集 11/20b

妻折氏　郭浩故妻折氏贈咸安郡夫人制　東窗集 11/21a

~ 庭俊

郭庭俊補承信郎制　東窗集 10/7a

~　祥

皇城使郭祥可知龍州制　彭城集 21/11a

~ 祥正

郭祥正覃恩轉承議郎　蘇東坡全集/外制上/12a

國子博士致仕郭祥正可落致仕特授奉議郎制　四庫拾遺 564/ 王魏公集

~ 原中

都官員外郎充廣陵郡王申王院教授郭原中可職方員外郎餘如故　蘇魏公集 32/4b

~　振

郭振捧日天武四廂都指揮使制　盤洲集 21/8a

蘄州防禦使浙西副總管秀州駐劄郭振除宣州觀察使差遣如故　益國文忠集 95/14b　益公集 98/106b

~　剛

郭剛達州刺史制　盤洲集 19/8b

~ 時亮

郭時亮通判海州　樂城集 29/2a

~ 師中

郭師中轉刺史依前武功大夫換給付身　張華陽集 7/9a

~ 師禹

郭師禹加食邑實封制　宋本攻媿集 41/11b　攻媿集 45/2b

郭師禹特授少師封永寧郡王加食邑實封制　宋本攻媿集 42/25b　攻媿集 45/6b

~ 師偉

郭師偉換給付身　苕溪集 31/3a

~　倪

郭倪殿前都虞候制　尊白堂集 5/3b

郭倪兼山東京東路招撫使制　後樂集 2/19b

~　淑

知旰眙軍郭淑直秘閣制　盤洲集 19/2a

~　渝

郭渝潼川府路提刑　斐然集 12/27b

~ 執中

郭執中秘閣修撰督府咨謀　斐然集 13/2b

郭執中進階　斐然集 13/26a

郭執中樞密都丞旨　斐然集 14/5b

~　授

中書省録事郭授爲藏匿詔書降官制　翠忠惠集 4/12a

~ 惟簡

圖書局藝學郭惟簡可轉一官　摘文集 8/5b

~　曉

郭曉開封府司録參軍　蘇東坡全集/外制下/18a

~ 崇仁

起復雲麾將軍解州刺史本州團練使郭崇仁可檢校工部尚書加食邑二百户制　文莊集 1/9b

起復雲麾將軍解州刺史充本州團練使郭崇仁可落起復授金紫光祿大夫餘依舊制　文莊集 1/10a

~ 敏修

郭敏修都水監丞制　浮溪集 8/9b　浮溪集/附拾遺 8/93

~　偉

九月二十三日三省同奉聖旨郭偉依已降指揮再任　程北山集 22/5b

~　逢

郭逢知德順軍　樂城集 29/3b

莊宅副使郭逢知階州　蘇東坡全集/外制下/3a

~　通

歸順人郭通補承信郎制　平齋集 17/18a

~ 敦實

從事郎新除太學博士郭敦實可依前試辟雍博士制　摘文集 5/7a

~　評

郭評可太子中舍人制　文恭集 12/12b

~　琎

郭琎陝西轉運副使兼制置解鹽使制　橫塘集 7/3a

~ 琪

太常博士郭琪可屯田員外郎 西溪集 6(三沈集 2/34b)

供備庫副使郭琪可西京左藏庫副使 西溪集 6(三沈集 2/39b)

~ 貢

攝太祝郭貢可正太祝 咸平集 29/10a

~亮卿

著作佐郎郭亮卿可殿中丞 咸平集 28/19a

~ 達

右屯衛大將軍知滁州郭達(原篇目作達)可觀察使知河中府制 彭城集 22/8b

檢校太保同簽書樞密院事陝西四路緣邊宣撫事兼權判渭州郭達可特授光祿大夫檢校太傅使持節鄜州諸軍事鄜州刺史充靜難軍節度觀察留後同簽書樞密院事差遣如故 韓南陽集 18/14a

郭達自致仕起知滁州 樂城集 27/8a 宋文鑑 40/9b

六宅使端州刺史郭達可果州團練使充龍神四廂都指揮使 西溪集 6(三沈集 2/50a)

左武衛上將軍郭達特贈雄武軍節度使制 曲阜集 3/4b 宋詔令集 221/852 宋文鑑 40/12b

~ 棣

故利州觀察使致仕郭棣特贈寧遠軍承宣使 止齋集 13/4b

提舉江州太平興國宮郭棣授利州觀察使致仕 止齋集 13/4b

郭棣知濠州 宋本攻媿集 30/10a 攻媿集 34/9a

~ 揚

郭揚授遙刺 育德堂外制 1/16a

~景倩

睿思殿御前文字外庫書寫文字郭景倩可三班借職制 摘文集 8/8a

~ 貴

郭貴贈兩官戊志節 筠溪集 4/21b

~ 閎

郭閎係前知洪州因男從政狀昨人馬侵犯糾集百姓王德等送螺彈結連照秦統制關師古有外地照河經暑慕淮生疑以此拘管斬首乞恤念父親忠孝乞推恩奉旨於武功大夫上特贈遙郡防禦使制 紫微集 18/5b

~ 進

郭進補保義郎制 東窗集 10/17b

原標成閔保奏瓜州及皂角林陣亡官兵武功至武翼大夫郭進贈六官與六資恩澤係於横行遙郡上分贈 益國文忠集 98/2b 益公集 97/83b

~ 瑗

承議郎郭瑗可大理寺丞制 摘文集 4/6b

~ 遇

郭遇授致武郎制 東窗集 10/8b

~ 照

顯謨閣待制知宛州郭照知青州 劉給諫集 2/1a

郭照責官制 東牟集 2/4a

~ 督

誠供備庫副使郭督與轉兩官制 摘文集 7/1b

~ 實

郭實除文思副使制 道鄉集 15/6b

東南第三將郭實降兩官放罷制 浮溪集 9/8b

~輔治

郭輔治可兵部員外郎制 文恭集 16/10a

~ 綱

前建州建安縣主簿監南劍州石牌場郭綱可大理寺丞 蘇魏公集 31/6b

~ 毅

郭毅轉六官 益國文忠集 94/9b 益公集 95/51a

~慶基

特勒停人試將作監主簿郭慶基將作監主簿制 臨川集 55/8a

~ 震

縣令郭震太子中允致仕制 臨川集 53/10a

~ 櫃

朝奉郎刑部員外郎郭櫃除廣西提刑兼提舉制 梅溪集 5/14b

~蔓之

郭蔓之可閤門宣贊舍人制 襄陵集 1/4a

~餘慶

太常寺太樂署院官郭餘慶應州金城縣主簿制 臨川集 55/15b

~ 鎮

郭鎮除邢部員外郎制 安陽集 40/3b

~ 儀

額內翰林醫官郭儀該遇皇后歸謁家廟特轉一官 止齋集 11/3a

~德安

郭德安除兵部郎官　後村集 69/14b

~ 德麟

湖南提舉郭德麟宗正少卿　宋本攻媿集 33/5b　攻媿集 37/5b

~ 諸

北作坊使郭諸可英州刺史制　華陽集 30/12b

~ 諶

起復武功大夫文州刺史興元府駐劄御前右軍統制兼知鳳州郭諶特轉復州團練使令再任　止齋集 11/4a

~ 興

郭興贈三官　張華陽集 8/1a

~ 錫

殿前指揮使守闕行門長行右班郭錫換義郎　宋本攻媿集 30/15a　攻媿集 34/14a

~ 璋

殿直郭璋可轉一官制　摘文集 7/4a

~ 畠卿

宋理宗賜獵一處士告詞　台州金石録 10/1b

~ 鎮

郭獻卿男莊宅副使鎮可轉兩官制　摘文集 7/12b

提舉皇城司郭鎮降兩官制　浮溪集 9/10b

郭鎮加官制　東牟集 7/23b

~ 懷慶

右侍禁郭懷慶可右清道率府副率致仕　蘇魏公集 32/11b

~ 獻卿

郭獻卿除節度觀察留後制　道鄉集 18/1a

昭信軍節度觀察留後駙馬都尉郭獻卿可贈節度使制　摘文集 8/11b

~ 勸

三司鹽鐵副使尚書工部郎中郭勸可天章閣待制知延州制　元憲集 22/7b

郭勸責官制　宋詔令集 205/765

~ 權

都官員外郎郭權可司勳員外郎制　摘文集 4/4b

朝散郎新除司勳員外郎郭權可尚書司勳郎中制　摘文集 4/4b

~ 灝

郭灝可大理寺丞制　文恭集 12/9b

~ 氏

故宮正紀國夫人郭氏追封尚宮制　元憲集

26/16b

~ 氏（安奴）

郭安奴轉尚儀　張華陽集 1/9b

麻士龍

尹玉特贈漯州團練使麻士龍特贈高州刺史諸　四明文獻集 5/36b

~ 永圖

相州湯陰縣主簿麻永圖可太常寺奉禮郎致仕　西溪集 6（三沈集 2/38b）

~ 世堅

麻世堅轉遂郡團練使制　東窗集 6/23a

~ 申.

麻申特贈武功大夫遂郡刺史制　翰林集 10/20a

~ 希夢

大理司直前青州録事參軍麻希夢可守工部員外郎致仕　咸平集 28/3a

~ 宗永

洛苑使麻宗永賞功轉官制　宋詔令集 94/344

~ 温其

尚書司封員外郎直集賢院麻温其可開封府判官制　景文集 31/4a

~ 温故

麻温故可職方員外郎制　文恭集 15/5a

屯田郎中知黄州麻温故可都官郎中制　華陽集 27/10a

康允之

知壽州康允之進直龍圖閣制　溪浮集 8/17a

~ 允之

康允之除徽猷閣待制制　大隱集 1/9a

~ 永昌

天文官介唐永昌可轉一官制　摘文集 7/12a

~ 守正

康守正授容州觀察使特改添差兩浙西路馬步軍都總管臨安府駐劄不釐務制　翰林集 9/4b

~ 份

勅康份制　襄陵集 2/7b

~ 孝基

荊湖南路轉運使職方員外郎康孝基可祠部郎中餘如故制　文莊集 2/9b

~ 廷弼

界歸明人康廷弱可將軍　咸平集 28/15b

～　位

朝散郎河北轉運副使康位可集賢殿修撰河北轉運使制　摘文集 4/11a

～　厚

康厚提點刑獄兼保甲制　翟忠惠集 2/6a

～　員

前内殿崇班康員可管官服闕　蘇魏公集 31/9b

～保喬

康保喬特進加恩制　宋詔令集 96/352

～　益

隨龍康益特轉團練使監御葦院制　浮溪集 8/6b　浮溪集/閣拾遺 8/91

～師顏

大將康師顏可特轉三班借職制　摘文集 8/5b

～執權

父康遠　顯謨閣直學士左太中大夫提舉江州太平觀康執權父遠贈右光祿大夫制　東窗集 7/24b

母范氏　康執權母范氏贈永嘉郡郡夫人制　東窗集 7/25a

康執權封贈制

父康遠　贈故父制　東牟集 8/18b

母范氏　贈故母制　東牟集 8/19a

國子祭酒康執權鴻臚卿　鴻慶集 25/3a　孫尚書集 25/4a

康執權落致仕知泉州　海陵集 14/5b

康執權落致仕與郡　海陵集 16/8a

康執權除龍圖閣直學士提舉在外宮觀　海陵集 20/3b

康　順

康順以軍功轉一官　苕溪集 33/1b

～　弱

修龍德太乙宮及紫宸垂拱文德等殿官吏有勞觀察使康弱制　襄陵集 2/6a

康弱轉一官制　橫塘集 7/8b

～　源

江淮宣撫司康源當王師弔伐之初能背戎翳華爲首率衆捕殺海口巡檢夾古阿打並副巡檢夾古尚叔忠慎可嘉今欲與補承節郎制　四庫拾遺 273/後樂集

～　願

康願放罷　鴻慶集 25/13a　孫尚書集 27/6a

～　慶

秦鳳路鈴轄康慶可供備庫使制　郡溪集 4/5a

～德興

皇城使封州刺史康德興可西上閣門使制　華陽集 30/7a

～　諶

康諶封贈制

父康某　贈故父制　東牟集 8/18a

母某氏　贈故母制　東牟集 8/18a

妻某氏　贈妻制　東牟集 8/18b

～　隨

武功大夫榮州團練使康隨提舉河東路保甲兼提點刑獄　鴻慶集 25/5a　孫尚書集 25/7a

～　璋

供備庫副使康璋管官服闕制　臨川集 52/8b

～　識

康識權發遣鄆州　蘇東坡全集/外制下/9b

康識權發遣鄆州今落權發遣　樂城集 29/5b

庹大亮

常州無錫縣尉庹大亮可杭州餘杭縣令　蘇魏公集 31/7a

～　卞

庹卞追復奏議郎　育德堂外制 2/15a

～仲榮

宣教郎庹仲榮依前官特授秘書省正字制　後樂集 1/5a

～　高

庹高可大理評事制　文恭集 14/25b

都民望

都民望除監察御史　海陵集 19/5b

～宗范

奏舉人歸州巴東縣令都宗范可特授大理寺丞制　蔡忠惠集 10/18b

～　商

都商贈承信郎與一子父職名係陣亡官兵　紫微集 19/21b

～　絜

都絜除史部郎官　海陵集 15/8a

都絜除將作少監　海陵集 19/2a

～　遇

張浚按知濠州忠翊郎閣門祗候都遇不遵宣司指揮不受歸正人乞特降一官與宮祠貼

黄稀都遇持身稱廉惟性不通七月二十九日聖旨依 益國文忠集 96/10a 益公集 95/44a

降授成忠郎閤門祗候都遇與復元官 益國文忠集 96/17a 益公集 96/67b

~ 潔

都潔降一官制 東窗集 12/26a

~ 隨

朝奉郎都隨可都官員外郎制 摘文集 4/5b

黄大知

母洪氏□越州奏從事郎黄大知狀母洪氏年九十一歲乞依明堂赦書推恩封太孺人

程北山集 26/12a

~ 子雲

黄子雲降官制 楳溪集 5/34a

~ 子遊

黄子遊江西憲 斐然集 12/10b

~ 元規

前秘書省校書郎黄元規丁憂服闕復舊官制 歐陽文忠集 80/2a

~ 中

秘書丞知鬱林州黄中可太常博士制 元憲集 26/3b

~ 中

黄中除國子司業 海陵集 15/2b

黄中著作佐郎 育德堂外制 5/9b

~ 公輔

黄公輔降授武節郎制 四庫拾遺 328/翰林集

~ 仁裕

準備差遣一員新監明州贍軍酒庫黄仁裕回程轉一官 止齋集 11/9a

~ 仁榮

黄仁榮轉右承議郎制 東窗集 13/12b

黄仁榮浙西提鹽兼常平制 東牟集 7/3b

黄仁榮除兩浙路運副制 于湖集 19/7b

~ 允文

成忠郎掌膳奏黄允文該遇皇后歸謁家廟特轉一官 止齋集 11/3a

~ 允迪

忠翊郎黄允迪轉一官 宋本攻媿集 30/17a 攻媿集 34/15b

~ 正

秘書丞黄正可太常博士制 歐陽文忠集 81/8a

~ 正邦

黄正邦贈修武郎制 四庫拾遺 330/翰林集

~ 世明

成忠郎邕州横山寨招馬官黄世明轉兩官 宋本攻媿集 32/15a 攻媿集 36/15a

~ 由

黄由知鎮江府制 尊白堂集 5/31a

秘書省著作郎黄由該脩進至尊壽皇聖帝聖政特轉一官 止齋集 11/8a

朝散大夫軍器少監兼實錄院檢討官兼權考功郎官黄由除將作監兼嘉王府直講 止齋集 14/4a

著作郎黄由軍器少監 宋本攻媿集 32/12a 攻媿集 36/11b

軍器少監黄由將作監 宋本攻媿集 34/15b 攻媿集 38/14b

將作監黄由起居郎 宋本攻媿集 36/9a 攻媿集 40/9a

起居郎黄由該覃恩轉官 宋本攻媿集 36/20a 攻媿集 40/19b

~ 仕成

武功大夫黄仕成自川陝前來行在投下機密文字與優異推恩仕成與遥郡刺史 苕溪集 41/5a

~ 汝勵

黄汝勵充準備差遣 苕溪集 41/1b

~ 守禮

黄守禮授承節郎制 四庫拾遺 340/翰林集

~ 式

皇城使開州刺史黄式可恩州團練使依舊皇城使制 摘文集 6/2a

~ 圭

黄圭除閤門祗候 益國文忠集 94/10a 益公集 94/30a

~ 朴

校書郎黄朴除著作佐郎仍兼崇政殿說書制 平齋集 17/3b

黄朴除著作郎兼權考功郎官制 平齋集 20/7b

黄朴差知安吉州制 平齋集 22/14a

黄朴改差知泉州制 平齋集 23/3a

黄朴授承議郎制 翰林集 7/17b

~ 光倩

母阿儂 右江溪洞田州知州黄光倩母阿儂可封宣化郡君制 文恭集 19/15b

~ 光瑞

黃光瑞可內殿崇班 蘇東坡全集/外制下/11b

集 6/19b

~ 艾

~ 克柔

將作少監黃艾該修進至尊壽皇聖帝聖政內

黃克柔落致仕 斐然集 12/12b

黃艾係經修不經進特轉一官 止齋集 11/ 8a

~ 忱

四方館使康州防禦荊湖北路兵馬鈴轄黃忱

朝請郎右正言黃艾兼侍講 止齋集 13/2b

可引進使依舊遥郡防禦使致仕制 摘文

朝奉大夫權尚書工部侍郎侍講黃艾封莆田

集 5/12a

縣開國男食邑二百戶 止齋集 15/12b

~ 希夐

嘉王府侍講尚書徽章官屬各轉一官承議郎

入內左藏庫副使黃希夐可轉一官制 摘文 集 7/7a

著作郎兼贊讀黃艾 宋本攻媿集 30/5b 攻媿 集 34/5a

入內內侍省供備庫副使黃希夐可轉一官制 摘文集 7/9b

將作少監黃艾右正言 宋本攻媿集 32/6a 攻媿 集 36/6a

~ 邦光

建陽知縣黃邦光起復制 浮溪集 8/18b 浮溪 集/附拾遺 8/101

右正言黃艾左司諫 宋本攻媿集 36/6a 攻媿集 40/5b

~ 延年

虞部員外郎黃延年可比部員外郎 韓南陽 集 16/5a

起居郎黃由該罩恩轉官左司諫黃艾 宋本 攻媿集 36/20b 攻媿集 40/20a

~ 仲文

~ 延慶

黃延慶可右贊善大夫制 文恭集 14/20b

武翼郎湖北副總管統援蜀諸軍黃仲文可特 贈武顯郎除致仕恩澤外更與一子恩澤

黃延慶可檢校水部員外郎充堂後官制 文 恭集 15/19a

後村集 69/18a

~ 仲英

~ 伯思

黃伯思進書轉官制 翟忠惠集 4/9a

黃仲英可國子博士制 文恭集 14/17b

~ 伯訥

比部員外郎致仕黃仲英可加上護軍 西溪 集 6(三沈集 2/54a)

黃伯訥除司農寺簿 後村集 67/1a

~ 壯獻

~ 自然

黃自然授直秘閣廣西運判制 樓鑰集 7/5a

黃壯獻課最轉一官制 平齋集 17/8a

~ 好謙

黃壯獻除金部郎官制 平齋集 18/22a

黃好謙户部員外郎制 元豐稿 20/3a

金部郎中黃壯獻除直秘閣權知紹興府兼浙

黃好謙知濮州 樂城集 29/5a

東安撫制 平齋集 21/23a

黃好謙知穎州 樂城集 29/7a

~ 劻

~ 汾

江西運副鄭汝諧奏奉議郎知袁州黃劻丁母

黃汾太子中舍制 臨川集 51/10a

憂不肯離任倍文榧概喪服官錢等候服闋

~ 沉

日降一官不得與親民差遣 止齋集 12/2b

黃沉降右迪功郎制 東窗集 12/21b

~ 宜

~ 宋卿

黃宜除宗學博士制 蒙齋集 9/13b

虞部員外郎黃宋卿可比部員外郎 蘇魏公 集 29/7b

~ 炎孫

黃炎孫追復朝散郎制 四庫拾遺 358/鶴林集 .

~ 孝先

奏舉人試秘書省校書郎前宿州司理參軍黃 孝先可大理寺丞制 景文集 31/11a

~ 東

黃東可成州同谷縣主簿制 文恭集 18/20b

~ 辰顯

~ 長裕

黃辰顯督戰收復山城轉一官制 東澗集 6/ 15a

試秘書省校書郎知海州海豐縣黃長裕可大 理評士制 蘇魏公集 30/9b

黃辰顯轉一官除軍器監簿今再任制 東澗

~叔敖

黃叔敖除給事中大夫 程北山集 26/5a

給事中黃叔敖兼侍讀 程北山集 27/15a

黃叔敖中書門下檢正制 浮溪集 8/14a 浮溪集/附拾遺 8/97

知襄陽府黃叔敖落職降兩官監當制 浮溪集 12/7b 浮溪集/附拾遺 12/141

黃叔敖轉一官 張華陽集 8/8b

給事中黃叔敖兼侍讀權史部侍郎制 新安文獻 1/7a

~叔溫

通直郎充襄陽軍使兼知隨州棗陽縣黃叔溫特授朝奉郎制 後樂集 1/25a

~昌齡

奏舉人前揚州觀察支使黃昌齡可著作佐郎制 元憲集 25/3b

~孟先

黃孟先降授朝奉大夫制 鶴林集 9/9b

~ 治

資政殿大學士通議大夫提舉臨安府洞霄宮黃治登極恩轉通奉大夫 止齋集 15/5a

~ 沭

入內西京左藏庫副使黃沭可轉一官制 摘文集 7/6b

~ 彥

入內內侍省西京左藏庫副使黃彥可入內內侍省文思副使制 摘文集 6/5b

承議郎黃彥先降一官送大理寺取勘制 摘文集 6/10a

黃彥除京畿轉運判官 鴻慶集 26/4b

~ 度

右正言黃度直顯謨閣知平江府乞祠祿差主管沖佑觀 止齋集 17/3a

主管沖佑觀黃度知婺州 止齋集 18/8a

國子監丞黃度監察御史 宋本攻媿集 33/11b 攻媿集 37/11a

黃度太常少卿 育德堂外制 4/6a

~ 炳

黃炳可太常博士制 文恭集 15/15a

鎮安節度判官黃炳可太子中允制 景文集 31/6a

~ 炳

黃炳授秘書省校書郎制 梗楚集 7/2a

~祖舜

資政殿學士湖南安撫使黃祖舜轉一官致仕制 盤洲集 24/4b

黃祖舜贈五官制 盤洲集 24/6b

黃祖舜除右司郎官 海陵集 14/5a

~ 持

黃持補三班借職制 道鄉集 18/2a

~ 思

奉議郎監梗米第八界黃思可通判大名府制 彭城集 22/5a

~昭益

侍御史黃昭益可刑部員外郎充三司户部副使制 文莊集 1/4a

~昭慶

入內內侍省寄資武翼郎黃昭慶與轉歸史部先次參部出給請受文曆特差主管台州崇道觀任便居住 益國文忠集 94/4a 益公集 94/30a

~禹昌

尚書都官郎中知處州黃禹昌可尚書職方郎中淮南路提點刑獄尚書祠部員外郎制 元憲集 23/3a

~宴寶

黃宴寶可承節郎制 襄陵集 1/3b

~ 訓

入內東頭供奉官黃訓可轉一官制 摘文集 7/4b

~庭堅

黃庭堅著作佐郎 樂城集 28/12a

黃庭堅涪州別駕黔州安置制紹聖元年十一月甲午 宋詔令集 207/777

~庭贈

西寧州教授歙州進士黃庭贈可特與將仕郎仍疾速出給付身制 摘文集 4/8b

~唐傳

中書舍人黃唐傳除侍制官祠制 昆陵集 8/4b

~ 琪

武功大夫成州刺史黃琪已復舊官差知邕州制 浮溪集 8/8a 浮溪集/附拾遺 8/92

~匪躬

垂拱殿成臨安府屬縣黃匪躬轉一官制 四庫拾遺 397/鶴林集

~從龍

黃從龍降授從事郎制 四庫拾遺 295/鶴林集

~遂先

內侍黃逐先降兩官取勘制 浮溪集 9/10b 浮溪集/附拾遺 9/110

~ 溫

逐選黃溫爲敕令所編修在京通用條册成書係本所供檢文字轉一官制 紫微集 12/2b

~ 萱

黃萱太常博士制 元豐稿 20/6a

~ 敦彥

黃敦彥除京畿轉運判官 孫尚書集 27/11b

~ 敦書

黃敦書京畿提刑 鴻慶集 25/2b 孫尚書集 25/3b

~ 榦

黃榦知賓州 樂城集 30/11b

~ 琳

黃琳授承節郎制 四庫拾遺 343/鶴林集

~ 埙

黃埙知肇慶府制 平齋集 23/4b

~ 萃

恩州清河縣令黃萃可著作佐郎 韓南陽集 16/8a

~ 華

黃華職方員外郎制 元豐稿 20/8b

~ 景

職方員外郎黃景可楊王府侍講制 彭城集 22/12a

黃景職方郎官 樂城集 28/11a

~ 景先

太廟齋郎黃景先守常州宜興縣主簿制 臨川集 55/5a

~ 景說

黃景說再任再任下疑脫廣東運判四字 育德堂外制 2/7b

黃景說知靜江府 育德堂外制 5/11a

~ 鈞

黃鈞國子正制 盤洲集 23/5b

~ 順

辰州叙浦縣百姓黃順可特與右班殿直制 摘文集 5/9b

~ 異

供備庫副使黃異可西京左藏庫副使 蘇魏公集 33/6b

~ 翊

應天府士曹黃翊降一官制 浮溪集 9/10a 浮溪集/附拾遺 9/110

~ 義

殿前指揮使行門長行右班黃義換武翼郎添差諸州駐泊兵馬都監 宋本攻媿集 30/14b 攻媿集 34/13b

~ 達如

黃達如除監察御史制 東窗集 6/13b

~ 概

萬概兵部侍郎制 大隱集 1/22a

監門儒林郎黃概循一資 宋本攻媿集 35/18a 攻媿集 39/16b

~ 晉

左班殿直黃晉可依前官兼閤門祗候制 摘文集 5/8a

~ 幹

黃幹特贈朝奉郎制 四庫拾遺 401/鶴林集

~ 萬石

黃萬石依前資政殿學士特陞江西制置大使兼江西轉運使諸德祐元年 四明文獻集 5/14b

~ 鼎

黃鼎換授從義郎制 四庫拾遺 331/鶴林集

~ 照

屯田員外郎黃照可都官員外郎 西溪集 5(三沈集 2/18a)

~ 頃

內侍省押班主管莊文太子府黃頃爲思止上遣表除遂郡承宣使 後村集 62/11a

~ 漢章

黃漢章降授宣教郎制 鶴林集 9/10b

~ 齊

禮部員外郎黃齊除吏部員外郎制 翟忠惠集 3/10a

吏部員外郎黃齊除監察御史制 翟忠惠集 3/14a

校書郎黃齊編修五禮新儀成遷秩制 翟忠惠集 4/9b

~ 犀

承議郎尚書戸部員外郎黃犀陞郎中制 後樂集 1/25a

~ 瑱

黃瑱補承信郎制 東窗集 10/3a

~ 壽

黃壽爲敵人入侵順昌係在城守禦者轉一官資制 紫微集 12/5b

~ 愷

黃愷降授承事郎制　四庫拾遺 286/翰林集

~ 裳

父黃文慶　端明殿學士正議大夫致仕黃裳

父贈金紫光祿大夫文慶贈特進　程北山集 22/9a

母吳氏　母永寧郡夫人吳氏贈高密郡夫人

程北山集 22/9a

~ 裳

朝散郎試中書舍人兼皇子嘉王府翊善黃裳除給事中兼侍講　止齋集 12/1a

朝散郎充顯謨閣待制兼皇子嘉王府翊善黃裳兼侍講　止齋集 14/5b

朝請郎試禮部尚書兼侍讀黃裳封普成縣開國男食邑三百戶　止齋集 15/10a

嘉王府侍講尚書徽章官屬各轉一官承議郎中書舍人兼翊善黃裳　宋本攻媿集 30/5a　攻媿集 34/4b

中書舍人黃裳給事中　宋本攻媿集 31/1b　攻媿集 35/1b

朝奉郎給事中黃裳磨勘轉官　宋本攻媿集 31/20b　攻媿集 35/19b

新除兵部侍郎黃裳顯謨閣待制依舊嘉王府翊善　宋本攻媿集 32/14b　攻媿集 36/14b

顯謨閣待制黃裳給事中　宋本攻媿集 36/8a　攻媿集 40/7b

見任侍從該覃恩轉官給事中黃裳　宋本攻媿集 36/19b　攻媿集 40/19a

給事中黃裳禮部尚書　宋本攻媿集 37/12a　攻媿集 41/11b

~ 夢龍

黃夢龍特補修職郎差權萬安軍陵水縣主簿兼縣事制　翰林集 9/4a

~ 潛善

黃潛善除中書侍郎　鴻慶集 26/1a　孫尚書集 27/6a

~ 毅

殿前指揮使行門長行左班黃毅換武翼郎添差諸州駐泊兵馬都監　宋本攻媿集 30/14b　攻媿集 34/13b

~ 熟

黃熟轉一官　苕溪集 37/2a

~ 裒然

修武郎黃裒然除武學論　止齋集 12/11a

武學論黃裒然除武學博士主管架閣文字　止齋集 17/10b

~慶基

黃慶基鴻臚丞　樂城集 30/2b

~德裕

朝奉郎户部員外郎黃德裕可户部郎中制　摘文集 4/5a

朝奉郎黃德裕可户部郎官管勾右曹制　摘文集 4/6a

~ 履

黃履特轉朝請郎　蘇東坡全集/外制下/17a

黃履磨勘改朝請郎　樂城集 27/10b

故資政殿學士右正議大夫黃履追贬祁州團練副使制　宋詔令集 212/804

黃履特贈金紫光祿大夫制　宋詔令集 222/857

~ 澤

黃澤降兩官制　橫塘集 7/14a

~ 憲章

黃憲章獲賊可承事郎　蘇東坡全集/外制下/6a

~ 諶

入内左藏庫使黃諶可轉一官制　摘文集 7/5a

~ 靜

黃靜廣東路常平制　翟忠惠集 2/4a

又朝請郎黃靜福建常平制　翟忠惠集 2/5a

~靜夫

黃靜夫湖南路提舉常平茶鹽公事制　平齋集 22/16b

~學行

黃學行降授朝請郎制　四庫拾遺 352/翰林集

~ 積

内侍黃積除滑州刺史直睿思殿制　翟忠惠集 4/16b

~ 積厚

黃積厚降官制　楳溪集 5/32a

黃積厚都官郎中　筠溪集 4/15a

黃積厚福建運判　筠溪集 5/16b

~ 龜年

黃龜年除中書舍人　張華陽集 2/5a

黃龜年除倉部員外郎制　大隱集 2/7a

~ 通

浙江提刑黃通知贛州　止齋集 18/1b

浙西提舉黃通本路提刑　宋本攻媿集 35/3b　攻媿集 39/3b

浙西提刑黃通湖南運判　宋本攻媿集 37/13b　攻媿集 41/12b

~ 濤

黄濤除太學博士　蒙齋集 9/13b

～應春

黄應春除官宗正寺簿　後村集 67/2a

黄應春除宗學博士　後村集 69/13a

宗學博士黄應春爲周漢國公主遺表轉一官　後村集 71/9b

～應南

黄應南御史臺主簿制　東窗集 13/20a

黄應南差江西提刑　海陵集 18/2b

～ 鍔

黄鍔落直徽猷閣制　模塘集 7/13b

～ 隱

朝奉郎守鴻臚少卿黄隱可權知泗州制　彭城集 21/7b

黄隱散官安置制　宋詔令集 209/787

～ 鯉

黄鯉循右從事郎制　東窗集 12/20a

～ 輔

直秘閣兩浙轉運判官黄輔除直龍圖閣陞副使再辭龍圖改除直顯謨閣　止齋集 18/4a

江東提舉黄輔户部郎中主管右曹　宋本攻媿集 31/22b　攻媿集 35/21b

户部員外郎黄輔直秘閣兩浙運判　宋本攻媿集 34/2a　攻媿集 38/2a

～畸若

黄畸若殿中侍御史　育德堂外制 3/5b

黄畸若授朝散郎　育德堂外制 5/3a

～ 繹

黄繹等六員各轉一官制　東窗集 8/16b

～ 璜

黄璜除大理評事　後村集 67/3b

～ 鑄

黄鑄可屯田員外郎制　文恭集 15/11a

～ 瀕

知常州黄瀕除浙西提舉　止齋集 18/6b

～ 氏

瓊州山寨首領黄氏可宜人制　范成大佚著/85

麥允言

麥允言可景福殿使制　文恭集 17/8b

～知微

右騏驥使麥知微可左驍衞將軍致仕制　郎溪集 5/8a

～承信

麥承信可內殿承制制　文恭集 13/4b

梅永亨

梅永亨贈兩官與一資恩澤更名守關進義副尉係建炎年間因隨軍陣亡官兵　紫微集 19/18a

～執禮

中書舍人梅執禮神霄官進書轉一官制　襄陵集 1/11a

～ 詢

翰林侍讀學士諫議大夫梅詢可給事中依前充職制　四庫拾遺 7/元憲集

梅詢池州團練副使不簽書本州公事制　宋詔令集 204/761

～ 福

梅福封壽春真人制　元豐稿 22/4b

～輔臣

太常寺奉禮郎梅輔臣可大理評事制　元憲集 20/13b

～興祖

梅興祖轉一官制　東牟集 7/35a

～ 灝

承議郎充秘閣校理梅灝可通判杭州制　彭城集 22/6a

連　元

連元特授朝奉郎制　四庫拾遺 399/翰林集

～ 庠

職方員外郎連庠可屯田郎中　韓南陽集 16/7a

～南夫

連南夫知泉州　張華陽集 1/8a

連南夫知饒州制　大隱集 2/26b

～ 環

連環責官制　東牟集 8/3b

曹元發

曹元發國子博士　後村集 62/3a

曹元發秘書郎　後村集 65/3a

秘書郎曹元發除著作佐郎　後村集 69/13b

～元賓

曹元賓轉官制　歐陽文忠集 81/11a

～元舉

司勳員外郎曹元舉可依前官充三司鹽鐵判官　西溪集 5(三沈集 2/50b)

~友聞

天水軍教授權知軍州曹友聞特轉承事郎權知天水軍事制　平齋集 21/18b

~ 正

曹正可袁州司馬制　文恭集 18/12a

~ 成

書藝局藝學曹成可轉一官制　摘文集 8/5b

~ 成

曹成轉右武大夫　張華陽集 2/3a

曹成轉左武大夫遥郡防禦使　張華陽集 2/6b

~ 仡

内殿崇班閤門祗候曹仡可禮賓副使制　華陽集 30/1a

~ 任

供備庫副使曹任可西京左藏庫副使　西溪集 4(三沈集 1/66a)

~ 洹

六宅使曹洹可榮州團練使制　華陽集 30/14b

~孝廉

朝散大夫曹孝廉特授集英殿修撰知隆興府兼江西轉運使制　碧梧集 5/12b

~孝慶

曹孝慶陞直寶章閣除浙東提刑　後村集 71/12b

~孝藴

刑部侍郎曹孝藴可顯謨閣待制發遣運使制　摘文集 4/11b

~ 利用

曹利用貢左千牛衛上將軍知隨州制　宋詔令集 204/763

曹利用貢崇信軍節度副使房州安置制　宋詔令集 204/763

曹利用追復開府儀同三司守司空檢校太師兼侍中保平軍節度使上柱國鄆國公制　宋詔令集 220/845

~ 伯達

曹伯達爲係趙榮帶到一行官屬及焚毁了番賊文榜特與補正迪功郎制　紫微集 19/9b

~宗吉

入内内侍省内東頭供奉官曹宗吉可内殿崇班　西溪集 4(三沈集 1/78a)

~宗壽

曹宗壽可磁州昭德縣主簿制　文恭集 18/20b

~怡老

曹怡老大理司直　後村集 65/9a

~叔遠

曹叔遠太學博士　育德堂外制 4/12b

太中大夫曹叔遠特轉通奉大夫依前煥章閣待制致仕制　平齋集 18/14a

曹叔遠贈光祿大夫制　平齋集 18/23b

~ 芬

曹芬循文林郎　苕溪集 33/2a

~ 玟

皇太后親堂姪供奉官曹翼男玟可特授將仕郎太常寺奉禮郎　韓南陽集 17/16b

宣德郎曹玟可通直郎制　彭城集 23/1b

~ 旺

曹旺授保義郎制　四庫拾遺 341/翰林集

~ 佺

内藏庫使曹佺可皇城使制　鄖溪集 4/2b

~ 侑

曹侑可檢校工部尚書鄆州刺史充太平軍節度觀察留後加食邑五百戶實封二百戶制　文恭集 17/3b

除曹侑特授依前檢校尚書左僕射充保靜軍節度使加食邑制　文恭集 22/6b

妻張氏　景靈宮使保平軍節度使同中書門下平章事曹侑妻普安郡夫人張氏可進封崇國夫人　韓南陽集 17/5a

曹侑授保平軍節度使加食邑實封制　華陽集 26/17a　宋文鑑 35/9a

曹侑授檢校太傅依前同中書門下平章事加食邑實封制　華陽集 26/17b

景靈宮使昭德軍節度使開府儀同三司檢校太尉兼侍中上柱國金鄉郡開國公曹侑南郊加食邑制　鄖溪集 2/3b

~ 佑

西頭供奉官曹佑可内殿崇班制　蔡忠惠集 11/6b

~南强

曹南强降授文林郎制　四庫拾遺 377/翰林集

~ 昱

曹昱轉官致仕制　大隱集 3/28a

~ 修

曹修可東染院副使兼閤門通事舍人制　文恭集 17/12b

禮賓使曹修可轉一官制　摘文集 8/3b

西上閤門副使曹修降洛苑使制 宋詔令集 205/766

~ 建

吳璘奏收復秦州擁上城將官左武大夫曹建轉拱衛大夫 益國文忠集 95/2b 益公集 98/ 110b

~高麥

采石立功人各轉官曹高麥轉遂郡刺史 益國文忠集 95/5b 益公集 96/57b

~ 起

前宿州臨渙縣令曹起可特授單州長史 武溪集 10/7a

~ 格

曹格等轉官制 橫塘集 7/9a

~ 振

前國子博士曹振可舊官服闕 韓南陽集 16/ 10b

朝奉大夫曹振可權知恩州制 彭城集 21/15b

~ 深

曹深爲因差出催發入禮錢物督捕盜在路被兇賊謝五軍等殺毀身亡贈兩官與一子進義副尉制 紫微集 18/9b

~ 彬

曹彬宣徽南院使義成軍節度使制 宋詔令集 94/343

~ 莊

曹莊太常丞 育德堂外制 2/12a

曹莊秘書丞 育德堂外制 5/4b

~國彥

曹國彥改正授節郎 苕溪集 42/6a

~ 晞

閤門看班祇候曹晞可轉一官罷閤門看班祇候制 摘文集 5/11b

~ 僎

兩京左藏庫副使曹僎可文思副使 韓南陽集 17/5b

~ 偕

如京使會州刺史帶御器械曹偕可遂郡團練使落御帶制 蔡忠惠集 11/3a

故興平郡主趙氏男供備庫使曹偕可如京使制 華陽集 28/14b

~ 偓

內殿承制閤門祇候曹偓可禮賓副使 西溪集 6(三沈集 2/47a)

~偉明

曹偉明自陝西諸路節制司差赴行在陸對特改合入官 苕溪集 47/2a

~ 絨

曹絨除湖北提舉制 于湖集 19/8b

~紹先

曹紹先降官 歸愚集 7/5a

~ 淄

提轄兵將官曹淄可轉一官係朝請郎制 攻媿文集 7/2b

~ 淵

奉聖旨觀察使曹淵御前祇應有勞特轉兩官回授親姪制 褐忠惠集 4/10a

~ 渙

殿前指揮使行門長行右班曹渙換武翼郎添差諸州駐泊兵馬都監 宋本攻媿集 30/14b 攻媿集 34/13b

~ 評

曹評正任防禦使 樂城集 29/11a

~ 雲

曹雲充準備差遣 苕溪集 41/1b

奉迎梓宮禮儀司屬官曹雲轉一官制 東窗集 8/12a

~ 琮

衛州團練使充邠寧環慶州路駐泊兵馬部署兼知邠州曹琮可防禦使充秦鳳路部署制 元憲集 20/2b

~ 琰

大理寺丞曹琰磨勘改官制 歐陽文忠集 81/5a

~博文

曹博文可特授太常寺太祝制 文恭集 14/21b

~ 勛

曹勛除容州觀察使充奉使大金國報謝副使制 東窗集 6/7a

節度使曹勛贈三代

曾祖曹方叔 曾祖東頭供奉官贈太子少保方叔太子太保 益國文忠集 97/13a 益公集 96/68b

祖曹之器 祖辰州淑浦縣尉贈太子少傅之器贈太子太傅 益國文忠集 97/13b 益公集 96/68b

父曹組 父武經郎閤門宣贊舍人贈太師組追封濮國公 益國文忠集 97/13b 益公集 96/68b

母王氏　所生母懷澤郡夫人王氏琅琊郡
　夫人　益國文忠集 97/14a　益公集 96/68b
妻王氏　妻咸寧郡夫人王氏琅琊郡夫人
　益國文忠集 97/14a　益公集 96/68a
曹勛除開府制　玉堂稿 2/8a
～　喝
皇太后親姪西京左藏庫副使曹談男喝可特
　授將仕郎太常寺奉禮郎　韓南陽集 17/16b
～　傅
內殿崇班曹傅可內殿承制制　元憲集 25/2b
～　順
曹順權發遣應天府制　鶴林集 8/15a
～　.傑
文思副使曹傑可左藏庫副使　西溪集 5(三沈
　集 2/21a)
～　復
同中書門下平章事韓琦奏親姪女之子曹復
　真定府户曹制　臨川集 52/9b
～　滁
第一等統領官左武大夫貴州刺史曹滁四官
　程北山集 27/1b
～　詩
成州團練使駙馬都尉曹詩可特授光州防禦
　使駙馬都尉制　王魏公集 2/3a
母杜氏　光州防禦使駙馬都尉曹詩所生
　母杜氏可特封安康郡太君制　王魏公
　集 3/6b
～　詢
將仕郎充詳定一司敕令刪定官曹詢可宣德
　郎差遣如故制　摘文集 4/8a
～　煜
曹煜可太常寺奉禮郎制　郡溪集 3/10a
～　琈
曹琈降授左衛大將軍容州觀察使知萊州制
　王魏公集 2/4a
宣徽南院使鎮國軍節度觀察留後華州刺史
曹琈落宣徽南院使依授左衛大將軍容州
　管內觀察使就差知萊州制乾興元年二月戊
　辰　宋詔令集 204/760
～　慎
文思副使曹慎可除兼閤門通事舍人制　摘
　文集 6/4b
～　鼎
曹鼎邊功轉官制　襄陵集 1/10a

～　陳
曹陳授承節郎制　四庫拾遺 341/鶴林集
～　筠
曹筠集英殿修撰　歸愚集 8/3a
曹筠除敷文閣待制知成都府　歸愚集 8/4a
～　督
曹督可太常寺奉禮郎制　郡溪集 3/10a
～　誌
內殿崇班曹誌可內殿承制　西溪集 6(三沈集
　2/40a)
～　誘
曹誘轉官制　道鄕集 18/9b
～　誦
前左藏庫副使曹誦可舊官服闕　蘇魏公集
　31/7b
曹誦遙團知保州　樂城集 28/8b
曹誦罷軍職建節充中太一宮使制　宋詔令
　集 102/377
～　輔
曹輔轉官制　鄮峰録 6/15b
乘義郎曹輔該修製奉上德壽宮册寶賞名轉
　一官　益國文忠集 94/5b　益公集 97/87a
～　調
曹調罷大理卿提舉鴻慶宮　劉給諫集 2/2b
曹調除光祿卿吏部郎中制　翟忠惠集 3/18a
～　瑱
曹瑱除湖北路提刑　苕溪集 31/4a
曹瑱宗正丞　筠溪集 5/15a
～　儀
故耀州觀察使曹儀可贈節度使制　元憲集
　20/3b
～　澤
防禦使曹澤等轉官制　襄陵集 1/7a
武功大夫湖南安撫司準備將權全州駐劄第
九將官曹澤不能彈壓將兵致生事窘辱知
　州王蓋臣降一官放罷　益國文忠集 96/10b
　益公集 94/18b
～　諭
母某氏　封曹諭母制　元豐稿 22/10a
～　謐
經恩敘理追官人前內殿承制曹謐可崇班
　西溪集 6(三沈集 2/46a)
～　歷
供備庫副使曹歷可轉兩官制　摘文集 8/3b

~顏叔顏一作永

殿中丞曹顏叔等轉官　武溪集 10/6a

三司度支副使兵部員外郎曹顏叔充天章閣待制知福州制　蔡忠惠集 9/18b

曹顏叔充天章閣待制知福州　宋文鑑 38/7a

~　璨

曹璨加恩制　宋詔令集 97/356

曹璨移鎮彰國加恩制　宋詔令集 97/357

曹璨加恩制　宋詔令集 98/359

曹璨特進加恩制　宋詔令集 98/359

~　廱

起居郎曹廱除權禮部侍郎誥　東澗集 3/16a

曹廱再以和糴轉一官制　東澗集 6/24b

曹廱前任浙西提舉和糴轉一官制　東澗集 6/24b

左司諫曹廱兼侍講　鐵菴集 6/1b

~　績

曹績轉左朝奉郎制　東窗集 12/27b

~　謹

內殿崇班曹謹可特授供備庫副使制　王魏公集 2/7b

~　觀

故知封州殿中丞曹觀宜特贈太常少卿知康州制　蔡忠惠集 9/12a

~　曈

樞密都承旨曹曈提舉崇福官　劉給諫集 2/2a

~　識

西京左藏庫副使曹識可舊官服闕制　蘇魏公集 31/7a

~繼明

左藏庫副使曹繼明可供備庫使制　蘇魏公集 31/8b

~　齊

曹齊循資制　東牟集 7/36b

區令興

職方員外郎致仕區法男令興可試將作監主簿　西溪集 5(三沈集 2/22b)

~宋臣

宣州鄉貢進士歐宋臣可本州文學　西溪集 (三沈集 2/57a)

戚士遜

戚士遜太學博士制　平齋集 20/20b

故通議大夫右文殿修撰致仕戚士遜贈宣奉大夫　後村集 75/16a

~　方

戚方再加兩官　斐然集 12/7a

~可恭

戚可恭換給承信郎制　東窗集 10/5b

~舜元

戚舜元可比部員外郎制　景文集 31/4b

~　寶

戚寶降官制　東牟集 8/7a

盛　允

盛允開封府司户曹事制　翟忠惠集 2/1a

~次仲

秘書省校書郎盛次仲可集賢校理依舊制　彭城集 20/4b

盛次仲直龍圖閣知鄧州制　道鄉集 15/11a

盛行甫

盛行甫可大理寺丞制　文恭集 13/6b

~昌孫

盛昌孫降官制　梅溪集 5/35a

~和仲

國子博士盛和仲可虞部員外郎制　文集 16/11b　蘇魏公集 29/8a

~　度

起居舍人知制誥判昭文館盛度可工部郎中餘依舊制　文莊集 1/13a

兵部郎中知光州盛度眨水部員外郎和州團練副使制　宋詔令集 204/761

~南仲

盛南仲知衡州　樂城集 27/2a

~　俊

殿前指揮使守關行門長行右班盛俊換從義郎　宋本攻媿集 30/15a　攻媿集 34/14a

~　章

顯謨閣待制知蘇州盛章知真定府制　翟忠惠集 2/11a

盛章磨勘制　翟忠惠集 4/7b

~將之

文林郎寧國府司理盛將之降一資　宋本攻媿集 30/11a　攻媿集 34/10a

盛　陶

盛陶復龍圖閣待制制　宋詔令集 222/855

~端友

忠訓郎秘書省書庫官盛端友該進至尊壽皇聖帝聖政轉一官　止齋集 11/8b

～ 僑

盛僑國子司業　樂城集 28/11b

常士廉

常士廉帶行閤門祗候　益國文忠集 94/8a　益公集 94/17a

～用之

西頭供奉官常用之可右清道率府率致仕　韓南陽集 18/1a　郎溪集 3/6a　宋文鑑 38/18b

～安民

常安民大理寺丞制　樂城集 27/13b

常安民鴻臚丞　樂城集 28/3b

常安民太常博士制　樂城集 29/16a

常安民送部與監常制　宋詔令集 207/778

～ 同

常同轉左朝奉大夫　苕溪集 40/5a

父常安民　顯謨閣直學士左朝散大夫提舉江州太平觀常同父安民贈左正議大夫制　東窗集 7/28a

母孫氏　故母孫氏贈碩人制　東窗集 7/28b

繼母袁氏　故繼母袁氏贈碩人制　東窗集 7/28b

妻滕氏　故妻滕氏贈碩人制　東窗集 7/29a

妻方氏　妻方氏封碩人制　東窗集 7/29a

常同陳起居郎　張華陽集 8/4b

常同御史中丞制　筠溪集 5/8a

～ 仲

常仲循資制　盤洲集 22/8b

～宗仁

前定州觀察推官常宗仁可衛尉寺丞　蘇魏公集 32/10a

～ 明

常明秘書省正字　筠溪集 4/23a

～知幾

武義大夫東壁統制常知幾武顯大夫　鴻慶集 25/7b　孫尚書集 25/10b

～禹錫

常禹錫秘書監　王文公集 11/5a

～ 益

進武校尉常益可承信郎制　浮溪集 8/16a　浮

溪集/附拾遺 8/99

～ 挺

常挺權工部侍郎　後村集 66/2a

工部侍郎常挺除兼侍講　後村集 67/5b

常挺徹章轉朝議大夫　後村集 70/12b

太中大夫常挺授寶章閣學士知漳州制　碧梧集 6/3a

～ 崇

忠訓郎興州遊奕軍權統領常崇轉一官　宋攻媿集 30/24a　攻媿集 34/22b

常崇贈武翼大夫　育德堂外制 1/7b

～得賢

常得賢換給忠翊郎制　東窗集 10/12a

～ 楷

常楷宗正丞　育德堂外制 2/14a

常楷宗正丞　育德堂外制 4/14a

～ 景

奏舉人前陝州陝縣尉常景可光祿寺丞　蘇魏公集 33/9b

～ 榑

常榑特授端明殿學士提領户部財用諸　四明文獻集 5/8a

～ 潤

采石立功人各轉官常潤轉遙郡防禦使　益國文忠集 95/5b　益公集 96/57b

莽　丹

左藏庫副使莽丹轉兩官制　摘文集 7/1b

莫子純

莫子純敘中大夫　育德堂外制 2/14b

～仲效

莫仲效降官制　東牟集 8/9b

～ 沖

莫沖宏詞轉官　歸愚集 8/1b

莫沖校書郎制　盤洲集 19/4b

～延甚

莫延甚銀青光祿大夫檢校太子賓客使持節南丹州諸軍事南丹州刺史兼御史大夫知南丹州公事武騎尉制　盤洲集 21/11a

～延廣

莫延廣承信郎制　盤洲集 24/3b

～延豐

蕃官莫延豐納土補承節郎制　襄陵集 1/3b

～伯虛

莫伯虛除刑部郎官　海陵集 17/6a

～君陳

莫君陳刑部郎中制　元豐稿 22/7b

～異德

莫異德白身襲父官授銀青光祿大夫制　平齋集 22/24a

～將

父莫援　左承議郎權工部尚書莫將父援贈左太中大夫制　東窗集 7/21b

母胡氏　母胡氏贈碩人制　東窗集 7/22a

妻李氏　故妻李氏贈碩人制　東窗集 7/22a

妻李氏　故妻李氏贈碩人制　東窗集 7/22b

妻章氏　妻章氏封碩人制　東窗集 7/22b

玉牒黃麾仗成莫將轉左朝奉郎制　東窗集 9/4b

莫將復左朝奉郎制　東窗集 9/5a

莫將磨勘轉左朝散郎制　東窗集 13/23a

～淵

莫淵軍中過犯降官　苕溪集 37/2b

～琚

莫琚勒　襄陵集 3/9b

～僑

莫僑散官安置制　浮溪集 12/12a　浮溪集/附拾遺 12/145

～濛

莫濛再任大理評事　海陵集 13/3a

賀金國正旦使副莫濛　益國文忠集 112/2a

莊　方

知昭州莊方知瓊州　宋本攻媿集 32/5b　攻媿集 36/5b

～公岳

尚書吏部郎中莊公岳可鴻臚少卿制　淨德集 8/10b

莊公岳成都提刑　樂城集 27/11b　宋文鑑 40/10b

～同孫

莊同孫除大理寺丞制　東窗集 9/3b　後村集 61/5b

～序

莊序軍器監簿　後村集 61/10a

～松

御前諸軍副都統制莊松　宋本攻媿集 44/23b

～述

莊述降授儒林郎制　四庫拾遺 363/鶴林集

～夏

朝奉郎國子博士莊夏除國子監丞制　後樂集 1/9a

～翊

學士院勘留官遂州司户參軍莊翊青州壽光縣尉制　臨川集 55/14b

～徵

兩浙轉運使副使莊徵加直秘閣　劉給諫集 2/4b

莊徵試太府卿制　翟忠惠集 3/19a

畦　唫

蕃官可三班奉職制　四庫拾遺 57/彭城集

婁寅亮

婁寅亮除監察御史　程北山集 26/7b

～勝

殿前指揮使東第一班上名婁勝授承節郎　止齋集 11/5b

～機

婁機守吏部侍郎　育德堂外制 3/8a

～體仁

婁體仁除太學正制　蒙齋集 8/4b

畢　貴

畢貴等先因程待制依分鎮便宜指揮將前項功賞與轉官并同職昨隨殿前太尉婁殺劉倪立到奇功與轉行一官制　紫微集 12/13a

國大同

右從事郎國大同循右儒林郎　益國文忠集 95/14a　益公集 98/116a

成閔保明隨軍使換右迪功郎國大同轉從事郎　益國文忠集 95/20a　益公集 97/85a

～子實

醫官國士英男子實可轉一官制　摘文集 7/16a

～用安

忠州團練使淮東路鈐國用安除順昌軍承宣使右武衞將軍制　平齋集 22/1a

崇大年

崇大年著作佐郎制　臨川集 51/12a

～　正

亳州司馬崇正可供備庫使　武溪集 10/16b

～　恩

崇恩授承信郎制　四庫拾遺 343/鶴林集

崔之綱

崔之綱補承信郎制　東窗集 10/3a

～子堅

直龍圖閣提舉崇禧觀崔子堅特授中奉大夫

變州路常平上官合特授朝散大夫制　翟

忠惠集 4/5a

～中立

錄事參軍崔中立可太子中舍致仕制　郡溪

集 5/7b

殿中丞崔中立可國子博士制　元憲集 25/13b

～公度

試秘書省校書郎和州防禦推官充國子監直

講崔公度可試大理評事充彭德軍節度推

官　蘇魏公集 32/5b

朝散郎集賢校理崔公度可兵部郎官制　彭

城集 19/2b

崔公度將作少監　樂城集 29/2b

崔公度知潁州　樂城集 30/11a

～公藉

崔公藉可大理評事制　文恭集 14/27b

～　平

崔平爲與賊接戰陣歿贈承信郎制　紫微集

18/6a

～台符

崔台符降一官知相州　蘇東坡全集/外制中/16a

～　同

陝西移四通判延州崔同移渭州　樂城集 29/

15a

～　全

崔全通判延州　樂城集 27/12b

～仲安

茂州團練使崔仲安落致仕提舉西京崇福宮

制　翟忠惠集 2/25a

～仲通

變州通判崔仲通轉一官　筠谿集 4/21a

～邦弼

崔邦弼叙復軍實轉官　苕溪集 33/1a

崔邦弼轉一官　斐然集 12/21b

～宗旦

崔宗旦可大理寺丞制　文恭集 13/8a

～叔同

崔叔同特授承直郎制　四庫拾遺 287/鶴林集

～　迪

成忠郎崔迪轉一官　益國文忠集 95/17b　益公集

96/63a

～　佺

秉義郎崔佺自川陝前來行在投下機密文字

與優異推恩轉兩官　苕溪集 41/5a

崔佺自川陝至行在投下機密文字忠義遠來

理宜優異特轉兩官　苕溪集 42/3a

～彥進

崔彥進河陽三城節度使制太平興國二年十一月

宋詔令集 103/381

崔彥進加恩制　宋詔令集 103/381

崔彥進復官制　宋詔令集 104/384

～　亮

崔亮捕賊沈師等陣亡特與贈四官　西垣稿

2/4b

～　度

崔度蔡州制　元豐稿 22/3b

～昭明

東頭供奉官崔昭明可內殿崇班　西溪集 4(三

沈集 1/68a)

～　俞

刑部侍郎致仕崔嶧遺表親孫男俞將作監主

簿制　臨川集 52/11b

～　紡

崔紡爲上殿特與改合入官制　紫微集 19/15a

～　庥

祠部員外郎崔嶧男庥可試秘書省校書郎制

歐陽文忠集 79/11a

衛尉寺丞崔庥可大理寺丞　韓南陽集 18/8b

～　通

左知客押衙兼知進奏事崔通可三班借職制

摘文集 8/6b

～敦詩

進中興會要轉宣教郎告　玉堂稿/附錄 1a

除秘書省正字告　玉堂稿/附錄 1a

除崇政殿說書告　玉堂稿/附錄 1b

除著作佐郎告　玉堂稿/附錄 2a

進會要轉朝奉郎告 玉堂稿/附錄 2b

進日曆轉奉議郎告 玉堂稿/附錄 2b

進三朝寶訓轉朝散郎告 玉堂稿/附錄 3a

除國子司業告 玉堂稿/附錄 3b

再除崇政殿說書告 玉堂稿/附錄 3b

進讀正說轉朝請郎告 玉常稿/附錄 4a

除中書舍人告 玉堂稿/附錄 4b

贈中大夫告 玉堂稿/附錄 5a

致仕告 玉堂稿/附錄 5a 蜀文粹存 65/14a

~ 琪

行門崔琪授官制 彭城集 23/17b

~ 越

崔越係溫州兵官及巡檢並船場官緣本州城外遺火並不部帶兵弁前去救撲以致延燒入城州東一半居民屋宇兼其夜民心驚擾之際致兵士搶奪其縱容受乞錢物降一官制 紫微集 15/9b

~ 卓

崔卓正任觀察使制 盤洲集 21/8b

~象先

崔象先帶御器械制 元豐稿 22/9b 宋文鑑 39/9a

~象明

崔象明可殿中丞制 文恭集 14/20b

~ 復

虞部員外郎崔復可比部員外郎 蘇魏公集 31/4b

~ 詩

崔詩勒 襄陵集 3/13a

~ 福

崔福轉兩官制 平齋集 20/20a

崔福轉四官授武功大夫制 平齋集 22/3b

崔福叙復武節郎制 四庫拾遺 323/翰林集

~ 愈

殿中丞崔愈可國子博士制 歐陽文忠集 80/9a

~端純

崔端純除倉部郎官制 平齋集 22/4b

~ 廣

崔廣轉官制 橫塘集 7/5a

~與之

資政殿學士太中大夫提舉臨安府洞霄宮崔與之特授正議大夫右丞相兼樞密使加食邑食實封制 東澗集 5/4b

吏部尚書崔與之明堂進封南海郡開國公加

恩制 平齋集 17/15b

吏部尚書崔與之除端明殿學士提舉西京崇福宮制 平齋集 18/4a

端明殿學士廣東經略知廣州崔與之除參知政事加食邑四百戶制 平齋集 23/17a

崔與之除端明殿學士廣東經略制 蒙齋集 9/17a

~ 瑾

三班借職崔瑾可換縣尉制 歐陽文忠集 80/3a

~憲成

崔憲成補保義郎制 東窗集 10/4b

~憲政

崔憲政補修武郎制 東窗集 10/4b

~ 翰

崔翰加恩制 宋詔令集 103/382

崔翰定國軍節度使制 宋詔令集 103/383

崔翰加恩制 宋詔令集 104/385

~ 嶧

尚書屯田員外部通判鳳翔府崔嶧可尚書都官員外郎制 元憲集 24/2b

工部侍郎充集賢院學士崔嶧刑部侍郎致仕制 臨川集 53/7b

崔嶧刑部侍郎致仕 王文公集 13/10a 宋文鑑 38/12a

~ 興

崔興補承節郎制 平齋集 22/19a

~ 謹

守閤進勇副尉崔謹贈承節郎與一子父職名更與一子進勇副尉於今正月二日在臨淮縣北曹家庄陣亡 益國文忠集 98/6a 益公集 98/112b

~ 鵠

崔鵠可殿中丞制 文恭集 15/15b

~懷忠

追官人前供備庫副使崔懷忠内殿承制制 臨川集 55/10b

~ 氏

貴妃崔氏降爲庶人制 宋詔令集 24/118

符行中

符行中除太府少卿四川總領 海陵集 18/7a

~拱之

殿中丞符拱之可太常博士 西溪集 4(三沈集 1/74b)

大理評事符拱之可大理寺丞制　華陽集 27/ 7a

~思栗

符思栗爲偷盜官錢壇離職守特降一官制　紫微集 15/5b

~溥

奉使官屬承節郎符溥轉一官　宋本攻媿集 30/ 17a　攻媿集 34/15b

~滁

寄資右武大夫遙郡團練使符滁降兩官放罷　宋本攻媿集 30/21b　攻媿集 34/19b

~鎭

采石立功人各轉官符鎭轉遙郡團練使　益國文忠集 95/5b　益公集 96/57b

符鎭降一官　益國文忠集 96/13b　益公集 98/102a

~氏

官人符燕燕轉永寧郡夫人　宋本攻媿集 34/12a　攻媿集 38/11b

逢汝霖

逢汝霖利州路運副　苕溪集 45/3a

逢汝霖除太府少卿依舊湖廣總領　海陵集 19/6b

~維翰

右迪功郎鎭江府司户權察推逢維翰裁埋鹿角暗椿自建康界至江陰軍界關百七十里循一資　益國文忠集 95/4a　益公集 97/85b

魚周物

魚周物可殿中丞制　文恭集 13/8a

~周詢

鹽鐵副使吏部員外郎魚周詢可天章閣待制知成德軍　武溪集 10/3b

省副魚周詢加大夫階勸省判同詞　武溪集 11/2a

~澤

魚澤轉遙防遙團　張華陽集 1/6b

尉閒詩

朝請郎尉閒詩前知永康軍拖欠綱運降兩官　宋本攻媿集 30/20b　攻媿集 34/18b

屠思正

忠翊郎屠思正監轉製造御前軍器所實及五

年轉一官　宋本攻媿集 34/19a　攻媿集 38/18a

將凌

蕃官左藏庫副使將凌可轉一官制　摘文集 8/3b

張九成

張九成落致仕　筠溪集 5/25a

張九成爲臣僚工言落職依舊知邵州制　紫微集 17/1a

~之德

張之德循資制　東牟集 7/35b

~之謀

權淫原路兵馬鈐轄皇城使萬州團練使張之謀可轉兩資西上閤門使制　彭城集 19/18a

張之謀權知淶州　蘇東坡全集/外制下/9b

張之謀知德順軍　樂城集 29/1b

~于

奏舉人前同知郞陽縣令張于可著作佐郎　西溪集 6(三沈集 2/53a)

~士文

右班殿直閤門看班祇候同提點承受張士文可閤門祇候制　摘文集 5/11a

~士元

直秘閣知安豐軍張士元職事修舉特轉一官令再任　益國文忠集 100/3b　益公集 100/143b

~士份

張士份降一資　西垣稿 1/9b

~士明

張士明可太子中舍人制　文恭集 14/18b

~士禹

殿中省尚藥奉御直翰林醫官院張士禹可殿中省尚藥奉御充翰林醫官副使　蘇魏公集 32/8a

~士兼

秉義郎張士兼該修製奉上德壽宮册寶實轉一官　益國文忠集 94/5b　益公集 97/87a

~士廉

東頭供奉官張士廉可轉三官制　摘文集 8/2b

張士廉敘官制　東牟集 7/18b

~士端

沂國公主趙氏奏苗賢妃親姊永安縣君苗氏男張士端試將作監主簿制　臨川集 54/12a

~士遜

工部郎中張士遜可户部郎中直昭文館充壽春郡王府官制 文莊集 1/9a

奏舉人前彬州宣章縣尉監溫州大富南監張士遜可大理寺丞制 元憲集 25/10a

張士遜拜相制 宋詔令集 52/267

張士遜拜相制 宋詔令集 53/269

張士遜進昭文相制 宋詔令集 53/269

張士遜拜昭文相制 宋詔令集 53/271

張士遜罷相出知江寧府制 宋詔令集 66/322

張士遜罷相刑部尚書知江寧府制 宋詔令集 66/322

張士遜罷相判河南府制 宋詔令集 66/323

張士遜罷相授使相判許州制 宋詔令集 66/324

張士遜致仕制 宋詔令集 67/326

~ 士澄

劍南節度推官張士澄等可大理寺丞制 邛溪集 3/6b

張士澄通判定州 樂城集 28/10b

~ 士變

張士變可都官員外郎制 文恭集 15/11a

~ 大中

東頭供奉官張大中轉兩官制 曲阜集 3/8b

皇城使張大中可遂郡刺史制 摘文集 5/3a

東頭供奉官張大中轉兩官 宋文鑑 40/17a

~ 大可

張大可降受武功郎制 四庫拾遺 321/翰林集

~ 大年

溫州通判張大年起發經總制錢最違慢降一官 益國文忠集 96/13b 益公集 97/90a

~ 大忠

張大忠先降一官送大理寺取勘制 摘文集 6/10a

~ 大受

張大受可殿中丞制 文恭集 15/10b

~ 大獻

張大獻湖南提舉 育德堂外制 5/4a

~ 大經

在外大中大夫以上致仕官該覃恩轉官、龍圖閣學士通奉大夫張大經 宋本攻媿集 37/2b 攻媿集 41/2b

~ 大概

張大概循右文林郎制 東窗集 13/9a

~ 大聲

張大聲特降一資 西垣稿 2/8a

~ 上行

張上行直秘閣制 大隱集 1/11a

~ 千

瓜州及皂角林陣亡官兵贈官張千贈六官與六資恩澤係於横行遂郡上分贈 益國文忠集 98/2b 益公集 97/83b

~ 了方

張子方可著作佐郎制 文恭集 12/8b

~ 子元

太子中舍張子元可殿中丞制 元憲集 23/6a

~ 子仁

張子仁除直顯謨閣 海陵集 13/7b

~ 子正

張子正除直顯謨閣 海陵集 13/7b

~ 子良

歸順人張子良補武翼郎京東路兵馬鈐轄制 平齋集 22/12b

~ 子庚

張子庚可殿中丞依舊知縣制 文恭集 18/15b

大理評事張子庚可大理寺丞制 歐陽文忠集 79/5b

~ 子厚

使臣武功大夫閤門宣贊舍人張子厚三官遂郡 程北山集 27/1b

~ 子皐

秘書丞監撫州鹽酒稅張子皐降授大理寺丞餘依舊制 宋詔令集 204/761

~ 子華

張子華軍器監丞制 筠溪集 5/10a

~ 子蓋

妻某氏 張子蓋妻封國夫人制 盤洲集 23/4a

除張子蓋加食邑制 海陵集 11/9a

鎮江都統制張子蓋除淮南東路招撫使 益國文忠集 95/11a 益公集 96/66a

檢校少保安德軍節度使龍神衛四廂都指揮使充鎮江府駐劄御前諸軍都統制張子蓋守本職致仕 益國文忠集 96/6b 益公集 98/98b

張子蓋贈太尉 益國文忠集 97/4a 益公集 98/99a

~ 子震

張子震補承信郎 西垣稿 2/7a

~ 子瑾

大理評事知開封府扶溝縣張子瑾可大理寺

丞制 蔡忠惠集 11/5b

~子儀

張子儀轉右朝奉郎制 東窗集 9/5a

~子顏

張子顏除直顯謨閣 海陵集 13/7b

張子顏降敷文閣直學士提舉江州太平興國官 西垣稿 1/11a

~斗南

張斗南廣西通判 育德堂外制 2/7b

~文用

張文用授隨龍武經大夫 鶴林集 7/20b

~文仲

右街司正名孔目官張文仲蓬州蓬山縣主簿依前充職制 臨川集 55/16a

~文告

張文告可著作佐郎制 文恭集 14/13b

~文琇

河中府推官張文琇可大理寺丞 咸平集 29/1b

~文簡

奉職張文簡青州 西溪集 6(三沈集 2/48a)

~ 兀

張兀可客省使加食邑三百戶制 文恭集 17/9a

~ 元

指使三班差使張兀宣特贈內殿崇班制 蔡忠惠集 9/13a

~方平

張方平特綬給事中進封清河郡開國侯加食邑五百戶制 文恭集 17/2b

張方平可秘書省校書郎充知縣制 元憲集 23/3b

張方平爲端明殿學士 蔡忠惠集 13/4b

父張堯卿 張端明(方平)父制 蔡忠惠集 13/4b

端明殿學士兼龍圖閣直學士張方平可加上輕車都尉食實封二百戶制 蔡忠惠集 13/7b

前戶部尚書參知政事張方平可依前官充觀文殿學士知河南府兼西京留守司 蘇魏公集 30/1b

戶部尚書張方平可參知政事制 郎溪集 1/3a

祖張嶠 張方平祖 樂城集 32/10b

父張霈 張方平父 樂城集 32/11a

~天才

張天才制 劉給諫集 2/10b

~天占

前權雄州防禦推官張天占可大理寺丞 蘇魏公集 30/9b 東窗集 9/4a

~天民

張天民爲敕令所編修在京通用條册成書係本所供檢文字轉一官制 紫微集 12/2b

~天綱

張天綱授武翼郎添差隆興府兵馬鈴轄制鶴林集 9/5a

~元方

著作佐郎張元方可秘書丞 西溪集 6(三沈集 2/41b)

張元方權發遣府界提點 樂城集 29/15b

~元長

張元長授忠訓郎 四庫拾遺 337/鶴林集

~元簡

張元簡除太府寺丞制 平齋集 19/4b

張元簡除湖南路轉運判官兼知鄂州制 平齋集 19/21a

張元簡除直寶文閣知鄂州兼沿江制置副使制 平齋集 20/14b

~ 雲

應辨中官册寶張雲轉一官制 東窗集 8/16b

~太一

張太一可國子監丞致仕制 文恭集 20/8a

~太初

張太初可大理寺丞制 文恭集 14/6a

張太初可加輕車都尉制 文恭集 17/8a

~太沖

張太沖可司農少卿制 文恭集 16/5b

~太寧

張太寧提舉秦鳳等路常平制 元豐稿 22/8b

殿中丞張太寧可太常博士制 郎溪集 3/10b

大理評事張太宓 西溪集 4(三沈集 1/66b)

張太寧漢州 樂城集 27/12a

~ 友

書藝局藝學張友可轉一官 摘文集 8/5b

~友直

集賢殿修撰鄧州張友直可天章閣待制知陝州制 華陽集 29/3a

~友直

皇后幹辨宅從義郎張友直特轉一官 止齋集 11/2b

～友賢

開封府法曹參軍張友賢可大理寺丞依舊知法曹參軍公事制　蔡忠惠集 10/11b

～中孚

曾祖張遇　起復檢校少傅寧國軍節度使開府儀同三司充體泉觀使張中孚曾祖遇贈太子太保制　東窗集 11/8b

曾祖母王氏　張中孚曾祖母王氏贈定襄郡夫人制　東窗集 11/9a

祖張存　張中孚祖存贈太子太傅制　東窗集 11/9a

祖母賀氏　張中孚祖母賀氏贈同安郡夫人制　東窗集 11/9b

祖母仇氏　張中孚祖母仇氏贈文郡夫人制　東窗集 11/10a

父張逵　張中孚父逵追封榮國公制　東窗集 11/10a

母岳氏　張中孚前母岳氏贈華國夫人制　東窗集 11/10b

母李氏　張中孚故母李氏贈瀛國夫人制　東窗集 11/10b

妻王氏　張中孚妻王氏封平原郡夫人制　東窗集 11/11a

曾祖張遇　起復檢校少傅寧國軍節度使開府儀同三司充體泉觀使張中孚曾祖遇贈少保制　東窗集 11/21a

曾祖母王氏　張中孚曾祖母王氏贈成國夫人制　東窗集 11/21b

祖張存　張中孚祖存贈少傅制　東窗集 11/21b

祖母賀氏　張中孚祖母賀氏贈魏國夫人制　東窗集 11/22a

祖母仇氏　張中孚祖母仇氏贈永國夫人制　東窗集 11/22b

父張逵　張中孚父逵贈慶國公制　東窗集 11/22b

母岳氏　張中孚前母岳氏贈楚國夫人制　東窗集 11/23a

母李氏　張中孚母李氏贈鄆國夫人制　東窗集 11/23a

妻王氏　張中孚故妻王氏贈韶國夫人制　東窗集 11/23b

妻孟氏　張中孚妻孟氏封景國夫人制　東窗集 11/23b

父張逵　張逵爲男中孚奏先父逵於靖康二

年勤王殺敗金兵又隨解讀應援太原奮不顧死遂至戰沒特加贈開府儀同三司制　紫微集 16/18b

～中彥

妻常氏　龍神衛四廂都指揮使張中彥妻常氏可特封碩人制　紫微集 18/12b

～中庸

張中庸可兵部員外郎制　义恭集 15/4b

張中庸可開封府判官制　文恭集 18/7b

兵部員外郎張中庸可開封判官　公是集 30/6b　宋文鑑 38/5a

～公庠

奏舉人張公庠著作佐郎制　臨川集 51/12a

張公庠可廣東轉運副使　蘇東坡全集/外集/中/10a

～公濟

張公濟轉一官制　橫塘集 1/8b

樞密院檢詳諸房文字張公濟右司郎中　程北山集 27/3a

張公濟倉部郎官　浮溪集 8/10a　浮溪集/附拾遺 8/94

張公濟除右司員外郎制　大隱集 2/5b

中奉大夫新除右司員外郎張公濟可除中書門下省檢正諸房公事制　北海集 4/7a

～公舉

張公舉爲殺敗金兵轉武式顯郎制　紫微集 19/14b

～公蓋

奉朝奏大夫通判德慶府權英州張公蓋失陷官錢科援民户特降一官放罷永不得與親民差遣　止齋集 13/9b

～升卿

朝散郎權發遣建昌軍張升卿可叙朝散郎制　彭城集 20/19b

廣東轉運判官張升卿降一官小郡通判制　彭城集 22/4a

～仁惠

堂後官大理寺丞張仁惠可加輕車都尉制　文莊集 2/6b

張仁惠可尚書膳部郎中制　元憲集 22/5b

～仁操

追官人張仁操除官　咸平集 29/9b

～及孫

特勒停人前守將作監主簿張及孫復舊官制

臨川集 55/8a

~ 允

張允可國子博士制 文恭集 14/18a

~ 允中

張允中該修玉牒循從事郎 宋本攻媿集 31/20b 攻媿集 35/20a

文林郎張允中該修壽皇玉牒循一資 宋本攻媿集 35/24b 攻媿集 39/23a

~ 允修

比部員外郎致仕張緯男允修可將作監主簿制 歐陽文忠集 80/11b

張允修右文林郎制 東窗集 13/9b

~ 允弼

敦武郎張允弼進本路圖籍特與轉兩資 芸溪集 43/3a

~ 允濟

閤門宣贊舍人張允濟應奉人使一十次轉一官制 後樂集 1/27b

~ 允蹈

張允蹈循左儒林郎制 東窗集 13/9b

~ 立

前真定府録事參軍張立可大理寺丞制 元憲集 23/9b

~ 永

太醫丞張永可轉一官制 摘文集 7/15b

~ 永年

中書守閤録事張永年中書録書事 韓南陽集 16/9b

~ 永年

內殿崇班張永年可特授內殿承制制 摘文集 5/10b

~ 永德

張永德可衢州常山縣尉兼主簿制 文恭集 18/23a

~ 永德

文思副使張永德可轉一官制 摘文集 5/3b

~ 平易

光祿卿直龍圖閣張旨遺表親男平易守將作監主簿制 臨川集 52/12a

~ 玉

內殿崇班張玉可內殿承制制 蔡忠惠集 10/5b

供備副使張玉可特授供備庫副使制 蔡忠惠集 10/10b

~ 正

張正可太子中舍人致仕制 文恭集 20/5a

~ 正己

前岳州平江縣張正己可大理寺丞致仕 公是集 30/11a 宋文鑑 37/18a

~ 正夫

入內內侍省官張正夫可特轉一官制 摘文集 7/5a

~ 去惑

奏舉人前權平江軍節度推官張去惑可將作監丞制 元憲集 21/6a

著作佐郎張去惑可秘書丞制 歐陽文忠集 80/4a

著作佐郎張去惑可秘書監 宋文鑑 37/8a

~ 世長

中書守閤録事守大名府別駕張世長中書録事制 臨川集 55/14b

~ 世昌

諸司使副陝西緣邊都監知州張世昌轉官制 元憲集 22/7a

~ 世昌

兩朝佑聖太夫人姪孫左侍禁閤門看班祇候張世昌可轉一官制 摘文集 7/12b

~ 世昌

皇子府抱筍人張世昌轉一官 益國文忠集 94/8b 益公集 96/72b

~ 世忠

安榮贈三官恩澤三資張世忠贈承信郎制 東窗集 12/18b

~ 世矩

張世矩再任鎮戎軍 蘇東坡全集/外制中/12b

~ 世傑

武功大夫左屯衛將軍權發遣高郵軍事張世傑白鹿磯功賞轉右武大夫依舊職任 後村集 70/7a

張世傑特授保康軍節度使左舍吾衛上將軍浙西制置副使兼知平江府仍舊帶行樞密都承旨揚州駐劄御前諸軍都統行樞督府總統一應軍馬加食邑食實封制 四明文獻集 4/21b

張世傑依前保康軍承宣使樞密副都承旨特授沿江制置副使知江陰軍兼浙西策應使諾 四明文獻集 5/21b

張世傑依前保康軍承宣使帶行樞密都承旨特授龍神衛四廂都指揮使諾 四明文獻集

5/22b

~世榮

淮東運使趙師覃奏恤武郎張世榮管押歲幣沿路盜橫生事降兩官送吏部與合入差遣　止齋集 12/3a

~世興

張世興☐☐〔贈〕成忠郎制　四庫拾遺 349/鶴林集

~本

張本降授宣教郎制　四庫拾遺 298/鶴林集

~可大

張可大授武顯大夫添差淮南西路馬步副總管依舊知壽春府制　鶴林集 8/18a

~布

張布宗正丞　尊白堂集 5/39a

~令

入內東頭供奉官張令可轉一官制　摘文集 7/5a

~令衍

張令衍轉敦武郎制　東窗集 10/14b

~令敏

迪功郎張令敏用憲聖慈烈皇后上僊掩壙覃賞循從事郎制　後樂集 1/5b

~令照

從政郎郡武軍司理張令照降兩資放罷　宋本攻媿集 30/2a　攻媿集 34/2a

~仙

武德郎張仙轉二官制　橫塘集 7/7a

成閔保奏瓜州及皂角林陣亡官兵武功至武翼大夫張仙贈六官與六資恩澤係於橫行遙郡上分贈　益國文忠集 98/2b　益公集 97/83b

~白

濰州昌邑縣主簿張白授大理寺丞致仕制　蔡忠惠集 9/21a

~用

虞部員外郎知蔡州張用可比部員外郎餘如故制　文莊集 2/12b

~用成

登仕郎太常寺太樂正張用成可太樂署丞制　元憲集 25/14a

~汝舟

張汝舟除直顯謨閣依舊知明州制　大隱集 2/27b

~汝弱

入內左藏庫使張汝弱可左藏庫使制　摘文

集 6/3b

~汝賢

張汝賢可直龍圖閣發運副使　蘇東坡全集/外制上/9b

張汝賢右司郎中　樊城集 30/12b

~汝霖

太學録張汝霖工部員外郎制　翟忠惠集 3/6b

~宇

張宇除直秘閣福建路轉運副使制　東窗集 6/9a

張宇除吏部員官制　東窗集 8/6a

~守

父張彥直　資政殿學士張守故父贈太子少師彥直贈太子太保　程北山集 25/4b

母王氏　故母永嘉郡夫人王氏贈文安郡夫人　程北山集 25/5a

妻姚氏　妻普安郡夫人姚氏封太寧郡夫人　程北山集 25/5a

張守知紹興府　程北山集 27/8a

御史中丞張守禮部侍郎制　浮溪集 11/12b　浮溪集/附拾遺 11/132

祖父張昊　資政殿大學士左正議大夫提舉臨安府洞霄宮張守祖昊贈少保制　東窗集 7/8a

祖母侯氏　祖母侯氏贈榮國夫人制　東窗集 7/8b

父張彥直　父彥直贈太保制　東窗集 7/9a

母王氏　母王氏贈豫國夫人制　東窗集 7/9a

妻姚氏　妻姚氏封安定郡夫人制　東窗集 7/9b

張守翰林學士制　大隱集 1/4a

張守簽書樞密院制　大隱集 3/2a

張守資政殿大學士轉一官加食邑知婺州　筠溪集 4/3b

張守侍讀醴泉觀使　斐然集 13/15a

~守中

前守霸州大城令張守中可許州別駕　咸平集 28/5b

~守忠

張守忠降官制　楊溪集 5/30a

張守忠降官制　楊溪集 5/33a

~守約

張守約因黔州團結義軍應副宣撫司使喚依期起發在路無擾轉忠訓郎制　紫微集 13/

4a

~守真(釋)

傳應法師張守真加通妙二字勅　襄陵集 3/5a

~守誠

妻趙氏　張守誠妻趙氏封郡主制　道鄉集 15/8b

~安上

權提點兩浙刑獄公事朝請大夫張安上可湖北轉運副使　彭城集 19/16a

新差湖北轉運副使張安上可倉部郎中制　彭城集 20/10a

知常州張安上可兩浙提刑朝請郎　蘇東坡全集/外制中/15a

~安上

原標幹辦內東門張安上轉歸吏部充德壽宮差遣　益國文忠集 94/7b　益公集 94/29b

~安仁

武功大夫集慶軍承宣使入内内侍省副都知張安仁除入内内侍省都知　止齋集 11/5a

~安祚

内侍寄資武功大夫張安祚轉歸吏部制　西垣稿 1/11b

~安國

張安國可衛尉寺丞制　文恭集 14/14a

~安國

秉義郎張安國轉從義郎　鴻慶集 25/8b　孫尚書集 25/13b

張安國換給承節郎　筠溪集 4/22a

~安雅

蘄州廣濟縣令張安雅可著作佐郎制　郎溪集 3/5b

~安道

進武校尉張安道差齎文字過界與轉一官　若溪集 31/1b

~安節

武平知縣張安節降一官制　東窗集 12/24b

~次元

張次元大理評事制　臨川集 51/9a

~次立

屯田郎中張次立可都官郎中　蘇魏公集 30/4b

~ 式

張式可賓州軍事推官制　文恭集 18/14a

~ 吉

内殿崇班張吉轉兩官　摘文集 6/10b

故供備庫副使張吉可贈三官制　摘文集 8/2b

~朴令狐

秦州東路弓門寨界蕃巡檢副都軍主張仆令狐可銀酒監武充本族都軍主　蘇魏公集 31/12a

~ 在

客省使眉州防禦使張元遣表孫在將作監主簿制　臨川集 52/13a

~存誠

張存誠轉右朝請郎制　東窗集 13/12a

~成大

張成大等爲温州遣火延燒千餘家成大通判權攝郡事罪不可逭知通兵官各降一官制　紫微集 15/9a

~成憲

張成憲除金部郎官　張華陽集 7/2b

~ 至

客省使眉州防禦使張元遣表孫至將作監主簿制　臨川集 52/13a

~同之

母某氏　淮西提舉張同之磨勘合轉一官乞回授封母　止齋集 17/6a

淮西提舉張同之轉一官再任　止齋集 17/11a

~同文

太子中舍同判信州張同文可殿中丞制　文莊集 2/11b

~ 全

張全轉保義郎制　東窗集 10/17a

張全贈拱衛大夫制　盤洲集 20/8a

~ 末

張末除秘書少監制　道鄉集 15/4a

張末直龍圖閣知揚州制　道鄉集 15/4b

張末落職監當制　宋詔令集 208/783

知汝州張末落直龍圖閣依前朝散郎管勾亳州明道官制　宋詔令集 211/798

張末散官黃州安置制　宋詔令集 212/803

~先之

張先之降授儒林郎制　四庫拾遺 364/鶴林集

~ 仲

張仲可左班殿直　蘇東坡全集/外制中/11a

~ 仲

歸順人張仲補承信郎制　平齋集 17/18b

~仲宣

張仲宣可太子中舍人制 文恭集 14/18a

~仲英

張仲英降官制 劉給諫集 2/7b 宋詔令集 210/795

~仲容

合州巴川縣令張仲容可大理寺丞制 郎溪集 3/8b

知邵州張仲容可知建昌軍制 彭城集 22/18a

~仲剛

張仲剛補承信郎守殿司準備差使 鴻慶集 25/8a 孫尚書集 25/13a

~仲卿

奏舉人前權蔡州觀察副使張仲卿可大理寺丞制 蔡忠惠集 10/13a

~仲莊

張仲莊可太常博士制 文恭集 15/13a

~仲寧

張仲寧爲前監小富鎮酒稅務合同場日於本鎮上等井戶處人夫搬取宅舍及失覺察公人商友等取乞客人鋪戶井戶等錢事降一官衝替制 紫微集 15/6b

~仲熊

張叔夜男將仕郎仲熊改合入官 鴻慶集 25/4b 孫尚書集 25/6b

~仲綱

宣德郎開封府參軍張仲綱可兵曹參軍制 摘文集 5/5b

~自成

先朝鄉貢三傳張自成可奉禮郎致仕制 華陽集 28/6b

~自明

衛尉寺丞張自明可右贊善大夫賜緋 咸平集 28/11b

~自牧

張自牧補從事郎御營使司準備差使制 浮溪集 8/11b 浮溪集/附拾遺 8/95

張自牧轉兩官直秘閣京東轉運判官制 浮溪集 8/13b 浮溪集/附拾遺 8/96

~ 向

朝散郎張向可光祿寺主簿制 彭城集 22/16a

~行成

十二考人前權建雄軍節度推官張行成可著作佐郎制 元憲集 23/8a

~行簡

太子中舍張行簡可舊官制 文莊集 1/8b

東頭供奉官張行簡可率府率致仕制 歐陽文忠集 79/15a

張 汶

張汶係權京西南路安撫司使喚本路副總管王關輊生叛逆次掩殺收復房州便宜特授武義大夫兼閤門宣贊舍人制 紫微集 13/11b

~宋卿

張宋卿秘書郎制 盤洲集 21/4a

~ 言

武功大夫張言降一官 歸愚集 7/1b

~ 兌

太子中舍通判衡州張兌可殿中丞 公是集 30/6b 宋文鑑 37/13b

虞部郎中張兌可比部郎中 蘇魏公集 29/7a

~良臣

張良臣循右從政郎制 東窗集 13/6b

~良顯

侍衛馬軍行司權管幹本軍馬職事 宋本攻媿集 44/23a

~ 杓

張杓刑部 程北山集 24/5b

張杓降官 歸愚集 7/6a

~初平

張初平可大理寺丞充堂後官制 文恭集 14/9a

~ 玘

太子中舍張玘服除可舊官制 郎溪集 5/5b

~ 玘

張玘轉官 張華陽集 2/2b

~ 戒

樞密使張昇奏親孫男戒守秘校制 臨川集 52/9a

~ 戒

張戒兵部郎官制 筠溪集 5/3a

張戒國子丞 斐然集 12/10a

~ 志

張志復職制 橫塘集 7/12a

張志爲掩殺度賊減二年磨勘係右迪功郎比類合循一資制 紫微集 13/7a

~孝友

奏舉人前真州録事參軍張孝友可大理寺丞制 元憲集 23/9a

~孝仲

張孝仲軍器監丞　育德堂外制 5/12a
~孝伯
　司農寺主簿張孝伯除國子監　止齋集 18/3b
　張孝伯司農寺主簿　宋本攻媿集 32/13b　攻媿集 36/13a
~孝芳
　瀧州軍變守臣張孝芳被害特贈三官與兩子恩澤　止齋集 11/6b
~孝忠
　右侍禁張孝忠可轉一官制　摘文集 7/6a
~孝思
　權知鄆州張孝思可降兩官制　北海集 5/10a
~孝祥
　張孝祥復集英殿修撰知靜江府制　盤洲集 24/1a
　張孝祥除禮部郎官　海陵集 15/8a
　張孝祥除起居舍人　海陵集 15/3a
　知撫州張孝祥復集英殿修撰　益國文忠集 96/16a　益公集 96/61a
　初補承事郎授鎮東簽判誥　于湖集/附 11a
　轉宣教郎誥　于湖集/附 11b
　除秘書郎誥　于湖集/附 12b
　除著作郎誥　于湖集/附 13a
　除禮部尚書郎誥　于湖集/附 13a
　轉朝散大夫誥　于湖集/附 13b
　陞中書舍人直學士院誥　于湖集/附 14a
　除秘撰改知潭州權荊南提刑誥　于湖集/附 14b
　陞顯謨閣直學勅黃　于湖集/附 15a
~孝曾
　湖北提舉張孝曾變路提刑　宋本攻媿集 32/8a　攻媿集 36/7b
~　杞
　張杞除秘書少監　海陵集 16/6b
~克家
　嘉王府講尚書徹章官屬諸色祇應人轉一官資講堂使臣秉義郎張克家　宋本攻媿集 30/13b　攻媿集 34/13a
~克敏
　張克敏可轉一官制　摘文集 8/5a
~　扶
　前將作監主簿張扶舊官服闕制　臨川集 52/8a
~　抑

張抑知平江府制　尊白堂集 5/31b
朝請郎張抑係舒光舉主降兩官　宋本攻媿集 30/11b　攻媿集 34/11a
湖北轉運副使張抑太府少卿湖廣總領　宋本攻媿集 31/19a　攻媿集 35/18b
~　至
　張至等補承信郎　四庫拾遺 348/翰林集
~見道
　張見道等降官制　樓塘集 7/14b
~希一
　引進副使張希一可西上閤門使制　華陽集 30/7b
~希甫
　張希甫可大理評事制　文恭集 14/24b
~希房
　軍器庫副使兼醫官副使張希房可轉一官制　摘文集 7/15b
~希亮
　張希亮國子監丞　芸溪集 32/2a
~邦昌
　張邦昌知光州制　翟忠惠集 2/15b
　張邦昌貢授昭化軍節度副使潭州安置制　浮溪集 12/1b　新安集 1/3b
~邦憲
　承事郎守光祿寺丞張邦憲可宣義郎光祿寺丞制　摘文集 4/6b
~　利
　大理寺丞知口州滴河縣張利可太子中舍制　元憲集 24/12a
~利一
　張利一自真定總管移知代州　樂城集 27/11a
~　佑
　前代州軍事判官張佑可著作佐郎　蘇魏公集 34/4a
　入內內庭承制張佑可轉一官制　摘文集 7/5b
~延年
　奏舉人前鳳州梁泉縣令張延年改官　蘇魏公集 32/9b
~攸彥
　張攸彥轉忠訓郎制　東窗集 10/10a
~伯昌
　朝奉郎張伯昌可轉一官制　摘文集 7/9b
~伯望
　張伯望爲殺獲度賊劉宣等轉修武郎制　紫

微集 17/9b

～伯通

張伯通可試大理評事充奉寧軍節度推官制

文恙集 18/14b

～伯奮

張叔夜男承直郎伯奮合入官　鴻慶集 25/4b

孫尚書集 25/6b

即之

張即之降授朝請郎制　四庫拾遺 352/翰林集

～ 昷

張昷可東染院使制　文恙集 17/10b

父張義政　禮賓副使張昷父義政可太子

清道率府率致仕　武溪集 10/11a

母寶氏　張昷母寶氏封縣君　武溪集 10/

11b

～ 泌

太常博士張泌可尚書屯田員外郎制　元憲

集 23/2a

～宗元

宣撫處置使司主管機宜文字張宗元可除工

部員外郎依舊制　北海集 3/14a

父張澤　寶文閣直學士朝議大夫知靜江

軍府事兼本路經略安撫使張宗元父澤

贈右奉直大夫制　東窗集 7/24a

母田氏　張宗元母田氏贈碩人制　東窗

集 7/24a

妻劉氏　張宗元妻劉氏封碩人制　東窗

集 7/24b

張宗元知靜江府制　東窗集 13/2a

張宗元工部員外郎制　大隱集 2/2a

張宗元樞密都承旨　筠溪集 4/5a

張宗元轉官　斐然集 12/18a

張宗元司農少卿制　盤洲集 19/1b

張宗元知洪州　海陵集 13/7a

張宗元除將作監　海陵集 19/6a

～宗尹

張宗尹轉官　育德堂外制 5/14a

～宗臣

御前尚書學究及第張宗臣亳州司法參軍制

臨川集 55/4b

～宗臣

張宗臣大理寺丞制　浮溪集 8/11a

～宗況

張宗況轉一官與幹官差遣　止齋集 18/9a

～宗益

張宗益起復武翼郎充殿前司將官制　盤洲

集 23/4a

～宗訥

內殿崇班張宗訥可內殿承制　西溪集 4(三沈

集 1/78a)

～宗道

龍圖閣直學士吏部郎中權知開封府沈遵奏

醫人張宗道可試國子四門助教不在選限

韓南陽集 16/5b

～宗道

虞部員外郎張宗道可比部員外郎　蘇魏公

集 30/5b

～宗愈

張宗愈轉一官與幹官差遣　止齋集 18/9a

～宗雅

屯田員外郎張宗雅可都官員外郎　西溪集 6

(三沈集 2/32a)

～宗說

奏舉人前權西京留守判官張宗說可大理寺

丞　西溪集 6(三沈集 2/53a)

～宗海

太常少卿張宗海可四方館使文州刺史知貝

州制　元憲集 25/2b

～宗廣

張宗廣為捕獲姜貴一十四人謀叛轉一官換

給制　紫微集 72/12b

～宗賢

沂州防禦使張宗賢可授崇信軍承宣使制

北海集 4/7b

～宗濤

張宗濤循文林郎　育德堂外制 5/13b

追官勒停人張宗濤敘復朝請郎制　四庫拾

遺 354/翰林集

～宗顏

張宗顏轉四官遙宣　斐然集 12/6b

～ 官

張官致仕制　歸愚集 7/5b

～ 京

奏舉人前渭州司理參軍張京可著作佐郎制

元憲集 23/4a

～ 庚

張庚可大理寺丞制　文恙集 14/13a

張庚充開封推官制　景文集 31/3b

~炎震

張炎震降授修職郎制　四庫拾遺 310/翰林集

~奉顏

張奉顏換給武翼郎制（1－2）　東窗集 13/3a－3b

~　青

張青贈承節郎制　四庫拾遺 342/翰林集

~　玠

張玠除廣西提刑　止齋集 17/7a

~亞之

承議郎張亞之可知開封府祥符縣制　彭城集 19/15a

~　林

僞安平都尉張林補承信郎制　平齋集 21/21b

~　枃

煥章閣學士知襄陽府張枃徽獻閣學士知建康府　止齋集 18/1a　宋本攻媿集 31/22b　攻媿集 35/22a

中奉大夫襄陽府張枃磨勘轉官　宋本攻媿集 32/14a　攻媿集 36/13b

新徽獻閣學士知建康府張枃依舊知襄陽府　宋本攻媿集 33/14b　攻媿集 37/14a

在外大中大夫以上官知州府該覃恩轉官徽獻閣學士中大夫知襄陽府張枃　宋本攻媿集 36/23a　攻媿集 40/22a

~　珊

張珊爲敵人入侵順昌並係在城守禦者轉一官資制　紫微集 12/5b

~　拂

張拂除祠部郎官制　東窗集 8/6a

~　叔

張叔比部員外郎制　四庫拾遺 19/景文集

~叔夜

右司員外郎張叔夜罷監營　劉給諫集 2/4a

資政殿學士張叔夜簽書樞密院　鴻慶集 25/3a　孫尚書集 25/4a

延康殿學士南道總管張叔夜可資政殿學士　鴻慶集 24/5b　孫尚書集 26/8a

~叔寅

張叔寅贈宣教郎予一子恩澤制　平齋集 22/13b

~叔椿

朝議大夫試右諫議大夫張叔椿封永嘉縣開國男食邑三百户　止齋集 15/12a

母某氏　右諫議大夫張叔椿明堂恩贈母　止齋集 16/8a

妻某氏　贈妻　止齋集 16/8a

侍御史張叔椿權吏部侍郎　宋本攻媿集 36/5a　攻媿集 40/4b

見任侍從該覃恩轉官吏部侍郎張叔椿　宋本攻媿集 36/19b　攻媿集 40/19a

~叔獻

張叔獻除兩浙路轉運副使制　東窗集 6/11a

張叔獻進直敷文閣　東窗集 7/7a

垂拱殿成張叔獻轉右朝散郎制　東窗集 10/19b

張叔獻除直閣提刑　張華陽集 4/2a

張叔獻充敷文閣待制制　楳溪集 5/22b

~　旻

張旻加恩制　宋詔令集 97/357

張旻移鎮開府儀同三司制　宋詔令集 104/387

~　果

徽獻閣待制張果除真定府路安撫使兼知成德軍制　翟忠惠集 2/19b

~果之

前華州下都縣令張果之可著作佐郎　蘇魏公集 31/5b

~　昊

京畿轉運副使張昊可升充轉運使仍遷一官制　摘文集 6/11b

通直郎提舉婺州路常平等事張昊與轉一官制　摘文集 7/9a

張昊落致仕西道副都總管　鴻慶集 24/6b　孫尚書集 26/9b

張昊除荊湖南路提點刑獄制　東窗集 9/10b

~　昇

張昇可集賢殿修撰制　文恭集 12/3b

張昇可特授尚書工部侍郎加上柱國制　文恭集 17/5b

張昇可兵部員外郎充天章閣待制環慶路都部署經畧安撫等使兼知慶州制　文恭集 18/1a

刑部郎中充天章閣待制知慶州張昇可依前邢部郎中充龍圖閣直學士知秦州制　蔡忠惠集 9/19a

張昇依前同中書門下平章事充彰信軍節度使加食邑功臣制　華陽集 25/22a

張昇依前檢校太尉同中書門下平章事充彰

信節度使判許州加食邑實封功臣制 華陽集 25/22b

張昇授太子太師致仕加食邑實封制 華陽集 25/23b

供備庫副使張昇可西京左藏庫副使制 華陽集 30/4a

樞密使張昇封贈三代制八道

曾祖張某 曾祖某贈某官 臨川集 54/5b 王文公集 14/6b

曾祖母某氏 曾祖母贈某國太夫人 臨川集 54/6a 王文公集 14/6b

祖張某 祖 臨川集 54/6b 王文公集 14/7a

祖母某氏 祖母 臨川集 54/6b 王文公集 14/7a

父張惠 父惠贈太師可贈中書令餘如故 臨川集 54/7a 王文公集 14/7b

嫡母劉氏 嫡母追封德國太夫人劉氏可追封許國太夫人 臨川集 54/7a 王文公集 14/8a

母王氏 所生母追封慶國太夫人王氏可追封蜀國太夫人 臨川集 54/7b 王文公集 14/8b 宋文鑑 38/15b

妻田氏 亡妻田氏可追封京兆郡夫人 臨川集 54/8a 王文公集 14/9a

妻劉氏 彭城縣君劉氏可追封彭城郡夫人 臨川集 54/8a 王文公集 14/9a

~ 昇

實錄院吏張昇循修職郎制 濟庵集 6/1a

~ 易

東頭供奉官張易可轉一官制 摘文集 8/3b

~ 忠

太子右清道率府率致仕張忠可落致仕依前官 蘇魏公集 33/7a

張忠元

張忠元磨勘轉大中大夫 歸愚集 8/3b

~ 忠順

張忠順換給敦武郎更轉一官制 紫微集 12/8b

~ 防

進士張防賑濟補承節郎 宋本攻媿集 35/16a 攻媿集 39/15a

~ 旺

張旺勘除同寇轉兩官制 束澗集 6/18b

歸順人張旺補承信郎制 平齋集 17/18b

張旺告發軍姦補承信郎制 平齋集 23/14b

張旺授武經郎制 四庫拾遺 324/鶴林集

張旺授武翼郎制 四庫拾遺 327/鶴林集

~ 明

西京作坊使知洛州張明可左武衞將軍制 元憲集 24/7a

虎翼軍都指揮使寧州刺史張明右領軍衞將軍致仕制 彭城集 23/15b

明

醫官張明轉官致仕制 道鄉集 18/11b

~ 明

張明爲捉殺虔賊劉宣轉一官更減一年磨勘制 紫微集 12/7a

~ 知白

給事中參知政事張知白可工部侍部加食邑五百戶食實封武百戶制 文莊集 1/12a

妻王氏 給事參知政事張知白妻太原郡君王氏可進封鄴郡夫人制 文莊集 3/4b

張知白拜相制 宋詔令集 52/267

~ 知至

懷州武陟縣尉張知至可光祿寺丞監西京洛河抽竹木務制 文莊集 2/18b

~ 知常

張知常可大理寺丞制 文恭集 12/10b

~ 垂象

錄事參軍張垂象可太子中舍致仕制 歐陽文忠集 80/9a

~ 和

西頭供奉官張和可轉一官制 摘文集 8/5b

~ 秉

供奉官張秉授內殿崇班 武溪集 10/9a

~ 近

朝奉大夫充顯謨閣待制知瀛州張近可朝散大夫依前充顯謨待制差遣如故制 摘文集 3/12a

~ 服

張服太子中舍制 臨川集 51/9b

大理寺丞張服改太子中舍制 臨川拾遺/5b 王文公集 11/2b

~ 居詠

張居詠制 徐公集 6/2b

~ 邵

張邵除秘閣修撰主管佑神觀制 楳溪集 5/21a

～ 承

婕妤張氏姪孫張承可借職制 摘文集 8/5b

～ 承

張承同農寺丞制 筠溪集 5/10b

～承衍

左藏庫使張承衍可文思使制 郎溪集 4/4a

～承懃

屯田員外郎張承懃可水部員外郎制 文恙集 15/13a

～ 洞

太常博士充秘閣校理張洞開封府推官制 臨川集 49/7b

～ 洽

秘書郎張洽除著作佐郎制 平齋集 17/4b

張洽除直秘閣主管建康府崇禧觀制 平齋集 19/3a

～ 洵

四川宣撫制置兩司官屬張洵往來計議邊事應辦錢糧撥遣軍器有勞與轉官 益國文忠集 95/19a 益公集 97/96a

～ 津

權吏部右侍郎張津落權字 益國文忠集 100/4b 益公集 100/143a

～ 宣

張宣與一子進武校尉制係與金人接戰陷歿 紫微集 18/9a

～宣禮

東頭供奉官張宣禮可內殿崇班 蘇魏公集 34/9a

～ 宧

張宧駕部郎官制 苕溪集 39/1b

張宧司勳郎官 苕溪集 46/3b

張宧秘書郎 斐然集 12/26b

～ 宥

進義副尉張宥係自効人贈承信郎與一子守關 紫微集 19/20b

瓜州及皂角林陣亡官兵贈官張宥贈六官與六資恩澤係於橫行遞郡工分贈 益國文忠集 98/2b 益公集 97/83b

～ 彥

故捧月左廂都指揮使張元孫彥可二班奉職制 彭城集 23/4b

～ 彥

張彥補承信郎制 東窗集 10/5a

歸正官張彥循儒林郎制 盤洲集 20/6a

～彥明

入內供備庫副使張彥明可轉一官制 摘文集 7/4b

～彥廓

西頭供奉官張彥廓可轉一官制 摘文集 7/17a

～ 奕

知濱州張奕可知趙州 彭城集 22/18a

～ 祐

知京師張祐可知隨州制 彭城集 21/11a

勾當修內司使臣張祐可轉一官制 摘文集 7/3b

～ 祐正

張祐正係隨龍祇應勤勞特補承信郎 止齋集 11/5b

～ 赴

張赴可太子中舍人制 文恙集 15/18b

張赴再任乾寧軍 蘇東坡全集/外制 下/5a

～政年

稅户張政年一百歲可本州助教制 郎溪集 6/10a

～ 达

張达可殿中丞制 文恙集 13/7a

～ 柄

張柄除直秘閣京畿提刑兼提舉大內 苕溪集 37/5a

張柄除大理少卿制 東窗集 6/15b

～ 垓

湖北提刑張垓江西提刑 宋本攻媿集 34/17a 攻媿集 38/16a

～ 柎

張柎奉大夫致仕制 平齋集 21/5a

～ 奎

前守汀洲上杭縣尉兼主簿張奎可試秘校充春州軍事推官通判春州兼知本州 西溪集 4(三沈集 1/79a)

～ 范

張范降授武翼郎制 四庫拾遺 325/翰林集

～若水

皇城使内侍省内侍押班張若水可忠州刺史依舊皇城使内侍省内侍押班 韓南陽集 18/11a

昭宣使入内内侍副都知忠州刺史張若水可充陵州團練使仍舊昭宣使入内内侍省内

侍副都知 蘇魏公集 34/3a

~茂宗

六宅副使張茂宗可西京作坊使 咸平集 29/7b

~茂則

昭宣使入內內侍省內侍副都知利州刺史充本州團練使張茂則可宣政使餘如故 蘇魏公集 30/3b

~茂則

景福殿使入內內侍省都知利州營內觀察使張茂則可特授延福宮使依舊入內內侍省都知利州管內觀察使制 王魏公集 2/3b

~茂實

張茂實可檢校工部尚書處州管內觀察使加食邑五百户實封二百户制 文恭集 17/3b

妻劉氏 濟州防禦使張茂實妻劉氏可封彭城郡君制 文恭集 19/12a

除張茂實特授依前檢校工部尚書充寧遠軍節度使勳封食邑制 文恭集 22/7b 宋詔令集 105/388

步軍副都指揮使觀察使張茂實可馬軍副都指揮使節度觀察留後制 蔡忠惠集 9/13b

侍衛親軍馬軍副都指揮使張茂實加勳邑制 華陽集 28/3b

張茂實檢校司徒集慶軍節度使加恩制 宋詔令集 105/389

~ 昱

張昱轉兩官閣門祇候知慈州制 浮溪集 8/17a 浮溪集/附拾遺 8/99

~晁之

尚書刑部郎中天章閣待制張晁之可光祿卿致仕制 蔡忠惠集 11/10a

河北都轉運使工部郎中張晁之可兵部郎中充天章閣待制三司户部副使 宋文鑑 37/11b

張晁之可光祿卿致仕 宋文鑑 38/7b

~思正

張思正致仕制 東牟集 8/13b

父張某 張思正贈父制 東牟集 8/17b

~思忠

故右侍禁張安民男思忠可三班借職制 摘文集 8/7a

~思賢

故右侍禁張安民男思賢可三班借職制 摘

文集 8/7a

~昭文

揀選人前永興軍節度推官知河南府長水縣事張昭文可大理寺丞制 景文集 31/11b

~昭吉

沿堂五院承引官將仕郎守京兆府別駕張昭吉可右千牛衛長史充沿堂五院副行首制 元憲集 24/10a

~昭度

太常寺太祝張昭度磨勘改官制 歐陽文忠集 79/6a

~昭壽

前秦州成紀縣主簿張昭壽可國子監丞致仕制 華陽集 28/8a

~昭遠

故左龍武官大將軍昭州防禦使張昭遠可贈觀察使制 元憲集 20/3a

~昭喪

太常寺太祝張昭喪可大理寺評事 韓南陽集 18/1a

~ 皙

張皙循右修職郎制 東窗集 13/7a

~ 峋

張峋京西運判 蘇東坡全集/外制上/11a

張峋户部員外郎 樂城集 30/3a

張峋户部員外郎改户部郎中 樂城集 30/15b

~ 卬

尚書司封員外郎知明州張卬可尚書祠部郎中制 元憲集 23/1a

~ 竿

張竿降授承議郎制 四庫拾遺 380/鶴林集

~ 徠

張徠太常丞制 臨川集 51/6b

~ 修

朝奉郎新差福建運副張修可知宣州 彭城集 19/12a

朝奉大夫駕部郎中張修可鴻臚少卿 彭城集 19/9b

張修駕部郎中 樂城集 29/5a

~保和

張保和可右清道率府副率致仕制 文恭集 20/9b

~保雍

大理寺丞同判永興軍張保雍可殿中丞餘依

舊制 文莊集 1/5b

~保微

大理寺丞張保微改官 蘇魏公集 33/8a

~保衡

前蘄州廣濟縣令張保衡可大理寺丞制 景文集 31/9a

~ 俊

文思使張俊遷官制 元豐稿 22/1b

~ 俊

張俊檢校少保寧武昭慶軍節度使制 浮溪集 11/3a

檢校少保定江昭慶軍節度使江淮路招討使

張俊加恩制 浮溪集 11/4a 浮溪集/附拾遺 11/127

曾祖張守明 安民清難功臣太傅極密使廣國公張俊曾祖守明追封號國公 東窗集 11/2a 筠溪集 4/13a

曾祖母石氏 張俊曾祖母石氏贈鄒國夫人制 東窗集 11/2b 筠溪集 4/13a

祖張慶 張俊祖慶追封相國公制 東窗集 11/3a 筠溪集 4/13b

祖母田氏 張俊祖母田氏贈宛國夫人制 東窗集 11/3b 筠溪集 4/14a

父張密 張俊父密追封魯國公制 東窗集 11/3b 筠溪集 4/14a

母謝氏 張俊母謝氏贈魏國夫人制 東窗集 11/4a 筠溪集 4/14b

妻魏氏 張俊妻魏氏封鎭國夫人制 東窗集 11/4b 筠溪集 4/14b

張俊加恩麻 播芳文粹 90/4b

除張俊兩鎭節度使麻 播芳文粹 90/8b

~ 俊

張俊贈保義郎係掩殺金兵陳沒 紫微集 18/8a

~ 俊

清河口皂角林立功官兵轉官張俊 益國文忠集 98/2a 益公集 97/93a

~ 俊

偶光祿大夫張俊特補忠翊郎制 平齋集 21/21b

~俊彥

張俊彥循資制 于湖集 19/14a

~禹偁

入內內侍省供備庫副使張禹偁西頭供奉官可轉一官制 摘文集 7/6a

入內西京左藏庫副使張禹偁可轉一官制 摘文集 7/6b

~ 建

張建前任惠安等四縣沿海小兜巡檢爲透漏商販往密州降一官 益國文忠集 96/8b 益公集 94/26a

~建中

張建中內殿崇班制 臨川集 53/6b

~建侯

禮賓副使權環慶路黔楊張建侯可洛苑副使 武溪集 10/16a

~ 紀

侍禦史張紀可司封員外郎 蘇魏公集 29/4b

~ 洎

張洎轉官制 東牟集 7/30a

張洎除閣門宣贊舍人制 蒙齋集 9/15a

~ 浚

知樞密院張浚加食邑實封 程北山集 23/5a

知樞密院宣撫制置使張浚封贈

曾祖張文矩 曾祖贈太子少保文矩贈太子太保 程北山集 25/14a

曾祖母楊氏 曾祖母南平郡夫人楊氏贈高密郡夫人 程北山集 25/14a

祖張兹 祖贈太子少傅贈太子太傅 程北山集 25/14a

祖母趙氏 祖母德陽郡夫人趙氏贈武陵郡夫人 程北山集 25/14b

祖母王氏 祖母昌平郡夫人王氏贈太寧郡夫人 程北山集 25/14b

父張咸 父贈太子少師咸贈太子太師 程北山集 25/14b

母任氏 前母齊安郡夫人任氏贈蘄春郡夫人 程北山集 25/15a

母趙氏 前母普安郡夫人趙氏贈通義郡夫人 程北山集 25/15a

母計氏 母永嘉郡夫人計氏封淮安郡夫人 程北山集 25/15b

妻樂氏 妻信安郡夫人樂氏封同安郡夫人 程北山集 25/15b

妻樂氏 張浚故妻信安郡夫人樂氏贈武陵郡夫人 程北山集 27/7b

張浚叙復左宣奉大夫提舉臨安府洞霄宮 芸溪集 36/1b

張浚復資政殿大學士充福建路安撫大使兼

知福州　苕溪集 38/2b

張淏除禮部尚書制　毘陵集 8/3b

祖張絃　觀文殿大學士張淏故祖絃可特追封嘉國公制　紫微集 11/8b

祖母趙氏　故祖母趙氏可特贈越國夫人制　紫微集 11/9a

祖母王氏　故祖母王氏可特贈陳國夫人制　紫微集 11/9b

父張咸　故父咸可特追封慶國公制　紫微集 11/9b

母任氏　故前母任氏可特贈潭國夫人制　紫微集 11/10a

母趙氏　故前母趙氏可特贈楚國夫人制　紫微集 11/10b

母計氏　母計氏可特封鎮國夫人制　紫微集 11/11a

妻樂氏　故妻樂氏可特贈冀國夫人制　紫微集 11/11b

妻宇文氏　妻宇文氏可特益國夫人制　紫微集 11/12a

張淏爲前宰相該遇明堂大禮赦恩合行檢舉敘復奉聖旨復觀文殿大學士制　紫微集 19/1a

母計氏　張淏母計氏改封蜀國太夫人　斐然集 13/27a

除張淏少傅依前觀文殿大學士充江淮東西路宣撫使進封魏國公制　鶴峰録 6/2b

除張淏少師保信軍節度使判福州依前魏國公加食邑實封制　盤洲集 11/5b

持服前特進觀文殿大學士張淏落職與宮觀依舊永州居住制　小隱集/5a

~ 汀

張汀陝州制　元豐稿 22/3b

~ 訓

張訓加恩制　宋詔令集 104/385

~ 訓通

張訓通復官制　盤洲集 24/2a

~ 唐民

奉舉人儀州軍事推官監楚州排司張唐民可著作佐郎　蔡忠惠集 10/14a

~ 益

入內供備庫副使張益可轉一官制　摛文集 7/4b

~ 珪

張珪可虞部員外郎制　文恭集 15/2a

~ 珂

殿前司正將武功郎張珂昨提舉巡警德壽宮依赦轉兩官　益國文忠集 94/5b　益公集 98/ 117a

~ 起良

張起良成都府路提點刑獄公事制　平齋集 21/7b

~ 起巖

張起巖依前武功大夫復州團練使特陞除帶御器械知變州兼變路安撫副使諾　四明文獻集 5/21a

張起巖特授寧遠軍承宣使龍神衛四廂都指揮使依舊知變州兼變路安撫副使諾　四明文獻集 5/23a

~ 耆

除張耆太子太師致仕加食邑實封制　景文集 31/13a

~ 桂

張桂大理司直　後村集 63/18a

右武大夫閣門宣贊舍人特除金川駐劄御前諸軍都統制兼知叙州張桂特贈容州觀察使　後村集 67/4b

~ 桔

嘉王府講尚書徵章官屬諸色祇應人各轉一官資講堂書寫文字進武校尉張桔　宋本攻媿集 30/13b　攻媿集 34/13a

~ 根

江西運副張根起發逮斛斗數多特轉朝散郎制　翟忠惠集 4/3a

~ 軒

張軒循右修職郎制　東窗集 13/8a

~ 夏

張夏封寧江侯　劉給諫集 2/14b

~ 致平

張致平充準備差使先次轉一官　苕溪集 38/ 4a

~ 致遠

父張默　左朝散大夫充顯謨閣待制提舉江州太平觀張致遠父默贈右朝請郎制　東窗集 13/11b

張致遠除監察史　張華陽集 5/2b

張致遠致仕轉官制　東牟集 7/30b

張致遠户部侍郎　斐然集 13/7a

詔令一　制詞　臣僚　十一畫

~ 振

張振轉官制　鄞峰録 6/15a

~ 剛

右儒林郎張剛有劉差往海州及東平府幹事回特與改承奉郎　苕溪集 42/6a

~ 晟

張晟除將作監　海陵集 19/4b

~ 圓

延州甘泉縣令張圓可太子中允致仕　蘇魏公集 33/10a

~ 恩

六宅副使張恩可內藏庫副使　蘇魏公集 32/7b

~ 時

歸順人張時補承信郎制　平齋集 17/18b

~ 釜

提舉張釜廣西運判　宋本攻媿集 32/17a　攻媿集 36/17a

廣西運判張釜直秘閣知廣州　宋本攻媿集 37/23a　攻媿集 41/22a

~ 倚

醫官張倚敘復官制　道鄉集 18/3a

~ 偲

前湖州觀察推官監台州黃巖鹽監張偲可著作佐郎制　蔡忠惠集 9/6a

~ 師中

張師中可太常博士制　文恭集 14/16b

~ 師尹

青州臨胊縣令張師尹進狀冤柱其于壽奏案中入閤詞議訖朝政制　蔡忠惠集 10/12b

~ 師正

儀鸞使英州刺史張師正落刺史依舊儀鸞使制　臨川集 55/9b

~ 師古

前山陽縣尉張師古可秘書省校書郎　徐公集 8/11b

~ 師民一作王師民

録事參軍張師民可大理寺丞制　歐陽文忠集 81/18a

~ 師游

閤門宣贊舍人張師游應奉人使一十次轉一官制　後樂集 1/27b

~ 師皐

張師皐可虞部員外郎制　文恭集 15/8a

~ 師錫

尚書虞部員外郎知同州張師錫可尚書比部員外郎制　元憲集 24/6b

前尚書比部員外郎張師錫服闕可舊官制　元憲集 24/8a

~ 尚顏

將作監丞知大寧監張師顏可大理寺丞餘依舊制　文莊集 2/2a

權梓州路提刑都官員外郎張師顏可司封員外郎制　臨川集 50/8a

~ 師顏

武功大夫權主管侍衛馬軍司公事張師顏落權字　止齋集 12/5b

主管侍衛馬軍行司張師顏　宋本攻媿集 42/7a

侍衛馬軍都虞候張師顏　宋本攻媿集 43/25a

~ 觶

張觶可秘書丞制　文恭集 13/9b

開封府推官祠部員外郎充秘閣校理張觶可度支員外郎餘如故　西溪集 4(三沈集 1/67a)

~ 翀

國子監丞張翀除秘書丞制　平齋集 17/22a

~ 恕

張恕將作監丞　蘇東坡全集/外制中/3b　宋文鑑 39/16b

張恕除工部員外郎制　道鄉集 16/6a

張恕等勅　襄陵集 3/7a

~ 孫

武功大夫帶行御器械前改差知江陰軍張孫特換朝奉郎　後村集 67/1a

~ 淳

張淳知長垣縣　樂城集 29/9a

~ 深

張深除直徽猷閣並兼陝西轉運副使專管熙秦兩路　苕溪集 45/5a

張深除龍圖閣直學士京兆府路安撫使　鴻慶集 26/3a　孫尚書集 27/9b

張深都大主管茶馬監牧公事　筠溪集 5/11a

~ 清

故太中大夫魏漢津親女夫張清可三班借職制　摘文集 8/7a

~ 窋古

張窋古尚書省都事出職改朝奉大夫　樂城集 29/12a

張窋古知登州　樂城集 30/10b

~ 商英

張商英降知薪州制 宋詔令集 210/793
張商英散官安置制 宋詔令集 210/795
張商英崇信節度副使衡州安置制 宋詔令集 212/805
張商英責汝州團練副使制 宋詔令集 212/806
～ 訪
故捧日左廂都指揮張元孫訪可二班奉職制
必城集 25/4b
～ 訢
張訢廣東運判 育德堂外制 5/11b
～ 袞臣
奉職張袞臣鄭州可逐州長史 西溪集 6(三沈集 2/48a)
～ 康
翰林侍讀學士右諫議大夫環慶路安撫使兼知慶州韓絳奏進士張康可試國子四門助教不理選限 西溪集 6(三沈集 3/43a)
～ 康國
翰林學士朝散郎知制誥張康國可轉一官制
摘文集 7/12b
～ 球
張球轉一官 筠溪集 5/4b
～ 執中
張執中可秘書丞制 文恭集 13/11a
～ 基
故光祿卿致仕張温之孫基試將作監主簿制
臨川集 52/13a
～ 域
張域轉官制 襄陵集 1/7b
～ 勗
承議郎張勗可轉一官制 摘文集 7/17b
～ 盛
前將作監主簿張盛丁憂服闕復舊官制 歐陽文忠集 80/9b
～ 挨
龍圖閣直學士給事中張挨可尚書工部侍郎
韓南陽集 18/15a
工部郎中張挨可三司户部副使制 華陽集 27/11a
父張某 龍圖閣直學士工部侍郎張挨父贈司徒 蘇魏公集 35/12a
～ 惟吉
張惟吉可果州刺史制 文恭集 18/6b
入内都知張惟吉制 蔡忠惠集 13/11a

故入内内侍省都知張惟吉可贈昭信軍節度觀察留後制 華陽集 28/10b
贈昭信軍節度觀察留後張惟吉可贈保順軍節度使制 華陽集 28/11a
～ 惟慶
將仕郎守太常寺太樂署副樂正張惟慶可太樂正制 元憲集 25/14a
～ 惟蕍
秘書丞知岳州臨湘縣事張惟蕍可太常博士制
文莊集 2/11b
～ 堊
客省使眉州防禦使張元遺表孫堊將作監主簿制 臨川集 52/13a
～ 處
國子司業張處除祭酒仍兼侍講制 平齋集 17/1a
張處授兼侍講制 鶴林集 7/14a
～ 彪
歸順人張彪補承信郎制 平齋集 17/18b
～ 莘
奉迎兩宮主管所官屬張莘轉一官制 東窗集 8/13b
～ 莊
朝請郎權發遣轉運副使張莊可除直龍圖閣依前朝請郎制 摘文集 4/2b
～ 勖
張勖可兵部郎中制 文恭集 16/8a
～ 國珍
御前諸軍副都統制張國珍 宋本攻媿集 42/7b
御前諸軍副都統制張國珍 宋本攻媿集 43/25b
～ 問
秘書監張問除給事中制 彭城集 20/4a
張問秘書監 蘇東坡全集/外制中/18b
～ 晞
右騏驥使張晞特與轉三官内張晞兩官回授與五服内有官親屬 摘文集 7/1b
～ 晞顏
畫學録張晞顏可將仕郎依前畫學御批進過花果三十品筆法頗有可取制 摘文集 5/10b
～ 晞顔
張晞顏除監察御史兼崇政殿説書 後村集 68/15b
～ 崇

張崇太學博士制　元豐稿 20/6b　宋文鑑 39/6a

~ 崇

張崇起復右武大夫康州團練使遊奕軍統領制　東窗集 13/16a

張崇轉右武大夫　張華陽集 8/6a

張崇降官制　楊溪集 5/30b

~崇亮

內殿崇班張崇亮可內殿丞制　西溪集 4(三沈集 1/60a)

~崇敏

界歸明人張崇敏可將軍　咸平集 28/15b

~ 彩

故光祿卿致仕張璡遺表親次孫彩試將作監主簿制　臨川集 52/12b

~ 造

前同州馮翊縣令張造可著作佐郎制　元憲集 25/3b

~ 動

張動落職制　橫塘集 7/12a

~ 敏

解州團練使鄰寧環慶路駐泊兵馬部署張敏可大將軍致仕制　元憲集 21/9a

內殿崇班張敏可左監門衛將軍致仕　蘇魏公集 33/8a

~ 借

內殿承制張借可供備庫副使制　王魏公集 2/8a

~ 偶

張偶除知臨安府　海陵集 16/4a

~ 偉

武德大夫張偉武功大夫　鴻慶集 25/9a　孫尚書集 27/1a

張偉降兩官　西垣稿 2/8b

~得臣

西京左藏庫使張德臣可文思使遙郡刺史制　摘文集 5/3a

~從一

西京左藏庫使張從一復西上閤門副使制　蔡忠惠集 11/8a

~從宜

十二考人前權保大軍節度推官張從宜可著作佐郎制　元憲集 23/5a

~從革

梓州路轉運使尚書司勳員外郎張從革可尚

書主客郎中制　元憲集 22/6a

司勳郎中張從革可衛尉少卿制　歐陽文忠集 81/16a

~ 通

張通降官制　東牟集 8/9b

~ 紳

節度推官張紳可大理寺丞制　歐陽文忠集 81/4b

~ 湜

張湜太子中舍制　臨川集 51/10a

~溫同

張溫同奏破金人轉官回授制　紫微集 12/11b

~ 淵

張淵武經郎　鴻慶集 25/7b　孫尚書集 25/11a

~淵微

張淵微起居郎兼右庶子　後村集 61/14b

~ 淙

張淙轉官　劉給諫集 2/12b

~ 韶

武德大夫鄂州都統制張韶軍政修舉轉一官　宋本攻媿集 32/16b　攻媿集 36/16b

御前諸軍都統制張韶　宋本攻媿集 42/7a

御前諸軍都統制張韶　宋本攻媿集 43/25a

~敦禮

駙馬都尉張敦禮節度觀察留後　蘇東坡全集 /外制下/7b

~ 焯

前威勝軍武鄉縣令張焯可著作佐郎　蘇魏公集 34/4b

~ 榮

張榮授閤門祗候制　鶴林集 8/7b

~補之

入內內侍省官張補之特轉一官制　摘文集 7/5a

~ 裕

張裕授從義郎制　四庫拾遺 332/鶴林集

~ 瑄

張瑄將作監簿制　尊白堂集 5/11a

~ 琬

太子少師致仕趙棨奏醫人張琬可試國子四門助教不理選限　蘇魏公集 32/12a

新差通判齊州張琬可衛尉寺丞　蘇東坡全集 /外制中/15b

張琬知秀州　樂城集 30/15a

父張昇　張琬父昇追封韓公　樂城集 32/12b

～　珹

左班殿直張珹可右侍禁制　摘文集 5/10a

～　琦

張琦昨在淮西宣撫司水軍統領爲昌請逃亡事故人錢米事除名勒停送吉陽軍編管今兩遇赦特與叙成忠郎制　紫微集 19/7a

～　瑲

張瑲降一官　益國文忠集 96/7b

～　榖

承務郎致仕張榖可承奉郎致仕制　彭城集 23/16a

～堯佐

除張堯佐特授光祿大夫依前檢校太保宣徽南院使淮康軍節度使加食邑實封　文恭集 22/6a

知威勝軍張堯佐可閤門宣贊舍人制　橫塘集 7/3b

～　揭

右武大武梁州防禦知滁州張揭贈三官四資恩澤制　浮溪集 10/13b　浮溪集/附拾遺 10/122

～　援

太府卿張援可司農卿兼大理寺事　徐公集 8/2a

～　挨

張挨可兵部郎中制　文恭集 16/8a

父張蘊　右諫議大夫充天章閣待制兼侍讀張挨弟京東轉運使兵部員外郎集賢校理挨父蘊尚書司封郎中可特贈光祿卿制　文恭集 2/23a

文思副使新差權環慶路駐泊兵馬鈐轄張挨可駈騐副使兼知環州制　蔡忠惠集 11/13a

～　著

東頭供奉官張著可内殿崇班　韓南陽集 18/4b

～　著

張著開封府少尹　鴻慶集 25/7a　孫尚書集 25/10a

～　景

張景正任觀察使　筠溪集 4/18a

～景先

新差京東轉運判官張景先可權發遣河北轉運判官制　彭城集 19/11b

知北外都水丞公事張景先可京東轉運判官制　彭城集 19/14a

～景宗

母王氏　左駈騐使入内都知澄州刺史張景宗母追封琅玡縣太君王氏可追封馮翊縣太君制　文莊集 3/7b

～景純

張景純可國子博士制　文恭集 15/13a

～景温

承議郎張景温可通判刑南府制　彭城集 23/3b

～景憲

淮南轉運副使張景憲金部郎中制　臨川集 50/3a　王文公集 11/3b

～　敞

侍禁張敞可轉一官制　摘文集 7/4a

～　貴

張貴爲管押生擒到番寨中一行人等到行在與轉一官合授忠翊郎　紫微集 13/5b

～貴洪

張貴洪恩賞轉官制　模楚集 7/7a

～貴謨

太常寺主簿張貴謨司農寺丞　宋本攻媿集 35/14a　攻媿集 39/13a

～　閎

宣德郎提點京畿刑獄張閎爲河北路轉運副使　劉給諫集 2/9a

張閎降官　劉給諫集 2/13a

～舜元

尚書駕部員外郎知龍州張舜元可尚書虞部郎中制　元憲集 24/6a

～舜民

太子太師致仕張昇奏醫人張舜民可國子四門助教制　郎溪集 3/10a

～舜民

承議郎充秘閣校理權判登聞鼓院張舜民可通判說州制　彭城集 20/20b　宋文鑑 39/14a

張舜民監察御史　樂城集 28/13a

張舜民責授楚州團練商州安置制　宋詔令集 211/800

張舜民落侍制知同州制　宋詔令集 211/800

～舜傳

張舜傳知重慶府制　蒙齋集 8/15a

～　鈞

張鈞本州觀察使制　徐公集 7/8b

張鈞轉官制　道鄉集 18/3a

～欽若

入內內侍省官張欽若可特轉一官制　摘文　知樞密院事川陝宣撫使張浚弟迪功郎浚改

集 7/5a　　　　　　　　　　　　　　　　官制　新安文獻 1/後 5b

～　舒　　　　　　　　　　　　　　　　～　廉

～番龍　　　　　　　　　　　　　　　　　右侍禁張廉可轉一官制　摘文集 7/6b

張番龍進奉使將軍制　彭城集 23/13b　　～　靖

～　進　　　　　　　　　　　　　　　　　張靖可大理寺丞制　文恭集 12/10a

張進遙郡刺史　盤洲集 21/9b　　　　　　張靖可屯田員外郎制　文恭集 15/15b

瓜州及皂角林陣亡官兵贈官張進贈六官與　～　誠

六資恩澤係於橫行遙郡上分贈　益國文　　客省使興州防禦使張誠可除正任防禦使制

忠集 98/2b　益公集 97/83b　　　　　　　摘文集 6/2b

～進之　　　　　　　　　　　　　　　　～誠一

閤門看班祗候張進之爲供職歲久祗應詳熟　　張誠一貢受左武衛將軍分司南京　蘇東坡

特與依例落看班二字　益國文忠集 94/7a　　全集/外制中/11a

益公集 94/16a　　　　　　　　　　　　　張誠一貢授右千牛衛將軍分司南京制　宋

～　順　　　　　　　　　　　　　　　　　詔令集 206/772

張順轉右武大夫　張華陽集 8/4a　　　　～　說

張順換翊衛大夫　斐然集 12/17b　　　　　刑部詳覆官張說可秘書省著作佐郎制　華

～　順　　　　　　　　　　　　　　　　　陽集 27/6b

張順等係收復海州與金兵戰亡之人贈兩官　　前太常博士張說舊官服闕制　臨川集 52/8a

恩澤兩資及銀絹錢米羊麵酒制　紫微集　～　詢

19/18b　　　　　　　　　　　　　　　　　新差知越州張詢可福建轉運副使制　彭城

～　傑　　　　　　　　　　　　　　　　　集 19/13b

殿中丞知平定軍樂縣張傑可國子博士制　　　兩浙提刑張詢知越州　彭城集 21/19b

～　皐　　　　　　　　　　　　　　　　　張詢浙憲　樂城集 29/14b

張皐轉秉義郎制　東窗集 10/9b　　　　～義方

張皐押馬降官制　東牟集 8/9a　　　　　　左常侍張義方可勤政殿學士　徐公集 7/12b

～　勝　　　　　　　　　　　　　　　　　兵部侍郎張義方可左常侍　徐公集 7/14a

張勝授拱衛大夫□州團練使武衛大將軍知　～　道

漢陽軍　後村集 61/16a　　　　　　　　　張道可屯田員外郎制　文恭集 15/13b

～　逸　　　　　　　　　　　　　　　　　左清道率府副率張道可加騎都尉　西溪集 6

尚書兵部郎中天章閣待制張逸可樞密直學　　(三沈集 2/54a)

士知益州制　元憲集 22/9a　　　　　　～　煥

～　異　　　　　　　　　　　　　　　　　張煥降授修職郎制　四庫拾遺 301/鶴林集

張異降官鄧州都監制　宋詔令集 207/777　～　運

～　綽　　　　　　　　　　　　　　　　　張運知廣州制　盤洲集 22/7a

張綽可太常博士制　文恭集 14/17b　　　～　福

～　絢　　　　　　　　　　　　　　　　　曹家莊陣亡贈三官守闕進義副尉張福贈承

張絢改官　張華陽集 4/4a　　　　　　　　節郎與一子父職名更與一子進勇副尉

張絢殿中侍御史　筠溪集 5/15b　　　　　益國文忠集 98/6b　益公集 98/112b

～　溥　　　　　　　　　　　　　　　～　匯

張溥昨任同安縣置陂圳轉一官制　東澗集　　張匯比部郎官　程北山集 24/5b

6/22b　　　　　　　　　　　　　　　　　張匯除太府少卿總領湖廣京西財賦制　東

～　混　　　　　　　　　　　　　　　　　窗集 6/17b

迪功郎張混改官　程北山集 22/6a　　　　張匯進直徽猷閣制　東窗集 7/7a

~ 瑱

張瑱散官安置權主管北外承司公事制　浮溪集 9/5a 浮溪集/附拾遺 9/106

右泉軍勘右從事郎前彭州軍事判官張瑱爲族姊之夫慝扰不法事囑右從政郎彭州録事參軍□侯從輕結案改換情節特降一資　益國文忠集 96/7b 益公集 95/44b

~ 瑀

歸順人張瑀保義郎制　平齋集 17/11a

~ 達

奉使官屬承節郎張達轉一官　宋本攻媿集 30/ 17a 攻媿集 34/15b

~ 楷

尚書虞部員外郎張楷可尚書比部員外郎制　元憲集 26/8a

~ 榷

右迪功郎張榷前任錢塘尉賣鹽增倍循一資　苕溪集 38/3b

~ 填

試將佐監主簿張填可守將作監主簿制　蔡忠惠集 10/20b

~ 熙

張熙可著作佐郎制　文恭集 14/14b

~ 構

鼎州録事參軍張構太子中舍致仕制　臨川集 53/8b

~ 摚

西京左藏庫副使張摚可莊宅副使制　華陽集 30/4b

~ 慎言

秘書丞張慎言可太常博士知房州制　文莊集 2/17b

張慎言太子中舍制　臨川集 51/9b

~ 慎修

張慎修等改官制　臨川集 51/3a 王文公集 13/7b

~ 當

張當可殿中丞制　文恭集 15/17a

~ 萬取

張萬取補承信郎制　平齋集 20/22b 四庫拾遺 345/翰林集

~ 鼎

太常寺奉禮郎張鼎可大理評事　西溪集 5(三沈集 2/13a)

~ 鼎

張鼎可除度支員外郎兼權户部倉部員外郎留建康府制　北海集 4/5b

~ 嗣古

宗正少卿張嗣古除秘閣修撰樞密院副都承旨制　平齋集 19/3a

副都承旨張嗣古除右文殿修撰權知建康府江東安撫制　平齋集 19/4a

張嗣古右文殿修撰知平江府制　平齋集 20/ 13b

~ 嗣良

張嗣良降授宣教郎制　四庫拾遺 296/翰林集

~ 嗣宗

故衛尉卿致仕張從革親孫嗣宗可試將作監主簿制　蔡忠惠集 11/6a

~ 嶷

張嶷秘書正字　斐然集 12/20a

~ 節

醫官張節可轉一官制　摘文集 7/15b

醫官張倚男節可轉一官制　摘文集 7/16a

~ 僅

內殿崇班張僅可內殿承制　宋文鑑 39/10b

~ 徵

張徵降官　歸愚集 7/4a

~ 經

奏舉人昭信軍節度推官前知興國軍大冶縣同監買茶場張經可著作佐郎制　元憲集 25/4b

~ 演

張演可著作佐郎制　文恭集 12/7b

~ 漢彥

張漢彥除户部員外郎制　東窗集 14/5a

~ 漸

醫官副使張漸可轉一官制　摘文集 7/15b

~ 漯

中書舍人張漯降官敘復制　翟忠惠集 3/22a

~ 實

歸順人張實補承信郎制　平齋集 17/18b

~ 實甫

父張某　張實甫父封承務郎制　蒙齋集 9/4b

~ 端

張端落致仕依前朝奉郎　樊城集 27/17a

張端回授勅　襄陵集 3/5a

~ 齊古

張齊古可大理寺丞制 文恭集 12/10a

虞部郎中張齊古可比部郎中 韓南陽集 18/13b

~ 齊賢

張齊賢相制 宋詔令集 51/261

張齊賢罷相除尚書左丞制 宋詔令集 65/319

張齊賢罷相歸班制 宋詔令集 65/320

張齊賢分司制 宋詔令集 203/757

~ 說

張說轉閣門宣贊舍人制 東窗集 7/4a

聖旨張說充奉使不受金又辭免兩人白身恩澤理宜旌賞可特與落階官勘會張說見係右武大夫榮州刺史 益國文忠集 95/7b 益公集 94/13b

~ 榮

武功大夫文州團練使兼閣門宣贊舍人知泰州張榮特授防禦使 程北山集 26/8b

張榮轉遂郡觀察使 張華陽集 6/1a

張榮贈遂郡團練使 育德堂外制 3/7b

~ 遷

虞部員外郎致仕張應符男遷試將作監主簿制 臨川集 52/13b

~ 瑤

張瑤可大理評事制 文恭集 13/13a

~ 構

張構再知豐州 樂城集 27/15b

~ 輔之

太常少卿直龍圖閣知廣州張田遺表男輔之可試將作監主簿 蘇魏公集 34/12a

張輔之入內內侍省磨勘轉內殿承制 樂城集 27/9a

~ 碩

張碩可加騎都尉制 文恭集 17/8a

~ 戡

太常博士張戡可依前充監察御史裏行 蘇魏公集 34/1a

~ 蒙

張蒙爲捕捉畢賊易當世立功轉一官換給制 紫微集 13/1a

~ 閣

兵部尚書張閣爲翰林學士 劉給諫集 2/9b

~ 閣守

翰林學士知制誥張閣守翰林學士知制誥致仕制 翟忠惠集 2/26a

~ 銖

張銖除考功郎官 張華陽集 7/5b

~ 銘

張銘補承信郎制 四庫拾遺 347/鶴林集

~ 稱孫

張稱孫除將作少監兼右曹郎官 後村集 67/1b

張稱孫除軍器監兼權右曹郎官兼删修勅令 後村集 71/4b

~ 僕

張僕可禮賓使制 文恭集 17/10b

~ 蕭

張蕭可屯田員外郎制 文恭集 16/11a

~ 蕭

十二考人興元府觀支使張蕭可著作佐郎制 元憲集 23/9a

~ 綽

辟雍正張綽再任制 翟忠惠集 3/2b

~ 綽

張綽平鑒督餉賞轉儒林郎制 平齋集 23/2b

~ 綱

朝請郎張綱可除吏部員外郎制 北海集 3/1b

張綱吏部員外郎制 大隱集 2/1b

張綱除資政殿學士知婺州 海陵集 14/3a

張綱特轉一官致仕 海陵集 20/2b

~ 緩

張緩湖南提刑 樂城集 29/11b

~ 緩

張緩大理評事制 盤洲文集外制 22/3a

~ 綸

張綸違法奉聖旨張綸非禮借兌特展二年磨勘 益國文忠集 95/10b 益公集 96/65b

~ 維

張維可秘書丞制 文恭集 13/10b

張維加恩制 宋詔令集 105/389

~ 維周

兩朝佑聖太夫人姪和州防禦使張維周可觀察使制 摘文集 5/3a

~ 維師

奏舉人前同州觀察推官張維師可大理寺丞制 景文集 31/10b

~ 維國

兩朝佑聖太夫人姪西上閣門使張維國可遙

郡刺史制 摘文集 5/3a

~ 潮

張潮可將作監丞制 文恭集 14/27b

~ 澈

張澈除尚書右丞制 毘陵集 8/2a

~ 激

張激授閤門宣贊舍人制 鶴林集 8/6b

~ 澄

張澄除徽猷閣直學士依舊知臨安府 苕溪集 39/4b

張澄户部尚書落權字制 東窗集 13/14b

張澄集英殿修撰知臨安府 筠溪集 5/21b

張澄知襄陽府制 紫微集 16/17b

張澄知福州 海陵集 13/6b

劍南節度推官張澄可大理寺丞 宋文鑑 38/16a

~ 毅然

張毅然轉一官制 東澗集 6/23a

~ 適

父張好問 太常丞張適父好問前守黄州麻城令可授太子左贊善大夫致仕並妻封邑號 咸平集 28/3a

妻王氏 妻封邑號 咸平集 28/3a

三司檢法官張適可大理寺丞制 華陽集 27/7b

~ 適

張適特降兩官放罷 西垣稿 2/2b

~ 適道

張適道循資制 東牟集 7/36a

~ 諒

張諒爲敵人入侵順昌係在城守禦者轉一官資制 紫微集 12/5b

~ 慶隨

張慶隨可中書主事制 文恭集 14/23b

堂後官大理寺丞張慶隨右贊善大夫餘如故制 臨川集 55/10b

~ 震

幹辦諸司糧料院張震除軍器監主簿 止齋集 7/11b

張震考功郎中 育德堂外制 2/7b

~ 震午

張震午降授迪功郎制 四庫拾遺 318/鶴林集

~ 震雷

張震雷補承信郎制 平齋集 20/22b 四庫拾遺

345/鶴林集

~ 瑾

入內西京左藏庫副使張瑾可轉兩官制 摘文集 7/5b

~ 贊

青州奏壽光縣豐城村張贊年一百一歲本州助教制 臨川集 55/16a

~ 廎

張廎可大理寺丞制 文恭集 12/12b

~ 衮

入內内侍省供備庫副使張衮可入內内侍省西京左藏庫副使制 摘文集 6/4a

入內供備庫使張衮可轉一官制 摘文集 7/4b

内侍張衮轉歸吏部守武功大夫致仕制 東窗集 6/4b

~ 懿

故中書侍郎贈開府儀同三司張懿謚忠穆程北山集 24/13b

中大夫河北都轉運使張懿磨勘大中大夫鴻慶集 25/6b 孫尚書集 25/10a

~ 頲

張頲知均州制 元豐稿 22/10b

都官員外郎新差權發遣江南路提點諸州刑獄公事張頲可職方員外郎餘如故 魏公集 32/3b

張頲待制河北都運 樂城集 30/17b

~ 罕

司門員外郎張罕可開封府推官 公是集 30/6a 宋文鑑 38/6b

知孟州河陰縣事張罕可虞部員外郎制 華陽集 29/14b

~ 頤老

張頤老轉官制 東牟集 7/27b

~ 閎

張閎可大理寺丞制 文恭集 14/10a

張閎諸曹員外郎制 大隱集 2/5a

~ 閱

張閱降官制 宋詔令集 210/795

~ 銳

絳州防禦判官張銳可大理寺丞制 歐陽文忠集 79/10a

攝荊南文學張銳守荊南府參軍制 臨川集 55/11a

~ 積

太常博士知岳州張積可屯田員外郎餘如故

制　文莊集 2/10a

～ 徹

朝奉郎張徹可知沂州制　彭城集 21/10b

～德元

洪州錄事參軍張德元可太子中舍致仕制　歐陽文忠集 81/7a

張德元勗　襄陵集 3/13a

～德志

張德志可供備庫副使制　文恭集 17/17a

皇城副使知安肅軍兼權兵馬鈴轄張德志可儀鸞使仍落權字制　鄱溪集 4/2b

～德直

偽朝烈大夫張德直改補文林郎制　平齋集 22/13b

～德明

忠訓郎武學博士張德明除閤門祇候與副都監差遣　益國文忠集 95/21b　益公集 96/72b

～德純

張德純換給敦武郎制　東窗集 10/15a

～德淳

前殿中丞張德淳舊官服闕制　臨川集 52/8b

～德溫

前太常寺太祝張德溫舊官服闕制　臨川集 52/7a

～德淵

光祿寺丞張德淵可舊官服闕　韓南陽集 16/2b

～德普

張建陣亡與子德普恩澤補承信郎制　范成大佚著/89　于湖集 19/13a

～德熙

前觀察支使試大理司直張德熙可檢校水部員外郎制　歐陽文忠集 80/6b

刑州觀察支使張德熙可著作佐郎制　歐陽文忠集 81/3b

～德榮

東頭供奉官張德榮可率府率致仕制　歐陽文忠集 79/15a

～德遠

張德遠除利州路提刑制　于湖集 19/8a

～ 徵

張徵知江州充江南東路制置使制　大隱集 3/8b

～ 徵

左中大夫提舉西京崇福宮張徵復端明殿學

士制　東牟集 7/17a

～ 翠

通直郎河北路運判張翠可轉一官制　擴文集 7/10b

～ 綰

虞部員外郎史館修撰張綰可句容令　徐公集 8/9b

～ 澤

張澤依前官職特授龍圖閣待制封賜如故誥　後樂集 2/16b

～ 濬

右宣義郎張濬前知吉州萬安縣輊差弓手監欠稅人致阿陳等鎖索遣火燒死事依法寺斷降一官衝替　苕溪集 38/4b

～ 憲

張憲贈承宣使告　金佗粹編 28/10b

張憲復官告　金佗續編 14/17a

～龍應

父張壽玉　迪功郎婺州東陽縣尉張龍應封父壽玉特封承務郎致仕　後村集 73/7b

～ 譚

張譚大理寺丞制　臨川集 51/14a

～ 騭

張騭除尚書戶部郎中　劉給諫集 2/10a

～ 諷

張諷可大理評事制　文恭集 14/24b

前太子中舍張諷舊官服闕制　臨川集 52/7b

集慶軍節度使張玟遺表男內殿崇班諷轉官制　鄱溪集 6/3b

～ 禧

前權府州軍事判官張禧可大理寺丞制　蘇魏公集 30/9b　東窗集 9/4a

西頭供奉官張禧得三級轉三官　蘇東坡全集/外制上/6a

～ 璡

張璡光祿寺丞制　臨川集 51/8a

～ 瑀

崇班張瑀與轉兩官制　擴文集 7/16a

～ 棁

張浚書寫奏狀張棁授承務郎　程北山集 27/8a

～ 整

皇城使漢州刺史廣南西路兵馬鈴轄同提舉本路巡檢溪洞公事張整降三官制　彭城集 23/8a

張整皇城使廣西鈐轄加遥刺再任以交人理會地界之故　樂城集 29/9b

皇城使漢州刺史廣南西路兵馬鈐轄張整降官添差監當　宋文鑑 39/13a

～　顗

張孝純子顗直秘閣制　浮溪集 8/14b　浮溪集/附拾遺 8/97

張顗降官　張華陽集 7/4b

～擇仁

張擇仁可太常博士制　文忠集 15/6a

～擇行

禮部員外郎兼侍御史知雜事張擇行可依前官充天章閣待制知謀院制　蔡忠惠集 11/19a

～擇言

奏舉人前知權變州節度推官張擇言改官　蘇魏公集 30/9a

～　蕃

右奉議郎湖州德清縣丞張蕃降一官　益國文忠集 96/13b　益公集 98/104b

～遲龍

奏舉人前權知榮州軍事推官張遲龍可大理寺丞制　蔡忠惠集 10/14a

～興世

隨龍使臣張興世除閤門祇候先次供職支破諸般請祇候有關日依資次撥填入額　益國文忠集 94/8b　益公集 94/24b

～興宗

尚書虞部員外郎張興宗可尚書比部員外郎　蘇魏公集 34/2b

～興祖

張興祖武學諭　育德堂外制 4/11b

～　錫

秘書省著作佐郎知蜀州晉源縣事張錫可太子右贊善大夫餘依舊制　文莊集 1/7a

～　學

張學換給付身補右從事郎　苕溪集 33/2a

～學古

中書守闕主事張學古可中書主事　韓南陽集 16/9b

～　勸

知建州張勸降二官制　浮溪集 9/11b　浮溪集/附拾遺 9/111

～龜壽

張龜壽授忠訓郎制　四庫拾遺 335/鶴林集

～　隨

張隨可太子中舍人致仕制　文忠集 20/4a

～濟

內殿承制渭州都監張濟可供備庫副使制　郎溪集 4/5b

～　濟

張濟補承信郎制　東窗集 10/6a

～濟之

張濟之太府丞　後村集 64/15a

張濟之除秘書丞　後村集 68/8a

～　濤

張濤中書舍人制　尊白堂集 5/6b

福建提舉張濤提點坑冶鑄錢　宋本攻媿集 35/18b　攻媿集 39/17b

～　闡

張闡循右承直郎制　東窗集 13/9a

～謙牧

張謙牧知嘉定府制　蒙齋集 8/14b

～應琪

張應琪起復差充建康府都統制司幹辦公事制　鶴林集 9/6a

～應符

張應符可殿中丞制　文忠集 14/19a

～應運

張應運特轉一官　蒙齋集 9/8b

～禮一

供備庫副使張禮一可西京左藏庫副使制　歐陽文忠集 81/8b

～　璘

內侍張璘特與落致仕差充追册皇后攢宮都監　益國文忠集 94/11a　益公集 96/64b

～　璹

資政殿學士知鄭州張璹可知河南府制　彭城集 23/12a

明堂執政加恩張璹　蘇東坡全集/外制 下/15a

張璹光祿大夫資政殿學士知鄭州　樂城集 27/3a

入內內侍省左藏庫副使張璹可轉一官制　摛文集 7/7b

東頭供奉官張璹轉一官制　摛文集 7/16a

～　環

張環可兵部員外郎制　文忠集 15/3b

～　瑲

詔令一　制詞　臣僚　十一畫　769

太子中舍張瑀可殿中丞制　文忠集 16/11b　蘇魏公集 29/8b

張瑀大理評事制　臨川集 51/17a

~ 轍

張轍特降兩官制　摘文集 6/8b

~ 聰

張聰授保義郎制　四庫拾遺 341/翰林集

~ 槩

屯田員外郎同判定州張槩可都官員外郎餘如故制　文莊集 1/16a

~ 輿

張輿可屯田員外郎制　文忠集 15/16a

~ 勵

朝散郎淮南運副張勵可兩浙運副制　摘文集 4/12a

~ 礝

張礝祭酒　後村集 60/15a

~ 擴

張擴祠部郎官　苕溪集 44/1a

張擴致仕復敷文閣待制制　東牟集 7/14b

~ 薦

殿中丞通判沂州張薦可國子博士制　元憲集 24/5b

~ 鑑

張鑑太府寺丞制　尊白堂集 5/30a

張鑑追復奉議郎致仕制　翰林集 9/16b

~ 徽

張徽可試大理評事充節度推官知變州奉節縣制　文忠集 18/16a

尚書屯田郎中張徽可度支郎中　蘇魏公集 34/1a

~ 翼

掩殺李成等功狀奇功統領官協忠大夫溫州觀察使張翼轉五官并遙郡　程北山集 27/1a

張翼降授武翼郎制　四庫拾遺 328/翰林集

~ 縝

張縝除直秘閣官觀　止齋集 18/2b

~ 縝

張縝秘書省正字　樂城集 28/13a

~ 總

朝奉郎開封府參軍張總可工曹參軍制　摘文集 5/5b

~ 璡

朝奉大夫張璡可知唐州制　彭城集 21/21b

~ 璣

左朝請大夫前知復州張璣差知常德府　益國文忠集 100/7a　益公集 100/146a

~ 燕

權三司户部副使張燕朝散大夫刑部郎中制　臨川集 50/3a

三司户部副使張燕兵部郎中制　臨川集 50/4a

張燕可兵部郎中制　彭城集 20/11a

~ 薰

張薰宣教郎制　橫塘集 7/9b

張薰權吏部尚書　苕溪集 45/5a

張薰除端明殿學士依舊知建康府　海陵集 15/9a

~ 顯

下班祇應張顯保義郎　鴻慶集 25/8a　孫尚書集 25/11b

~ 鎭

張鎭降授朝奉郎制　四庫拾遺 398/翰林集

~ 歸一

朝堂知班驅使官張歸一開州開江縣主簿依前充職制　臨川集 55/14a

~ 懷則

如京副使永定陵副使張懷則可莊宅副使制　元憲集 20/5b

~ 懷寶

提舉修建宣德樓張懷寶轉官制　襄陵集 1/15a

~ 藴

東上閤門使城州團練使張藴可依前官遙郡防禦使制　摘文集 6/2b

~ 曠

張曠大理寺正　歸愚集 8/1a

~ 寶

張寶爲敕令所編修在京通用條册成書係本所供檢文字轉一官制　紫微集 12/2b

~ 璜

尚書户部郎中知制誥張璜制　臨川集 49/11a　王文公集 10/11a

左司郎中知制誥張璜可左諫議大夫依前職制　鄖溪集 5/6a

~ 獻

承議郎張獻可太學博士制　彭城集 22/12b

~ 勳

張勸進書轉官制　翟忠惠集 4/9a

~ 闡

張闡除秘書郎内張闡兼史院檢討官制　東窗集 13/18a

~ 觿

福建轉運判官張觿考功員外郎　程北山集 27/14a

張觿直秘閣移鼎州　事然集 12/21a

~繼渥

樞密院張繼渥可承旨制　蔡忠惠集 9/22b

樞密院副承旨張繼渥供備庫副使制　臨川集 53/5a

~繼隆

潭州都知兵馬使張繼隆可三班借職制　摘文集 8/7b

~繼凝

未復舊官供備庫副使張繼凝復官　蘇魏公集 33/6b

~ 憻

張憻降除從事郎制　四庫拾遺 293/鶴林集

~ 璋

張璋降一官放罷　西垣稿 2/8b

~ 權

右奉議郎張權可軍器監主簿制　范成大佚著 /92

~ 鑄

刑部郎中張鑄可三司鹽鐵判官　武溪集 10/ 6b

太常少卿張鑄可光祿卿致仕　公是集 30/10a

宋文鑑 37/12b

~ 鑑

大理寺丞監南劍州商稅張鑑可殿中丞制　元憲集 24/1b

比部員外郎張鑑可駕部員外郎　韓南陽集 16/5a

~ 顯

殿直張顯可轉一官制　摘文集 7/4a

~顯功

張顯功轉防禦使　西垣稿 1/4a

~ 巖

曾祖張吉　參政張巖曾祖任内殿承制吉贈太子少保制　尊白堂集 5/17b

曾祖母薛氏　曾祖母薛氏贈信安郡夫人制　尊白堂集 5/18a

祖父張懷　祖不仕懷贈太子少傅制　尊

白堂集 5/18a

祖母楊氏　祖母楊氏贈宜春郡夫人制　尊白堂集 5/18b

父張範　父贈朝散大夫範贈太子少師制　尊白堂集 5/19a

母鄭氏　母太令人鄭氏贈永嘉郡夫人制　尊白堂集 5/19b

妻高氏　妻令人高氏封齊安郡夫人制　尊白堂集 5/20a

光祿大夫知樞密院事廣陵郡開國公食邑四千四百户食實封一千四百户張巖可加食邑五百户食實封二百户制　後樂集 3/21b

張巖除知樞密事制　山房集 2/6a

~ 灝

樞密院編修官張灝改宣教郎制　浮溪集 8/ 16b　浮溪集/附拾遺 8/99

故奉議郎守監察御史張灝可贈直龍圖閣制　北海 4/13a

~ 觀一作覲

張觀可尚書左丞制　文恭集 16/3a

太常寺太祝張觀可大理評事制　歐陽文忠集 80/13b

~ 某

曾祖張厚　張宣徽曾祖厚贈太子少保制　蔡忠惠集 12/10b

曾祖母某氏　張宣徽曾祖母制　蔡忠惠集 12/11a

父張固　張宣徽父固特贈太子少師制　蔡忠惠集 12/11a

母某氏　張宣徽母制　蔡忠惠集 12/11b

~ 某

張某知宜州　止齋集 14/5a

~ 氏

德妃位聽宣夫人張氏韓國夫人制　文恭集 19/17a

德妃位聽宣夫人張氏可封掌膳制　文恭集 19/17a

~ 氏

典簿張氏進封官正勾當大内公事掌絲制　元憲集 26/16b

~ 氏

御侍張氏進封延安郡君制　華陽集 31/15a

宮正張氏進封安定郡夫人制　華陽集 31/15a

~ 氏

仁壽郡君張氏可才人　蘇魏公集 33/4b

～ 氏

太皇太后殿張氏可典綠 蘇魏公集 34/10a

～ 氏

聽宣張氏司言制 臨川集 54/11b

～ 氏

追封樂安郡張太君制 郡溪集 7/7a

～ 氏

太皇太后殿張氏等四人進職制 彭城集 22/ 15b

～ 氏

仙韶副使張氏可並掌樂依舊仙韶副使 西 溪集 5(三沈集 2/17a)

～ 氏

内人張氏可特封典贊 蘇東坡全集/外制下/7b

～ 氏

秦晉國安仁保佑夫人張氏特封吳楚國安仁賢壽 夫人 樂城集 29/13a

～ 氏

秦晉國安仁保佑夫人張氏 樂城集 32/8b

祖張某 祖 樂城集 32/8b

祖母某氏 祖母 樂城集 32/9a

父張某 父 樂城集 32/9a

母某氏 母 樂成集 32/9b

～ 氏

内人張氏封郡夫人制 道鄉集 15/9a

～ 氏

内人張氏追贈儀國夫人制 道鄉集 16/4b

～ 氏

内人張氏封典字制 道鄉集 16/6b

～ 氏

宮掌記張氏可封大寧郡夫人制 攖文集 8/12b

～ 氏

宮正張氏可同知尚書内省公事制 攖文集 9/1a

～ 氏

張氏可封獫人 鴻慶集 24/6b 孫尚書集 26/9b

～ 氏(金奴)

宮正張金奴轉郡夫人制 紫微集 17/10b

～ 氏(頑兒)

紅霞帔張頑兒轉郡夫人制 東窗集 9/15a

～ 氏(真奴)

紅霞帔張真奴轉典字制 東窗集 10/21a

～ 氏

慈福宮内人張氏封郡夫人 宋本攻媿集 35/2a 攻媿集 39/18b

～ 氏

宮人張氏封郡夫人 宋本攻媿集 35/12a 攻媿集 39/11a

～ 氏

秦晉國安仁保祐夫人張氏特封吳楚國安仁 賢壽夫人制元祐 宋韶令集 22/109

～ 氏

文安郡君張氏可封郡夫人制 宋韶令集 22/ 110

～ 氏

掌設張氏可封典字制 宋韶令集 22/110

～ 氏

神宗乳母張氏進封制 宋韶令集 23/112

～ 氏

建安郡夫人張氏可追贈儀國夫人制 宋韶 令集 24/119

細 斯

沙克置揚摩男細斯承續制 文恭集 19/9b

陸子虞

淮西提舉張同之奏修職郎安豐軍六安縣令 陸子虞救活被水人一千四百餘人循一資 宋本攻媿集 33/11a 攻媿集 37/10b

～文彪

陸文彪授成忠郎制 四庫拾遺 341/翰林集

～友諒

提舉常平陸友諒降五官制 浮溪集 12/8b 浮 溪集/附拾遺 12/142

～ 安

隨龍御前忠佐馬步軍都軍頭陸安轉遙郡刺 史 宋本攻媿集 34/3b 攻媿集 38/3b

～ 合

陸合著作郎兼侍左郎官 後村集 62/17a

～仲息

陸仲息可國子博士制 景文集 31/4b

～ 甫

秉義郎陸甫特除閤門祗候 苕溪集 38/5b

～秀夫

陸秀夫特授淮東提刑兼淮東制置使參議官 誥 四明文獻集 5/20a

～ 佃

陸佃兼侍講制 元豐稿 21/5b

朝奉郎試禮部侍郎陸佃可朝散郎制 彭城集 20/19a

陸佃除尚書右丞制 道鄉集 17/3a

曾祖陸某 陸佃贈曾祖制 道鄉集 17/7a

曾祖母某氏 陸佃贈曾祖母制 道鄉集 17/7b

祖陸彰 陸佃追贈祖制 道鄉集 11/8a

祖母吳氏 陸佃追贈祖母制 道鄉集 17/8b

父陸珪 陸佃追贈父制 道鄉集 17/8b

妻鄭氏 陸佃追贈妻制 道鄉集 17/9b

陸佃落職知河陽制 宋詔令集 207/778

~長民

陸長民吏部郎官 程北山集 24/7b

陸長民除吏部郎官 張華陽集 3/7b

陸長民除右司 張華陽集 5/7b

~彥端

寄資武功大夫幹辦御藥院陸彥端轉歸吏部除帶御器械依舊幹辦太一宮 宋本攻媿集 30/1b 攻媿集 34/1b

~ 垍

陸垍降授朝散郎制 四庫拾遺 356/翰林集

~若濟

陸若濟可大理寺丞制 文恭集 12/10a

~思恭

右千牛衛長史閣門承受陸思恭可舒州桐城縣主簿 西溪集 5(三沈集 1/14b)

~保兒

陸保兒係北來歸正與補承信郎制 紫微集 19/12b

~ 宰

陸宰復直秘閣 程北山集 22/10a

~ 岐

陸岐授太中大夫 育德堂集外制 1/13b

承直郎兩浙轉運司幹辦公事陸岐依前官特授行國子録制 後樂集 1/4b

~康民

垂拱殿成陸康民轉一官制 東窗集 8/15b

~ 倩

朝奉郎陸倩可比部員外郎制 摘文集 4/5b

~ 貢

從政郎充環慶路經畧安撫都總管司主管機宜文字陸貢可改宣教郎再任制 北海集

4/2a

~ 達

陸達武博 後村集 63/8a

~景思

集英殿修撰江東運副兼淮西總領陸景思特授權户部侍郎淮東總領制 碧梧集 5/4b

~ 綽

陸綽可著作佐郎制 文恭集 12/10a

~ 寔

陸寔落職 斐然集 12/16b

~ 說

荊湖南路轉運使祠部員外郎直集賢院陸說可刑部員外郎依前職 西溪集 4(三沈集 1/72a)

集賢校理通判秦州陸說可太常丞制 華陽集 29/12a

~ 經

大理寺丞陸經可貢授袁州別駕 武溪集 10/14a

殿中丞充集賢校理陸經開封府推官制 臨川集 49/7b

~德元

陸德元降官制 鄮峰録 6/16a

~德先

陸德先監察御史制 翟忠惠集 3/13b

~德興

陸德興依舊寶章閣學士知太平州 後村集 64/4a

寶章閣學士通議大夫提舉江州太平興國宮嘉興縣開國伯食邑九百户陸德興進封嘉興郡開國侯加封三百户 後村集 73/10b

~ 謹

陸謹起復制 東牟集 8/16a

~ 馨

陸馨可著作佐郎制 文恭集 13/7b

~鵬升

陸鵬升國録 後村集 62/13a

~ 蘊

國子祭酒陸蘊除中書舍人制 翟忠惠集 3/16a

~ 藻

陸藻復舊職制 浮溪集 10/6b 浮溪集/附拾遺 10/117

陳一薦

詔令一 制詞 臣僚 十一畫 773

陳一薦特轉一官制　蒙齋集 9/10b

陳一薦除司農寺丞兼荊湖制置司參議官制　東澗集 6/14a

陳一薦屯田和耀賞轉承議郎制　平齋集 21/ 11b

陳一薦除軍器監簿兼淮西制置司參議官制　平齋集 22/2b

陳一薦護獻俘有勞轉朝奉郎制　平齋集 23/ 10b

～ 乙

前真州六合縣主簿陳乙可潭州湘陰縣主簿制　元憲集 22/2b

～之奇

前秦州泰興縣令充故隴西郡王宅教授陳之奇可太子中允致仕制　蔡忠惠集 11/5a

～之道

陳之道爲生擒賊首鄒慶及析到龔富首級及生擒次首領共一百九十三人轉一官比類合於階官上循兩資制　紫微集 13/4b

～之損

陳之損可右贊善大夫制　文恭集 13/12b

～士楚

朝奉大夫江東提舉陳士楚除吏部郎官　止齋集 17/6b

嘉王府講尚書徹章官屬各轉一官朝奉郎軍器少監兼直講陳士楚　宋本攻媿集 30/5b　攻媿集 34/5a

～大川

進士陳大川迪功郎制　四庫拾遺 90/浮溪集

～大中

陳大中除史館校勘　後村集 69/7a

～大年

陳大年循文林郎制　盤洲集 20/5b

～大紀

陳大紀降授武經郎制　四庫拾遺 324/鶴林集

～大獻

陳大獻責官制　東牟集 8/6a

～大輔

陳大輔降一官　苕溪集 33/3b

～大樓

陳大樓平黎璧賞轉儒林郎制　平齋集 23/2b

～ 山

陳山除秘書省正字　海陵集 19/2b

～子常

武功大夫成州團練使陳子常轉行一官　益國文忠集 94/4b　益公集 94/26a

～子淵

奉職陳子淵可轉一官制　摘文集 7/4a

～子椿

父陳千期　陳子椿父千期明堂恩封官制　平齋集 18/13b

～文彥

左從政郎新德慶府教授陳文彥前任惠安縣尉爲透漏商販往密州降一官　益國文忠集 96/8b　益公集 94/26a

～文孫

陳文孫知高州制　平齋集 23/25a

～文廣

前果州西充尉陳文廣可陳州南頓令　咸平集 28/16a

～文壽

陳文壽可內殿永制制　文恭集 13/3a

～文蔚

陳文蔚以所著尚書解注投進特補迪功郎制　四庫拾遺 314/鶴林集

～文龍

陳文龍特授中大夫同知樞密院事兼權參知政事誥　四明文獻集 5/6a

～文顯

前廉州刺史陳文顯可起復雲麾將軍　咸平集 28/4b

～ 元

陳元可著作佐郎制　文恭集 12/9a

～天澤

陳天澤通判招信軍轉一官制　東澗集 6/21b

～天應

右武大夫陳天應團練有勞轉左武（原文闕）　後村集 67/7a

～ 元

陳元爲討捕李朝賊盡靜轉一官制　紫微集 12/12a

～元良

尚書學究及第陳元良可永康軍司法制　文恭集 18/20b

～元桂

臨江守臣陳元桂忠義之節照映今古特轉五官贈寶章侍制與一子京官一子選人賜錢十萬貫助葬仍立廟賜謚正節　後村集 64/

2b

~ 元凱

前大理寺丞陳元凱可舊官服闕　韓南陽集 16/2b

~ 元震

奉使官屬文林郎陳元震轉一官　宋本攻媿集 30/17a　攻媿集 34/15b

· 太初

兵部尚書陳執中四從姪孫太初可試四門助教制　文恭集 19/3b

大理寺丞陳太初可太子中書　韓南陽集 16/4b

~ 太素

陳太素等至中舍海詞　四庫拾遺 24/ 文恭集

~ 中

母郭氏　奉國軍奏忠翊鳴鶴巡檢陳中母郭氏年九十二可特封孺人制　北海集 5/12a

~ 公彦

光祿卿陳鑄遺表第四男公彦可試秘書省校書郎　蘇魏公集 34/11b

~ 公亮

新除江東提刑陳公亮除福建轉運副使　止齋集 17/5a

陳公亮江西運副　宋本攻媿集 34/5a　攻媿集 38/5a

~ 公昂

管勾都亭西驛所前行陳公昂可借職制　摘文集 6/11b

~ 公益

權兵部侍郎陳公益磨勘轉中大夫制　平齋集 17/12b

權兵部侍郎陳公益除集英殿修撰知漳州制　平齋集 20/5a

陳公益授兼侍講制　鶴林集 7/15a

~ 公輔

勅賜上舍及第第一人陳公輔除承事郎制　翟忠惠集 4/1b

敷文閣侍制陳公輔轉左朝請大夫致仕制　東窗集 6/3b

~ 升之

陳升之可右司諫　文恭集 12/5a

除陳升之禮部尚書同中書門下平章事集賢殿大學士加食邑實封制　華陽集 26/3b　宋文鑑 35/7b

樞密副使陳升之可觀文殿學士知越州制　鄞溪集 4/12b

陳升之拜集賢相制　宋詔令集 56/282　蜀文輯存 2/1a

陳升之起復集賢相制　宋詔令集 56/283

陳升之起復同中書門下平章事集賢殿大學士制　宋文鑑 35/15b

~ 及

國子博士通判成德軍陳及可尚書虞部員外郎制　元憲集 25/9a

~ 允恭

陳允恭可左監門衛將軍致仕制　文恭集 20/10b

~ 永成

明州觀察使陳永成可節度觀察留後制　摘文集 4/10b

~ 永錫

陳永錫轉一官　苕溪集 36/3a

陳永錫遷職　張華陽集 1/10a

陳永錫特轉行遙郡一官　張華陽集 2/9b

~ 永齡

東頭供奉官陳永齡可內殿承制　蘇魏公集 31/10b

~ 正由

陳正由福建提舉茶事　苕溪集 45/3a

陳正由爲臣僚上言特降一官制　紫微集 15/6a

~ 正同

陳正同除樞密院檢詳　苕溪集 45/2b

陳正同贈四官制　盤洲集 22/7b

陳正同權刑部侍郎　海陵集 14/6a

陳正同除敷文閣侍制樞密院都承旨　海陵集 17/2b

~ 正輔

陳正輔轉官制　梅溪集 4/20a

~ 世安

嘉王府講尚書徽章官屬諸色祇應人各轉一資醫官成全大夫陳世安　宋本攻媿集 30/13b　攻媿集 34/12b

~ 世京

奏舉人汀州上杭縣令陳世京可著作佐郎制　蔡忠惠集 10/17b

~ 世長

太中中舍知明州奉化縣陳世長可殿中丞制　元憲集 23/6b

~ 世卿

陳世卿可衛尉寺丞制 文恭集 12/11a

虞部員外郎陳世卿轉官制 郡溪集 6/2a

~巨卿

奏舉人前梓州鄭縣主簿陳巨卿衛尉寺丞制 臨川集 51/9a

~ 可

陳可大理丞 後村集 60/11a

~ 古

降授守少府監沂州陳古可光祿卿 韓南陽集 17/4b

~ 古

陳古除直徽猷閣秦鳳等路提點刑獄 若溪集 45/4b

陳古直秘閣知興元府 筠溪集 5/24a

陳古知瀧州 斐然集 13/12b

~ 旦

昭文館正名守當官陳旦利州司户參軍依前充職制 臨川集 55/13b

~ 生

陳生爲與海賊戰沒贈承信郎與一子恩澤制 紫微集 18/8a

~ 禾

宣德郎辟廱博士陳禾可監察御史制 摘文集 4/3b

~仕登

承節郎陳仕登詭詐圖利依斷降一官 若溪集 38/4a

~ 合

陳合著作佐郎 後村集 62/5b

~汝玉

原州司户陳汝玉可司天監丞制 郡溪集 3/10a

~汝舟

陳汝舟循右修職郎制 東窗集 13/8a

~汝義

都官員外郎陳汝義可職方員外郎制 臨川集 50/9b

~汝錫

將仕郎試辟廱錄陳汝錫可辟廱博士制 摘文集 5/7a

正月六日三省同奉聖旨陳汝錫身爲守臣不行寬恤手詔特責授汝州團練副使漳州安置 程北山集 27/9b

~ 守

奉直大夫試將作監莆田縣開國男食邑三百户陳守可依前官特授直秘閣荊湖南路轉運判官制 後樂集 2/9a

~安仁

梓州觀察推官陳安仁轉京官制 郡溪集 6/4a

~安世

陳安世可太子中舍 西溪集 4(三沈集 1/70a)

~安石

陳安石可光祿寺丞制 文恭集 14/2b

中散大夫天章閣待制知鄧州陳安石可龍圖閣直學士差遣如故制 彭城集 21/1b

父陳貫 龍圖閣直學士中散大夫陳安石故父任尚書刑部郎中直昭文館贈司徒貫可贈太尉制 淨德集 9/3b

母李氏 陳安石故母蔡國太夫人李氏可贈魏國太夫人制 淨德集 9/4a

妻王氏 陳安石故妻太原郡君王氏可贈京兆郡君制 淨德集 9/4b

妻王氏 陳安石妻安康郡君王氏可封普安郡君制 淨德集 9/5a

陳安石知襄州 樂城集 30/5a

~安民

朝奉郎行都水監主簿陳安民可都水監丞制 彭城集 23/10a

陳安民都水簿 樂城集 27/14a

~安期

陳安期屯田郎中 樂城集 27/1b

~安道

屯田員外郎陳安道可都官員外郎制 臨川集 50/11a

~安靜

前嵐軍嵐谷縣令陳安靜可著作佐郎 蘇魏公集 34/4b

~次升

承議郎陳次升可兵部郎中制 彭城集 19/9a

陳次升淮南提刑 蘇東坡全集/外制下/17b

陳次升除右諫議大夫制 道鄉集 15/7b

陳次升罷職遠州監當制 宋詔令集 209/787

陳次升降職制 宋詔令集 211/798

陳次升落職知蔡州制 宋詔令集 212/802

~ 式

陳式可虞部員外郎制 文恭集 15/18a

~ 圭

殿前指揮使行門長行右班陳圭換武翼郎添差諸州駐泊兵馬都監　宋本攻媿集 30/14b　攻媿集 34/13b

~ 吉甫

停官人陳吉甫可陳州商水尉　咸平集 28/13a

~ 朴

陳朴捕猺寇陣亡特贈承務郎仍與一子恩澤制　尊白堂集 5/26a

~ 存

陳存除尚左郎官　後村集 68/7b

~ 至

陳至除國子監丞制　蒙齋集 9/13a

~ 全

陳全降官　歸愚集 8/3b

~ 仲成

奏舉人陳仲成大理寺丞制　臨川集 51/14a

~ 仲甫

故司農卿陳宗元孫男仲甫可試將作監主簿　西溪集 6(三沈集 2/37b)

~ 仲防

陳仲防除工部郎官　後村集 68/10b

~ 仲伯

西京左藏庫副使兼閤門通事舍人陳仲伯可轉兩官制　摘文集 6/10b

~ 仲侅

供備庫副使兼閤門通事舍人陳仲侅可轉兩官制　摘文集 6/10b

~ 仲師

龐籍外孫陳仲師試將作監主簿制　臨川集 52/10b

~ 仲堅

權貨務監官修武郎陳仲堅轉一官　宋本攻媿集 31/26a　攻媿集 35/25a

訓武郎監權貨務陳仲堅收彭增羡轉一官　宋本攻媿集 35/23b　攻媿集 39/22a

~ 仲偉

供備庫副使兼閤門通事舍人陳仲偉可轉兩官制　摘文集 6/10b

~ 仲通

陳仲通可衛尉寺丞制　文恭集 14/4a

~ 仲舒

陳仲舒可大理寺丞制　文恭集 14/12a

~ 仲稀

供備庫副使陳仲稀可兼閤門通事舍人制

摘文集 6/4a

~ 仲謂

檢詳告詞淳照十三年正月十八日　誠齋集 133/5a

~ 仲穆

供備庫副使陳仲穆可兼閤門通事舍人制　摘文集 6/4a

~ 自强

曾祖陳某　知院陳自强曾祖少保制　尊白堂集 5/20a

曾祖母某氏　曾祖母贈祁國夫人制　尊白堂集 5/20b

祖父陳某　祖贈少保制　尊白堂集 5/21a

祖母某氏　祖母贈申國夫人制　尊白堂集 5/21b

父陳某　父贈少師制　尊白堂集 5/22a

母某氏　母贈成國夫人制　尊白堂集 5/22b

妻某氏　妻贈榮陽郡夫人制　尊白堂集 5/23a

陳自强韶州安置　育德堂外制 4/11b

~ 向

陳向度支員外郎制　元豐稿 20/5a

陳向知楚州　樂城集 29/4b

~ 向能

奉議郎陳向能可承議郎制　彭城集 23/1b

~ 旭

陳旭可起居舍人制　文恭集 15/4a

河北轉運使陳旭授天章閣待制充都轉運使制　蔡忠惠集 11/2a

~ 亨祖

陳亨祖陳亡特贈三官與兩資恩澤更與一名關守進義副尉　益公集 97/94a

陳亨祖降授文林郎制　四庫拾遺 371/翰林集

~ 良能

母李氏　陳良能母李氏年九十以上特封太孺人　苕溪集 45/1b

~ 良彪

陳良彪除閤門舍人制　後樂集 1/4a

~ 良弼

陳良弼爲六朝寶訓書成及職事修舉可特轉階官二等制　襄陵集 1/18a

~ 良翰

陳良翰除江東提刑　海陵集 15/6b

~ 良驥

陳良驥轉承議郎制　平齋集 18/10b

~志應

陳志應循右從事郎制　東窗集 12/20b

陳志應轉官制　楊溪集 4/22b

~孝先

故右班殿直陳孝先可贈南作坊副使制　華陽集 28/13a　宋詔令集 220/847

~孝廉

成安大夫陳孝廉階官遙郡上各轉兩官　益國文忠集 94/10b　益公集 95/50b

~孝慶

侍衛步軍司後軍統領威拱宿衛部轄官兵特轉一官陳孝慶　止齋集 18/2a

~杞

浙東提舉陳杞本路提刑　宋本攻媿集 31/14b　攻媿集 35/14b

~圻

陳圻差充閤門祗候制　鶴林集 8/9b

~均

陳均通判江州轉一官再任制　東澗集 6/23a

~均

陳均以所編類長編投進可特補迪功郎制　四庫拾遺 314/鶴林集

~甫

尚書比部員外郎知巴州陳甫可尚書駕部員外郎制　元憲集 23/1b

~克

光祿寺丞陳克致仕制　翟忠惠集 2/25a

~扑

陳扑除都官郎官制　東窗集 8/6b

陳扑爲敕令所編修在京通用條册成書轉一官制　紫微集 12/7a

~希亮

殿中丞陳希亮可太常博士制　元憲集 26/3b

~希點

國子正陳希點除太學博士　尊白堂集 5/39b　止齋集 17/17b

主管史部架閣陳希點國子正　宋本攻媿集 33/5b　攻媿集 31/5a

陳希點檢正　育德堂外制 2/6a

陳希點軍器監　育德堂外制 2/6a

陳希點起居舍人　育德堂外制 2/10b

陳希點授中奉大夫　育德堂外制 5/3b

~廷圭

陳廷圭爲拖捕海賊生擒賊首卓全高等陳廷

圭轉一官制　紫微集 12/5a

~邦光

降授從事郎國朝會要檢閱文字陳邦光特授宣義郎除都官員外郎制　翟忠惠集 3/7b

尚書右司員外郎陳邦光起居舍人制　翟忠惠集 3/14b

陳邦光除刑部侍郎制　大隱集 1/22b

陳邦光移知建康府制　大隱集 2/14a

陳邦光知鎮江府制　大隱集 2/16b

~邦傑

陳邦傑叙武節大夫　育德堂外制 1/15a

~秀實

朝散大夫告詞　誠齋集 133/7b

~伯舒

陳伯舒降授儒林郎制　四庫拾遺 311/鶴林集

~伯賢

陳伯賢降授從事郎制　四庫拾遺 291/鶴林集

~伯疆

陳伯疆循資制　東牟集 7/37a

~宏

陳宏贈直龍圖閣制　平齋集 21/4b

~宗元

陳宗元可司農少卿制　文恭集 16/5a

~宗古

妻高氏　參知政事高若訥姊陳宗古妻可封文安縣君制　文恭集 19/12a

内殿承制知變州陳宗古可供備庫副使　武溪集 10/7a

~宗望

應天府進士陳宗望可逐州軍助教　蘇魏公集 33/11b

~宗逵

陳宗逵授額内成全郎制　四庫拾遺 351/鶴林集

~宗閔

史官楷書陳宗閔可蘇州常熟縣主簿制　元憲集 22/2a

~宗禮

殿中侍御史兼侍講陳宗禮特授權史部侍郎兼國子祭酒制　碧梧集 4/1b

陳宗禮除殿中侍御史兼侍講制　碧梧集 4/5b

陳宗禮除秘書監制　碧梧集 4/8b

陳宗禮除直龍圖閣淮西轉運使制　碧梧集 5/5a

~宗績

國子博士陳宗續可尚書虞部員外郎制 元憲集 24/12a

~ 宜中

陳宜中除國子録制 碧梧集 4/12b

陳宜中特授右丞相依前兼樞密使都督諸路軍馬加食邑食實封制 四明文獻集 4/15a

~ 京

陳京可太常寺太祝制 文恕集 14/23a

~ 育

宣州涇縣主簿陳育可秘書校書郎致仕 西溪集 4(三沈集 1/59a)

~ 武

陳武太府寺簿 育德堂外制 5/5a

~ 青

陳青授保義郎制 四庫拾遺 341/鶴林集

~ 玠

進武副尉陳玠轉承信郎 益國文忠集 94/4a 益公集 95/42a

陳玠授承直郎制 四庫拾遺 286/鶴林集

~ 亞卿

陳亞卿知德慶府制 平齋集 21/14a

~ 松龍

陳松龍降授儒林郎制 四庫拾遺 368/鶴林集

~ 枋

駕部員外郎致仕陳淨男枋可試將作監主簿制 文恕集 19/6b

~ 協

陳協秘書郎兼景獻府教授 後村集 61/2b

陳協刑部郎官兼史館校勘 後村集 63/3b

~ 奇

陳奇太子中允致仕制 臨川集 53/6b 王文公集 13/10b

~ 叔度

陳叔度可大理評事制 文恕集 14/24a

~ 叔崟

陳叔崟降儒林郎制 四庫拾遺 370/鶴林集

~ 卓

禮部尚書陳卓除吏部尚書兼給事中兼侍讀制 平齋集 20/19a

同簽書樞密院事陳卓除簽書樞密院事加食邑四百户制 平齋集 23/7a

同簽書樞密院事陳卓贈三代

曾祖陳嘉謨 故曾祖嘉謨朝奉郎贈太子少保特贈太子太保制 平齋集 23/20a

曾祖母黃氏 故曾祖母黃氏上饒郡夫人特贈文安郡夫人制 平齋集 23/20b

祖陳膏 故祖膏朝奉大夫太府少卿贈太子太傅特贈少傅制 平齋集 23/21a

祖母蔡氏 故祖母蔡氏魏郡夫人制贈安國夫人制 平齋集 23/21b

祖母汪氏 故祖母汪氏魯郡夫人特贈崇國夫人制 平齋集 23/21b

父陳居仁 故父居仁華文閣學士正奉大夫贈太師特追封申國公制 平齋集 23/22a

嫡母王氏 故嫡母王氏鎮國夫人特贈燕國夫人制 平齋集 23/22b

母俞氏 故所生母俞氏新安郡夫人特贈和政郡夫人制 平齋集 23/23a

妻林氏 故妻林氏信安郡夫人特贈大寧郡夫人制 平齋集 23/23b

陳卓授正議大夫勅 鶴林集 12/7b

陳卓授端明殿學士同簽書樞密院事制 鶴林集 6/10b

曾祖陳嘉謨 陳卓曾祖嘉謨贈太子少保制 鶴林集 10/12b

曾祖母黃氏 陳卓曾祖姑黃氏贈上饒郡夫人制 鶴林集 10/12b

祖陳膏 陳卓祖膏贈太子太傅制 鶴林集 10/13a

祖母汪氏 陳卓祖母汪氏贈魯郡夫人制 鶴林集 10/13b

祖母蔡氏 陳卓祖母蔡氏贈魏郡夫人制 鶴林集 10/14a

父陳居仁 陳卓父居仁贈太師制 鶴林集 10/14b

嫡母王氏 陳卓嫡母王氏贈鎮國夫人制 鶴林集 10/15a

母俞氏 陳卓所生母俞氏贈新安郡夫人制 鶴林集 10/15b

妻林氏 陳卓妻林氏贈信安郡夫人制 鶴林集 10/15b

~ 帶

淮西總管陳帶差充蒙古國通好使特授武翼大夫 鐵菴集 6/2a

~ 果仁

題陳果仁告身 四庫拾遺 583/畫墁集

~ 昌禹

陳昌禹除待制知静江府　張華陽集 6/4b

~易從

屯田員外郎監荊南鹽麩商稅務陳易從可都官員外郎餘如故制　文莊集 1/16b

~易簡

翰林醫官守少府監主簿陳易簡可守殿中省尚藥奉御依前充翰林醫官　蘇魏公集 34/9b

翰林醫官陳易簡六人比舊各減三官牽復　樂城集 28/10b

~　昂

陳昂除吏部郎官　張華陽集 4/6a

陳昂直徽猷閣知信州　斐然集 14/1b

~　防

陳防華文閣待制仍舊知建寧軍　後村集 66/4b

陳防户部侍郎兼權刑書　後村集 66/5a

朝散郎寶章閣待制知建寧府永嘉縣開國男食邑三百户陳防加封二百户　後村集 73/8b

母林氏　陳防初除尚書母齊國夫人林氏贈魯國夫人制　碧梧集 8/10a

母施氏　生母令人施氏贈淑人制　碧梧集 8/10a

妻林氏　故妻令人林氏贈淑人制　碧梧集 8/11a

~　舍

陳舍可太子中舍人制　文恭集 14/20b

~知常

陳知常可右贊善大夫制　文恭集 13/13a

~知晦

陳知晦蔡州簽判　樂城集 30/8b

~知新

朝散郎陳知新可知華州承議郎制　彭城集 23/3b

~知愚

尚書户部侍郎知廬州陳堯佐親孫男知愚可將作監主簿制　元豐集 25/5b

~知質

開封少尹陳知質除大理少卿制　翟忠惠集 3/17b

~知德

陳知德可大理評事制　文恭集 14/16b

~和發

迪功郎靖安主簿陳和發因韓侵掠殺于王事

贈宣教郎與一子下州文學　後村集 63/11b

~秉直

左朝奉郎通判南安軍陳秉直舶親部兵捕獲兇賊鄧五十九等全火六十餘人特轉兩官　益國文忠集 95/17a　益公集 98/102b

~秉權

陳秉權督辦餉運授承直郎制　四庫拾遺 286/翰林集

~　侗（一作陳伺）

陳侗知陝州　蘇東坡全集/外制中/11b

陳侗直秘閣知梓州　樂城集 28/12a

~　佐　'

大理寺承陳佐磨勘改官制　歐陽文忠集 81/4a

~　佩

特勒停人前奉直郎守大理寺丞陳佩可衛尉寺丞制　蔡忠惠集 11/9b

~周翰

陳周翰太常寺奉禮郎　臨川集 52/4b

~居仁

大中大夫知建寧府陳居仁磨勘轉官　宋本攻媿集 32/14a　攻媿集 36/13b

在外大中大夫以上官知州府該覃恩轉官通議大夫煥章閣待制知建寧府陳居仁　宋本攻媿集 36/22a　攻媿集 40/21b

知建寧府陳居仁知鎮江府　宋本攻媿集 37/23b　攻媿集 41/22b

~洵益

陳洵益授隨龍右武大夫慶州團練使制　鶴林集 9/1a

~宣子

陳宣子降授從事郎制　四庫拾遺 291/翰林集

~　宥

入內西京左藏庫使陳宥可文思使制　摘文集 6/5a

入內左藏庫使榮州刺史陳宥可轉一官制　摘文集 7/4b

入內內侍省文思使榮州刺史陳宥可轉一官制　摘文集 7/7a

陳宥昭宣使上復一官　張華陽集 1/3b

陳宥復景福殿使　斐然集 12/5b

~　亮

敕賜進士及第陳亮承事郎簽書建康軍節度判官廳公事　宋本攻媿集 32/15a　攻媿集 36/15a

~　彥

敦武郎陳彥乞轉出歸部致仕依所乞制 浮溪集 10/10b 浮溪集/附拾遺 10/120

故武功郎兼閤門宣贊舍人陳彥可贈武翼大夫忠州防禦使制 北海集 3/3a

~彥文

兵部侍郎陳彥文除顯謨閣待制河南尹制 翟忠惠集 2/4a

集賢殿修撰陳彥文除兵部侍郎制 翟忠惠集 3/19b

顯謨閣待制陳彥文除户部侍郎制 翟忠惠集 3/20a

待制陳彥文兵部侍郎制 浮溪集 11/13a 浮溪集/附拾遺 11/133

徽猷閣直學士朝請郎陳彥文可先次落職制 北海集 5/10b

~彥忠

陳彥忠轉一官 斐然集 13/26a

~彥修

陳彥修除開封府少尹制 翟忠惠集 2/2b

陳彥修國子監主簿制 東窗集 13/22a

~彥誠

父陳繹 陳彥誠父繹特贈右正議大夫制 道鄉集 15/2b

~彥達

陳彥達等係恭州知州爲温濟編管萬安軍到州故縱留滯當職官先次各降一官令提刑司取勘制 紫微集 15/8b

~ 炳

陳炳轉官制 楊溪集 4/19a

~ 祐

陳祐差通判滁州制 道鄉集 16/8a

~祖言

陳祖言除比部郎官 海陵集 19/2b

~ 珍

陳珍轉一官 筠溪集 4/21b

~ 革

母張氏 陳革母張氏封室人制 翟忠惠集 4/26b

~ 革

陳革授左武大夫 育德堂外制 4/14a

~述古

三司鹽鐵副使陳述古衞尉少卿制 臨川集 50/2a

三司鹽鐵副使陳述古朝奉大夫司封郎中

臨川集 50/3a

三司鹽鐵副使衞尉少卿陳述古可光祿卿充河北都轉運使制 郎溪集 4/1a

~ 垣

陳垣國博 後村集 61/8b

~ 相

陳相樞密院檢詳諸房文字 歸愚集 8/2a

陳相除懷吏部侍郎 海陵集 13/1b

陳相除左司郎官 海陵集 17/8b

~ 咸

陳咸授朝請大夫 育德堂外制 3/10a

~ 拱

陳拱可昌州刺史制 文恭集 18/7a

~ 拱

陳拱降兩官 西垣稿 2/8b

~若拙

右班殿直陳若拙可轉一官制 摘文集 8/4a

~ 昱

陳昱大理寺丞 苕溪集 46/4a

~ 則

真州推官陳則可大理寺丞制 歐陽文忠集 80/8a

~思恭

入內内侍省官陳思恭可特轉一官制 摘文集 7/5a

陳思恭轉遂郡團練使制 大隱集 3/2b

~思温

入內西京左藏庫副使陳思温可轉一官制 摘文集 7/4a

~ 畏

陳畏浙東路提點刑獄公事制 平齋集 20/24a

陳畏除大理少卿制 平齋集 22/4a

~昭素

追官人前都官員外郎陳昭素都官員外郎制 臨川集 55/6a

~保和

太子中舍知鄆州平陰縣事陳保和可殿中丞餘如故制 文莊集 2/9b

~俊卿

陳俊卿知泉州制 盤洲集 19/11b

陳俊卿除著作郎 海陵集 17/6b

~禹臣

陳禹臣可大理寺丞制 文恭集 14/11a

~ 紀

偶登科人尚書令史朝列大夫陳紀補承信郎制　後樂集 1/4b

制　平齋集 21/21b

陳紀特換授迪功郎制　蒙齋集 9/6a

～淡

陳淡授保義郎　育德堂外制 3/15a

～效

宣義郎陳效可御史臺主簿制　攻文集 4/9a

～唐卿

陳唐卿授武翼郎　育德堂外制 2/16a

～唐弼

右朝奉郎陳唐弼除大理寺丞主管右治獄

益國文忠集 100/5b　益公集 100/145a

～益

陳益可國子博士制　文恭集 15/12a

比部郎中陳益可駕部郎中　韓南陽集 16/6b

～宸

保義郎陳宸轉一官　益國文忠集 95/17b　益公集 96/63a

～耆壽

陳耆壽户部員外郎　育德堂外制 5/4a

朝散大夫直秘閣權發遣廬州軍州兼管內勸農營田事主管淮南西路安撫司公事馬步軍都總管兼提領措置屯田專一措置提督修城陳耆壽依前官特授提舉兩浙西路常平茶鹽公事制　後樂集 2/8a

～起宗

陳起宗直徽猷閣都大提舉川陝路茶馬制

浮溪集 8/12b　浮溪集/附拾遺 8/96

～栩

陳栩國子博士　後村集 64/12b

～軒

陳軒主客郎中　樂城集 30/8a

～真

進納陳真可承節郎制　浮溪集 8/19a　浮溪集/附拾遺 8/101

～烈

陳烈落致仕福州教授　樂城集 28/13b　宋文鑑 40/8b

～殊

西頭供奉官陳殊可轉一官制　攻文集 8/4a

～晉接

陳晉接除宗學教諭制　蒙齋集 9/13b

～振

從事郎行國子録陳振依前官特授太學博士

～振孫

軍器監簿陳振孫除諸王宮大小學教授制

平齋集 18/22b

故通奉大夫寶章閣待制致仕陳振孫贈光祿大夫　後村集 75/16b

陳振孫授國子司業制　樓鑰集 7/3a

～剛

陳剛大理司直　育德堂外制 4/11a

～剛中

陳剛中特與改合入官　程北山集 26/10b

～曉

陳曉除沿海制置使兼知慶元府制　東澗集 5/25a

～時舉

陳時舉除考功郎官制　東窗集 8/7a

～峴

右朝散郎陳峴除福建路轉運判官填見闕

益國文忠集 100/6b　益公集 100/145b

正議大夫充顯謨閣待制提舉江州太平興國官陳峴磨勘轉正奉大夫　止齋集 13/5b

太學博士陳峴除秘書省正字　止齋集 18/6b

降授通議大夫顯謨閣待制提舉江州太平興國官陳峴薦舉不當降一官滿一期敍復通奉大夫　止齋集 14/8a

通奉大夫顯謨閣待制陳峴係韋潛心舉主降一官　宋本攻媿集 30/4b　攻媿集 34/4a

太社陳峴太學博士　宋本攻媿集 35/14a　攻媿集 39/13b

在外大中大夫以上任官觀該覃恩轉官通奉大夫顯謨閣待制陳峴　宋本攻媿集 37/1b　攻媿集 41/1b

～倚

浙東提刑陳倚大理卿　宋本攻媿集 31/10a　攻媿集 35/10a

～俥

知泉州陳俥任制　元豐稿 22/3b

～師古

尚書屯田郎中知曹州陳師古可尚書都官郎中制　元憲集 25/11b

～師錫

秘書省校書郎陳師錫可集賢校理工部郎中制　淨德集 8/7b

陳師錫贈諫議大夫　筠溪集 5/3b

~ 絃

太常博士陳絃可屯田員外郎 嚴魏公集 30/5a

前唐州桐栢縣令陳絃可著作佐郎 西溪集 6 (三沈集 2/39a)

陳絃可倉部郎中 樂城集 27/5a

~ 邑

武學將上陳邑除秘書省正字 止齋集 18/6b

國子録陳邑武學博士 宋本攻媿集 35/12b 攻媿集 39/11b

陳邑降朝奉郎 育德堂外制 1/3b

陳邑降朝奉郎 育德堂外制 1/14a

~ 淳伯

陳淳伯史館檢閱 後村集 62/12a

陳淳伯除武學博士 後村集 70/3a

~ 淳祖

陳淳祖秘書郎 後村集 62/15b

陳淳祖著作佐郎 後村集 63/16b

陳淳祖直秘閣仍舊浙西提舉兼安吉州 後村集 67/12b

陳淳祖除右曹郎官 後村集 67/12b

~ 淬

故武功大夫康州防禦使提舉江州太平觀陳淬贈四官拱衛大夫遥郡觀察使與兩資恩澤 程北山集 27/14b

~ 淑

國子博士陳淑磨勘改官制 歐陽文忠集 79/4a

~ 寅

妻杜氏 西和州守陳寅妻安人杜氏死節贈官制 平齋集 17/12a

~ 章

陳章轉官制 東牟集 7/25b

陳章特授中大夫致仕制 平齋集 21/21b

~ 翊

成安郎陳翊該遇皇后歸謁家廟特轉一官 止齋集 11/3a

嘉王府講尚書徽章官屬諸色祇應人各轉一官資成全郎陳翊 宋本攻媿集 30/13b 攻媿集 34/12b

~ 庶

文思院造皇太后尊號册寶監官從政郎陳庶循一資 宋本攻媿集 35/18a 攻媿集 39/16b

~ 康民

陳康民管勾永興等路常平制 元豐稿 22/8b

~ 康伯

司勳員外郎陳康伯關陞郎中制 楊溪集 4/18b

祖陳居仁 陳康伯回授封祖居仁 斐然集 12/6b

陳康伯可罷尚書左僕射同中書門下平章事兼樞密使特授少保觀文殿大學士判信州進封福國公加食邑食實封制 漢濱集 3/2b

除陳康伯尚書左僕射同中書門下平章事兼樞密使依前少保進封魯國公加食邑實封制 盤洲集 11/9a

祖陳居仁 左僕射陳康伯祖居仁越國公制 盤洲集 22/10a

陳康伯除參知政事 海陵集 14/3b

陳康伯兼侍讀 海陵集 14/8b

陳康伯右僕射制 蜀文輯存 39/6b

~ 康熙

陳康熙除司農寺主簿兼知泰州制 平齋集 22/12a

~ 康照

陳康照除司封郎中諸 東澗集 3/20b

陳康照除左司郎中制 東澗集 4/21b

~ 康義

陳康義除官制 蒙齋集 8/7a

~ 規

德安府復州漢陽軍鎮撫使陳規除徵猷閣待制 程北山集 24/12b

陳規知順昌府 苕溪集 40/5a

陳規除直龍圖閣知廬州安撫淮西 張華陽集 4/6b

父陳昇 樞密直學士陳規故父昇可特贈太中大夫制 紫微集 18/15a

池守陳規先按降兩官制 斐然集 12/15b

父陳昇 陳規贈父 斐然集 14/13a

~ 執方

尚書虞部員外郎通判廬州陳執方可尚書比部員外郎制 元憲集 23/3a

~ 執中

工部侍郎參知政事陳執中三代

曾祖陳嵩 曾祖嵩贈太子太傅宜特贈太傳 武溪集 11/7a

曾祖母黃氏 曾祖母黃氏贈鄂國太夫人 武溪集 11/7b

曾祖母黃氏 曾祖母黃氏追封德陽郡太夫人 武溪集 11/8a

祖陳光嗣　祖光嗣太傅遷太師　武溪集 11/8a

祖母孫氏　祖母孫氏贈安國太夫人　武溪集 11/8b

父陳恕　父恕太師中書令尚書令榮國公改封許國公　武溪集 11/9a

母李氏　母李氏贈崇國太夫人　武溪集 11/9b

母王氏　母王氏贈鄂國太夫人　武溪集 11/9b

除授陳執中行尚書左僕射充觀文殿大學士依舊判亳州加食邑食實封餘如故仍放朝謝制　歐陽文忠集 84/10b

陳執中罷相制　蜀文輯存 5/1b

陳執中拜集賢相制　宋詔令集 54/275

陳執中進昭文相制　宋詔令集 54/275

陳執中進昭文相制　宋詔令集 55/278

陳執中罷相除兵部尚書知陳州制　宋詔令集 67/328

陳執中罷相除使相判亳州制　宋詔令集 68/331

~ 基

西和州守陳寅男基死節贈官制　平齋集 17/12a

~ 楠

陳楠除福建路轉運副使　苕溪集 40/2a

知池州陳楠特轉一官制　東窗集 8/20a

陳楠升郎中　張華陽集 3/6b

陳楠除起居舍人　張華陽集 7/1b

陳楠除太常少卿　張華陽集 7/6b

陳楠除修撰官觀制　紫微集 16/4a

陳楠奉旨右朝請大夫參謀官依舊右文殿修撰制　紫微集 16/14b

陳楠直龍圖閣知泉州　斐然集 13/22a

~ 堅

太常博士知貴州陳堅可尚書屯田員外郎　元憲集 26/7b

~ 堅

陳堅秘書監兼右諭德　後村集 66/8a

陳堅除寶章閣待制致仕　後村集 68/12b

~ 挨

陳挨等除大府寺丞制　楊溪集 5/4b

~ 惟忠

父陳某　陳惟忠以父陣亡恩澤補承信郎

苕溪集 32/5a

~ 惟信

文思副使陳惟信左驍衛將軍致仕制　臨川集 53/10b

~ 曼

父陳閩　陳曼父閩曼任登州録事父閩年九十一以敕封承務郎　樂城集 32/5a

~ 國瑞

陳國瑞直秘閣制　大隱集 1/12a

~ 崇德

太常寺奉禮郎監濱州鹽酒稅務陳崇德可大理評事餘依舊制　文莊集 2/3a

~ 敏

陳敏轉成州防禦使知高郵軍制　盤洲集/外制 19/3b

~ 偉節

陳偉節直秘閣制　盤洲集/外制 21/13a

~ 得一

陳得一賜號通微處士　斐然集 14/6b

~ 從古

左朝散郎湖南提刑陳從古除湖南運判　益國文忠集 100/8a　益公集 100/137b

~ 紹宗

承節郎陳紹宗轉一官　益國文忠集 95/17b　益公集 96/63a

~ 紹孫

陳紹孫可大理寺丞制　景文集 31/5b

~ 貫

三司鹽鐵副使尚書兵部員外郎陳貫可尚書刑部郎中直昭文館知相州制　元憲集 22/82

~ 湟

陳湟可太常丞制　文恭集 14/1b

~ 淵

陳淵除監察御史　苕溪集 41/5b

陳淵責官制　東牟集 8/6a

~ 敦

陳敦可補承信郎制　東窗集 10/4b

~ 裕

陳裕差充皇太后本殿準備使喚轉請給依中節人例施行　苕溪集 36/2a

~ 琰

新除三司户部副使尚書工部郎中陳琰可三司度支副使制　元憲集 20/10b

三司度支副使尚書工部郎中陳珙可三司鹽鐵副使制 元憲集 20/11a

河東路轉運使尚書兵部員外郎陳珙可尚書工部郎中制 元憲集 23/6b

~ 琪

妻龐氏 故贈司空兼侍中龐籍遺表長女南安縣君冀州支使陳琪妻安康郡君制 臨川集 54/13b

~ 琪

承信郎陳琪該遇皇后歸謁家廟特轉一官 止齋集 11/3a

~ 琩

殿前指揮使行門長右石班陳琩換武翼郎添差諸州駐泊兵馬都監 宋本攻媿集 30/14b 攻媿集 34/13b

~堯佐

授陳堯佐光祿大夫依前檢校太傅同中書門下平章事准康軍節度使加食邑實封制 元憲集 26/11a

陳堯佐拜集賢相制 宋詔令集 53/271

陳堯佐罷相建節判鄭州制 宋詔令集 67/326

~堯咨

陳堯咨武信軍節度使知河陽制 宋詔令集 104/387

龍圖閣直學士工部郎中知河南府兼留守司同牧事陳堯咨可落龍圖閣學士依前工部郎中知鄧州制 宋詔令集 204/759

~堯登

陳堯登降授從事郎制 四庫拾遺 292/翰林集

~堯道

陳堯道秘書郎 後村集 63/9b

陳堯道監察御史 後村集 63/13b

陳堯道除右正言兼侍講 後村集 67/16b

陳堯道太府丞 後村集 62/4b

~彭年

翰林學士給事中知制誥陳彭年可工部侍郎餘依舊制 文莊集 1/11a

妻樊氏 邢部侍郎參知政事陳彭年妻南陽郡君樊氏可進封南陽郡夫人制 文莊集 3/5a

~ 植

陳植降授文林郎制 四庫拾遺 373/翰林集

~ 棣

秘書丞陳棣除著作佐郎 止齋集 18/10b

太常博士陳棣秘書丞 宋本攻媿集 33/4a 攻媿集 37/4a

~ 罩

太常博士知廣德軍陳罩可屯田員外郎餘依舊制 文莊集 1/17a

尚書都官郎中監蘇州茶鹽務陳罩可尚書職方郎中制 元憲集 22/6b

~揚善

陳揚善知光州 宋本攻媿集 31/5b 攻媿集 35/5b

~ 景

陳景尚書省主事令史 元豐稿 21/8b

~景思

朝散大夫賜紫金魚袋陳景思依前官特授江南西路轉運判官制 後樂集 1/17a

~景俊

陳景俊除大理寺丞 止齋集 18/7a

大理少卿陳景俊奉使回轉一官制 後樂集 1/27a

朝請大夫大理少卿陳景俊特授奉直大夫依前大理少卿制 後樂集 2/7a

~ 最

左修職郎陳最改承事郎 苕溪集 33/3b

陳最轉左宣教郎制 東窗集 12/27b

~貴誼

中大夫參知政事陳貴誼特授正議大夫守參知政事致仕制 平齋集 21/21a

故正議大夫守參知政事致仕陳貴誼特贈少保資政殿大學士制 平齋集 21/22b

~ 開

管種收給納陳開轉一官制 摘文集 7/10a

~舜申

陳舜申正字 育德堂外制 2/6b

陳舜申校書郎 育德堂外制 5/13a

~舜臣

陳舜臣湖北提點刑獄公事制 平齋集 20/17a

~舜咨

進士陳舜咨賑濟補承節郎 宋本攻媿集 35/16a 攻媿集 39/15a

~舜俞

陳舜俞秘書丞制 臨川集 51/7b

~ 進

陳進贈官 歸愚集 7/4b

~ 雋

母某氏　承信郎陳惇母某氏九十五歲封太孺人　益國文忠集 97/10b　益公集 94/30b

~ 傳

職方員外郎陳傳可屯田郎中　嚴魏公集 31/4a

~ 傳良

起居舍人陳傳良經進壽皇聖政轉一官　宋本攻媿集 31/14a　攻媿集 35/14a

起居舍人陳傳良起居郎　宋本攻媿集 34/8b　攻媿集 38/8a

起居郎陳傳良祕閣修撰嘉王府贊讀　宋本攻媿集 35/24a　攻媿集 39/22b

新除起居郎陳傳良中書舍人　宋本攻媿集 36/8b　攻媿集 40/8a

見任侍從該覃恩轉官中書舍人陳傳良　攻媿集 40/19a

~ 衛

陳衛降授迪功郎制　四庫拾遺 313/翰林集

~ 勝

長入祗候陳勝轉一資　筠溪集 4/26a

~ 象之

陳象之可比部員外郎制　文恭集 15/2a

~ 登

陳登除江淮等路都大提點坑冶鑄錢公事制　東澗集 6/15a

~ 發

陳發武岡縣丞右文林郎循一資制　紫微集 13/17b

~ 堅

西和州守陳寅男堅死節贈官制　平齋集 17/12a

~ 異

陳異可職方員外郎制　文恭集 15/5b

~ 綽

右班殿直陳綽可轉一官制　摘文集 7/17a

~ 陽

右承直郎陳陽上書可采特與改合入官　苕溪集 35/4a

~ 隆之

利州路轉運判官陳隆之除直寶章閣權知汾州兼利州路提刑兼提舉制　平齋集 18/9a

陳隆之除直華文閣知與元府兼安撫制　平齋集 20/4b

陳隆之除屯田郎官兼知與元府兼利州路安撫制　平齋集 22/7b

陳隆之敘復朝散郎制　四庫拾遺 356/翰林集

朝散郎直華文閣權知與元府主管利路安撫司事陳隆之授朝奉大夫制　翰林集 8/15b

~ 濬

陳濬知宜州制　東澗集 6/6a

陳濬特授承議郎制　四庫拾遺 382/翰林集

~ 靖

陳靖爲閣門祗候落看班字　苕溪集 36/4a

陳靖轉閣門宣贊舍人制　東窗集 7/4a

陳靖上書特補右迪功郎制　東窗集 13/4b

陳靖加官制　東牟集 7/24a

陳靖轉遂郡承宣使制　于湖集 19/5a

~ 靖直

陳靖直元係右中奉大夫利州路提刑所犯因在買販鹽貨等事先次放罷特降三官後該遇明堂赦與敘右中散大夫致仕制　紫微集 19/5a

~ 該

敦武郎陳該奉使大金國信所轉官制　東窗集 8/15b

~ 誠之

陳誠之除秘書省正字制　東窗集 8/10b

陳誠之除校書郎兼吳王府教授制　東窗集 10/2a

陳誠之權禮部侍郎落權字　歸愚集 7/6a

陳誠之除知樞密院事　海陵集 15/9b

陳誠之除權禮部侍郎　海陵集 16/5b

三十二年九月六日敕陳誠之與復端明殿學士　益國文忠集 96/14b　益公集 94/23a

陳誠之降官制　于湖集 19/4b

~ 詢

從事郎權辟廱正陳詢可辟廱博士制　摘文集 5/7a

~ 遊古

陳遊古知沂州　樂城集 29/12b

~ 道古

陳道古除大理寺丞制　安陽集 40/7b

~ 煥

陳煥授武節郎　育德堂外制 3/15a

~ 達達

陳達達授額內成安郎制　四庫拾遺 350/翰林集

~ 塡

陳塡以莊文府講毛詩徹章授朝奉郎制　翰林集 7/19a

~ 塏

陳塏直寶文閣江西安撫制置使知江州制 東澗集 5/26b

陳塏除直敷文閣知安慶府制 平齋集 22/17a

陳塏授司農寺丞制 鶴林集 6/19a

陳塏除端明殿學士依舊提舉江州太平興國官 後村集 68/12a

陳塏除資政殿學士致仕制 碧梧集 9/1a

～損之

秘書丞陳損之淮東提舉 宋本攻媿集 31/14a 攻媿集 35/13b

淮東提舉陳損之創立紹熙堰除直秘閣 宋 本攻媿集 35/21b 攻媿集 39/20a

～葵

陳葵將作監丞 斐然集 14/3a

～睦

陳睦鴻臚卿 元豐稿 20/8a

朝散郎充史館修撰陳睦可朝請郎依前史館修撰制 王魏公集 3/13b

～過庭

尚書右丞陳過庭除中書侍郎 鴻慶集 24/7b 孫尚書集 26/11a

～漢

陳漢除直寶文閣知平江府制 于湖集 19/9a

～賓卿

陳賓卿太常博士 苕溪集 39/4a

～察

陳察除左司郎中制 道鄉集 15/7a

朝請郎試大理少卿陳察可降朝散郎制 宋 詔令集 211/806

～端

陳端翰林醫官制 元豐稿 22/7b

～端夫

翰林醫愈陳端夫該婉容翟氏進封轉額外翰林醫痊 益國文忠集 94/11a 益公集 96/74b

～端章

陳端章特授儒林郎 四庫拾遺 361/鶴林集

～膏

陳膏工部郎官 苕溪集 45/2b

～廣

進勇副尉陳廣捕獲海賊可承信郎制 范成 大佚著/89

陳廣轉官制 東澗集 6/15b

～遷

陳遷中山路安撫使制 橫塘集 7/2a

直秘閣陝西路運使陳遷除直龍圖閣知慶州 翟忠惠集 2/9b

～塔

樞密院編修官陳塔除監察御史制 東澗集 4/24a

陳塔除國子監簿制 蒙齋集 9/2b

～瑲

陳瑲授中奉人夫直敷文閣宮觀制 平齋集 21/20a

～嘉

陳嘉制 尊白堂集 5/26b

～遠獻

陳遠獻除四川轉運副使 苕溪集 43/3b

四川轉運副使陳遠獻除右文殿修撰 苕溪集 45/5a

～碩文

陳碩文授保義郎制 四庫拾遺 337/鶴林集

～琬

內侍陳琬奉聖旨爲廉能恭格特除寧武軍節度觀察留後制 翟忠惠集 4/15b

～戩

陳戩差知明州 程北山集 26/8a

陳戩太常少卿制 大隱集 2/7b

～與義

勅賜上舍及第第三人陳與義從事郎制 翟忠惠集 4/1b

陳與義除禮部侍郎 張華陽集 5/9a

～蒙

陳蒙太社令 後村集 62/12b

～夢斗

陳夢斗依舊右文殿修撰知鎮江府制 碧梧集 5/10b

右文殿修撰知鎮江府陳夢斗特授集英殿修撰依舊任制 碧梧集 5/11a

～夢昇

陳夢昇降授修職郎制 四庫拾遺 302/翰林集

～夢發

陳夢發除諸王宮教授 後村集 69/7a

～暨

西和州守陳寅男暨死節贈官制 平齋集 17/ 12a

～緘孫

母某氏 參知政事陳躋子緘孫遇慶典恩乞進封其母 止齋集 14/3a

～ 綺

陳綺前任東運副兼提領茶鹽增羨轉中奉大夫 後村集 65/10a

陳綺右文殿撰樞密都承旨 後村集 66/2b

殿撰都承旨陳綺磨勘轉中大夫 後村集 66/16b

～維孫

母高氏 朝請郎陳維孫故母仁壽太君高氏可贈廣陵郡太夫人制 彭城集 20/12a

～調一

陳調一特授承議郎制 四庫拾遺 382/鶴林集

～ 廢

陳廢改右宣教郎制 東窗集 12/27a

～ 震

賓州録參陳震降一資制 東澗集 5/11b

～ 模

迪功郎陳模依前官特授秘書省正字制 後樂集 1/5a

～ 確

陳確大理寺檢法官制 臨川集 51/16a 王文公集 12/4b

～ 確

陳確除監察御史 苕溪集 41/5b

～ 輝

陳輝知廣州制 盤洲集 23/10b

～德之

陳德之可大理寺丞制 景文集 31/5b

～德之

書藝局藝學陳德之可轉一官 摘文集 8/5b

～ 履

陳履除大理寺丞制 東宫集 9/19a

～ 緯

陳緯武學博士 後村集 69/6b

～ 澤

母郭氏 陳澤乞封母郭氏太孺人制 翠忠惠集 4/26b

陳澤轉官 育德堂外制 3/16a

～憲臣

陳憲臣屯田員外郎制 臨川集 55/6b

～ 諤

供奉官陳諤轉一官制 摘文集 7/4a

奉議郎符寶郎陳諤兼定王嘉王府記室 劉給諫集 2/6b

～ 樸

陳樸大理司直 宋本攻媿集 37/22b 攻媿集 41/21b

～ 機

陳機直秘閣制 大隱集 1/13b

陳機復直秘閣知衢州 海陵集 18/5a

～ 棻

陳棻權刑部侍郎 苕溪集 42/4b

陳棻知婺州制 楳溪集 5/9b

陳棻致仕制 楳溪集 5/27a

陳棻司勳郎官 筠溪集 5/24b

陳棻爲敕令所編修條册成書轉一官制 紫微集 12/3b

父陳毅 陳棻父毅贈官 歸愚集 7/3b

～ 匯

司勳員外郎陳匯可轉一官制 摘文集 7/12a

～ 憺

母羅氏 保義郎陳憺乞回罩恩轉官與母羅氏特封太孺人 益國文忠集 97/15b 益公集 96/64a

～ 敞

逐選陳敞爲敕令所編修在京通用條册成書係本所供檢文字等轉一官制 紫微集 12/2b

～ 墼

西和州守陳寅男墼死節贈官制 平齋集 17/12a

～ 選

奏舉人前權岳州軍事判官監納潭州茶米場陳選可著作佐郎制 元憲集 23/5a

～ 濟

三班借職鄭貴妃位掌膳奏陳濟可轉一官制摘文集 7/2a

～ 謙

朝奉郎湖北提刑陳謙收捕徭寇有勞特除直煥章閣 止齋集 17/6b

知常州陳謙湖北提舉 宋本攻媿集 32/19b 攻媿集 36/19a

陳謙變路運判 宋本攻媿集 35/16b 攻媿集 39/15b

變路運判陳謙湖北提刑 宋本攻媿集 36/2a 攻媿集 39/2a

陳謙落寶謨閣待制 育德堂外制 1/6b

～ 襄

故樞密直學士左司郎中兼侍讀陳襄贈給事

中制 宋詔令集 221/849

~ 褒

陳褒制 徐公集 7/5a

~ 應星

陳應星輸粟補迪功郎制 平齋集 22/22a

~ 懋

陳懋降授文林郎制 四庫拾遺 372//鶴林集

~ 懋欽

陳懋欽國錄 後村集 65/12a

陳懋欽除太學博士 後村集 71/6b

~ 薦

諸王府記室參軍尚書司封員外郎直集賢院陳薦可工部郎中依前直集賢院太子右諭德制 韓南陽集 17/18a 郎溪集 1/7b 宋文鑑 38/18a

尚書工部郎中直集賢院兼太子右諭德陳薦可尚書刑部郎中天章閣待制 韓南陽集 18/2a

陳薦贈光祿大夫 蘇東坡全集/外制上/15a

~ 曙

陳曙改官制 歐陽文忠集 80/5b

~ 徽卿

屯田郎中陳徽卿可都官郎中 西溪集 b(三沈集 2/42a)

~ 輩

太府寺丞陳輩除大宗正丞制 平齋集 19/4a

~ 禧

直秘閣告詞淳熙九年八月五日 誠齋集 133/3b

~ 謩

監韶州大興銀銅場陳謩可著作佐郎制 華陽集 29/10b

~ 璡

陳璡知靜江府 歸愚集 7/4a

陳璡降授迪功郎制 四庫拾遺 319/鶴林集

~ 懷遜

內庭承制陳懷遜與轉兩官 擢文集 7/1b

~ 駿

篆寶文官通議大夫參知政事陳駿轉通奉大夫 止齋集 14/1b

知樞密院事兼參知政事陳駿明堂恩贈三代

曾祖陳戩 曾祖贈少保戩贈太保 止齋集 16/5a

曾祖母成氏 曾祖母滕國夫人成氏贈福國夫人 止齋集 16/5b

祖陳策 祖贈少傅策贈太傅 止齋集 16/5b

祖母朱氏 祖母崇國夫人朱氏贈福國夫人 止齋集 16/6a

父陳藹 父贈少師藹贈太師 止齋集 16/6a

母成氏 母杞國夫人成氏贈福國夫人 止齋集 16/6b

母王氏 母信國夫人王氏贈福國夫人 止齋集 16/6b

妻宣氏 妻宣氏封 止齋集 16/6b

同知樞密院事陳駿參知政事 宋本攻媿集 31/16a 攻媿集 35/15b

參知政事陳駿知樞密院事 宋本攻媿集 36/10a 攻媿集 40/10a

參知政事陳駿該覃恩封贈

曾祖父陳戩 曾祖太子少保戩太子太保 宋本攻媿集 36/13b 攻媿集 40/13b

曾祖母成氏 曾祖母始興郡夫人成氏河內郡夫人 宋本攻媿集 36/14a 攻媿集 40/13b

祖父陳策 祖太子少傅策太子太傅 宋本攻媿集 36/14b 攻媿集 40/14a

祖母朱氏 祖母和義郡夫人朱氏博平郡夫人 宋本攻媿集 36/15a 攻媿集 40/14a

父陳藹 父太子少師藹太子太師 宋本攻媿集 36/15a 攻媿集 40/14b

母成氏 前母平樂郡夫人成氏文安郡夫人 宋本攻媿集 36/15b 攻媿集 40/15a

母王氏 母咸寧郡夫人王氏濟陽郡夫人 宋本攻媿集 36/16a 攻媿集 40/15a

妻宣氏 妻東牟郡夫人宣氏封魯郡夫人 宋本攻媿集 36/16a 攻媿集 40/15a

知樞密院事陳駿初除封贈

曾祖陳戩 曾祖太子太保戩少保 宋本攻媿集 37/14a 攻媿集 41/13a

曾祖母成氏 曾祖母河內郡夫人成氏滕國夫人 宋本攻媿集 37/14a 攻媿集 41/13b

祖父陳策 祖太子太傅策少傅 宋本攻媿集 37/14b 攻媿集 41/14a

祖母朱氏 祖母博平郡夫人朱氏崇國夫人 宋本攻媿集 37/15a 攻媿集 41/14b

父陳藹 父太子太師藹少師 宋本攻媿集 37/15a 攻媿集 41/14b

母成氏 前母文安郡夫人成氏杞國夫人

宋本攻媿集 37/15b 攻媿集 41/15a

母王氏 母濟陽郡夫人王氏信國夫人

宋本攻媿集 37/15b 攻媿集 41/15a

妻宣氏 妻魯郡夫人宣氏封魏郡夫人

宋本攻媿集 37/16a 攻媿集 41/15b

知樞密院事陳騤該覃恩轉官 宋本攻媿集 37/16b 攻媿集 41/16a

～ 鵬

陳鵬運判 樂城集 30/1b

～鵬飛

陳鵬飛除太學博士制 東窗集 6/19b

～ 繹

尚書祠部員外郎充集賢校理陳繹可度支員

外郎依舊充職 蘇魏公集 30/3b

太中大夫知集賢院學士知廣州陳繹可依舊

太中大夫集賢院學士充龍圖閣待制再任

制 王魏公集 3/12b

陳繹降官落職知建昌軍制 宋詔令集 206/770

～寶文

虎翼右第一軍都指揮使秀州刺史陳與男寶

文可三班借職制 摘文集 8/7b

～ 藻

陳藻可秘書丞制 文恭集 13/11b

～覺民

陳覺民起復陝西運使制 翟忠惠集 2/8b

～繼善

左司郎中陳繼善可工部侍郎 徐公集 7/14b

～ 變

陳變除太常少卿 海陵集 13/4b

～ 顯

太祖朝應學究舉陳顯可大理寺評事致仕制

華陽集 28/6b

～ 韡

陳韡轉兩官除閣學依舊建康府江東安撫使

兼沿江制置使兼淮西制置使行宮留守制

東澗集 5/18a

華文閣待制江西安撫使陳韡除權工部侍郎

兼江西安撫使知隆興府制 平齋集 18/4b

江西安撫使陳韡除工部侍郎制 平齋集 19/78b

陳韡除工部尚書依舊沿江制置制 南宋文範 11/10b

工部侍郎知建康府陳韡明堂加恩制 平齋集 21/13a

陳韡除工部侍郎沿江制置使兼江東安撫使

知建康府制 平齋集 22/18a

陳韡磨勘轉朝議大夫制 平齋集 22/24a

陳韡除工部尚書依舊沿江制置制 蒙齋集 9/1a

陳韡依前觀文學士特授正奉大夫福建安撫

大使 後村集 64/1a

陳韡依前觀文學士特授宣奉大夫依所乞致

仕 後村集 64/1b

陳韡贈少師 後村集 64/18a

陳韡授禮部尚書制 樓鑰集 6/13a

父陳孔碩 陳韡父孔碩已贈宣奉大夫可

特贈光祿大夫制 樓鑰集 7/16b

母田氏 陳韡母淑人田氏可特贈永嘉郡

夫人制 樓鑰集 7/16b

繼母鄭氏 陳韡繼母淑人鄭氏可特贈永

陽郡夫人制 樓鑰集 7/17a

～ 瓘

陳瓘除右司制 道鄉集 16/5b

陳瓘罷司陳添差監楊州糧料院制 宋詔令集 210/790

承議郎陳瓘可降奉議郎制 宋詔令集 211/800

～ 鑄

大理寺丞知南雄州陳鑄可殿中丞制 元憲集 24/2b

～ 鑄

陳鑄太府少兼右司 後村集 62/12b

陳鑄除秘閣修撰樞密副都承旨 後村集 67/12a

陳鑄大理寺簿制 四庫拾遺 239/荇白堂集

～ 儼

陳儼可國子博士制 文恭集 14/17a

～顯伯

陳顯伯徽猷學士知建寧府 後村集 64/5a

通奉大夫除權史部尚書兼直學士院陳顯伯

封贈

父陳千能 故父任迪功郎已贈太中大夫

千能特贈通議大夫 後村集 73/4b

陳顯伯除端明殿學士提舉佑神觀 後村集 75/14a

陳顯伯贈銀青光祿大夫 後村集 75/14b

～嚴肖

陳嚴肖禮部員外郎制 盤洲集 21/7a

～ 氏

吏部尚書陳執中姊陳氏封安康郡太君制
華陽集 31/17a

~ 氏（人）

宮人陳人除司儀制　翟忠惠集 4/21b

~ 氏（榮奴）

紅霞帔陳榮奴轉掌字　苕溪集 40/3a

~ 氏（慶惜）

紅霞帔陳慶惜轉掌字　苕溪集 40/3a

~ 氏

故保慈夫人親屬故男新婦陳氏封孺人　若溪集 46/3a

~ 氏

陳氏可封孺人　鴻慶集 24/6b　孫尚書集 26/9b

~ 氏（翠奴）

紅霞帔陳翠奴轉典字　東窗集 10/21a

~ 氏

陳氏封郡夫人制　紫微集 17/11a

~ 氏

新定郡夫人陳氏贈泰國夫人　後村集 71/3a

陰　皋

陰皋轉承節郎制　東窗集 10/12a

陶　木

陶木茶鹽增羡轉一官制　東澗集 6/21b

陶木司農寺丞制　平齋集 17/20b

司農寺丞陶木除大宗正丞制　平齋集 21/1a

陶木除秘書丞兼右司郎官制　平齋集 22/21a

~ 化成

前耀州同官尉陶化成可耀州司法　咸平集 28/10a

~ 永

陶永授儒林郎制　四庫拾遺 366/翰林集

~ 世廷

陶世廷弱孫弱死於順州補二班借職　樂城集 27/9a

~ 本

陶本除著作佐郎兼權右司制　蒙齋集 9/6b

~ 安

翰林學士陶安誥　新安文獻 2/7b

~ 定

右朝散郎直秘閣前江西提刑陶定除荆湖南路提點刑獄公事　益國文忠集 100/4a　益公集 100/138a

~ 師仲

瓦亭戰功人等轉官原標四川宣撫制置使司奏右武大夫陶師仲轉左武大夫　益國文忠集 95/15a　益公集 97/80b

~ 佃

押伴衙前陶佃二人推恩制　鄱溪集 1/1b

~ 琦

陶琦授忠訓郎制　四庫拾遺 335/翰林集

~ 弼

六宅使知邕州陶弼可左騏驥使令再任　蘇魏公集 32/7a

~ 靖

陶靖贈三官恩澤兩資更與一名下班祇應係順昌府與金人四太子轉戰臨陣戰歿　紫微集 19/20b

~ 愷

陶愷除金部郎官　苕溪集 40/1a

陶愷除司農少卿　苕溪集 44/4a

陶愷金部郎官　斐然集 13/6a

~ 節夫

龍圖閣學士左中散大夫新差知大原府陶節夫可知江寧府制　摘文集 5/1a

龍圖閣學士知延安府陶節夫可知太原府制　摘文集 5/2a

~ 夢桂

陶夢桂司農丞　後村集 65/8a

陶夢桂除大宗正丞　後村集 68/8b

十 二 畫

開　遇

開遇贈承信郎與一子父職名係同前陣亡官兵　紫微集 19/21b

游一龍

游一龍特授朝散郎制　四庫拾遺 358/翰林集

~ 九功

直秘閣知温州游九功除司農少卿制　平齋集 17/17b

游九功除秘閣修撰知慶元府兼沿海制置制　平齋集 19/20b

游九功除司農卿依舊知慶元府沿海制置使制　平齋集 22/23b

~ 九言

故通直郎游九言特贈直龍圖閣制　平齋集 20/20a

~百揆

游百揆罷大理少卿知耀州　劉給諫集 2/2b

~仲鴻

游仲鴻變路提刑　育德堂外制 2/8b

~ 汶

府丞游汶兩易農簿　後村集 65/14a

游汶司農丞　後村集 66/13b

游汶除樞密院編修官　後村集 71/3a

~李雄

游李雄換給承信郎制　東窗集 10/3a

~ 似

權禮部尚書游似陞兼侍讀諸　東澗集 3/14b

宗正少卿兼權禮部侍郎游似除權禮部侍郎

諸　東澗集 3/16b

禮部尚書游似除夾部尚書制　東澗集 4/7b

~ 似

游似除軍器監制　平齋集 22/9a

游似授宗正少卿制　鶴林集 6/17b

游似授兼侍講制　鶴林集 7/8b

曾祖游巘　游侶曾祖巘已贈太保可特贈

太傅制　楳埜集 7/8b

曾祖母蔡氏　游似曾祖母蔡氏衛國夫人

可特贈鄧國夫人制　楳埜集 7/8b

祖游格　游似祖格已贈太師可追封申國

公制　楳埜集 7/9a

祖母李氏　游似祖母邳國夫人李氏贈徐

國夫人制　楳埜集 7/9a

祖母杜氏　游似祖母潭國夫人杜氏特贈

楊國夫人制　楳埜集 7/9b

父游仲鴻　游似父仲鴻謚忠節已贈太師

追封益國公可特追封雍國公制　楳埜

集 7/10a

母朱氏　游似母益國夫人朱氏可特贈雍

國夫人制　楳埜集 7/10a

妻蒲氏　游似妻南康郡夫人蒲氏贈安定

郡夫人制　楳埜集 7/10b

~ 奎

游奎可秘書丞制　文恭集 14/16b

~ 恭

閣門宣贊舍人游恭特授武德郎落閣職權發

遣　臨安府兵馬鈴轄　止齋集 11/4a

~ 烈

奏舉人游烈著作佐郎制　臨川集 51/12a

~師雄

游師雄改奉議郎陝西運判賜緋　樂城集 30/14b

故朝奉郎直龍圖閣游師雄可特贈集賢殿修

撰制　摘文集 5/4b

~ 淑

歸順人游淑補承信郎制　平齋集 22/13a

~ 酢

游酢太學錄　樂城集 28/13a

~ 開

前鄭州原武縣令游開可著作佐郎制　元憲

集 26/4a

~義肅

游義肅大理寺丞　後村集 66/13a

~ 損

游損除太府寺丞　苕溪集 31/2b

游損金部郎官　苕溪集 47/2b

~ 輔

程江軍使游輔起復　筠溪集 5/2b

~震甲

游震甲特轉一官制　蒙齋集 9/11a

~ 操

游操除監察御史制　東窗集 6/13a

游操除秘書省正字制　東窗集 8/10a

~簡言

游簡言左僕射平常事制　徐公集 6/13a

湯　巾

湯巾叙復從事郎制　四庫拾遺 289/鶴林集

~ 中

湯中起居郎　後村集 60/8a

湯中右文殿撰湖北運副　後村集 61/10b

湯中特授煥章閣待制致仕　後村集 63/1b

湯中上遺表贈太中大夫　後村集 63/15a

~允恭

湯允恭殿中侍御史　歸愚集 7/2a

湯允恭除都大提舉四川茶馬　海陵集 13/6b

湯允恭除權戸部侍郎　海陵集 17/5b

湯允恭除權兵部侍郎　海陵集 17/3a

~孝本

辟廱博士湯孝本除直秘閣提點洪州玉隆觀

制　羅忠惠集 2/24b

~孝信

武功大夫湯孝信轉右武大夫制　平齋集 21/ 19a

～材

湯材轉一官制　橫塘集 7/7a

～圻

湯圻除江西運判　海陵集 18/6a

～東野

湯東野落職宮祠　張華陽集 7/7b

湯東野降官制　大隱集 3/12b

湯東野徵獻閣直學士知平江府制　大隱集 2/13a

湯東野除待制依舊知平江府制　大隱集 2/ 17b

～思退

湯思退除起居舍人兼直學士院　闕恩集 7/6b

除湯思退都督江淮東西路建康府鎮江府江陰軍江池州屯駐軍馬依前特進尚書左僕射同中書門下平章事兼樞密使岐國公加食邑實封制　盤洲集 11/6b

湯思退罷尚書左僕射同中書門下平章事兼樞密使特授觀文殿大學士提領江州太平興國宮依前特進岐國公制　盤洲集 11/8b

除湯思退特授左正奉大夫制　海陵集 11/4b

湯思退除權禮部侍郎　海陵集 13/4b

湯思退罷左僕射除觀文殿大學士提舉太平興國宮制　小隱集/4a

湯思退罷左相制　洪文敏集 4/16b

湯思退左僕射制　蜀文帙存 39/6a

～保衡

湯保衡轉官制　楊溪集 4/20b

～孫將

湯孫將降左朝請郎制　東窗集 13/11a

～漢

湯漢依前華文閣知寧國府　後村集 63/1a

湯漢依舊華文閣江西提舉兼知吉州　後村集 63/15b

太常少卿湯漢特授起居郎兼職仍舊制　碧梧集 3/8b

起居郎兼權中書舍人兼國史兼侍講湯漢特授權兵部侍郎兼職依舊制　碧梧集 4/4b

湯漢除太常少卿制　碧梧集 4/10b

湯漢依舊秘閣修撰改知隆興府制　碧梧集 5/13a

湯漢除秘閣修撰知福州制　碧梧集 6/2b

父湯嚴　湯漢以進書賞轉官回贈本生父嚴特贈奉直大夫制　碧梧集 8/7b

母董氏　母董氏特贈碩人制　碧梧集 8/8b

～璹

太學録湯璹除太學博士　尊白堂集 5/39b　止齋集 17/7b

主管史部架閣湯璹國子録　宋本攻媿集 33/5b　攻媿集 37/5a

～鵬舉

湯鵬舉兼侍讀　海陵集 14/1a

湯鵬舉除直顯謨閣差知婺州　海陵集 16/7a

參知政事湯鵬舉除知樞密院事　海陵集 14/ 5a

～嚴起

湯嚴起降官　育德堂外制 4/14b

溫成謹

臨汝軍等處差來投進表章等兵溫成謹轉一官　苕溪集 42/1b

～林

溫林贈從義郎制　四庫拾遺 334/鶴林集

～果

母梁氏　翰林醫學守應州金城縣主簿溫果母梁氏可特封長壽縣太君　嵩魏公集 32/13a

～厚

母某氏　溫厚母年九十封太孺人　斐然集 12/3b

～俊义

朝請郎溫俊义可大理寺丞制　彭城集 23/13b

～益

新利州路運判溫益可湖南轉運判官制　彭城集 22/20b

溫益贈開府儀同三司制　宋詔令集 222/856

～溪心

西蕃首領溫溪心除化外州團練　樂城集 30/ 7a

～嗣良

溫嗣良可太子右贊善大夫制　元憲集 24/2a

～臺明

供備庫副使溫臺明可左武衛將軍致仕制　元憲集 21/9a

～景

溫景知欽州制　元豐稿 22/6a

添差充江州監稅內殿承制閤門祇應知融州溫晁降三官制　彭城集 23/8a

富之彥

富之彥循右文林郎制　東窗集 13/8b

~兆榮

通直郎富兆榮可奉議郎制　摘文集 4/8a

~直柔

曾祖富言　曾祖任尚書都官員外郎贈太師中書令兼尚書令追封韓國公言改封魯國公　程北山集 22/11b

曾祖母韓氏　曾祖母韓國夫人韓氏贈魯國夫人　程北山集 22/12b

祖富弼　祖任武寧軍節度使太師守司徒致仕韓國公謚文忠弼追封魏國公餘如故　程北山集 22/13a

祖母晏氏　祖母韓國夫人晏氏贈魏國夫人　程北山集 22/13b

父富紹庭　父任右朝議大夫贈宣奉大夫紹庭贈太子少師　程北山集 22/13b

母劉氏　母普安郡夫人劉氏贈彭城郡夫人　程北山集 22/14a

妻王氏　故妻齊安郡夫人王氏贈太寧郡夫人　程北山集 22/14b

同知樞密院富直柔加食邑實封　程北山集 23/4b

富直柔罷同知樞密院事依前中大夫差提舉臨安府洞霄宮　程北山集 26/9a

知泉州富直柔落資政殿學士制　東窗集 6/19a

富直柔左右史制　大隱集 1/16a

富直柔知衢州　筠溪集 5/21a

父富紹庭　資政殿學士左中大夫富直柔故父紹庭可特贈太子太傅制　紫微集 20/11b

母劉氏　富直柔故母劉氏可特贈普寧郡夫人　紫微集 20/12b

同知樞密院事富直柔加封祖父母制

祖富弼　祖任武寧軍節度使太師守司徒致仕韓國公謚文忠弼追封魏國公餘如故　新安文獻 1/6a

祖母晏氏　祖母韓國夫人晏氏贈魏國夫人　新安文獻 1/6b

~紹庭

母晏氏　富紹庭母　樂城集 32/11b

富紹庭除祠部郎官制　道鄉集 15/10a

~琦

富琦依前特授中書門下省檢正諸房公事封如故制　後樂集 1/16a

~弼

富弼可資政殿大學士依前給事中制　文恭集 16/1a

除富弼行禮部尚書同中書門下平章事昭文館大學士監修國史兼譯經潤文使加食邑實封功臣散官勳封制　文恭集 22/4a

樞密副使諫議大夫河北宣撫使富弼可加正奉大夫輕車都尉仍贈推忠佐理功臣　武溪集 11/1a

富副樞三代

曾祖富處謙　曾祖處謙贈太子少保可贈太子少保　武溪集 11/17b

曾祖母劉氏　曾祖母追封彭城郡太夫人劉氏可追封陳留郡太夫人　武溪集 11/18a

祖富令荀　祖令荀贈太子少傅可特贈太子太傳　武溪集 11/18b

祖母趙氏　祖母追封金城郡太夫人趙氏可追封南陽郡太夫人　武溪集 11/18b

祖富言　父言贈太子少師可特贈太子太師　武溪集 11/19a

富弼授依前檢校太師同中書門下平章事鎮海軍節度使判河陽加食邑實封功臣制　華陽集 25/14b

富弼依前同中書門下平章事充武寧軍節度使判河南府兼西京留守司事仍賜功臣制　華陽集 25/15b 宋文鑑 35/6b

觀文殿學士富弼可宣徽南院使判并州制　華陽集 29/1a

宰相富弼三代制六道

曾祖富處謙　曾祖　臨川集 54/2b

曾祖母劉氏　曾祖母　臨川集 54/3a

祖富令荀　祖　臨川集 54/3a

祖母趙氏　祖母　臨川集 54/3a

父富言　父　臨川集 54/3b

母韓氏　亡母　臨川集 54/3b

觀文殿大學士富弼除依前尚書左僕射兼門下侍郎同中書門下平章事昭文館大學士

兼譯經潤文使鄭國公制　郎溪集 1/1a　宋文鑑 35/14a

富弼贈太師　樂城集 32/14b

富弼拜集賢相制　宋詔令集 55/279

富弼拜昭文相制　宋詔令集 55/280

富弼起復制　宋詔令集 56/281

富弼拜昭文相制　宋詔令集 56/282

富弼罷相除武寧軍節度判亳州制　宋詔令集 68/332

富弼落使相制　宋詔令集 205/768

除富弼樞密使制　宋文鑑 34/13b　蜀文輯存 7/4b

除富弼尚書左僕射充觀文殿大學士集禧觀使制　宋文鑑 35/13a

～　翰

蘇州長洲縣尉富翰潤州丹徒縣令制　臨川集 52/14b

童彦從

童彦從贈承節郎制　四庫拾遺 342/鶴林集

～　珪

父童參年　童珪父參年一百二歲可承務郎致仕　蘇東坡全集/外制中/10b

～師敏

內侍童師敏除尚食奉御制　翠忠惠集 4/13b

～　貫

童貫進檢校太尉移鎭武信軍節度加食邑實封制　宋詔令集 94/344

童貫移鎭武信軍節度使加食邑實封制　宋詔令集 94/344

童貫檢校少保開府儀同三司護國軍節度使制　宋詔令集 94/345

～　湜

童湜可特叙內殿崇班　蘇東坡全集/外制上/4b

～　順

童順換補官制　郎峰錄 6/14b

～　頤

童頤除直秘閣權發遣婺州兼主管本路安撫司公事制　平齋集 19/20a

～德興

童德興降授武德郎制　四庫拾遺 322/鶴林集

普　薩

安遠寨普薩可充本族正軍主制　華陽集 30/16a

馮大均

朝請大夫行大理寺丞馮大均可大理正敕書　摘文集 3/4a

～大昕

馮大昕改轉右宣教郎制　紫微集 13/6b

～王巳

馮王巳落職衝替　張華陽集 2/8a

～天祐

內殿崇班馮天祐可左監門衛將軍　西溪集 4（三沈集/1/77a）

～天錫

梓州司户參軍集賢院年滿孔目官馮天錫可守婺州金華縣尉　西溪集 6（三沈集 2/32b）

～天麟

馮天麟贈通直郎制　四庫拾遺 385/鶴林集

～　元

故翰林侍講學士尚書户部侍郎馮元可贈本曹尚書制　元憲集 22/4a

～日宣

太子中舎知真定府馮日宣可殿中丞制　元憲集 23/5b

～　平

比部員外郎知眉州馮平轉虞部員外郎制　歐陽文忠集 80/2a

～正符

馮正符借職制　元豐稿 22/4a

～去疾

馮去疾大學錄制　平齋集 20/21a

馮去疾除武學博士制　平齋集 23/12a

～世寧

祖母某氏　內侍馮世寧祖母特贈郡太君制　道鄉集 18/9b

觀察使馮世寧可節度觀察留後制　摘文集 4/10a

～　旦

三班借職馮旦可秀州華亭縣主簿制　元憲集 22/2b

～　田

馮田改差知金州兼管內安撫制　平齋集 23/18b

～安之

馮安之可衛尉寺丞制　文恭集 14/3a

～行己

馮行己左友藏庫使兼知代州制　蔡忠惠集

11/16a

~ 沆

職方郎中馮沆可太常少卿 韓南陽集 16/12b

職方郎中馮沆致仕一子可試校書郎制 郡溪集 3/11a

~ 沅

朝奉郎馮沅宗正寺丞 鴻慶集 25/4a 孫尚書集 25/5b

~ 邦佐

馮邦佐除直秘閣主管潼川路安撫司公事知瀘州制 平齋集 19/19a

~ 延己

太弟太保馮延己落起復和特進制 徐公集 6/4a

駕部郎中馮延己兼起居郎屯田郎中閤居常兼起居舍人 徐公集 7/11a

~ 延魯

馮延魯江都少尹制 徐公集 7/3b

禮部員外郎馮延魯可中書舍人勳政殿學士 徐公集 8/13b

~ 仲己

新差知桂州東染院使榮州刺史馮仲己可洛苑使制 元憲集 20/6a

~ 況

虞部郎中監曹州酒稅馮況可駕部員外郎制 華陽集 29/15a

~ 宗道

馮宗道右驍騎使内侍省内侍押班 蘇東坡全集/外制下/8a

馮宗道遙郡刺史 樂城集 30/4b

~ 京

秘書郎馮京可直集賢院著作郎制 華陽集 27/5a

翰林學士知制誥權知開封府馮京轉官加勳邑制 臨川集 49/12a

翰林學士右正言知制誥權知開封府馮京改起居舍人加上騎都尉食邑五百戶餘如故 王文公集 10/12a

翰林侍讀學士右正言馮京改翰林學士知制誥權知開封府制 郡溪集 4/10a 臨川集 49/5b

曾祖馮碧 馮京曾祖碧贈太師中書令可贈兼尚書令制 王魏公集 2/18b

曾祖母李氏 曾祖母追封燕國太夫人李氏可追封完國太夫人制 王魏公集 2/18b

祖馮禹謨 祖禹謨贈太師中書令兼尚書令可追封崇國公制 王魏公集 2/19a

祖母胡氏 祖母追封吳國太夫人胡氏可追封魯國太夫人制 王魏公集 2/19b

父馮式 父式贈太師中書令兼尚書令旦國公可追封蜀國公制 王魏公集 2/19b

母朱氏 母追封韓國太夫人朱氏可追封冀國太夫人制 王魏公集 2/20a

妻某氏 亡妻追封安化郡夫人可追封文安郡夫人制 王魏公集 2/20a

妻富氏 亡妻追封普安郡夫人富氏可追封延安郡夫人制 王魏公集 2/20b

妻富氏 妻進封大寧郡夫人富氏可特封延安郡夫人制 王魏公集 2/20b

馮京加恩制 樂城集 33/8a

除馮京彰德軍節度使制 樂城集 33/10b

~ 易簡

馮易簡可内省内常侍制 文恭集 17/7b

左藏庫副使三陵都監馮易簡可文思副使制 郡溪集 4/4a

~ 忠

馮忠轉保義郎制 東窗集 10/19b

~ 忠恕

馮忠恕夔路提刑 歸愚集 8/5a

~ 承用

馮承用可供備庫使制 文恭集 7/15b

文思使馮承用可忠州刺史制 華陽集 30/10a

~ 承叙

潁州團練判官馮承叙轉官致仕制 華陽集 28/8a

~ 炳

右贊善大夫馮炳可授殿中丞制 蔡忠惠集 10/4a

~ 拱

馮拱贈武經大夫 育德堂外制 2/14b

~ 拯

馮拯拜集賢相太子少傅制 宋詔令集 52/265

馮拯守司徒兼侍中充玉清昭應宮使昭文館大學士監修國史加恩制 宋詔令集 52/265

馮拯司空兼侍中制 宋詔令集 60/300

馮拯加恩制 宋詔令集 60/301

~ 浩

集賢校理馮浩可司封員外郎制 華陽集 27/

9a

司封員外郎馮浩可開封府推官制 華陽集 20/13b

刑部郎中充集賢校理馮浩可依前官集賢校理充三司度支判官 西溪集 6(三沈集 2/56b)

~ 淫

嘉王府講尚書徹章官屬諸色祇應人各轉一官資指揮使從義郎馮淫 攻媿集 34/12b

~ 振

馮振可都官員外郎制 文恭集 16/9b

~ 時

馮時舉官已足聖旨不候引見改宣教郎 鴻慶集 25/4b 孫尚書集 25/7a

~ 偲

馮偲可秘書省正字 徐公集 8/5a

~ 躬厚

馮躬厚禮制局推恩制 襄陵集 2/8a

馮躬厚太常博士制 翟忠惠集 3/4a

通議大夫馮躬厚磨勘轉通奉大夫 程北山集 25/1a

~ 師忠

從事郎試辟廱博士馮師忠可候今任滿日特令再任制 摘文集 6/7b

~ 務本

內殿崇班馮務本可內殿承制制 王魏公集 2/3b

~ 章

內侍馮章轉官制 道鄉集 16/11a

~ 翊

馮翊大理寺丞制 臨川集 51/15b

~ 康國

馮康國直顯謨閣知變州 筠溪集 5/25b

~ 惟說

馮惟說除武學博士制 尊白堂集 5/36a 後村集 61/8b

~ 湛

成忠郎兼水軍同統制馮湛轉官制 漁庵集 6/3a

御前諸軍副都統制馮湛 宋本攻媿集 42/7b

御前諸軍副都統制馮湛 宋本攻媿集 43/25b

~ 溫舒

馮溫舒可屯田員外郎制 文恭集 15/13a

~ 琳

馮琳授武翼郎制 四庫拾遺 327/翰林集

~ 越石

前權知雲安軍判官馮越石可著作佐郎 蘇魏公集 31/5b

~ 博雅

尚書比部郎中馮博雅可如京使惠州刺史 蘇魏公集 33/2a

~ 畛

馮畛降一官 張華陽集 1/8b

~ 景

內臣馮景 樂城集 27/11b

~ 勝

馮勝贈修武郎 四庫拾遺 329/翰林集

~ 巽之

馮巽之除刑部郎官制 于湖集 19/6b

~ 源

洪州觀察推官馮源可永清軍書記 咸平集 29/2b

~ 義

馮義由解圍番賊轉兩官 筠溪集 5/1b

~ 瑀

馮瑀降官制 道鄉集 18/8b

~ 熙

西京左藏庫副使馮熙可左藏庫副使制 摘文集 6/3b

供備馮熙與轉一官制 摘文集 8/4a

~ 熙載

著作佐郎馮熙載爲膳部員外郎 劉給諫集 2/8a

馮熙載除右司員外郎制 翟忠惠集 3/8a

尚書右司員外郎馮熙載除起居郎制 翟忠惠集 3/14b

~ 經

武安軍節度推官監延州入中倉馮經可秘書丞 武溪集 10/10a

~ 經

母某氏 右迪功郎馮經母一百四歲封太孺人制 東窗集 8/26b

~ 端方

馮端方轉官 育德堂外制 5/13b

~ 諮

太子中允通判秦州馮諮可太常丞制 歐陽文忠集 80/3b

~ 夢得

馮夢得除宗正寺簿 後村集 69/14a

~ 緩

武節郎金均房三州都巡檢使馮緩降官制 漁庵集 6/1b

~ 維禹

西京左藏庫副使馮維禹文思副使制 臨川集 53/11a

~ 適

前秘書丞馮適服闕可舊官制 元憲集 24/8b

~ 震武

變路運判馮震武户部郎官四川總領 宋本攻媿集 35/13b 攻媿集 39/12b

~ 積

屯田員外郎馮積可都官員外郎制 蘇魏公集 29/8b

~ 履

馮履特贈直秘閣制 鶴林集 10/23b

~ 澤

尚醞奉御馮澤可改差充尚食奉御制 摘文集 5/7b

~ 瀕

端明殿學士左中大夫馮瀕靖康元年任左丞封贈

曾祖馮某 故曾祖某贈太子少保 程北山集 26/3a

曾祖母雍氏 故曾祖母雍氏贈咸寧郡夫人 程北山集 26/3b

祖馮仲堪 故祖贈朝奉大夫仲堪太子少傅 程北山集 26/3b

祖母社氏 故祖母宜人社氏贈咸安郡夫人 程北山集 26/4a

祖母汝氏 故祖母宜人汝氏贈德陽郡夫人 程北山集 26/4a

父馮山 故父任朝請郎尚書祠部郎中贈宣奉大夫山贈太子少師 程北山集 26/4a

母王氏 故母淑人王氏贈普安郡夫人 程北山集 26/4b

妻趙氏 故妻安人趙氏贈南昌郡夫人 程北山集 24/4b

妻黎氏 故妻安人黎氏贈岳郡夫人 程北山集 26/4b

端明殿學士中大夫馮瀕遇建炎元年敍恩太中大夫 程北山集 27/10b

史部侍郎馮瀕除禮部尚書 鴻慶集 24/2a 孫尚書集 26/3a

資政殿學士馮瀕可尚書左丞 鴻慶集 24/5a 孫尚書集 26/7b

樞密馮瀕資政殿學士太子賓客 鴻慶集 24/9a

馮瀕除資政殿學士知潼川府 鴻慶集 26/2a 孫尚書集 27/17b

端明殿學士左大中大夫提舉成都府玉局觀馮瀕復資政殿學士制 東牟集 7/15b

~ 賽

馮賽轉官換給 張華陽集 8/1a

~ 槪

馮槪兼侍讀 苕溪集 40/2b

父馮昌期 馮槪父昌期贈官 師愚集 7/3b

~ 翼

馮翼降官制 道鄉集 18/9a

~ 實

武經部馮實轉一官制 東窗集 8/15a

~ 繼業

馮繼業加恩制 宋詔令集 103/381

~ 鐸

入内左藏庫永州團練使馮鐸可轉一官制 摘文集 7/5b

文思副使馮鐸可轉一官制 摘文集 7/14b

~ 瑾

知峽州降授左藏庫使威州刺史馮瑾可轉一官制 摘文集 7/10b

~ 氏

皇太后殿馮氏可典贊 蘇魏公集 34/10a

~ 氏十一

紅霞岐馮十一轉典字制 東窗集 10/21a

~ 氏

馮氏封太孺人 斐然集 14/12a

~ 氏從順

馮從順授四字夫人 育德堂外制 3/9b

曾三復

監察御史曾三復太常少卿 宋本攻媿集 37/5b 攻媿集 41/5a

~ 三聘

奉議郎太府寺丞曾三聘除秘書郎 止齋集 14/4b

軍器監主簿曾三聘太府寺丞 宋本攻媿集 31/25a 攻媿集 35/24b

太府丞曾三聘秘書郎 宋本攻媿集 34/18a 攻媿集 38/17a

～三異

免解進士曾三異年七十該慶典授承務郎差監潭州南嶽廟制　鶴林集 7/22b

曾三異除太社令制　蒙齋集 9/13a

曾三異除秘閣校勘制　蒙齋集 9/17b

～天麟

曾天麟除都官郎官制　東澗集 4/19b

太常寺丞權右司曾天麟除將作少監制　平齋集 18/16b

曾天麟除浙東提舉常平茶鹽公事制　平齋集 19/5a

～公亮

曾公亮可充史館修撰制　文恭集 12/1a

曾公亮可加桂國制　文恭集 17/6b

除曾公亮檢校太尉充樞密使制　文恭集 22/9b 宋文鑑 34/10a

賜新除參知政事曾公亮　文恭集 25/1a

禮部侍郎參知政事曾公亮可加正奉大夫進封開國公食邑五百戶賜推忠佐理功臣公是集 30/3b 宋文鑑 37/17a

翰林學士知制誥曾公亮封廬陵郡開國侯加食邑制　華陽集 26/7b

曾公亮授門下侍郎兼吏部尚書依前同中書門下平章事進封英國公加倉邑實封功臣制　華陽集 26/8a 宋詔令集 61/304 宋文鑑 35/4b

曾公亮授尚書左僕射依前同中書門下平章事進封宛國公加食邑實封制　華陽集 26/8b

曾公亮依前同中書門下平章事進封魯國公加食邑實封功臣制　華陽集 26/9b 宋詔令集 61/305

曾公亮依前同中書門下平章事昭文館大學士加食邑實封制　華陽集 26/10a

曾公亮守司空檢校太師兼侍中河陽三城節度使集禧觀使仍賜功臣制　華陽集 26/10b

曾公亮拜集賢相制　宋詔令集 56/281

曾公亮進昭文相制　宋詔令集 56/282

曾公亮特進兼禮部尚書加恩制　宋詔令集 61/303

曾公亮進户部尚書制　宋詔令集 61/304

曾公亮進左僕射封宛國公加恩制　宋詔令集 61/304

曾公亮罷相建節集禧觀使制　宋詔令集 68/332

曾公亮加恩制　蜀文輯存 7/4a 宋文鑑 34/13a

～升

曾升贈五官與一子恩澤制　浮溪集 8/20a 浮溪集/附拾遺 8/102

～布

父曾易占　曾布父　樂城集 32/7b

除曾布銀青光祿大夫守尚書右僕射兼門下中書侍郎制　曲阜集 3/9a

曾布除右銀青光祿人夫右僕射制　宋詔令集 58/292

曾布加恩制　宋詔令集 63/311

曾布右僕射除觀文殿大學士知潤州制　宋詔令集 70/338

曾布落職提舉亳州太清宮太平州居住制　宋詔令集 210/791

曾布廣州司户制　宋詔令集 210/792

曾布中大夫司農卿分司南京依舊太平州居住制　宋詔令集 212/804

曾布責授武泰軍節度副使衢州安置制　宋詔令集 212/805

除曾布右僕射制　宋文鑑 36/19a

～用亮

曾用亮除江西轉運判官制　蒙齋集 9/8a

～守約

曾守約降兩官放罷　西垣稿 1/9a

～次元

曾次元降授修職郎制　四庫拾遺 308/鶴林集

～式中

曾式中降授朝奉郎制　四庫拾遺 396/鶴林集

～宏正

朝請郎權湖南提刑曾宏正除廣西運判兼提舉制　楠溪集 5/19a

～良能

曾良能授內成安郎制　四庫拾遺 349/鶴林集

～孝序

曾孝序通判莫州　樂城集 30/15b

曾孝序落職知袁州制　宋詔令集 210/794

～孝純

中書門下平章事曾公亮親男孝純將作監主簿制　臨川集 52/9a

～孝雍

前守將作監主簿曾孝雍可服闕舊官　西溪集 6(三沈集 2/34a)

～孝寬

虞部員外郎曾孝寬可比部員外郎　蘇魏公

集 33/1b

端明殿學士朝散大夫曾孝寬可差知鄆州制　摘文集 6/9b

朝議大夫守吏部尚書曾孝寬可資政殿學士知潁昌府制　東堂集 5/1b

~治鳳

曾治鳳除直徽猷閣知建寧府制　平齋集 21/14b

~宗鎭

右文林郎建康府觀察推官曾宗鎭前任同安縣尉爲透漏商販往密州降一官　益國文忠集 96/8b　益公集 94/26a

~ 炎

曾炎右司制　尊白堂集 5/5a

曾炎知婺州　育德堂外制 4/3a

~ 怡

曾怡太府寺主簿制　東窗集 13/21b

~ 阜

通判隴州曾阜可通判邵州制　彭城集 22/3b

~ 祕

太常博士曾祕國子博士　宋本攻媿集 33/4a　攻媿集 37/4b

~ 紓

曾紓降一官　張華陽集 7/8b

~ 班

曾班可衛尉寺丞制　文恭集 14/3a

~ 班

曾班復左朝請大夫制　東窗集 9/8a

~ 楠

曾楠降兩資　西垣稿 2/10b

~ 庠

曾庠贈通直郎制　平齋集 19/17a

~從龍

曾從龍左司　育德堂外制 2/6a

曾從龍致仕制　東澗集 5/8a

金紫光祿大夫知樞密院事兼參知政事曾從龍可除樞密使督視江淮軍馬加食邑食實封制　平齋集 16/3a

資政殿大學士曾從龍明堂加恩制　平齋集 17/14a

資政殿大學士新知建康府曾從龍除參知政事同提舉編修敕令加食邑實封制　平齋集 18/11b

參知政事曾從龍贈三代

曾祖曾詳　故曾祖詳太傅贈太師制　平齋集 20/11a

祖曾愷　故祖愷太師衛國公贈魏國公制　平齋集 20/11b

參知政事曾從龍除知樞密院事加食邑實封仍兼參知政事制　平齋集 23/5b　南宋文範 11/9a

~ 開

禮部侍郎曾開除寶文閣待制提舉江州太平觀　苕溪集 35/1a

曾開中書舍人　筠溪集 4/19b

曾開刑部侍郎　筠溪集 5/16a

~ 集

曾集知嚴州　宋本攻媿集 33/14a　攻媿集 37/12a

~ 逮

曾逮浙西提點刑獄制　盤洲集 20/9a

~ 統

曾統殿中侍御史　苕溪集 37/3a

曾統改除左諫議大夫　苕溪集 37/3b

妻張氏　徽猷閣待制曾統故妻張氏可特贈令人制　紫微集 18/13a

~ 幾

曾幾廣西運副　苕溪集 46/2b

曾幾除秘書少監　海陵集 14/7b

曾幾除權禮部侍郎　海陵集 17/6b

~ 賁

曾賁降一官　西垣稿 2/6a

~ 楷

國子博士知瓊州曾楷可虞部員外郎制　華陽集 29/14a

~ 糈

曾糈知潭州　苕溪集 43/4a

曾糈改知信州　苕溪集 44/4b

朝議大夫試禮部尚書曾糈可除顯謨閣學士知洪州制　北海集 3/1a

曾糈除禮部尚書　張華陽集 3/5b　大隱集 1/19a

曾糈轉官　張華陽集 8/3a

~ 熙

恭淑皇后祠廟翊曾熙循資制　尊白堂集 5/34a

~ 栗

曾栗降朝請郎　育德堂外制 3/14b

~ 晚

曾晚刑部侍郎　育德堂外制 5/7b

~ 漸

曾漸權工部侍郎 育德堂外制 2/9b

曾漸贈中奉大夫 育德堂外制 4/9b

~ 肇

曾肇轉官除吏部郎中左選 元豐稿 20/2b

曾肇轉官制 元豐稿 21/9a

曾肇中書舍人 樂城集 28/5b

曾肇磨勘改朝散郎 樂城集 29/6b

~ 輔

秉義郎曾輔該修製奉上德壽官册寶賞轉一官 益國文忠集 94/5b 益公集 97/87a

~ 愷

曾愷湖北兼京西路運副 芻溪集 4/22b

曾愷知廬州 海陵集 13/4a

~ 翠

曾翠降修撰知滁州制 宋詔令集 207/778

~ 緯

曾緯淮東提舉茶鹽 苕溪集 44/1a

~ 諶

同中書門下平章事曾公亮姪孫諶試秘校制

臨川集 52/9a

~ 謂

曾謂陝西轉運副使制 浮溪集 8/7b 浮溪集/附

拾遺 8/92

~ 霆

曾霆降修職郎 育德堂外制 2/16a

~ 穎秀

曾穎秀除浙西路提點刑獄公事制 平齋集

20/16a

曾穎秀除户部郎中制 蒙齋集 8/12a

曾穎秀除倉部郎中制 蒙齋集 8/12b

~ 穎茂

曾穎茂直寶章閣知隆興府兼江西運判制

東澗集 6/11a

曾穎茂除直秘閣依舊福建路提點刑獄公事制 平齋集 22/16a

曾穎茂依前集撰知隆興府兼江西運副 後村集 64/5b

曾穎茂除寶章閣待制依舊江西轉運使兼知隆興府 後村集 71/6b

~ 懋

曾懋知福州 斐然集 13/16b

~ 蕃

曾蕃贈官制 橫塘集 7/15a

~ 鑄

曾鑄除尚右郎官 後村集 70/12a

~ 懷

曾懷在赦前特降一官仍依衛替人例制 紫微集 15/8a

曾懷除右丞相制 玉堂稿 2/6a

~ 觀

曾觀解帶特轉遥郡 官制 塩庵集 6/3b

武翼郎帶御器械兼幹辨皇城司曾觀用隨龍恩轉一官除遥郡刺史 益國文忠集 94/9a

益公集 94/18b

武泰軍節度使開府儀同三司充萬壽觀使信安郡開國公食邑□千□百户食實封□千五百户曾觀加食邑五百户食實封三百户制 益國文忠集 102/13b 益公集 102/69b

曾觀加封制 益國文忠集 103/2a

曾觀除少保改鎮充體泉觀使加食邑食實封制 益國文忠集 103/12b 益公集 103/88b

少保寧武軍節度使充體泉觀使信安郡開國公食邑三千八百户食實封一千六百户曾觀加食邑七百户食實封三百户制 益國文忠集 103/17a 益公集 103/94b

曾觀慶壽加恩 益國文忠集 112/185a 益公集 112/185a

曾觀郊祀加恩 益國文忠集 112/6b 益公集 112/186b

曾觀授少保 益國文忠集 112/7b 益公集 112/118a

~ 議

曾議降授從事郎制 四庫拾遺 294/鶴林集

~ 某

曾某知嚴州 止齋集 14/9a

祿 禧

興州統制祿禧牧馬賞授武翼郎制 尊白堂集 5/25b

裕勒薩

治平寨楊樊川蕃部裕勒薩等獻土地可本族軍主制 郡溪集 7/1a

雲茂誠

武德郎雲茂誠贈三官 鴻慶集 25/10a 孫尚書集 27/2a

賈友仁

賈友仁降官制　鄱峰録 6/16a

～ 贊

賈贊依前河西節度侍衛親軍副都指揮使加恩制　宋詔令集 97/355

彭士方

右班殿直彭士方容州別駕制　臨川集 55/11a

～大雅

彭大雅出疆籌暑多合事宜補從事郎淮西準備差遣制　東澗集 6/14a

～大節

彭大節補承信郎　筠溪集 4/16b

～文紀

彭文紀可殿中丞制　文恭集 15/15b

～ 方

秘書丞彭方除著作佐郎兼權侍左郎官制　平齋集 17/4a

著作郎兼權左司彭方除將作少監兼景獻太子府教授制　平齋集 19/18a

彭方直秘閣知袁州制　平齋集 20/17b

～方迴

王戌召武彭方迴　後村集 53/16a

彭方迴武學論　後村集 69/6b

彭方迴除秘書省正字　後村集 71/10a

～天麟

集慶軍節度推官前知磁州文城縣彭天麟可大理寺丞　蘇魏公集 31/5b

～ 立

彭立補承節郎制　平齋集 22/19a

～ 汜

供奉官彭汜可轉一官制　摘文集 8/5a

～汝舟

彭汝舟授承信郎制　四庫拾遺 345/鶴林集

～汝霖

監蘇州羅納倉彭汝霖可太學博士制　彭城集 19/20b

～汝礪

彭汝礪右史　樂城集 29/13b

～次雲

彭次雲史部郎中　樂城集 28/11a

～ 辛

彭辛補承節郎制　平齋集 22/19a

～ 玘

彭玘轉一官遙郡刺史　張華陽集 1/4a

彭玘贈吉州團練使　張華陽集 7/10b

采石立功人轉官彭玘轉遙郡團練使　益國文忠集 95/5b　益公集 96/7b

～ 孚

彭孚轉修武郎制　東窗集 10/14a

～ 亞

知容州普寧縣事彭亞可光祿寺丞致仕制　華陽集 28/8a

～ 協

彭協贈承信郎制　平齋集 21/23b

～ 昇

彭昇貴州刺史制　盤洲集 24/3b

～忠厚

彭忠厚叙復修武郎制　四庫拾遺 329/鶴林集

～思永

彭思永可都官員外郎制　文恭集 15/10a

給事中充天章閣侍制彭思永可依前權御史中丞充理檢使　韓南陽集 16/14a

陝府西路都轉運使兵部郎中充天章閣侍制彭思永可右諫議大夫依前充天章閣侍制充南陽關路都部署兼安撫使知瀛州　西溪集 5(三沈集 2/12a)

～ 保

彭保轉官制　元豐稿 21/8b

～ 乘

前秘書丞集賢校理彭乘服闕可舊官制　元憲集 24/8b

～師虫

溪洞彭師虫可銀青光祿大夫檢校國子祭酒兼監察御史武騎尉制　四庫拾遺 8/元憲集

～師政

溪洞新州知州彭師政可銀酒監武知本州軍州事制　文恭集 18/11b

～師晞

富州知州彭師晞可銀酒監武知本州軍州事制　文恭集 18/11b

～師鷹

溪洞寧州知州彭師鷹可銀酒監武知寧州制　文恭集 18/11b

～ 孫

崇德使忠州刺史彭孫可依前忠州刺史充六宅使制　王魏公集 2/9a

~敏行

故翰林學士彭乘男敏行可太祝制 文恭集 19/4b

~ 通

大理寺丞彭通可殿中丞制 歐陽文忠集 81/17b

~景行

故翰林學士彭乘男景行可奉禮制 文恭集 19/4b

~椿年

國子祭酒彭椿年除直龍圖閣江東路轉運副使 止齋集 18/5a

國子司業彭椿年除祭酒 宋本攻媿集 32/1a 攻媿集 36/1a

~ 畧

御前諸軍都統制彭畧 宋本攻媿集 44/23a

~ 鉉

知南安軍彭鉉職事修舉轉一官制 平齋集 18/23a

彭鉉廣東路提點刑獄公事制 平齋集 20/24a

彭鉉除直秘閣知廣州兼廣東經畧安撫制 蒙齋集 9/19a

~ 演

大理寺丞彭演大宗正丞 宋本攻媿集 37/22a 攻媿集 41/21a

朝請大夫直秘閣主管成都府玉局觀彭演依前官特授荊湖南路提點刑獄公事兼本路勸農提舉河渠公事借紫制 後樂集 2/11b

~ 憺

秘書丞彭憺可太常博士 蘇魏公集 30/5a

~ 睿

母劉氏 侍衛親軍步軍副都指揮使建雄軍節度觀察留後管勾步軍都指揮使公事彭睿亡母河間郡太君劉氏可特追封宣城郡太君制 文莊集 3/7a

妻鄭氏 侍衛親軍馬軍副指揮使保順軍節度使彭睿妻榮陽郡君鄭氏可進封彭城郡夫人制 文莊集 3/3a

妻鄭氏 侍衛親軍步軍副都指揮使建雄軍節度觀察留後管勾步軍都指揮使公事彭睿妻北海郡君鄭氏可進封榮陽郡君制 文莊集 3/6a

彭睿移鎭進侍衛馬軍都指揮使制 宋詔令集 99/364

彭睿建節侍衛馬軍副都指揮使制 宋詔令集 99/364

~龜年

朝散郎試尚書吏部侍郎兼侍講彭龜年封清江縣開國男食邑三百戶 止齋集 15/11b

主簿彭龜年司農寺丞 宋本攻媿集 31/9b 攻媿集 35/4b

司農寺丞彭龜年秘書郎 宋本攻媿集 31/18b 攻媿集 35/18a

秘書郎彭龜年起居舍人 宋本攻媿集 34/9a 攻媿集 38/8b

起居舍人彭龜年中書舍人 宋本攻媿集 36/9a 攻媿集 40/8b

中書舍人彭龜年兼侍講 宋本攻媿集 37/11a 攻媿集 41/11a

見任侍從該覃恩轉官中書舍人彭龜年 攻媿集 40/19a

~ 犀

建州敦遺進士彭犀特授將仕郎秘書省校書郎制 臨川集 55/3b

斯多特經

河洲岱爾族首領斯多特經特與禮賓副使制 摘文集 6/6b

~ 結

魯斯結族蕃官侍禁斯結可特與轉一官制 摘文集 8/3a

~結斯

沙克冒唐蘇男斯結斯承續制 文恭集 19/9b

棟智默

西頭供奉官棟智默特與轉四官制 摘文集 7/3a

項公澤

項公澤將作監丞 後村集 62/2a

項公澤宗正丞 後村集 66/13a

~安世

潭州教授項安世召試除秘書省正字 宋本攻媿集 31/21a 攻媿集 35/20b

秘書郎項安世校書郎 宋本攻媿集 37/13a 攻媿集 41/12b

項安世落直龍圖閣 育德堂外制 1/12a

項安世降奉議郎 育德堂外制 2/1b

~里周

項里周可太子中舍人制 文恭集 13/7a

~容孫

項容孫改差知順慶府制　平齋集 21/17a

~寅孫

項寅孫除直秘閣權成都府路轉運判官制　平齋集 19/19b

~博文

項博文除大理寺簿制　蒙齋集 9/2a

~　膊

項膊奉公守職循一資　益國文忠集 95/10b　益公集 96/65b

惠　迪

惠迪國子博士制　盤洲集 20/10b

~柔民

惠柔民　劉給諫集 2/11a

惠柔民押赴河北京東陝西路監當差遣制　浮溪集 9/3b　浮溪集/附拾遺 9/105

惠柔民禮部員外郎制　大隱集 2/3b

~通移廨

蕃官惠通移廨可三班借職制　四庫拾遺 55/彭城集

粟　順

粟順遷長史並司馬　張華陽集 3/10a

掌世康　~世衡

父掌禹錫　右通直郎掌世康弟左朝請郎世衡故父任尚書工部侍郎致仕贈開府儀同三司禹錫可贈司徒制　淨德集 9/5a

~　均

掌均降一官制　東窗集 12/26a

~禹錫

掌禹錫秘書監制　臨川集 49/13b

嘗彥澤

招箭班殿侍嘗彥澤在班及十五年補承節郎仍舊存留在班祇應制　華陽集 30/16b　止齋集 11/6b

斐　煜

國子監直講斐煜可大理寺丞制　華陽集 27/7b

華　旺

右武大夫成州團練使鄂州後軍副統制華旺去年年策應趙樽立功最多除正任防禦使　益國文忠集 95/5a　益公集 97/81b

~　參

華參可秘書丞制　文恭集 13/9a

~　詢

光州團練使同提舉集禧觀公事向經奏百姓醫人華詢可試國子四門助教　蘇魏公集 34/13a

~　實

校書郎華實除監察御史制　趙忠惠集 3/14a

~　鎮

右侍禁華鎮可轉一官制　摘文集 7/6a

袞用和

廣南西路鈐轄下捉殺故奉職袞用和宜特贈內殿承制制　蔡忠惠集 9/13a

菊襄二

菊襄二右班殿直制　元豐稿 22/4a

景青宜

景青宜團練使制　元豐稿 22/5b

~思宜

奉議郎景思宜授東上閤門使廓延第一副將制　元豐稿 22/4a

~　融

景融可太常博士制　文恭集 15/11b

~興宗

景興宗轉三官換給付身　張華陽集 7/2b

景興宗特降一官後該遇明堂赦恩合叙復元降一官　紫微集 19/3b

單公履

偽徵仕郎單公履補承信郎制　平齋集 21/21b

~可度

單可度可三班借職出職　蘇東坡全集/外制中/10b

~孝忠

單孝忠昨權提舉河東常平日因賊圍太原守禦城陷死節報國追贈五官與兩子恩澤　苕溪集 41/1a

~　宣

單宣轉一官　鴻慶集 25/10b 孫尙書集 27/2b

～時

單時秘書丞制　盤洲集 19/4b

～鼎

單鼎可太常寺太祝制　文恭集 14/13b

～煦

單煦可太常博士制　文恭集 14/18a

～暐

太常博士單暐可轉兩官制　摘文集 7/10b

～變

軍器少監兼權度支郎官單變差知湖州填見闘　益國文忠集 100/4a 益公集 100/140a

單變刑部尚書制　尊白堂集 5/28b

知遂寧府單變知建寧府　宋本攻媿集 32/13a 攻媿集 36/12b

在外大中大夫以上官知州府該單恩轉官中大夫敷文閣待制知建寧府單變　宋本攻媿集 36/23a 攻媿集 40/22b

喻汝礪

喻汝礪駕部郎官　苕溪集 46/3b

喻汝礪婺州路提刑　苕溪集 5/11b

～陟

左朝請郎喻涉可刑部郎中制　淨德集 8/7a

～樗

喻樗除工部郎官　海陵集 19/2b

閔　俱

閔俱爲差赴宣撫使司交領支降耕牛三十二頭管押赴將其牛節次倒死過二十三頭等降兩官　紫微集 13/15b

舜　卿

舜卿四廂都指揮使制　王魏公集 2/6b

鈕華國

永寧軍判官鈕華國可大理寺丞制　郡溪集 3/8a

舒世亮

右侍禁舒世亮可轉一官制　摘文集 7/17a

～有開

舒有開除軍器監丞　後村集 68/9b

舒有開除樞密院編修官　後村集 71/3b

～良嗣

嘉王府講尙書徽章官屬諸色祇應人各轉一官資承受所手分承信郎舒良嗣　攻媿集 34/12b

～易簡

舒易簡可司天監丞制　文恭集 14/26b

～彥舉

宣義郎舒彥舉可轉一官制　摘文集 7/3a

～昭亮

屯田員外郎舒昭亮可都官員外郎　西溪集 4（三沈集 1/75a）

～清國

舒清國除起居郎　張華陽集 3/3a

舒清國除直龍圖閣與郡　張華陽集 6/9b

～通旻

銀青光祿大夫檢校國子監祭酒知溪洞峽州軍州事兼監察御史武騎尉舒通旻可加雲騎尉制　元憲集 24/11b

策伊克阿

策伊克阿授承信郎制　嘉陵集 1/2b

～喇卜沁

內殿崇班策喇卜沁與轉一官制　摘文集 8/2a

無律驥貨多私

成閔御軍無律驥貨多私可落太尉在外宮祠婺州居住　益公集 98/109b

智　誠

智誠知宜州　蘇東坡全集/外制中/10a

西京左藏副使智誠可文思副使制　陶山集 10/4b

程之邵

程之邵知祥符縣　蘇東坡全集/外制下/1b

～大元

知襄陽府程大元轉三官於遞郡上轉行陞和州防禦使　後村集 62/14b

知襄陽府京西安撫副使程大元爲連年守邊遣援特授中衛大夫　後村集 62/14b

～大昌

程大昌除太學正　海陵集 15/4b

寶文閣直學士程大昌龍圖閣直學士提舉南京鴻慶宮　宋本攻媿集 31/3a　攻媿集 35/3b

龍圖閣直學士程大昌除龍圖閣學士致仕　宋本攻媿集 35/4a　攻媿集 39/4a

～千秋

程千秋起復知岳州　張華陽集 7/9a

程千秋轉一官　斐然集 13/13a

～千載

右修職郎丹陽縣尉程千載栽埋鹿角暗椿自建康至江陰界減二年磨勘循右從事郎　益國文忠集 95/19b　益公集 97/94a

～文度

左贊善大夫程文度可監察御史充荊湖轉運使　咸平集 28/14a

～元鳳

程元鳳秘丞兼權刑部郎官　後村集 60/12a

觀文殿大學士金紫光祿大夫判平江府事浙西兩淮發運大使程元鳳封贈二代並妻祖程正　故祖已贈太師正特追封崇國公　後村集 72/18b

祖母方氏　故祖母齊國夫人方氏特贈齊國夫人　後村集 72/19a

父程放　故父已贈太師追封昌國公放特追封福國公　後村集 72/19b

母吳氏　故母魯國夫人吳氏特贈魯國夫人　後村集 72/20a

妻吳氏　故妻廣國夫人吳氏特贈周國夫人　後村集 72/20b

妻汪氏　今妻慶國夫人汪氏特封漢國夫人　後村集 72/20b

程元鳳特授少保依前觀文殿大學士充禮泉觀使新安郡開國公加食邑食實封仍令所司擇日備禮册命制　四明文獻集 4/6a

～中行

將作監主簿程中行制　歐陽文忠集 79/9b

～公許

程公許禮部尚書　後村集 60/5a

～百之

進士程百之迪功郎制　四庫拾遺 90/浮溪集

～仲虎

朝奉大夫新知昌州程仲虎爲贓發官錢降一官與閑慢差遣　宋本攻媿集 30/25a　攻媿集 34/23a

～仲乾

承節郎叙州管界巡檢程仲乾因夷人作過被殺特贈兩官與一子進武校尉　宋本攻媿集 33/17a　攻媿集 37/16b

～ 旬

程旬可大理評事制　文恭集 14/24a

～宏遠

程宏遠太常博士制　盤洲集 21/7b

～克俊

程克俊起居舍人　苕溪集 42/5b

程克俊起居郎　苕溪集 46/2b

程克俊中書舍人　苕溪集 46/4b

程克俊除翰林學士知制誥制　東窗集 8/24a

程克俊除端明殿學士簽書樞密院制　東窗集 11/1b

曾祖程居吉　端明殿學士左朝奉郎簽書樞密院事程克俊曾祖居吉贈太子少保制　東窗集 11/5a

曾祖母朱氏　曾祖母朱氏贈新興郡夫人制　東窗集 11/5b

曾祖母姚氏　曾祖母姚氏贈咸寧郡夫人制　東窗集 11/5b

祖程世顯　祖世顯贈太子少傅制　東窗集 11/6a

祖母某氏　祖母贈縉雲郡夫人制　東窗集 11/6b

祖母胡氏　祖母胡氏贈齊安郡夫人制　東窗集 11/6b

祖母王氏　祖母王氏贈昌元郡夫人制　東窗集 11/7a

父程逵　父逵贈少師制　東窗集 11/7a

母朱氏　母朱氏封永嘉郡夫人制　東窗集 11/7b

妻朱氏　妻朱氏封和義郡夫人制　東窗集 11/8a

程克俊兵部郎官　斐然集 13/6a

資政殿學士程克俊守本官職致仕　海陵集 20/2a

～ 炎

華州鄭縣尉程炎可泗州錄事制　歐陽文忠集 79/5a

～ 松

曾祖程淳　同知程松曾祖任承信郎淳贈太子少保制　尊白堂集 5/11a

曾祖母徐氏　曾祖母徐氏齊安郡夫人制

尊白堂集 5/11b

祖程墫 祖贈奉直大夫墫贈太子少傅制

尊白堂集 5/12a

祖母江氏 祖母宜人江氏贈信安郡夫人

制 尊白堂集 5/12b

父程九萬 同知程松父九萬特除集英殿

修撰制 尊白堂集 5/7a

妻畢氏 妻令人畢氏贈宜春郡夫人制

尊白堂集 5/13a

程松澧州安置 育德堂外制 1/4a

~叔達

程叔達監察御史制 盤洲集 20/9a

~ 芾

程芾授武功郎制 四庫拾遺 321/鶴林集

~昌言

程昌言可秘書丞制 文恭集 13/10a

~昌寓

右朝散大夫程昌寓叙元降一官 苕溪集 36/

4b

知蔡州程昌寓可除直龍圖閣制 北海集 2/

12b

程昌寓直顯謨閣制 大隱集 1/5b

朝散郎直龍圖閣程昌寓復朝請郎制 東牟

集 7/12a

~ 防

西京左藏庫副使程防可莊宅副使 蘇魏公

集 33/6a

~ 固

從事郎充熙河蘭渭路轉運司太上御上當公

事程固可改合入官差遣如故制 摘文集

6/11a

~ 佶

武經郎程佶磨勘轉官制 翟忠惠集 4/8b

~ 彥

秉義郎程彥贈兩官與兩資恩澤制 東窗集

8/23b

~ 琉

敷文閣學士程琉轉正大夫制 洺水集 25/1a

平齋集 17/4b

敷文閣學士程琉轉正奉大夫制 洺水集 25/

1b 平齋集 18/14b

~ 坦

父程邁 大中大夫致仕程坦故父贈史部

尚書邁可特贈特進 彭城集 22/10b

母張氏 故母孝感縣太君張氏可特贈廣

平郡太夫人制 彭城集 22/10b

~ 厚

程厚除直徽猷閣 海陵集 13/7b

~若川

沿江制參程若川爲監軍應白鹿礦之急轉一

官 後村集 64/6a

~若清

程若清封實錄先生制 宋詔令集 223/863

~ 俊

母邵氏 中亮大夫康州防禦使程俊母邵

氏特封恭人制 東窗集 8/25a

~ 高

程高變州路轉判官 蘇東坡全集/外制中/11b

~ 唐

程唐磨勘轉官制 襄陵集 1/15a

宣撫處置使司參議官寶文閣直學士程唐復

閣學士 程北山集 27/8b

程唐除大理寺丞制 東窗集 9/3b

程唐落職宮觀 張華陽集 7/3b

~ 珣

妻侯氏 大中大夫致仕程珣妻壽安縣君

侯氏可特贈上谷郡君 彭城集 23/19a

~ 振

開封尹程振可刑部侍郎 鴻慶集 24/4b 孫尙

書集 26/7a

~ 師

程師回收捕廣賊及提舉修緝虔州城壁勞績

特與轉行右武大夫制 紫微集 12/17b

~ 莊

虞部員外郎程莊可比部員外郎 蘇魏公集

32/5a

~ 浣

程浣降迪功郎 育德堂外制 1/10a

~敦厚

程敦厚兼侍講制 東窗集 6/20b

程敦厚除起居舍人制 東窗集 7/3b

程敦厚復官 歸愚集 7/2b

~溫瑜

翰林侍讀學士兼龍圖閣學士尚書工部侍郎

權知開封府程琳堂弟溫瑜可試將作監主

簿制 元憲集 25/5b

~ 琳

曾祖程新 程相公曾祖新贈太師制 蔡

忠惠集 12/8a

曾祖母齊氏　程相公曾祖母制　蔡忠惠集 12/8b

祖程贊明　程相公祖贊明贈中書令制　蔡忠惠集 12/9a

祖母吳氏　程相公祖母制　蔡忠惠集 12/9a

父程元白　程相公父制　蔡忠惠集 12/9b

母楚氏　程相公母制　蔡忠惠集 12/10a

～琳

程琳贈通直郎制　四庫拾遺 386/翰林集

～博文

程博文開封府推官制　元豐稿 21/8b

南安軍大庾縣令程博文可轉官制　鄱溪集 6/1b

朝散郎守兵部郎中程博文可太府少卿制　彭城集 19/9a

兵部郎中程博文可河北提刑制　彭城集 19/15b

～植

程植可三班借職制　摘文集 8/6a

～植

程植降授朝散郎制　四庫拾遺 354/翰林集

～覃

程覃軍器監主簿　育德堂外制 5/10b

～進

程進轉保義郎制　東窗集 10/17b

～逸

內殿崇班程逸可左監門衛將軍致仕制　歐陽文忠集 81/10a

～象祖

程象祖太府丞　後村集 62/10b

程象祖秘閣知安吉州　後村集 63/16b

～嗣恭

程嗣恭開封府推官制　元豐稿 21/8b

～源

故崇政殿說書程顗孫源授籍田令制　洛水集/卷首 3a　新安文獻 2/後 4a

～準

程準知寧國府　育德堂外制 4/2b

程準福建提刑　育德堂外制 4/7a

朝散大夫直秘閣兩浙路轉運判官程準依前官特授尚書户部郎中總領浙西江東財賦淮東軍馬錢糧制　後樂集 1/31a

～說

程說爲先因殺獲度賊劉宣等轉一官制　紫微集 12/9b

～瑀

江東提刑程瑀太常少卿　程北山集 27/9a

太常少卿程瑀給事中　程北山集 27/11b

父程柟　左朝議大夫試尚書兵部侍郎兼侍講程瑀父柟贈右奉直大夫制　東窗集 7/29b

母金氏　母金氏贈碩人制　東窗集 7/30a

妻沈氏　妻沈氏封碩人制　東窗集 7/30a

程瑀除兵部侍郎兼侍讀制　東窗集 9/16a　南宋文範 11/2a

程瑀兼資善堂翊善制　東窗集 9/16b

程瑀充龍圖閣學士知信州制　楊溪集 5/20b

父程柟　徽猷閣待制程瑀故父朴可特贈朝奉大夫制　紫微集 18/16b

妻沈氏　妻沈氏可特封令人制　紫微集 18/17a

龍圖閣學士程瑀轉一官致仕　海陵集 20/1a

～戩

樞密直學士給事中程戩可依前給事中充端明殿學士知益州制　蔡忠惠集 9/21a

端明殿學士給事中程戩可加上護軍食邑五百戶制　蔡忠惠集 13/8a

程戩檢校太傅宣徽南院使判延州　公是集 30/8b

曾祖程守璹　參知政事程戩曾祖守璹贈太子少保　公是集 30/14a

曾祖母田氏　曾祖母田氏追封郡太夫人　公是集 30/14b

曾祖母田氏　曾祖母平原郡太夫人田氏追封某國太夫人　公是集 30/15b

祖程思議　祖程思議贈太子少傅　公是集 30/15a

祖程思議　祖太子少傅思議贈太子太傅　公是集 30/16a

祖母劉氏　祖母彭城郡太夫人劉氏追封某國太夫人　公是集 30/16b

母王氏　母京兆郡太夫人王氏追封某國太夫人　公是集 30/17a

妻曹氏　妻曹氏追封安定郡夫人　公是集 30/15a

程戩授安武軍節度使加食邑實封判延州制　華陽集 26/6a　宋文鑑 35/8a

端明端學士給事中程戡可參知政事制 華陽集 29/3a

給事中參知政事程戡可户部侍郎樞密副使制 華陽集 27/4a

~ 榮

天武左第三軍都指揮使封州刺史程榮可蒙州刺史充御前忠佐馬步軍副都軍頭制 臨川集 52/16b

~ 需

程需輸米特補承信郎 止齋集 18/10a

~ 適

著作佐郎程適授秘書丞制 歐陽文忠集 79/12b

~ 鄰

程鄰知荊南府制 翠忠惠集 2/10b

直秘閣權發遣荊南府程鄰特授集賢殿修撰知桂州制 翠忠惠集 2/14a

~ 軺

殿直程軺可轉一官制 8/5a

~ 渚

大理寺丞程渚可殿中丞制 歐陽文忠集 81/17b

~ 臨

程臨知襄州 海陵集 15/9b

~ 邁

左承務郎程邁抵謁陵寢屬官次次轉一官 苕溪集 39/1a

程邁磨勘轉左朝議大夫 苕溪集 39/3a

程邁就升徽猷閣直學士知饒州 苕溪集 47/2a

程邁降左宣義郎制 東窗集 12/22a

程邁除太常少卿制 大隱集 2/7a

程邁除檢正制 大隱集 2/9a

程邁集英殿修撰知福州制 大隱集 2/19a

~ 讓

程讓贈通議大夫 育德堂外制 4/1b

喬士立

喬士立降官 歸愚集 8/5a

~ 永慶

詳定編修國信條例所點檢文字喬永慶可轉一官制 摘文集 6/11b

~ 幼聞

喬幼聞特轉一官制 蒙齋集 9/9a

~ 匡舜

洪州掌書記喬匡舜可浙西掌書記賜紫制

徐公集 8/6b

~ 仲福

喬仲福左武大夫遂郡防禦使制 大隱集 3/10a

中亮大夫喬仲福階官上轉一官制 東牟集 8/14b

喬仲福贈正任永宣使 筠溪集 4/18a

~ 行簡

金紫光祿大夫右丞相兼樞密使喬行簡特授觀文殿大學士體泉觀使兼侍讀制 東澗集 4/2b

金紫光祿大夫右相兼樞密使喬行簡加食邑食實封制 東澗集 5/4a

宣奉大夫知樞密院事兼參知政事喬行簡特授金紫光祿大夫右丞相兼樞密使加食邑食實封制 平齋集 16/2a

參知政事兼同知樞密院事喬行簡除知樞密院事同提舉編修經武要畧加食邑實封制 平齋集 18/10b

知樞密院事喬行簡贈三代

曾祖喬勝之 故曾祖勝之太保贈太傅制 平齋集 19/10a

曾祖母孫氏 故曾祖母孫氏姜國夫人贈越國夫人制 平齋集 19/10b

祖喬堯 故祖堯太傅贈太師制 平齋集 19/11a

祖母杜氏 故祖母杜氏慶國夫人贈益國夫人制 平齋集 19/11b

父喬森 故父森太師追封寧國公制 平齋集 19/12b

母俞氏 故母俞氏福國夫人贈魯國夫人制 平齋集 19/12b

繼母蔣氏 故繼母蔣氏華國夫人贈吳國夫人制 平齋集 19/12a

妻呂氏 故妻呂氏安定郡夫人贈東陽郡夫人制 平齋集 19/13a

繼妻樓氏 故繼妻樓氏譙郡夫人贈吳國郡夫人制 平齋集 19/13b

喬行簡授特進左丞相兼樞密使進封蕭國公制 翰林集 6/8b

~ 伯虎

西京左藏庫副使喬伯虎與轉兩官 摘文集 7/1a

~ 昌時

喬昌時轉一官　海陵集 18/8b

~執中

喬執中可朝請郎尚書吏部郎中　蘇東坡全集/外制中/13a

喬執中兩浙運副　蘇東坡全集/外制中/14a

兩浙運副喬執中可吏部郎　蘇東坡全集/外制中/16a

~　察

秦州觀察支使喬察可靜難軍節度推官知隴城縣制　歐陽文忠集 80/10b　宋文鑑 37/9a

~夢符

朝奉大夫行大理喬夢符特授行大宗正丞制

後樂集 1/13a

~　遵

喬遵轉忠翊郎制　東窗集 10/2a

~　氏

官人典言喬氏可尚儀制　摘文集 9/1b

焦　敏

焦敏職方員外郎監渭州酒務制　宋詔令集 204/763

~大祐

西頭供奉官焦大祐可除閤門祗候制　摘文集 5/11b

~文通

焦文通爲殺敗金人出奇功轉武功大夫除遂郡刺史制　紫微集 12/15a

~用誠

內庭丞制焦用誠與轉兩官制　摘文集 7/1b

~安道

焦安道降官制　嵩溪集 5/32a

~宗約

內殿崇班焦宗約可內殿承制制　元憲集 25/2a

~宗慶

西東供奉官閤門祗候知順安軍焦宗慶可內殿崇班　武溪集 10/13b

~　盛

焦盛可國子博士制　文恭集 14/18a

奏舉人前真定府司録參軍焦盛可大理寺丞制　景文集 31/11b

~　詔

焦詔補承信郎　鴻慶集 25/10a　孫尚書集 27/2b

~　義

焦義爲掩捕海賊生擒賊首卓全高等轉一官制　紫微集 12/5a

焦義爲捕獲到海上劫賊鍾十三等八名委有功效轉一官於正名目上收復制　紫微集 12/12a

~廣年

祖母某氏　武功郎焦廣年祖母封太孺人

鴻慶集 25/8b

傅　卞

兵部員外郎天章閣待講知謀院傅卞可寶文閣待制制　郎溪集 3/6b

~天翼

前行汾州團練判官傅天翼可著作佐郎　韓南陽集 17/13a

~永吉

傅永吉可開州刺史制　文恭集 18/9a

~　正

宣德郎知磁州安武縣傅正可通直郎權發遣襲州路常平等事制　王魏公集 3/17a

~　充

傅充太子中舍制　臨川集 51/10a

~　共

國子博士傅共可虞部員外郎　蘇魏公集 34/2a

~　回

兵部員外郎充寶文閣待制知相州傅卞遺表男回可守將作監主簿令持服　蘇魏公集 32/12b

~　同

兵部員外郎充寶文閣待制知相州傅卞遺表次男同可守將作監主簿令持服　蘇魏公集 32/12b

~　求

龍圖閣直學士給事中權知開封府傅求可尚書工部侍郎依前龍圖閣直學士權知開封府加食邑五百戶食實封二百戶　韓南陽集 18/15a

樞密直學士給事中傅求可特授依前給事中充龍圖閣學士權知開封府　韓南陽集 18/6b

陝西路都轉運使兵部郎中天章閣待制傅求可右諫議大夫　公是集 30/5b　宋文鑑 38/6b

~延嗣

知楚州武昃大夫傅延嗣降兩官制　東窗集 12/26a

~伯成

主管官告院傅伯成除司農寺主簿　止齋集 18/7a

傅伯成太府卿　育德堂外制 4/13a

~伯壽

江東運副傅伯壽浙西提刑　宋本攻媿集 31/13b 攻媿集 41/12b

江東運副傅伯壽直煥章閣　宋本攻媿集 35/7b 攻媿集 39/7a

~宗道

母陳氏　傅宗道母陳氏封薊人制　鶴林集 10/24b

~宜夫

職方員外郎傅宜夫禮部員外郎制　翟忠惠集 3/10a

~青

傅青降官　歸愚集 7/3a

~昌時

忠訓郎主管文字傅昌時特轉一官　止齋集 11/3a

~佺

傅佺循左儒林郎制　東窗集 13/9a

~宣世

嘉王府講尚書徹章官屬諸色祇應人各轉一官資成忠郎傅宣世　攻媿集 34/12b

~珏

大理寺法直官傅珏可盧州錄事參軍　咸平集 28/11b

~宿

傅宿吏部郎官制　浮溪集 8/10a　浮溪集/附拾遺 8/93

~康

傅康直徽猷閣致仕　後村集 60/14a

~惟幾

傅惟幾可兵部郎中直史館制　文恭集 12/3a

~崧卿

直龍圖閣前知婺州傅崧卿除秘書少監　程北山集 24/7a

傅崧卿中書門下檢正制　浮溪集 8/14a　浮溪集/附拾遺 8/97

朝奉郎中書門下省檢正諸房公事傅崧卿可除直龍圖閣知越州制　北海集 4/10a

~霈

從仕郎傅霈改宣教郎借工部侍郎充大金通和使制　浮溪集 10/3b　浮溪集/附拾遺 10/115

大金通和使傅霈轉五官郎官制　浮溪集 10/4a　浮溪集/附拾遺 10/115

~堯俞

給事中兼侍講傅堯俞可吏部侍郎　蘇東坡全集/外制上/1a

傅堯俞御史中丞　樂城集 27/16b

傅堯俞追復官制　宋詔令集 222/855

傅堯俞泊復報青光祿大夫謚獻簡制　宋詔令集 222/855

~貽度

朝奉郎傅貽度將作監丞　鴻慶集 25/3b　孫尙書集 25/5b

~楫

傅楫龍圖閣待制知亳州制　道鄉集 18/4a

~嗣延

傅嗣延等二十九人從使出疆有官人轉官無官人補授白身先補承信郎進士先補上州文學有官人先轉三官　苕溪集 35/2b

~齊

傅齊降授奉議郎制　四庫拾遺 393/鶴林集

~廣

傅廣降官　鴻慶集 25/12b　孫尙書集 27/5b

~潛

傅潛進開國公加恩制淳化元年　宋詔令集 95/348

傅潛檢校太傅移鎮加恩制　宋詔令集 95/350

傅潛開府儀同三司加恩制　宋詔令集 96/352

~頤

朝散郎溫州通判傅頤降一官放罷　宋本攻媿集 30/3a　攻媿集 34/3a

~墨卿

傅墨卿主客員外郎制　翟忠惠集 3/7a

~壅

司農寺丞傅壅除都官郎中制　平齋集 18/8a

都官郎中傅壅差知嚴州制　平齋集 20/16a

~變

前監溫州在城商稅務傅變可大理寺丞　文恭集 12/12a　蘇魏公集 29/8b

傅變知鄭州　蘇東坡全集/外制中/12a

新差權發遣鄭州傅變可江東提刑　蘇東坡全集/外制中/15a

~顏

傅顏秘書丞制　臨川集 51/7a

登　璋

登瑋修完城都府倉庫營廟等畢轉官制　襄陵集 1/17b

曾祖母侯氏　曾祖母平樂郡夫人侯氏贈文安郡夫人制　盤洲集 19/6a

祖賀撫辰　祖朝議大夫贈少保撫辰贈太保制　盤洲集 19/6b

祖母王氏　祖母嘉國夫人王氏贈蔡國夫人制　盤洲集 19/6b

父賀坦　父承議郎贈太子太傅坦贈少傅制　盤洲集 19/7a

母王氏　母太原郡夫人王氏贈賀國夫人制　盤洲集 19/7b

妻鄧氏　妻永嘉郡夫人鄧氏贈和政郡夫人制　盤洲集 19/7b

賀允中資政殿大學士致仕制　盤洲集 19/10a

賀允中除給事中　海陵集 14/4a

賀允中兼侍講　海陵集 14/8b

賀允中除權吏部尚書　海陵集 15/1b

權禮部侍郎賀允中磨勘轉官　海陵集 18/8a

~世安

西頭供奉官賀世安可轉三官制　摘文集 8/2b

~　注

成忠郎賀注轉兩官制　橫塘集 7/5a

~　福

承節郎賀福轉一官　益國文忠集 95/17b　益公集 96/63a

費士寅

費士寅籍田令　宋本攻媿集 33/5a　攻媿集 37/5a

籍田令費士寅除太學博士　止齋集 17/10b

費士寅依前官特授知潼川軍府兼管內勸農使兼提舉潼川府果渠州懷安軍廣安軍兵馬巡檢盜賊公事封食實封如故制　後樂集 2/28a

~子卿

費子卿可大理寺丞制　文恪集 14/10b

~師旦

保義郎費師旦該遇皇后歸謁家廟特轉一官　止齋集 11/3a

~　培

費培大理評事　宋本攻媿集 31/11b　攻媿集 35/11a

尚書户部員外郎費培陞郎中制　後樂集 1/25a

~　琦

秘書丞費琦可太常博士制　蘇魏公集 34/2b

~　植

費植換給左奉議郎制　東窗集 9/6a

~　景

費景爲敵人入侵順昌係在城守禦者轉一官資制　紫微集 12/5b

~　櫃

費櫃爲告發結集陳享等勞效改承務郎換給制　紫微集 19/16a

~觀孫

費觀孫降授宣教郎制　四庫拾遺 299/翰林集

結斯雞

結斯雞柯族副軍主制　元豐稿 22/5b

~霑抹

蕃官結霑抹轉官制　道鄉集 15/7a

逮　選

逮選轉官制　梅溪集 4/20b

逮選爲敕令所編修在京通用條册成書係本所供檢文字等轉一官制　紫微集 12/2b

賀　允

賀允爲敵人入侵順昌係在城守禦者轉官資制　紫微集 12/5b

~允中

賀允中倉部郎官　苕溪集 42/3a

賀允中吏部郎官　苕溪集 45/2b

知樞密院賀允中贈三代

曾祖賀應機　曾祖屯田員外郎贈太子少保應機贈太子太保制　盤洲集 19/5b

曾祖母楊氏　曾祖母和義郡夫人楊氏贈同安郡夫人制　盤洲集 19/6a

陽孝信

拱衛大夫福州觀察使帶行御器械新差如和州陽孝信爲白鹿礦賞轉翊衛大夫　後村集 68/5a

隆布盤

東頭供奉官隆布盤轉一官制　摘文集 7/1b

~　殿

錫伯中族大首領隆戩補皇城副使帶本族巡檢制　摘文集 5/6a

十 三 畫

源　護

司門郎中知福州源護可兵部郎中依前知州　咸平集 28/14b

滑永全

百姓滑永全可三班借職制　摘文集 8/6b

溪　甑

溪甑本族副都軍主等制　元豐稿 22/5b

塗顯行

塗顯行知崇慶府制　平齋集 23/3b

賈毋沆

賈毋沆可太常博士制　文恭集 14/18b

逵興祖

嘉王府講尚書徹章官屬諸色祇應人轉一官忠翊郎逵興祖　宋本攻媿集 30/13b　攻媿集 34/12b

廉公謹

手分借職廉公謹可轉一官制　摘文集 7/8a

~ 正臣

明法及第廉正臣可陝州靈寶縣主簿制　文恭集 18/22b

廉正臣司農少卿制　元豐稿 20/8a

~　節

保義郎廉節可贈忠訓郎與一子進武校尉　後村集 69/1a

雍乞得

雍乞得補承信郎制　東窗集 10/7b

~ 子方

太常博士秘閣校理雍子方可祠部員外郎制　鄖溪集 3/4a

~ 孝聞

奉聖旨雍孝聞昨工書致權刑辟忠誠可嘉特開落過犯換授修武郎閣門宣贊舍人制　瞿忠惠集 4/2a

~　浚

雍浚授從義郎制　四庫拾遺 337/翰林集

~　規

西京左藏庫使雍規可文思使制　蘇魏公集 31/8b

~　遜

雍遜轉官　育德堂外制 5/14b

~　氏

故保慈夫人親屬孫女雍氏封孺人　苕溪集 46/3a

褚士言

奏舉人前邢州録事參軍褚士言可大理寺丞制　蔡忠惠集 9/9a

~　式

前彭信軍節度判官褚式可太子中舍致仕制　歐陽文忠集 79/10b　宋文鑑 37/6b

~ 宗諤

褚宗諤廣南東路轉運副使制　浮溪集 8/7a　浮溪集/附拾遺 8/91

~　南

褚南降授文林郎制　四庫拾遺 371/翰林集

~ 德臻

襄州鄧城尉權知穀城縣事褚德臻可穀城令　咸平集 28/18b

~　籍

褚籍除工部郎官　海陵集 18/1b

雷世方

雷世方降一官　西垣稿 2/2a

~ 世忠

故下班祇應潼州府鈴轄司指使雷世忠贈承信郎　止齋集 11/7a

~　仲

雷仲爲殺退金人轉一官制　紫微集 12/2a

~ 宋臣

雷宋臣太子中舍制　臨川集 51/9b

雷宋臣太子洗馬制　臨川集 51/10b

~ 孝友

太學録雷孝友可太學博士　宋本攻媿集 33/4b　攻媿集 37/4b

雷孝友御史中丞　育德堂外制 2/3a

雷孝友參知政事　育德堂外制 3/1b

曾祖雷新　故曾祖不仕新可特贈太子少

保　育德堂外制 4/4a

曾祖母毛氏　故曾祖母毛氏可贈和義郡夫人　育德堂外制 4/4b

曾祖母毛氏　故曾祖母毛氏可贈感義郡夫人　育德堂外制 4/4b

祖雷就　故祖贈中散大夫就可贈太子少傅　育德堂外制 4/4b

祖母蔡氏　故祖母令人蔡氏可贈永嘉郡夫人　育德堂外制 4/5a

父雷孚　故父任左朝散郎贈通議大夫孚可贈太子少師　育德堂外制 4/5a

母廖氏　故母碩人廖氏可贈齊安郡夫人　育德堂外制 4/5b

母張氏　故母碩人張氏可贈信安郡夫人　育德堂外制 4/5b

母胡氏　故母令人胡氏可贈咸安郡夫人　育德堂外制 4/5b

妻葉氏　故妻令人葉氏可贈清化郡夫人　育德堂外制 4/5b

妻李氏　妻令人李氏可封高平郡夫人　育德堂外制 4/6a

中奉大夫守國子監祭酒兼中書舍人雷孝友依前官特授權尚書兵部侍郎兼中書舍人制　後樂集 2/18a

~宜中

考功郎兼權右師雷宜中爲前知建昌軍新築鳳山城特授朝散郎制　後村集 62/6a

雷宜中右司　後村集 62/13a

雷宜中除廣東提刑　後村集 71/11a

~周詢

東頭供奉官雷周詢可內殿崇班　韓南陽集 16/2a

~周輔

內殿承制雷周輔可供備庫副使　西溪集 6(三沈集 2/54a)

~　進

雷進押駱駝轉官　東牟集 1/31b

~　漯

吏部員外郎雷漯直煥章閣知平江府　宋本攻媿集 32/20a　攻媿集 36/19b

~簡夫

雷簡夫可大理寺丞制　文恭集 14/8a

靳宗永

靳宗永內殿承制制　臨川集 53/6a

~宗臣

禮賓副使知沂州靳宗臣可崇儀副使知麟州　韓南陽集 18/12a

~宗說

靳宗說可西上閤門使英州刺史制　文恭集 17/12a

~博文

靳博文變路提刑　斐然集 13/10a

~　澤

靳澤授官制　橫塘集 7/4a

楚用和

太子洗馬知陵州軍州事楚用和可殿中丞餘依舊制　文莊集 1/5b

~沙木

左藏庫副使楚沙木可轉一官制　摘文集 7/13b

~　拉

楚拉轉官制　襄陵集 1/7b

~　奎

妻趙氏　宗說第十八女右班殿直楚奎妻永泰縣君制　臨川集 54/14a

~昭輔

故贈侍中楚昭輔贈中書令制　文莊集 2/21b

詔令 220/844

~　衍

司天冬官正楚衍可秋官正制　元憲集 22/5a

~建中

提刑楚建中可司封員外郎制　臨川集 50/7b

王文公集 11/3b

~　凌

楚凌轉官敕　襄陵集 3/4b

~　泰

楚泰可大理寺丞依舊直講制　文恭集 14/8b

~　經

尚書虞部員外郎通判益州楚經可尚書比部員外郎制　元憲集 23/7a

~　潛

楚潛可廣西轉運副使　蘇東坡全集/外制中/10a

~纘芳

殿中丞楚纘芳可國子博士權御史臺推直官制　文莊集 2/13b

詔令一　制詞　臣僚　十三畫

楊一變

父楊秉遷 楊一變父秉遷明堂恩封承務郎制 平齋集 17/13a

~大全

監登聞檢院楊大全除宗正寺主簿 止齋集 18/6b

~大雅

楊大雅封承奉郎 育德堂外制 2/8a

~大節

武翼大夫楊大節奉使回程轉官 宋本攻媿集 30/16b 攻媿集 34/15b

~大濬

諸王宮教授楊大濬監察御史 宋本攻媿集 33/11b 攻媿集 37/11a

~ 千

楊千轉忠訓郎制 東窗集 10/10a

~己仲

楊己仲降修職郎制 四庫拾遺 310/鶴林集

~文友

國子博士楊文友可尚書虞部員外郎制 景文集 31/1b

~文仲

楊文仲可大理寺丞制 文恭集 14/11b

~文仲

楊文仲太學正 後村集 66/16a

楊文仲除太學博士 後村集 71/6b

楊文仲特授集英殿修撰知漳州誥 四明文獻 5/17b

~文昌

楊文昌將作監承制 尊白堂集 5/11a

楊文昌授團練使 育德堂外制 1/6b

~文真

楊文翰弟文真補三班奉職制 道鄉集 17/6a

~文廣

西京左藏庫副使楊文廣可供備庫使 西溪集 5(三沈集 2/11a) 宋文鑑 39/4b

~文舉

殿中丞通判秦州楊文舉可國子博士制 元憲集 24/6b

~王休

成都提刑楊王休本路運判知閩州 宋本攻媿集 32/19a 攻媿集 36/18b

~ 元

楊元內殿崇班制 臨川集 53/6a

~元永

父楊佐 右通直郎楊元永故父任給事中充天章閣待制佐可贈右正議大夫制 淨德集 9/9a

母張氏 楊元永故母高陽郡君張氏可贈譙郡太君制 淨德集 9/9b

~ 友

楊友循資制 盤洲集 19/12a

~日言

入內文思使舒州刺史楊日言可轉一官制 摘文集 7/5a

~日華

京西路轉運使尚書度支郎中楊月華可加勳制 元憲集 25/8a

~中和

楊中和可都官員外郎制 文恭集 15/8b

殿中丞新差知溫州平陽縣楊中和可太常博士制 元憲集 23/6a

~公度

益州路轉運使楊日嚴男公度可試秘書省校書郎制 元憲集 26/4b

~公幾

楊公幾爲宣司結局循兩資 後村集 62/8b

~公說

楊公說特授朝散郎制 四庫拾遺 357/鶴林集

~ 允

知筠州楊允降三官制 浮溪集 9/11a 浮溪集/附拾遺 9/110

~ 立

楊立依前右武大夫特授□州觀察使依舊知洺州誥 四明文獻集 5/27a

楊立特授翊衛大夫依前□州觀察使陞帶行御器械知洺州誥 四明文獻集 5/28b

~必復

楊必復贈朝請大夫制 平齋集 21/5b

~ 永

權郴州軍事判官楊永可右贊善大夫致仕制 公是集 30/11a 宋文鑑 37/18a

~永慶

楊永慶降官制 道鄉集 16/4b

~正臣

書狀官一員新明州昌國縣主簿楊正臣轉一官 止齋集 11/9a

~ 丙

楊丙降一資放罷　西垣稿 1/12b

~ 石

楊石觀察使知閤　育德堂外制 3/6b

太傅保寧軍節度使充萬壽觀使永寧郡王楊石加食邑食實封制　東澗集 5/3b

~ 旦

內侍楊旦轉一官制　後樂集 1/29a

~ 申

職方郎中楊申可太常少卿　韓南陽集 17/6b

~ 申

楊申掩捕海賊生擒賊首卓全高等楊申轉一官制　紫微集 12/5a

~ 令望

楊令望可太子中舍人致仕制　文恭集 20/3b

~ 令聞

潭州録事參軍楊令聞可太子中含致仕制　歐陽文忠集 80/7a

~ 白

楊白充修奉司部役官結局轉一官制　東澗集 6/22b

~ 汝明

楊汝明明堂進封加食邑制　平齋集 18/3b

父楊大全　楊汝明父大全贈少師制　蒙齋集 8/9a

母史氏　母史氏贈漢國夫人制　蒙齋集 8/9b

楊汝明特贈四官制　蒙齋集 8/10a

~ 安益

潼川運判劉光祖奏儒林郎知資州龍永縣楊安益賑濟有方循一資　宋本攻媿集 33/3b　攻媿集 37/3b

~ 安國

供奉官楊安國可轉一官制　摘文集 7/4a

~ 安節

除名人楊安節可太子右清道率府副率致仕制　元憲集 21/9b

~ 次山

楊次山追贈三代及妻

曾祖楊舜元　故曾祖贈太師追封衞王舜元追封鄒王　育德堂外制 5/5a

曾祖母王氏　故曾祖母楚國夫人王氏贈陳國夫人　育德堂外制 5/5b

祖楊全　故祖贈太師追封鄭王全追封魏

王　育德堂外制 5/5b

祖母解氏　故祖母魯國夫人解氏贈鄆國夫人　育德堂外制 5/6a

父楊漸　故父任保義郎贈太師追封慶王漸追封秦王　育德堂外制 5/6a

母趙氏　故母越國夫人趙氏贈漢國夫人　育德堂外制 5/6b

繼母孫氏　故繼母越國夫人孫氏贈漢國夫人　育德堂外制 5/6b

繼母張氏　故繼母越國夫人張氏贈漢國夫人　育德堂外制 5/7a

妻衞氏　故妻成國夫人衞氏贈蔡國夫人　育德堂外制 5/7a

妻郭氏　順國夫人郭氏贈衞國夫人　育德堂外制 5/7a

妻劉氏　惠國夫人劉氏贈邢國夫人　育德堂外制 5/7a

~ 次山

太尉楊次山加食邑實封制　後樂集 3/25b

楊次山特授少保進封永陽郡王加食邑食實封制　真西山集 19/6b

~ 吉

楊吉轉一官　樂城集 30/16a

虎翼左第二軍都指揮使德州刺史楊吉可除左領軍衞將軍致仕制　摘文集 5/12a

~ 再興

楊再興爲與番兵接戰陣歿贈五官制　紫微集 19/17a

楊再興爲岳飛奏已蒙贈五官今乞贈七官恩澤六資制　紫微集 19/20a

~ 存中（原名沂中紹興間賜名存中）

江西路招討使張俊申具到掩殺李成等功狀奇功統制官親衞大夫文州防禦使楊存中轉五官並遙郡　程北山集 27/1a

楊存中　張華陽集 3/2b

楊存中除少傅制　東牟集 8/15a

曾祖楊仲臣　太尉保成軍節度使楊沂中故曾祖仲臣可特贈少保制　紫微集 14/1a

曾祖母檀氏　楊沂中故曾祖母檀氏可特贈崇國夫人制　紫微集 14/1b

曾祖母雍氏　楊沂中故曾祖母雍氏可特贈康國夫人制　紫微集 14/2a

祖楊宗閔　楊沂中故祖宗閔可特贈少傅

制　紫微集 14/2a

祖母賈氏　楊沂中故祖母賈氏可特贈豐國夫人制　紫微集 14/2b

祖母劉氏　楊沂中故祖母劉氏可特贈惠國夫人制　紫微集 14/3a

父楊震　楊沂中故父震可特贈少師制　紫微集 14/3a

母董氏　楊沂中故母董氏可特贈淑國大夫人制　紫微集 14/4a

母張氏　楊沂中故母張氏可特贈永國夫人制　紫微集 14/4a

妻趙氏　楊沂中故妻趙氏可特贈清源郡夫人制　紫微集 14/4b

妻趙氏　楊沂中妻趙氏可特封華原郡夫人制　紫微集 14/5a

除楊存中都督江淮東西路建康鎮江府江陰軍江池州屯駐軍馬依前太傅寧遠軍節度使義郡王加食邑實封制　盤州集 11/7b

父楊震　江淮都督楊存中父震秦國公制　盤洲集 23/2a

除楊存中少師制　海陵集 11/3a

除楊存中加食邑制　海陵集 11/5b

~ 成

故左班殿直楊成可贈崇儀副使制　元憲集 20/6b

~ 光凝

楊光凝係左修職郎湖北京西宣撫司準備差遣節次與烏珠等見陣皆獲勝捷合循兩資制　紫微集 13/9b

~ 全

偽昭毅大將軍楊全補承節制　平齋集 21/21b

~ 先寶

溪洞楊先寶可權知古城州制　歐陽文忠集 81/12b

~ 仲元

職方郎中楊仲元可太常少卿　韓南陽集 17/6b

~ 仲安

衛尉寺丞楊仲安可大理寺丞　西溪集 5(三沈集 2/10b)

~ 佺

楊佺落職知黃州制　宋詔令集 206/771

~ 自周

楊自周可大理寺丞制　文恭集 14/12a

~ 沅

益州觀察推官楊沅可權蜀州軍事推官制　元憲集 22/1b

~ 沆

楊沆授修武郎　育德堂外制 4/15a

~ 汶

楊汶大理卿制　元豐稿 20/7b

楊汶落待制知黃州　蘇東坡全集/外制中 16a

~ 完

楊完可權知衢州　宋文鑑 39/10a

~ 宏

楊宏劉錡奏金人攻打順昌府將士背城血戰敵敗委獲大捷吏部勘會本官先立奇功於武節大夫上轉左武大夫今來合轉兩官係凝止法奉旨命與橫行上轉行一官其一官凝止法人依條回授制　紫微集 12/11a

楊宏奏破金人轉官回授制　紫微集 12/11b

~ 亨

楊亨轉遂刺　益國文忠集 94/5a　益公集 98/116a

~ 序

瓦亭戰功人等轉官楊序轉拱衛郎　益國文忠集 95/15a　益公集 97/80b

~ 良顯

父楊安國　右朝奉郎楊良顯故父任翰林侍講學士兼給事中贈右銀青光祿大夫安國可贈左銀青光祿大夫制　淨德集 9/7b

母王氏　楊良顯故姊母中山縣君王氏可贈泰寧郡太夫人制　淨德集 9/8b

繼母王氏　楊良顯故繼母太原郡太君王氏可贈太原郡太夫人制　淨德集 9/8b

~ 志

楊志可都官員外郎制　文恭集 15/9b

~ 志招

楊志招爲與莫公晟賊衆鬪敵拖殺死賊人不知其數轉忠訓郎制　紫微集 13/4b

~ 志寧

楊志寧轉成忠郎制　東窗集 10/2a

~ 孝錫

楊孝錫贈通直郎于一子恩澤制　平齋集 22/3b

~ 甫

奏舉人前忠武節度推官楊甫可大理寺丞　西溪集 6(三沈集 2/36b)

~ 抗

右承直郎楊抗特改次等合入官　苕溪集 35/

3b

~希元

比部員外郎楊希元可駕部員外郎　韓南陽集 17/9a

~希古

楊希古可大理寺丞制　文恭集 12/11a

~ 谷

楊谷授文州刺史　育德堂外制 1/8b

楊谷觀察使　育德堂外制 3/7a

楊谷加恩制　鶴林集 5/13b

~邦弱

楊邦弱除太學博士制　東窗集 6/19b

楊邦弱除著作郎　海陵集 17/6b

湖南運判楊邦弱除秘書丞　海陵集 19/4b

~邦憲

楊邦憲特授親衞大夫利州觀察使依舊知播州兼御前諸軍都統制誥　四明文獻集 5/25a

~ 告

楊告可右諫議大夫知鄭州制　景文集 31/3a

~ 佐

楊佐可屯田員外郎制　文恭集 15/1b

都官郎中楊佐可司封郎中　西溪集 5(三沈集 2/7b)　宋文鑑 38/19b

~ 延

楊延可都官員外郎制　文恭集 15/8b

~ 似

楊似循從事郎制　盤洲集 21/12b

~伯雨

楊伯雨除婺州路轉運判官制　平齋集 21/8a

~伯岳

楊伯岳除太社令制　蒙齋集 9/13a

~ 攸

權府推秘書閣校理楊攸可太常博士　武溪集 10/5b

~ 注

楊注可試秘書省校書郎充春州軍事推官權知春州制　蔡忠惠集 11/16b

~ 宗

楊宗三班借職制　元豐稿 22/8a

~宗禮

內殿承制楊宗禮供備庫副使制　臨川集 53/4b

~ 京

試秘校知秦州攏城縣監環州折博務楊京可

著作佐郎制　蔡忠惠集 10/11b

~ 忞

萬贊宮按行使司復按使司屬官楊忞轉一官制　東窗集 8/13b

~ 青

成忠郎楊青軍中失大降一官　苕溪集 34/1a

楊青轉秉義郎制　東窗集 10/9b

~ 坦

殿前指揮使行門長行左班楊坦換武翼郎添差諸州駐泊兵馬都監　宋本攻媿集 30/14b　攻媿集 34/13b

~叔儀

楊叔儀少府少監守本官致仕　樂城集 29/6a

~ 昌

父楊某　楊昌父贈節度使　劉給諫集 2/14a

母某氏　母某氏贈郡夫人　劉給諫集 2/14b

妻某氏　妻某氏封郡君　劉給諫集 2/14b

~昌盟

邵州溪洞融嶺鎮楊昌盟可銀酒監充武溪洞融嶺鎮勾當　韓南陽集 16/11b

~忠信

朝堂正名知班驅使官楊忠信特授將仕郎制　臨川集 55/13b

~忠輔

秉義郎楊忠輔換太史局丞權同知算造　宋本攻媿集 30/14a　攻媿集 34/13a

~明遠

楊明遠授儒林郎制　四庫拾遺 362/翰林集

~ 和

楊和贈六官與六資恩澤係於橫行遙郡上分贈　益國文忠集 98/2b　益公集 97/83b

~ 佶

殿中丞知開封府司事參軍楊佶可太常博士餘依舊制　文莊集 1/22b

~ 彥

勝捷下名都虞候楊彥換從義郎　宋本攻媿集 35/2b　攻媿集 39/2b

~彥誠

婺州路轉運使楊文舉男彥誠可試秘校制　文恭集 19/8b

~ 美

楊美加恩制　宋詔令集 103/381

~ 祐

南劍守臣楊祐按罷輊敢伏闕宏論守臣特降

一官仍押送寄居泉州拘管　止齋集 13/10a

~祖烈

忠翊郎楊祖烈轉一官　宋本攻媿集 30/17a　攻媿集 34/15b

~　政

大名府驍武第一指揮都虞候楊政可左右侍禁　樂城集 30/3a

~　政

曾祖楊訴　武當軍節度使充侍衞親軍步軍都虞候利州路安撫使兼川陝宣撫使司都統制楊政曾祖訴贈太子太保制　東窗集 12/15b

曾祖母任氏　楊政曾祖母任氏贈河陽郡夫人制　東窗集 12/16a

祖楊榮　楊政祖榮贈太子太傅制　東窗集 12/16b

祖母雷氏　楊政祖母雷氏贈武陵郡夫人制　東窗集 12/16b

父楊志　楊政父志贈太子太師制　東窗集 12/17a

母程氏　楊政母程氏贈高密郡夫人制　東窗集 12/17b

妻侯氏　楊政故妻侯氏贈義通郡夫人制　東窗集 12/17b

妻南氏　楊政妻南氏封同安郡夫人制　東窗集 12/18a

楊政換給右武大夫恭州團練使　筠溪集 4/5b

楊政換給川陝宣撫使補授十將至右武大夫恭州團練使付身　筠溪集 5/28a

~政化

殿中丞知華州華陰縣事楊政化可國子博士餘如故制　文恭集 2/9a

~埊仲

楊埊仲降授朝散郎制　鶴林集 9/11a

~南仲

楊南仲可大理寺丞知國子監書學兼篆石經制　文恭集 14/9a

楊南仲太常博士制　臨川集 51/5a

~　恢

楊恢除太府少卿兼潼川利路制置副使兼利路運判兼知利州制　東洲集 5/24a

楊恢除寶章閣待制四川制置使兼知利州制　東洲集 5/24b

直華文閣知江陵府楊恢除知襄陽府京西安

撫副使時暫兼京湖制置司公事制　平齋集 19/8a

楊恢除直徽閣權知襄陽府京西安撫副使制　平齋集 20/23b

楊恢除直寶文閣准西制置副使兼知黃州制　平齋集 21/12b

楊恢授兵部郎中制　鶴林集 6/16b

~若沖

楊若沖可大理寺丞制　文恭集 14/14a

~茂昌

入內西京左藏庫使楊茂昌可轉一官制　攝文集 7/4b

~茂實

景福殿使明州觀察使楊戩親堂姪茂實可借職制　攝文集 8/6a

~思恭

楊思恭降授迪功郎制　四庫拾遺 317/鶴林集

~思濟

楊思濟特降一官　西垣稿 2/4b

~　畏

宣德郎宗正丞楊畏可權發遣提舉變州路刑獄公事制　東窗集 9/13a

楊畏降官制　宋詔令集 207/777

~　敗

楊敗可三司户部判官依前直史館制　文恭集 16/6a

楊敗屯田員外郎直史館制　歐陽文忠集 81/15b

太常博士直史館知光化軍楊敗可屯田員外郎依前直史館知鄒州制　蔡忠惠集 11/3b

吏部員外郎知制誥兼侍讀楊敗可依前官兼侍讀充龍圖閣直學士知諫院　西溪集 6(三沈集 2/54b)

起居舍人楊敗降屯田員外郎制皇祐四年九月丁巳　宋詔令集 205/766

~　侁

大理評事楊侁可衛尉丞制　文莊集 2/8b

~修之

楊修之除直秘閣潼川運判兼提刑提舉　後村集 71/7a

~　俊

楊俊降官制　楊溪集 5/31a

~衍孫

楊衍孫授朝請郎制　鶴林集 8/6a

~　約

楊約降朝奉郎制 四庫拾遺 399/翰林集

~起萃

楊起萃除宗學諭 後村集 69/7b

~ 著

大理評事楊著可衛尉寺丞 蘇魏公集 33/8b

~ 晟

借職楊晟轉一官 蘇東坡全集/外制 下/3a

融州楊晟改右班殿直 樂城集 29/6a

~晟悖

楊晟悖換給事中大夫直徽猷閣 筠溪集 5/3a

~ 時

待制楊時工部侍郎制 浮溪集 11/12a 浮溪集/附拾遺 11/132 新安文獻 1/後 4a

楊時贈四官 斐然集 13/22b 南宋文範 11/6a

父楊某 故楊時父贈正議大夫 斐然集 14/25b

徽猷閣待制提舉嵩山崇福官楊時授工部侍郎制 新安文獻 1/後 4a

~時敏

四川量試楊時敏補承信郎 宋本攻媿集 35/19b

~時發

楊時發循資制 東牟集 7/36a

~ 侯

楊侯除都官郎官 海陵集 19/5a

楊侯進封和義郡開國公加食邑五百戶食實封二百戶制 益國文忠集 102/14a 益公集 102/70a

楊侯慶壽加恩 益國文忠集 112/5b 益公集 112/115b

楊侯除節度使制 玉堂稿 2/7a

~師中

左文林郎前崇慶軍節度推官楊師中坐循例大支請受及買官佔賣未及指遠程支借送還人請受降一資 益國文忠集 96/12a 益公集 95/40a

~師謙

楊師謙以景獻府講春秋徽章授朝奉大夫制 翰林集 7/20a

~ 鉉

父楊億 刑部郎中楊鉉父億贈右僕射制 華陽集 31/10b

~ 寅

京湖制置申岳州平江縣軍民舉留知縣楊寅得旨轉奉議郎候再作縣滿日與陞擢差遣

後村集 61/7b

~ 麻

楊麻特補成忠郎 益國文忠集 94/12b 益公集 94/29b

~康國

御史臺檢法官楊康國可監察御史制 彭城集 20/5a

監察御史楊康國可開封府推官制 彭城集 22/13a

楊康國特贈徽猷閣待制 程北山集 22/10b 新安文獻 1/6a

~ 球

皇城副使楊球可轉一官制 摘文集 7/4a

~惟忠

檢校少保建武軍節度使龍神衛四廂都指揮使楊惟忠加恩制 浮溪集 11/10b 浮溪集/附拾遺 11/131

~處厚

醫官楊處厚可轉一官制 摘文集 8/5b

~ 異

都官員外郎楊異可職方員外郎 西溪集 6(三沈集 2/32a)

~國寶

宣德郎太常博士楊國寶可成都路轉運判官制 彭城集 22/19b

~崇勳

母王氏 侍衛親軍馬軍副都指揮使彰德軍節度觀察留後管勾馬軍都指揮使公事楊崇勳亡母京兆郡太君王氏可特追封廣陵郡太君制 文莊集 3/6b

祖楊守斌 楊崇勳祖累贈太師加兼中書令制 元憲集 21/1b

父楊全美 楊崇勳父累贈太師中書令兼尚書令追封秦國公制 元憲集 23/14a

授楊崇勳開府儀同三司依前檢校太尉河陽三城節度使加食邑實封制 元憲集 26/12b

左衛上將軍致仕楊崇勳可太子太保致仕 武溪集 10/4b

上將軍致仕楊崇勳加食邑七百戶實封三百戶 武溪集 11/42a

楊崇勳建節殿前副都指揮使制 宋詔令集 99/363

楊崇勳加恩制 宋詔令集 99/365

責楊崇勳制 宋詔令集 205/764

~ 崧

奏舉人前權成德軍節度推官楊崧可特授大理寺丞制 蔡忠惠集 10/19a

~ 侃

楊侃轉官制 東牟集 7/34b

楊侃除秘書少監 海陵集 14/11b

楊侃進韻暑補特轉一官 海陵集 18/7b

~ 從先

東頭供奉官楊從先可內殿崇班 韓南陽集 16/13b

內殿承制楊從先可西京左藏庫副使 蘇魏公集 34/8a

~ 從儀

楊從儀轉親衛大夫 張華陽集 3/6b

吳琳保明正侍大夫宣州觀察使右軍統制楊從儀落階官除正任防禦使 益國文忠集 95/6a 益公集 97/76b

~ 逢原

奉職楊逢原可右班殿直制 摘文集 25/9a

~ 紹

奉議郎楊紹可通判蘭州制 彭城集 22/2b

~ 淵

楊淵除工部員外郎 鴻慶集 26/4a 孫尚書集 27/10b

~ 詔

楊詔爲敕令所編修在京通用條册成書係本所供檢文字轉一官制 紫微集 12/2b

~ 琳

楊琳降官 張華陽集 8/4a

~ 棟

楊棟宗正少卿兼右司 後村集 60/15b

工部侍郎楊棟磨勘轉中大夫 後村集 63/8a

楊棟轉太中大夫 後村集 63/16a

楊棟權禮部尚書 後村集 66/1a

楊棟除禮部尚書兼職依舊 後村集 67/18a

楊棟除端明殿學士同簽書樞密院事兼太子賓客 後村集 70/5b

父楊端仲 事奉大夫試工部侍郎兼太子詹事楊棟弟武節郎擢權知江陰軍事履之封贈父 後村集 72/12b

端明殿學士通議大夫同僉書樞密院事兼太子賓客楊棟初除封贈三代

曾祖楊光庭 故曾祖已贈和州防禦使光庭特贈太子少保 後村集 74/12b

曾祖母程氏 故曾祖母令人程氏特贈號郡夫人 後村集 74/13a

祖楊知章 故祖已贈吉州刺史知章特贈太子少傅 後村集 74/13b

祖母宋氏 故祖母宜人宋氏特贈鍵爲郡夫人 後村集 74/14a

父楊端仲 故父任武德郎已贈正議大夫端仲特贈太子少師 後村集 74/14a

母史氏 故母淑人史氏贈清江郡夫人 後村集 74/14b

妻孫氏 故妻淑人孫氏特贈高平郡夫人 後村集 74/15a

妻孫氏 今妻淑人孫氏特封信安郡夫人 後村集 74/15b

宣奉大夫楊棟特授資政殿學士知建寧府制 碧梧集 6/1b

端明殿學士正奉大夫簽書樞密院事兼權參知政事兼太子賓客楊棟宣奉大夫加恩制 碧梧集 6/4b

楊棟該遇明堂大禮加恩制 碧梧集 6/6b

曾祖楊光廷 同知樞密院楊棟曾祖已贈太子太保光廷特贈少保制 碧梧集 6/7a

曾祖母程氏 曾祖母歷陽郡夫人程氏特贈和國夫人制 碧梧集 6/7b

曾祖母程氏 又曾祖母歷陽郡夫人程氏贈和國夫人制 碧梧集 6/8a

祖楊知章 祖已贈太子太傅知章特贈太傅制 碧梧集 6/8b

祖母宋氏 祖母和政郡夫人宋氏贈惠國夫人制 碧梧集 6/8b

父楊端仲 父已贈太子太師端仲特贈少師制 碧梧集 6/9a

母史氏 母琅邪郡夫人史氏贈通國夫人制 碧梧集 6/9b

母朱氏 母博平郡夫人朱氏贈義國夫人制 碧梧集 6/10a

妻孫氏 故妻信安郡夫人孫氏特贈吳興郡夫人制 碧梧集 6/10a

妻孫氏 今妻通義郡夫人孫氏特封同安郡夫人制 碧梧集 6/10b

~ 極

楊極可太子中舍人制 文恭集 13/6b

~ 軺

入內供備庫副使楊畋可入內侍省西京左藏庫副使制 摘文集 6/4a

入內內殿承制楊畋可轉一官制 摘文集 7/7a

～厦

楊厦補成忠郎 益文忠集 94/12b 益公集 94/29b

～朝南

文林郎楊朝南盤賞循儒林郎 俊村集 71/7b

～ 雄

楊雄贈忠翊郎制 四庫拾遺 335/翰林集

～雄勳

成忠郎楊雄勳該修製奉工德壽宮册寶賞一官 益國文忠集 94/5b 益公集 97/87a

～ 揆

太子洗馬致仕楊揆可殿中丞致仕仍如騎都尉 韓南陽集 16/8a

楊揆降官 張華陽集 7/9b

楊揆除權刑部侍郎 海陵集 17/2b

～景芬

河北都轉運使楊倩姪孫景芬可試秘書省校書郎制 元憲集 26/5b

～景雄

楊景雄轉右朝請郎 益國文忠集 95/4b 益公集 97/81a

～景道

故工部侍郎致仕楊倩親孫景道可守將作監主簿制 文恭集 19/6a

～ 貴

楊貴等轉官制 盤洲集 24/7b

內殿崇班楊貴可內殿承制 宋文鑑 39/10b

～舜卿

皇后閤提舉官武功大夫帶御器械楊舜卿轉觀察使 止齋集 11/2b

武功大夫明州觀察使帶御器械楊舜卿除入內內侍省押班 止齋集 11/5a

入內內侍省押班楊舜卿除入內內侍省副都知 止齋集 12/4a

武功大夫明州觀察使入內侍省押班楊舜卿職事不謹降一官 止齋集 12/3b

楊舜卿復 止齋集 12/4a

～進果

楊承男進果與補右侍禁 摘文集 5/12a

～進穩

楊承男進穩與補三班奉職制 摘文集 5/12a

～ 傑

權知潤州朝散郎楊傑可兩浙提刑制 彭城集 19/16a

楊傑知潤州 樂城集 27/1a

～ 傑

楊傑降武翼郎制 東窗集 12/22b

～ 阜

楊阜爲敵人入侵順昌係在城守禦者轉一官資制 紫微集 12/5b

～ 異

前著作佐郎楊異可舊官 咸平集 29/3b

～幾道

奉職楊幾道可轉一官制 摘文集 3/5a

～ 隆

東頭供奉官楊隆轉兩官制 摘文集 7/4a

～ 源

楊源轉一官 止齋集 18/7b

～ 遂

父楊進 侍衛親軍馬軍都虞侯楊遂父制

蘇魏公集 35/12b

母戴氏 楊遂母 蘇魏公集 35/12b

妻范氏 楊遂妻 蘇魏公集 35/13a

曾祖楊詠 楊遂曾祖詠贈太子少保制

王魏公集 2/15a

曾祖母劉氏 曾祖母劉氏追封昌化郡太夫人制 王魏公集 2/15a

祖楊德 祖德皇不仕可贈太子少傅制

王魏公集 2/15a

祖母袁氏 祖母袁氏追封齊安郡太夫人制 王魏公集 2/15b

父楊進 父進贈左武衛上將軍可贈太子太保制 王魏公集 2/15b

母戴氏 母戴氏進封咸寧郡太君可進封安康郡太夫人制 王魏公集 2/15b

妻范氏 妻范氏進封安定郡君可進封普寧郡夫人制 王魏公集 2/16a

故殿前副都指揮使常遠軍節度使楊遂可特贈侍中制 王魏公集 3/5a 宋詔令集 221/850

楊遂依前殿前副都指揮使常遠軍節度使加恩制 宋詔令集 101/372

楊遂寧遠軍節度使殿前副都指揮使制 宋詔令集 101/372

故殿前副都指揮使寧遠軍節度楊遂贈侍中

制　宋詔令集 221/850

～煜禮

楊煜禮監察御史制　大詔集 1/14b

～　福

楊福授成忠郎制　四庫拾遺 341/鶴林集

～福興

楊福興降授從義郎制　四庫拾遺 331/鶴林集

～　椿

楊椿兼侍講　海陵集 14/1a
楊椿除給事中　海陵集 15/8a
楊椿磨勘轉左朝奉郎　海陵集 19/7b

～　槆

楊槆贈武經郎制　平齋集 22/6b

～虞仲

新知潼川府楊虞仲直秘閣知婺州　宋本攻
媿集 35/16a　攻媿集 39/14b

～　業

楊業贈太尉大同軍節度使制　宋詔令集 220/
844

～　萬

瓦亭戰功人等轉官武功大夫楊萬特轉右武
大夫　益國文忠集 95/15a　益公集 97/80b

～萬里

朝散郎楊萬里轉朝請郎制　北海集 5/12b
楊萬里國子博士告詞　范成大佚著/84　誠齋集
133/1a

楊萬里太常博士告詞　范成大佚著/85　誠齋集
133/1b

太常丞告詞　誠齋集 133/1b
將作少監告詞　誠齋集 133/2a
廣東提舉告詞　誠齋集 133/2b
廣東提刑告詞　誠齋集 133/3a
直秘閣告詞　誠齋集 133/3b　蜀文輯存 65/14a
吏部員外郎告詞　誠齋集 133/4a
吏部郎中告詞　誠齋集 133/4b
檢詳告詞　誠齋集 133/5a
朝請郎告詞　誠齋集 133/5b
右司郎中告詞　誠齋集 133/6a
左司郎中告詞　誠齋集
秘書少監告詞　誠齋集 133/7a
朝散大夫告詞　誠齋集 133/7b
再復直秘閣告詞　誠齋集 133/7b
朝議大夫告詞　誠齋集 133/8a
秘書監告詞　誠齋集 133/8b

中奉大夫告詞　誠齋集 133/9a
江東運副告詞　誠齋集 133/9b
知贛州告詞　誠齋集 133/10a
秘閣修撰宮觀告詞　誠齋集 133/10b　宋本攻媿
集 31/13b　攻媿集 35/13a
中大夫告詞　誠齋集 133/11a
煥章閣待制告詞　誠齋集 133/11b
進封吉水縣開國子食邑五百戶告詞　誠齋
集 133/12a
太中大夫告詞　誠齋集 133/13a
通議大夫寶文閣待制致仕告詞　誠齋集 133/
13b
吉水縣伯告詞　誠齋集 133/14a
寶謨閣直學士告詞　誠齋集 133/14b
廬陵郡侯告詞　誠齋集 133/15a
寶謨閣學士告詞　誠齋集 133/16a
贈光祿大夫告詞　誠齋集 133/16b
謚文節公告議　誠齋集 133/19a
楊萬里知贛州告詞　蜀文輯存 71/15b

～　愈

奏舉人前權河中府觀察判官楊愈可太子中
允制　蔡忠惠集 10/13a

～　傅

丁夏人前寧州司戶參軍楊傅可特免持服充
忠武軍節度推官同管勾鄜延路機宜文字
蘇魏公集 30/10b

～　經

中書門下省檢正楊經太府卿四川總領　宋
本攻媿集 31/19a　攻媿集 35/18b
四川總領楊經直寶文閣提舉四川茶馬　宋
本攻媿集 33/10b　攻媿集 37/10a

～　寧

利州路轉運使司封郎中楊寧可太常少卿差
遣如故　韓南陽集 17/7b
舊城裏左廂居養院提轄使臣左班殿直楊寧
可轉一官制　擁文集 7/2a

～　察

楊察可龍圖閣學士制　文恭集 16/2a
翰林學士禮部侍郎知制誥楊察加勳邑制
華陽集 26/13a
翰林學士知開封府楊察可權三司使制　華
陽集 29/7b

～　端

入內文思副使楊端可轉一官制　擁文集 7/5a

~榮顯

內侍楊榮顯除御帶轉歸吏部制　後樂集 1/24b

~ 頊

楊頊農少兼左司　後村集 63/6a

楊頊寶章閣依舊游西提舉　後村集 64/6b

楊頊太常少卿　後村集 64/10b

楊頊除權户部侍郎　後村集 75/13b

楊頊除右文殿修撰知寧國府　後村集 75/14a

~壽隆

楊壽隆轉右文林郎制　楠溪集 4/28a

~ 輔

降授敷文閣直學士通議大夫知潼川軍府事兼管內勸農使兼提舉潼川府果渠州懷安廣安軍兵馬巡檢盜賊公事小溪縣開國子食邑五百户楊輔依前官特授知成都軍府事兼管內勸農使充成都府路兵馬都鈐轄兼本路安撫使封如故制　後樂集 2/27a

~ 願

楊願除中書舍人誥　摘文集 29/3a

楊願除起居舍人制　東窗集 7/3a

楊願除給事中制　楠溪集 5/24b

楊願知建康府　海陵集 13/8a

資政殿學士楊願以本官職致仕　海陵集 20/1a

~ 愷

守監簿楊愷可太祝奉禮郎制　蔡忠惠集 10/2b

將作監主簿楊愷可太常博士制　華陽集 27/6a

~鳳孫

楊鳳孫換授福州觀察使知閤門事制　鶴林集 8/5b

楊鳳孫授中大夫　鶴林集 8/6a

~ 適

監進奏院楊適降一官　苕溪集 38/4a

~慶祖

楊慶祖循資制　于湖集 19/13b

~震仲

楊震仲直閣致仕　育德堂外制 2/9a

~ 夔

楊夔降授通直郎制　四庫拾遺 388/翰林集

~餘懋

陵州團練使楊餘懋可果州防禦使制　華陽集 30/13b

~ 儀

秘書丞充集賢校理楊儀磨勘改官制　歐陽文忠集 81/1b

將仕郎守秘書丞楊儀可祠部員外郎制　華陽集 27/8b

~ 德

大通城知城供奉官楊德特與轉一資特更與減一年磨勘制　摘文集 6/10a

~履正

兵部員外郎成都運判楊履正除軍器監兼四川宣撫判官成都府路轉運判官制　東澗集 6/11a

~ 緯

楊緯引嫌改知閩州　止齋集 18/8a

~蕃孫

楊蕃孫授朝奉大夫制　鶴林集 8/6a

楊蕃孫特授保康軍節度使提舉佑神觀免奉朝請進封淳安郡開國侯加食邑食實封制　後村集 54/12a

~ 興

楊興於准寧府沿河與金人鐵騎數百騎鏖敵退走其楊興雖左臂中六箭入骨猶堅力向前立不退却委是出力轉武翼郎兼閤門宣贊舍人制　紫微集 17/8b

~ 綺

楊綺除太杜令　後村集 71/4a

~ 勳

楊勳爲隨張浚至川陝道塗萬里備見忠勤轉成忠郎換給制　紫微集 17/4a

~ 遜

楊遜特改右宣教郎制　東窗集 12/26b

~ 選

楊選轉行右武大夫　張華陽集 4/2b

~ 濟

楊濟潼川運判　育德堂外制 5/11a

~應詢

東上閤門使楊應詢可轉一官制　摘文集 8/1b

~應誠

楊應誠落致仕差充提舉京城四壁檢察諸門兼節制軍馬司參議官　苕溪集 38/2b

楊應誠除樞密副都承旨　張華陽集 6/8b

~應龍

秉義郎楊應龍奉人使到關一十番轉一官　宋本攻媿集 30/18a　攻媿集 34/16b

~ 璟

楊璟除籍田令制 平齋集 17/24a

楊璟除太府寺簿 平齋集 23/11b

~ 棃

楊棃轉一官 西垣集 2/9b

~畢直

楊畢直循一資 筠溪集 4/18b

~ 邁

楊邁知變州 若溪集 46/4a

~ 邁

贈寶文閣直學士楊邁特贈龍圖閣學士制 平齋集 17/7b

~ 種

楊種直秘閣 斐然集 12/20b

~ 翼

歸順人楊翼補承信郎制 平齋集 17/18b

~ 贊

楊贊可衛尉寺丞致仕制 文恭集 20/7a

~ 簡

知饒州樂平縣楊簡除國子博士制 文莊集 2/4a 止齋集 17/7a

~歸一

尉中丞楊歸一可國子博士制 元憲集 24/4b

~ 繪

朝散大夫天章閣待制楊繪可知杭州制 彭城集 21/12b

尚書禮部郎中分司南京楊繪可落分司朝奉大夫提舉江洲太平觀制 王魏公集 3/11b

楊繪知徐州 蘇東坡全集/外制上/14b 宋文鑑 39/15a

~瑊寶

楊瑊寶知咸平 樂城集 30/7b

~繼動

原標成忠郎楊繼動該修製奉上德壽宮册寶賞名轉一官 益國文忠集 94/5b 益公集 97/87a

~ 鐸

親屬楊鐸爲周漢國公主遺表轉一官 後村集 71/9a

~ 鑄

楊鑄除太社令 後村集 65/1b

~ 鑑

親屬楊鑑爲周漢國公主遺表轉一官 後村集 71/9a

~ 顯

楊顯贈承信郎制 四庫拾遺 334/鶴林集

~ 綸

親屬楊綸爲周漢國公主遺表轉一官 後村集 71/9a

~ 續

楊續授朝請郎制 鶴林集 8/6a

楊續太社令 後村集 61/7a

~ 氏

皇太后殿楊氏可掌記 蘇魏公集 34/10a

~ 氏

太皇太后殿楊氏夫人進職制 彭城集 22/15a

~ 氏

宮人掌綠楊氏可司樂制 攈文集 9/1b

~ 氏一娘：賜名從信

尚食直筆楊一娘賜名從信特除知內尚書省事 程北山集 26/14a

~ 氏二奴

紅霞帔楊二奴轉掌閤 張華陽集 8/9b

~ 氏從慧

楊從慧授二字夫人 育德堂外制 3/9b

~ 氏音

奏書樞密院事楊棟乞以特轉一官回贈故姊楊氏音贈安人 後村集 71/13a

~ 氏

尚儀楊氏可封郡夫人制 宋詔令集 22/110

~ 氏

藩邸故知宮楊氏可特贈尚宮制 宋詔令集 24/119

~ 氏

宮人楊氏可贈燕魏國夫人制 宋詔令集 24/120

塔達克

故三班借職紀育男塔達克與三班借職制仍賜名紹 攈文集 8/7a

賈子謐

賈子謐知成都府制 東澗集 6/9a

~文君

賈文君降官 劉給諫集 2/13a

~太沖

奏舉人前韶州樂昌縣令賈太沖可大理寺丞武溪集 11/12b

～公直

范仲淹親外孫賈公直試將作監主簿制　蔡忠惠集 9/17a

～公述

大理寺太祝賈公述可舊官服闕　蘇魏公集 34/5a

～守文

太子中舍知信州上饒縣事賈守文可殿中丞制　文莊集 2/11b

～安宅

賈安宅落致仕除吏部侍郎制　毘陵集 8/4a

～忱

殿中丞賈忱可國子博士　蘇魏公集 31/5a

～忱

儒林郎御史臺副引贊官賈忱應奉上尊號册寶了畢轉承直郎　止齋集 14/4a

～秀

文思副使賈秀可右騏驥副使　蘇魏公集 34/7a

～佑

賈佑贈忠翊郎制　四庫拾遺 336/翰林集

～似道

賈似道軍器監丞制　平齋集 17/20b

賈似道特轉奉議郎制　平齋集 17/23b

賈似道收换湖會轉官制　樓鑰集 7/7a

賈似道依前太傅右丞相兼樞密使加食邑制　碧梧 3/6a

太傅右丞相府家廟祭器等款識　後村集 53/13a

依前太傅右丞相兼樞密使兼太子少師魯國公加食邑千户食實封四百户制　後村集 54/11a

賈似道依前太傅右丞相兼樞密使兼太子少師魯國公加食邑一千户食實封四百户制　後村集 54/19a

太保右丞相兼樞密使兼太子少卿賈似道封贈三代

曾祖賈嗣業　故曾祖太師魯國公嗣業追封魯國公　後村集 72/5a

曾祖母於氏　故曾祖母魯國夫人於氏贈魯國夫人　後村集 72/5b

曾祖母於氏　故曾祖母魯國夫人於氏贈□國夫人　後村集 72/6a

祖賈偉　故祖太師越國公偉追封越國公　後村集 72/6b

祖母於氏　故祖母越國夫人於氏贈越國夫人　後村集 72/7a

祖母陸氏　賈似道故祖母越國夫人陸氏贈越國夫人　後村集 72/7b

父賈涉　故父太師魏國公涉特進封魏郡王　後村集 72/8a

母史氏　故母魏國夫人史氏特贈魏韓國夫人　後村集 72/8b

母胡氏　生母秦國夫人胡氏特封秦齊國夫人　後村集 72/9a

妻秦氏　故妻華國夫人秦氏特贈楚國夫人　後村集 72/9b

太傅右丞相兼樞密使兼太子少師魯國公賈似道贈高祖

高祖賈某　故高祖進士某贈太師　後村集 75/4b

高祖母某氏　高祖母某氏贈衛國夫人　後村集 75/5a

～君文

賈君文河北路提刑兼保甲制　翟忠惠集 2/6a

賈君文提點刑獄兼保甲制　翟忠惠集 2/6a

～青

賈青太府少卿制　元豐稿 20/8a

尚書庫部員外郎權發遣福建轉運使公事兼提舉本路鹽事賈青可尚書祠部郎中制　王魏公集 3/4a

～直清

賈直清江東提刑　歸愚集 7/4b

賈直清除江西提刑　海陵集 17/8a

～叔願

賈叔願爲院慶等結集作過措置頗有勞效循一資制　紫微集 13/7b

～昌朝

觀文殿學士尚書右僕射賈昌朝三代封贈制曾祖賈緯　曾祖緯贈太傅可贈太師制　文恭集 21/6b

曾祖母栗氏　曾祖母魯國太夫人栗氏可追封燕國太夫人制　文恭集 21/7a

曾祖母崔氏　曾祖母崔氏可追封秦國太夫人制　文恭集 21/7b

祖賈璉　祖璉贈太師可特贈中書令制　文恭集 21/8a

祖母胡氏　祖母胡氏可追封魏國太夫人制　文恭集 21/9a

父賈注　父注贈太師中書令特贈兼尚書令　文恭集 21/9b

除賈昌朝特授依前檢校太師同中書門下平章事山南東道節度使進封許國公加食邑實封制　文恭集 23/7b

除賈昌朝行尚書右僕射依前檢校太師兼侍中充景靈宮使充鎭安軍節度使加食邑實封仍改賜功臣制　文恭集 23/8b

除賈昌朝依前檢校太師同中書門下平章事安國公充山南東道節度使加食邑實封改賜功臣制　文恭集 23/9b

賈昌朝加食邑實封功臣制　景文集 31/17b

曾祖母栗氏　山南東道節度使同中書門下平章事賈昌朝曾祖母栗氏可封韓國太夫人制　蔡忠惠集 12/14b

賈昌朝授依前右僕射檢校太師兼侍中充保平軍節度使許國公加食邑實封功臣制　華陽集 25/19a

賈昌朝授依前檢校太師行尚書右僕射保平軍節度使判大名府兼北京留守司事加食邑實封制　華陽集 25/19b

賈昌朝授依前左僕射兼侍中鳳翔節度使進封魏國公加食邑實封制　華陽集 25/20b

賈昌朝授依前尚書左僕射充觀文殿大學士判尚書都省加食邑實封制　華陽集 25/21b

賈昌朝拜集賢相制　宋詔令集 54/275

賈昌朝拜昭文相制　宋詔令集 54/275

賈昌朝罷相判大名府制　宋詔令集 67/328

~ 昌衡

賈昌衡知鄧州制　元豐稿 22/3a

通議大夫賈昌衡正議大夫致仕制　曲阜集 3/4a　宋文鑑 40/12a

~ 易

太常丞賈易可祠部郎中制　彭城集 19/8b

兵部員外郎賈易可右司諫制　彭城集 23/9b

~ 明道

賈明道都大坑冶　後村集 64/7a

~ 和仲

賈和仲轉三官清河口皂角林立功官兵　益國文忠集 98/2a　益公集 97/93a

~ 若谷

賈若谷成都運副　斐然集 12/27b

~ 若思

賈若思主客郎官　鴻慶集 24/6b　孫尚書集 26/9b

~ 思誠

賈思誠除都大主管川陝茶馬制　東窗集 13/16b

賈思誠除變州路轉運判官制　東窗集 13/17b

~ 信

何九章爲妻父賈信與董先賊兵關敵身死得兩資恩澤內將一資與次男僧奴其僧奴未曾承受間身死乞改正補承信郎換給　紫微集 19/12a

~ 俊

賈俊降承節郎制　東窗集 12/23a

~ 祥

母某氏　遼山縣令賈祥母年九十一歲封縣君　蘇魏公集 34/16b

皇城使賈祥可開州刺史依舊皇城使制　摘文集 6/2a

宣政使深州防禦使賈祥可使額上轉行一官制　摘文集 7/8a

~ 真

虎翼左第二軍第一指揮軍都指揮使成州刺史賈真可右領軍衛將軍致仕制　淨德集 9/1b

~ 師雄

勅停人賈師雄可如京使制　鄖溪集 4/3b

~ 章

賈章可加騎都尉制　文恭集 17/8a

~ 惇詩

賈惇詩直秘閣制　大隱集 1/11b

~ 貫道

賈貫道贈大中大夫寶章待制　後村集 66/11b

~ 堯民

賈堯民換給右通直郎制　東窗集 9/9b

賈堯民降官　脩愚集 7/5b

~ 逵

侍衛親軍馬軍副都指揮使起復雲麾將軍賈逵可金紫光祿大夫利州管內觀察使侍衛親軍馬軍副都指揮使　韓南陽集 17/15b

殿前都慶候利州觀察使賈逵依前官充侍衛親軍步軍副指揮使制　臨川集 52/15b

賈逵建武節度殿前副都指揮使制　宋詔令集 101/372

~ 進

賈進賊黨自首補承信郎　苕溪集 34/3b

～ 說

閤門看班祇候可轉一官並罷閤門看班祇候制　摘文集 5/11b

～ 義

賈義贈兩官與一子父職名　紫微集 19/21a

～嗣明

賈嗣明授修武郎制　四庫拾遺 330/鶴林集

～ 蒙

入內內侍省官賈蒙特轉一官制　摘文集 7/5a

～種民

朝奉郎賈種民可知濮州制　彭城集 21/10a

賈種民知漢陽軍　蘇東坡全集/外制中/12a

賈種民知通利軍　蘇東坡全集/外制中/17b

賈種民知軍通判制　宋詔令集 206/771

～僧奴

何九章爲妻父賈信與董先賊兵鬪敵身死得兩資恩澤內將一資與次男僧奴其僧奴未曾承受間身死乞改正補承信郎換給　紫微集 19/12a

～德生

賈德生除祕閣修撰　後村集 66/5b

妻趙氏　賈德生妻趙氏封吳興郡主　後村集 66/6a

～德明

賈德明可樞密承旨帶南班小將軍制　文恁集 17/7a

樞密院賈德明可都承旨制　蔡忠惠集 9/22b

樞密承旨賈德明並五房副承旨等加勳邑制　華陽集 28/4a

～德潤

賈德潤除直祕閣　後村集 66/6a

～ 諄

西頭供奉官賈諄可特授宣義郎　四庫拾遺 602/摘文堂集

～蕃世

妻趙氏　賈蕃世妻趙氏封宜人　後村集 66/6b

～ 選

前隨州録事參事賈選可灊州別駕致仕　蘇魏公集 29/11a

～ 選

賈選大理評事制　盤洲集 22/3a

在外大中大夫以上任官觀該罷恩轉官太中大夫數文閣待制賈選　宋本攻媿集 37/2a

攻媿集 41/2a

～ 驪

給事中權御史中丞賈驪可依前官充翰林侍讀學士知陳州　韓南陽集 16/3b

翰林學士知制誥賈驪轉官加勳邑制　臨川集 49/11a

～ 讓

賈讓換觀察使制　大隱集 3/11a

賈讓致仕轉官制　東牟集 7/28a

裘多見

應辨中官册寶裘多見轉一官制　東窗集 8/16b

慎 晃

奏舉人前南安軍録事參軍慎晃可大理寺丞制　元憲集 23/8a

～ 鐸

前保信軍節度推官慎鐸可太子中舍致仕　西溪集 5(三沈集 2/16b)

虞方簡

虞方簡降授通奉大夫　鶴林集 9/9b

～允文

虞允文端明殿學士同簽書樞密院事制　盤洲集 20/6a

父虞祺　虞允文父祺太子大師制　盤洲集 23/3a

虞允文同知樞密院事兼權參知政事制　盤洲集 23/8a

除虞允文特授樞密使加食邑實封餘如故制　文定集 8/1a

德壽宮加尊號禮畢右相虞允文轉兩官封成國公加食邑實封制　益國文忠集 102/6a　益公集 102/60a

虞允文轉官除左丞相制　益國文忠集 102/9b　益公集 102/64b

虞允文慶壽加尊號轉官　益國文忠集 112/4b　益公集 112/114b

～ 弓

虞弓降受文林郎制　四庫拾遺 378/鶴林集

～孝先

虞孝先特轉一官授朝奉大夫制　平齋集 21/13b

～似良

主管官告院虞似良除大理寺丞主管右治獄　益國文忠集 100/5b　益公集 100/145a

~ 宏

虞宏太學博士　後村集 64/17a

~ 奕

承議郎虞奕除監察御史制　翟忠惠集 3/12b

~ 處

虞處太常簿　後村集 66/15a

虞處除監察御史兼崇政殿說書　後村集 67/17a

~ 普

虞普除直寶章閣知變州主管安撫司公事兼運判制　東澗集 6/11b

~ 祺

虞祺除變州路轉運判官制　東窗集 8/3b

~ 策

朝散郎虞策可荊湖西路轉運判官制　彭城集 22/20a

虞策特落權字制　道鄉集 18/6b

樞密直學士知成都府虞策降充龍圖閣直學士制　攻文集 3/11b

~ 復

虞復除籍田令制　蒙齋集 8/13b

~ 肇

虞肇知鼎州　樂城集 27/2a

~ 湊

虞湊除史部郎官　張華陽集 3/7b

虞湊除左司　張華陽集 4/5b

虞湊除檢正　張華陽集 8/5b

~ 僑

虞僑知湖州　止齋集 18/9a

~ 衡

虞衡除大理寺正制　平齋集 18/15a

虞衡授户部郎中制　鶴林集 6/17a

業秀發

業秀發授考功屯田郎制　梅壑集 6/16a

~ 温叟

業温叟度支郎中　樂城集 28/9a

葉大有

葉大有上遺表贈通奉大夫　後村集 65/16b

~ 大廉

中大夫告詞紹熙五年十月八日　誠齋集 733/11a

~ 元英

太學上舍生葉元英賜釋褐出身　止齋集 18/2a

~ 吉特

蕃官皇城副使葉吉特可贈三品制　攻文集 7/17b

~ 光

葉光充準備差遣　苕溪集 41/1b

~ 份

葉份户部侍郎制　大隱集 1/21a

葉份致仕轉官制　東牟集 7/29b

~ 均

葉均可大理寺丞制　蔡忠惠集 10/1b

朝請大夫直龍圖閣葉均可太府卿制　彭城集 19/19a

~ 均

右奉直大夫葉灼男迪功郎葉均獻錢一萬二千貫循右文林郎　益國文忠集 94/13a　益公集 97/88b

~ 伸

兩浙運判葉伸可權發遣轉運副使　彭城集 19/13a

~ 劻

尚書庫部員外郎葉劻爲鴻臚寺少卿　劉給諫集 2/9a　翟忠惠集 3/18b

~ 宗魯

葉宗魯太常寺主簿制　尊白堂集 5/28a

~ 宗諤

葉宗諤江西運使　筠溪集 4/6a

~ 武子

葉武子辭免召命特落致仕除直秘閣主管華州雲臺觀制　平齋集 19/9b

~ 直清

葉直清降授文林郎制　四庫拾遺 375/鶴林集

~ 味道

太學博士葉味道除秘書郎仍兼崇政殿說書制　平齋集 17/3b

葉味道著作佐郎兼權屯田郎官並仍兼崇政殿說書制　平齋集 20/7b

著作左郎兼權屯田兼崇政殿說書葉味道特授朝奉郎致仕制　鶴林集 9/15a

葉味道授承議郎制　四庫拾遺 385/鶴林集

~ 明

葉明降授迪功郎制 四庫拾遺 315/翰林集

~ 芾

葉芾授武德郎制 四庫拾遺 331/翰林集

~ 彥晰

葉彥晰叙復朝奉大夫 後村集 62/4a

~ 祖治

鄉貢進士葉祖治可大理評事簽書奉國軍節度判官廳公事 蘇魏公集 32/2b

兵部郎中葉祖治可禮部郎中制 彭城集 19/7b

朝奉郎兵部員外葉祖治可兵部郎中制 彭城集 20/10b

葉祖治降授集賢殿修撰提舉沖祐觀制 宋詔令集 212/803

~ 俊

葉俊授郴州團練使充觀從親事官都指揮使制 翰林集 9/1b

~ 宰

葉宰直華文閣知泉州制 平齋集 20/17a

~ 庭珪

葉庭珪除大理寺丞制 東窗集 9/2b

葉庭珪除太常寺丞制 東窗集 9/19a

~ 唐稽

葉唐稽可宣德郎差遣如故制 彭城集 23/2a

~ 夏卿

前江西安撫使司主管機宜文字葉夏卿除直秘閣知饒州 程北山集 26/12a

~ 時

葉時試右諫議大夫 育德堂外制 2/3a

葉時授朝散大夫 育德堂外制 5/2b

~ 時中

指使將仕郎葉時中回程轉一官 止齋集 11/9a

~ 紓

尚書屯田郎中諸王宮記室葉紓可都官郎中 蘇魏公集 31/2b

~ 康直

新知河中府葉康直可知秦州制 彭城集 21/4b

陝西轉運副使葉康直可直龍圖閣知河中府制 彭城集 23/11a

朝請郎權發遣陝西運副葉康直可朝奉大夫再任 宋文鑑 39/11a

~ 康弱

葉康弱知劍州 樂城集 27/14b

~ 莫

葉莫除右司郎中制 東澗集 4/22a

宮觀葉莫除權發遣贛州提舉南安南雄汀州兵甲制 平齋集 18/10a

葉莫除吏部郎中制 蒙齋集 9/12a

~ 寬

葉寬太學博士 後村集 66/15b

葉寬除國子監丞 後村集 71/5b

~ 植

葉植改合入官開封府撥 鴻慶集 25/6a 孫尚書集 25/9a

~ 源

承議郎提舉京幾學事葉源改兩浙學事 劉給諫集 2/7b

~ 實

葉實因搜訪進書特補迪功郎制 四庫拾遺 314/翰林集

~ 義問

葉義問除殿中侍御史 海陵集 14/7a

葉義問除侍御史 海陵集 15/3b

~ 煥

朝散大夫充徽猷閣待制知鎮江府充兩浙西路安撫使葉煥降授朝散郎制 北海集 3/9b

葉煥可落職提舉毫州明道宮制 北海集 3/10a

父葉某 右中大夫充徽猷閣待制葉煥父某贈少保制 東窗集 7/23a

母陳氏 陳氏贈慶國夫人制 東窗集 7/23b

繼母江氏 母江氏贈廣國夫人制 東窗集 7/23b

葉煥落職宮觀 張華陽集 2/8b

葉煥待制知鎮江府制 大隱集 2/16a

葉煥復集英殿修撰制 東牟集 7/10a

葉煥復待制 斐然集 13/17b

~ 葵

葉葵授修職郎 育德堂外制 5/14b

~ 漯

葉漯閣門舍人 育德堂外制 1/11b

~ 壽昌

葉壽昌降授從事郎制 四庫拾遺 291/翰林集

~ 嘉

知太平州葉嘉知婺州 宋本攻媿集 32/21b 攻

媼集 36/20b

知婺州葉嘉知紹興府　宋本攻媼集 36/1a 攻媼集 40/1a

在外大中大夫以上官知州府該罃恩轉官顯謨閣學士中大夫知紹興府葉嘉　宋本攻媼集 36/21b 攻媼集 40/20b

葉嘉贈少保　育德堂外制 5/8b

～夢得

知杭州葉夢得復舊職制　浮溪集 10/5a 浮溪集/附拾遺 10/116

知杭州葉夢得落職制　浮溪集 12/6a 浮溪集/附拾遺 12/140 鴻慶集 25/12b 孫尚書集 27/5b

祖父葉義曼　觀文殿大學士左太中大夫知福州軍州事葉夢得故祖義曼追封福國公制　東窗集 7/9b

祖母劉氏　祖母劉氏贈韓國夫人制　東窗集 7/10a

祖母謝氏　祖母謝氏贈周國夫人制　東窗集 7/10b

父葉助　故父助贈太傅制　東窗集 7/11a

母柿氏　故母柿氏贈鎮國夫人制　東窗集 7/11b

葉夢得除尚書左丞制　毗陵集 8/1b

葉夢得除知洪州制　毗陵集 8/3b

葉夢得贈官　海陵集 20/6a

～夢得

葉夢得授宗學博士制　樓坧集 7/3a

～夢鼎

葉夢鼎磨勘轉太中大夫　後村集 65/13b

葉夢鼎制兵部尚書兼職依舊　後村集 68/1a

葉夢鼎授秘書郎制　樓坧集 7/1a

同知樞密院事葉夢鼎除參知政事制　碧梧集 3/7b

銀青光祿大夫參知政事葉夢鼎特授資政殿學士知慶元軍府事兼沿海制置使制　碧梧集 5/10a

葉夢鼎該遇明堂大禮加恩制　碧梧集 7/10a

葉夢鼎特授充禮泉觀使兼侍讀依前少傅觀文殿大學士信國公加食邑食實封如故制　四明文獻集 4/17b

～綱

著作左郎葉綱可秘書丞　武溪集 10/13a

～適

葉適寶謨閣待制知建康府兼沿江制置使制　毗陵集 8/1a

國子司業葉適除太府卿淮東總領　止齋集 18/7b

浙西提刑葉適吏部員外郎　宋本攻媼集 34/4a 攻媼集 38/3b

吏部郎官葉適國子司業　宋本攻媼集 36/6b 攻媼集 40/6b

葉適授朝議大夫　育德堂外制 2/13b

～廱

葉廱除國子博士　平齋集 18/21a

葉廱除宗學博士制　平齋集 20/20b

葉廱除宗正丞制　蒙齋集 8/11a

～默

葉默江東淮南運副制　翠忠惠集 2/7a

～衡

起復新知盧州葉衡可敷文閣待制樞密都承旨制　范成大佚著/90

葉衡罷右丞相除知建寧府制　益國文忠集 102/11b 益公集 102/66b

葉衡進玉牒轉官加恩制　玉堂稿 2/9a

～濤

試太學正葉濤可瀛州防禦推官制　彭城集 19/20b

中書舍人葉濤贈徵猷閣待制制　浮溪集 10/12a 浮溪集/附拾遺 10/121

葉濤罷中書舍人依前官知光州制　宋紹令集 209/786

葉濤太學正　樂城集 28/15a

～謙亨

葉謙亨除浙西提刑制　于湖集 19/8a

～應輔

太學博士葉應輔除國子博士仍兼景獻太子府教授制　平齋集 17/6b

葉應輔授奉議郎制　四庫拾遺 391/翰林集

～顯

葉顯磨勘制　盤洲集 24/9b

葉顯除司農寺丞　海陵集 15/8b

～賁

葉賁江東提刑　育德堂外制 5/10a

～簣

葉簣兩浙運副制　尊白堂集 5/2a

～籛

葉籛叙朝散郎　育德堂外制 1/15a

葉籛落直寶文閣罷淮南轉運制　後樂集 2/8b

降授朝奉郎淮南西路轉運判官提領營田兼

提领措置屯田專一措置提督修城賜緋魚袋葉籛依前官特授復直寶文閣權江南西路提點刑獄公事兼本路勸農提舉河渠公事借紫誥 後樂集 2/11a

~ 氏

周漢國公主府從人葉氏封恭人 後村集 67/4a

萬 及

職方員外郎萬及轉官制 郎溪集 6/4a

~ 忱

萬忱降授儒林郎 四庫拾遺 363/鶴林集

~ 格

萬格監察御史制 大隱集 1/14a

萬格祠部員外郎制 大隱集 2/3b

~ 訛

環州石昌鎭熟户牛家族巡檢奴訛男萬訛可本族都軍主制 歐陽文忠集 79/6b

~ 超

萬超爲敵人入侵順昌係在城守禦者轉一官資制 紫微集 12/5b

~道同

萬道同除太學錄 後村集 70/11b

~ 禛

萬禛可著作佐郎制 文恭集 12/8b

~ 鍾

權工部侍郎萬種中書舍人制 尊白堂集 5/6a

父萬某 中書舍人萬鍾贈父制 尊白堂集 5/14a

母某氏 贈母制 尊白堂集 5/14b

母某氏 贈所生母制 尊白堂集 5/15a

中書舍人萬鍾兼侍講制 尊白堂集 5/38a

萬鍾司農卿 宋本攻媿集 33/2a 攻媿集 37/2a

中奉大夫萬鍾直龍圖閣守本官致仕 宋本攻媿集 37/3b 攻媿集 41/3b

葛中立

葛中立轉承信郎制 東窗集 10/3b

~立方

葛立方除吏部侍郎 海陵集 16/3a

葛立方除考功員外郎 海陵集 16/7a

葛立方奉使回轉一官 海陵集 18/9b

葛立方磨勘轉左朝散大夫 海陵集 19/8b

~世良

母郭氏 左班殿直葛世良母郭氏可封長安縣太君制 淨德集 9/16a

~ 仙

葛仙身補忠翊郎制 平齋集 22/9a

~次仲

葛次仲度支員外郎 翟忠惠集 3/9a

~仲良

朝請郎知北外都都水丞公事葛仲良可轉一官制 摘文集 7/10a

都水監丞葛仲良爲都水使者 劉給諫集 2/8b

~ 忱

葛忱授閣門宣贊舍人制 鶴林集 8/7a

~宗古

葛宗古可内殿承制制 文恭集 13/1a

諸司使副陝西緣邊都監知州葛宗古轉官制 元憲集 22/7a

~宗晟

六宅副使葛宗晟可轉官制 郎溪集 6/6a

~宗顏

葛宗顏轉右承議郎制 東窗集 13/12b

~ 邲

右丞相葛邲初拜贈三代封妻

曾祖葛書思 曾祖朝奉郎致仕贈太師謐清孝追封魏國公書思封魯國公 止齋集 12/6a

曾祖母侍其氏 曾祖母魏國夫人侍其氏贈冀國夫人 止齋集 12/6b

祖葛勝仲 祖宣奉大夫顯謨閣待致仕丹陽郡開國公贈太師謐文康追封楚國公勝仲封齊國公 止齋集 12/6b

祖母張氏 祖母楚國夫人張氏贈夏國夫人 止齋集 12/7a

父葛立方 父朝議大夫致仕贈太師許國公立方封越國公 止齋集 12/7b

母樊氏 母雍國夫人樊氏贈陳國夫人 止齋集 12/7b

妻沈氏 故妻蜀郡夫人沈氏贈成國夫人 止齋集 12/8a

妻王氏 妻魯郡夫人王氏封信國夫人 止齋集 12/8a

特進觀文殿大學士提舉臨安府洞霄宮廣陵郡開國公食邑五千三百户食實封一千五

百户葛郯明堂加恩加食邑五百户食實封
三百户　止齋集 16/1a
判建康府葛邲改判隆興府　宋本攻媿集 35/14b
攻媿集 39/13b
～　昌
殿中丞知普州葛昌轉國子博士制並磨勘改官
歐陽文忠集 79/14b
～　洪
資政殿大學士葛洪特授提舉萬壽觀兼侍讀
誥　東澗集 3/15a
資政殿學士葛洪明堂加恩制　平齋集 17/14b
葛洪除資政殿大學士提舉洞霄宮制　平齋
集 23/13a
～彥實
葛彥實勅　襄陵集 3/13a
～　宮
太常少卿葛宮可光祿寺卿　西溪集 6(三沈集
2/44a)
～庶幾
太學生充大晟府製撰葛庶幾補迪功郎制
襄陵集 1/3b
～　逢
葛逢除著作郎　平齋集 22/17b
葛逢除都官郎官制　蒙齋集 8/7b
～　善
葛善降官制　東牟集 8/9a
～勝仲
葛勝仲復顯謨閣待制　程北山集 22/9b
葛勝仲磨勘轉左右正奉大夫　苕溪集 44/2b
～　源
葛源可司封員外郎制　文恭集 15/1a
～　覃
侍禁葛覃可轉一官制　摘文集 8/5a
～　頤
晉州襄陵縣尉葛頤單州武成縣令制　臨川
集 52/15a
～　禧
葛禧可國子博士制　文恭集 16/12a
～　霸
葛霸檢校太傅加恩制　宋詔令集 96/353
葛霸特進加恩制　宋詔令集 96/353
～　氏
葛氏封宜人制　鶴林集 10/22b

董士元
董士元降授朝奉郎制　四庫拾遺 397/鶴林集
～士良
董士良轉官制　橫塘集 7/8b
～士廉
永興軍節度推官董士廉可著作左郎制　歐
陽文忠集 80/6b　宋文鑑 37/8a
·友聞
寄資武義大夫果州團練使重華宮祗候董友
聞轉歸吏部　宋本攻媿集 30/9b　攻媿集 34/8b
～公彥
職方員外郎董公彥可屯田郎中制　文恭集
16/11b　蘇魏公集 29/8a
～允仲
知西山保州董允仲可檢校户部尚書制　郎
溪集 3/4a
～　必
朝請郎集賢殿修撰知荊南軍府董必特轉三
官制　摘文集 7/9a
～　玉
故乾州安遠會昌縣巡檢禁董玉特贈禮賓使
制　蔡忠惠集 9/12b
～正封
中大夫直龍圖閣董正封爲集英殿修撰兩浙
轉運使　劉給諫集 2/5a
發運副使集賢殿修撰董正封知蘇州制　翟
忠惠集 2/14a
～　江
董江遂郡刺史制　盤洲集 21/9b
～　安
前江寧府觀察推官試大理評事董安太子中
舍致仕制　臨川集 53/8b
～安仁
父董某　董安仁父贈官　育德堂外制 1/2a
～安禮
董安禮知光州　育德堂外制 1/16a
～有恭
董有恭授武翼郎制　鶴林集 7/20b
董有恭授武德郎制　四庫拾遺 322/鶴林集
～　先
董先除觀察使陝西安撫　張華陽集 2/3b
～仲尹
中書守闕主事董仲尹可中書主事　韓南陽
集 16/9b

詔令一　制詞　臣僚　十三畫　833

~仲永

董仲永贈節度使 育德堂外制 1/4b

~仲言

除名人董仲言可團練副使制 元憲集 20/12b

~仲容

太常寺太祝董仲容可大理評事制 文莊集 2/3b

~汙

董汙可屯田員外郎制 文恭集 15/9a

~宋臣

董宋臣又爲進書轉朝衛大夫 後村集 65/12b

董宋臣修造公主位了畢轉親衛大夫 後村集 65/12b

~言

忠訓郎董言管押馬綱稍留作過特降一官仍依衛替人例施行 苕溪集 44/1b

~孝忠

董孝忠轉官制 道鄕集 16/4a

~宗師

文思副使董宗師可轉一官制 四庫拾遺 603/ 摘文堂集

~京

父董某 南宮縣令董京父年九十一歲可秘書省校書郎 蘇魏公集 34/16b

~昇

董昇白身補忠翊郎制 平齋集 22/9a

~旼

董旼轉行兩官 張華陽集 2/6b

~季舒

董季舒降兩官制 東牟集 8/7b

~洪

父董自修 以明堂恩封官制 平齋集 18/13b

~玠

明州水軍統制下董玠招安到海賊倪德等可補承信郎制 范成大佚著/89

~厚

文思副使董厚與轉一官制 摘文集 7/1a

前内殿承制董厚與轉三官制 摘文集 8/1a

~弁

董弁少常 斐然集 13/20a

董弁右司 斐然集 13/29a

~修古

供備庫副使董修古可轉一官制 摘文集 8/1a

~倪

屯田郎中筠州董儀亡兄倪可贈試大理評事 韓南陽集 17/13b

~耘

饒守董耘降一官 斐然集 2/24a

~致中

嘉王府講尚書徵章官屬諸色祇應人各轉一官資保義郎董政中 宋本攻媿集 30/13b 攻媿集 34/13a

~球

武顯大夫樞密院吏房副承旨董球爲曹涉應得差遣不肯呈行特降一官 益國文忠集 96/13a 益公集 96/68a

~基

廣西轉運使董詢遺表男基可試秘書省校書郎制 郡溪集 6/10b

~惟正

文思副使董惟正可左藏庫副使制 摘文集 6/3b

左藏庫副使董惟正可授禮賓使制 摘文集 6/6b

~逵

董逵徵獻閣待制與郡制 大隱集 2/12b

董逵贈官制 大隱集 3/14b

董逵知信州制 大隱集 2/26b

~將

董將刑部 斐然集 13/19a

~淵

權貨務監官修武郎董淵轉一官 宋本攻媿集 31/26a 攻媿集 35/25a

~珠

供備庫副使董珠轉官制 元豐稿 21/6a

~植

武義大夫董植可落致仕制 浮溪集 10/9b 浮溪集/附拾遺 10/119

翊衛大夫康州防禦使知鄭州董植可轉一官制 北海集 2/7a

右武大夫知鄭州董植可復康州防禦使制 北海集 3/4a

~荣

董荣知嚴州 筠溪集 4/29a

父董逵 徵獻閣待制董荣故父逵可特贈正奉大夫制 紫微集 18/15b

妻李氏 故妻李氏可贈令人制 紫微集

18/16a

~ 貴

董貴轉官遷團練使　張華陽集 2/2a

~舜臣

入內西京左藏庫使董舜臣可入內文思使制

摘文集 6/5a

入內文思使董舜臣可轉一官制　摘文集 7/6b

~舜臣

董舜臣特與轉一官　益公集 97/81a

~ 異

湖北京西制置使吳拱奏立功官兵第三等武功大夫兼閤門宣贊舍人董異轉一官　益國文忠集 95/6a　益公集 94/19a

~ 訥

董訥司農少卿制　元豐稿 20/8a

~ 福

董福贈承信郎與一子父職名係與金人接戰陷歿　紫微集 18/9a

~ 遇

武功大夫馬軍司左軍統領董遇供職滿十年無過犯轉一官與遂郡刺史　益國文忠集 95/3a　益公集 98/109a

~ 經

殿中丞通判秦州董經可國子博士制　元憲集 24/5a

~經臣

未復舊官人都官員外郎董經臣可職方員外郎　蘇魏公集 30/5a

~ 壽

董壽可殿中丞制　文恭集 15/7a

劍州司理參軍董壽可大理寺丞制　歐陽文忠集 79/13b

比部郎中董壽可駕部郎中　韓南陽集 17/9a

~壽祺

董壽祺應奉金人使到關及一十番與轉一官　西垣稿 2/4a

~ 槐

董槐依前觀文殿大學士宣奉大夫判福州福建安撫大使濠梁郡開國公食邑食實封如故制　後村集 54/8a

觀文殿大學士宣奉大夫判福州福建安撫大使董槐依前觀文殿大學士宣奉大夫提舉臨安府洞霄宮特進封永國公加食邑食實封制　後村集 54/10a

董槐特授特進依前觀文殿大學士許國公致仕加食邑食實封制　後村集 54/18b

董槐除宗正簿制　四庫拾遺 409/東澗集

~ 戩

董戩落起復依前保順軍節度使加食邑實封制　華陽集 26/21a　宋詔令集 239/937

~ 諶

董諶循資制　東牟集 7/36b

~ 震

董震轉武節大夫遂郡刺史　張華陽集 1/6a　南宋文範 11/3a

~德元

董德元與復端明殿學士復龍圖閣學士見任宮祠人依舊　益國文忠集 96/14b　益公集 94/23a

~ 禮

董禮爲殺董先叛反等人兵等轉成忠郎又因商州與賊封舉出戊捍襲轉忠翊郎換給制　紫微集 13/5b

~ 甄

除董甄制　傅家集 16/16a　司光文公集 56/16b　宋詔令集 239/937

~ 彝

秦州推官董彝可太子中含致仕制　歐陽文忠集 79/13a

~ 寶

楊林渡陣亡武顯大夫董寶贈六官於横行遂郡上分贈六資恩澤　益國文忠集 98/3b　益公集 97/86a

~ 某

董某可光祿寺丞制　文恭集 14/2a

~ 氏

太皇太后殿董氏可典設　蘇魏公集 34/10a

暨　移

悉利族軍主暨移可都軍主制　歐陽文忠集 79/15b

唯文約

西頭供奉官唯文約可轉一官制　摘文集 7/3b

路允迪

路允迪除監察御史制　翠忠惠集 3/13b

龍圖閣學士朝請大夫提舉江州太平觀路允

迪守本官職致仕 程北山集 26/11b

路允迪除知應天府兼充南京留守 苕溪集 41/5a

~表正

汝州團練推官前知絳州太平縣事路表正可河南府推官 咸平集 29/2b

~保衡

路保衡可著作佐郎制 文恭集 12/8a

~ 彬

邢部侍郎路彬磨勘轉官制 滄庵集 6/10b

路彬除刑部郎官 海陵集 17/1b

利州路提刑路彬令再任 海陵集 17/9a

路彬除直秘閣利路提刑 海陵集 18/6b

~ 瑗

路瑗罷少卿制 宋詔令集 210/794

~ 廊

路廊可虞部郎官 鴻慶集 24/6a 孫尙書集 26/9a

~ 綸

路綸可虞部員郎制 文恭集 15/17b

殿中丞路綸丁憂服闕復舊官制 歐陽文忠集 80/4b

~ 璉

供備庫副使路璉可轉兩官制 摘文集 8/4a

~ 諒

路諒可試大理評事制 文恭集 14/26a

太子中舍路諒可殿中丞 西溪集 5(三沈集 2/11b)

~學時

朝散郎提舉永興軍路學時可工部郎官制 摘文集 4/6a

~ 瑾一作權

兩浙提舉學事路瑾可轉兩官制 摘文集 7/10b

宣德郎新差權發遣提舉兩浙西路學事路權可禮部員外郎制 摘文集 4/5a

~ 某

路某轉官 劉給諫集 2/12b

蕃官右監門衛將軍兼監察御史武騎尉鬼名山可加騎都尉 嚴魏公集 34/13b

鉤光祖

利州路運副鉤光祖落職放罷降一官 苕溪集 45/4a

節 幹

睛木沁札實錫喇卜策進奉人小首領節幹君主制 摘文集 5/11b

~幹結

魯斯結族蕃官侍禁節幹結可特與轉一官制 摘文集 8/3a

詹大方

詹大方除監察御史制 東窗集 6/12b

詹大方御史臺檢法官制 東窗集 13/14a

詹大方工部尚書制 紫微集 16/6a

~大和

詹大和水部郎官 鴻慶集 24/6b 孫尙書集 26/9b

~文枃

朝請郎權禮部侍郎兼侍講詹文枃封贈父母妻

父詹九齡 詹文枃故父九齡贈奉議郎 後村集 72/13a

母陳氏 詹文枃故母安人陳氏贈令人 後村集 72/13b

繼母周氏 詹文枃故繼母安人周氏贈令人 後村集 72/13b

妻陳氏 妻安人陳氏特封令人 後村集 72/14a

~公薦

詹公薦湖北常平茶鹽制 東牟集 7/3a

~ 至

詹至進階 斐然集 13/26a

~如松

詹如松循左修職郎制 東窗集 13/8a

~ 事

詹事轉官制 襄陵集 1/13a

~彥迪

太常博士詹彥迪服除授舊官制 鄮溪集 5/6b

~ 庠

屯田郎中詹庠可都官郎中制 華陽集 27/10a 宋文鑑 38/16b

鬼

環州洪德寨熟户白馬族巡檢殿侍劫棱男鬼可銀青光祿大夫檢校國子祭酒兼監察御史武騎尉充本族軍主制 四庫拾遺 8/元憲集

～ 度

祖母周氏 詹度祖母周氏特贈建安郡夫人 横塘集 7/15b

祖母劉氏 祖母劉氏特進建康郡夫人制 横塘集 7/15b

父詹文 父文贈開府儀同三司制 横塘集 7/15b

母何氏 母何氏特贈榮國大人制 横塘集 7/16a

妻王氏 故妻王氏特贈太原郡夫人制 横塘集 7/16a

妻劉氏 妻劉氏可彭城郡夫人制 横塘集 7/16b

～ 械

王曦大府主簿詹械軍器監主簿兩易其任制 楊溪集 5/23a

～ 澄

詹澄授承信郎制 四庫拾遺 349/鶴林集

～儀之

故責授安遠軍節度行軍司馬詹儀之追復中大夫 宋本攻媿集 30/19a 攻媿集 34/17b

～盧安

詹盧安比部員外郎制 四庫拾遺 19/景文集

～體仁

朝散郎守司農少卿詹體仁陳太常少卿 止齋集 13/7a

司農少卿詹體仁太常少卿 宋本攻媿集 33/19a 攻媿集 37/18a

太常少卿詹體仁太府卿 宋本攻媿集 37/5a 攻媿集 41/4b

太府卿詹體仁直龍圖閣知福州 宋本攻媿集 37/23a 攻媿集 41/22a

頓 淊

頓淊大理評事制 東窗集 6/26a

～ 遇

中衛大夫權發遣淮南西路兵馬副都監御前後軍統制頓遇陳乂淮西戰功並暴露賞及覃恩乂依孔福例墜帶遂郡特轉遂郡刺史 益國文忠集 95/16b 益公集 98/110a

解文質

追官人前承務郎守司天監主簿解文質可司天監靈臺郎制 蔡忠惠集 11/10a

～ 元

解元除侍衛親軍馬軍都虞候制 東窗集 7/7b

解元先入京東親率軍馬往沂州汧口迎敵烏汰見陣掩殺實立奇功除龍神衛四廂都指揮使制 紫微集 18/2b

～中立

宣徽院通引官行首解中立可三班借職制 陶山集 10/5a

～延運

右迪功郎解延運任房州房陵縣尉日賣鹽增逓年一倍以上循一資 益國文忠集 95/1a 益公集 97/89a

～ 忠

父解青 武功大夫解忠故父青可特贈武經大夫制 紫微集 20/12b

母薛氏 故母薛氏可特贈碩人制 紫微集 20/12b

妻房氏 故妻房氏可特贈碩人制 紫微集 20/13a

妻孟氏 妻孟氏可特封碩人制 紫微集 20/13b

～ 㓝

解㓝換給武德大夫 苕溪集 42/5b

～補之

父解賓王 朝請解補之故父任尚書刑部侍郎致仕贈金紫光祿大夫賓王可贈特進制 彭城集 23/18a

～賓王

解賓王可兵部郎中制 文恭集 15/4b

解賓王可開封府判官制 文恭集 18/12b

解賓王可開封府推官制 文恭集 18/13b

解賓王太常少卿制 臨川集 49/15a 王文公集 12/2a

太子賓客解賓王可守工部侍郎致仕 蘇魏公集 34/1b

～ 潛

解潛罷軍職特除正任承宣使 苕溪集 35/3b

解潛再任荊南鎮撫使 張華陽集 3/1a

～ 德

解德轉官制 楊溪集 4/24b

～遵範

利州路轉運使解賓王男遵範可授試秘書省校書郎制 蔡忠惠集 10/9a

鄒之才

廣南東路轉運使鄒覃男之才可試秘書省校書郎制 元憲集 26/6a

~ 子崇

勅鄒子崇制 襄陵集 2/1b

~ 文

鄒文轉承信郎制 東窗集 10/3a

~ 公銳

鄒公銳起復添差東南第二副將制 鶴林集 9/5b

~ 仲之

鄒仲之特授承議郎制 四庫拾遺 383/鶴林集

~ 浩

鄒浩可特與追復龍圖閣待制制 北海集 2/1a

南宋文範 11/4a

鄒浩衡州別駕永州安置制 宋詔令集 211/801

~ 清

內殿崇班鄒清與轉兩官制 摛文集 7/4a

鄒清轉遙郡制 襄陵集 1/19a

~ 淮

鄒淮授聯壹正制 鶴林集 7/23a

~ 極

鄒極江西提刑 樂城集 28/9a

~ 柯

朝奉大夫新權知撫州鄒柯可江南東路轉運判官制 彭城集 22/20b

~ 翊

鄒翊副使回程特轉一官 西垣集 2/8a

~ 餘

奉議郎試侍御史鄒餘可罷侍御史依前官知南安軍制 宋詔令集 211/798

~ 應龍

鄒應龍中書舍人兼太子右諭德 育德堂外制 3/8b

母某氏 鄒應龍母封太恭人 育德堂外制 4/3b

宣奉大夫鄒應龍除禮部尚書制 東測集 4/9b

鄒應龍加恩制 東測集 5/12b

徵獻閣學士新知太平州鄒應龍明堂加恩制 平齋集 18/2b

父鄒徵 鄒應徵父徵贈宣奉大夫制 平齋集 20/16b

鄒應龍落徵獻閣學制 鶴林集 9/11a

經諾爾

, 左藏庫副使經諾爾與轉一官制 摛文集 6/10b

十四畫

滿中行

滿中行知無爲軍制 元豐稿 22/9a

~ 志行

滿志行提點刑獄兼保甲制 翟忠惠集 2/6a

齊二哥

齊二哥補承信郎爲遠來歸正委實忠義制 紫微集 19/11a

~ 之才

虔州坑壚火齊之才可承信郎制 襄陵集 1/1b

~ 旦

齊旦除駕部郎官 海陵集 13/7a

齊旦除樞密院檢詳文字 海陵集 17/8b

~ 仲甫

齊仲甫授額外翰林醫官制 鶴林集 7/23a

~ 希古

歸順僞進士出身齊希古補承直郎制 平齋集 22/12b

~ 宗壽

齊宗壽三班借職制 元豐稿 22/2b

~ 居明

武康軍節度使李端愿奏醫齊居明可試國子四門助教不拘選限 韓南陽集 17/9a

~ 恢

潁王府翊善守太常少卿直昭文館齊恢可守尚書左司郎中依前直昭文館兼太子左諭德制 韓南陽集 17/18a 鄖溪集 1/7b 宋文鑑 38/18a

尚書左司郎中直昭文館兼太子左諭德齊恢可右諫議大夫充天章閣待制 韓南陽集 18/2a

權提點成都府路刑獄齊恢度支郎中制 臨川集 50/3a

~ 敏

齊敏授武翼郎制 四庫拾遺 326/鶴林集

~ 悼

隰州石樓令齊悼可著作佐郎充大理寺詳斷官制 蔡忠惠集 10/11a

~ 景甫

信州鉛山縣尉齊景甫杭州餘杭縣令制 臨

川集 52/15a

~ 貴

秦鳳路嵌補廣銳都虞侯齊貴可特授左侍禁制 摘文集 5/9b

~ 閎

第二等統制官將官武功大夫齊閎三官遥郡 程北山集 27/1b

~ 碩

齊碩除大理卿制 蒙齋集 8/1b

~ 萬

齊萬係城父縣及南京下邑縣等處迎敵金兵殺敗敵衆所有陣亡人欲贈承信郎制 紫微集 18/7a

廖正一

廖正一秘書省正字 樂城集 30/13b

~ 正古

廖正古通判滄州 樂城集 30/14b

~ 君玉

縣尉廖君玉太常寺奉禮郎制 臨川集 52/4b

~ 宗禮

鎮南軍節度推官前知袁州宜春縣廖宗禮可大理寺丞制 景文集 31/9a

~ 供

廖供循資制 東牟集 7/35b

~ 侯

中奉大夫行司農少卿兼知臨安軍府兼管内勸農事主管浙西路安撫司公事馬步軍都總管兼點檢贍軍激賞酒庫所會稽縣開國男食邑三百户廖侯依前官特授守司農卿兼樞密副都承旨封如故制 後樂集 2/6a

~ 浩然

内東頭供奉官廖浩然可内殿崇班 西溪集 4（三沈集 1/70a） 宋文鑑 38/19a

~ 剛

吏部員外郎廖剛起居舍人 程北山集 24/7a

起居舍人廖剛權史部侍郎 程北山集 27/14a

廖剛磨勘轉左朝請郎 苕溪集 40/5a

廖剛先次落職誥 東牟集 8/25b

權史部侍郎廖剛兼侍講制 新安文獻 1/7a

~ 琮

進義校尉廖琮轉兩官 益國文忠集 95/17b 益公集 96/62b

~ 詢

廖詢可都官郎中制 文恭集 16/9b

~ 遂

廖遂特降一官 西垣稿 1/12a

~ 瑩中

廖瑩中除大理寺丞 後村集 68/3a

~ 德明

廖德明提刑 育德堂外制 5/11b

~ 顒

知藤州廖顒降官制 瀘庵集 6/5a

知化州廖顒轉一官 益國文忠集 95/17b 益公集 96/63a

~ 鵬飛

父廖某 右迪功郎廖鵬飛父年八十四封右承務郎致仕 東窗集 7/34b

母吴氏 母吴氏年八十二封孺人制 東窗集 7/34b

~ 遹

廖遹降一資 西垣稿 2/5b

榮咨道

榮咨道通判鎮戎軍 樂城集 28/10a

朝奉大夫榮咨道降授左朝散郎制 宋詔令集 211/798

~ 悳

都水丞榮悳轉官制 襄陵集 1/13b

~ 蒔

保義郎監鎮江府金壇縣酒税榮蒔借支合得職田米佯米及不知有加量米數特降一官 益國文忠集 96/7a 益公集 94/28b

~ 轄

榮轄除禮部郎官制 道鄉集 18/7a

~ 薿

榮薿除成都府路轉運判官制 東窗集 8/1a

榮薿除權户部侍郎 海陵集 16/4a

知臨安府榮薿職事修舉轉行一官 海陵集 16/8a

榮薿除權兵部侍郎 海陵集 17/5b

壽 囚

閤門看班祇候壽囚落看班字制 尊白堂集 5/28a

趙七兒

趙七兒補進勇副尉制 東窗集 9/8b

~九言

處州録事參軍趙九言太子中舍致仕制　臨川集 53/8b

~士伍

故和州防禦使士伍贈安慶軍節度使舒國公同詞但改兩句云其縣扞防超界節鉞且即其地而加賜　益公集 95/52a

~士濼

趙士濼係温州兵官及巡檢并船場官緣本州城外遺火並不部帶兵弁前去救撲以致延燒入城州東一半居民屋宇兼其夜民心驚擾之際致兵士搶奪其縱容受乞錢物降一官制　紫微集 15/9b

~大亨

文林郎婺州浦江縣丞趙大亨不遵依提刑司差委推勘公事輙申任滿離任降一官　止齋集 13/10b

~大雅改名飛英

國信所寄班祇應排辦國信所禮物趙大雅改名飛英應辦人使到關十次轉修武郎制四庫拾遺 273/後樂集

~　久

太子中舍趙久可殿中丞　韓南陽集 16/11a

~子森

父趙復先　趙子森父復先以明堂恩封官制平齋集 18/13b

~子諒

趙子諒可右班殿直制　彭城集 23/5a

~　方

趙方賜謚忠肅制　鶴林集 10/8b

~　元

內殿承制鎮戎軍巡檢趙元可供備庫副使制郎溪集 4/5b

內殿承制渭州都監趙元可供備庫副使制郎溪集 4/5b

~元昊

授趙元昊開府儀同三司依前檢校太師兼中書令定難軍節度使西平王加食邑實封制元憲集 23/11b

~尤緒

太子少師致仕趙概奏孫男光祿寺丞尤緒可大理寺丞　蘇魏公集 30/10a

參知政事趙概奏孫男尤緒太常寺太祝制臨川集 52/9a

~不忙

趙不忙轉官　筠溪集 5/10b

~不驄

不驄直秘閣　歸愚集 8/5a

~友信

隨龍成忠郎浙西安撫司準備將領主管進奉趙友信該遇皇后歸謁家廟特轉一官　止齋集 11/3a

~日用

勅賜同學究出身趙日用可徐州彭城主簿咸平集 28/17a

~日起

趙日起除檢詳　後村集 69/12a

趙日起除右文殿修撰沿江制置副使兼知江州江南西路安撫使制　碧梧集 5/13b

~　介

趙介循從事郎　宋本攻媿集 30/15b　攻媿集 34/14b

趙介降兩官　西垣稿 1/9a

~公廣

知萬州趙公廣差知利州　益國文忠集 100/7a

益公集 100/146a

~　壬

趙壬循資制　盤洲集/外制 19/12a

~仁澤

左監門將軍趙仁澤可寧國軍都虞侯　徐公集 8/10a

~化基

吏部侍郎平章事曾公亮奏勾當人趙化基制臨川集 55/16a

~　及

趙及可尚書左司郎中制　文恭集 16/7a

~允明

故賀州管界巡檢殿直趙允明特贈南作坊使制　蔡忠惠集 9/12b

~　立

知徐州趙立治郡忠勞顯著可特轉武德大夫兼閤門宣贊舍人充管內安撫使制　北海集 3/6b

~　永

趙永轉敦武郎制　東窗集 10/15b

~永亨

趙永亨轉官制　襄陵集 1/12b

~永裕

趙永裕可屯田員外郎制 文恭集 16/11a

~永寧

趙永寧知永静軍 蘇東坡全集/外制下/11b

~永圖

內殿崇班趙永圖可舊官服關 蘇魏公集 32/8b

書藝局藝學趙永圖可轉一官制 摘文集 8/5b

~世延

祖父按竺邁 侍御史趙世延故祖父蒙古漢軍征行大元帥按竺邁贈推忠効庸功臣太保儀同三司上柱國追封秦國公謚武宣制

新安文獻 2/前 5b

~ 丙

趙丙可大理寺丞制 文恭集 14/7b

~ 不

趙不御史中丞制 徐公集 7/4b

江州判官趙不可司農卿 徐公集 8/5b

~令報

趙令報除權户部侍郎 海陵集 15/4a

~令景

攬哥趙令景罩恩改官 樂城集 30/16b

~令璹

趙令璹降兩官知廣濟軍制 宋詔令集 209/788

~ 全

奏舉人前京兆府乾祐縣令趙全改著作 蘇魏公集 32/9a

~汝扶

趙汝扶降授儒林郎制 四庫拾遺 377/鶴林集

~汝述

趙汝述降授迪功郎制 四庫拾遺 313/鶴林集

~汝劬

趙汝劬降授奉議郎制 四庫拾遺 393/鶴林集

~汝悲

母某氏 趙汝悲回授贈母 西垣稿 2/5a

~汝晒

趙汝晒降授迪功郎制 四庫拾遺 316/鶴林集

~汝勱

趙汝勱轉右通直郎 益國文忠集 95/18b

~汝諏

趙汝諏除司農寺丞制 平齋集 17/21b 蒙齋集 8/11b

~汝轅

趙汝轅降授迪功郎制 四庫拾遺 316/鶴林集

~汝舉

趙汝舉特授儒林郎制 四庫拾遺 361/鶴林集

~安仁

兵部侍郎趙安仁可尚書右丞制 文莊集 1/1a

~ 冲

趙冲授武翼郎 四庫拾遺 406/東澗集

趙冲降官監當制 宋詔令集 207/776

~ 吉

汝州陣亡趙吉等贈官趙吉與換從義郎上贈三官與恩澤三資 益國文忠集 98/3b 益公集 97/89b

~成之

趙成之改合入官 筠溪集 5/7a

~至忠

保静軍節度判官趙至忠可殿中丞制 華陽集 29/12b

~至道

權兵部尚書趙至道除寶謨閣直學士知鎮江府制 平齋集 18/16a

~ 全

宋州寧陵尉趙全可本州左司理 咸平集 29/6a

趙全降朝請大夫制 宋詔令集 212/806

~仲輊

仲輊降三官制 浮溪集 9/6a 浮溪集/附拾遺 9/106

~ 沐

趙沐可太子中舍人制 文恭集 13/6a

~ 沂

道州軍事推官知長沙縣趙沂可將作監丞 咸平集 28/2b

~ 沂

趙沂循右承直郎制 東窗集 13/9a

趙沂除變路運判 海陵集 18/1b

~良規

趙良規可刑部郎中制 文恭集 16/9a

趙良規秘書監制 臨川集 49/13b 王文公集 11/5a

~良翰

承奉郎趙良翰可特與換忠訓郎制 北海集 5/11b

~ 扦

龍圖閣直學士尚書吏部員外郎趙扦可尚書户部郎中依前充龍圖閣直學士加上護軍進封開國侯食邑五百户 韓南陽集 18/15a

右司諫趙扦禮部員外郎兼侍御史知雜事制 臨川集 49/6a

三司度支副使趙抃户部員外郎加上輕車都
尉制 臨川集 50/3a
龍圖閣直學士知諫院趙抃可右諫議大夫參
知政事制 郎課集 1/2b
如京使趙抃可轉一官制 摘文集 7/2a
~ 抗
趙抗轉右奉議郎制 東窗集 9/6a
~ 妊
趙妊復直秘閣制 東牟集 7/18b
~希贊
趙希贊軍器監丞 後村集 60/11b
~希伉
提轄文思院趙希伉轉一官 後村集 62/3a
~希悅
趙希悅工部郎官 後村集 65/17a
~希訪
知信州趙希訪轉朝散郎 後村集 64/17b
趙希訪除湖南提舉兼知衡州 後村集 71/1b
~希坤
趙希坤補承節郎制 四庫拾遺 339/鶴林集
~希樸
希樸授江淮等路都大提點制 樓鑰集 7/3b
~希濬
趙希濬變州路提點刑獄制 平齋集 21/7b
~ 邦
趙邦補承信郎 鴻慶集 25/10a 孫尚書集 27/2a
~邦永
趙邦永轉右武大夫制 平齋集 22/8a
~邦傑
趙邦傑授武德郎制 四庫拾遺 341/鶴林集
~邦寧
趙邦寧授保義郎 四庫拾遺 344/鶴林集
~ 伯世
東頭供奉官趙伯世左清道率府率致仕制
臨川集 53/11a
~君序
杭州於潛縣令趙君序號州玉成縣令制 臨
川集 52/15a
~君錫
趙君錫宗正丞制 元豐稿 20/6b
趙君錫太常少卿 樂城集 27/3b
趙君錫落職居住制 宋詔令集 208/782
趙君錫復天章閣待制制 宋詔令集 222/855

~波夫
趙波夫降授修職郎制 四庫拾遺 295/鶴林集
~宗元
太醫丞趙宗元可轉一官制 摘文集 7/15a
太醫丞趙宗元可轉一官制 摘文集 8/4a
~宗古
比部員外郎趙宗古磨堪改官制 歐陽文忠集
79/8a
趙宗古勅 襄陵集 3/3a
~宗道
光祿寺丞集賢校理趙宗道可大理寺丞制
景文集 31/10a
~宗懿
宗懿授大宗正丞兼刑部郎官制 樓鑰集 6/
15b
~宗瀚
父趙賀 朝散大夫致仕趙宗瀚故父任給
事中贈司空賀可贈司徒制 彭城集 22/
9a
~ 定
前泰州軍事判官試大理評事趙定可秘書省
著作佐郎制 文莊集 1/20b
東頭供奉官趙定可率府率致仕 蘇魏公集
31/11a
虔州雩都縣主簿趙定可大理寺丞致仕 西
溪集 6(三沈集 2/26a)
~ 青
趙青轉官勅 襄陵集 3/4b
~ 玠
趙玠先任秦州士曹日被敵驅擄自敵中前來
歸朝循左儒林郎制 紫微集 13/8b
~叔莊
妻高氏 武泰軍節度使叔莊妻高氏贈福
國夫人制 翟忠惠集 4/26a
~ 昌
趙昌可太子中舍人制 文恭集 15/7a
~ 昇
左侍禁趙昇可清道率府副率致仕 蘇魏公
集 33/11b
趙昇轉官制 橫塘集 7/9a
~ 忠
趙忠經畫偶洪夏軍推賞制 襄陵集 2/2b
犯臟除名人前成忠郎趙忠寄居南安軍諭知
地里說諭賊寨傍百姓不敢從賊並獲正賊

四名特與叙承信郎 益國文忠集 95/17b 益公集 98/102b

~ 明

父趙鬼 內藏庫使慶州界蕃官都巡檢使 趙明父故特禁柔遠寨界蕃部巡檢鬼可贈右千牛衛將軍 韓南陽集 16/1a

~明誠

趙明誠轉 官制 橫塘集 l/9a

~知機

承直郎趙知機可換右職制 摘文集 26/11b

~秉

趙秉可職方員外郎制 文恭集 16/10b

~孟傢

趙孟傢除籍田令 後村集 67/7b

~孟蟻

趙孟蟻除大理司直 後村集 67/7b

~ 宣

趙宣贈兩官與一資恩澤係建炎年間因隨軍陣亡官兵 紫微集 19/18a

~ 彥

趙彥換給左儒林郎制 東窗集 13/10b

~彥城

兵部侍郎兼權更部尚書趙彥城除權更部尚書制 東澗集 4/8a

趙彥城加恩制 東澗集 5/13a

吏部郎中趙彥城除大理少卿制 平齋集 17/2b

大理少卿趙彥城除太府卿制 平齋集 22/3a

趙彥城授權兵部侍郎兼說書制 鶴林集 7/2b

趙彥城授兼侍講制 鶴林集 7/11b

趙彥城授試秘書監兼崇政殿說書制 鶴林集 7/16a

~彥權

趙彥權叙復奉議郎制 四庫拾遺 393/鶴林集

~ 祐

大理寺丞知威州趙祐可殿中丞制 元憲集 24/3b

~ 述

趙述團練使 歸愚集 7/7b

趙述轉防禦與觀免朝 益國文忠集 95/10a 益公集 96/67a

~兊夫

四川制置司機宜文字趙兊夫除太社令制 平齋集 23/24a

~ 恬

妻宇文氏 宇文虛中女趙恬妻宇文氏贈安人 四庫拾遺 272/後樂集

~ 范

權工部尚書沿江制置副使知黃州兼淮西制置使趙范除兩淮制置大使節制巡邊軍馬兼沿江制置副使制 平齋集 17/19b

兩淮制置使兼沿江制置副使趙范除江淮制置大使制 平齋集 18/20a

趙范除龍圖閣學士京湖制置大使兼知襄陽府制 平齋集 21/2a

~若璩

家坤翁趙若璩農丞 後村集 63/2b

~若鑄

趙若鑄授承信郎制 四庫拾遺 343/鶴林集

~ 思

知靜江府趙思集英殿修撰提舉江州太平興國宮 宋本攻媿集 30/27b 攻媿集 34/25b

~思忠

父趙端 武翼郎池州駐劄中軍統領趙思忠父端身故特與起復 益國文忠集 96/17b 益公集 97/97a

~思明

趙思明知永靜軍 蘇東坡全集/外制中/17a

趙思明西上閤門副使 蘇東坡全集/外制下/11a

~思道

修武郎趙思道轉官制 橫塘集 7/5a

~思誠

秘書郎趙思誠可著作郎制 摘文集 4/2a

趙思誠除中書舍人 張華陽集 8/1b 筠溪集 4/20a

趙思誠轉一官 張華陽集 8/10b

趙思誠知泉州 筠溪集 5/13b

~思齊

東頭供奉官閤門祗候趙思齊可內殿崇班依舊閤門祗候 蘇魏公集 34/9a

~思瑫

趙思瑫知德慶府 宋本攻媿集 31/5a 攻媿集 35/5a

~保忠

趙保忠加恩制 宋詔令集 104/384

李繼捧責授右千牛衛上將軍封宥罪侯賜第京城仍賜姓名趙保忠制 新安文獻 1/前 1a

~ 俊

趙俊等以戰功轉官 苕溪集 33/3b

~ 禹

趙禹閣門祇候制 盤洲集 20/12a

~ 衍

隨龍從義郎趙衍依孫璋例除閣門祇候 益國文忠集 94/9a 益公集 98/98a

~ 約

趙約復官制 道鄉集 17/5a

~ 紀祥

趙紀祥轉和州防禦使 後村集 66/16a

~ 高

趙高磨勘轉朝議大夫 蘇東坡全集/外制中/17a

~ 起

趙起轉一官 張華陽集 7/2a

~ 軏

趙軏差充皇太后本殿準備使喚轉請給依中節人例施行 苕溪集 36/2a

~ 真卿

趙真卿可大理評事致仕制 文恭集 20/8b

~ 振

敵帥劉尊窺伺襄陽於隔奴灘奔衝俱被官軍殺退推立功官兵第一等武功大夫吉州刺史趙振轉一官 益國文忠集 95/6b 益公集 94/19a

~ 振玉

趙振玉降授朝散郎制 四庫拾遺 398/翰林集

~ 挺之

朝奉郎充集賢校理趙挺之可監察御史制 彭城集 20/5b

趙挺之拜右相制 宋詔令集 58/293

趙挺之罷相拜金紫光祿大夫觀文殿大學士中太一宮使加恩制 宋詔令集 70/339

~ 哲

趙哲提舉兩浙路巡社兼提點刑獄公事制 浮溪集 8/12a 浮溪集/附拾遺 8/95

通問副使武功大夫趙哲可達州刺史制 浮溪集 10/9b 浮溪集/附拾遺 10/119

~ 庾夫

趙庾夫特授文林郎 後村集 61/17a

~ 晟

保義郎蔣州期思縣尉趙晟與韋賊黃軍二等鬪敵身亡贈兩官與一資恩澤 益國文忠集 98/1b 益公集 98/106a

~ 時

殿中丞知端州趙時可國子博士制 元憲集 24/6b

~ 時

泗州兵馬鈴轄趙時奉命有勞轉一官 苕溪集 34/3a

~ 時享

趙時享除大理寺丞 後村集 69/6b

~ 時曈

趙時曈降授儒林郎制 四庫拾遺 367/翰林集

~ 時點

趙時點降授迪功郎制 四庫拾遺 317/翰林集

~ 時瞻

文林郎趙時瞻因潮州山前捕到賊首轉儒林郎 後村集 63/11b

~ 借

前開封府祥符縣尉趙借可著作佐郎制 蔡忠惠集 9/10b

~ 師覃

父趙某 趙師覃贈父制 尊白堂集 5/13a

母某氏 贈母制 尊白堂集 5/13b

~ 珅

趙珅除右曹郎官制 東澗集 4/20a

~ 淳

故翰林侍讀學士葉清臣遺表妻兄進士趙淳可試將作監主簿制 文恭集 19/5a

~ 淳

殿前副都指揮使兼江淮制置使趙淳 宋本攻媿集 44/22b

趙淳江淮制置使 育德堂外制 1/11a

趙淳兼京西北路招撫使制 後樂集 2/18b

~ 清

劍南西川節度推官前知梁山軍梁山縣事趙清可著作佐郎 蘇魏公集 31/6a

~ 淇

承事郎添差通判信州軍州事趙淇爲白鹿礦第二功轉兩官 後村集 71/10a

~ 涯

趙涯除宗正寺簿制 蒙齋集 8/11a

~ 淑

陝州文學趙淑可華州別駕 西溪集 4(三沈集 1/69a)

~ 密

趙密落致仕權殿前司職事制 盤洲集/外制

19/2b

~ 章

忠翊郎趙章該進至尊壽皇聖帝聖政轉一官 止齋集 11/8b

趙章贈從義郎制 四庫拾遺 333/翰林集

正議大夫知樞密院事章光宗御名知汝州 宋文鑑 40/7b

~ 庚

著作佐郎趙庚可秘書丞 西溪集 5(三沈集 2/ 13a)

~ 康直

趙康直贈待制 筠溪集 4/7a

~ 彬

祖太師尚書令兼中書令楚王彬封吴王 公是集 30/17b

趙彬除左正議大夫徽獻閣直學士充環慶路經畧安撫使 苕溪集 40/1a

環慶帥臣趙彬遣敦武郎張允弼進本路圖籍等特與轉兩資 苕溪集 43/3a

~ 盛

新知錢塘縣趙盛除職事官 止齋集 14/7a

知臨安府錢塘縣趙盛太社令 宋本攻媿集 35/ 15b 攻媿集 39/14b

~ 尚

降授奉議郎趙尚可差知徐州制 摘文集 6/9b

趙尚復端明殿學士右光祿大夫制 宋韶令集 222/855

~ 虛己

歸正人虛己可迪功郎制 范成大佚著/87

~ 莊懿

莊懿授宗正寺丞制 樓鑰集 7/1b

~ 野

趙野分司制 浮溪集 12/9b 浮溪集/附拾遺 12/143

趙野散官安置制 浮溪集 12/10a 浮溪集/附拾遺 12/144

~ 崇馳

趙崇馳降授修職郎制 四庫拾遺 304/翰林集

~ 崇森

趙崇森除大理評事制 平齋集 18/14b

~ 崇廉

趙崇廉授承郎制 四庫拾遺 339/翰林集

~ 崇驎

趙崇驎降授修職郎制 四庫拾遺 311/翰林集

~ 偶

趙偶可淮南轉運副使 蘇東坡全集/外制上/5a

~ 從義

故左藏庫使趙從義可贈皇城使惠州刺史充本州團練使制 摘文集 6/1a

~ 逢龍

趙逢龍除將作監 後村集 65/14b

趙逢龍除司農少卿兼太子侍讀 後村集 71/ 9a

~ 滋

趙滋可供備庫副使制 文恭集 17/16a

捧日天武四廂都指揮使端州防禦使趙滋可依前充侍衞親軍步軍都虞侯制 臨川集 52/17a

~ 温瑜

尚書比部員外郎通判舒州趙温瑜可尚書駕部員外郎制 元憲集 25/5a

~ 渭

趙渭轉六官 益國文忠集 94/9b 益公集 95/51a

~ 淏

趙淏江西提刑 筠溪集 4/28b

趙淏江東運副制 盤洲集 23/5a

趙淏補官 止齋集 17/5b

~ 湧

忠訓郎趙湧在任不職特降一官仍押送寄居泉州拘管 止齋集 13/10a

~ 渥

東頭供奉官趙渥可內殿崇班 蘇魏公集 31/ 10b

~ 善視

修職郎臨安府昌化縣主簿趙善視降一資放罷 宋本攻媿集 30/7a

~ 善瀚

趙善瀚知岳州制 平齋集 23/3a

~ 善璉

善璉授州防禦使制 翰林集 6/1a

~ 善鍊

朝散大夫京西路轉運判官兼提刑提舉常平茶鹽公事兼提領措置營田屯田提舉大路綱馬驛程公事趙善鍊可依前官特授直秘閣權知襄陽軍府兼管內勸農營田事主管京西南路安撫司公事馬步軍都總管提領措置屯田專一措置提督修城制 後樂集 2/12a

~ 善鑑

趙善鑑降授宣教郎制　四庫拾遺 299/鶴林集

～普

趙普拜相制　宋詔令集 51/259

趙普拜昭文相制　宋詔令集 51/260

趙普昭文相制　宋詔令集 51/260

趙普加恩制　宋詔令集 59/297

趙普罷相授使相制　宋詔令集 65/317

趙普罷相授太尉兼侍中武勝軍節度使制　宋詔令集 65/318

趙普罷相除兼中書令河南尹制　宋詔令集 65/318

趙普配饗太祖廟廷制　宋詔令集 142/515

除趙普門下侍郎同中書門下平章事集賢殿大學士制　宋文鑑 34/2b

～雲

趙雲轉左武大夫係掩殺金人立功制　紫微集 12/19a

趙雲於靖康因與番人大軍戰鬬一十餘年堅守忠節永不順番後思本朝於紹興五年內前來歸朝敦武郎制　紫微集 19/8a

～琪

太常博士趙琪特授尚書屯田員外郎制　蔡忠惠集 9/19b

～貢

大理寺丞致仕趙貢可太子中舍致仕　蘇魏公集 34/4b

～壹

太子中舍知漢州綿竹縣趙壹可殿中丞制　元憲集 23/7a

～逵

將仕郎趙逵可特授左班殿直制　撙文集 5/9b

～逵

趙逵左承事郎簽書劍南東川節度判官廳公事　歸愚集 8/2b

趙逵除中書舍人　海陵集 16/2b

中書舍人趙逵轉官致仕　海陵集 20/2a

～雄

宣奉大夫右丞相魯郡開國公食邑五千四百户食實封一千八百户趙雄加食邑一千户食實封四百户　益國文忠集 103/14a 益公集 103/90b

賀金國生辰使副趙雄　益國文忠集 112/1b 益公集 112/111a

開府儀同三司判隆興府趙雄少保致仕　攻

媿集 38/15a

趙雄贈少師　宋本攻媿集(闕)　攻媿集 38/15b

趙雄轉官加恩制(二)　玉堂稿 1/2b

趙雄轉官加恩制　玉堂稿 1/4b

趙雄除右丞相制　玉堂稿 2/9b

～揚

趙揚知潤州　蘇東坡全集/外/制中/19b 宋文鑑 40/5a

～撰

趙撰起復修武郎御前副將制　東窗集 9/7b

～景存

蕃官趙景存轉官制　道鄉集 17/12a

～景緯

趙景緯小著　後村集 63/10b

～景韓

權平陽縣令趙景韓推恩合循一資　苕溪集 31/1a

～兌

趙兌可相州永和縣令制　文恭集 18/18b

～貴

趙貴降授修職郎制　四庫拾遺 308/鶴林集

～貴謙

貴謙除保康軍節度使制　鶴林集 5/9b

～喻

國子博士知榮州趙喻可虞部員外郎餘如故制　文莊集 2/10a

～開

朝奉大夫直秘閣趙開明除直顯謨閣　程北山集 24/11a

趙開復古文殿修撰除都大主管成都府利州熙河蘭廓秦鳳等路茶事兼提舉陝西等路買馬監牧公事填見闕　苕溪集 37/5a

朝散郎權都大同主管成都府等路茶馬趙開可除直秘閣制　北海集 4/4b

～舜舉

趙舜舉因妻父武功大夫劉奇掩殺叛賊陣亡與補承信郎制　紫微集 19/13a

～進

勅趙進制　襄陵集 1/21a

～進

奉使官屬忠翊郎趙進轉一官　宋本攻媿集 30/17a 攻媿集 34/15b

～進之

趙進之轉官換給付身　張華陽集 7/4b

～進忠

趙進忠勅　襄陵集 3/11a

～　勝

趙勝特轉某州防禦使除主管殿前司公事制

鶴林集 8/12a

～　象

登仕郎守利州文學趙象可利州司馬　蘇魏

公集 30/11b

～　發

趙發除校書諸　東澗集 3/18b

趙發授國子正制　鶴林集 7/22a

～　弼

祖趙樽　閣門看班趙弼奏祖故寧遠軍節度使侍衛馬軍都指揮使贈大尉趙樽累遇郊祀登極未曾陳乞加贈特贈開府儀同三司　止齋集 13/1b

趙弼降授儒林郎制　四庫拾遺 363/鶴林集

～　潛

朝散郎直寶章閣新權發遣池州軍事趙潛爲白鹿礦第二功轉兩官　後村集 71/9b

～　靖

趙靖特降一官仍衝替制　摘文集 6/9b

～詰夫

趙詰夫降授修職郎制　四庫拾遺 302/鶴林集

～　誠

趙誠可屯田員外郎制　文恭集 15/15a

～　喬

趙喬爲充瀧州都知兵馬使年滿補承信郎換給制　紫微集 19/10a

～　福

勅趙福制　襄陵集 1/11b

～　椿

趙椿大理寺丞　斐然集 12/23b

～　達

趙達不覺察過准人降官制　于湖集 19/13b

～　楷

趙楷降授宣教郎制　四庫拾遺 298/鶴林集

～　幹

趙幹爲討捕兇賊黃文等有功轉一官選人比類循右從事郎制　紫微集 13/10a

～慎微

趙慎微可比部員外郎制　文恭集 15/6a

～　萬

趙萬橫行遙郡上轉行一官制　東窗集 8/21a

～　葵

趙葵除端明殿學士准東制置大使制　東澗集 5/20b

趙葵降授中奉大夫依舊兵侍兼准東制置使制　鶴林集 9/6b

趙葵敘復太中大夫依舊兵侍准東制置使知揚州制　鶴林集 9/1a

趙葵授同知制　樓鑰集 7/3b

祖趙棠　祖棠追封制　樓鑰集 7/17a

祖母楊氏　祖母追贈制　樓鑰集 7/17b

祖母某氏　祖母追贈制　樓鑰集 7/17b

妻李氏　妻追贈制　樓鑰集 7/18a

趙葵依前少保觀文殿大學士充醴泉觀使加恩制附口宣　碧梧集 8/1a

曾祖趙世勳　趙葵曾祖太師冀國公世勳贈豫國公制　碧梧集 8/2a

曾祖母朱氏　曾祖母吳國夫人朱氏贈豫國夫人制　碧梧集 8/2a

祖父趙棠　祖太師徐國公棠贈荊國公制

碧梧集 8/2b

祖母楊氏　祖母燕國夫人楊氏贈荊國夫人制　碧梧集 8/3a

父趙方　父太師漢國公謐忠肅方贈潭國公制　碧梧集 8/3b

母胡氏　母雍國夫人胡氏贈潭國夫人制

碧梧集 8/4a

妻李氏　妻德國夫人李氏贈鄧國夫人制

碧梧集 8/4a

趙葵特授少傅依前觀文殿大學士充醴泉觀使冀國公加食邑食實封仍令所司擇日備禮冊命制　四明文獻集 4/5a

～　鼎

衛尉寺丞趙鼎可依前尉寺丞兼宗正寺主簿制　文莊集 2/1a

東頭供奉官趙鼎可内殿崇班　西溪集 5(三沈集 2/8b)

～　鼎

趙鼎知泉州　苕溪集 39/3a

趙鼎除司諫　浮溪集 8/2b　浮溪集/附拾遺 8/88

左司諫趙鼎殿中侍御史　浮溪集 8/3a　浮溪集/附拾遺 8/88

朝奉大夫試御史中丞趙鼎可除吏部尚書制

詔令一　制詞　臣僚　十四畫　847

北海集 2/14a 南宋文範 11/4b

賜端明殿學士左朝奉大夫江南西路安撫大使兼知洪州趙鼎赴行在詔 北海集 8/5a

趙鼎侍御史制 大隱集 1/15b

趙鼎除御史中丞制 大隱集 1/16b

趙鼎觀文殿大學士太一宮使兼侍講 筠溪集 4/2b

趙鼎贈三代 斐然集 14/15b

~嗣真

太子少師致仕趙概奏親孫大理評事嗣真可光祿寺丞 蘇魏公集 30/10a

~ 暉

內殿崇班趙暉轉一官制 摘文集 6/10b

~價夫

趙價夫降授從事郎制 四庫拾遺 289/翰林集

~ 棨

趙棨可特授尚書右司郎中天水縣開國子加食邑五百户制 文忠集 17/1b

尚書祠部員外郎集賢校理同知宗正寺趙棨可尚書刑部員外郎制 元憲集 25/16a

尚書吏部侍郎參知政事趙棨可特授特進尚書左丞依前參知政事加食邑五百户食實封二百户仍賜推忠協謀同德佐理功臣 韓南陽集 18/13b

觀文殿學士吏部尚書趙棨可太子少師致仕 蘇魏公集 29/4a

~ 說

西賊攻圍鎮戎軍南川寨等處戰守有勞或復傷中趙說轉一官 樂城集 30/16a

~廣文

西綾錦副使兼醫官制使趙廣文可轉一官制 摘文集 7/15b

~粹中

趙粹中落職 西垣稿 2/1b

~ 構

西京左藏庫副使趙構可文思副使仍除閤門通事舍人制 摘文集 6/4b

~ 碩

趙碩除閤門祗候制 東窗集 7/4b

~與可

趙與可除秘直秘閣兩浙運判 後村集 69/16a

趙與可除金部員外郎制 碧梧集 4/2a

~與忠

趙與忠户部員外郎 後村集 62/1a

~與厦

知南康軍趙與厦職事修舉轉一官 後村集 68/14b

~與遣

趙與遣降授修職郎制 四庫拾遺 306/翰林集

~與衞

趙與衞降授迪功郎制 四庫拾遺 319/翰林集

~與屬

趙與屬軍器簿 後村集 63/3b

~夢極

趙夢極太常丞制 尊白堂集 5/30b

趙夢極權吏部侍郎 育德堂外制 2/2a

趙夢極給事中 育德堂外制 2/11b

趙夢極守給事中致仕 育德堂外制 5/12b

~ 僎

城固縣尉趙僎特轉儒林郎制 平齋集 21/19a

~ 粦

趙粦除都官郎官制 東澗集 4/18b

趙粦除大理寺丞 平齋集 23/14b

~ 編

中大夫起居舍人趙編除右文殿修撰知慶元府兼沿海制置副使制 大隱集 3/9a

~ 維

趙維可太子中舍人致仕制 文忠集 20/4b

~ 澈

趙澈番人侵犯楚州當時與賊鬪敵立功之人循右從事郎制 紫微集 13/9a

~ 諒

皇太后遇同天節典入內東頭供奉趙諒可文思副使制 陶山集 10/4a

左藏庫使趙諒可供備庫使制 宋文鑑 39/10a

~ 廊

御前諸軍都統制趙廊 宋本攻媿集 42/7a

御前諸軍都統制趙廊 宋本攻媿集 43/25a

~ 霆

宣德郎尚書庫部員外郎趙霆可工部員外郎制 摘文集 4/4b

宣德郎趙霆可庫部員外郎 摘文集 4/5b

~ 瑾

未復官人光祿寺丞趙瑾改大理寺丞制 臨川集 55/7b 王文公集 12/3b

~ 寧

知婺州趙罕江西路轉運判官 宋本攻媿集 32/5a 攻媿集 36/5a

江西運判趙罕直顯謨閣知隆興府 宋本攻媿集 37/24b 攻媿集 41/23a

趙罕轉一資 西垣稿 2/9a

～橫

趙橫補秉義郎制 東窗集 10/17b

．蔡

趙蔡依前少保觀文大學士醴泉觀使□□公加食邑食實封制附口宣 後村集 54/6a

～鋪馬

趙鋪馬補進勇副尉制 東窗集 9/8b

～億

奏舉人前青州録事參軍趙億可大理寺丞 西溪集 6(三沈集 2/35a)

～德亮

殿中丞監台州商稅趙德亮可國子博士制 元憲集 24/12a

～衛

趙衛除著作佐郎制 東窗集 13/18a

～觖

左朝議大夫趙觖係張中孚磨下將佐特免墊減復舊官制 東窗集 9/7b

～澤

通判滄州趙澤可權知商州制 彭城集 21/14a

～澤

忠翊郎趙澤降一官 歸愚集 7/1b

～謂

趙謂轉六官 益國文忠集 94/9b 益公集 95/51a

～燁

趙燁授承節郎制 四庫拾遺 340/翰林集

～渟

趙渟轉官制 楳溪集 4/21a

～需

趙需知平江府 苕溪集 42/2b

趙需除吏部郎官 張華陽集 6/9a

父趙峻 徽猷閣直學士趙需故父峻可特贈通議大夫制 紫微集 18/14b

趙需大諒 斐然集 13/12a

～璞

內殿崇班閣門祗候趙璞可內殿承制依舊閣門祗候 蘇魏公集 33/7b

～輻

故武翼大夫泰州兵馬都監趙輻特贈兩官與

致仕恩澤 益國文忠集 98/3b 益公集 98/112b

～暉夫

趙暉夫降授修職郎制 四庫拾遺 304/翰林集

～積

工部郎中兼侍御史知雜事趙積可依前工部郎中充三司鹽鐵副使制 文莊集 1/4b

～穆

趙穆可太子中舍人致仕制 文恭集 20/6a

～遹

直龍圖閣梓州路運副趙遹除集賢殿修撰本路運使制 翠忠惠集 2/8a

～濟

趙濟可降一官差唐州酒稅制 彭城集 22/6b

趙濟知解州 蘇東坡全集/外制中/4a

趙濟落直龍圖閣管勾中岳廟 蘇東坡全集/外制中/7b

～濬

趙濬禮部郎官 張華陽集 3/9b

～變

山南東道節度推官趙變知梓州通泉縣制 華陽集 29/16a

～蓋

朝散大夫尚書戸部員外郎趙蓋除軍器監兼權郎中 止齋集 13/7a

都官員外郎趙蓋戸部員外郎主管左曹 宋本攻媿集 31/4b 攻媿集 35/4b

戸部郎中趙蓋軍器監 宋本攻媿集 34/6a 攻媿集 38/5b

戸部員外郎趙蓋陞郎中 宋本攻媿集 51/21b 攻媿集 35/21a

～應言

前保慶軍節度推官趙應言可秘書省著作佐郎制 文莊集 1/21a

～應愚

趙應愚轉保義郎制 平齋集 19/14a

～點

京西轉運判官趙點轉一官 劉給諫集 2/4a

趙點勒停制 浮溪集 9/4a 浮溪集/附拾遺 9/105

～嶦

趙嶦贈官 斐然集 14/19a

～謹

趙謹可大理寺丞制 文恭集 14/5a

～謹

陣亡官趙謹贈五官 程北山集 27/2b

詔令一 制詞 臣僚 十四畫 849

~ 歎夫

趙歎夫特授承直郎制　四庫拾遺 287/翰林集

~ 贊

入内内侍省官趙贊可特轉一官制　摘文集 7/5a

~ 瞻

提點陝府西路諸州刑獄公事司封員外郎趙瞻可祠部郎中　蘇魏公集 33/1a

太常少卿趙瞻可户部侍郎　蘇東坡全集/外制/上 1a 宋文鑑 39/14a

趙瞻追復官制　宋詔令集 222/855

~ 葆

趙葆除大理寺丞制　平齋集 17/20b

大理寺丞趙葆除司農寺丞制　平齋集 21/10a

~ 譽

趙譽知嘉定府　止齋集 17/6a

~ 贊

趙贊加恩制　宋詔令集 103/381

~ 旗

趙旗循右從事郎制　東窗集 12/19a

~ 瑬

趙瑬差充皇太后本殿準備使喚轉請給依中節人例施行　君溪集 36/2a

~ 觀

駕部郎中致仕趙宗閔男觀可試秘書省校書郎　蘇魏公集 33/10b

~ 氏

故尚宫趙氏可特贈郡君　蘇東坡全集/外制下/7b

~ 氏

故永嘉郡夫人趙氏封薦國夫人　蘇魏公集 35/3b

~ 氏

趙氏贈安人制　鶴林集 10/24b

~ 氏

趙氏尚宫萊國夫人制　宋詔令集 21/105

~ 氏

大内内侍省尚宫趙氏贈崇德夫人制　宋詔令集 24/119

嘉勒斯賚

嘉勒斯賚原作喇斯噶依通鑑輯覽改授保順河西節度使食邑實封制　華陽集 26/19b

嘉勒斯賚授依前保順河西節度使加食邑實

封功臣制　華陽集 26/20a

~ 勒幹

錫伯上族大首領嘉勒幹補皇城副使帶本族巡檢　摘文集 5/6a

~ 勒幹

策凌博族首領嘉勒幹進補皇城副使聖旨特與轉兩官制　摘文集 7/1a

移　你

環州洪德寨熟户白馬族軍主你埋男移你可銀青光祿大夫檢校國子祭酒兼察御史武騎尉充本族軍主制　四庫拾遺 8/元憲集

蔡元亨

故左屯衛大將軍致仕蔡仲宣遺表男前供備庫副使蔡元亨可西京左藏庫副使　韓南陽集 17/14a

入内東頭供奉官蔡元亨可内殿崇班　西溪集 4(三沈集 1/65b)

~ 史宣

蔡史宣可遙郡團練使仍舊禮賓使制　文恭集 17/11a

~ 全

歸順人蔡全補承信郎制　平齋集 17/18b

~ 辛

蔡辛爲奉迎駕至南京登寳位了當坐甲有勞轉忠訓郎換給制　紫微集 13/5a

蔡辛爲隨張浚至關陝轉秉義郎又因措置軍期事務普轉授從義郎又因三泉縣捍襲轉修武郎換給制　紫微集 17/9b

~ 恩

西頭供奉官閤門祗候蔡恩可内殿承制制歐陽文忠集 81/9b

~ 崇禮

蔡崇禮磨勘授奉議郎依前徽獻閣直學士程北山集 26/6a

徽獻閣直學士知漳州蔡崇禮史部侍郎兼權直學士院　程北山集 27/12b

除太學博士制　北海集/附録上/1a

除行太學正制　北海集/附録上/1a

除改宣教郎制　北海集/附録上/1b

給事中可除翰林院學士制　北海集/附録上/3a

除尚書吏部侍郎制　北海集/附録上/3b

除徽獻閣直學士知漳州制　北海集/附録上/4a

降授宣教郎制　北海集/附録上/5a

復授通直郎制　北海集/附録上/5b

轉奉議郎制　北海集/附録上/6a

再除尚書吏部侍郎制　北海集/附録上/6b

除尚書兵部侍郎兼直學士院制　北海集/附録上/7a

除翰林學士制　北海集/附録上/8a

翰林學士進兼侍讀制　北海集/附録上/8b

寶文閣學士除知紹興府制　北海集/附録上/9b

轉承議郎制　北海集/附録上/10b

轉朝奉郎制　北海集/附録上/11a

轉朝散郎制　北海集/附録上/11b

轉左朝請郎致仕制　北海集/附録上/12b

蔡崇禮除中書舍人制　大隱集 2/9b

父蔡元　寶文閣直學士蔡崇禮故父元可特贈銀青光祿大夫制　紫微集 20/9a

母趙氏　故母趙氏可特贈文安郡夫人制　紫微集 20/9b

~ 顯

蔡顯可大理寺丞制　文恭集 14/14a

輔　逵

輔逵與郡　斐然集 13/26b

軍器所兼提點右武大夫忠州團練使輔逵監督製造軍器精緻特與轉行一官轉階官　益國文忠集 95/8a 益公集 97/84a

甄化基

殿中丞同判鼎州甄化基可國子博士餘如故制　文莊集 2/10b

~ 援

武德郎兼閤門宣贊舍人前權知施州甄援爲說諭合千人告首通判廉信藩及獨衛奏案又有虛妄特降兩官　益國文忠集 96/12a 益公集 95/39b

~ 履

奏舉人前河南府優師縣主簿兼縣尉事甄履可著作佐郎　西溪集 6(三沈集 2/36b)

爾　善

蕃官文思副使爾善轉兩官制　擴文集 7/1a

幹明善

蕃官東頭供奉官幹明善與轉兩官制　擴文集 8/2a

臧元哲

臧元哲除太府寺簿　後村集 70/2b

~ 永錫

光祿寺丞致仕臧永錫可著作佐郎致仕如騎都尉　韓南陽集 18/9b

~ 定國

臧定國轉西頭供奉官再任縣尉　樂城集 27/10b

~ 師顏

臧師顏可國子博士制　文恭集 14/17b

~ 琳

臧琳轉修武郎制　東窗集 10/13b

~ 逐

西賊攻圍戎軍南川寨等處戰守有勞或復傷中臧逐轉一官　樂城集 30/16a

~ 論道

臧論道可殿中丞制　文恭集 13/7b

戩巴勒

清矩嘉奇正男戩巴勒承續制　文恭集 19/9b

蒙山

蒙山邊功轉官制　襄陵集 1/8a

~ 光仲

安化州殿侍銀青光祿大夫檢校國子祭酒兼監察御史蒙光仲加安化州三班借差餘如故　程北山集 27/4a

蒙光仲加上柱國　張華陽集 8/7a

~ 光洛

安化上中下州北遐鎮部押進奉器械三班差使蒙光洛可銀酒監武　韓南陽集 18/13a

~ 伽恪

蕃官内殿崇班蒙伽恪與轉一官制　擴文集 8/3a

~ 香

蒙香贈承信郎與一子父職名係前陣亡官兵　紫微集 19/21b

裴士林

中散大夫裴士林可知同州制　彭城集 21/9a

～士章

文林郎守南康軍都昌縣令裴士章職官知縣　蘇魏公集 30/10b

～士傑

裴士傑可太常寺太祝制　文恭集 14/23a

～化麟

內殿承制蔡州兵馬都監裴化麟可左千牛衞將軍權判右金吾衞仗公事制　元憲集 24/7a

～令孫

太府卿權西京留守御史臺裴莊男令孫可將仕郎試將作監主簿制　文莊集 2/5a

～良琰

裴良琰轉秉義郎除閤門祗候制　東牟集 7/6b

～見素

裴見素可國子博士制　文恭集 15/17b

～　伸

裴伸授官　育德堂外制 1/16a

～宗元

儒林郎裴宗元可醫學博士制　摘文集 5/7b

～　坦

唐晉國公裴度五代孫坦可鄭州助教制　文莊集 2/19b

～　信

裴信贈三官制係與金人見陣陣沒　紫微集 18/7b

～禹錫

中奉致仕裴禹錫可殿中丞致仕　韓南陽集 17/2b

～　衍

裴衍轉遂郡刺史　張華陽集 2/7b

～　耕

裴耕可殿中丞制　文恭集 14/19a

～　景

皇城使裴景知慈州　蘇東坡全集/外制下/3a

～　絢

入內右騏驥使裴絢可轉一官制　摘文集 7/6b

～　煜

父裴某　集賢校理裴煜父可贈尚書都官郎中制　郢溪集 5/11a

～　願

前邵州新平縣令裴願可大理寺丞制　景文集 31/9b

～德興

太常寺奉禮郎裴德興可大理評事制　文莊集 2/3b

洛苑使裴德興可英州刺史制　華陽集 30/12a

～　鐸

裴鐸爲殺獲賊首盧成生擒龔利勝等轉一官制　紫微集 12/6a

裴鐸爲討捕李朝賊盡靜轉一官制　紫微集 12/12a

蒲士隆

都水監飮料後行蒲士隆可孟州司馬　蘇魏公集 32/13b

～良顯

蒲良顯降官制　梅溪集 5/34b

～　白

潼川路提刑蒲白修城轉官制　襄陵集 1/17a

～宗孟

中大夫尚書左丞蒲宗孟追封三代并進封妻制

曾祖蒲潁士　曾祖潁士贈太子少保　元豐稿 21/3a

曾祖母鮮于氏　曾祖母鮮于氏追封大寧郡太夫人　元豐稿 21/3b

祖蒲伸　祖伸贈太子少傅　元豐稿 21/3b

祖母陳氏　祖母陳氏追封蜀郡太夫人　元豐稿 21/4a

繼祖母朱氏　繼祖母朱氏封閬中郡太夫人　元豐稿 21/4a

父蒲師道　父師道贈太子少師　元豐稿 21/4b

母陳氏　母陳氏追封潁川郡太夫人　元豐稿 21/4b

妻陳氏　妻陳氏封河東郡夫人　元豐稿 21/5a

資政殿學士知杭州蒲宗孟可知鄆州制　彭城集 21/21a

資政殿學士知鄆州蒲宗孟可知河中府制　彭城集 23/12a

～宗閔

蒲宗閔知興元府　樂城集 30/6a

～　彥

蒲彥爲措置殺捉王關郭守忠賊馬收復歸了當等立功轉承節郎換給制　紫微集 13/2a

～　述

故歸德郎將蒲麻勿男述可特授懷化郎將制

王魏公集 2/11a

～南强

蒲南强落致仕差知茂州制　平齋集 21/12b

～待聘

蒲待聘降兩資　益國文忠集 96/12b　益公集 95/41a

～　畢

占城國進奉使蒲畢率等加官制　襄陵集 2/1a

～　榮

蒲榮循資制　東牟集 7/36a

～擇之

奉議郎直秘閣權發遣閩州蒲澤之除直寶章閣利州路提刑兼提舉制　梅溪集 5/16a

～霞辛

占城國進奉判官蒲霞辛可保順郎將　樊城集 28/7b

～　贊

蒲贊湖北運判　苕溪集 44/1a

蒲察久安

大同軍節度使提舉萬壽觀蒲察久安進封開國侯加食邑實封制　盤洲集 11/10a　益國文忠集 102/4a　益公集 102/58b

蒲察久安郊祀加恩　益國文忠集 112/4b

蒲察久安明堂制　玉堂稿 2/3a

～　氏

故太傅蒲察久安女碩人乞用父遺表恩澤封郡夫人　宋本攻媿集 30/24a　攻媿集 34/22a

蓋天祐

蓋天祐贈成忠郎制　四庫拾遺 336/鶴林集

～　平

奏舉人前寧海軍節度判官蓋平可殿中丞制　元憲集 21/5b

～巨源

登州文登縣令蓋巨源可太子中舍致仕制　歐陽文忠集 80/9a

～　成

蓋成授承信郎制　紫微集 11/8a

～　城

蓋城轉保義郎制　紫微集 12/1a

～　演

西綾錦副使兼翰林醫官副使蓋演可轉一官制　摘文集 7/14a

軍器庫副使兼醫官副使蓋演可轉一官制　摘文集 7/15b

閩人武子

閩人武子改官　張華陽集 4/10a

～　鈞

僞同知號州軍州事閔鈞補承信郎制　平齋集 21/21b

管　思

管思可度支員外郎制　大隱集 2/6a

～師仁

管師仁除謀官制　道鄉集 18/9a

樞密直學士朝請大夫知定州管師仁可左朝議大夫依前樞密直學士候今任滿日令再任制　摘文集 6/7b

朝奉大夫試尚書工部侍郎管師仁可轉一官制　摘文集 7/12b

～　湛

管湛大理簿　育德堂外制 4/7a

～朝宗

管朝宗可庫部員外郎制　文恭集 15/7a

熊允悲

熊允悲追復朝奉郎制　四庫拾遺 401/鶴林集

～　本

熊本著作佐郎制　臨川集 51/10b　王文公集 11/6a

新差知越州熊本可知杭州制　彭城集 21/14b

熊本降授朝散大夫　樊城集 29/11a

知洪州熊本知越州制　曲阜集 3/7a　宋文鑑 40/15a

～同文

屯田郎中知臨江軍熊同文可都官郎中餘如故制　文莊集 2/10a

～自成

殿中丞熊自成可國子博士制　文莊集 2/4a

～希賢

醫官熊希賢可轉一官制　摘文集 7/15a

～　武

熊武閤門舍人　育德堂外制 1/12b

～彥詩

熊彥詩除西京運判　海陵集 14/2a

～　皐

朝散郎熊皋可知泰州制　彭城集 21/9b

～誠

熊誠與遂郡上轉一官制　東牟集 7/24b

翟文簡

翟文簡贈三官制後與金人見陣陣沒　紫微集 18/7b

～汝文

龍圖閣學士朝議大夫致仕翟汝文翰林學士　程北山集 24/8a

翰林學士翟汝文兼侍讀　程北山集 26/8b

翟汝文除翰林學士承旨　程北山集 26/13a

翟汝文降兩官制　浮溪集 9/9b　浮溪集/附拾遺 9/109

翟汝文落致仕提舉臨安府洞霄宮　筠溪集 4/1a

～延祚

歙州推官觀察翟延祚可水部員外郎　徐公集 8/13a

～易

書藝局藝學翟易可轉一官制　摘文集 8/5b

～思

翟思太學博士制　元豐稿 20/6b　宋文鑑 39/6a

祠部員外郎翟思可殿中侍御史制　彭城集 20/4b

承議郎翟思可祠部員外郎制　彭城集 23/17a

翟思知泉州　蘇東坡全集/外制下/9a

～師中

承議郎翟師中可轉一官制　摘文集 8/5a

～敦仁

宣德郎翟敦仁可轉一官制　摘文集 7/9b

～琮

翟琮守利州觀察使致仕制　東窗集 6/4a

翟琮贈承宣使制　東窗集 14/5b

翟琮知壽春府　張華陽集 8/7b

父翟興　利州觀察使翟琮故父興可特贈少傅制　紫微集 20/14b

母聶氏　母聶氏可特封越國太夫人制　紫微集 20/14b

～朝宗

翟朝宗降授州團練使制　鶴林集 9/13b

翟朝宗敘復潭州觀察使致仕制　鶴林集 9/16a

～朝宗

父翟顯　翟朝宗弟崇故父顯贈保康軍節度使制　鶴林集 10/18b

母杜氏　翟朝宗嫡母杜氏贈信安郡夫人制　鶴林集 10/19a

～楷

將仁郎翟楷因紹興十九年六月進書得轉一官資賞今循右從政郎　益國文忠集 94/3b　益公集 97/92b

～棻

翟棻授保義郎　育德堂外制 4/15a

～興

武節大夫河南府孟汝唐州鎮撫使翟興武功大夫遙郡防禦使　程北山集 24/2b

翟興贈節度使　張華陽集 2/3b

～繁

翟繁降授承議郎制　四庫拾遺 380/鶴林集

蕭　均

歸順蕭均轉官制　蒙齋集 9/10a

綽　爾

綽爾授承信郎制　襄陵集 1/3a

綱朗凌

綱朗凌陣亡恩澤勅　襄陵集 3/2a

障　羅

慶州蕃部羅泥男障羅可銀青光祿大夫檢校國子祭酒兼監察御史武騎尉制　四庫拾遺 8/元憲集

十五畫

潘太初

母某氏　監察御史潘太初母封太君　咸平集 28/4a

～及甫

潘及甫著作佐郎制　臨川集 51/12b

～立

都虞侯潘立換秉義郎制　東窗集 10/8b

～正夫

除潘正夫特授檢校少保依前昭化軍節度使駙馬都尉充禮泉觀使加食邑食實封封如故制　北海集 7/10a

曾祖潘承允 檢校少保潘正夫故曾祖承允可特贈太師制 紫微集 15/1a

曾祖母王氏 故曾祖母王氏可特贈荊國夫人制 紫微集 15/1b

祖潘考存 故祖考存可特追封濟國公制 紫微集 15/2a

祖母孫氏 故祖母孫氏可特贈周國夫人制 紫微集 15/2a

祖母陳氏 故祖母陳氏可特贈唐國夫人制 紫微集 15/2b

祖母趙氏 故祖母趙氏可特贈雍國夫人制 紫微集 15/3a

祖母江氏 故祖母江氏可特贈秦國夫人制 紫微集 15/3a

父潘緖 故父緖可特追封景國公制 紫微集 15/3b

~ 田

潘田爲自密州將家遠來歸正並供到京東事特與補正承節郎制 紫微集 19/14a

~ 用中

醫官潘用中可轉一官制 摘文集 7/12a

~ 汝楫

潘得臣男汝楫補官制 于湖集 19/13a

~ 因

潘因刑部員外郎制 大隱集 2/3a

~ 全令

潘全令轉官 苕溪集 39/3b

~ 先之

權易副使兼翰林醫官副使潘先之可特轉一官制 摘文集 7/16a

~ 自顯

潘自顯降授通直郎制 四庫拾遺 387/鶴林集

~ 凤

潘凤轉官知桂州制 臨川集 49/10b 王文公集 12/5b

~ 行

潘行可通判隨州制 彭城集 22/3b

~ 兌

兵部侍郎潘兌除吏部侍郎制 翟忠惠集 3/21a

~ 良能

潘良能除秘書省正字制 東窗集 8/10a

~ 良貴

潘良貴考功郎官 程北山集 24/5b

吏部員外郎潘良貴左司員外郎 程北山集 27/7a

父潘祖仁 左朝散郎充徵歡閣待制潘良貴故父祖仁可特贈朝奉大夫制 紫微集 20/15a

母施氏 母施氏可特贈令人制 紫微集 20/15b

潘良貴秘書少監 斐然集 13/7a

潘良貴起居郎 斐然集 14/7a

~ 良器

潘良器兵部員外郎制 元豐稿 20/4a

~ 泳一作詠

著作佐郎潘泳磨勘改官制 歐陽文忠集 81/2b

~ 宗益

史館書直官潘宗益可梓州司户參軍制 歐陽文忠集 81/2b 宋文鑑 37/10a

~ 林

遂選潘林爲敕令所編修在京通用條册成書係本所供檢文字等轉一官制 紫微集 12/2b

~ 長卿

武功大夫榮州團練使潘長卿落階官制 東窗集 6/22a

潘長卿轉一官遷團練使 張華陽集 7/4b

~ 昌期

吳國大長主孫昌期補官 歸愚集 8/1b

~ 明仲

將仕郎潘明仲除武學博士制 翟忠惠集 3/4b

~ 邵

潘邵轉閣門宣贊舍人制 東窗集 7/4a

~ 美

責潘美制雍熙三年八月辛亥 宋詔令集 94/34b

~ 弦

潘弦循右儒林郎制 楳溪集 4/27b

~ 迪

校尉潘迪保義郎 孫尚書集 25/10b

~ 迴

朝請郎刑曹參軍潘迴可開封府右司錄制 摘文集 5/5b

~ 淡

潘淡叙右武大夫濟州防禦使制 東牟集 8/1b

~ 涓

潘涓太學博士 育德堂外制 2/12b

~ 珏

供備庫使兼通事舍人潘玥可轉一官制　摘文集 7/16b

～真

潘真降官　歸愚集 7/3a

～致堯

潘致堯轉五官　張華陽集 2/7a

～晉孫

潘晉孫降授承議郎制　四庫拾遺 379/鶴林集

～時美

母孔氏　承節郎潘時美婦母孔氏年九十一歲封孺人　宋本攻媿集 30/4a　攻媿集 34/4a

～特淙

潘特淙右司郎官　苕溪集 43/1a

～師尹

閣門看班祇候潘師尹爲供職歲久祇應詳熟特與依例落看班二字　益國文忠集 94/7b　益公集 94/16a

～師旦

閣門看班祇候潘師旦爲供職歲久祇應詳熟特與依例落看班二字　益國文忠集 94/7b　益公集 94/16a

潘師旦罷閣職轉一官　西垣稿 1/10b

～師禹

潘師禹授承宣使　育德堂外制 2/15a

～務本

翰林醫學富州龍平縣主簿潘務本可少府監主簿餘如故　蘇魏公集 31/11b

～處常

和州司馬潘處常可金部郎中　徐公集 8/3a

～莘

潘莘除樞密院檢詳　海陵集 19/3a

～温卿

潘温卿加官制　東牟集 7/25a

～淙

潘淙降官制　楳埜集 5/35b

～喜

忠翊郎添差福州指使潘喜降官制　瀘庠集 6/4b

～景

潘景直秘閣致仕制　盤洲集 22/8a

～景珪

潘景珪大理評事制　盤洲集 22/3a

潘景珪知湖州　宋本攻媿集 33/16b　攻媿集 37/16a

～凱

潘凱除華文閣待制知漳州　後村集 69/13a

叙復朝請郎新除華文閣待制改差知太平州軍州事潘凱磨勘轉朝奉大夫　後村集 69/17b

～凱風

朝請郎寶謨閣待制提舉江州太平興國官潘凱風贈父

父潘勝之　故父勝之已贈通直特贈朝散郎　後村集 73/6a

～慈明

國子監主簿潘慈明可太常寺主簿制　范成大佚著/92

～瑞卿

潘瑞卿降官　歸愚集 8/1a

～達一作達

潘達特轉東上閣門使依舊遂郡刺史制　摘文集 5/2a

～粹卿

武功大夫惠州團練使潘粹卿落階官制　東窗集 6/22b

潘粹卿轉一官遷團練使　張華陽集 7/4b

～綬

光祿卿潘珍遺表男綬可試秘書郎　蘇魏公集 32/12a

～襲

潘襲爲敵人入侵順昌係在城守禦者轉一官資制　紫微集 12/5b

～璋

承信郎潘璋可閣門祇候制　浮溪集 8/17b　浮溪集/附拾遺 8/100

～樞

倉部郎官潘樞除大理少卿詔　洛水集卷首/1b　新安文獻 2/3b

～壝

潘壝少府兼太子侍講　後村集 66/9a

潘壝除秘書監兼國史兼太子侍讀　後村集 70/9a

～撫

承節郎旰眙軍指使潘撫權淮河監渡不職降一官放罷　止齋集 12/3a

～興

潘興贈兩官與恩澤一資更與一名守閣進義副尉承節郎制係宿州陣亡官兵　紫微集

19/21a

~ 臨

閤門看班祇候潘臨可轉一官罷閤門看班祇候制　摘文集 5/11b

~ 謹燕

潘謹燕係迎敵金兵拖殺入河大獲勝捷內有陣殞人欲贈遂郡防禦使　紫微集 18/5a

~ 羅溪

潘羅溪除忠州刺史充湟州管界部都巡檢制　摘文集 5/6a

~ 璣

閤門祇候潘璣落看班　宋本攻媿集 30/21b　攻媿集 34/20a

談　沐

談沐降授儒林郎制　四庫拾遺 369/鶴林集

諸葛十朋

諸葛十朋除大理寺司直制　平齋集 23/14b

~ 真一作冥

睦州司理參軍諸葛真授試秘書省校書郎制　蔡忠惠集 9/15b

~ 琰

諸葛琰特授儒郎制　四庫拾遺 362/鶴林集

論戢巴

論戢巴柯族軍主制　元豐稿 22/5b

鄭一倩

殿中丞鄭一倩可國子博士　韓南陽集 16/5a

~ 士昌

鄭士昌贈寶謨閣侍制　後村集 61/6b

父鄭少師　父少師乞以進書轉太保一官回授　後村集 61/6b

~ 士彥

鄭士彥除史部員外郎制　大隱集 2/1a

~ 士衡

前權知果州團練判官鄭士衡可著作佐郎制　蘇魏公集 34/4a

~ 士懿

鄭士懿太學正　後村集 61/9a

~ 大有

鄭大有除軍器少監　後村集 70/1a

~ 大淫

鄭大淫授承信郎制　四庫拾遺 346/鶴林集

~ 大節

鄭大節升直寶章閣添差沿海制置司參議官　後村集 70/1b

~ 才

中丞鄭才轉官制　鄖溪集 6/4a

~ 久中

中書舍人鄭久中可除給事中制　摘文集 4/3a

給事中鄭久中可殿中監制　摘文集 4/7a

承議郎試殿中監鄭久中可朝奉郎依前試殿中監制　摘文集 4/7a

~ 子奇

西京左藏庫使新差高陽關路走馬承受公事鄭子奇可遂郡刺史制　摘文集 5/3b

~ 子捷

前利州司戶鄭子捷可揚州參軍　咸平集 29/2a

~ 斗祥

鄭斗祥除太學録制　平齋集 23/16a

~ 元亨

鄭元亨承信郎　鴻慶集 25/9a　孫尚書集 27/1a

~ 公顯

浙西提舉鄭公顯改除湖南提舉　止齋集 17/11b

宗正丞鄭公顯浙西提舉　宋本攻媿集 35/4a　攻媿集 39/3b

~ 升之

鄭升之正字制　盤洲集 21/4a

~ 允中

工部尚書鄭允中除禮部尚書制　翟忠惠集 3/21b

~ 立

鄭立改官臨安府知縣差遣制　盤洲集 24/12b

~ 立道

迪功郎鄭立道循丞直郎　後村集 67/9b

~ 永立

茶園班殿侍鄭永立可三班借職制　摘文集 8/7b

~ 永和

太樂局院官鄭永和授金城縣主簿制　鄖溪集 6/10a

~ 玉

太常寺太樂局籍色色長鄭玉可太常寺太樂

局副樂正　韓南陽集 16/5b

~可度

鄭可度可內殿承制制　文恭集 13/2a

~　丙

鄭丙湖南提舉常平制　盤洲集 24/1b

端明殿學士正奉大夫致仕鄭丙贈四官　宋　本攻媿集 34/14a　攻媿集 38/13a

鄭丙除吏部尚書　西垣稿 1/1b

~　旦

復州録事參軍鄭旦太子中舍致仕制　臨川集 53/9a

~民先

檢校水部員外郎充秀州團練副使鄭民先可依前檢校官充昭慶軍節度行軍司馬不得簽書公事　蘇魏公集 34/10b

~民表

鄭民表大理寺丞制　臨川集 51/14b

~民犇

知杭州錢塘縣鄭民犇可光祿寺丞制　華陽集 29/12b

~汝平

前杭州於潛縣令鄭汝平可著作佐郎　韓南陽集 16/8a

~汝諧

宗正少卿鄭汝諧奉使回侍轉一官　止齋集 11/8b

宗正少卿鄭汝諧右文殿修撰知池州　宋本攻媿集 34/11a　攻媿集 38/18a

~守仁

修職郎鄭守仁賀正旦使親屬循一資　宋本攻媿集 35/20b　攻媿集 39/19b

~守忠

授鄭守忠光祿大夫依前檢校戶部尚書寧遠軍節度使殿前副都指揮使加食邑實封制　元憲集 26/12a

母某氏　帥臣鄭守忠追封母制　元憲集 26/17a

妻某氏　帥臣鄭守忠妻進封郡君制　元憲集 26/19b

~安之

鄭安之降授修職郎制　四庫拾遺 306/翰林集

~　朴

鄭朴除起居郎制　東窗集 10/2b

~有章

鄭有章可比部郎中制　文恭集 16/9b

~有斐

鄭有斐可國子監丞致仕制　文恭集 20/7b

~成之

妻王氏　鄭成之故妻王氏贈越國夫人制　橫塘集 7/16b

~　先

太常博士鄭先可屯田員外郎　韓南陽集 16/7b

~仲度

鄭仲度降授宣義郎制　四庫拾遺 296/翰林集

~仲熊

鄭仲熊復龍圖閣學士　益國文忠集 96/15a　益公集 94/23b

鄭仲熊與復龍圖閣學士見任宮祠人依舊　益公集 94/23a

~　羽

叙復奉直大夫鄭羽升直寶閣淮東提舉　後村集 66/4b

~　如

將仕郎鄭如回程各轉一官　止齋集 11/9a

~孝友

武節郎御前祗應鄭孝友應奉有勞特轉一官　止齋集 11/5b

~　扑

鄭扑推埰子轉一官制（係皇城使點檢文字）　東牟集 7/27a

~邦哲

上殿人鄭邦哲與循兩資令還任　苕溪集 44/2a

~延樞

左拾遺鄭延樞可清江縣令賜緋　徐公集 8/4b

~　伸

比部員外郎鄭伸可駕部員外郎制　臨川集 50/9b

~作肅

鄭作肅除直秘閣　張華陽集 5/5a

~伯謙

大理寺丞鄭伯謙差知常德府提舉德潭辰沅靖州兵馬制　平齋集 18/5a

~宗孟

鄭宗孟轉官制　橫塘集 7/7a

~宗勵

鄭宗勵可大理寺丞制　文恭集 14/5b

~　協

鄭協秘撰廣東運副　後村集 64/4a

~ 性之

鄭性之除資政殿大學士知紹興府浙東安撫使制　東澗集 5/15a

左諫議大夫鄭性之明堂加恩制　平齋集 17/15a

左諫議大夫鄭性之除端明殿學士簽書樞密院事同提舉編修經武要翟進封加食邑實封制　平齋集 18/12b

僉書樞密院事鄭性之贈三代

曾祖鄭可大　故曾祖可大贈太子少保制　平齋集 19/5a　鶴林集 10/9b

曾祖母陳氏　故曾祖姑陳氏贈咸寧郡夫人制　平齋集 19/5b　鶴林集 10/9b

祖鄭獎．故祖獎贈太子少傅制　平齋集 19/6a　鶴林集 10/10a

祖母陳氏　故祖姑陳氏贈齊安郡夫人制　平齋集 19/6b　鶴林集 10/10b

父鄭汝永　故父汝永贈太子少師制　平齋集 19/6b　鶴林集 10/11a

母黃氏　故母碩人黃氏贈宜春郡夫人制　平齋集 19/7a　鶴林集 10/11b

妻潘氏　故妻碩人潘氏贈清河郡夫人制　平齋集 19/7b　鶴林集 10/12a

簽書樞密院事鄭性之除同知樞密院事加食邑四百戶制　平齋集 23/6b

鄭性之授兼侍讀制　鶴林集 7/6b

~ 叔熊

追官勒停人鄭叔熊可試國子四門助教不理選限　蘇魏公集 32/12b

~ 昉

鄭昉國子録　育德堂外制 4/8b

鄭昉太學博士　育德堂外制 4/12b

~ 旺

曹家莊陣亡贈官進義副尉鄭旺贈承節郎與一子進勇副尉　益國文忠集 98/6a　益公集 98/112b

~ 知白

秀州録事參事鄭知白可大理寺丞制　文莊集 2/3a

~ 知剛

鄭知剛降官制　東牟集 8/8a

鄭知剛除宗正寺簿　海陵集 18/6a

鄭知剛除浙東提舉　海陵集 18/5a

鄭知剛除太府寺丞　海陵集 18/2a

~ 佶

鄭佶都水監丞　樂城集 27/14a

~ 侂

新差知單州鄭侂可知懷州　彭城集 21/13a

鄭侂知單州　樂城集 30/7a

~ 奭

大理寺丞通判邕州鄭奭可太子中舍制　元憲集 23/9a

~ 居中

翰林學士鄭居中可轉兩官制　摘文集 7/13a

鄭居中除同知樞密院諮　摘文集 9/2b

鄭居中少保太宰兼門下侍郎制　宋詔令集 58/294

鄭居中起復制　宋詔令集 58/295

鄭居中進少傅制　宋詔令集 64/314

鄭居中罷相行服制　宋詔令集 70/339

~ 居簡

內侍鄭居簡官觀制　道鄉集 16/5a

~ 彥

偽明威將軍鄭彥補承信郎制　平齋集 21/21b

~ 炳

鄭炳可屯田員外郎制　文恪集 15/14b

~ 恢先

鄭恢先權授從義郎制　四庫拾遺 333/鶴林集

~ 昂

司門員外郎鄭昂駕部員外郎徐畋兩易制　翟忠惠集 3/9a

~ 思廉

武顯大夫御前軍同統制軍馬鄭思廉解圍原州陣亡特贈六官與六資恩澤合贈拱衛大夫遙郡團練使　益國文忠集 98/1a　益公集 98/114b

~ 思誠

鄭思誠右丞事郎自盜官酒入己特降兩官衝替制　紫微集 13/14b

~ 修

著作佐郎監洪州酒稅鄭修可秘書丞制　元憲集 24/1b

~ 修年

監登聞檢院鄭修年除直秘閣提點體泉觀制　翟忠惠集 2/24a

~ 俊

鄭俊併差出幹事轉一資制係楊沂中奏　紫微集 13/6b

~ 祥

馬回山下陣亡贈官武節郎成都府等路第一副將嘉州駐劄鄭祥贈兩官與一資恩澤　益國文忠集 98/6b　益公集 98/113a

~ 益

鄭益換官制　東牟集 7/7b

~ 珪

新授齊州章丘縣尉鄭珪瀛州司户參軍制　臨川集 55/4a

~ 琪

晉康郡主潘氏夫鄭琪轉右承事郎制　東窗集 13/5b

~ 起潛

鄭起潛授太學博士制　鶴林集 7/22a

~ 禹

鄭禹除宗正寺　苕溪集 42/1b

~ 晉

虔州信豐縣令鄭晉獲盜可大理評事判　郡漢集 3/8b

~ 挺

鄭挺爲自行在至關陝道途萬里備見忠勞轉承信郎換給制　紫微集 18/7a

~ 剛中

鄭剛中秘書少監　苕溪集 38/1a

鄭剛中充陝西宣諭司參謀官　苕溪集 41/1a

鄭剛中復左朝散郎制　東窗集 13/22b

鄭剛中轉官制　梅溪集 4/22b

父鄭卞　權尚書禮部侍郎鄭剛中故父卞可特贈奉議郎制　紫微集 20/6b

母盛氏　盛氏可特贈令人制　紫微集 20/7b

妻石氏　妻石氏可特封令人制　紫微集 20/8a

敍左文林郎鄭剛中　何北山集卷末/1a

敍左宣議郎守尚書考功員外郎　何北山集卷末/2b

敍特封榮陽縣開國男食邑三百户　何北山集卷末/3b

忠愍公樞密都承旨兼詳定一司勅令　何北山集卷末/6a

敍追復資政殿學士贈左中大夫　何北山集卷末/7a

~ 務先

濮州鄄城縣尉鄭務先可冀州棗强縣令　西漢集 4(三沈集 1/80a)

~ 紓

狄青奏平變賊有陣前陣內使喚得力人都官員外郎鄭紓可職方員外郎制　蔡忠惠集 10/4a

~ 清之

特進左丞相兼樞密使鄭清之特授觀文殿大學士體泉觀使兼侍讀制　東澗集 4/3b　南宋文範 11/10a

光祿大夫右丞相兼樞密使鄭清之可特授特進拜左丞相兼樞密使加食邑食實封制　平齋集 16/1a

鄭清之加恩制　鶴林集 5/12b

鄭清之依前太傅左丞相兼樞密使魏國公加食邑食實封制　後村集 54/1a

~ 寅

鄭寅除直寶章閣致仕制　東澗集 5/10a

工部郎中鄭寅除尚左郎官制　平齋集 18/18a

鄭寅授左司郎中兼樞密副都丞旨制　鶴林集 6/15b

~ 家

鄭家左諫議大夫　後村集 60/1b

~ 望之

鄭望之吏部侍郎制　大隱集 1/19b

鄭望之工部侍郎制　大隱集 1/23a

鄭望之復徽獻閣待制制　東牟集 7/13b

鄭望之落致仕召赴行在　海陵集 16/8b

徽獻閣直學士左朝散大夫致仕鄭望之上遺表特贈四官　益國文忠集 97/6a　益公集 95/45b

~ 惟憩

左藏庫副使鄭惟憩服闕　蘇魏公集 33/6a

~ 崇德

鄭崇德可太子中舍人致仕制　文恭集 20/5b

~ 倩

鄭倩可太常博士制　文恭集 15/17a

~ 逢辰

鄭逢辰將作監簿制　平齋集 21/19b

鄭逢辰直寶章閣依舊江西提刑兼知贛州　後村集 61/5a

鄭逢辰除宗正丞兼金部郎官制　四庫拾遺 407/東澗集

~ 畫

鄭畫知瓊州制　蒙齋集 9/19a

~ 紳

鄭紳可東頭供奉官依舊閤門祗候制　道鄰

集 15/2b

福州管內觀察使鄭紳可除安德節度觀察留後制 摘文集 4/10b

~ 滋

父鄭集成 顯謨閣直學士鄭滋故父集成可特贈銀青光祿大夫制 紫微集 20/16b

母李氏 故母李氏可特贈薪春郡夫人制 紫微集 20/17a

鄭滋顯謨閣學士宮祠 斐然集 12/11b

~ 混

倉部郎官鄭混大理少卿 宋本攻媿集 35/23b 攻媿集 39/22a

~ 敦臨

右監門衛大將軍世閒第三女婿鄭敦臨可將作監門主簿制 王魏公集 3/14b

~ 惠

入內鄭惠轉官制 襄陵集 1/15b

~ 雄

鄭雄換補官制 鄴峰錄 6/14b

~ 雄飛

鄭雄飛起居舍人 後村集 66/3b

鄭雄飛除權戶部侍郎 後村集 68/16b

故朝議大夫新除權戶部侍郎致仕鄭雄飛贈通議大夫 後村集 75/16a

~ 揚祖

鄭揚祖降授朝散郎制 四庫拾遺 355/翰林集

~ 景龍

鄭景龍降授迪功郎制 四庫拾遺 301/翰林集

~ 循

南劍州判官新辟差知贛州安遠縣鄭循降儕林郎 鐵莊集 6/2b

~ 發先

鄭發先封父母制 蒙齋集 8/9a

~ 綽

借職閤門祇候鄭綽可右班借職依前閤門祇候制 摘文集 5/11a

吏部員外郎鄭綽轉朝散郎制 翟忠惠集 4/3a

吏部員外郎鄭綽轉朝請郎制 翟忠惠集 4/4a

~ 雍

尚書祠部員外郎秘閣校理鄭雍可度支員外郎 蘇魏公集 32/2b

鄭雍落職制 宋詔令集 209/785

鄭雍追復官制 宋詔令集 222/855

~ 煥宗

鄭煥宗授武德郎依舊閤門宣贊舍人制 翰林集 8/8a

~ 戩

知福州長溪縣鄭戩可太子中舍制 元憲集 24/2b

~ 蛟

鄭蛟洗馬致仕 西溪集 6(三沈集 3/34a)

~ 暉

承議郎鄭暉可武德郎制 翟忠惠集 4/4b

~ 僅

鄭僅可通議大夫致仕制 翟忠惠集 2/26b

~ 賓

采石立功人轉官鄭賓轉遂郡刺史 益國文忠集 95/5b 益公集 96/57b

~ 毅

鄭毅贈七官制 浮溪集 10/12b 浮溪集/附拾遺 10/122

鄭毅除中丞制 毘陵集 8/4b

曾祖鄭仁顯 鄭樞密封贈曾祖制 大隱集 3/17b

曾祖母某氏 贈曾祖母制 大隱集 3/18a

祖鄭嵩 贈祖制 大隱集 3/18b

祖母某氏 贈祖母制 大隱集 3/19a

父鄭鎮 贈父制 大隱集 3/19b

母游氏 贈母制 大隱集 3/20a

妻張氏 封妻制 大隱集 3/20b

~ 僑

顯謨閣學士降授通奉大夫知建康府鄭僑舉淳安令舒光改官不當降官滿一期叙復正議大夫 止齋集 14/8b

正奉大夫吏部尚書兼侍讀莆田縣開國男食邑二百戶鄭僑明堂加恩進封開國子加食邑二百戶 止齋集 15/10a

知福州鄭僑知建康府 宋本攻媿集 32/10b 攻媿集 36/10b

知建康府鄭僑吏部尚書 宋本攻媿集 35/9a 攻媿集 39/8b

新除吏部尚書鄭僑龍圖閣學士依舊知建康府 宋本攻媿集 35/15a 攻媿集 39/14a

在外大中大夫以上官知州府該覃恩轉官龍圖閣學士正議大夫知建康府鄭僑 宋本攻媿集 36/23a 攻媿集 40/22a

知建康府鄭僑吏部尚書 宋本攻媿集 37/4b

攻媿集 41/4a

～僑年

鄭僑年江東提舉茶鹽 苕溪集 42/2a

鄭僑年除浙西提舉茶鹽 東窗集 6/17a

鄭僑年江東運判制 東牟集 7/4b

～ 綬

借職閣門祗候鄭綬可右班借職依前閣門祗候制 攝文集 5/11a

～ 璋

左藏庫副使鄭璋可依前左藏庫副使閣門通事舍人制 攝文集 6/5a

～餘懿

宮苑副使兼閣門通事舍人鄭餘懿可西上閣門副使制 鄞溪集 4/3a

～億年

鄭億年除資政殿大學士提舉在外宮觀制 東窗集 6/18b

妻韓氏 資政殿大學士左朝請郎提舉臨安府洞霄宮鄭億年故妻韓氏贈咸安郡夫人制 東窗集 9/15b

鄭億年除提舉禮泉觀兼侍讀制 東窗集 13/15a

～德年

鄭德年永祐陵殯宮復按使轉左朝請郎制 東窗集 13/11b

～德明

吏部流外銓勒留官涿州固安簿鄭德明可陳州項成簿 咸平集 28/10a

～ 諫

入內崇班鄭諫可轉一官制 攝文集 7/5a

奉聖旨内侍鄭諫恬退自守不妄干進特除和州觀察使制 大隱集 3/11b

鄭諫差隨郭仲荀前去東京特與橫行上轉一官 苕溪集 38/2a

～ 鸏

虞部員外郎鄭鸏可職方員外郎 蘇魏公集 34/2a

～ 毅

左承議郎鄭毅除御史臺主簿 苕溪集 44/2a

～ 曄

試大理評事前保信軍節推鄭曄可大理寺丞 西溪集 5(三沈集 2/6a)

～ 穆

鄭穆太常博士制 臨川集 51/4b 王文公集 12/2b

國子祭酒集賢校理鄭穆可直集賢院充諸王府侍講制 彭城集 22/11b

～ 辨

鄭内翰辨行應奉山陵加食邑恩告詞龍學知鄭州時 龍學集 12/6a

前鄉貢進士鄭辨可將作監丞通判陳州制 華陽集 29/15b

～ 隨

秘書省著作佐郎鄭隨可秘書丞制 文莊集 1/20a

鄭隨可屯田郎中制 臨川集 50/7a

～ 擢

鄭擢降奉議郎 育德堂外制 2/15a

～ 璣

鄭璣除大理評事 後村集 71/4a

～ 璪

應辨中宮册寶鄭璪轉一官制 東窗集 8/16b

鄭璪除大理寺丞 海陵集 19/2a

～ 燕

都官員外郎勾當法酒庫鄭燕可職方員外郎 西溪集 5(三沈集 2/21a)

～ 顒

屯田員外郎鄭顒可都官員外郎 蘇魏公集 30/5a

～ 藻

除鄭藻加食邑制 海陵集 11/8b

曾祖鄭甫 保信軍節度使鄭藻贈曾祖甫 益國文忠集 97/6b 益公集 95/33b

曾祖母劉氏 鄭藻曾祖母韓魯國夫人劉氏贈鎮楚國夫人 益國文忠集 97/7b 益公集 95/33b

祖鄭紳 鄭藻祖任太師鎮南軍節度使充中太一宮使樂王鄭鑑僖靖追封長樂郡王紳特追封南陽郡王 益國文忠集 97/7b 益公集 95/35a

祖母李氏 鄭藻祖母陳國夫人李氏特贈漢國夫人 益國文忠集 97/8a 益公集 95/35a

父鄭翼之 鄭藻故父任檢校少保陞海軍節度使榮陽郡開國公謚榮恭贈太師追封吳國公翼之追封越國公 益國文忠集 97/8b 益公集 95/35b

太師保信軍節度使充萬壽觀使武功郡開國公食邑五千五百戶食實封一千七百戶鄭藻加食實封二百戶制 益國文忠集 102/3a

862 詔令一 制詞 臣僚 十五畫

益公集 102/56b

保信軍節度使開府儀同三司充萬壽觀使武功郡開國公食邑□千□百戶食實封□千□百戶鄭藻進封榮國公加食邑五百戶食實封三百戶制 益國文忠集 102/13a 益公集 102/68b

保信軍節度使開府儀同三司充萬壽觀使榮國公食邑□千□百戶食實封□百戶鄭藻加食邑五百戶食實封三百戶制 益國文忠集 103/18b 益公集 103/96a

鄭藻明堂加恩制 玉堂稿 2/1b

鄭藻郊祀加恩 益國文忠集 112/3b

鄭藻慶壽加恩 益國文忠集 112/5a

~ 繼功

福建提刑盧彥德奏泉州從政郎鄭繼功符同結錄更不駁正繼功特降兩資放罷 止齋集 14/6a

~ 變

鄭變可著作佐郎制 文恭集 12/8b

~ 驤

贈通議大夫鄭驤謚威愍 程北山集 26/14b

~ 氏念八

紅霞嶨鄭念八轉尚字制 東窗集 10/20a

樓 光

宣德郎樓光可轉一官制 攻文集 7/9b

~ 异

朝奉大夫樓异除直秘閣制 翟忠惠集 3/15a

~ 杓

樓杓除軍器監簿制 平齋集 18/23a

~ 昉

樓昉贈直龍圖閣制 平齋集 21/3a

~ 炤

樓炤兵部郎官 程北山集 24/5b

樓炤除翰林學士 苕溪集 36/4b

樓炤除兼侍讀 苕溪集 39/2b

樓炤磨勘轉左朝奉大夫 苕溪集 40/1b

樓炤除端明殿學士簽書樞密院事 苕溪集 40/2a

簽書樞密院事樓炤封贈三代并妻曾祖樓關 曾祖贈職方員外郎關可特贈正奉大夫 苕溪集 41/1b

曾祖母吳氏 曾祖母永昌縣太君吳氏可特贈恩平郡夫人 苕溪集 41/2a

祖樓定國 祖贈金紫光祿大夫定國可特贈太子太保 苕溪集 41/2a

祖母 氏 祖母華原郡夫人 氏可特贈永寧郡夫人 苕溪集 41/2b

祖母葛氏 祖母宜人葛氏可特贈德陽郡夫人 苕溪集 41/2b

父樓居明 父見任右通議大夫致仕居明可特封右通奉人夫致仕 苕溪集 41/3a

母范氏 母碩人范氏可特贈碩人 苕溪集 41/3b

母歐陽氏 母碩人歐 氏可特贈碩人 苕溪集 41/3b

妻林氏 妻淑人林氏可特贈宜春郡夫人 苕溪集 41/4a

户部員外郎樓炤放罷 鴻慶集 25/13a 孫尚書集 27/6a

父樓居明 資政殿學士左朝奉大夫知紹興軍府事樓炤父居明贈太子太保制 東窗集 7/25b

母范氏 母范氏贈薊郡夫人制 東窗集 7/26a

曾祖樓關 資政殿學士左朝奉大夫知紹興軍府事充兩浙東路安撫使樓炤曾祖關贈太子太保制 東窗集 12/8a

曾祖母吳氏 曾祖母吳氏贈琅邪郡夫人制 東窗集 12/8b

祖樓定國 祖定國贈少保制 東窗集 12/8b

祖母郎氏 祖母郎氏贈申國夫人制 東窗集 12/9a

祖母葛氏 祖母葛氏贈萊國夫人制 東窗集 12/9b

父樓居明 父居明贈太子少師制 東窗集 12/9b

母范氏 母范氏贈高平郡夫人制 東窗集 12/10a

母歐陽氏 母歐陽氏贈始興郡夫人制 東窗集 12/10b

妻林氏 故妻林氏贈通郡夫人制 東窗集 12/10b

樓炤除資政殿學士知建康府制 楳埜集 5/5b

樓炤秘閣修撰知溫州 筠溪集 4/26a

~ 璣

樓璣除淮南運判 海陵集 17/7a

~ 鑰

朝請大夫起居郎兼玉牒所檢討官兼權中書舍人樓鑰除中書舍人 止齋集 13/7b

母汪氏 中書舍人樓鑰母太碩人汪氏遇慶典恩特封太淑人 止齋集 14/2b

朝請大夫中書舍人樓鑰磨勘轉朝議大夫 止齋集 14/9a

中順大夫守給事中兼直學士院兼實錄院同修撰樓鑰封奉化縣開國男食邑三百戶 止齋集 15/11b

父樓璩 給事中兼直學士院樓鑰明堂恩父贈通奉大夫璩加贈正議大夫 止齋集 16/7a

樓鑰翰林學士 育德堂外制 2/5a

樓鑰試吏部尚書兼翰林學士 育德堂外制 3/2b

樓鑰授正議大夫 育德堂外制 5/1a

顯謨閣直學士通議大夫樓鑰可特落顯謨閣直學士制 後樂集 1/18b

韋 衍

韋衍大理正制 盤洲集 22/11a

~康仁

韋康仁降官制 梅溪集 5/33a

~ 斌

韋斌授修武郎 育德堂外制 3/16a

歐世英

秘書丞歐世英可太常博士 西溪集 6(三沈集 2/33b)

歐陽大椿

奉議郎歐陽大椿可轉一官制 摘文集 7/14b

~守道

召試歐陽守道 後村集 53/13b

歐陽守道校書郎 後村集 65/3a

歐陽守道除秘書郎 後村集 68/18a

~成後

陝西移四通判渭州歐陽成後移延州 樂城集 29/15a

~宗閔

奏舉人前鄧州司理參軍歐陽宗閔可衛尉寺丞制 元憲集 26/2b

~ 庠

知容州歐陽庠轉一官 益國文忠集 95/17b 益

公集 96/63a

~ 炳

歐陽炳可太子中舍人制 文恭集 14/18a

~ 修

歐陽修可龍圖閣直學士制 文恭集 16/2a

服闋人歐陽修可依舊龍圖閣直學士尚書吏部侍郎制 蔡忠惠集 11/12b

觀文殿學士兵部尚書知青州歐陽修可檢校太保充宣徽南院使判太原府 蘇魏公集 30/1a

父歐陽觀 觀文殿學士兵部尚書知青州歐陽修父 蘇魏公集 35/11b

母鄭氏 母鄭氏 蘇魏公集 35/12a

妻薛氏 妻薛氏 蘇魏公集 35/11b

參知政事歐陽修三代制六道

曾祖歐陽郴 曾祖郴贈太子少保可贈太子太保 臨川集 54/4a 王文公集 14/3b 宋文鑑 38/13a

曾祖母劉氏 曾祖母追封延安郡太夫人劉氏可追封榮國太夫人 臨川集 54/4a 王文公集 14/4a 宋文鑑 38/13b

祖歐陽偃 祖偃贈某官 臨川集 54/4b 王文公集 14/4b 宋文鑑 38/14a

祖母李氏 祖母李氏 臨川集 54/5a 王文公集 14/5a 宋文鑑 38/14a

父歐陽觀 父觀 臨川集 54/5a 王文公集 14/5a 宋文鑑 38/14b

母鄭氏 母鄭氏 臨川集 54/5b 王文公集 14/5b 宋文鑑 38/15a

翰林學士給事中知制誥歐陽修可禮部侍郎宋文鑑 37/16b

館閣校勘歐陽修轉太子中允制 新安文獻 1/前 2b

歐陽修授太常丞知諫院制 蜀文輯存 5/1a

歐陽修授朝散大夫封信都縣開國子食邑五百戶制 蜀文輯存 5/1b

歐陽修授給侍中同提舉在京諸司庫務制蜀文輯存 7/5a

歐陽修轉禮部郎中 蜀文輯存 26/1a

~ 堅

雷州簽判歐陽堅轉一官 益國文忠集 95/17b 益公集 96/63a

~ 棐

歐陽棐除左司郎中制 道鄉集 16/5b

歐陽棐知蔡州制 道鄉集 18/7b

朝奉大夫知蔡州歐陽秉可降朝請郎制　宋詔令集 211/800

~ 當世

歐陽當世除軍器監簿　海陵集 18/2a

~ 辨

參加政事歐陽修奏男辨太常寺太祝制　臨川集 52/9a

~ 懋

歐陽懋知平江府　苕溪集 32/1a

歐陽懋除徽猷閣待制知建康府　張華陽集 1/7b

~ 燾

歐陽燾降左宣教郎制　東窗集 12/21b

~ 氏

參知政事歐陽修女樂壽縣君制　臨川集 54/13a

厲　雄

直敷文閣史彌正爲高變奏厲雄公事落職罷官觀　攻媿集 34/20b

~ 模

厲模昨任成都運判起發會紙及五綱轉一官制　東澗集 6/24a

厲模直秘閣知常德府制　平齋集 22/17a

厲模貫轉朝請大夫制　平齋集 23/3b

慕容彥逢

邢部尚書慕容彥逢降官敘復制　翟忠惠集 3/22a

朝請大夫試刑部尚書慕容彥逢磨勘制　翟忠惠集 4/7a

慕　恩

慶州蕭遠寨蕃官都巡檢崇儀使慕恩北作坊使制　臨川集 53/6b

蔡　卞

蔡卞兼崇政殿說書制　元豐稿 21/5b

蔡卞磨勘朝奉郎　樂城集 27/15a

蔡卞知江寧府　樂城集 27/17b

蔡卞落職提舉杭州洞霄宮太平州居住制　宋詔令集 210/792

蔡卞降官守少府監分司居住制　宋詔令集 210/792

~ 天申

妻張氏　張方平女故殿中丞蔡天申妻張氏可封壽昌縣君制　文恭集 19/13a

~ 天球

前權亳州觀察推官蔡天球可著作佐郎　西溪集 6(三沈集 2/39a)

~ 元定

贈蔡元定迪功郎制詞　西山集附錄/147a

~ 允卿

蔡允卿降授修職郎制　四庫拾遺 305/鶴林集

~ 立

蔡立知鄂州　樂城集 27/1b

~ 必勝

帶御器械蔡必勝除知閤門事　止齋集 14/7b

~ 必簡

蔡必簡補承信郎制　四庫拾遺 347/鶴林集

~ 玉

蔡玉授保義郎制　四庫拾遺 341/鶴林集

~ 申

蔡申轉三官制　東牟集 7/27b

~ 幼學

迪功郎秘書省正字蔡幼學該修進至尊壽皇聖帝會要轉一官　止齋集 12/10b

正字蔡幼學校書郎　宋本攻媿集 33/4a　攻媿集 37/4a

校書郎蔡幼學著作佐郎　宋本攻媿集 37/12b　攻媿集 41/12a

中書舍人蔡幼學兼侍讀　宋本攻媿集 35/25a　攻媿集 41/24a

蔡幼學講詩終篇轉官　宋本攻媿集 37/25b　攻媿集 41/24b

~ 安強

蔡安强直秘閣知襄陽府兼安撫使制　楓溪集 5/15a

~ 安道

蔡安道轉額外主事制　東窗集 10/19b

~ 仲龍

諸王宮教授蔡仲龍除太常博士制　平齋集 18/1a

蔡仲龍除大宗正丞兼權屯田郎官制　平齋集 23/11a

蔡仲龍以魏惠憲王府講毛詩徹章授朝散郎制　鶴林集 7/18a

蔡仲龍授朝請郎制　鶴林集 7/19b

蔡仲龍授朝奉大夫制 鶴林集 7/20a
蔡仲龍除秘丞制 四庫拾遺 144/蒙齋集

~ 抗抗一作杭

蔡抗可加騎都尉制 文忠集 17/8a
尚書工部郎中知制誥充史館修撰蔡抗可特授依前尚書工部郎中充龍圖閣直學士賢殿修撰知定州 韓南陽集 18/6a
祠部員外郎充秘閣校理蔡抗可度支員外郎制 臨川集 50/8b
樞密直學士兵部郎知知秦州蔡抗贈禮部侍郎制 郎溪集 5/11a

~ 扶

蔡扶贈奉議郎與一子恩澤制 紫微集 18/8b

~ 延世

蔡延世任太平州通判修復官私圩田增收到租米七萬九千八百六十三石奉聖旨轉一官 苕溪集 40/3a

~ 延慶

龍圖閣直學士蔡延慶除工部侍郎制 彭城集 20/7a
翰林學士尚書司封員外郎知制誥權知開封府蔡延慶可落翰林學士知制誥依前司封員外郎知滁州制 王魏公集 3/9b 宋詔令集 205/768

蔡延慶轉朝議大夫 欒城集 27/6a

~ 佃

承事郎京東西路學事司管勾文字蔡佃可秘書省校書郎制 摘文集 4/2a

~ 仙

蔡仙除待制制 襄陵集 1/1a
父蔡某 蔡仙父贈太師制 襄陵集 2/17b

~ 京

蔡京考功員外郎制 元豐稿 20/5a
蔡京起居郎制 元豐稿 22/9b
蔡京除右僕射 宋詔令集 58/292 蜀文輯存 13/8a
蔡京除右光祿大夫尚書左僕射 宋詔令集 58/293
蔡京司空左僕射兼門下侍郎制 宋詔令集 58/293
蔡京進左銀青光祿大夫依前左相制 宋詔令集 64/312
蔡京加恩制 宋詔令集 64/313
蔡京加恩制 宋詔令集 64/314
蔡京落端明殿學士提舉杭州洞霄宮制 宋

詔令集 210/791
蔡京降授太子少保致仕制 宋詔令集 212/805
宋文鑑 36/20a 蜀文輯存 36/12a

~ 青

歸順人蔡青補承信郎制 平齋集 17/18b

~ 杭

曾祖蔡發 贈蔡發太子少保諡 牧堂集附錄 1/40b
曾祖蔡發 贈蔡發少保諡 牧堂集附錄 1/41b
曾祖蔡發 贈蔡發太子太保諡（制詞令不存） 牧堂集附錄 1/41b
曾祖母詹氏 贈詹氏永嘉郡夫人諡 牧堂集附錄 1/41a
曾祖母詹氏 贈詹氏太寧郡夫人諡（制詞令亡） 牧堂集附錄 1/41b
曾祖母詹氏 贈詹氏和國夫人諡 牧堂集附錄 1/42a
祖蔡元定（制詞內稱元定）贈蔡［元］定太子少傳 西山集附錄/147a
祖蔡元定 贈蔡元定太子太傳諡 西山集附錄/148a
祖蔡元定 贈蔡元定少傳諡 西山集附錄/148a
祖母江氏 贈江氏新興郡夫人諡 西山集附錄/147b
祖母江氏 贈江氏東萊郡夫人諡 西山集附錄/148a
祖母江氏 贈江氏信國夫人諡 西山集附錄/148b
父蔡沈 贈蔡沈太子少師諡 九峰集附錄/64a
父蔡沈 贈蔡沈太子太傅諡 九峰集附錄/65a
父蔡沈 贈蔡沈少師諡 九峰集附錄/65b
父蔡沈 加贈蔡沈永國公諡 九峰集附錄/66b
母翁氏 贈翁氏宜春郡夫人諡 九峰集附錄/64b
母翁氏 贈翁氏文安郡夫人諡 九峰集附錄/65a
母劉氏 贈劉氏成國夫人諡 九峰集附錄/66a
母劉氏 贈劉氏福國夫人諡 九峰集附錄/67a
繼母劉氏 贈劉氏齊安郡夫人諡 九峰

集附録/64b

繼母劉氏　贈劉氏通義郡夫人誌　九峰集附録/65b

蔡杭樞密院編修官兼權屯田郎官　後村集 61/1b

該恩轉奉議郎誌　久軒集 8/58b

除樞密院編修官兼權屯田郎官　久軒集 8/59a

除直秘閣依舊江東提刑誌　久軒集 8/59b

除江東提刑誌　久軒集 8/59b

除司封員外郎誌　久軒集 8/60a

國子祭酒誌　久軒集 8/60b

轉朝請大夫誌　久軒集 8/61a

權工部侍郎誌　久軒集 8/61b

宗祀該恩加食邑誌　久軒集 8/62a

轉榮祿大夫右丞相誌　久軒集 8/63a

妻吴氏　封吴氏新安郡夫人勅　久軒集 8/63b

妻吴氏　封吴氏臨汝郡夫人勅　久軒集 8/63b

妻吴氏　封吴氏東陽郡夫人勅　久軒集 8/63b

～長民

蔡長民爲殺獲馬吉等循右從事郎制　紫微集 13/9a

～居厚

蔡居厚知齊州制　翟忠惠集 2/15a

～　承

朝散郎尚書虞部員外郎蔡承可除別部郎官除主客員外郎制　摘文集 4/5a

～孟容

蔡孟容爲乙將生擒賊徒李敦仁功賞於階官上轉行奉聖旨循修武郎制　紫微集 13/8b

～　弦

蔡弦除户部員外郎制　翟忠惠集 3/10a

校書郎蔡弦除監察御史制　翟忠惠集 3/14a

蔡弦進書轉官制　翟忠惠集 4/9a

～　幸

蔡幸降一官　苕溪集 33/3b

～唐卿

閤門祇候蔡唐卿該應舉人使十次賞轉一官　止齋集 11/9b

～　挺

尚書刑部郎中充天章閣待制再任知渭州都

總管經畧安撫使蔡挺可謀議大夫依前充天章閣待制令再任　蘇魏公集 30/4a

～黄裳

蔡黄裳可右贊善制　文恭集 20/2a

～　薄

蔡薄太府寺丞制　浮溪集 8/9b　浮溪集/附拾遺 8/93

～　準

蔡準可秘書丞制　文恭集 15/9a

著作佐郎知秀州嘉興縣蔡準可秘書丞差遣依舊制　蔡忠惠集 10/10a

職方員外郎蔡準可屯田郎中　韓南陽集 16/7a

～　靖

澧州慈利縣主簿蔡靖可國子監丞致仕　韓南陽集 16/12b

～　靖

蔡靖禮郎侍郎制　翟忠惠集 3/20b

～　宣

蔡宣可監察御史制　景文集 31/6b

～　戩

右文殿修撰蔡戩除集英殿修撰知靜江府制　尊白堂集 5/10b

蔡戩司農少卿　宋本攻媿集 33/19a　攻媿集 37/18b

司農少卿蔡戩司農卿　宋本攻媿集 36/7a　攻媿集 40/6b

～　節

蔡節除司農卿兼檢正制　東澗集 4/16b

蔡節降授奉議郎制　四庫拾遺 396/翰林集

～　通

蔡通係湖南安撫使幹爲殺降武岡賊唐明有功循三資合授右承直郎制　紫微集 13/10b

～經國

蔡經國進書轉官制　蔡忠惠集 4/9a

～　說

蔡說殿中丞制　臨川集 51/6a

～齊古

翰林院藝學殿中丞同正蔡齊古可依前殿中丞同正充翰林院待詔制　文莊集 1/6b

～　廣

蔡廣降授朝請大夫制　翰林集 9/10a

～　肇

蔡肇落職官祠制　宋詔令集 210/793

～　穀

都官郎中蔡殻除開封少尹制 翟忠惠集 2/3a

蔡殻都官郎中制 翟忠惠集 3/11a

~ 潛

廣南東路轉運使秘閣校理蔡抗男潛試將作監主簿制 臨川集 52/10a

蔡潛除司農簿抗子 樂城集 29/15a

~ 確

蔡確改知安州 樂城集 28/16b 宋詔令集 206/772 宋文鑑 40/9a

父蔡黄裳 蔡確父 樂城集 32/8a

母某氏 母 樂城集 32/8b

正議大夫知鄧州蔡確復觀文殿學士差遣依舊 曲阜集 3/4b 宋文鑑 40/12b

蔡確右相制 宋詔令集 57/28b

右相蔡確進左相制 宋詔令集 57/287

蔡確加恩制 宋詔令集 62/307

蔡確進通議大夫制 宋詔令集 62/307

右相蔡確轉正議大夫加恩制 宋詔令集 62/307

蔡確罷相除觀文殿大學士知陳州制 宋詔令集 69/335

蔡確責授左中散大夫守光祿卿分司南京制 宋詔令集 206/772

蔡確責英州別駕新州安置制 宋詔令集 206/773

蔡確追復右正議大夫制 宋詔令集 221/852

蔡確贈太師謚忠懷制 宋詔令集 221/852

~ 模

詔朱熹門人蔡模迪功郎本州州學教授給札録其著述並條其所欲言者以聞 覺軒集附録/22a

~ 範

大宗正丞蔡範除户部郎中淮西總領制 平齋集 17/10b

~ 興

大將軍防禦使蔡興已下至遂郡刺史等並加食邑三百户 武溪集 11/72b

蔡興授州團練使提舉宮觀制 鶴林集 9/2a

~ 綽

蔡綽太常博士制 東牟集 7/6a

~ 濬

新淮南轉運判官蔡濬可兩浙運判 蘇東坡全集/外制上/3a

~ 襄

蔡襄知諫院制 景文集 31/7b

秘書丞直史館知諫院蔡襄可右正言直史館知福州 武溪集 10/1a

右正言知制誥蔡襄可起居舍人制 華陽集 27/2b

翰林學士知制誥權三司使蔡襄轉官加食邑制 臨川集 49/11a

祖蔡恭 三司使給事中蔡襄祖恭贈尚書工部員外郎制 郢溪集 5/10b

~ 燁

蔡燁河東運判制 元豐稿 21/6a

~ 藻

秘書省正字蔡藻可起居舍人制 攈文集 4/1b

起居舍人蔡藻可轉兩官制 攈文集 7/13b

蔡藻落職知滁州制 宋詔令集 212/807

~ 膺

父蔡挺 蔡膺父挺贈開府儀同三司 樂城集 32/11b

~ 顯

殿前指揮使行門長行左班蔡顯換武翼郎添差諸州駐泊兵馬都監 宋本攻媿集 30/14b 攻媿集 34/13b

~ 氏

兩朝佑聖郡太夫人親嫂同安郡太君蔡氏可封郡太夫人制 攈文集 8/12b

和義郡夫人蔡氏可封碩人制 范成大佚著/86

蔚世長

西京左藏庫副使蔚世長可文思副使 盛魏公集 31/9a

~昭敏

除蔚昭敏特授節度使加食邑制 韓南陽集 15/12b

蔚昭敏移鎮充殿前副都指揮使加恩制 宋詔令集 98/359

蔚昭敏加恩制 宋詔令集 98/360

蔚昭敏檢校太傅移鎮保靜軍節度殿前都指揮使加恩制 宋詔令集 98/361

蔣之奇

蔣之奇天章閣待制知潭州 蘇東坡全集/外制中/8b 宋文鑑 40/3b

蔣之奇集賢殿修撰知廣州 蘇東坡全集/外制下/3b

蔣之奇寶文閣待制制　曲阜集 3/5b　宋文鑑 40/ 13b

蔣之奇知樞密院制　道鄉集 17/2b

蔣之奇贈曾祖制

曾祖蔣某　贈曾祖制　道鄉集 17/7a

曾祖母某氏　贈曾祖母制　道鄉集 17/7b

祖蔣某　追贈祖制　道鄉集 17/7b

祖母某氏　贈祖母制　道鄉集 17/8b

父蔣淳　追贈父制　道鄉集 17/8b

母某氏　追贈母制　道鄉集 17/9a

妻某氏　追封妻制　道鄉集 17/9b

蔣之奇落職制　宋詔令集 212/804

~之器

禮部侍郎致仕蔣堂姪之器可試秘書省校書郎制　文恭集 19/5b

~文肅

右千牛衛大將軍致仕蔣文肅可加食邑制　文莊集 2/8a

~　元

蔣元爲敵人入侵順昌係在城守禦者轉一官資制　紫微集 12/5b

~　介

閤門舍人蔣介奉使回特一官　止齋集 14/7b

~永德

入內內侍蔣永德加恩　西溪集 5(三沈集 2/20a)

~世忠

入內內侍省寄資武節郎蔣世忠爲久病特與轉歸史部守本官致仕　益國文忠集 96/3a 益公集 94/21b

~巨卿

王府講尚書徹章官屬諸色祇應人各轉一官資秉義郎蔣巨卿　攻媿集 34/12b

~汝翼

蔣汝翼特與補正左奉議郎依舊通判淫州　苕溪集 44/1b

~安石

太常博士蔣安石轉官　武溪集 10/14a

~來曼

主管架閣文字蔣來曼除武學諭並十月二日　止齋集 17/10b

~　芾

蔣芾起居郎制　盤洲集 21/9b

新知隆興府蔣芾　益國文忠集 112/1a

~　秘

蔣秘可太常博士制　文恭集 15/16b

~祖師

蔣祖師轉官制　橫塘集 7/4b

~　迪

城南廂安濟坊提轄使臣左班殿直蔣迪可降一官衝替制　摘文集 6/10a

~重珍

著作佐郎蔣重珍除著作郎仍兼崇政殿說書制　平齋集 17/3b

著作郎兼權司封郎官蔣重珍除起居舍人兼崇政殿說書制　平齋集 18/21b

蔣重珍除集英殿修撰知安吉州制　平齋集 23/1a

蔣重珍授守起居郎依舊兼說書制　鶴林集 7/3b

~挺起

蔣挺起復右武大夫忠州刺史制　東窗集 6/ 11b

~　峴

蔣峴除軍器監丞　東澗集 3/25a

殿中侍御史蔣峴除侍御史制　東澗集 4/26b

大宗正丞蔣峴除軍器少監仍兼權侍左郎官制　平齋集 23/8b

~　堂

蔣堂可禮部侍郎致仕制　文恭集 20/1a

~　偕

蔣偕可忠州刺史制　文恭集 18/9a

故廣南東路鈐轄蔣偕可贈武信軍觀察留後制　華陽集 28/10a　宋詔令集 220/847

宮苑使韶州團練使蔣偕可降授北作坊使忠州刺史制　華陽集 30/2b　宋詔令集 205/766

~挨

右騏驥副使蔣挨可莊宅使制　華陽集 30/5b

~　誠

越州山陰縣丞蔣誠轉宣教郎爲陳獻興農田水利推恩制　翟忠惠集 4/10b

~　獻

蔣獻等禮制局討論親耕親蠶典禮重修齋簿成書推恩制　襄陵集 2/3b

集賢殿修撰蔣獻除中書舍人制　翟忠惠集 3/ 16a

~　僅

虞部員外郎蔣僅可比部員外郎制　蘇魏公集 29/8b

~寧祖

蔣寧祖進書轉官制　翟忠惠集 4/9a

~　榮

殿前指揮使左右班守關行門蔣榮授從義郎　止齋集 11/5b

~　蓋

承直郎坑冶司檢踏官蔣蓋降一資放罷　宋本攻媿集 30/6b　攻媿集 34/6a

~　瑱

蔣瑱在赦前合該恩原　紫微集 15/10b

~　璨

蔣璨兩浙運副　苕溪集 42/2a

蔣璨除淮南東路轉運副使制　東窗集 6/10a

蔣璨叙官制　東牟集 7/19b

蔣璨淮東運副　筠溪集 4/24b

蔣璨除敷文閣待制　海陵集 15/7a

故敷文閣待制蔣璨用二十五年二十八年郊祀恩贈

父蔣某　父右宣奉大夫　益國文忠集 97/1a　益公集 95/48a

蔣璨降官制　于湖集 19/5b

~　蘭

蔣蘭大理評事　宋本攻媿集 33/18b　攻媿集 37/17b

朝奉郎行大理寺丞賜緋魚袋蔣蘭可特授大理正制　後樂集 2/6b

~繼周

中大夫知寧國府蔣繼周磨勘轉官　宋本攻媿集 30/26a　攻媿集 34/24a

知寧國府蔣繼周知太平州　宋本攻媿集 32/17b　攻媿集 36/17b

在外大中大夫以上知州府該覃恩轉官大中大夫煥章閣待制知太平州蔣繼周　宋本攻媿集 36/24a　攻媿集 40/23a

~　續

大理評事蔣續可衛尉寺丞　西溪集 5(三沈集 2/10a)

~　氏

聽宣蔣氏司言制　臨川集 54/11b

嘭　玠

蕃官右武衛將軍兼監察御史嘭玠可加上柱國右監門衛將軍兼侍御史　蘇魏公集 34/13b

閔丘孝終

閔丘孝終可太子中舍人制　文恭集 14/18b

~　泳

大理正閔丘泳除利州路提刑　止齋集 18/4b

~　昕

閔丘昕權吏部侍郎　苕溪集 42/4b

~　勛

神龍衛四廂都指揮使降授明州觀察使閔丘勛可復保寧軍承宣使制　北海集 4/9b

~　升

閔丘升濮州團練副使封州安置制　浮溪集 12/6b　浮溪集/附拾遺 12/141

閔丘升復職　斐然集 12/9a

~　梓

閔丘梓除大理評事制　平齋集 18/14b

~　巒

朝奉大夫閔丘巒除宗正少卿　劉給諫集 2/1b

閔丘巒叙官　斐然集 12/22a

樊功立

大理寺法直樊功立可光祿寺丞充大理檢法官　蘇魏公集 34/5b

~仁遠

樊仁遠除武學論填復置關　益國文忠集 96/12a　益公集 96/72b

~　辛

歸順人偽防禦使樊辛特補武翼大夫忠州刺史淮西兵馬副都監制　平齋集 18/7a

~　玘

樊玘轉承節郎制　東窗集 10/10b

~　貴

樊貴轉拱衛大夫制　紫微集 12/19a

~彥端

樊彥端轉行通郡刺史　張華陽集 3/1b

~　璉

樊璉轉忠翊郎制　東窗集 10/10b

樊璉轉官制　東牟集 7/27a

~德成

內殿承制樊德成可左屯衛將軍致仕　蘇魏公集 32/8a

~　氏

皇太后殿樊氏可典賓　蘇魏公集 34/10a

稽 洪

書令史稽洪出職與叙右迪功郎 苕溪集 32/ 5a

黎安朝

黎安朝授兩浙轉運判官制 樓鑰集 7/5b

~行之

黎行之授宣教郎 育德堂外制 5/7b

追官勒停人黎行之叙復奉議郎制 四庫拾遺 392/翰林集

~ 初

黎初加官制 東牟集 7/24b

~伯登

黎伯登除直煥章閣主管潼州路安撫制 東測集 5/16a

黎伯登除直寶章閣潼川路提點刑獄公事兼提舉制 平齋集 19/19b

黎伯登除直華文閣知潼川府制 平齋集 21/ 9a

~ 炳

黎炳閤門舍人 育德堂外制 1/12b

~持正

黎持正可都官員外郎制 文恭集 16/11b 蘇魏公集 29/8a

~ 珣

黎珣知南雄州 蘇東坡全集/外制下/4b

~崇禮

懷安軍金堂縣進士黎崇禮年一百三歲遇大禮恩特補迪功郎致仕 止齋集 11/10b

~ 綮

內侍黎綮可特降五官授武顯大夫歸吏部制 北海集 5/8a

~ 確

父黎宗孟 吏部侍郎黎確父任許田縣主簿國子監直講贈朝議大夫宗孟贈中大夫 程北山集 23/7a

母某氏 母淑人某氏贈淑人 程北山集 23/7a

妻某氏 故妻淑人某氏贈淑人 程北山集 23/7a

妻某氏 妻淑人某氏封淑人制 程北山集 23/7a

黎確龍圖閣待制知漳州 程北山集 24/4a

吏部侍郎黎確龍圖閣待制與郡 程北山集

22/11a

國子司業黎確除殿中侍御史 鴻慶集 24/3b 孫尙書集 26/5a

~ 鍾

交趾使黎鍾東頭供奉官 樂城集 29/10a

~ 譯

黎譯御史臺主簿制 浮溪集 8/15a 浮溪集/附拾遺 8/98

僮宗旦

蕃官驍騎衞僮宗旦右監門衞將軍兼監察御史可加騎都尉制 蘇魏公集 34/13b

可中武將軍僮宗旦可右千牛衞將軍 西溪集 5(三沈集 2/22a)

~應卿

僮應卿可三班借職充歸州巡檢制 彭城集 23/17a

衞百揆

父衞經九 保義郎衞百揆父經九年九十三歲依紹興三十一年九月二十日明堂赦補保義郎致仕 益國文忠集 94/2a 益公集 98/105a

~仲達

衞仲達秘閣修撰制 東牟集 7/12a

~克明

前文思副使衞克明可舊官服闕 蘇魏公集 31/9a

~ 采

東頭供奉官衞采轉一官制 摘文集 7/16b

~ 洙

衞洙除著作郎誥 東澗集 3/23a

衞洙除秘書郎誥 東澗集 3/24b

衞洙大理寺簿制 平齋集 21/17b

衞洙除大理寺丞制 平齋集 22/22a

~茂實

衞茂實永祐陵覆宮鈴轄階官遂郡上各轉一官制 東窗集 8/17a

~ 涇

衞涇參知政事 育德堂外制 3/1a

衞涇封贈三代及妻

曾祖衞孝先 故曾祖贈朝請郎孝先可特贈太子少保 育德堂外制 3/4a

曾祖母陸氏 故曾祖母宜人陸氏可特贈

咸寧郡夫人 育德堂外制 3/4a

曾祖母杜氏 杜氏可特贈高平郡夫人 育德堂外制 3/4a

祖衛閎 故祖任朝奉大夫贈正奉大夫閎可特贈太子少傅 育德堂外制 3/4b

祖母沈氏 故祖母碩人沈氏可特贈齊安郡夫人 育德堂外制 3/4b

父衛季敏 故父任朝奉大夫贈中奉大夫季敏可特贈太子少師 育德堂外制 3/5a

母章氏 故母碩人章氏可特贈永嘉郡夫人 育德堂外制 3/5a

妻蓋氏 妻碩人蓋氏可特封信安郡夫人 育德堂外制 3/5b

衛淫封贈三代及妻

曾祖衛孝先 故曾祖贈太子少保孝先可贈太子太保 育德堂外制 3/11b

曾祖母陸氏 故曾祖母咸寧郡夫人陸氏可贈文安郡夫人 育德堂外制 3/12a

曾祖母杜氏 故曾祖母高平郡夫人杜氏可贈蘄春郡夫人 育德堂外制 3/12a

祖衛閎 故祖任朝奉大夫贈太子少傅閎可贈太子太傅 育德堂外制 3/12b

祖母沈氏 故祖母齊安郡夫人沈氏可贈汝郡夫人 育德堂外制 3/12b

父衛季敏 故任朝奉大夫贈太子少師季敏可贈太子太師 育德堂外制 3/13a

母章氏 故母永嘉郡夫人章氏可贈通議郡夫人 育德堂外制 3/13a

妻蓋氏 妻信安郡夫人蓋氏可封和政郡夫人 育德堂外制 3/13b

~ 湄

一班殿侍衛湄可特授三班奉職制 四庫拾遺 56/彭城集

~ 振

衛振爲父靖招收李忠賊馬陣亡補承信郎制 紫微集 19/11b

~ 康祖

衛康祖轉保義郎制 東窗集 10/16b

~ 博

御營宿衛使司準備差遣左迪功郎衛博結局轉兩官循左儒林郎 益國文忠集 95/19a 益公集 97/93b

~ 進之

中書守當官鄆州司户參軍衛進之青州司户參軍制 臨川集 55/14a

~ 膚敏

諫議大夫衛膚敏中書舍人制 浮溪集 8/2a 浮溪集/附拾遺 8/87

~ 樸

衛樸降授朝請郎制 鶴林集 9/13b

~ 謙光

入内内殿承制衛謙光可入内内侍省供備庫副使制 王魏公集 2/8a

~ 閎

垂拱殿成衛閎轉一官制 東窗集 8/15b

衛閎轉左承議郎制 東窗集 13/13a

~ 觀

定武軍節度推官衛觀可大理寺丞 公是集 30/3a 宋文鑑 37/16a

~ 氏從正

衛從正授國夫人 育德堂外制 3/9b

劉一止

校書郎劉一止除監察御史 程北山集 24/1a

劉一止除祠部郎官 張華陽集 6/9b

劉一止遇明堂大禮敍合檢舉復秘閣修撰制 紫微集 18/18b

秘閣修撰致仕劉一止除敷文閣待制 海陵集 13/2b

劉一止再除起居郎制 蜀文輯存 38/10b

劉一止除中書舍人制 蜀文輯存 48/12b

~ 义

劉义贈成忠郎制係掩殺金兵陣没 紫微集 18/8a

~ 几几一作凡

皇城使新就差充定州路駐泊兵馬鈐轄充保州等處都巡檢劉几可遥郡刺史兼知保州制 蔡忠惠集 11/16a

~ 之才

劉之才轉三官制 橫塘集 7/7b

~ 三哥

劉三哥補進勇副尉制 東窗集 9/8b

~ 三傑

將作監主簿劉三傑除太府寺丞 止齋集 17/11a

幹辦審計司劉三傑將作監主簿 宋本攻媿集 31/26b 攻媿集 35/25b

~士劭

衞尉寺丞劉士劭大理寺丞　蘇魏公集 31/5b

秘書省正字劉士劭可舊官服闕　西溪集 6/ (三沈集 2/40b)

~士彥

劉士彥泗州制　元豐稿 22/7b

衞尉寺丞劉士彥可大理寺丞　蘇魏公集 34/5b

秘書省正字劉上彥可舊官服闕　四溪集 6(三沈集 2/40b)

朝請郎劉士彥可福建轉運判官　蘇東坡全集/外制中/15a

~士通

劉士通轉兩資制　橫塘集 7/9b

~士達

敦武郎劉士達降三官　鴻慶集 25/9a　孫尚書集 27/1b

~士變

將作監主簿劉士變服除可舊官制　鄱溪集 5/5b

~大中

參知政事劉大中除資政殿學士知處州制　翟忠惠集 1/10b

劉大中落職依舊宮祠　苕溪集 34/2a

劉大中除監察御史　張華陽集 3/4b

劉大中除右司諫　張華陽集 5/1a

劉大中禮部尚書　筠溪集 5/1a

劉大中中書舍人　斐然集 12/22a

劉大中吏部侍郎　斐然集 12/27a

劉大中回授祖一官　斐然集 14/3b

~大辯

劉大辯太府寺主簿制　盤洲集 19/9b

~才邵

劉才邵除秘書丞　苕溪集 44/1b

應辯中官册寶劉才邵轉一官制　東窗集 8/ 21b

~ 千

都虞侯劉千遇明堂大禮合該換授忠訓郎　苕溪集 34/1a

劉千降修武郎制　東窗集 10/14a

~子羽

劉子羽復徵獻閣待制制　東窗集 6/24b

劉子羽散官白州安置　張華陽集 7/3a

父劉翰　劉子羽贈父翰少師　筠溪集 5/ 28b

~子雅

參知政事劉某親孫男子雅工部侍郎可守秘校制　文恭集 19/2b

~子進

劉子進降官制　楊溪集 5/33b

~子澄

淮西安撫司機宜兼通判盧州劉子澄除軍器監簿兼淮西安撫司參議官制　平齋集 17/ 22a

劉子澄降授承務郎制　四庫拾遺 298/鶴林集

~子駿

相州安陽縣尉劉子駿可知蘇州録事參軍　蘇魏公集 34/11a

~子翼

劉子翼降一官　苕溪集 33/3b

劉子翼廣東運判　筠溪集 5/26b

~文裕

故容州觀察使劉文裕可贈寧遠軍節度使　咸平集 28/17b

劉文裕除名配金登州制　宋詔令集 94/34b

~文舜

劉文舜可特授左武大夫遙郡團練使制　北海集 4/9a

~文潤

禮賓使英州刺史劉文潤可洛苑使制　蔡忠惠集 11/9b

~天山

歸順人劉天山補保義郎制　平齋集 21/24a

~ 元

劉元爲懷忠守義思慕朝廷前來歸正與轉一官資制　紫微集 13/7a

~元年

宣德郎劉鑠永父元年一百四歲可承事郎　蘇東坡全集/外制上/10b

~元長

劉元長降官制　宋詔令集 210/795

~元晉

劉元晉授從義郎制　四庫拾遺 331/鶴林集

~元規

御前五經及第劉元規通利軍司法參軍制　臨川集 55/4a

~元植

劉元植授承信郎制　四庫拾遺 347/鶴林集

~元瑜

秘書丞劉元瑜磨勘改官制　歐陽文忠集 79/8a

~元喻
天章閣待制知潭州劉元喻知桂州制　華陽集 29/4b

~元瑜
户部郎中天章閣待制劉元瑜可左司郎中制　鄞溪集 3/1a

~元鼎
御前諸軍副都統制劉元鼎　宋本攻媿集 44/23b
劉元鼎兼知光州　育德堂外制 1/7a
劉元鼎授武節郎　育德堂外制 5/10a

~元實
劉元實授訓武郎制　四庫拾遺 325/翰林集

~元龍
劉元龍太學博士　後村集 60/12b

~友俊
西頭供奉官劉友俊右清道率府率致仕制　臨川集 53/10b

~　介
殿中丞劉介可國子監博士　西溪集 6(三沈集 2/34b)

~　公
劉公爲敕令所編修在京通用條册成書係本所供檢文字等轉一官制　紫微集 12/2b

~公臣
奏舉人劉公臣大理寺丞制　臨川集 51/14b

~公彦
拱衛大夫宣州觀察使劉公彦差同管客省四方館閤門公事　程北山集 22/1a
劉公彦知東上閤門事　浮溪集 10/2a　浮溪集/附拾遺 10/114

~公達
劉公達轉一官　筠溪集 5/2b
劉公達爲將帶人馬前去山東以來招撫探得符離鎮南有番人下寨便却棄私逃回特降三官制　紫微集 13/16b

~公輔
左藏庫副使閤門通事舎人劉公輔可轉二官制　摘文集 8/5a

~公懋
前將作監主簿劉公懋可舊官服闕　西溪集 4 (三沈集 1/62b)

~仁用
劉仁用可内殿承制制　文恭集 13/1b

~仁瞻

劉仁瞻本州觀察使制　徐公集 7/8b

~允中
少府監劉允中可司農卿制　鄞溪集 3/4b

~允濟
劉允濟可供備庫副使制　文恭集 17/17a
劉允濟太常簿　育德堂外制 4/7a

~　永
劉永可殿中丞制　文恭集 13/5b

~永世
劉永世可果州刺史充本州團練使制　文恭集 18/10a
故果州團練使劉永世可贈汝州防禦使制　華陽集 28/12b

~永年
劉永年可寧州刺史制　文恭集 18/6a
單州團練使劉永年可齊州防禦使知代州制　臨川集 52/17a
祁州防禦使知代州劉永年可廓延路副總管制　鄞溪集 2/10b
殿前都虞侯深州防禦使劉永年可邕州觀察使充步軍都指揮使制　王魏公集 2/6a
劉永年充殿前都虞侯　宋文鑑 39/7b

~永叔
劉永叔復秉義郎制　梅溪集 5/2b

~永和
供奉官劉永和可武騎尉唐州長史　咸平集 28/11a

~永保
崇儀使劉永保可六宅使制　華陽集 30/6b

~永恭
崇儀副使劉永恭可頻州團練副使　咸平集 28/11a

~永清
劉永清可西京左藏庫副使　蘇魏公集 33/6b
萬載縣尉劉永清可蔡州真陽縣令　蘇魏公集 34/11a

~永德
如京副使劉永德可濠州團練副使　咸平集 28/11a

~永德
皇城使河東第六將開德府駐劉永德可轉一官制　摘文集 7/9b

~永錫
刑部試到詳覆官縣令劉永錫可大理寺丞制

景文集 31/10b

~ 立

劉立轉官制 盤洲集 24/7a

~立言

尚書屯田員外郎黃汴河催綱劉立言可尚書都官員外郎制 元憲集 26/7a

~立德

劉立德可屯田郎中制 文恭集 16/10a

~立禮

尚書度支員外郎秘閣校理劉立禮可開封推官制 元憲集 22/2a

~必端

劉必端叙復朝散郎制 四庫拾遺 359/鶴林集

~ 平

清河口皂角林立功官兵轉官劉平一官於階官遞郡上分轉 益國文忠集 98/2a 益公集 97/ 93a

~正夫

左司諫劉正夫可起居郎制 摘文集 4/1b

禮部侍郎劉正夫可轉兩官制 摘文集 7/13b

劉正夫特進少宰兼中書侍郎加恩制 宋詔令集 58/294

~正顏

西頭供奉官正顏可清道率府率致仕制 鄖溪集 5/7b

~世昭

劉世昭可殿中丞制 文恭集 16/12a

~世寧

太子中含劉世寧可殿中丞制 元憲集 24/4b

~世寧

修武郎監成都府新都縣商稅劉世寧誤保李餘慶詐冒陳乞李青陣亡恩澤降一官 益國文忠集 96/7b 益公集 94/28b

~巨川

秘書省正字劉巨川可太常寺太祝 咸平集 29/4b

~可久

劉可久可試國子四門助教制 文恭集 14/21b

~ 丕

修武郎太醫正劉丕換宣教郎制 翟忠惠集 4/ 1b

~ 甲

劉甲授寶謨閣直學士 育德堂外制 3/9a

劉甲依前官賜封如故制 後樂集 2/29a

~ 用

如京副使劉用可南作坊副使知濬州制 華陽集 29/6a

~ 用

歸順人劉用補承信郎制 平齋集 22/13a

~用行

劉用行除太常寺簿制 平齋集 20/9b

劉用行知安慶府制 平齋集 22/2b

~汝言

劉汝言可大理寺丞制 文恭集 14/12a

~汝翼

前廣州司法參軍劉汝翼特授漳州錄事參軍監陳州南頓縣酒稅制 蔡忠惠集 9/17a

~汝礪

劉汝礪除太常丞 後村集 69/4a

~ 安

劉安中書省主事令史制 元豐稿 22/6a

劉安賞功轉官制 宋詔令集 94/344

~ 安

馬軍司都虞侯小劉安可秉義郎制 范成大佚著/88

~安上

給事中劉安上除徽獻閣待制知壽州制 翟忠惠集 2/17a

~安仁

隨州司理參軍劉安仁可光祿寺丞充大理寺詳斷官 西溪集 6(三沈集 2/52b)

~安世

儒林郎行秀州華亭縣尉劉安世可守越州上虞縣令 蘇魏公集 33/10b

宣德郎秘書省正字劉安世可右正言制 彭城集 22/1b

劉安世落職降官制 宋詔令集 207/776

承議郎充寶文閣待制劉安世降充集賢殿修撰依舊知潞州 宋詔令集 211/800

~安國

内殿承制閤門祗候劉安國可閤門通事舍人制 摘文集 6/4b

内班殿直閤門祗候殿中省尚贊奉御劉安國可轉一官 摘文集 7/17b

~ 亦

承制劉亦降一官送大理寺取勘制 摘文集 6/10a

~充中

劉充中可慶部員外郎制 文恭集 15/18a

~ 沖

劉沖加官制 東牟集 7/23a

~ 決

楚州解發到呈試武藝人劉決可借職制 摘文集 8/6b

~ 式

劉式差充留守司準備差遣先轉一官 苕溪集 44/3b

~ 吉

劉吉可內殿承制制 文恭集 13/1a

劉吉可右領軍衛將軍致仕制 文恭集 20/11a

~ 有方

宣政使嘉州刺史內侍省右班副都知劉有方可遙郡團練使制 彭城集 19/20a

劉有方可昭宣使依舊嘉州刺史內侍省內侍押班 蘇東坡全集/外制中/9a

劉有方內侍省右班副都知 蘇東坡全集/外制下/8b

~ 百朋

劉百朋授武德郎 育德堂外制 1/15b

~ 成

殿前指揮使左班年代上名劉成授修武郎 止齋集 11/5b

~ 光

劉光爲擒獲契丹千户耶律温等轉一官合武畧大夫兼閤門宣贊舍人制 紫微集 12/18b

~ 光世

寧武軍節度使開府儀同三司充兩浙西路安撫大使劉光世加恩制 浮溪集 11/9b 浮溪集/附拾遺 11/131

除劉光世特授開府儀同三司集慶軍節度使依前充兩浙西路安撫大使馬步軍都總管兼知鎮江軍府事兼管內勸農使加食邑食實封制 北海集 6/1a

除劉光世特起復寧武軍節度使開府儀同三司依前充兩浙西路安撫大使馬步軍都總管兼知鎮江軍府事淮南東路宣撫使兼管田使食邑食實封如故制 北海集 6/3a

除劉光世特授寧武寧國軍節度使依前起復開府儀同三司充兩浙西路安撫大使馬步軍都總管兼知鎮江軍府事淮南東路宣撫使兼營田使加食邑食實封制 北海集 6/4b

除劉光世特授檢校太傅依前起復寧武寧國軍節度使開府儀同三司充江南東路宣撫使建康府置司加食邑食實封如故制 北海集 6/6a

除劉光世特起復檢校太傅寧武寧國軍節度使開府儀同三司充江南東路宣撫使彭城郡開國公食邑五千三百户食實封二千四百户依舊建康府置司制 北海集 6/7b

劉光世除太傅守和衆輔國功臣護國鎭安保靜軍節度使揚國公致仕制 東窗集 6/1b

劉光世贈太師制 東窗集 14/3b

劉光世除太尉淮南制置使制 毘陵集 8/1a

曾祖劉紹能 和衆輔國功臣太保護國鎭安保靜軍節度使劉光世故曾祖紹能可特追封魯國公制 紫微集 14/5a

曾祖母黃氏 故曾祖母黃氏可特贈鄆國夫人制 紫微集 14/5b

曾祖母白氏 故曾祖母白氏可特贈吳國夫人制 紫微集 14/6a

祖父劉永年 故祖劉永年可特追封越國公制 紫微集 14/6b

祖母馬氏 故祖母馬氏可特贈韓國夫人制 紫微集 14/7a

祖母李氏 故祖母李氏可特贈唐國夫人制 紫微集 14/7b

父劉延慶 故父延慶可特追封楚國公制 紫微集 14/7b

母葛氏 故嫡母葛氏可特贈鎭國夫人制 紫微集 14/8b

母楊氏 故所生母楊氏可特贈鄂國夫人制 紫微集 14/8b

妻向氏 妻向氏可特封秦國夫人制 紫微集 14/9a

劉光世贈三代 斐然集 14/19b

~ 光祖

入內西京左藏庫副使劉光祖可轉一官制 摘文集 7/7b

~ 光祖

起居舍人兼侍講劉光祖除起居郎司農少卿 止齋集 18/5a

江西提刑劉光祖知變州 宋本攻媿集 32/5b 攻媿集 36/5a

劉光祖司農少卿 宋本攻媿集 36/7b 攻媿集 40/7a

~ 光遠

劉光遠爲金人通近順昌府舊不辭難協贊軍務提舉四壁別無疎虞横行上轉一官制　紫微集 12/8a

~光輔

劉光輔叙官制　東牟集 7/19a

~ 全

使臣右武大夫劉全四官　程北山集 27/1b

母陳氏　劉全母陳氏封號　歸愚集 8/6a

清河口皂角林立功官兵轉官劉全兩官　益國文忠集 98/2a　益公集 97/93a

建康都統劉全轉親衛大夫　後村集 61/3b

~ 全

歸順人劉全補保義郎制　平齋集 21/24a

~仲武

劉仲武特轉四方館使遙郡刺史升權本路鈴轄制　摛文集 5/5a

龍神衛四廂都指揮使開州防禦使劉仲武知熙州兼熙河蘭湟路經畧安撫使制　雜忠惠集 2/21a

劉仲武濬川軍節度使制　宋詔令集 102/378

劉仲武加恩制　宋詔令集 105/391

~仲章

直講劉仲章大理寺丞制　臨川集 51/12b　王文公集 12/3b

~ 异

前大名府朝城令劉异可京兆府鄠縣令　咸平集 29/5b

~ 沆

劉沆可依前給事中充龍圖閣學士知開封府制　文恭集 18/1b

劉沆可龍圖閣學士給事中知永興府制　文恭集 18/2b

除劉沆特授行工部尚書充觀文殿大學士知應天府加食邑實封仍改賜功臣餘如故制　歐陽文忠集 85/3b

曾祖劉景洪　劉參政曾祖景洪贈太子少保再賜太子太保制　蔡忠惠集 12/2b

曾祖母某氏　曾祖母追封清河郡太太人某氏再追封榮國太夫人制　蔡忠惠集 12/3a

祖劉煦　劉參政祖煦太子少傅再贈太子太傅制　蔡忠惠集 12/3b

祖母張氏　祖母追封安定郡太夫人張氏再追封康國太夫人制　蔡忠惠集 12/3b

父劉素　父素贈太子少師再贈太子太師制　蔡忠惠集 12/4a

母顏氏　母追封鄆邪郡太夫人顏氏再追封沛國太夫人制　蔡忠惠集 12/4b

贈太師中書令兼尚書令劉沆可追封宛國公餘如故制　王魏公集 3/10b

劉沆追封秦國公　樂城集 32/15a

劉沆同中書門下平章事集賢殿大學士加恩制　宋詔令集 55/278

劉沆罷相授工部尚書觀文殿大學士知應天府制　宋詔令集 68/331

贈太師中書令兼尚書令劉沆追封宛國公制　宋詔令集 221/850

~ 宏

劉宏可三司檢法制　文恭集 16/12b

~言可

劉言可内殿崇班　樂城集 30/15b

~良貴

劉良貴太府丞　後村集 63/6b

劉良貴宗正丞兼金部郎官　後村集 63/7a

劉良貴知嘉興府　後村集 64/15b

劉良貴除秘書丞兼金部郎官　後村集 70/10a

~良弼

劉良弼轉三官制　橫塘集 7/6a

~ 玘

劉玘爲敵人入侵順昌係在城守禦者轉一官資制　紫微集 12/5b

~ 玘

忠訓郎掌膳奏劉玘該遇皇后歸謁家廟特轉一官　止齋集 11/3a

~ 戒

皇城使京畿提舉保甲兼提刑劉戒可轉一官制　摛文集 7/9b

~孝忠

劉孝忠可太子中舍人制　文恭集 12/13a

~孝傑

劉孝傑係金人來侵順昌府守禦官循兩資制　紫微集 13/8a

~孝榮

判太史局劉孝榮職事不謹降一官　止齋集 13/8a

降授中官正劉孝榮復元官　宋本攻媿集 36/2b　攻媿集 40/2b

~ 杞

劉杞可都官員外郎制 文恭集 15/7b

~ 克莊

將作監簿劉克莊除宗正寺簿制 平齋集 20/21a

劉克莊除樞密院編修官兼權侍右郎官制 平齋集 23/10a

劉克莊該遇明堂大禮加恩制 碧梧集 8/4b

母方氏 劉克莊母方氏贈魯國夫人制 碧梧集 8/5a

繼母林氏 繼母林氏贈魏國夫人制 碧梧集 8/5b

妻林氏 妻碩人林氏贈淑人制 碧梧集 8/16a

劉克莊特授煥章閣學士致仕制 碧梧集 9/2a

~ 忱

職方員外郎劉忱可屯田郎中 韓南陽集 16/4b

~ 岑

朝奉大夫權荊湖北路轉運判官劉岑可降兩官差唐州監酒通直郎直秘閣知鄂州成無玷降三官依舊知鄂州制 北海集 5/11a

劉岑除刑部侍郎 張華陽集 5/4a

劉岑除吏部侍郎 張華陽集 5/10a

劉岑知鎭江府 筠溪集 5/12b

劉岑爲臣僚上言先次落職與宮觀令於鄰近建昌軍聽候指揮制 紫微集 16/12a

新除敷文閣直學士知潭州劉岑改除陳敷文閣待制依舊宮觀 益國文忠集 95/12a 益公集 97/176a

~ 延美

劉延美授秉義郎開州刺史充京西路兵鈐制 鶴林集 8/20b

~ 邦鳳

朝散大夫權知融州劉邦鳳除廣西提刑兼提舉制 楊溪集 5/17a

~ 何

淮南江浙發運使劉何可集賢殿修撰差遣依舊制 摘文集 5/5a

~ 延年

湖北漕劉延年直秘閣 斐然集 13/2b

劉延年轉官 斐然集 13/17b

~ 延壽

蕃官皇城使岳州刺史劉延壽特與換漢官制 摘文集 6/12a

知延安府劉延壽轉官制 襄陵集 1/8b

~ 延慶

劉延慶保信軍節度使充殿前副都指揮使制 宋詔令集 102/378

劉延慶檢校太保制 宋詔令集 102/378

~ 延翰

劉延翰加恩制 宋詔令集 95/348

劉延翰加恩制 宋詔令集 104/386

~ 伯正

監察御史劉伯正除左司諫制 東澗集 4/27a

劉伯正除軍器監簿 蒙齋集 9/12b

~ 伯英

劉伯英湖南提鹽兼常平制 東牟集 7/3b

~ 伯容

劉伯容閣門宣贊舍人制 翟忠惠集 2/22b

~ 法

皇城使劉法轉遂郡刺史 摘文集 6/10b

劉法散官安置 劉給諫集 2/13a

劉法保大軍節度使充熙河蘭湟路經畧安撫使馬步軍都總管知熙州制 宋詔令集 105/389

劉法檢校少保制 宋詔令集 105/390

劉法檢校少傅制 宋詔令集 105/390

~ 宗元

劉宗元轉保章正制 楊溪集 5/8a

~ 宗旦

縣尉劉宗旦授録事參軍監酒制 蔡忠惠集 9/20a

~ 宗孟

劉宗孟授承信郎制 四庫拾遺 345/鶴林集

~ 宗彥

內殿崇班劉宗彥可轉一官制 摘文集 7/17b

~ 宗傑

朝散郎致仕劉宗傑可落致仕比部郎中制 彭城集 20/11a

~ 宗道

磁州司户參軍劉宗道可大理寺丞致仕制 元憲集 21/7b

劉宗道京畿路提刑兼保甲制 翟忠惠集 2/20a

~ 宗諒

殿中丞知白州劉宗諒可國子博士制 文莊集 2/11b

~ 定

劉定降一官 蘇東坡全集/外制上/10a

～宜孫
西京左藏庫副使劉宜孫服除可舊官制　郎溪集 4/4b

～宜孫
劉宜孫充大金通問使屬官特授從事郎制
浮溪集 8/14a　浮溪集/附拾遺 8/97

～炎
劉炎可殿中丞制　文恭集 12/13a

～奉世
劉奉世史部員外郎制　元豐稿 20/3a
劉奉世起居郎　樂城集 28/4b　宋文鑑 40/8a
大中大夫提舉亳州明道宮劉奉世除端明殿學士致仕制　程忠惠集 2/25b
劉奉世分司居住制　宋詔令集 208/781
劉奉世降團副安置制　宋詔令集 209/787

～青
劉青贈忠翊郎制係掩殺金兵陣沒　紫微集 18/8a

～亞夫
劉亞夫復職與郡制　浮溪集 8/18b　浮溪集/附拾遺 8/100

～直
刑部試到詳覆官司理參軍劉直可大理寺丞制　景文集 31/11a

～直溫
殿中丞前知封州劉直溫可國子博士制　元憲集 23/7a

～性之
劉性之制　尊白堂集 5/26a

～長年
大理寺丞劉長年可太子中舍　西溪集 6(三沈集 2/37a)

～長源
劉長源除湖南路提點刑獄制　東窗集 9/12b
劉長源湖南路提刑　歸愚集 8/5a

～叔子
劉叔子將作監丞　後村集 66/15b
劉叔子除太府寺丞　後村集 70/10a

～叔寶
劉叔寶轉官制　臨川集 50/13a　王文公集 13/6b

～卓
劉卓除起居郎　海陵集 14/5a

～芮
劉芮湖北提點刑獄制　盤洲集 24/1b

～芥
劉芥贈武功大夫某州刺史制　鶴林集 10/22b

～昌祚
除劉昌祚武康軍節度殿前副都指揮使制
樂城集 33/2a
劉昌祚加恩制　樂城集 33/9a　宋文鑑 36/12b
劉昌祚授殿前副都指揮使武康軍節度使制
宋詔令集 101/374
劉昌祚加恩制　宋詔令集 102/376

～昌孫
文思副使劉昌孫可左驍衛將軍致仕　蘇魏公集 27/8a

～易
采石立功人轉官劉易轉遂郡防禦使　益國文忠集 95/5b　益公集 96/57b

～易簡
劉易簡可大理寺丞制　文恭集 14/13a

～忠
劉忠轉皇城使制　道鄉集 16/2b

～忠
御前諸軍都統制劉忠　宋本攻媿集 42/7a
御前諸軍都統制劉忠　宋本攻媿集 43/25a

～忠正
太常博士知眉州劉忠正可屯田員外郎餘依舊制　文莊集 1/17b

～忠信
劉忠信可太子中舍人致仕制　文恭集 20/3a

～防
劉防除祠部郎官　苕溪集 40/1a
劉防除禮部郎官　苕溪集 44/1a
劉防知潭州湖南安撫使制　梅溪集 5/11b
劉防宗正丞　斐然集 13/4a

～旺
劉旺補承節郎制　平齋集 22/19a

～明恕
堂後官主客員外郎提點五房公事劉明恕可朝請大夫加輕車都尉制　文莊集 2/6a

～放
劉放中書舍人　樂城集 28/8a
母王氏　劉放母　樂城集 32/12a
劉放秘書少監　宋文鑑 40/7b

～制
劉制可大理評事致仕制　文恭集 20/2a

詔令一　制詞　臣僚　十五畫　879

～ 牧

都官員外郎劉牧可職方員外郎制 臨川集 50/10a

劉婕好弟劉牧可轉一官制 摘文集 7/15a

～居海

劉居海贈官與一子恩澤 苕溪集 33/2b

～承緒

左藏庫副使劉承緒可禮賓使充嘉州制 摘文集 5/4a

～承衡

劉承衡遂郡觀察使 筠溪集 4/18a

～孟容

劉孟容除秘書省正事 止齋集 18/10b

～ 洪

知丹州劉洪轉遂刺勅 襄陵集 3/7a

～洪道

劉洪道知楚州制 大隱集 2/27a

劉洪道知明州制 大隱集 2/18b

劉洪道除直顯謨閣制 大隱集 1/5a

劉洪道除待制制 大隱集 1/9b

劉洪道直龍圖閣制 大隱集 1/8a

～ 沇

劉沇爲隨張浚至關陝善轉一官制 紫微集 12/6b

～ 成

劉成降授迪功郎制 四庫拾遺 315/翰林集

～玘之

劉玘之改知重慶府制 平齋集 21/11a

～ 彥

劉彥贈承信郎與一子父職名係陣亡官兵 紫微集 19/21b

～彥貞

楚州刺史劉彥貞可本州觀察使 徐公集 7/ 13a

～彥勳

勅劉彥勳制 襄陵集 1/12b

～彥適

劉彥適降官 張華陽集 7/4b

～ 庠

前守莫州鄭縣令劉庠可著作佐郎 西溪集 6 (三沈集 2/36b)

劉庠贈大中大夫 蘇東坡全集/外制上/16b

劉庠贈大中大夫制 宋詔令集 221/851

～ 度

劉度除大學博士 海陵集 19/6a

～ 炳

太常博士劉炳可屯田員外郎 韓南陽集 16/7b

都官員外郎新差通判南安軍劉炳可職方員外郎差遣如故 蘇魏公集 31/4a

起居郎劉炳可殿中少監制 摘文集 4/7b

～ 炳

户部尚書劉炳磨勘制 翟忠惠集 4/6b

朝奉大夫行大理寺丞劉炳特授行尚書兵部員外郎制 後樂集 1/8a

～ 炳

太府寺簿劉炳除諸王宫大小學教授制 平齋集 17/23a

劉炳除司農寺丞制 平齋集 22/17b

劉炳除金部郎中制 蒙齋集 9/14a

～ 珏

給事中劉珏更部侍郎制 浮溪集 8/3b 浮溪集/ 附拾遺 8/89

吏部侍郎劉珏吏部尚書制 浮溪集 11/13b 浮溪集/附拾遺 11/133

中書舍人劉珏落職宮觀 鴻慶集 25/10b 孫尚書集 27/3a

劉珏可落職提舉江州太平觀制 北海集 5/2a

劉珏吏部侍郎制 大隱集 1/20b

劉珏權知三省樞密院使制 大隱集 3/1a

～ 政

劉政補承節郎制 平齋集 22/19a

將官劉政贈承節郎制 四庫拾遺 341/翰林集

～ 达

劉达可屯田員外郎制 文恭集 15/10a

～ 述

劉述升郎中制 尊白堂集 5/8b

～厚南

劉厚南著作佐郎兼沂王府教授 後村集 61/ 2a

～ 奎

右侍禁劉奎可特授承奉郎 四庫拾遺 602/摘文堂集

～ 皆

權無爲軍判官劉皆可太子中舍致仕制 歐陽文忠集 81/7a

～ 拯

左朝議大夫試兵部尚書兼侍讀劉拯訴沮朝廷可落職差知歙州制 摘文集 6/8b

給事中劉拯罷給事中知濠州制　宋詔令集 209/789

～　昱

戸部員外郎劉昱可戸部郎官制　彭城集 19/ 2b

～　迪

劉迪轉忠翊郎制　東窗集 10/12b

保義郎監楚州鹽城縣五祐等鹽場權縣事劉迪知蕃賊在近安職不去與轉一官　益國文忠集 95/2b　益公集 94/16b

～　昕

殿中少監劉昕可免試除中書舍人誥　摘文集 9/2b

～　卉

左從政郎前昌州軍事推官劉卉爲在任令吏人共借佃戸貼陪錢送家屬歸鄉該恩特降一資　益國文忠集 96/7a　益公集 95/45a

～　信

劉信爲前宋歸正供說事宜忠義可嘉特補承信郎制　紫微集 19/10b

進勇副尉兩雄軍總轄權江西路分劉信爲與國戰功贈承信郎　後村集 69/2a

～保勳

故諫議大夫劉保勳可贈工部侍郎　咸平集 29/5a

～　侯

劉侯廣東提舉　宋本攻媿集 32/21a　攻媿集 36/21a

～　俊

振華軍都虞侯劉俊可秉義郎制　范成大佚著/88

～　衍

劉衍宜贊舍人制　橫塘集 7/3b

～　宰

端平遷太常丞敕命　浣塘集附録/4b

直寶謨閣宮觀劉宰除太常寺丞制　平齋集 18/19a

劉宰除將作少監制　平齋集 23/12a

～唐老

奉議郎權判登聞鼓院劉唐老可太常博士制　彭城集 19/12b

劉唐老知相州制　道鄉集 18/7b

朝請郎權知曹州劉唐老可降朝散郎制　宋詔令集 211/800

～　珪

劉珪轉兩官制　橫塘集 7/4a

～　珪

劉珪授承信郎制　四庫拾遺 340/翰林集

～　琪

試中書舍人兼直學士院劉琪磨勘左朝散郎　益國文忠集 95/13b　益公集 97/96b

～　起

特勒停人前西京左藏庫副使劉起西京左藏庫副使制　臨川集 55/7b

～　真

劉真降官制　東牟集 8/11a

～　振

東頭供奉官劉振可轉一官制　摘文集 8/3a

～　晏

劉晏直龍圖閣制　大隱集 1/7b

～　劍

劉劍爲措置捍禦金人有功轉一官制　紫微集 12/8b

～師旦

劉師旦殿中丞制　臨川集 51/9b

～師忠

承節郎劉師忠收受崔詢錢許爲圖寃坐事發捉師中未獲師忠陳狀特降一官　益國文忠集 96/9b　益公集 95/44b

～師勇

劉師勇特授左武大夫依前濠州團練使帶御器械平江府駐劄御前諸軍都統制誥　四明文獻集 5/29a

～　能

劉能可御前忠佐馬步軍副都領依前合州刺史制　文惠集 18/8a

～務誠

劉務誠三班奉職　樂城集 30/4a

～　純

進士劉純可試將作監主簿制　歐陽文忠集 81/ 3a

～　紜

劉紜可特贈朝散郎制　四庫拾遺 358/翰林集

～　深

劉深轉成忠郎制　東窗集 10/1b

劉深轉拱衛大夫係掩殺金人立功制　紫微集 12/19a

～　淑

劉淑蘇州　樂城集 28/6b

劉淑贈官制　盤洲集 24/2a

~ 密

殿前東西班弓箭手劉密可三班借職制　四庫拾遺 57/彭城集

~ 寅

知盧州縣劉寅可蒲城令　咸平集 28/4a

劉寅可大理寺丞制　文恭集 12/10a

~ 章

劉章除秘閣修撰制　漁庵集 6/8b

劉章除權工部侍郎　海陵集 17/1a

~ 章煥

劉章煥授保義郎制　四庫拾遺 340/翰林集

~ 訏

秘書丞同判延州劉訏可太常博士餘如故制　文莊集 2/13b

~ 冕

故賀州司理參軍劉冕宜特贈左贊善大夫制　蔡忠惠集 9/13a

~ 珵

劉珵户部郎中制左書　元豐稿 20/3a

知滑州劉珵可知湖州制　彭城集 21/3a

劉珵知滑州　蘇東坡全集/外制下/4a

~ 敞

太常博士劉敞可屯田員外郎制　華陽集 27/8a

~ 國端

在外大中大夫以上任宮觀該覃恩轉官大中大夫煥章閣待制劉國端　宋本攻媿集 37/2a　攻媿集 41/2a

~ 崇之

知信陽軍劉崇之太府寺丞　止齋集 14/5a　宋本攻媿集 34/18b　攻媿集 38/17b

劉崇之敘朝議大夫　育德堂外制 5/8b

~ 崇俊

劉崇俊起復制　徐公集 7/3a

~ 敏

劉敏知辰州　樂城集 28/16a

右班殿直閤門看班祗候劉敏可依前官閤門祗候制　摘文集 5/11b

劉婕妤弟劉敏可轉一官制　摘文集 7/15a

~ 偁

劉偁可大理寺丞制　文恭集 14/11b

~ 從効

泉州節度使劉從効檢校太師制　徐公集 6/8b

~ 參

劉參除直秘閣知鄭州　鴻慶集 26/4b　孫尚書集 27/11b

~ 紹祖

劉紹祖授修職郎　育德堂外制 5/14a

~ 湜

奏舉人前江陵府節度推官劉湜可著作佐郎制　元憲集 23/4b

殿中侍御史劉湜可三司鹽鐵判官　武溪集 10/6b

天章閣待制知江南軍府事劉湜知廣州制　華陽集 29/3a

~ 混

左班殿直劉混可轉一官制　摘文集 8/4a

~ 溫

劉溫太常博士制　臨川集 51/5b

~ 溫潤

崇儀副使劉溫潤可禮賓使制　華陽集 30/2a

禮賓使劉溫潤可英州刺史制　華陽集 30/12b

~ 淵

劉淵可試國子四門助教制　文恭集 14/21a

入內文思使劉淵可入內左藏庫使制　摘文集 6/4a

入內西京左藏庫使劉淵可特授文思使制　摘文集 6/5b

~ 浹

父劉玒　屯田公父玒贈官告三通　三劉家集/99b

鄜州觀察使劉浹可檢校司空充陝州觀察使加食邑五百户食實封二百户　韓南陽集 18/16b

~ 渥

左藏庫使杜公才姨弟劉渥回授補借職制　摘文集 8/5b

~ 敦常

劉敦常降一官　苕溪集 33/3a

~ 敦義

武學博士劉敦義可國子監主簿制　范成大佚著/92

劉敦義除武學博士填見闕　益國文忠集 95/12a　益公集 96/72b

~ 斌

左騏驥使劉斌可皇城使　蘇魏公集 32/1b

~ 焯

劉焯落集英殿修撰　西垣稿 2/5b

882　詔令一　制誥　臣僚　十五畫

劉焯復集英殿修撰 育德堂外制 4/10b

~ 琊

客省副使劉琊知恩州 蘇東坡全集/外制上/9a

~ 琦

劉琦轉承節郎制 東窗集 10/11b

~ 琦

太尉劉琦守本官致仕 益國文忠集 96/2a

~ 堯

永寧軍明法劉堯可逐州軍助教 蘇魏公集 33/11a

~ 堯仁

右承奉郎直秘閣劉堯仁轉一官制 東窗集 8/19a

劉堯仁除直秘閣制 東窗集 8/27b

~ 堯佐

右承事郎直秘閣劉堯佐轉一官制 東窗集 8/19a

劉堯佐除直秘閣制 東窗集 8/27b

劉堯佐加官制 東牟集 7/25a

~ 堯咨

劉堯咨該人使到關應奉十番特與遥郡上轉行一官 西垣類稿 2/1a

~ 彭年

劉彭年贈遥郡刺史制 東窗集 14/5b

~ 喜

殿前司統領劉喜轉武顯大夫制 平齋集 22/ 9a

~ 達

承議郎試户部尚書劉達可轉一官制 摘文集 7/12b

~ 棟

劉棟勒 襄陵集 12/11b

~ 植

劉植轉一官制 襄陵集 1/14b

儒林郎劉植降一官 西垣類稿 1/2b

~ 極

朝奉郎江東運判劉極可淮南轉運判官制 彭城集 22/20a

~ 雄

管種收給納劉雄轉一官制 摘文集 7/10a

~ 雄飛

御帶知安慶府劉雄飛淩架了畢授濠州團練使 後村集 63/10a

~ 搉

新差通判滄州劉搉可通判定州制 彭城集 22/5b

~ 握

父劉寶見 承信郎劉握父寶見年九十八歲該遇明堂大禮敕特封保義郎致仕 益公集 94/15b

~ 敞

劉敞轉官 臨川集 50/12a 王文公集 13/3b

~ 棄

朝奉郎直龍圖閣劉棄可除禮部員外郎制 北海集 4/4a

劉棄復官制 大隱集 3/26b

~ 華

劉華右丞 樂城集 27/16a

~ 景

劉景可衛尉寺丞制 文恭集 14/3b

追官人前守殿中丞劉景可殿中丞制 元憲集 21/5b

故内殿崇班劉景男可奉職 宋文鑑 39/11a

~ 景宣

劉景宣可候今任滿日特令再任制 摘文集 2/7b

~ 景真

劉景真倉部郎官 苕溪集 45/2b

劉景真淮西運判 苕溪集 47/1a

劉景真降右承事郎制 東窗集 12/21b

~ 景純

故龍圖閣學士禮部侍郎劉筠從孫景純可守將作監主簿制 文恭集 19/4a

~ 景温

太醫承直醫官劉景温轉一官制 摘文集 7/ 15b

~ 最

袁州分宜縣主簿前虔州受納板木場兼監排岸司劉最可大理寺丞 蘇魏公集 31/6a

~ 貽孫

西上閤門使劉貽孫加勳邑制 華陽集 28/3b

~ 貴

劉貴贈官 歸愚集 7/4b

~ 閎

右侍禁劉閎可閤門祗候制 摘文集 5/11a

~ 間

著作郎劉間修建秘書有道德院管勾文字轉一官制 襄陵集 1/16b

~舜文

劉舜文防禦使制　大隱集 3/10a

~舜臣

未復舊官人劉舜臣禮賓副使制　臨川集 55/ 10a

~舜卿

劉舜卿加遙郡團練馬軍都虞侯　樂城集 30/ 13b

~　舒

國子博士劉舒可虞部員外郎　西溪集 5(三沈集 2/16a)

~無極

劉無極除知大宗正丞　苕溪集 44/3a

~　進

劉進贈承節郎與一子父職名更與一子進勇副尉在臨淮縣北曹家莊陣亡　益國文忠集 98/6b　益公集 98/112b

~　皓

橫宮修奉司屬官劉皓於遙郡上轉行一官制　東窗集 8/13a

~　復

劉復可陳州西華縣主簿制　文恭集 18/20b

曹暉妹婿劉復特與三班奉職制　道鄉集 15/ 11b

~　勝

劉勝換給左武大夫達州刺史制　東窗集 6/ 12a

~象與

内殿崇班劉象與可左監門衞將軍致仕　西溪集 4(三沈集 1/59a)

~　登

劉登禮部郎官　斐然集 13/14b

~　異

劉異可主客員外郎知濟州仍賜紫制　文恭集 18/5a

~　絢

劉絢太學博士　樂城集 27/4a

~　潛

劉潛降授格職郎制　四庫拾遺 305/翰林集

~　歆

知城寨東頭供奉官劉歆將具轉兩資　摘文集 6/10a

~　誠

使臣劉誠可轉一官制　摘文集 6/10b

~誠之

太常寺主簿劉誠之除太常博士　止齋集 18/ 10b

幹辦審計司劉誠之太常寺主簿　宋本攻媿集 35/18a　攻媿集 39/17a

~　萱

士豪承節郎劉萱轉一官　筠溪集 5/28a

~　義

劉義換給成忠郎制　東窗集 10/1b

劉義補保義郎制　東窗集 10/17b

~　道

勾當修内司使臣劉道可轉一官制　摘文集 7/3b

~煇叔

劉煇叔除太府寺丞制　平齋集 22/15a

新太府寺丞劉煇叔除大理寺丞制　平齋集 22/22b

劉煇叔政績轉一官依舊知建昌軍制　平齋集 23/12b

~　煥

秘書郎劉煥可起居郎制　摘文集 4/2a

宣德郎劉煥可秘書郎制　摘文集 4/2b

~焯叔

劉焯叔除倉部員外郎制　東洲集 4/18a

劉焯叔知泉州制　東洲集 6/5a

劉焯叔前任吉州應辦捕宼錢糧轉一官制　東洲集 6/21b

知吉州劉焯叔職事修舉特轉奉直大夫制　平齋集 19/8b

~　福

劉福轉官制　東窗集 8/22b

~　福

汝州陣亡轉官劉福白身合贈承節郎與一子進勇副尉　益國文忠集 98/3b　益公集 97/89b

~　福

劉福轉武德大夫制　平齋集 19/9b

~　瑜

進義校尉劉瑜鬪鬭敵身亡贈承信郎與一子進義副尉　益國文忠集 95/1b　益公集 98/106a

~　損

新湖北路轉運判官劉損可江東路轉運判官制　摘文集 5/5a

~　慎

劉慎轉一官制　摘文集 8/5a

~當時

劉當時太僕簿 樂城集 29/12a

~ 鼎

劉鼎可晉州汾西簿 咸平集 28/13a

彰信軍節度使檢校太尉同中書門下平章事判許州張昇奏亡母劉氏親姪劉鼎可將仕郎試將作監主簿 韓南陽集 17/4a

~ 鼎

劉鼎換給保義郎制 東窗集 10/17b

~ 遇

劉遇加恩制 宋詔令集 103/381

劉遇加恩制 宋詔令集 103/382

劉遇加恩制 宋詔令集 103/382

~ 嗣立

劉嗣立進書賞轉官制 平湖集 19/14a

~ 僅

劉僅排轉 斐然集 12/8a

~ 棨

劉棨可試大理評事充忠武將軍節度推官知邢州堯山縣制 文恭集 18/15a

宣德郎劉棨可秘書省正字制 彭城集 20/1b

~ 辟疆

朝奉郎劉辟疆可轉一官制 摘文集 7/17a

~ 諲

劉諲爲措置捍禦金人有功轉一官制 紫微集 12/8b

~ 寧止

劉寧止復舊職 程北山集 22/5a

劉寧止直龍圖閣同提領水軍制 浮溪集 10/1b 浮溪集/附拾遺 10/113

承奉郎直龍圖閣添差權發遣副使劉寧止可降一官制 北海集 5/9b

吏部侍郎劉寧止落權字 筠溪集 4/15b

~ 寧正

除尚書工部員外郎制 北海集/附録上/2b

~ 端

劉端兩官 益國文忠集 98/2a 益公集 97/93a

~ 端友

劉端友知遂寧府制 東澗集 6/9a

~ 諤

劉諤直顯謨閣知楚州制 浮溪集 10/1a 浮溪集/附拾遺 10/113

~ 廣

劉廣爲殺敗金人出等奇功轉武功大夫除遂

郡團練使制 紫微集 12/16b

劉廣爲押馬綱倒斃三十匹降一官展磨勘一年 益國文忠集 96/14a 益公集 98/115b

~ 榮

劉榮爲殺敗金兵循一資通五資補成忠郎換給制 紫微集 19/14b

~ 肇

殿前司神勇軍統制訓武郎劉肇總轄牧放倒斃數少轉一官 宋本攻媿集 30/24b 攻媿集 34/22b

~ 榕

劉榕除直龍圖閣制 大隱集 1/7b

~ 輔

西京左藏庫副使劉輔可文思副使 蘇魏公集 31/9a

~ 輔之

劉輔之贈二官恩澤五資制 紫微集 19/19b

~ 碩

中嶽廟令劉碩可太子洗馬致仕制 元憲集 21/8a

~ 願

十二考人前明州錄事參軍劉願可大理寺丞制 元憲集 23/4a

~ 蒙

劉蒙御史臺主簿制 元豐稿 20/6b

~ 蒙

江南東路轉運使劉蒙降五官制 浮溪集 12/8b 浮溪集/附拾遺 12/142

~ 夢高

劉夢高除司農丞 後村集 68/9a

~ 銃

劉銃降兩官 西垣稿 2/8b

~ 寔

劉寔授朝奉大夫 育德堂外制 3/11a

~ 綱

劉綱責官制 東牟集 8/4b

知泗州劉綱特除遂郡刺史 筠溪集 5/9b

~ 維清

密州莒縣令劉維清可太子中舍致仕制 元憲集 21/8b

~ 澈

劉澈除都官郎官 海陵集 13/7a

~ 適

太常博士劉適可尚書屯田員外郎制 元憲

集 26/9a

~ 誼

宣義郎權發遣廣南西路常平等事劉誼可特授通直郎權發遣兩浙路常平等事制 王魏公集 3/17a

劉誼知韶州 蘇東坡全集/外制中/12b

~ 慶

閣門承授文林郎守右金吾衛長史劉慶可特授中書省主事依前充職散官如故制 蔡忠惠集 11/9a

~ 震

右侍禁華鎮崇班劉震可轉一官制 摘文集 7/6a

~ 震

御前諸軍都統制劉震 宋本攻媿集 42/7a
御前諸軍都統制劉震 宋本攻媿集 43/25a

~ 震孫

劉震孫改知安吉州制 東澗集 6/5a
劉震孫除太常少卿 後村集 71/14a
劉震孫除太常寺主簿制 四庫拾遺 409/東澗集

~ 霆

劉霆知陳留縣 蘇東坡全集/外制下/2a

~ 瑾

祠部員外郎劉瑾可朝奉郎復天章閣待制制 王魏公集 2/22a

~ 奭

劉奭閣門祗候 蘇東坡全集/外制上/13b

~ 摯

劉摯禮部郎中制 元豐稿 20/3b
尚書右丞劉摯可尚書左丞進封開國伯加食邑實封制 彭城集 23/2a
御侍中丞劉摯兼侍讀 蘇東坡全集/外制下/6a
宋文鑑 40/6a
門下侍郎劉摯拜右相制 宋詔令集 57/289
劉摯罷相觀文殿學士知鄆州制 宋詔令集 69/336
劉摯落職降官知黃州制 宋詔令集 206/774
劉摯散官新州安置制 宋詔令集 208/780
故責授鼎州團練副使新州安置追復左中散大夫劉摯特降授右朝議郎制 宋詔令集 210/796
劉摯追復官制 宋詔令集 221/854
劉摯尚書右丞 宋文鑑 40/11a

~ 懇

劉懇致仕合換武節郎制 橫塘集 7/10a

~ 橫

劉橫補承信郎制 東窗集 10/6b

~ 敞

閣門祗候劉敞可職上轉制 摘文集 7/15a

~ 嶠

朝請郎劉嶠樞密院檢詳 程北山集 27/3a
開封府儀曹劉嶠少府少監 鴻慶集 25/5a 孫尚書 25/7b

~ 餘慶

虞部員外郎知慈州劉餘慶可比部員外郎餘如故制 文莊集 2/12b

~ 銳

劉銳降五官 鴻慶集 25/12b 孫尚書 27/5a
劉銳特轉親衛大夫 益國文忠集 95/12b 益公集 98/115a

~ 範

劉範起居舍人制 大隱集 2/12a

~ 儀

偽都尉劉儀補承節郎制 平齋集 21/21b

~ 儀鳳

劉儀鳳磨勘制 盤洲集 24/9b

~ 德

都慶候劉德換忠翊郎制 東窗集 10/12b

~ 德之

太子中舍劉德之可殿中丞制 元憲集 24/2a

~ 德秀

幹辦審計司劉德秀大理寺主簿 宋本攻媿集 35/16a 攻媿集 39/17a

~ 緬

水部郎中劉緬改官制 郡溪集 3/3a

~ 緯

國子博士知越州餘姚縣劉緯可尚書水部員外郎制 元憲集 26/14b

~ 翰

劉翰贈特進制 浮溪集 10/12a 浮溪集/附拾遺 10/121
資政殿學士劉翰贈特進制 新安文獻 1/冊 4b

~ 澤

陳州參軍劉澤可光州司理判官 咸平集 28/17a

~ 澤

知內庫齊安郡夫人奏主管文字承信郎劉澤轉一官 益國文忠集 94/11b 益公集 98/108b

~義曼

劉義曼可試秘校制 文恭集 18/15a

~ 璞

劉璞降右宣義郎制 東窗集 12/21b

~ 機

開封府左軍巡判官劉機可光祿寺丞制 蔡忠惠集 11/5a 華陽集 29/12a

~ 顗

直秘閣劉顗除顗誤閣江東轉運判官 止齋集 18/1b

江東轉運判官劉顗知平江府 止齋集 18/2b

劉顗龍圖閣待制 育德堂外制 5/4a

~ 興

劉興可補承信郎制 東窗集 10/4b

~ 錡

劉錡除閤門宣贊舍人制 橫塘集 7/3b

劉錡響道掩殺金人捷與轉一官制 紫微集 12/9b

劉錡金人攻打順昌府背城血戰大捷立奇功轉兩官 紫微集 12/11a

劉錡奏破金人轉官回授制 紫微集 12/11b

劉文昇爲劉錡申發機速文字奏捷俘獲番賊奉聖旨轉兩官制 紫微集 12/13b

曾祖劉玉 武泰軍節度使劉錡曾祖玉可特贈太子太傅制 紫微集 14/14a

曾祖母王氏 故曾祖母王氏可特贈大寧郡夫人制 紫微集 14/14b

祖劉恂 故祖恂可特贈太子太師制 紫微集 14/14b

祖母王氏 故祖母王氏可特贈通義郡夫人制 紫微集 14/15a

祖母孫氏 故祖母孫氏可特贈濮陽郡夫人制 紫微集 14/15b

父劉仲武 故父仲武可特封英國公制 紫微集 14/16a

母薛氏 故母薛氏可特贈韓國夫人制 紫微集 14/16b

母王氏 故母王氏可特贈越國夫人制 紫微集 14/16b

妻薛氏 故妻薛氏可特贈安化郡夫人制 紫微集 14/17a

妻鄰氏 妻鄰氏可特封信安郡夫人制 紫微集 14/17b

劉錡上遺表贈開府儀同三司 益國文忠集 97/

5b 益公集 95/50a

除劉錡加食邑制 海陵集 11/8a

~ 錫

劉錫可虞部員外郎制 文恭集 15/17a

~ 錫

劉錫知鼎州 苕溪集 35/3a

劉錫可神龍衛四廂都指揮使制 浮溪集 10/2a 浮溪集/閑拾遺 10/114

神龍衛四廂都指揮使明州觀察使熙河蘭廓路經略安撫使知熙州劉錫可除捧日天武四廂都指揮使制 北海集 3/10b

劉錫復捧日天武四廂都指揮使明州觀察使權主管殿前司公事 張華陽集 6/7b

劉錫致仕制 東牟集 8/12b

~錫永

宣德郎劉錫永父元年一百四歲可承事郎 蘇東坡全集/外制上/10b

~ 豫

劉豫可特授三班借職制 摘文集 8/6a

~ 選

車頭供奉官劉選可轉一官制 摘文集 7/16a

~ 選

殿前指揮使行門長行左班劉選換武翼郎添差諸州駐泊兵馬都監 宋本攻媿集 30/14b 攻媿集 34/13b

~ 濟

劉濟可大理寺丞制 文恭集 14/14a

~ 賽

尚書兵部郎中知潭州劉賽可太常少卿直昭文館知廣州制 元憲集 22/8b

三司户部判官尚書刑部郎中劉賽可尚書兵部郎中制 元憲集 25/12b

~ 謙

劉謙加恩制 宋詔令集 97/355

劉謙移鎮保靜軍加恩制 宋詔令集 97/356

~ 謙

劉謙轉兩官授保義郎制 平齋集 22/19a

~應起

劉應起起居舍人 後村集 60/8a

劉應起授監察御史制 樓墖集 6/13b

劉應起授秘書省著作郎兼更部郎官制 樓墖集 6/15a

~應龍

劉應龍監察御史 後村集 63/14a

劉應龍農少仍兼說書　後村集 64/11a

~ 廎

故光祿卿劉參男廎可太常寺太祝制　華陽集 28/14a

~ 煒

劉煒可特授供衛大夫依舊和州防禦使致仕制　鶴林集 9/14b

~煒叔

劉煒叔大理丞　後村集 65/5a

~ 敞

劉敞特起復授端明殿學士知慶元府沿海制置使諸　四明文獻集 5/7a

~ 嵘

劉嵘除太常博士制　東窗集 6/15a

劉嵘除福建提舉　海陵集 19/5a

劉嵘除司勳郎官　海陵集 19/5a

~ 鍾

劉鍾贈團練使制　大隱集 3/3b

~ 懋

昭慶軍節度使提舉佑神觀劉懋致仕　益國文忠集 96/2b　益公集 95/43b

昭慶軍節度使致仕武功郡開國公食邑三千三百戶食實封一千戶劉懋加食邑五百戶食實封二百戶制　益國文忠集 102/3b　益公集 102/57a

昭慶軍節度使致仕武功郡開國公食邑四千三百戶食實封一千四百戶劉懋加食邑五百戶食實封二百戶制　益國文忠集 102/14a　益公集 102/72b

昭慶軍節度使致仕武功郡開國公食邑四千八百戶食實封一千六百戶劉懋加食邑五百戶食實封二百戶制　益國文忠集 103/3a　益公集 103/77a

昭慶軍節度使致仕武功郡開國公食邑□千□百戶食實封□千□百戶劉懋加食邑五百戶食實封二百戶制　益國文忠集 103/20b　益公集 103/98b

劉懋郊祀加恩　益國文忠集 112/4a

劉懋慶壽加恩　益國文忠集 112/5b

~彌正

劉彌正准東提舉　育德堂外制 2/6b

朝奉郎行太常寺主簿劉彌正差出准上相度驅磨措置事件有勞特授朝散郎差遣如故制　後樂集 1/3b

~ 績

武翼郎劉績除閤門宣贊舍人　益國文忠集 95/21a　益公集 98/108b

~ 蕭

參知政事劉某親孫男蕭可守秘校制　文恭集 19/2b

~ 蕭

劉蕭贈武翼郎制　四庫拾遺 326/鶴林集

~ 贄

父劉居正　中丞劉摯父　樂城集 31/18b

~ 礎

朝請郎致仕劉礎降一官　宋本攻媿集 30/8b　攻媿集 34/8a

~ 蓮

臨安府修城官第二等通判劉蓮轉一官　益國文忠集 95/1b　益公集 97/85a

~ 鎬

太尉劉鎬守本官致仕　益公集 95/49b

~簡子

劉簡子降授迪功郎制　四庫拾遺 320/鶴林集

~ 隰

劉隰可大理寺丞制　文恭集 14/7b

~懷懿

内殿承制劉懷懿可供備庫副使　武溪集 10/13a

又自副使改右衛將軍致仕　武溪集 10/13b

~ 鑄

劉鑄授武經郎制　四庫拾遺 331/鶴林集

~ 鐩

劉仲武乞以管軍恩例與男鐩閤職制　襄陵集 1/20a

~ 綝

按伴使洪遵等保奏權知泗洲修武郎閤門祗候劉綝應副人使無敗闕時轉武翼郎閤門宣贊舍人　益國文忠集 95/4b　益公集 96/56a

~ 寔

劉寔轉遞防遏團　張華陽集 1/6b

劉寔除正任防禦使制　紫微集 11/6a

劉寔可特授安慶軍節度使依前捧日天武四廂都指揮使充鎮江都統制兼准東路招撫使節制本路軍馬食邑食實封如故制　渡寔集 3/4a

劉寔落節度使制　盤洲集 20/10a

除劉寔加食邑制　海陵集 11/9b

～ 寳

劉寳封保義郎致仕 益國文忠集 94/2a

～ 璩

潼川府路提刑劉璩令再任 海陵集 17/7a

～ 覺

劉覺轉員外郎制 臨川集 50/12b 王文公集 13/5b

～繼元

劉繼元授保康車駕使制 宋詔令集 103/383

劉繼元加恩制 宋詔令集 104/386

～ 辯

前大理寺丞劉辯舊官服闕制 臨川集 52/7b

～ 變

工部侍郎劉變可户部侍郎致仕制 華陽集 28/7a

～襲禮

劉襲禮可太常博士制 文恭集 15/18b

～ 鑑

劉鑑轉官制 道鄉集 15/9b

～ 顯

內殿崇班劉顯可內殿承制制 歐陽文忠集 80/5a

～ 顯

劉顯以父評戰歿補承信郎制 平齋集 18/17a

～ 觀

劉觀知瀛州 苕溪集 42/3b

中書舍人劉觀給事中制 浮溪集 8/2b 浮溪集/附拾遺 8/88

劉觀復官制 楳溪集 4/25b

劉觀致仕 益國文忠集 96/1a 益公集 94/16b

劉觀上遺表特贈四官 益國文忠集 97/4b 益公集 94/17a

～ 氏

真宗皇帝乳母故秦國廟明賢順夫人劉氏追封齊魯國廟明賢順夫人制 華陽集 31/15b

～ 氏

太皇太后殿劉氏可典正制 蘇魏公集 34/10a

～ 氏

神宗皇帝御侍守永裕陵迴內劉氏與掌賓夫人制 彭城集 23/7a

～ 氏

仙韶副使劉氏可掌樂依舊仙韶副使 西溪集 5(三沈集 2/17a)

～ 氏

內人劉氏封國夫人制 道鄉集 15/9a

～ 氏

劉氏進封郡夫人制 道鄉集 16/4a

～ 氏

宮人劉氏除才人奉聖旨係明達皇后養女制 翟忠惠集 4/21a

～ 氏伴兒

崇奉几筵內人掌字劉伴兒轉掌字 苕溪集 40/5a

～ 氏一娘

紅霞帔劉一娘轉司字制 東窗集 10/20a

～ 氏十娘

紅霞帔劉十娘轉典字制 東窗集 10/21a

～ 氏宜添

掌閤劉宜添轉典字制 東窗集 10/21a

～ 氏

安康郡夫人劉氏可封國夫人制 宋詔令集 22/110

～ 氏

故秦國延壽保聖夫人劉氏改號秦國成聖繼明夫人詔 宋詔令集 24/118

～ 氏

劉氏可贈燕越國安和順懿靜穆恭恪夫人制 宋詔令集 24/119

滕元發

龍圖閣直學士知鄆州滕元發可知瀛州制 彭城集 21/20b

～公輔

滕公輔衛州推官制 歐陽文忠集 81/18b

～玄錫

著作佐郎滕玄錫可舊官 咸平集 28/5a

～ 甫

翰林學右諫議大夫知制誥滕甫可給事中充翰林侍講學士知瀛州 蘇魏公集 29/6b

右正言知制誥滕甫可右諫議大夫擢御史中丞制 郡溪集 1/9a

滕甫服闕可依前太子中充集賢校理三司鹽鐵判官制 郡溪集 5/2a

～希孟

虞部員外郎致仕滕宗愈男希孟可試將作監主簿 西溪集 6(三沈集 2/38a)

～ 康

資政殿學士滕康權知三省樞密院事廹從大

母往洪州制 浮溪集 11/11a 浮溪集/附拾遺 11/ 131

滕康初任執政府贈

曾祖滕某 曾祖制 浮溪集 7/11a 浮溪集/附拾遺 7/83

曾祖母陳氏 曾祖母陳氏制 浮溪集 7/ 11b 浮溪集/附拾遺 7/83

曾祖母王氏 曾祖母王氏制 浮溪集 7/ 11b 浮溪集/附拾遺 7/83

祖滕某 祖制 浮溪集 7/12a 浮溪集/附拾遺/ 7/83

祖母張氏 祖母張氏制 浮溪集 7/12b 浮溪集/附拾遺 7/84

祖母鄭氏 祖母鄭氏制 浮溪集 7/12b 浮溪集/附拾遺 7/84

父滕某 父制 浮溪集 7/12b 浮溪集/附拾遺 7/84

母常氏 母常氏制 浮溪集 7/12b 浮溪集/附拾遺 7/84

妻張氏 故妻張氏制 浮溪集 7/12b 浮溪集/附拾遺 7/85

妻朱氏 妻朱氏制 浮溪集 7/12b 浮溪集/附拾遺 7/85

資政殿學士朝請大夫權知三省樞密院事滕康可落職提舉亳州明道宮制 北海集 5/2a

滕康權知三省樞密院制 大隱集 3/1b

~ 膚

滕膚直秘閣制 大隱集 1/13a

~ 瑱

滕瑱循資制 鄂峰録 6/13b

魯之頤

魯之頤隨父宜奉使以醫官同行轉官制 後樂集 1/29b

~ 可封

魯可封將作丞制 盤洲集 23/9b

~ 安時

乘義郎魯安時妄陳利害降兩官 西垣稿 1/4a

~ 有立

太常寺太祝監西京籍院魯有立可大理評事制 元憲集 20/13a

大理寺丞魯有立磨勘改官制 歐陽文忠集 79/ 62

~ 开

朝奉大夫太常博士魯开除太常丞制 後樂

集 1/10b

~ 君昆

虞部員外郎魯有立姪君昆可試將作監主簿制 華陽集 28/14a

~ 宗道

右諫議大夫參知政事魯宗道可給事中條如故制 文莊集 1/2b

~ 和

魯和補承節郎制 紫微集 19/14a

~ 彥

魯彥特與叙親衛大夫秀州刺史制 紫微集 19/5b

~ 珏

第二等統制官拱衛大夫忠州防禦使魯珏三官遥郡 程北山集 27/1b

~ 班

魯班該遇明堂赦與叙左朝散大夫 紫微集 19/4a

~ 嵓

魯嵓太常丞 盤洲集 23/9b

~ 瓊

左藏庫副使魯瓊可文思使遥郡刺史制 摘文集 5/3a

鄧友龍

館伴正使鄧友龍降一官制 後樂集 1/15b

~ 守信

左駟驥□内侍省内侍押班鄧守信可加食邑三百户制 蔡忠惠集 13/10b

~ 名世

鄧名世校書郎兼史館校勘 筠溪集 4/27b

~ 志

壽春陣亡兵士贈官鄧志贈承節郎與一子進勇副尉 益國文忠集 98/5a 益公集 97/92b

~ 泳

鄧泳除太府丞兼知鄂州制 東澗集 5/22b

鄧泳轉一官制 平齋集 21/3a

~ 宗仁

入内内殿崇班鄧宗仁可轉一官制 摘文集 7/5b

~ 坰

鄧坰司農卿 後村集 63/9b

鄧坰磨勘轉中大夫 後村集 64/10b

鄧坰除寶章閣待制依所乞予祠仍贈金帶

後村集 67/11a

~忠臣

母周氏 鄧忠臣母周氏封縣太君制 元豐稿 21/6b

鄧忠臣秘書省正字 樂城集 29/10a

入內內庭承制鄧忠臣可轉一官制 摘文集 7/4b

~ 明

壽春陣亡兵士贈官鄧明贈承節郎與一子進勇副尉 益國文忠集 98/5a 益公集 97/92b

~洵仁

翰林學士鄧洵仁可轉一官制 摘文集 7/14a

鄧洵仁除翰林學士承旨誥 摘文集 9/2b

鄧洵仁尚醞奉御制 翟忠惠集 4/14b

鄧洵仁落職宮觀制 宋詔令集 212/806

~洵武

鄧洵武轉官制 道鄉集 15/4b

尚書右丞鄧洵武可尚書左丞制 摘文集 3/8b

鄧洵武除中書侍郎制 摘文集 3/9b

資政殿大學士中太一宮使兼侍讀鄧洵武除河南府兼西京留守制 翟忠惠集 2/13a

~ 祚

鄧祚除廣西運判 海陵集 17/5a

~ 述

勾當修內司使臣鄧述可轉一官制 摘文集 7/3b

~若水

鄧若水除武學博士誥 東澗集 3/25b

~ 嗣

鄧嗣磨勘轉太中大夫 後村集 65/13a

鄧嗣權吏部侍郎 後村集 66/1a

~保信

鄧保信可右駙驥使加食邑制 文恭集 17/10b

~ 益

鄧益京西路提舉常平制 翟忠惠集 2/4b

~ 起

鄧起贈承信郎制 四庫拾遺 330/鶴林集

~ 根

鄧根除江東運判 海陵集 19/3a

~惟素

鄧惟素可贈供備庫使制 文恭集 21/4b

~惟賢

殿御前文字庫祗應鄧惟賢特與轉一官依舊帶破見請驛料待詔諸給制 摘文集 6/12a

~從訓

佑神觀鄧從訓主管國信所任滿無違闕特授宣政大夫 止齋集 13/6b

入內內侍省都知鄧從訓該奉上高宗皇帝徽號册寶轉協忠大夫依前奉國軍承宣使 宋本攻媿集 30/7a 攻媿集 34/6b

入內內侍省都知鄧從訓轉履正大夫依前奉國軍承宣使除餘如故 宋本攻媿集 30/16a 攻媿集 34/14b

鄧從訓職事有勞特與遂郡上轉行一官 西垣稿 2/2a

~紹密

知興仁府鄧紹密右文殿修撰制 浮溪集 8/13a 浮溪集/附拾遺 8/96

~溫伯

端明殿學士知永興軍鄧溫伯可兵部尚書制 淨德集 8/6a

~ 富

忠翊郎鄧富轉兩官 益國文忠集 95/17b 益公集 96/62b

~ 雲

鄧雲轉武節郎制 平齋集 18/18b

鄧雲特轉武翼大夫制 平齋集 21/15a

~彭年

鄧彭年贈節度使制 鶴林集 10/19b

~ 酢

雷化州運判鄧酢贈一官直秘閣 益國文忠集 98/1a 益公集 96/62b

~義叔

鄧義叔水部郎 蘇東坡全集/外制中/19a

鄧義叔主客郎中 蘇東坡全集/外制下/5b

鄧義叔主客郎中 樂城集 27/4b

~ 駉

司農少卿鄧駉除起居舍人 止齋集 18/5a

知漳州鄧駉江東提刑 宋本攻媿集 30/23a 攻媿集 34/21a

~夢龍

鄧夢龍特授文林郎 四庫拾遺 372/鶴林集

~聞禮

鄧聞禮特授承直郎制 四庫拾遺 288/鶴林集

~ 紃

待制知青州鄧紃可龍圖閣直學士知永興軍 宋文鑑 40/6b

~潤甫

鄧潤甫落職知某州制 宋詔令集 206/770

~ 繼英

入內西京左藏庫副使鄧繼英可轉一官制 摘文集 7/5a

~ 關

鄧關朝散郎監嶧州慎乃金坑 蘇東坡全集/外制/16a

樂天錫

右侍禁樂天錫可率府率致仕制 歐陽文忠集 79/12b

~ 永

樂永可試國子四門助教制 文恭集 14/21a

~ 忱

武節大夫中州防禦使樂忱落致仕 鴻慶集 25/5b

~ 寅孫

樂寅孫不覺察過淮人降官制 于湖集 19/13b

~ 許國

樂許國可水部郎中制 文恭集 16/12a

前司門員外郎樂許國丁憂服闋復舊官制 歐陽文忠集 80/4b

~ 溫

司門郎中致仕樂安國男溫可試秘校郎制 文恭集 19/6a

~ 富國

奏舉人前權興州軍事推官樂富國可大理寺丞制 景文集 31/8a

~ 遇

樂遇贈兩官與一資恩澤更名守關進義副尉係建炎年間因隨軍陣亡官兵 紫微集 19/18a

~ 倩

侍禁樂倩可轉一官制 摘文集 7/4a

~ 輝

南劍州沙縣民兵首領樂輝親獲兇賊余勝等七人特與轉一官 苕溪集 35/3a

十六畫

龍世延

龍世延勅 襄陵集 3/14a

~ 左氏

龍左氏進職制 彭城集 22/15b

~ 以岳

西南蕃附進蕃王龍以岳推恩制 郡溪集 7/1a

~ 以烈

親進部轉龍以烈推恩制 郡溪集 7/1a

~ 安

龍安轉官制 橫塘集 7/7b

~ 叔漢

龍叔漢閣門舍人 育德堂外制 1/12b

閣門宣贊舍人浙西副總管龍叔漢使屬轉官制 後樂集 1/30b

~ 昌期

龍昌期授試國子四門助教制 安陽集 40/5a

~ 興

舒州録事參軍龍興太子中舍致仕制 臨川集 53/9a

霍 千

鎭江都統制張子蓋下探事人進義校尉霍千在淄州淄縣陣亡特贈承節郎與一子父職名更與一名進勇副尉 益國文忠集 98/3a 益公集 97/91b

~ 申甫

霍申甫降授修職郎制 四庫拾遺 308/翰林集

~ 汝翼

入內內侍省東頭供奉官降授寄資武功大夫遥郡刺史霍汝翼轉歸更部除帶御器械 止齋集 11/6a

武功大夫降授昌州刺史帶御器械霍汝翼該進至壽皇聖政特轉成州團練使 止齋集 11/8b

帶御器械霍汝翼復元官轉觀察使 宋本攻媿集 35/24b 攻媿集 39/22b

~ 安國

知懷州霍安國贈延康殿學士制 浮溪集 10/11b 浮溪集/附拾遺 10/121 新安文獻 1/前 4b

~ 亨

奏舉人前閩州録事參軍霍亨改官 蘇魏公集 33/9a

~ 青

霍青換給修武郎制 東窗集 10/14a

~ 炳

霍炳陳州長史制 宋詔令集 204/762

~ 保安

霍保安可樞密承旨南班制 文恭集 17/7a

~ 唐臣

霍唐臣知濠州　樂城集 29/7b

～　轄

霍轄循右從事郎制　東窗集 12/19a

～寬夫

修武郎閤門看班祇候霍寬夫供職實及二年與落看班二字　止齋集 11/7b

～端友

霍端友更部侍郎制　程忠惠集 3/20b

～　肅

入內內侍省文思副使霍肅可入內內侍省左藏庫副使制　摘文集 6/5b

～　興

霍興贈承信郎　筠溪集 4/20b

～　蓋

霍蓋總領荊湘財用轉一官　筠溪集 4/23b

霍蓋爲擅離職守及收餽送特落職令吏部與監當差遣其餽送歸還　紫微集 16/13a

霍蓋除直寶文閣知潭州　海陵集 14/2a

燕　介

中散大夫燕介可知棣州制　彭城集 21/6a

～仲舉

燕仲舉可衛尉寺丞制　文恭集 14/4a

～仰之

燕仰之降右宣義郎制　東窗集 12/23a

燕仰之大理評事　筠溪集 4/20b

～宗仁

燕宗仁補承信郎制　四庫拾遺 347/鶴林集

～宗道

宗道補承信郎制　四庫拾遺 347/鶴林集

～　度

户部副使太常少卿燕度可右諫議大夫知潭州制　郎溪集 4/13b 宋文鑑 38/15b

～若古

大理正燕若古可國子監丞大理寺丞制　彭城集 22/16a

燕若古知渝州　蘇東坡全集/外制下/10a

～若濟

燕若濟知東明縣　樂城集 29/4b

～　瑛

燕瑛勅　襄陵集 3/13b

～　達一作逵

馬軍都虞侯金州觀察使燕達可依前官充馬

軍副都指揮使制　王魏公集 2/6a

燕達加恩制　宋詔令集 101/373

燕達除殿前副都指揮使武康軍節度使制　宋詔令集 101/373

燕達授檢校司空加恩制　宋詔令集 101/373

燕達加恩制元祐元年明堂　宋詔令集 101/374

除燕達武康軍節度使充殿前副都指揮使勤封如故制　宋文鑑 35/18b

燕達充馬軍都虞侯　宋文鑑 39/7b

～　襄

燕襄除大理寺評事制　安陽集 40/8a

～　氏

宮人燕氏除廊國夫人制　蔡忠惠集 4/20a

冀　尚

冀尚可太子中舍人制　文恭集 15/6a

～彥明

冀彥明復閣門宣贊舍人添差兩浙西路兵馬副都監制　東窗集 9/8a

～　德

西京左藏庫副使冀德可文思使制　郎溪集 4/4b

盧士宏

虞部員外郎盧士宏丁憂服闋復舊官制　歐陽文忠集 79/8a

～士宗

直龍圖閣盧士宗可天章閣待制兼侍講制　華陽集 27/1b

～君佐

禮部侍郎致仕盧士宗孫盧君佐可將士郎試秘書省校書郎　蘇魏公集 34/12a

～君傑

禮部侍郎致仕盧士宗孫盧君傑可將士郎試秘書省校書郎　蘇魏公集 34/12a

～中民

中書省錄事盧中民爲藏匿詔書降官制　翟忠惠集 4/12a

～世延

盧世延陞通事舍人制　道鄉集 15/8b

～守勤

盧守勤致仕制　歐陽文忠集 81/11a

～多遜

盧多遜罷相責授兵部尚書制　宋詔令集 65/317

盧多遜削奪官爵配隸崔州制 宋詔令集 203/755

~ 成

盧成可度支員外郎制 文恭集 15/2a

~ 克用

盧克用可中書録事制 文恭集 14/23b

~ 壯父

盧壯父前任泰寧丞經理有勞特進兩資制 東澗集 6/17a

~ 法原

徽猷閣學士通奉大夫盧法原可除户部尚書制 北海集 3/12a

盧法原除端明殿學士川陝宣撫副使 張華 陽集 6/6b

盧法原贈五官 斐然集 14/22a

~ 宗

太常博士盧宗可屯田員外郎制 文莊集 1/18b

~ 青

秉義郎准東副總管盧青爲取東海力戰贈武義郎與一子恩澤 後村集 69/2b

~ 知原

盧知原利州路常平制 翟忠惠集 2/4a

中奉大夫直龍圖閣知温州盧知原治狀有聞可特除右文殿修撰制 北海集 4/1a

~ 秉

龍圖閣直學士朝奉大夫提舉南京鴻慶宫盧秉可落龍圖閣直學士依前朝奉大夫充寶文閣待制差遣依舊制 彭城集 22/6b

龍圖閣直學士朝奉大夫盧秉可知荊南府制 彭城集 23/12b

權江淮等路發運副使刑部員外郎盧秉可依前官充集賢殿修撰兼權江淮等路發運使制 王魏公集 2/6b

~ 侗

前守惠州歸善縣主簿充國子監直講盧侗可衛尉寺丞 蘇魏公集 32/5b

~ 洪

都官員外郎致仕盧器男洪可試將作監主簿制 文恭集 19/7a

~ 彦德

新除福建提刑盧彦德改江東提刑 止齋集 18/3a

福建提刑盧彦德本路運判 宋本攻媿集 33/12a 攻媿集 37/11b

~ 政

供備副使盧政可特授供備庫副使制 蔡忠惠集 10/10b

盧政贈司空 變城集 32/15b

盧政授殿前副都指揮使武泰軍節度使制 宋詔令 101/373

~ 革

著作佐郎盧革磨勘改官制 歐陽文忠集 81/2b

~ 城

盧城贈承信郎與一子父職制係順昌府與金人四太子轉戰臨陣戰殁 紫微集 19/20b

~ 奎

江西運判盧奎令再任 海陵集 17/9a

盧奎除湖北運判 海酸集 19/4a

~ 咸

殿中丞盧咸可太常博士制 歐陽文忠集 81/8a

~ 南金

國子博士知濱州盧南金可尚書虞部員外郎制 元憲集 23/2a

~ 拱

母汳氏 三班借職盧拱母汳氏可封永安縣太君制 净德集 9/15b

~ 思恭

盧思恭刪修敕令供檢文字轉官制 後樂集 1/26a

~ 昭用

供備庫副使盧昭用可西京左藏庫副使制 宋文鑑 39/10b

~ 昭序

故崇儀使康州刺史內侍押班盧昭序贈正刺史制 臨川集 54/17a

~ 昭度

盧昭度可供備庫副使制 文恭集 17/16b

~ 待舉

盧待舉可大理寺丞制 文恭集 14/9b

~ 益

盧益復職制 橫塘集 7/11b

知東平府盧益落職宫觀制 浮溪集 9/1b 浮溪集/附拾遺 9/103

徽猷閣待制盧益轉朝請大夫 鴻慶集 25/6b 孫尚書集 25/9b

盧益除尚書左丞制 毘陵集 8/2a

~ 倩

前蓬州伏虞令盧倩可華州鄭縣令 咸平集

28/5a

～ 訪

承議郎盧訪可通判德順軍制　彭城集 22/2a

～ 訢

真定府真定縣主簿盧訢可太學録制　彭城集 19/20b

～ 詠

盧詠可殿中丞制　文莊集 13/6a

～ 械

盧械武岡知縣右文林郎循一資制　紫微集 13/7b

～ 進

盧進歸順補承節郎制　平齋集 22/7b

長入祇候殿侍盧進換授保義郎　後村集 67/11b

～德誠

醫官副使盧德誠可轉一官制　摘文集 7/14a

～ 濤

父盧某　盧濤父初封　育德堂外制 3/15a

母某氏　盧濤母初封　育德堂外制 3/15a

～ 璋

應辦中官册寶盧璋轉一官制　東窗集 8/16b

盧璋爲捉殺度賊增吉垣九轉一官制　紫微集 12/7a

～ 贊

供奉官盧贊可轉一官制　摘文集 7/4a

～顯忠

盧州慎縣尉盧顯忠可盧州合泥令　咸平集 28/18a

～ 某

商州盧某可知台州制　彭城集 21/12a

～ 氏

安康郡太君盧氏進封太寧郡太君制　郎溪集 7/7b

默特博

東頭供奉官默特博與轉一官制　摘文集7/17b

～實勒

蕃官皇城使默實勒與轉一官制　摘文集 8/3a

閩士良

崇義使閩士良可康州刺史制　華陽集 30/11b

～文寶

閩文寶供備副使監老州茶鹽税制　歐陽文

忠集 81/18b

～ 木

閩木太學博士　樂城集 28/15a

～ 立

閩立換秉義郎制　東窗集 10/12b

～世雄

鎭江都統閩世雄管軍五年職事修舉轉遥郡

刺史　宋本攻媿集 35/19b　攻媿集 39/18a

御前諸軍都統制閩世雄　宋本攻媿集 42/7a

御前諸軍都統制閩世雄　宋本攻媿集 43/25a

～ 旦

江州彭澤主簿閩旦可守國子監丞致仕制

蔡忠惠集 9/11b

～ 令

陝西運使閩令降一官制　宋詔令集 209/787

～守勤

内侍閩守勤轉官制　道鄉集 17/9b

～ 安

内侍省押班閩安轉圖練使制　道鄉集 15/8a

内侍閩安轉官制　道鄉集 18/8a

入内閩安轉官制　道鄉集 18/10b

～安中

閩安中國子司業制　盤洲集 21/4a

閩安中中書舍人制　盤洲集 24/9a

～安義

閩安義授武翼郎制　四庫拾遺 327/鶴林集

～ 仲

武翼大夫侍衛步軍都虞候兼權侍衛馬軍司

職事閩仲特轉右武大夫忠州刺史　止齋集 13/1a

～仲卿

職方員外郎閩仲卿可屯田郎中知耀州制

文莊集 1/14b

～良臣

閩良臣可特改補保義郎制　四庫拾遺 406/東澗集

～居常

屯田郎中閩居常兼起居舍人　徐公集 7/11a

給事中閩居常可金紫檢校司空充廬州節度

副使　徐公集 8/8b

～ 亮

閩亮承節郎　筠溪集 4/12b

～ 度

閩度可江寧府參軍　徐公集 8/5a

~祖德

入内文思副使閔祖德可轉一官制 摘文集 7/5a

~ 政

閔政制 襄陵集 2/2b

~ 革

殿中丞閔革轉官 武溪集 10/14a

~ 勗

閔勗龍神衛四廂都指揮使 鴻慶集 25/10b

~康民

閔康民授保義郎制 四庫拾遺 327/翰林集

~康年

閔康年授忠翊郎制 四庫拾遺 327/翰林集

~ 挺

保義郎閔挺降一官制 盤洲集 19/12b

~温仁

大理寺丞閔温仁可太子中舍 西溪集 5(三沈 集 2/13a)

~ 祺

秘書丞閔祺可太常博士 韓南陽集 16/5a

~ 琪

閔琪爲擒獲順蕃人張窋轉拱衛大夫果州團練使陞充永興軍路兵馬都監權知耀州秉管内安撫依前統領忠義軍馬換給制 紫微集 17/5b

~ 皐

武功郎閔門宣贊舍人閔皐可特與補吉州防禦使所有借宣州觀察使候再立功日申朝廷取旨施行制 北海集 3/4b

~ 詢

閔詢可開封府推官制 文恭集 18/12b

閔詢特贈金紫光祿大夫制 道鄉集 17/4a

~ 達

閔達轉保義郎制 楳溪集 5/3a

~ 鼎

前通判台州閔鼎可尚書都官員外郎制 元憲集 26/7a

~蒼舒

龍圖閣待制知漳州府閔蒼舒除煥章閣直學士提舉江州太平興國官 止齋集 17/9b

在外大中大夫以上知州府罷恩轉官寶文閣學士通大夫知潼川府閔蒼舒 攻媿集 40/23a

~ 維

閔維轉承信郎 鴻慶集 25/8a 孫尚書集 25/12a

~瑾正

閔瑾正任防禦使制 浮溪集 10/9a 浮溪集/附拾遺 10/119

~ 德

中亮大夫宣州觀察使殿前左軍統制閔德於殿帥趙密前高聲無禮聖旨階官遥郡上降一官令本司自効 益國文忠集 96/11a 益公集 94/27b

中衛大夫復州防禦使主管台州崇道觀閔德叙復原官中亮大夫宣州觀察使 益國文忠集 96/16a 益公集 96/56b

~ 諶

右侍禁閔門祗候閔諶可閔門通事舍人制 摘文集 6/5a

~ 譓

閔譓可大理寺丞制 文恭集 14/11b

~ 驥

宣德郎閔驥可轉一官制 摘文集 7/3a

朝請大夫閔驥除應天少尹制 翟忠惠集 2/3b

錢之望

知揚州錢之望復直寶文閣 宋本攻媿集 30/5b 攻媿集 34/5b

朝奉大夫錢之望奉使回程轉一官 宋本攻媿集 30/16b 攻媿集 34/15a

~子善

司天監靈臺郎錢子善可特授守司天監主簿制 王魏公集 3/14b

~子穆

錢子穆可左監衛將軍致仕制 文恭集 20/10a

~公紀

刑部法直官前台州仙居縣尉兼主簿錢公紀可大理寺丞充刑部檢法官制 蔡忠惠集 10/18b

~公輔

太常博士充集賢校理同修起居注判三司度支勾院錢公輔可柯部員外郎制 臨川集 50/9a

~公績

前號州號署縣令錢公績可大理寺丞 蘇魏公集 34/4a

~可則

知嚴州錢可則陞直華文閣 後村集 66/17b

錢可則除更部員外郎 後村集 70/2a

錢可則陞直徽猷閣除浙東提舉 後村集71/1a

~守吉

南作坊副使錢守吉可供備庫使制 文莊集 1/22a

~ 式

錢式三班借職 樂城集 28/10a

~成祖

錢成祖除軍器監簿 後村集 70/11b

~仲彪

錢仲彪軍器監 育德堂外制 2/4b

~仰之

錢仰之授承信郎制 四庫拾遺 346/鶴林集

~良臣

賀金國正旦使副錢良臣 益國文忠集 112/2b

~ 圻

錢圻改官 張華陽集 3/7b

錢圻除刑部郎官 張華陽集 5/2b

~ 忱

深州防禦使駙馬都尉錢景臻男忱可莊宅副使制 元憲集 20/5b

父錢景臻 錢忱父景臻追封衛國公 張華陽集 1/5a

妻康氏 錢忱妻康氏封安定郡夫人 張華陽集 1/5b

少師錢忱封贈 海陵集 20/8a-9b

曾祖錢惟演 故曾祖

曾祖母張氏 故曾祖母

祖錢暄 故祖

祖母胡氏 故祖母

父錢景臻 故父

妻康氏 故妻

~希傑

太史局冬官正錢希傑轉一官制 東窗集8/16a

~廷玉

奉使官屬迪功郎錢廷玉轉一官 宋本攻媿集 30/17a 攻媿集 34/15b

通直郎太學博士錢廷玉除太常博士制 後樂集 1/2a

~廷瑞

錢廷瑞使屬充醫官轉官制 後樂集 1/29b

~延年

太常博士集賢校理錢延年可尚書祠部員外郎制 元憲集 26/2b

~ 即

責授永州團練副使永州安置錢即復大中大夫徽猷閣待制知永興軍 劉給諫集 2/5a

大中大夫徽猷閣待制知永興軍錢即改知興仁府 劉給諫集 2/5b

徽猷閣待制知興仁府錢即奉行新法有勞可通議大夫制 翟忠惠集 4/6a

~ 庚

錢庚轉官 益國文忠集 95/1b

~庚孫

錢庚孫除將作監簿 後村集 67/4a

~長卿

錢長卿比部郎 蘇東坡全集/外制中/19a

錢長卿刑部員外郎 樂城集 30/3a

~ 卓

錢卓轉官制 鄭峰録 6/15b

~昊卿

錢昊卿將作監丞制 蒙齋集 8/2b

~昌大

迪功郎錢昌大授籍田令 後村集 67/5a

~昌符

西京左藏庫副使錢昌符可左驍衛將軍致仕

蘇魏公集 34/7a

~ 易

錢易直太學博士誥 尊白堂集 5/39b

~忠表

太后山陵復土錢忠表轉一官制 平齋集 17/17a

~明逸

錢明逸可依前兵部員外郎充龍圖閣學士知蔡州制 文恭集 18/2a

~周材

錢周材除著作佐郎制 東窗集 13/18a

知常州錢周材除集英殿修撰 海陵集 13/3b

~彥遠

錢彥遠可起居舍人直集賢院知諫院制 文恭集 12/4a

~ 衮

錢衮太常博士制 臨川集 51/5a 王文公集 12/3a

~ 炳

錢炳降官 歸愚集 7/7a

~ 相

監察御史錢相除右正言制 東澗集 4/23b

錢相除國子監簿制 四庫拾遺 410/東澗集

～括

錢括可都官員外郎制　文恭集 15/8a

～昂

左朝議大夫直龍圖閣權發遣慶州錢昂可權發遣延安府制　摘文集 5/1a

～庫

承節郎錢庫修臨安府城第二等功轉一官　益公集 96/66a

～時敏

錢時敏除兵部郎官制　東窗集 8/5b

～師回

錢師回可供備庫副使制　文恭集 17/18a

左藏庫使錢師回可特授皇城副使制　蔡忠惠集 10/15b

～師孟

錢師孟知横州　樂城集 30/11b

～訪

前明州録事參軍錢訪可大理寺丞制　元憲集 23/8b

～惟治

錢惟治加恩制　宋詔令集 103/382

錢惟治落起復加恩制　宋詔令集 104/386

～惟演

給事中錢惟演可工部侍郎制　文莊集 1/10b

妻張氏　保大軍節度使同中書門下平章事錢惟演妻清河郡夫人張氏可追封郢國夫人制　文莊集 3/1b

～惟濬

安遠軍節度使錢惟濬加恩制　宋詔令集 104/384

錢惟濬落起復加恩制　宋詔令集 104/386

～暉

錢暉可東上閤門使加上騎都尉制　文恭集 17/12a

母張氏　防禦使錢暉母制　蔡忠惠集13/13b

衞州防禦使錢暉蘄州防禦使制　臨川集 52/16a

～遂

從政郎錢遂降兩資候服闋日與遠小監當　宋本攻媿集 30/8b　攻媿集 34/8a

～參

光祿寺丞錢參可大理寺丞　韓南陽集 18/18a

～雲駿

錢雲駿授官制　東牟集 7/4b

～穀

錢穀除度支郎官制　道鄉集 17/4a

～越

錢越服闋推恩制　翟忠惠集 4/12a

～堪

浙西提舉茶鹽錢堪轉一官　筠谿集 4/29b

～挈

前光祿寺丞錢挈服闋可舊官制　元憲集24/9b

～愷

錢愷授如京副使制　道鄉集 16/9b

～愨

汝州防禦使知客省事錢愨除樞密都承旨制

翟忠惠集 2/23a

～景振

西頭供奉官錢景振可依前西頭供奉官閤門祗候制　摘文集 5/8a

～景寬

右侍禁錢景寬可轉一官制　摘文集 7/6a

～智周

大理寺丞充三門發運判官錢智周可太子中舍依舊制　文莊集 1/8a

～儔之

錢儔之降官　歸愚集 7/4b

～象祖

錢象祖吏部員外郎　宋本攻媿集 31/24b　攻媿集 35/24a

吏部員外郎錢象祖陞郎中　宋本攻媿集 33/14a　攻媿集 37/13a

吏部郎中錢象祖樞密院檢詳　宋本攻媿集 34/17b　攻媿集 38/17a

吏部郎中錢象祖右司　宋本攻媿集 37/20a　攻媿集 41/19a

降授中大夫吳興郡開國公食邑二千五百戶食實封四百戶賜紫金魚袋錢象祖可依前官特授知紹興軍府事兼管內勸農使充兩浙東路安撫使馬步軍都總管填見闕封食實封賜如故諭　後樂集 2/20b

觀文殿大學士提舉臨安府洞霄宮吳興郡開國公錢象祖特授少保加食邑一千戶實封四百戶令所師擇日備禮册命　真西山集 19/3a

～隆積

妻趙氏　贈太尉追封永嘉郡王趙允迪女左侍禁錢隆積妻可特封郡君制　蔡忠惠集

10/7a

~ 煜

承信郎權貨務檢法使臣錢煜收趁增羨轉一官 攻媿集 39/15a

~雷震

錢雷震起復修職郎差充淮南運司準遣制 東澗集 6/13b

~ 愷

錢愷降授舒州觀察使官觀制 于湖集 19/5a

錢愷守本官致仕 西垣稿 2/3a

錢愷贈節度使 西垣稿 2/3b

~ 葉

錢葉兵部郎官 苕溪集 42/3a

錢葉都司 斐然集 13/19b

~ 暄

錢暄光祿卿 元豐稿 20/7b

監在京都鹽院錢暄比部郎中制 臨川集50/5b

~ 喚

錢喚知真州 樂城集 29/3b

~ 管

錢管贈通直郎制 四庫拾遺 386/鶴林集

~ 稳

刑部員外郎錢稳大理少卿 程北山集 25/5a

~端忠

新江西運副錢端忠改江東運副 宋本攻媿集 31/26a 攻媿集 35/25b

~端禮

錢端禮兵部尚書都督府參贊軍事制 盤洲集 19/1a

錢端禮端明殿學士左通議大夫簽書樞密院事兼提舉德壽宮制 盤洲集 20/6b

簽書樞密院錢端禮封贈三代

曾祖錢暄 曾祖暄秦國公制 盤洲集22/8b

祖錢景臻 祖駙馬都尉景臻大寧郡王制 盤洲集 22/9a

父錢忱 父忱慶國公制 盤洲集 22/9b

妻高氏 妻高氏和政郡夫人制 盤洲集 22/10a

錢端禮參知政事兼權知樞密院事制 盤洲集 23/7b

~ 肇

錢肇授承信郎制 四庫拾遺 347/鶴林集

~ 蓋

承務郎大理評事錢蓋可承奉郎餘如故制

彭城集 20/19b

陝西五路制置使錢蓋降授朝奉郎 鴻慶集 25/11a 孫尚書集 27/3b

~蕭之

錢蕭之轉官制 東牟集 7/34a

~ 適

供備庫副使錢適可左武衛將軍致仕 西溪集 5(三沈集 2/19a)

工部尚書兼侍讀錢適可樞密直學士穎昌府制 摘文集 5/2a

~ 爽

錢爽降官制 楳溪集 5/34b

~ 觖

龍圖閣待制權户部尚書錢觖可龍圖閣直學士權知開封府制 净德集 8/11b

錢觖給事中 蘇東坡全集/外制下/14b

父錢彥遠 父錢彥遠 樂城集 32/5b

母某氏 母某氏 樂城集 32/6a

錢觖復龍圖閣直學士制 宋詔令集 222/855

~ 遵

新授樞密直學士知穎昌府錢遵落職差知滁州制 後樂集 2/15a

~ 謙

錢謙降授儒林郎制 四庫拾遺 369/鶴林集

~ 豐

錢豐贈官制 浮溪集 8/19b 浮溪集/附拾遺 8/101

~ 曜

都水監丞錢曜可水部郎中制 彭城集 19/9a

~ 煜

承信郎權貨務檢法使臣錢煜收趁增羨轉一官 宋本攻媿集 35/16b

~ 藻

國子監直講編校集賢院書籍錢藻大理寺丞制 臨川集 51/15a

~ 簇

錢簇權發遣容州勅 鶴林集 12/7b

~ 氏

魏國大長公主親外孫女錢氏可封壽安縣君制 文恭集 19/17b

~ 氏

宮人錢氏奉聖旨久列嬪御特除魏國夫人制 翟忠惠集 4/19b

錫令結牟

契丹偶公主錫令結牟封夫人制　曲阜集 3/7b

宋文鑑 40/16a

鄆　唐

鄆唐可懷州防禦推官制　文恭集 18/14a

穆　介

穆介可華州長史致仕制　文恭集 20/9a

～　平

穆平充準備差遣　苕溪集 41/1b

～　京

穆京散官安置制　宋詔令集 210/794

～　沃

穆沃攻討轉官制　襄陵集 1/11a

～　春

采石立功人轉官穆春轉遞郡團練使　益國

文忠集 95/5b　益公集 96/57b

～　珣

穆珣知盧州　蘇東坡全集/外制中/19b　宋文鑑

40/5a

穆珣司封郎中制　元豐稿 20/4b

～思齊

穆思齊除大理寺丞制　安陽集 40/7b

～　衍

穆衍金部員外郎　蘇東坡全集/外制中/20b

～　遂

西京左藏庫副使穆遂文思副使制　臨川集

53/4a

衡嗣興

衡嗣興補承信郎　筠溪集 5/6b

鮑延祖

鮑延祖轉一官　苕溪集 33/1b

～　信

侍衛步軍司軍統領威拱宿衛部轄官兵特轉

一官鮑信　止齋集 18/2a

～善年

鮑善年京東運判　蘇東坡全集/外制上/11a

～恭叔

建寧府浦城知縣鮑恭叔降兩官永不得與親

民差遣　宋本攻媿集 36/3b　攻媿集 40/3a

～　琚

鮑琚除直敷文閣知鎮江府制　東窗集 13/1b

～朝賓

削定官鮑朝賓宣議郎　蘇東坡全集/外制下/10a

～　華

鮑華大理丞　育德堂外制 4/2a

～　義

歸順人鮑義補承信郎制　平齋集 17/18b

～醇孫

鮑醇孫降授從事郎制　四庫拾遺 315/翰林集

～　濤

吉州判官鮑濤可度州判官　徐公集 8/8a

～　氏倬兒

紅霞帔鮑倬兒轉掌字制　東窗集 10/21a

獨孤用和

青州奏壽光縣豐城村獨孤用和年一百一歲

本州助教制　臨川集 55/16a

十七畫

賽　音

蕃官文思副使賽音與轉一官制　摘文集 8/2a

賽音贈承信郎與一子父職名係前陣亡官兵

紫微集 19/21b

塞巳之

塞巳之大理正　後村集 61/9b

～仲恭

書藝局藝學塞仲恭可轉一官制　摘文集8/15b

～序辰

朝奉大夫保信軍簽判塞序辰可差權通判滁

州制　彭城集 22/5b

左朝議大夫塞序辰可轉一官制　摘文集7/11b

～周輔

朝請大夫新差知郢州塞周輔可差知盧州制

彭城集 21/2b

謝　才

謝才補承信郎制　浮溪集 8/16a　浮溪集/附拾

遺 8/99

謝才為掩殺桑仲賊馬轉忠訓郎掩殺李成賊

馬轉秉義郎换給制　紫微集 13/3a

～子强

謝子强起居郎　後村集 66/3a

~文彪

謝文彪授承信郎制 四庫拾遺 346/鶴林集

~文榮

謝文榮授承信郎制 四庫拾遺 346/鶴林集

~文瓘

謝文瓘除給事中制 道鄉集 17/1b

謝文瓘贈徵猷閣待制與兩資恩澤 程北山集 24/14a

謝文瓘降授承議郎依前給事中制 宋詔令集 210/791

謝文瓘罷給事中知濮州制 宋詔令集 210/791

~方叔

謝方叔特授特進依前觀文殿大學士惠國公致仕加食邑食實封制 四明文獻集 4/7a

謝方叔特贈少師誥 四明文獻集 5/29b

謝方叔權刑部侍郎制 後村集 60/6b

謝方叔授左司諫制 樓鑰集 6/16a

謝方叔授太常少卿制 樓鑰集 6/16b

~元振

謝元振可守國子監丞致仕制 文恭集 20/2b

~中美

通仕郎撰曆所參議官謝中美可宣德郎制 擴文集 5/8b

~正夫

謝正夫降授文林郎制 四庫拾遺 373/鶴林集

~ 仔

內侍寄資武義大夫謝仔與轉歸吏部制 西垣稿 1/11b

~匡策

謝匡策加特進階增食邑 徐公集 6/10b

~ 佺

謝佺除柯部郎官温州主管神御 張華陽集 7/8b

謝佺降官制 于湖集 19/6a

~ 辛

四川制置使奏辟知叙州慶符縣謝辛討捕叛夷有勞身死特贈 止齋集 17/4a

~克家

謝克家差知泉州 程北山集 24/14b

謝克家降充龍圖閣待制制 浮溪集 12/7a 浮溪集/附拾遺 12/141

謝克家落職官祠制 浮溪集 12/7a 浮溪集/附拾遺 12/141

謝克家除吏部侍郎 鴻慶集 24/1a 孫尙書集 26/1b

吏部侍郎謝克家兼太子詹事 鴻慶集 25/2a 孫尙書集 25/3a

謝克家知平江府 張華陽集 1/7a

謝克家移郡 張華陽集 4/3b

謝克家兵部尚書制 大隱集 1/18b

謝克家徵猷閣學士知泉州制 大隱集 2/22a

~ 孚

謝孚降官制 楊溪集 5/35a

~希空

謝希空權禮部尚書 後村集 60/4b

~廷瑞

謝廷瑞降授奉議郎制 四庫拾遺 394/鶴林集

~邦彥

謝邦彥大理正 歸愚集 8/6b

~延年

太常少卿致仕謝檢孫延年可試監主簿 蘇魏公集 32/12b

~宗孟

奏舉人前大名府留守推官試大理評事謝宗孟改著作佐郎大理寺丞 蘇魏公集 32/8b

~ 青

謝青爲與賊接戰陣殁贈承信郎制 紫微集 18/6a

~枋得

謝枋得特授秘書省著作郎兼權司封郎誥 四明文獻 5/13b

~ 芷

謝芷除國子錄 海陵集 15/4b

~采伯

度支郎中謝采伯除軍器監制 平齋集 17/23b

謝采伯換授薊州防禦使提舉佑神觀免奉朝請制 鶴林集 8/3a

謝采伯授州觀察使仍舊提舉佑神觀免奉朝請制 鶴林集 8/3b

~ 亮

謝亮主客郎官制 浮溪集 8/10a 浮溪集/附拾遺 8/94

~ 彥

謝彥除直秘閣提點體泉觀制 翟忠惠集 2/24a

~奕中

謝奕中戎監兼勅令官 後村集 63/11a

~奕昌

謝奕昌保寧軍節度使制 鶴林集 5/10b

謝奕昌加恩制 鶴林集 5/16a

謝奕昌授知閤門事兼客省四方館事制 鶴林集 8/1a

謝奕昌換授和州防禦使帶御器械兼幹辦皇城司制 鶴林集 8/2b

謝奕昌依前少保保寧軍節度使充萬壽觀使臨海郡開國公加食邑食實封制 後村集 54/6b

謝奕昌特封祁國公 後村集 54/7b

少保保寧軍節度使充萬壽觀使謝奕昌封贈三代

曾祖謝景之 故曾祖已贈太師追封魯王景之特贈太師餘如故 後村集 73/1a

曾祖母胡氏 故曾祖母魯國夫人胡氏贈魯國夫人 後村集 73/1b

祖謝深甫 故祖任少傅觀文殿學士致仕益國公贈太師追封魯王謐惠正深甫特贈太師餘如故 後村集 73/1b

祖母林氏 故祖母魯國夫人林氏特贈魯國夫人 後村集 73/2a-2b

父謝渠伯 故父任朝奉大夫已贈太師追封衞王渠伯特贈太師 後村集 73/3a

母郭氏 故母韓楚國夫人郭氏贈韓楚國夫人 後村集 73/3b

妻吳氏 故妻齊國夫人吳氏特贈齊國夫人 後村集 73/4a

~奕信

謝奕信軍器丞 後村集 63/3a

~奕檉

朝奉郎謝奕檉以前任都大解發新錢綱及數轉朝散郎 後村集 67/11b

謝奕檉除寶謨閣知漳州 後村集 70/12a

~奕禮

軍器監丞謝奕禮除大宗正丞兼權兵部郎官制 平齋集 17/23a

太宗正丞兼兵部郎官謝奕禮除將作少監制 平齋集 19/3b

將作監謝奕禮除大理少卿制 平齋集 19/15b

大理少卿謝奕禮除右文殿修撰主管佑神觀仍奉朝請制 平齋集 20/10a

謝奕禮保康軍節度使制 鶴林集 5/11b

謝奕禮知閤門事兼客省四方館事制 鶴林集 8/1b

謝奕禮換授眉州防禦使帶御器械兼幹辦皇城司制 鶴林集 8/2a

~奕燾

謝奕燾將作監 後村集 61/17b

謝奕燾華文閣知嘉興府 後村集 63/10b

知嘉興府謝奕燾陞直敷文閣 後村集 66/17a

~祖信

謝祖信太常少卿 苕溪集 37/1a

謝祖信改除殿中侍御史 苕溪集 37/3a

謝祖信除權史部侍郎 苕溪集 40/4b

謝祖信除徽猷閣待制知潭州 苕溪集 44/4a

~禹珪

內殿崇班謝禹珪可內殿承制 蔡忠惠集 11/8a

~ 屋

謝屋敷文閣添差浙西安撫司參議 後村集 62/9b

謝屋除軍器少監 後村集 67/7a

謝屋除大理少卿制 碧梧集 4/10a

~ 衍

比部員外郎謝衍磨勘改官制 歐陽文忠集 79/8a

~ 郭

奏舉人應天府推官謝郭可著作佐郎制 元憲集 25/4a

~卿材

謝卿材可直秘閣福建轉運使 蘇東坡全集/外制上/5a

謝卿材陝西轉運使 蘇東坡全集/外制下/4a 宋文鑑 40/6a

謝卿材河北運轉使 樂城集 27/14b

~純孝

武功大夫謝純孝降三官放罷 西垣稿 1/3b

~深甫

朝議大夫試御史中丞謝深甫封臨海縣開國男食邑三百戶 止齋集 15/11a

朝散大夫權工部侍郎謝深甫磨勘轉官 宋攻媿集 31/20a 攻媿集 35/19b

工部侍郎謝深甫落權字 宋本攻媿集 34/11a 攻媿集 8/10b

工部侍郎謝深甫 宋本攻媿集 36/19a 攻媿集 40/18b

~ 堙

謝堙司農簿 後村集 65/14a

司農簿謝堙兩易太府丞 後村集 65/14b

謝堅除太府寺丞　後村集 69/6a

～　臺

謝臺集撰提舉佑神觀仍奉朝請制　後村集 61/14a

～ 悖德

謝悖德上書改官與升擢差遣　斐然集 13/24b

～　堂

謝堂將作丞制　後村集 60/10b

謝堂寶章待制提舉佑神觀仍奉朝請　後村集 61/13b

謝堂爲磨勘轉朝散大夫　後村集 65/13b

朝散大夫謝堂磨勘轉朝請大夫　後村集 67/13b

謝堂特授華文閣待制提舉佑神觀免奉朝請制　碧梧集 9/4b

資政殿大學士兩浙鎮撫使謝堂該明堂恩封贈曾祖謝深甫　曾祖深甫特贈太師進封魯王誥　四明文獻集 5/37a

祖謝渠伯　祖渠伯特贈太師追封魏王誥　四明文獻集 5/37b

父謝奕昌　父奕昌特贈太師追封魏王誥　四明文獻集 5/38a

母吳氏　母吳氏特贈齊魏國夫人誥　四明文獻集 5/38b

～　倌

母董氏　饒州浮梁縣主簿謝倌母董氏可特封孺人制　范成大佚著/84

～　淵

少保謝淵加食邑實封制　後樂集 3/24b

～　榮

謝榮制　尊白堂集 5/26b

～ 雲行

禮賓副使謝雲行可六宅副使制　華陽集 30/3a

～ 琮遠

內侍謝琮遠小監當　鴻慶集 25/12a　孫尚書集 27/5a

～　憓

謝憓轉官制　道鄉集 18/2b

～ 景初

屯田員外郎謝景初可都官員外郎制　臨川集 50/10b

～ 景秘

謝景秘可大理寺丞制　文恭集 14/7a

～ 景温

寶文閣直學士正議大夫謝景温可知鄆州制　彭城集 21/4a

寶文閣直學士知蔡州謝景温可知穎昌府制　彭城集 23/11a

寶文閣直學士知揚州謝景温可權刑部尚書制　彭城集 23/13a

～　皐

潮州澄海第六指揮使謝皐可三班借職　蘇東坡全集/外制上/12b

～　墍

謝墍右文殿撰提舉佑神觀　後村集 61/14a

謝墍除司農卿　後村集 67/3a

～ 源明

謝源明直煥章閣知温州　宋本攻媿集 35/6b　攻媿集 39/6a

～　愈

河東都轉運使龍圖閣直學士何鄭奏梓州醫博士謝愈試國子四門助教不理選限制　臨川集 55/13a

～　微

太常博士通判福州謝微可尚書屯田員外郎制　元憲集 24/5b

～ 廓然

賀全國正旦使副謝廓然　益國文忠集 112/2b　益公集 112/112a

～　榮

龍衞右廂都指揮使謝榮進封開國公加勳邑制　華陽集 28/3a

～　維

右僕射兼門下侍郎平章事曾公亮奏醫人謝維可試國子四門助教不理選限　蘇魏公集 32/11b

～ 顗素

謝顗素可職方員外郎制　文恭集 15/6a

～　譯

在外大中大夫以上任官觀該覃恩轉官煥章閣直學士朝奉大夫謝譯　宋本攻媿集 37/1b　攻媿集 41/1b

～　興

勝捷都虞侯謝興換從義郎制　于湖集 19/12b

～　暉

開封府兵曹參軍謝暉可大理寺丞制　歐陽文忠集 79/7b

～ 鴻

都官員外郎謝鴻知瓊州可職方員外郎制　郎溪集 3/3b

～變昌

少師保寧軍節度使衛國公致仕謝變昌特贈太保追封淮海郡王制　碧梧集 8/7a

～變禮

保康軍節度使提舉萬壽觀臨海郡開國侯謝變禮加食邑食實封制　東澗集 5/5b

～應期

客省承受謝應期加恩制　郎溪集 6/9a

～邁格

蕃官謝邁格制　襄陵集 2/1b

～ 顯

謝顯可屯田員外郎制　文忠集 15/10a

～獻子

敘復朝散郎沿江制置使司參議官謝獻子權知安慶府兼淮西提刑兼提舉制　楊溪集 5/18b

～ 儥

奉議郎提轄權貨務謝儥收趁增羨轉一官　宋本攻媿集 35/17a　攻媿集 39/16a

鄰　詢

內侍鄰詢爲久病可將見任官特與換白雲處士賜名守寧　益國文忠集 96/3a　益公集 95/52b

～ 氏

清河郡夫人鄰氏封郡夫人　宋本攻媿集 39/18b　攻媿集 39/18b

應安道

宣奉郎應安道可轉一官制　擽文集 7/9b

徵獻閣直學士應安道轉官制　襄陵集 1/18a

應安道除淮東路常平制　褐忠惠集 2/5a

～孟明

右司員外郎應孟明左司　宋本攻媿集 31/17b　攻媿集 35/17a

左司應孟明中書門下省檢正　宋本攻媿集 33/15a　攻媿集 37/14a

檢正應孟明太府卿　宋本攻媿集 37/19b　攻媿集 41/18b

～ 厚

應厚降授承議郎制　四庫拾遺 379/鶴林集

～ 常

應常循右修職郎制　東窗集 13/7a

～ 變

歸正人營變補承信郎　益國文忠集 94/13a　益公集 98/116b

～ 儥

應儥除太博士兼莊文府教授制　平齋集 18/21a

應儥除著作郎諸　東澗集 3/22b

應儥除著作郎制　蒙齋集 9/6b

應儥權兵部侍郎兼權更侍　後村集 60/6a

應儥授承議郎制　四庫拾遺 384/鶴林集

應儥授奉議郎制　四庫拾遺 391/鶴林集

戴必勝

戴必勝贈從義郎制　四庫拾遺 333/鶴林集

～安國

將仕郎戴安國捕獲海賊可承信郎制　范成大伏著/88

～良齊

戴良齊太常簿　後村集 62/2a

太常簿戴良齊爲思正上遺表轉一官　後村集 63/9a

戴良齊著佐郎　後村集 65/2b

～宗昭

戴宗昭降授儒林郎制　四庫拾遺 366/鶴林集

～ 青

忠訓郎戴青降一官制　盤洲集 19/3b

～ 杰

戴杰宗學諭制　平齋集 20/21a

奉議郎戴杰授武學諭制　鶴林集 7/21b

～ 規

忠義軍副統領戴規陳州陣亡特贈三官與兩資恩澤更與一名關守進義副尉　益國文忠集 98/5b　益公集 97/94a

～ 皐

舒州觀察使安康郡開國侯戴皐封贈父母妻父戴謹　父贈武節大夫謚武顯大夫　益國文忠集 97/15a　益公集 96/58b

母彭氏　母恭人彭氏碩人　益國文忠集 97/15a　益公集 96/58b

妻晉氏　妻恭人晉氏碩人　益國文忠集 97/15b　益公集 96/59a

～ 溪

戴溪除太學錄　止齋集 17/8a

戴溪國子祭酒 育德堂外制 2/2b

朝散郎行秘書郎兼國史院編修官實録院檢討官戴溪依前官特授尙書兵部員外郎制

後樂集 1/8b

~ 道

戴道爲敕令所編修在京通用條册成書係本所供檢文字轉一官制 紫微集 12/2b

~ 達先

戴達先校書郎制 盤洲集 19/4b

~ 融

殿中丞戴融可太常博士餘如故制 文莊集 2/13b

~ 興

戴興加恩制 宋詔令集 95/348

戴興加恩制 宋詔令集 95/350

~ 勳

嘉王府講尙書徽章官屬諸色應人各轉一官資秉義郎戴勳 宋本攻媿集 30/13a 攻媿集 34/12b

~ 翼

太常博士前知富順監戴翼可尙書屯田員外郎制 元憲集 25/10a

~ 翼

戴翼轉奉議郎制 平齋集 22/19b

鞠承之

朝散郎鞠承之可權發遣兩浙運判官制 彭城集 19/13a

陝西移四通判秦州鞠承之移永興 樂城集 29/15a

鞠承之可秦州通判 蘇東坡全集/外制中/9b

~ 真卿

集賢校理鞠真卿可光祿寺丞依舊充集賢校理知壽州制 臨川集 49/10a

太常寺祝充集賢校理鞠真卿服闋可舊官制

華陽集 28/9a

~ 某

鞠學士知壽州 王文公集 12/5b

檀 倬

檀倬復職制 橫塘集 7/12a

檀倬復徵獻閣待制 張華陽集 1/2a

韓之美

韓之美轉一官 張華陽集 5/3b

韓之美係湖北京西宣撫司幹辦公事累與烏珠等見大陣獲捷轉右朝議大夫依前直秘閣制 紫微集 12/15b

~ 大倫

韓大倫除中書門下省檢正諸房文字制 東澗集 4/7b

韓大倫除金部員外郎制 東澗集 4/17b

韓大倫降授朝請郎制 四庫拾遺 352/翰林集

~ 川

監察御史韓川可殿中侍御史制 彭城集 20/4a

左司諫韓川可太常少卿制 彭城集 23/14b

韓川落職川知坊州制 宋詔令集 207/776

韓川分司居住制 宋詔令集 208/781

韓川散官安置制 宋詔令集 209/785

知襄州韓川落修撰依前朝請郎管勾西京崇福宮任便居住制 宋詔令集 211/798

~ 元

韓元贈二官恩澤五資制 紫微集 19/19b

~ 元吉

韓元吉除度支郎中制 于湖集 19/6a

~ 木

韓木降授朝奉郎制 四庫拾遺 399/翰林集

~ 中立

大將韓中立可轉一官制 摘文集 8/5b

~ 公彦

韓公彦可光祿寺丞制 文恭集 13/12a

~ 公裔

除韓公裔加食邑制 海陵集 11/9a

岳陽軍節度使韓公裔遇辛巳明堂敕封贈三代

曾祖韓某 曾祖 益國文忠集 97/6b 益公集 95/33a

曾祖母某氏 曾祖母 益國文忠集 97/7a 益公集 95/33b

祖韓某 祖 益國文忠集 97/7b 益公集 95/34a

祖母某氏 祖母 益國文忠集 97/7b 益公集 95/34b

父韓某 父 益國文忠集 97/8a 益公集 95/35a

母某氏 母 益國文忠集 97/8b 益公集 95/35b

妻某氏 妻 益國文忠集 97/8b 益公集 95/36a

~ 永文

内侍省内常侍韓永文可内殿崇班 西溪集 4（三沈集 1/64a）

~ 正

檢校少保建武軍節度使韓正提舉嵩山崇福宮制 宋詔令集 105/392

~ 正彥

韓正彥倉部郎中制 元豐稿 20/5b

司農少卿韓正彥可知滄州制 彭城集 21/11b

~ 世良

韓世良特與轉行左式大夫遙郡防禦使 苕溪集 35/3b

~ 世忠

韓世忠起復檢校少師武成感德軍節度使制 浮溪集 11/1a 浮溪集/附拾遺 11/125

韓世忠除兩鎮節度使制 浮溪集 11/1b 浮溪集/附拾遺 11/125

檢校少師武成感德軍節度使充神武左軍都統制韓世忠加恩制 浮溪集 11/2b 浮溪集/附拾遺 11/126

韓世忠可除西路制置使應沿江防守戰守備禦之事並聽節制依舊鎮江府駐劄制 北海集 2/5a

除韓世忠特授太尉依前武成感德軍節度使神武左軍都統制福建江西荊湖南北路宣撫副使加食邑食實封制 北海集 7/1a

除韓世忠特授開府儀同三司依前武成感德軍節度使神武左軍都統制充淮南東西路宣撫使加食邑食實封制 北海集 7/2b

曾祖韓則 曾祖則追封營國公制 東窗集 12/11a

曾祖母郝氏 曾祖母郝氏贈兗國夫人制 東窗集 12/11b

祖 韓廣 祖廣追封代國公制 東窗集 12/11b

祖母高氏 祖母高氏贈雍國夫人制 東窗集 12/12a

父 韓慶 父慶追封唐國公制 東窗集 12/12a

母賀氏 母賀氏贈楊國夫人制 東窗集 12/12b

妻白氏 故妻白氏贈譚國夫人制 東窗集 12/13a

妻梁氏 故妻梁氏贈邠國夫人制 東窗集 12/13a

妻茅氏 妻茅氏封蘇國夫人制 東窗集 12/13b

擬韓世忠加恩制 楳溪集 4/16a

韓世忠奉旨右朝請大夫參謀官依舊右文殿修撰制 紫微集 16/14b

韓世忠除太師致仕 歸愚集 8/5b

韓世忠贈通義郡王 歸愚集 8/5b

韓世忠加恩麻 播芳文粹 90/4a

除韓世忠兩鎮節度使麻 播芳文粹 90/7b

御營左軍都統制江淮制置使韓世忠除檢校少保武寧昭慶軍節度使進封開國侯加食邑食實封制 新安文獻 1/後 4b

~ 世榮

寄資右武大夫遙郡防禦使皇子嘉王府都監韓世榮轉歸吏部在京宮觀 宋本攻媿集 30/4a 攻媿集 34/3b

~ 古

朝請大夫尚書都官員外郎韓古可除金部員外郎留建康府制 北海集 4/6a

韓古都官員外郎制 大隱集 2/4b

~ 申範

授內官韓申範加恩制 東澗集 5/14b

~ 禾

韓禾考功郎官 後村集 65/15a

韓禾行司農少卿兼國史兼侍讀制 碧梧集 4/11a

韓禾除國子司業制 碧梧集 4/12a

~ 仙青

韓仙青授官 育德堂外制 1/16a

~ 守允

內殿崇班韓守允可左監門衛將軍致仕制 歐陽文忠集 81/12a

~ 休

韓休轉官 育德堂外制 5/13b

~ 休卿

韓休卿知融州制 東澗集 6/5b

~ 仲通

韓仲通除大理寺正制 楳溪集 5/7b

韓仲通大理卿制 紫微集 17/11b

韓仲通大理寺丞再任 斐然集 13/26b

韓仲通權刑部侍郎落權字 歸愚集 7/6b

韓仲通除權刑部侍郎 海陵集 16/6a

韓仲通進茶監法轉官 海陵集 19/9a

知明州韓仲通復敷文閣直學士知平江府制 益國文忠集 96/15b 益公集 95/41a

~ 孝直

登仕郎守祁州深澤縣令韓孝直可守河中府河西縣令 蘇魏公集 33/10a

~ 材

韓材起復制 東牟集 8/16a

~肖冑

父韓治 工部侍郎韓肖冑父中大夫贈正奉大夫治光祿大夫 程北山集 23/8b

母文氏 故母碩人文氏贈和義郡夫人 程北山集 23/9a

繼母文氏 繼母太碩人文氏贈齊安郡夫人 程北山集 23/9b

妻王氏 故妻令人王氏贈碩人 程北山集 23/9b

妻文氏 故妻令人文氏贈碩人 程北山集 23/9b

母文氏 資政殿學士太中大夫提舉臨安府洞霄宮韓肖冑故母文氏贈雍國夫人制 東窗集 7/6b

繼母文氏 繼母文氏封越國夫人制 東窗集 7/7a

韓肖冑除簽書樞密院事 張華陽集 2/4a

母文氏 韓肖冑母文氏特封國號 張華陽集 2/8b

韓肖冑知溫州 張華陽集 5/5b

韓肖冑左司員外郎制 大隱集 2/5a

父韓治 資政殿學士韓肖冑故父治可特贈少師制 紫微集 20/1a

母文氏 故母文氏可特贈冀國夫人制 紫微集 20/1b

繼母文氏 繼文氏可特封鎮國夫人制 紫微集 20/2a

~見素

内殿掌班韓見素可内殿承制 蘇魏公集 31/8b

~廷圭

從事郎成州天水縣令韓廷圭降兩資 宋本攻媿集 30/18a 攻媿集 34/16b

~伯莊

御前三禮及第韓伯莊海州東海縣尉兼主簿制 臨川集 55/4b

~ 治

韓治贈官 斐然集 14/12b

~宗文

韓宗文大理寺主簿制 元豐稿 21/7a

韓宗文光祿丞 樂成集 29/8a

~宗本

太府寺主簿韓宗本可大理寺主簿 彭城集 23/8b

~宗古

朝奉郎韓宗古可知曹州制 彭城集 21/17b

韓宗古司封 樂城集 28/11a

~宗哲

承議郎通判鎮戎軍韓宗哲可通判大名府制 彭城集 22/2b

~宗師

朝散大夫韓宗師可衛尉少卿制 彭城集 19/18b

朝散大夫衛尉少卿韓宗師可直秘閣提舉鳳翔府太平宮制 彭城集 22/16b

~宗道

光祿寺丞韓宗道可著作佐郎 西溪集 5(三沈集 2/8a)

寳文閣待制權知開封府韓宗道可户部侍郎制 淨德集 8/4a

韓宗道太府卿 樂城集 30/12b

~宗顏

韓宗顏永祐陵覆官用過地段特贈將仕郎制 東窗集 9/9b

~ 京

祖韓楚 拱衛大夫華州觀察使充廣南東路馬步軍副總管兼知循州韓京祖楚贈保義郎制 東窗集 7/26b

祖母馬氏 祖母馬氏贈安人制 東窗集 7/27a

繼祖母李氏 祖母李氏贈安人制 東窗集 7/27a

韓京轉左武大夫 張華陽集 6/4a

韓京除觀察使制 梅溪集 5/11a

~ 武

三班奉職韓武可侍禁制 摛文集 5/10a

~ 玠

韓玠通判河南 樂城集 28/7b

~ 林

貸命自効人前拱衛大夫州刺史韓林叙復修武郎 益國文忠集 96/18a 益公集 98/116b

~ 松

韓松可太子中舍人致仕制 文恭集 20/4b

~ 果

寄資訓武郎韓果轉歸史部在京宮觀 宋本

攻媿集 30/12b 攻媿集 34/11b

~ 昌

韓昌可大理寺丞制 文恭集 14/12b

~忠彦

韓忠彦特轉朝請郎 蘇東坡全集/外制下/17a

韓忠彦樞密直學士知定州 樂城集 28/15b

韓忠彦除右僕射制 宋詔令集 58/292

韓忠彦除光祿大夫左僕射進封儀國公制

宋詔令集 58/292

右僕射韓忠彦轉右光祿大夫制 宋詔令集 63/311

韓忠彦加恩制 宋詔令集 63/311

韓忠彦罷左僕射除觀文殿大學士知大名府

制 宋詔令集 70/338

韓忠彦降資政殿學士制 宋詔令集 209/785

韓忠彦落職依前左光祿大夫知大名府制

宋詔令集 212/803

韓忠彦降授正議大夫提舉西京崇福宮制

宋詔令集 212/803

韓忠彦降磁州團副制 宋詔令集 212/804

韓忠彦降授太中大夫依舊提舉西京崇福宮

懷州居住制 宋詔令集 212/804

韓忠彦責散官濟州安置制 宋詔令集 212/804

~忠嗣

知麟州韓忠嗣降兩官放罷制 浮溪集 9/11a

浮溪集/附拾遺 9/111

~佗胄

秉義郎韓佗胄特授閤門舍人 止齋集 11/3b

武功大夫和州防禦使權知閤門事兼客省四

方館事韓佗胄特與落階官臣僚繳奏特與

轉行右武大夫 止齋集 11/4b

~ 周

渭州新寨東頭供奉官韓周授内殿崇班制

蔡忠惠集 9/20b

~ 亮

韓亮轉官制 東澗集 6/15b

~彦古

韓彦古將作監丞制 盤洲集 19/1b

韓彦古太府寺丞制 盤洲集 23/2a

韓彦古轉官制 盤洲集 24/8b

韓彦古直徽猷閣知嚴州制 盤洲集 24/12b

~彦直

韓彦直秘閣 筠溪集 4/29b

韓彦直除淮東提舉制 于湖集 19/8b

韓彦直致仕 止齋集 17/4a

龍圖閣學士正議大夫韓彦直磨勘轉官 宋

本攻媿集 34/6a 攻媿集 38/6a

在外大中大夫以上任官觀該罪恩轉官龍圖

閣學士正奉大夫韓彦直 宋本攻媿集 37/1a

攻媿集 41/1a

~ 庠

得功力内殿承制韓庠加四級每級轉一官制

摘文集 7/3a

~ 奕

書藝局藝學韓奕可轉一官制 摘文集 8/5b

~祇德 韓祇德

父韓璋 右朝散郎行司農寺主簿韓祇祖

弟左朝散郎行都水監主簿祇德故父任

正議大夫致贈右光祿大夫璋可贈右

銀青光祿大夫制 净德集 9/7a

~ 珉

韓珉江東運判 苕溪集 43/2a

~ 持

朝請郎武光祿卿韓持可户部侍郎管勾右曹

制 摘文集 3/11a

衛尉少卿韓持可光祿卿制 摘文集 3/12a

朝請大夫韓持知衢州制 翟忠惠集 2/15a

韓持贈五官制 浮溪集 10/13b 浮溪集/附拾遺 10/122

~ 括

韓括知肇慶府制 東澗集 6/9b

~ 恬

同中書門下平章事韓琦奏親姪恬守秘校制

臨川集 52/9a

~ 昱

韓昱特轉武功郎制 平齋集 17/13b

~思永

中大夫直秘閣韓思永可落職與宮觀制 北

海集 5/3a

~ 昭

韓昭叙復右中大夫 苕溪集 33/3a

~信甫

宣教郎特添差兩浙路轉運司主管文字仍藉

務韓信甫特授直秘閣制 後樂集 2/1a

~ 俊

武翼郎左翼軍統制韓俊供職滿十年轉一官

宋本攻媿集 31/15a 攻媿集 35/15a

~ 盈

敦遣人韓盈可試校書郎知縣制　郎溪集3/11a

～海

韓海爲生擒賊首王念一等千里招復歸業江西安撫大使司保明申與轉一官制　紫微集 12/9a

～容

監在京糧院韓容轉朝奉郎制　翟忠惠集 4/2b

～祥

朝請大夫尚書省都事韓祥可轉一官制　摘文集 7/8a

～祥

韓祥轉儒林郎制　平齋集 22/18b

～晉卿

韓晉卿刑部郎中制　元豐稿 22/7b

韓晉卿少卿制　元豐稿 20/7b

朝請大夫韓晉卿可光祿少卿　彭城集 21/7b

權兩浙轉運副使韓晉卿可知徐州制　彭城集 21/13b

遼州平城縣令韓晉卿可大理寺丞充本市詳斷官　西溪集 6(三沈集 2/52b)

～忠

癸州觀察使韓忠除知閤門事兼客省四方館事　益國文忠集 95/6b　益公集 94/13b

～章

清河口屯角林立功官兵轉官韓章一官於階官遙郡上分轉　益國文忠集 98/2a　益公集 97/93a

～庚

韓庚陞授迪功郎制　四庫拾遺 320/翰林集

～球

書藝局藝學韓球可轉一官制　摘文集 8/5b

光祿寺丞韓球磨勘通直郎制　翟忠惠集 4/2b

韓球度支員外郎制　大隱集 2/6b

～常持

朝奉郎新除監察御史兼崇政殿說書韓常持授朝請郎守本官致仕　後村集 71/8a

～銛

知真州楊子縣事爲捉賊温州永嘉縣尉韓銛可萊州即墨縣令制　蔡忠惠集 9/15b

～敏

曹家莊陣亡韓敏等贈三官秉義郎韓敏特贈三官與三資恩澤　益國文忠集 98/6a　益公集 98/112b

～敏中

韓敏中降一官　西垣稿 2/10a

～通

韓通贈中書令　公是集 30/11a　宋文鑑 37/4b

～敦立

衛尉丞韓敦立可通判齊州　蘇東坡全集/外制中/15b

～敦信

韓敦信除官職制　翟忠惠集 3/1a

～補

韓補福建船　後村集 60/13b

韓補授宗正寺簿制　樓墓集 7/2a

～裕

韓裕兵部員外郎制　大隱集 2/2b

～琦

除韓琦特授依前工部尚書同中書門下平章事集賢殿大學士加食邑實封改賜功臣制　文恭集 23/1a　宋詔令集 60/301

除韓琦依前工部尚書同中書門下平章事集賢殿大學士加食邑實封仍賜功臣制　文恭集 23/2a　宋詔令集 55/280

除韓琦特授特進依前檢校太保充武康軍節度使加食邑制　文恭集 23/2b

太常丞韓琦可開封府推官制　元憲集 22/1a

太常博士直集賢院韓琦可右司諫供職制　元憲集 23/11a

除韓琦制　韓南陽集 15/9b　王文公集 10/6b　郎溪集 2/6b　播芳文粹 90/10a

韓琦授依前同中書門下平章事進封儀國公加食邑實封制　華陽集 25/12a　宋詔令集 60/302　宋文鑑 35/3a

韓琦授門下侍郎兼兵部尚書依前同中書門下平章事進封衛國公加食邑實封制　華陽集 25/13a　宋詔令集 61/303　宋文鑑 35/4a

韓琦授依前同中書門下平章事進封魏國公加食邑實封功臣制　華陽集 25/14a　宋詔令集 61/304

使相韓琦封贈制

祖母李氏　祖母李氏追封安平郡太夫人　華陽集 31/4b

母羅氏　母羅氏追封文安郡太夫人　華陽集 31/5a

母胡氏　母胡氏追封河東郡太夫人　華陽集 31/5a

妻崔氏　妻崔氏進封樂安郡夫人　華陽集 31/5b

詔令一　制詞　臣僚　十七畫　909

韓琦加恩制 臨川集 47/3b 宋文鑑 34/15a

殿中侍御史韓琦可左司諫制 彭城集 23/9a

韓琦進昭文相制 宋詔令集 56/281

韓琦依前工部尚書同中書門下平章事集賢殿大學士加恩制 宋詔令集 60/301

韓琦進右僕射制 宋詔令集 61/303

韓琦罷相除陳鄭兩鎮節度出判相州制 宋詔令集 68/332 宋文鑑 34/8b

韓琦配饗英宗廟廷制熙寧八年七月丁巳 宋詔令集 142/515

韓琦特贈尚書令制 宋詔令集 220/848

韓琦守司徒兼侍中鎮安勝等軍節度使制 宋文鑑 34/8b

除韓琦京兆尹再任判大名府制 宋文鑑 35/17a

~ 景修

廣南西路轉運使尚書都官員外郎韓堦男景修可試秘書省校書郎制 元憲集 26/6a

~ 貴

清河口皂角林立功官兵轉官韓貴四官 益國文忠集 98/2a 益公集 97/93a

~ 進

西賊攻圍鎮戎軍南川寨等處戰守有勞韓進轉兩官 樂城集 30/16a

衡門韓進授武翼郎制 東窗集 10/8b

~ 順之

韓順之加官制 東牟集 7/23b

~ 絳

韓絳可三司戶部判官制 文恭集 16/5b

韓絳可右正言依舊直集賢院同修起居注赴諫院供職制 蔡忠惠集 9/14b

諫官韓絳轉官修起居注制 蔡忠惠集 11/18a

除康公再相制 韓南陽集 15/12a 宋詔令集56/284

韓絳授金紫光祿大夫同中書門下平章事昭文館大學士加食邑實封功臣制 華陽集 26/2b 宋詔令集 56/283

尚書吏部侍郎參知政事韓絳封贈三代

曾祖韓處均 曾祖處均贈金紫光祿大夫太師中書令可特贈兼尚書令餘如故 蘇魏公集 35/5b

曾祖母李氏 曾祖母追封秦國夫人李氏可追封秦國太夫人 蘇魏公集 35/6a

祖韓保樞 祖保樞贈太師中書令尚書令可追封燕國公餘如故 蘇魏公集 35/6a

祖母周氏 祖母追封魯國夫人周氏可追封魯國太夫人 蘇魏公集 35/6b

祖母郭氏 祖母追封魯國夫人郭氏可追封魯國太夫人 蘇魏公集 35/7a

父韓億 父億贈開府儀同三司太師中書令尚書令上柱國可追封周國公餘如故 蘇魏公集 35/7a

母浦氏 母追封晉安郡太夫人浦氏可追封崇國太夫人 蘇魏公集 35/7b

母王氏 母追封平陽郡太夫人王氏可追封榮國太夫人 蘇魏公集 35/8a

三司使吏部侍郎韓絳可樞密副使制 郎溪集 1/4a

故鎮江軍節度使檢校太尉守司空開府儀同三司致仕康國公韓絳可特贈太傅餘如故制 彭城集 21/2a

除韓絳觀文殿大學士知許州制 王魏公集 2/10a 宋文鑑 35/17b

韓絳罷入官知鄧州制 宋詔令集 68/333

韓絳罷相進禮部尚書觀文殿大學士知許州制 宋詔令集 69/334 宋文鑑 35/17b

韓絳落御史中丞理檢使本官知蔡州制 宋詔令集 205/767

~ 誠

韓誠轉武顯大夫遥郡防禦使制 東窗集 6/8a

~ 道

沂州沂水縣主簿韓道可大理評事制 歐陽文忠集 80/11b

~ 熙載

虞部員外郎史館修撰韓熙載可太常博士 徐公集 8/9a

~ 筠

宣德郎新差權開封府祥符縣韓筠可監察御史制 擴文集 4/4a

~ 粲

韓粲降授從事郎制 四庫拾遺 293/翰林集

~ 粹彥

韓粹彥轉官制 道鄉集 18/7a

徽猷閣待制知興仁府韓粹彥知定州 劉給諫集 2/5b

韓粹彥降一官制 宋詔令集 210/793

~ 嘉言

德州録事參軍韓嘉言可光祿寺丞 西溪集 4（三沈集 1/61b）

~ 緒

西賊攻圍鎮戎軍南川寨等處戰守有勞韓緒轉二官 樂城集 30/16a

~ 維

知潁昌府韓維再任制 元豐稿 22/6b

資政殿大學士太子少傅致仕韓維可太子少師致仕制 淨德集 9/1a 韓南陽集/附錄 9a

曾祖韓處均 曾祖處均燕國公 蘇東坡全集/外制中/4b

曾祖母李氏 曾祖母李氏燕國太夫人 蘇東坡全集/外制中/5a

祖韓保樞 祖保樞魯國公 蘇東坡全集/外制中/5b

祖母周氏 祖母周氏贈魯國太夫人 蘇東坡全集/外制中/6a

祖母郭氏 祖母郭氏贈魯國太夫人 蘇東坡全集/外制中/6a

公韓億 父億贈冀國公 蘇東坡全集/外制中/6a 宋文鑑 39/17a

母王氏贈秦國太夫人 蘇東坡全集/外制中/7a 宋文鑑 39/17b

母蒲氏 母蒲氏贈秦國太夫人 蘇東坡全集/外制中/7a 宋文鑑 39/17b

妻蘇氏 故妻蘇氏永嘉郡夫人 蘇東坡全集/外制中/7a

妻張氏 韓維妻張氏同安郡夫人 蘇東坡全集/外制上/19a

韓維明堂執政加恩 蘇東坡全集/外制下/14b

韓維守本官資正殿學士知鄧州 樂城集30/3b

韓維落職降官制 宋詔令集 208/781

韓維追復官制 宋詔令集 221/854

~ 澄

韓澄吏部郎官制 浮溪集 8/10a 浮溪集/附拾遺 8/93

~ 慶

開封府捉事使臣韓慶可轉一官制 摘文集 7/1b

~ 震

秘書丞韓震可太常博士 西溪集 4(三次集 1/60a)

~ 璜

韓璜廣西提刑 斐然集 14/4b

~ 愈胄

韓愈胄循資制 盤洲集 23/10b

~ 標

韓標可著作佐郎制 文忠集 14/14a

~ 駒

韓駒轉一官致仕 斐然集 13/1b

~ 澤

韓澤可山南東道節度推官知廣安軍新明縣制 文忠集 18/16b

~ 義

太常博士充秘閣校理韓義可柯部員外郎餘如故制 文莊集 1/17b

~ 燁

韓燁大理寺丞制 臨川集 51/14b

~ 霖

韓霖叙復成州團練使制 尊白堂集 5/1b

貸命自効人前拱衛大夫文州刺使韓霖叙復修武郎 益公集 98/116b

~ 適

知鄂州韓適措置有方轉一官 筠溪集 5/27b

~ 鎮

屯田員外郎韓鎮改殿中侍御史制 臨川集 49/4b 王文公集 11/2b

曾祖韓處均 韓鎮曾祖處均贈太師中書令兼尚書令韓國公餘如故 王魏公集 2/16a

曾祖母李氏 曾祖母韓國太夫人李氏可追封燕國太夫人制 王魏公集 2/16b

祖韓保樞 祖保樞贈太師中書令兼尚書令魏國公可追封冀國公餘如故制 王魏公集 2/17a

祖母周氏 祖母周氏追封魏國太夫人可追封冀國太夫人 王魏公集 2/17b

祖母郭氏 祖母郭氏追封魏國太夫人可追封冀國太夫人 王魏公集 2/17b

母蒲氏 母周國太夫人蒲氏可追封宛國太夫人 王魏公集 2/17b

母王氏 母王氏周國太夫人可追封宛國太夫人 王魏公集 2/17b

妻程氏 妻廣平郡君程氏可永嘉郡夫人 王魏公集 2/18a

祖韓保樞 祖保樞贈太師中書令尚書令追封燕國公餘如故制 王魏公集 3/11a

龍圖閣直學士太中大夫樞密都承旨韓鎮可依前太中大夫同知樞密院事宜 王魏公集 3/16a

知樞密韓鎮拜右相制 宋詔令集 57/287

右相韓縝轉正議大夫加恩制 宋詔令集62/308 宮人掌珍韓氏可典記制 摭文集 9/1a

韓縝罷相轉觀文殿大學士出知潁昌府制

宋詔令集 69/335

薛九齡

～ 濤

御前諸軍副都統制薛九齡 宋本攻媿集 44/23b

韓濤除太社令制 平齋集 20/22a

薛九齡授武德郎 育德堂外制 1/10a

韓濤除大理寺簿制 蒙齋集 9/13a

～ 乙

～膺冑

原州之安寨白家族都虞侯薛乙可銀酒監武

韓膺冑除直秘閣與外任 張華陽集 5/2a

充本族副軍主 蘇魏公集 31/12a

韓膺冑江東憲 斐然集 12/10b

～中孚

～勵己

太子中舍通判德州薛中孚可殿中丞制 元

追官人韓勵己可青州臨淄簿 咸平集 28/12b

憲集 21/5a

～ 踏

～安期

韓踏降授朝請郎制 翠忠惠集 4/4a

薛安期可益州司戶制 文恭集 18/23a

～ 績

～安靖

著作佐郎韓績可秘書丞制 華陽集 27/5a

故右侍禁王卞女夫薛安靖可三班借職制

～ 濱

摭文集 8/7b

京東路轉運使尚書刑部員外郎直史館韓濱

薛安靖奏對可采除閤門宣贊舍人 鴻慶集

可尚書兵部員外郎制 元憲集 26/14b

25/9b 孫尚書集 27/1b

～ 贊

～ 求

龍圖閣直學士知河南府韓贊應奉山陵加恩

薛求司勳郎中制 臨川集 50/2b

制 郎溪集 1/8a

～仲儒

龍圖閣直學士右諫議大夫韓贊可給事中制

大理寺丞薛仲儒可太子右贊善大夫制 歐陽文忠集 81/4a

郎溪集 5/9a

駕部員外郎薛仲儒可虞部郎中制 臨川集

父韓琈 父琈贈秘書少監特贈給事中制

50/7b

郎溪集 5/9a

～仲簡

～ 繹

薛仲簡可屯田員外郎制 文恭集 15/16b

前天平軍節度推官知遂州遂寧縣事韓繹可

秘書丞薛仲簡磨勘改官制 歐陽文忠集 79/4a

大理寺丞制 蘇魏公集 30/9b 東窗集 9/4a

～ 向

韓繹可職方員外郎制 臨川集 50/10a 王文公集 11/4a

權陝西轉運副使金部員外郎薛向可司勳員外郎 西溪集 6(三沈集 2/45a)

韓繹試大理評事充天平軍節度推官知遂州

薛向贈銀青光祿大夫制 宋詔令集 221/852

遂寧縣制 臨川集 52/3b

～良朋

～ 鑑

薛良朋直顯謨閣浙西轉運副使制 盤洲集

韓鑑除祥符縣主簿制 安陽集 40/7a

20/11a

～ 儀

薛良朋知臨安府制 盤洲集 23/4b

韓儀可都官員外郎制 文恭集 16/12a

薛良朋進職制 盤洲集 24/8a

韓儀加職制 大隱集 3/28a

～房孺

～顯忠

資政殿學士尚書戶部侍郎薛奎親姪男房孺

韓顯忠捕鹽賞轉一官制 後樂集 1/28b

可將作監主簿制 元憲集 25/5b

～ 氏

～叔似

内人韓氏封司言制 道鄉集 18/4b 宋詔令集

秘書監兼實錄院檢討官薛叔似除權戶部侍

22/111

郎 止齋集 18/4b

～ 氏

太常少卿薛叔似秘書監 宋本攻媿集 33/18b

攻媿集 37/17b

薛叔似落端明殿學士　育德堂外制 1/6a

～昌弼

薛昌弼太子中舍制　臨川集 51/9b

～昌裔

衛尉寺丞薛昌裔可大理寺丞　西溪集 5(三沈集 2/10b)

～ 昂

朝奉郎大司成兼侍講薛昂可轉一官制　攷文集 7/14b

薛昂除尚書左丞制　毗陵集 8/2b

～季謹

薛季謹特授奉議郎制　四庫拾遺 391/翰林集

～居正

薛居正拜相制　宋詔令集 51/259

故司空兼門下侍郎平章事贈太尉中書令薛居正配饗太宗廟廷制　宋詔令集 142/515

～ 糾

大理寺丞知蘇州長洲縣薛糾可太子中舍制

元憲集 23/10a

～ 拱

承節郎薛拱該遇皇后歸謁家廟特轉一官

止齋集 11/3a

～思齊

薛思齊陳左侍禁制　道鄉集 17/5b

～ 昭

薛昭右通直郎延安府通判因割河南故地了差人齎咨目與都統制　紫微集 17/8b

～ 恩

清河口皂角林立功官兵轉官薛恩三官　益國文忠集 98/2a　益公集 97/93a

～ 保

左承議郎薛保降一官制　東窗集 12/25b

～敏政

魏國惠和康佑夫人薛氏親姪薛敏政可三班借職制　攷文集 8/8a

～ 紳

刑部員外郎集賢校理薛紳轉官　武溪集 10/14a

～ 紹

薛紹再任准東總領制　尊白堂集 5/27b

～ 極

薛極大理正　育德堂外制 2/13a

薛極刑部員外郎　育德堂外制 4/2a

～貽應

殿中丞薛貽應可國子博士制　元憲集 25/13b

比部員外郎知綿州薛貽應轉駕部員外郎制

歐陽文忠集 81/1a

～舜臣

薛舜臣特降一資　西垣稿 2/3b

～ 登

薛登降兩官　止齋集 17/5b

～ 弼

薛弼貢官制　東牟集 8/4a

湖南漕薛弼直秘閣　斐然集 13/2b

薛弼轉官　斐然集 13/17b

～ 道

薛道爲措置牛十八等賊馬有功轉成節郎又措置趙常賊馬轉保義郎制　紫微集 13/1a

～熙載

薛熙載降授修職郎制　四庫拾遺 310/翰林集

～ 端

薛端可守太子中舍人制　文恭集 14/19a

～ 鳳

薛鳳國子正制　盤洲集 24/4a

～ 綸

虞部員外郎知博州薛綸轉司門員外郎制

歐陽文忠集 81/1a

～ 綸

薛綸爲差往沿黃河探報金人動息與轉一官制　紫微集 12/9a

～ 慶

薛慶武功大夫忠州刺史制　大隱集 2/18b

～ 琮

薛琮轉官制　東牟集 7/26a

～穎士

少傅致仕李若谷遺表奏泉州進士薛穎士可試國子四門助教制　文恭集 19/3a

～ 興

薛興大閱挽弓應格轉官制　東窗集 8/11b

～ 讓

東頭供奉官薛讓可內殿崇班制　蔡忠惠集 9/11a

～ 氏

內人薛氏封典字制　道鄉集 15/9b　宋詔令集 22/110

～ 氏

燕國靜恭惠懿淑慎夫人薛氏改封越國並加莊穆二字　劉給諫集 2/13b

父鍾將之　鍾震弟霖父將之贈宣奉大夫制　鶴林集 10/21a

鍾震妻鄒氏　鍾震妻鄒氏贈碩人制　鶴林集 10/21b

鍾震妻馮氏　馮氏封碩人制　鶴林集 10/22a

鍾文拆

前資州內江令鍾文拆可黃州黃陂令　咸平集 28/9b

~ 正甫

鍾正甫除刑部員外郎制　道鄉集 18/2b

淮東提刑鍾正甫降朝請郎餘依舊制　宋詔令集 211/799

~ 世明

鍾世明復直徽獻閣知盧州制　盤洲集 23/6a

~ 世美

鍾世美贈右諫議大夫仍與一子郊近社齋郎制　宋詔令集 222/858

~ 安老

福建提刑盧彥德奏泉州同安縣鍾安老增强盜希賞本州録事參軍　止齋集 14/6a

~ 仲仁

添差充歙州監茶鹽酒稅右侍禁權邵州臨口寨鍾仲仁降兩官制　彭城集 23/8a

~ 志大

鍾志大降官志　東牟集 8/11a

~ 武

鍾武授武經郎致仕制　鶴林集 9/15b

~ 迪

漢州助教鍾迪可三班借職制　四庫拾遺 55/彭城集

~ 浚

鍾浚將作少監制　元豐稿 21/6a

前知洛州樂溫縣事鍾浚可秘書省著作佐郎　蘇魏公集 33/8b

~ 傅

龍圖閣直學士知太原府鍾傅可知延安府制　摘文集 5/1a

~ 澄

鍾澄特授修職郎制　四庫拾遺 311/鶴林集

~ 褐

鍾褐轉忠訓郎制　東窗集 10/10a

~ 震

吏部侍郎鍾震除寶文閣待制知太平州制　平齋集 19/15a

鍾震授兼侍讀制　鶴林集 1/5a

~ 震　~ 霖

~ 興嗣

鍾興嗣降授武翼郎制　四庫拾遺 328/鶴林集

~ 瑱

鍾瑱轉修職郎制　平齋集 22/19a

~ 璣

鍾璣轉職郎制　平齋集 22/19a

鍾離松

鍾離松轉右承事郎制　東窗集 13/5a

~ 咸亨

將仕郎鍾離咸亨以昨充計議使屬官循一資合入修職郎　芸溪集 35/4b

~ 景伯

少府少監鍾離景伯可知壽州制　彭城集 21/20a

鍾離景伯少府少監　蘇東坡全集/外制中/22a

~ 懷德

東頭供奉官鍾懷德可內殿崇班制　歐陽文忠集 80/2b

~ 鑑

鍾鑑特授儒林郎制　四庫拾遺 361/鶴林集

儲秉直

儲秉直責官制　東牟集 8/3a

~ 櫱

儲櫱太學博士制　後村集 62/3b

鮮于光

鮮于光降授朝請郎制　鶴林集 9/9b

~ 亨

鮮于亨可秘書丞制　景文集 31/6b

~ 佺

鮮于佺可太常少卿　蘇東坡全集/外制上/6b　宋文鑑 39/14b

鮮于佺大理卿　蘇東坡全集/外制中/17b

鮮于佺左諫議大夫　蘇東坡全集/外制下/13b

父鮮于至　鮮于佺父　樂城集 32/4b

母某氏　母　樂城集 32/5a

鮮于佺集賢殿修撰制　宋詔令集 222/855

~ 師中

朝奉郎集賢校理鮮于師中可知鳳翔府制

彭城集 22/16b

~ 參

上殿鮮于參與改合入官　苕溪集 46/1a

~ 翰

鮮于翰除直秘閣永興軍路提刑　苕溪集45/4b

~ 某

少府少監鮮十□可左司員外郎　鴻慶集24/6a

孫尚書集 26/9a

績　璠

績璠除潼川府路運判　海陵集 18/4a

繆夢達

繆夢達轉武德郎制　平齋集 19/14b　蒙齋集 7/5b

繆夢達權發遣瓊州瓊管安撫制　鶴林集 8/

16b

繆夢達權發遣宜州兼廣西兵馬都監制　鶴

林集 8/17a

繆夢達降授武翼郎制　四庫拾遺 326/鶴林集

十八畫

顏仲明

僞觀察副使顏仲明補承信郎制　平齋集 21/

21b

~ 孝恭

顏孝恭轉遙郡團練使　張華陽集 2/6a

~ 岐

顏岐初任執政封贈制

曾祖顏仲昌　曾祖仲昌　浮溪集 7/9b　浮溪

集/附拾遺 7/82

祖顏太初　祖太初　浮溪集 7/10b　浮溪集/

附拾遺 7/82

父顏復　父復　浮溪集 7/10b　浮溪集/附拾遺

7/82

顏岐資政殿學士宮祠制　大隱集 1/3a

端明殿學士左中大夫提舉亳州明道宮顏岐

復資政殿學士諸　東牟集 8/22a

~ 似賢

台州司士參軍顏似賢可婺州蘭溪縣尉制

華陽集 29/16a

~ 和

翰林院傳寫待詔承務郎守少府監承顏和可

河中府榮河縣太寧廟令　蘇魏公集 30/11b

~ 信之

顏信之獻俘有勞轉保義郎制　平齋集 23/10b

~ 耆仲

顏耆仲直秘閣淮東路提舉常平茶鹽兼提點

刑獄公事制　平齋集 22/6a

顏耆仲除樞密副都承旨制　蒙齋集 8/17b

顏耆仲特轉一官制　蒙齋集 9/12a

~ 師與

顏魯公遠孫師與補右迪功郎　苕溪集 34/2a

~ 師魯

顏師魯知泉州　宋本攻媿集 31/12a　攻媿集 35/

11b

寶文閣學士大中大夫顏師魯轉一官致仕

宋本攻媿集 34/6b　攻媿集 38/6a

顏師魯贈四官　宋本攻媿集 34/7a　攻媿集 38/6b

~ 博文

除秘書省正字制　北海集/附録上/2a

~ 雅言

侍衛親軍馬軍都虞候高陽關部署石元孫門

客顏雅言可踐將作監主簿制　四庫拾遺

11/元憲集

~ 械

太學正顏械召試除秘書省正字　宋本攻媿集

31/21a　攻媿集 35/20b

秘書省正字顏械秘書郎　宋本攻媿集 37/13a

攻媿集 41/12b

~ 復

顏復禮部郎　樂城集 29/7b

~ 幾

顏幾叔復通直郎知瓊州樂會縣制　鶴林集

9/8a

顏幾特授承議郎制　四庫拾遺 358/鶴林集

~ 熙仲

寶章閣學士通奉大夫致仕顏熙仲可依前寶

章閣學士致仕龍溪郡開國侯加食邑三百

户　後村集 75/12a

顏顥仲除太府少卿諸　東澗集 3/20a

顏顥仲修三殿畢工轉一官制　東澗集 6/23b

顏顥仲司農寺丞制　平齋集 20/21b

兩浙轉運判官顏顥仲除户部郎官兼知臨安

府制　平齋集 23/16a

顏顥仲授直秘閣兩浙運副制　鶴林集 8/10b

顏顥仲授秘閣修撰知温州制　樓鑰集 7/4a

聶子述

聶子述明堂進封加食邑制　平齋集 18/3b
～平仲
聶平仲可太常寺太祝制　文恭集 14/22b
～世卿
聶世卿可都官員外郎制　文恭集 15/12b
～　用
成州團練使聶用可千牛衛大將軍賀州團練使制　華陽集 30/15a
～　有
聶有太常丞諾　尊白堂集 5/39a
～　通
三班奉職聶通可轉一官制　摘文集 6/11b
～　堯
聶堯可大理寺丞制　文恭集 12/10a
～　開
陳州觀察支使聶開可著作佐郎　武溪集 10/9b
～　達
天武右第一軍都指揮使通判刺史聶達可左屯衛將軍致仕制　彭城集 23/15b
～　榮
殿前指揮使守關行門長行左班聶榮換從義郎　宋本攻媿集 30/15a　攻媿集 34/14a
～聞禮
聶聞禮補承信郎制　四庫拾遺 347/翰林集
～　醇
太學博士聶醇郎官制　翟忠惠集 3/11b
～德一
監河陽清酒務聶德一可太子中舍制　元憲集 24/4a
前鎮江軍節度推官知蘇州吳縣聶德一可大理寺丞制　景文集 31/9a

豐　誼
中奉大夫提舉冲佑觀豐誼除吏部郎官　止齋集 16/9b
～　稷
豐稷吏部員外郎制　元豐稿 22/7a
殿中侍御史豐稷可右司諫制　彭城集 23/9a
宋文鑑 39/12a
豐稷工部員外郎　樂城集 29/16b
豐稷殿中侍御史　樂城集 30/8a
追復樞密直學士諮　豐清敏遺事/附錄 3a
賜謚清敏制　豐清敏遺事/附錄 3b

通直郎著作佐郎豐稷可權發遣提舉利州路刑獄公事制　東窗集 9/13b　宋文鑑 39/9b
豐稷降職制　宋詔令集 210/797
朝散大夫降充寶文閣待制知明州豐稷落職依前官知常州制　宋詔令集 211/799
豐稷責授海州團副睦州安置制　宋詔令集 211/800

藍 元用
洛苑使英州團練使內侍省內侍右班副都知
藍元用可眉州防禦使罷副都知制　歐陽文忠集 81/9a
～元震
供備庫副使藍元震可文思副使制　華陽集 30/4b
～公佐
藍公佐除宣州觀察使借保信軍節度使提舉萬壽觀充副使　苕溪集 35/2a
父藍安石　藍公佐父安石特贈節度使苕溪集 35/4a
父藍安石　保寧軍承宣使知閤門事兼客省四方館事藍公佐父安石贈少傅制東窗集 7/30b
母竇氏　故母竇氏贈魏國夫人制　東窗集 7/31a
～安石
入內皇城使通州刺史藍安石可通州團練使依舊入內皇城使制　摘文集 6/1b
～安民
內殿崇班閤門祗候藍安民可閤門通事舍人制　摘文集 6/4b
都壕寨履正大夫藍安民修置積水轉官制襄陵集 1/6b
～安道
藍安道轉成忠郎制　東窗集 10/1b
～宗禮
忠翊郎前監建州在城鹽稅務藍宗禮特降一官　益國文忠集 96/8a　益公集 95/44a
～　珪
兩宮慰從主管官昭宣使貴州團練使內侍省副都知藍珪轉兩官制　東窗集 8/14b
藍珪轉內侍省押班　張華陽集 8/6b
～師古
藍師古授左武大夫　育德堂外制 2/14b

~師稷

忠訓郎閤門看班祗候藍師稷換授右承務郎

苕溪集 35/4b

~師變

藍師變除閤門宣贊舍人　苕溪集 36/3b

~惟信

內侍省內殿崇班藍惟信可轉一官制　摘文集 7/5b

~從義

奉聖旨內侍藍從義廉退旣義特除觀察留後制　翟忠惠集 4/15a

~舜卿

高郵軍錄事參軍前監黃州岐亭鎭茶酒稅監舜卿可太子洗馬致仕　韓南陽集 16/9a

藏　布

蕃官藏布轉兩官制　襄陵集 1/6a

蕭士元

蕭士元知隰州　蘇東坡全集/外制下/11b

蕭士元石州　樊城集 29/4a

~山則

蕭山則宗正丞　後村集 65/7b

~中一

蕭中一親屬補官制　鄂峰錄 6/14a

封贈歸正人蕭中一及妻妾男婦附狀

妻耶律氏　妻耶律氏封郡夫人　益國文忠集 97/21a　益公集 97/79b

小妻耶律氏　小妻耶律氏封安人　益國文忠集 97/21a　益公集 97/79b

故歸正人奉國上將軍武勝軍節度使兼鄂州管內觀察使威暑軍都總管護軍蕭中一贈節度史　益國文忠集 97/20b　益公集 97/79a

~汝礪

蕭汝礪可著作佐郎制　文忠集 12/8a

~存德

母耶律氏　蕭鵬巳奏孫秉義郎存德將磨勘轉官回授母淑人耶律氏封郡夫人

宋本攻媿集 30/16a　攻媿集 34/15a

~　均

蕭均除和州防禦使制　平齋集 22/1b

~　注

蕭注可禮賓副使制　華陽集 30/1b

禮賓副使蕭注可西上閤門副使制　華陽集

30/1b

檢校水部員外郎充秦州團練副使不簽書本州公事蕭注依前檢校水部員外郎充奉寧軍節度副使不簽書本州公事制　臨川集 55/8b

蕭注責授團練副使制　臨川集 55/9a

~　玠

屯田員外郎同判池州蕭玠可都官員外郎餘如故制　文莊集 2/12b

~　固

奏舉人前楚州團練推官蕭固可大理寺丞制

景文集 31/8b

追官人前司封員外郎蕭固司封員外郎制

臨川集 55/6a

~　映

職方員外郎蕭映可屯田郎中　西溪集 5(三沈集 2/11b)

~　保

蕭保敘官轉官制　梅溪集 4/20a

~　恭

東頭供奉官蕭恭可轉一官制　摘文集 7/6a

~　振

蕭振浙西提刑　筠溪集 5/6a

蕭振兼侍讀　苕溪集 39/2b

蕭振磨勘轉官　歸愚集 8/3a

蕭振職事修舉轉四官　海陵集 16/9a

蕭振轉一官致仕　海陵集 20/3a

蕭振上遺表特贈四官　海陵集 20/4a

~　倫

蕭倫都水監主簿制　浮溪集 8/15b　浮溪集/附拾遺 8/98

~師雄

蕭師雄降官　歸愚集 7/2b

~國鎭

奉議郎蕭國鎭可降授宣議郎制　陶山集 10/5a

~　渤

比部員外郎知濰州蕭渤可駕部員外郎制

鄞溪集 3/4a

~　復

承議郎吏部員外郎蕭復降官　劉給諫集 2/7a

~　稀

追官勒停人屯田員外郎蕭稀可萊州別駕制

文忠集 18/12a

～慶元

忠義軍統制官耶律适哩妻弟蕭慶元可承信郎制　范成大佚著 189

～　德

德順軍副知客蕭德進奉登極加恩制　鄞溪集 6/9a

～　顗

蕭中一子顗補官制　鄞峰錄 6/14b

妻耶律氏　蕭中一男武翼大夫顗妻耶律氏封安人　益國文忠集 97/21b　益公集 97/80a

～　燧

資政殿學士正奉大夫蕭燧轉一官致仕　宋本攻媿集 32/6b　攻媿集 36/6b

蕭燧贈金紫光祿大夫　宋本攻媿集 32/7a　攻媿集 36/7a

～鵬巴

蕭鵬巴加食邑實封制　宋本攻媿集 41/21a　攻媿集 45/6b

～　儼

水部郎中判刑部蕭儼可祠部郎中賜紫　徐公集 7/15a

～　氏

宮人掌閨蕭氏可封司言制　擿文集 9/1a

～　氏（郊）

追宮人蕭郊叙通直郎制　四庫拾遺 386/翰林集

瞿志行

武功大夫保寧軍承宣使續環乙將昨解罷御藥院恩澤內轉一官與承信郎瞿志行見今官上收使　益國文忠集 94/12a　益公集 94/21b

～　思

權發遣兗州瞿思可除國子司業制　宗伯集 9/1b

晁　謙

父晁端仁　右朝請郎充敷文閣待制晁謙之父端仁贈特進制　東窗集 7/33b

母葉氏　故嫡母葉氏贈濟陽郡夫人制　東窗集 7/34a

魏了翁

奉議郎秘書省校書郎魏了翁依前官權知嘉定府兼管內勸農事兼沿邊都巡使借紫制

後樂集 2/10b

魏了翁加恩制　東澗集 5/14a

魏了翁知紹興府制　東澗集 6/6a

魏了翁昨遇慶典應轉官制　東澗集 6/21a

華文閣待制知瀘州魏了翁明堂恩進封蒲江縣開國男加食邑制　平齋集 12/24a

魏了翁除權禮部尚書兼直學士院兼侍讀制　平齋集 23/5a

魏了翁授兼侍讀制　翰林集 7/7a

魏了翁除端明殿學士簽書樞密院事荊湖軍馬制　蒙齋集 9/15b

～友諒

御前諸軍副都統制魏友諒　宋本攻媿集 44/23b

～中師

尚書駕部員外郎致仕魏蒙男中師可試將作監主簿制　四庫拾遺 10/元憲集

～中庸

承務郎致仕魏中庸可承奉郎致仕制　彭城集 23/16b

～公旦

供備庫副使魏公旦可知嵐州制　彭城集 21/13a

～允中

峽州都州監供備庫使魏允中可轉一官制　擿文集 7/10b

～永昇

魏永昇換給武翼郎　筠溪集 5/6b

～平仲

太常博士前知奬州巫山縣魏平仲可尚書屯田員外郎制　元憲集 26/9a

～安行

左朝奉大夫魏安行除尚書户部員外郎制　北海集 3/2b

魏安行大理寺丞　筠溪集 4/17b

魏安行改官　斐然集 12/18a

提點鑄錢司魏安行按劾失當特展二年磨勘　益國文忠集 95/10b　益公集 96/65b

～吉甫

魏吉甫大理評事制　盤洲集 24/4a

～　存

忠訓郎魏存謀要打劫降五官　苕溪集 34/1a

～　成

歸順人魏成補承信郎制　平齋集 17/18b

～成德

918　詔令一　制詔　臣僚　十八畫

故內殿承制魏成德可追復供備庫副使制　元憲集 20/4b

~ 良心

四川制置丘霈奏承直郎知叙州慶符縣魏良心侵刻夷人又輕入夷國致殺死巡檢程仲乾降一官放罷　止齋集 13/10a

~ 良臣

魏良臣吏部郎中　苕溪集 32/1b

魏良臣右司郎官　苕溪集 43/1a

父魏櫃　左朝請大夫試尚書吏部侍郎魏良臣父櫃右奉議郎致仕制　東窗集 7/5b

魏良臣除刑部郎官　張華陽集 4/6a

吏部侍郎魏良臣轉官制　楊溪集 4/23b

魏良臣罷吏部侍郎制　楊溪集 5/28b

魏良臣知宣州　海陵集 16/1b

魏良臣追贈一官　益國文忠集 94/12a

資政殿學士左中大夫魏良臣轉一官致仕　益國文忠集 96/1b　益公集 94/26b

魏良臣上遺表贈五官　益國文忠集 97/6b　益公集 94/27a

湖南提舉司保明到資政殿學士左中大夫知潭州魏良臣任內起發過賣田産價錢二十二萬二千九百餘貫特與轉一官本官已身亡　益公集 94/18a

~ 杞

新知平江府魏杞　益國文忠集 112/1b

~ 克愚

魏克愚浙東提刑　後村集 62/11b

魏克愚軍器監　後村集 66/12a

魏克愚直華文閣兩浙運副　後村集 66/12b

魏克愚除太府少卿兼知臨安府主管浙西安撫司公事　後村集 69/15a

~ 伯誠

中書省額外守闕主事魏伯誠可西頭供奉官出職制　撥文集 5/8a

~ 伯成

供備庫副使魏伯成可轉一官制　撥文集 7/9b

~ 泳

魏泳降兩資放罷　西垣稿 2/1b

~ 矼

魏矼除殿中侍御史　張華陽集 8/8a

~ 昌

魏昌承信郎制　盤洲集 23/9a

楚州奏忠訓郎添差副將魏昌教習效用弩手轉一官　宋本攻媿集 33/18a　攻媿集 37/17a

~ 昂

台州寧海縣令魏昂可試大理評事充山南東道節推知南劍州劍浦縣　西溪集 4(三沈集 1/68a)　宋文鑑 38/18b

~ 昂

魏昂承信郎制　盤洲集 23/9a

~ 洪

魏洪大宗丞　後村集 62/1a

魏洪除知安吉州　後村集 71/13b

~ 彥

魏彥轉官制　盤洲集 24/2a

~ 彥朴

魏彥朴降石文林郎制　東窗集 13/8b

~ 亮

永清彰德等軍節度使駙馬都尉魏咸信男亮加階勳如京副使　咸平集 29/1b

~ 郊

魏郊武功大夫忠州刺史制　盤洲集 20/12b

~ 珏

承節郎魏珏保義郎制　平齋集 17/11a

~ 珍

魏珍轉一官　張華陽集 7/2b

~ 咸信

故保平軍節度使同中書門下平章事駙馬都尉魏咸信可贈中書令制　文莊集 2/20b

~ 昭永

朝堂知班引贊官遊擊將軍守右金吾衛長史魏昭永恩州錄事參軍制　臨川集 55/13b

~ 昭晤

東上閤門使梧州刺史魏昭晤可四方館使制　元憲集 20/4a

西上閤門使梧州刺史魏昭晤可東上閤門使制　元憲集 20/8b

鄂州防禦使魏昭晤可復觀察使　武溪集 10/4b

魏昭晤除防禦使制　安陽集 40/4a

~ 峙

知建昌軍魏峙職事修舉轉朝請郎　後村集 65/16a

~ 俊

右武大夫魏俊換給付身　苕溪集 40/4b

~姚臣

魏姚臣起復補官　若溪集 33/4a

~庭瓘

魏庭瓘應奉金國人使到闕及一十番與轉一官　西垣稿 2/4a

~耆

魏耆可大理寺丞制　文恭集 14/8b

~峻

魏峻除太社令制　平齋集 17/24a

太社令魏峻上殿特改宣教郎制　平齋集 19/16b

魏峻軍器監簿制　平齋集 20/21b

魏峻太府寺簿制　平齋集 21/17b

魏峻除宗正寺簿制　平齋集 22/11b

魏峻兵部尚書　後村集 60/14a

魏峻轉兩官守兵書致仕　後村集 60/17a

魏峻上遺表贈端明金紫　後村集 60/17b

~師愈

歸順人魏師愈補保義郎制　平齋集 21/24a

~師遜

魏師遜除殿中侍御史　海陵集 13/2b

魏師遜除殿中侍御史　海陵集 13/6a

魏師遜與復龍圖閣學士見任宮祠人依舊　益國文忠集 96/14b 益公集 94/23a

魏師遜復龍圖閣學士　益國文忠集 96/15a　益公集 94/23b

~紓

司農卿致仕魏球男太廟齋郎紓守將作監主簿制　臨川集 52/13a

~野

處士魏野贈官制　宋詔令集 220/844

~康

堂後官膳部員外郎魏康可如京使　韓南陽集 16/8b

~莊

前殿中丞魏莊服闋可舊官制　元憲集 24/9a

~國梁

廣州觀察推官魏國梁殿於王事贈通直郎制　平齋集 17/11a

~峽

朝奉郎京西南路安撫大使司參議官魏峽爲鄂城功賞轉一官　後村集 69/3b

~崧

魏崧降授朝散郎制　四庫拾遺 354/翰林集

~貫

中書録事守成都府別駕魏貫游擊將軍充中書守闕主事制　臨川集 55/14b

~琰

國子博士魏琰可尚書虞部員外郎制　景文集 31/1b

~堯臣

魏堯臣特補右迪功郎制　東窗集 13/4b

~舜臣

内殿承制魏舜臣可轉一官制　摘文集 8/5a

~欽緒

右修職郎監文思院下界魏欽緒用修製册寶賞比類循三資　益國文忠集 94/6a　益公集 97/91b

~勝

魏勝轉右武大夫忠州團練使知楚州制　盤洲集 19/3b

魏勝贈節度使制　盤洲集 20/7a

妻于氏　知海州魏勝中箭病篤其妻于氏割股與食遂得安慇特封安人　益國文忠集 97/19a　益公集 95/52a

顯忠褒忠廟封公魏勝　育德堂外制 1/4b

~綱

魏綱大理評事制　臨川集 51/16a

~絳

大理寺丞魏絳可太子中舍　西溪集 4(三沈集 1/70a)

~當

宣德郎魏當可轉一官制　摘文集 7/8b

~葵

魏葵轉保義郎制　東窗集 10/14a

~經

魏經爲城破戰死贈武翼郎閣門宣贊舍人兩資恩澤制　紫微集 19/19a

~嘉言

承信郎魏嘉言該遇皇后歸謁家廟特轉一官　止齋集 11/3a

~璋

奉議郎管勾機宜文字魏璋可團練使制　彭城集 19/19b

魏璋先從韓存寶失官後從劉昌祚有勞敘奉議即熙河機宜　樂城集 29/16b

~憲

顯謨閣直學士中大夫提舉臨安府洞霄宮魏

憲特授太中大夫 程北山集 27/4b

父魏應城 魏憲贈父制 大隱集 3/16a

母某氏 贈母制 大隱集 3/16b

妻某氏 封妻制 大隱集 3/17a

~ 默

中書録事魏默可中書守闘主事 韓南陽集 16/9b

~應臣

前著作佐郎魏應臣可舊官服闕 西溪集 4(三沈集 1/62b)

~ 績

朝散大夫致仕魏績弟朝請郎紳弟朝散郎綱弟承議郎綸弟承議郎紹弟奉議郎綽封贈母刁氏 故母渤海縣太君刁氏可崇國太夫人制 彭城集 20/17a

母刁氏 故母親安郡君刁氏可榮國太夫人制 彭城集 20/17a

~ 寵

殿中丞魏寵可國子博士大理寺丞 韓南陽集 16/4b

~關孫

榮恭王故外孫魏關孫贈承奉郎直秘閣 後村集 72/4b

~ 繢

魏繢可太常寺太祝制 文恭集 14/22b

~ 瑾

太子中舍新差通判澧州魏瑾可殿中丞餘如故制 文莊集 2/14b

工部侍郎魏瑾加食邑制 華陽集 26/13b

~ 氏

贈魏郡太君制 彭城集 20/8b

歸 明

融州歸明改右班殿直 樂城集 29/6a

~惟永

東谷寨外戶族蕃官軍主歸惟永可本族副都軍主並銀酒監武 韓南陽集 18/11b

十 九 畫

譚世勛

譚世勛贈延康殿學士制 浮溪集 10/11a 浮溪集/附拾遺 10/120

給事中譚世勛除禮部侍郎 鴻慶集 24/1a 孫尚書集 26/2a

~仲衍

前權毫州軍事推官譚仲衍可著作佐郎 蘇魏公集 29/9a

~良顯

譚良顯降朝散郎 育德堂外制 1/2a

譚良顯叔朝奉大夫 育德堂外制 2/15b

~伯言

譚伯言降授迪功郎制 四庫拾遺 318/翰林集

~知柔

譚知柔除大理少卿 苕溪集 45/1b

~知默

譚知默除太府寺丞制 東窗集 9/18a

~敏修

譚敏修爲與王關賊馬關敵獲功於進義副尉上轉四資授承信郎制 紫微集 13/5b

~ 雍

殿中丞譚雍可國子博士制 文莊集 2/12a

~嘉言

尚書虞部員外郎知道州譚嘉言可尚書比部員外郎制 元憲集 25/5a

~嘉震

譚嘉震可依舊内園使昭州刺史制 文恭集 18/8b

~德潤

兩京左藏庫副使譚德潤可文思副使 韓南陽集 17/5b

内殿承制譚德潤供備庫副使制 臨川集 53/4b

謇令雍

閤門舍人兼皇子嘉王府内知客謇令雍奉使回特轉一官 止齋集 11/9a

嘉王府講尚書徽章官屬諸色祗應人各轉一官資内知客修武郎謇令雍 宋本攻媿集 30/13a 攻媿集 34/12a

隨龍保成軍節度使提舉萬壽觀謇令雍加食邑食實封制 後樂集 3/19a 真西山集 19/16b

~令憲

謇令憲太府寺丞制 尊白堂集 5/29b

奉使親屬一員淮東安撫司幹辦公事謇令憲回程轉一官 止齋集 11/9a

奉使官屬從事郎謇令憲轉一官 宋本攻媿集 30/17a 攻媿集 34/15b

謇令憲宗正少卿 育德堂外制 3/13b

朝散郎尚書都官員外郎兼國史院編修官兼實錄院檢討官諶令憲依前官特授樞密院檢詳諸房文字兼職如故制　後樂集 1/16a

~得遇

館伴副使諶得遇降一官制　後樂集 1/16a

龐元直

妻文氏　同中書門下平章章文彦博女大理評事龐元直妻特封安福縣君制　臨川集 54/13a

太常博士龐元英將屯田員外郎回授弟元直光祿寺丞制　鄞溪集 3/9a

~元英

故贈司空兼侍中龐籍遺表男太常博士元英可屯田員外郎制　臨川集 52/10a

龐元英鴻臚少卿　樂城集 30/15a

~元常

龐籍遺表男內殿崇班元常大理寺丞制　臨川集 52/10b

~元魯

廣南東路轉運使龐籍男元魯可試秘書省校書郎制　元憲集 26/4b

~仲先

龐仲先贈三官與恩澤四資制係宿州陣亡官兵　紫微集 19/21a

~　宏

龐宏爲殺叛賊桑仲等賊馬轉忠翊郎又因殺捕叛賊李忠等轉從義郎又因埋瘗桑仲轉修武郎換給制　紫微集 13/5b

~希道

龐希道復翰林醫學　樂城集 28/16a

~信孺

通判龐信孺及獨衙奏案又有虛妄特降兩官　益公集 95/39b

~保孫

龐籍遺表孫保孫將作監主簿制　臨川集 52/10b

~恭孫

徽猷閣待制龐恭孫知成都府制　忠惠集 2/10a

~寅孫

龐籍遺表孫寅孫將作監主簿制　臨川集 52/10b

朝請郎同管勾成都府等路茶事兼提舉陝西等路買馬公事龐寅孫可依前官除直秘閣差遣依舊制　摘文集 5/6b

朝散郎同管勾成都府利州陝西等路茶事兼提舉陝西等路買馬監牧公事廳龐寅孫轉一官制　摘文集 7/10b

中奉大夫直龍圖閣知杭州龐寅孫轉官　劉給諫集 2/12a

~　琳

龐琳歸正　筠溪集 5/7b

~　援

龐援特贈朝奉大夫直秘閣制　蒙齋集 8/10b

~　筌

監在京豐濟倉龐筌可太子右贊善制　華陽集 29/10b

~夢得

翰林醫學南州三溪縣主簿龐夢得可少府監主簿依前充翰林醫學　韓南陽集 18/9b

~　謙

龐謙轉武翼郎制　平齋集 22/3b

~　籍

妻劉氏　平章事龐籍妻彭城郡夫人劉氏可進封彭國夫人制　文恪集 19/10b

除龐籍特授檢校太傅昭德軍節度使永興軍一路兵馬都部署安撫使兼知永興軍加食邑實封制　文恪集 23/12b

除龐籍依前尚書戸部侍郎知鄆州仍改賜推誠保德翊戴功臣散官勳封食邑實封制　文恪集 23/14a　宋詔令集 68/330

降授太常博士知臨江軍龐籍可尚書祠部員外郎福建路轉運使制　元憲集 20/1b

户部侍郎知鄆州龐籍可觀文殿大學士制　蔡忠惠集 11/1a

前宰相龐籍封贈制

祖龐文進　祖贈太師文進追封榮國公　華陽集 31/1a

祖母陳氏　祖母陳氏追封秦國太夫人　華陽集 31/1b

父龐令格　父贈太師令格追封徐國公　華陽集 31/1a

母邢氏　母邢氏追封齊國太夫人　華陽集 31/1b

龐籍拜昭文相制　宋詔令集 55/277

~　氏

龐籍第七女壽安縣君制　臨川集 54/13b

攢 哥

蕃官攢哥罝恩改官 樂城集 30/16b

關 注

關注除太學正制 東窗集 6/15a

~ 耆孫

關耆孫國子録制 盤洲集 23/5b

~ 師古

關師古守侍衛親軍馬軍都虞侯雄武軍承宣使致仕制 東窗集 6/6b

關師古除熙河蘭廊路安撫制置使馬步軍總管依前統制熙秦兩路軍馬專一招撫熙秦

張華陽集 6/8a

~ 詠

關詠可屯田郎中制 文恭集 16/10b

~ 寶

武德大夫關寶監督製造軍器精緻轉一官 益國文忠集 95/8a 益公集 97/88b

羅公著

羅公著降授文林郎制 四庫拾遺 377/翰林集

~ 汝棹

羅汝棹兼侍講制 東窗集 6/21a 楳溪集 5/6b

羅汝輯除御史中丞制 東窗集 9/17a

父羅舉 吏部尚書羅汝棹贈父制 楳溪集 4/7a 東牟集 8/17a

母某氏 贈母制 楳溪集 4/7b

妻某氏 贈故妻制 楳溪集 4/8a

妻某氏 贈妻制 楳溪集 4/8a

羅汝棹郊祀轉官加食邑制 東牟集 7/29b

~ 宇

廉訪使者羅宇轉官制 襄陵集 1/9a

~ 孝芬

羅孝芬提舉湖南茶鹽 筠溪集 5/14b

羅孝芬除秘書丞 海陵集 14/4b

羅孝芬除直秘閣湖北運判 海陵集 18/3b

~ 克開

國子監主簿羅克開除軍器監丞 止齋集 18/4a

監都進奏院羅克開國子監主簿 宋本攻媿集 33/16a 攻媿集 37/15b

~ 昉

羅昉授承節郎制 四庫拾遺 338/翰林集

~ 彥

羅彥爲與番兵接戰陣歿贈五官制 紫微集 19/17a

羅彥爲岳飛奏已蒙贈五官今乞贈七官恩澤六資依舊制 紫微集 19/20a

~ 保

蕃官羅保與轉一官制 摘文集 7/1a

~ 晟

羅晟以廣西摐捕海寇授朝奉人夫制 翰林集 8/11b

~ 紋

保義郎羅紋轉一官 益國文忠集 95/17b 益公集 96/63a

~ 崔

故麟州兀羅族下班殿侍三班差使羅佑親男崔可本族副都軍主制 文恭集 19/9b

~ 偓

羅偓贈官換給制 紫微集 18/17b

~ 通

羅通降官制 楳溪集 5/35b

~ 無咎

羅無咎轉承節郎制 東窗集 10/11a

~ 統

羅統轉秉義郎制 東窗集 10/9a

~ 愷

太常博士羅愷可屯田員外郎 韓南陽集 17/1a

~ 萬

監進奏院羅萬降一官 苕溪集 38/4a

~ 萬成

蕃官文思使羅萬成與轉三官內一官回服與五服內有官親屬制 摘文集 7/1a

~ 愚

羅愚除淮西提舉兼知無爲軍制 平齋集 20/7a

~ 榮

左千牛衛大將軍羅榮可依前官充絳州團練使 蘇魏公集 33/4b

~ 適

開封府推官羅適可府界提刑制 彭城集 23/3b

羅適知開封縣 蘇東坡全集/外制 下/1b

~ 整

學士院驅使官羅整可梓州司户參軍依舊供職制 文恭集 18/23b

~ 點

母繆氏 兵部尚書羅點母太淑人繆氏遇慶典恩特封齊安郡太夫人 止齋集 14/2a

兵部尚書羅點落權字 宋本攻媿集 34/10a 攻媿集 38/9b

父羅朝俊 兵部尚書羅點父直奉大夫朝俊覃恩贈中散大夫 宋本攻媿集 36/13a 攻媿集 40/12b

見任侍從該覃恩轉官兵部尚書羅點 宋本攻媿集 36/18a 攻媿集 40/17b

簽書樞密院事羅點初除封贈

曾祖父羅起 曾祖起太子少保 宋本攻媿集 37/8b 攻媿集 41/8a

曾祖母陳氏 曾祖母陳氏臨川郡夫人 宋本攻媿集 37/9a 攻媿集 41/8b

祖羅琮 祖琮太子少傅 宋本攻媿集 37/9a 攻媿集 41/9a

祖母鄒氏 祖母鄒氏新興郡夫人 宋攻媿集 37/9b 攻媿集 41/9a

父羅朝俊 父贈中散大夫朝俊太子少師 宋本攻媿集 37/10a 攻媿集 41/9b

母繆氏 母齊安郡夫人繆氏封通義郡夫人 宋本攻媿集 37/10a 攻媿集 41/10a

妻黃氏 妻贈淑人黃氏永嘉郡夫人 宋本攻媿集 37/10b 攻媿集 41/10a

妻陳氏 妻淑人陳氏封咸安郡夫人 宋本攻媿集 37/11a 攻媿集 41/10b

邊士寧

尚書都省額外正名年滿令史邊士寧青州益都縣尉制 臨川集 55/15b

~ 順

武功大夫忠州團練使邊順可特授依前武功大夫榮州防禦使制 北海集 3/3b

邊順復萊州防禦使制 東牟集 8/2a

~ 寧

殿前指揮使行門長行右班邊寧換武翼郎添差諸州駐泊兵馬都監 宋本攻媿集 30/14b 攻媿集 34/13b

~ 壽

左班殿直邊壽可右侍禁制 四庫拾遺 602/摛文堂集

~ 調

開封府推官邊調可開封府判官制 元憲集 22/1a

~ 寶

歸順人邊寶補承信郎制 平齋集 17/18b

二 十 畫

寶 卞

太常丞集賢校理寶卞充開封推官制 郡溪集 5/4b

~ 平

寶平可比部員外郎制 文恭集 15/11b

~ 世隆

東頭供奉官寶世隆可率府率致仕 蘇魏公集 30/9a

~ 汝礪

光祿卿知楚州寶彰男太廟齋郎汝礪可試秘書省 蘇魏公集 34/11b

~ 安國

皇后宅門客寶安國轉保義郎制 東窗集 10/17a

~ 彤

寶彤可秘書丞制 文恭集 13/12a

~ 彬

陣亡人寶彬特贈兩官與一資恩澤 益國文忠集 98/1b 益公集 96/63b

~ 處約

殿中丞同判單州寶處約可國子博士餘如故制 文莊集 2/14a

~ 舜卿

寶舜卿四廂都指揮使制 臨川集 53/3a 王文公集 13/9a

~ 瑛

皇后閣門祗侯使臣寶瑛可轉一官制 摛文集 8/4b

~ 綱

職方員外郎寶綱可屯田郎中制 臨川集 50/6b

~ 敷

寶敷潼川運副制 盤洲集 24/3b

~ 隨

秘書丞寶隨可本官致仕制 歐陽文忠集 81/3b

~ 氏

降封寶氏制 宋朝令集 24/117

蘭 森

文林郎隋州將利縣令蘭森特降一資 止齋

集 12/2a

蘇大任

蘇大任太學正　宋本攻媿集 31/22a　攻媿集 35/21a

~ 子元

供備庫使蘇子元可權知新州　蘇東坡全集/外制中/16a

~ 了震

進義副尉蘇子震承信郎　鴻慶集 25/8a　孫尚書集 25/11b

~ 卞

蘇卞贈兩官制係與金人見陣陣沒　紫微集 18/7b

~ 永堅

修武郎充閤門兼祗應蘇永堅轉一官　益公集 95/47b

~ 世能

蘇世能加官制　東牟集 7/24a

~ 安世

前大理寺丞蘇安世服闕可舊官制　元憲集 24/9a

~ 安靜

西京左藏庫副使蘇安靜可供備庫使制　華陽集 30/5a

供備庫使蘇安靜可忠州刺史制　華陽集 30/10b

~ 有

蘇有可大理寺丞制　文恭集 14/5b

~ 良冶

蘇良冶太常寺主簿制　浮溪集 8/15a　浮溪集/附拾遺 8/98

~ 良翰

蘇良翰合入官授右承務郎換給制　紫微集 13/11b

~ 利涉

入內內侍省供奉官蘇利涉可如京使遙郡刺史制　郎溪集 5/3b

~ 注

朝散郎蘇注可司封郎中制　彭城集 19/9b

~ 泌

蘇泌利州運判　樂城集 27/11b　宋文鑑 40/10b

~ 泳

屯田郎中蘇泳改官　蘇魏公集 32/4a

~ 協

蘇協贈秘書丞制　宋詔令集 220/844

~ 佑

勅蘇佑制　襄陵集 2/7a

~ 亮

太史局天文院學生蘇亮可轉兩官制　摛文集 7/12a

~ 括

蘇括循右文林郎制　東窗集 13/9a

~ 格

蘇格廣東轉運使制　大隱集 3/7a

~ 敗

勒停人前秘書丞蘇敗可復舊官制　郎溪集 5/6a

~ 晒

蘇晒郓州司戶　樂城集 27/10a

~ 信

西京左藏庫副使蘇信可文思副使　蘇魏公集 31/8a

~ 洱

右贊善大夫蘇洱可殿中丞　西溪集 6(三沈集 2/41b)

~ 唐卿

母孫氏　大理寺丞蘇唐卿母孫氏萬年縣君制　臨川集 54/12b

~ 桓

秘書少監蘇桓編修五禮新儀成遷秩制　翟忠惠集 4/9a

~ 峴

蘇峴太常寺主簿制　盤洲集 19/5a

~ 宋

權利州路轉運使度支員外郎蘇宋可兵部員外郎制　臨川集 50/8b

~ 球

供備庫副使蘇球可轉一官制　摛文集 7/6b

~ 黃中

著作佐郎蘇黃中磨勘改官制　歐陽文忠集 81/13b

~ 盛

蘇盛可太子中舍人制　文恭集 13/7a

~ 惟和

殿中省尚藥奉御直翰林院蘇惟和可翰林醫官副使　蘇魏公集 33/7a

~ 惟簡

開封府開封縣主簿蘇惟簡可大理寺丞　韓南陽集 16/4a

詔令一　制詞　臣僚　二十畫　925

~崇道

太常寺太樂局七絃琴色色長蘇崇道可太常寺太樂局副樂正　韓南陽集 16/5b

~　符

中書舍人蘇符磨勘轉官　苕溪集 32/2a

蘇符除給事中　苕溪集 37/1a

蘇符禮部侍郎　苕溪集 47/2b

蘇軾孫從事郎符改宣教郎制　浮溪集 10/10a

浮溪集/附拾遺 10/12O

蘇符司勳郎官　更然集 13/15a

敷文閣直學士致仕蘇符贈官　海陵集 20/4b

故端明殿學士蘇軾孫符改宣教郎制　新安文獻 1/後 4b

~　逢

大理寺丞蘇逢磨勘改官制　歐陽文忠集 81/10b

~　紳

應賢良方正科太常博士蘇紳可尚書祠部員外郎制　元憲集 23/3b

~紹榮

崇儀使蘇紹榮可六宅使制　華陽集 30/6a

~　貴

節度推官蘇貴可某州推官制　元憲集 22/1b

~　械

蘇械考功員外郎制　翟忠惠集 3/8b

尚書考功員外郎蘇械辟廱司業制　翟忠惠集 3/12b

~　欽

蘇欽除利州路運判　海陵集 18/5b

~　進

采石立功人各轉官蘇進轉遥郡防禦使　益國文忠集 95/5b　益公集 96/57b

~　絢

右班殿直蘇絢可轉一官制　摘文集 7/6a

~　詡

吏部員外郎蘇詡陞郎中　西垣稿 1/11a

~　楷

蘇楷轉官制　東牟集 7/34a

~　軾

應才識兼茂明於體用科守河南府福昌縣主簿蘇軾大理評事制　臨川集 51/16b

大理寺丞蘇軾可殿中丞制　郡溪集 2/7b

朝奉郎蘇軾可守禮部郎中　宋文鑑 39/8b

尚書祠部員外郎直史館蘇軾貴授黃州團練副使本州安置制　宋詔令集 205/768

蘇軾落職降官知英州制　宋詔令集 206/773

蘇軾散官惠州安置制　宋詔令集 206/774

故朝奉郎蘇軾降授崇信軍節度行軍司馬制　宋詔令集 210/796

贈蘇軾爲太師敕　蜀藝文志 26/10b

~　頌

吏部尚書蘇頌可兼侍讀制　彭城集 20/1a

蘇頌刑部尚書　蘇東坡全集/外制中/21a

右丞蘇頌拜右僕射制　宋詔令集 57/289

蘇頌罷相觀文殿大學士集禧觀使制　宋詔令集 69/337

右諫議大夫知集賢院學士蘇頌降秘書監集賢院學士知濠州制　宋詔令集 206/770

蘇頌特贈司空制　宋詔令集 222/856

~　解

朝請郎淮南西路提刑蘇解可江南東路轉運副使制　彭城集 19/12a

~　轄

宣召新除内翰蘇轄入院口宣　蘇魏公集 25/4b

~　睿

太學博士蘇睿可候今任滿日令再任制　摘文集 6/8a

~維岳

蘇維岳可太子中舍人制　文恭集 20/6a

~　澄

蘇澄可權蔡州支使制　文恭集 18/20b

~德祥

密州別駕蘇德祥可殿中丞分司西京　咸平集 28/6a

~劉義

御前都統制蘇劉義特轉十官旨將六官作三官於右武大夫上轉行親衛大夫三官作一官轉行遥郡防禦使餘一官給據特授親衛大夫和州防禦使左衛大將軍池州駐劄御前諸軍都統制　後村集 62/17b

親衛大夫和州防禦使左衛大將軍知安慶府池州都統制蘇劉義爲昨在重慶全城卻敵特授五官　後村集 68/11b

~　遜

蘇遜除右司郎官　鴻慶集 25/4a　孫尚書集 27/10b

朝散大夫直秘閣蘇遜可除中書門下省檢正諸房公事制　北海集 4/6b

徽獻閣待制蘇遜轉左中大夫致仕制　東窗集 6/3b

~ 練

故保慈夫人本位官承節郎代手分蘇練特與轉兩官　苕溪集 46/3b

~ 默

蕃官西京左藏庫副使蘇默可轉兩官制　摐文集 8/3b

~ 嘩

蘇嘩奉使回轉官　海陵集 18/7b

~ 濬

未復舊官人內殿崇班蘇濬可內殿承制　蘇魏公集 34/8b

~ 簡

蘇簡除直秘閣知廣州　海陵集 16/3b

~ 轍

前權大名府推官蘇轍可西京留守推官　蘇魏公集 30/6b

應才職兼茂明於體用科新授河南府澠池縣主簿蘇轍可試秘校充商州軍事推官　西溪集 5(三沈集 2/13b)

大中大夫致仕蘇轍追復端明殿學士贈宣奉大夫　劉給諫集 2/8b

朝奉郎試中書舍人蘇轍可户部侍郎制　四庫拾遺 54/彭城集

蘇轍降官知袁州制　宋詔令集 206/774

蘇轍散官安置制　宋詔令集 208/780

蘇轍降朝議大夫制　宋詔令集 210/799

~ 繻

應辨中官册寶蘇繻轉一官制　東窗集 8/21b

~ 顯

蘇顯可虞部員外郎制　文恭集 15/18a

~ 攜

蘇攜除太常少卿　苕溪集 45/4a

蘇攜除宗正少卿　張華陽集 5/7a

蘇攜除檢正　張華陽集 7/6a

~ 氏

掌衣蘇氏典寶　程北山集 24/9b

~ 氏

蘇迎喜轉司寶　張華陽集 1/9b

~ 氏

慈福宮内人蘇氏封郡夫人　宋本攻媿集 35/20a攻媿集 39/18b

嚴　抑

嚴抑除秘書丞兼史院檢討官制　東窗集 9/

18a

~ 慶孫

嚴慶孫可殿中丞制　文恭集 16/12a

~ 穎

都官郎中知邢州嚴穎可職方郎中餘如故制文莊集 2/9b

~ 續

右揆嚴續除司空兼門下侍郎平章事制　徐公集 6/9a

饒伯達

朝請大夫提舉准東茶鹽饒伯達可除直秘閣制　北海集 4/4b

~ 岳

壽春陣亡兵士贈官饒岳贈承節郎與一子進勇副尉　益國文忠集 98/5a　益公集 97/92b

~ 應龍

饒應龍諸王宮教　後村集 63/6b

饒應龍除監察御史制　碧梧集 4/7a

二十一畫

顧　元

駕部員外郎顧元六人轉官制　郎謨集 6/5b

~ 立守

勅賜同進士出身顧立守漢陽軍司理參軍制臨川集 55/4a

~ 彦回

潤州丹徒令顧彦回可浙西推官　徐公集 8/7b

~ 根

顧根降宣義郎　育德堂外制 3/15b

~ 寧

顧寧補承信郎制　東窗集 10/7a

~ 臨

給事中顧臨可刑部侍郎制　彭城集 20/7a

顧臨直龍圖閣河東轉運使　蘇東坡全集/外制中/18a

顧臨給事中　樂城集 28/2a

顧臨再授給事中　樂城集 30/16b

顧臨落職居住制　宋詔令集 208/783

顧臨復龍圖閣直學士制　宋詔令集 222/855

~ 禧采

顧禧采降授修職郎制　四庫拾遺 302/鶴林集

蘭日政

左藏庫副使蘭日政可轉一官制　摘文集 7/15a

～泰

右侍禁蘭泰可轉一官制　摘文集 7/17a

～整

蘭整復官制　大隱集 3/27a

蘭整守平海軍承宣使充兩浙東路馬步軍副都總管致仕制　東窗集 6/6a

鐸　拶

蕃官鐸拶可三班奉職制　四庫拾遺 57/彭城集

～撒

蕃官鐸撒四轉官制　道鄉集 17/5a

二十二畫

龔　有

臨汝軍等處差來投進表章等兵龔有轉一官　苕溪集 42/1b

～茂良

龔茂良太常少卿制　盤洲集 19/3a

～待問

軍事推官龔待問可桂州觀察推官制　歐陽文忠集 81/3a

～原

龔原國子監丞　樂城集 28/14a

龔原除集賢殿修撰知揚州制　道鄉集 15/7a

龔原罷給事中降兩官知南康軍制　宋詔令集 210/791

龔原落職差遣依舊制　宋詔令集 211/799

～總

父龔綖　左迪功郎龔總父綖封右承事郎制　盤洲集 23/11a

～淳

龔淳國子正制　盤洲集 23/10a

～道

應辨中官册寶龔道轉一官制　東窗集 8/16b

～鼎臣

龔鼎臣可秘書丞制　文恭集 13/13a

禮部員外郎御史知雜事龔鼎臣可吏部郎中制　鄱溪集 3/2a

～塗

直秘閣知旰胎軍龔塗職事修舉可除直徽獻

閣　益國文忠集 100/3a　益公集 100/139a

～廣

龔廣轉一官　鴻慶集 25/10b　孫尚書集 27/2b

～漢

龔漢屯田員外郎　後村集 66/17b

龔漢除刑部郎官　後村集 69/4a

～頤正

龔頤正秘書丞諸　尊白堂集 5/39a

～變

母劉氏　保義郎龔變乞回罩恩轉官與所生母劉氏特封太孺人　益國文忠集 97/15b　益公集 96/64a

權邦彥

權邦彥復舊職知江州兼制置使制　浮溪集 10/6a　浮溪集/附拾遺 10/116

權邦彥起復依舊知江州制　大隱集 2/19b

～信

長大祇候東西班都知權信可敦武郎制　瀲庵集 6/2b

無姓有名者

某仲康

兩朝佑聖太夫人重姪孫仲康可三班借職制摘文集 8/6a

某仲弼

兩朝佑聖太夫人重姪孫仲弼可三班借職制摘文集 8/6a

無姓名者

上太后尊號制　徐公集 6/6a

招討妖賊制　徐公集 7/6a

三司大將加恩　咸平集 28/1b

禁軍將校授官　咸平集 28/7b

供奉官殿直殿　本目增殿前承旨加恩　咸平集 28/18a

御史臺孔目官門下省雜事南曹諸司勒留歸司等官中書省主書門下省主事千牛衞長史及簿尉司馬勒留並出外縣簿尉　咸平集 28/19a

內班都知押班已下加恩　咸平集 29/3a

幕職加官　咸平集 29/4a

守當官等二十人受官　咸平集 29/5a

堂後官一本目無一字十五人轉官　咸平集 29/5a

開封府祗候都孔目官左右軍巡使及諸王府內知客等加恩 咸平集 29/6a

致仕分司等官加恩 咸平集 29/8a

宰臣三代追封 咸平集 29/8a

押東郊進奉衛內指揮使並衛前職員等加恩 咸平集 29/9a

知制誥制 咸平集 29/10a

拾遺直史館制 咸平集 29/11a

著作直館制 咸平集 29/12a

諫議大夫制 咸平集 29/12b

雲州節度使加使相麻 小畜集 26/2a

正郎告老可太常少卿致仕制 小畜集 26/3a

授六尚書節度使麻 小畜集 26/5a

授節度使兼中書令西京留守麻 小畜集 26/7b

除右拾遺諸王府記室參軍 小畜集 26/8b

授節度使左金吾衛上將軍制 小畜集 26/10a

授御史大夫可司徒門下侍郎平章事制 小畜集 27/2a

恩錫宰臣一子可尚書水部員外郎制 小畜集 27/2b

除左拾遺直史館可開封府判官制 小畜集 27/3a

節度使起復加雲麾將軍制 小畜集 27/4b

右諫議大夫可御史中丞制 小畜集 27/5b

授翰林學士承旨可依前工部尚書平章事制 小畜集 27/7b

授藍田縣尉可右拾遺 小畜集 27/11a

秘書省校書郎制 文莊集 1/21b

轉運使並加階勳制 文莊集 2/16a

諸王宮教授兼國子監說書制 文恭集 2/4b

進納梢草空名助教制 文恭集 18/21b

皇親男授官可並副率制 文恭集 19/2a

皇親賜名與官海詞可並右內率府副率制 文恭集 19/2b

中書試御史大夫除右僕射制 元憲集 20/1a

三司副使制 元憲集 20/10a

館職朝臣南郊加恩制 元憲集 23/13b

郎中員外郎南郊加恩制 元憲集 23/13b

中書試西上閤門使除懷州刺史制 元憲集 25/6b

落軍權正授團練刺史制 元憲集 25/7a

管軍加團練刺史制 元憲集 25/7b

朝臣妻封縣君制 元憲集 26/19a

兩省妻封縣君制 元憲集 26/19a

參政樞密母追封郡夫人制 元憲集 26/20b

殿前都使已下 武溪集 11/2b

皇親率府已下 武溪集 11/2b

省府推判官 武溪集 11/3a

廂都指揮使已下 武溪集 11/3a

諸司副使已下至崇班 武溪集 11/3b

百官父在者 武溪集 11/5a

百官父亡者 武溪集 11/5b

百官母在者 武溪集 11/5b

百官母亡者 武溪集 11/6a

百官妻 武溪集 11/6b

進納長馬空名諸海詞 歐陽文忠集 79/16b

進納人空名諸海詞 歐陽文忠集 80/3a

藍田縣主簿權充府學教授某可華州蒲城主簿就差管勾永興府學制 歐陽文忠集 81/19a

中書試制詔三道

邊鎮節度使加平章事制限二百字以上成 安陽集 40/1a

中書試制詔三道

中書舍人除御史丞制一百五十字以上成 安陽集 40/2a

溪峒歸朝首領賜官制 蔡忠惠集 4/18a

治中視門下制 蔡忠惠集 4/19a

中書試金吾衛大將軍除邊鎮節度使制 蔡忠惠集 9/1a

中書試禮部尚書除御史大夫制 蔡忠惠集 9/1b

前兩府并兩制聖節奏弟姪京官或試監簿制 蔡忠惠集 10/6a

宰相參政樞密聖節奏薦子孫各京官制 蔡忠惠集 10/6a

選人授録事參軍監茶場制 蔡忠惠集 10/12a

軍都指揮使諸班都虞侯可四廂都指揮使制 蔡忠惠集 11/13b

皇親大將軍遙郡制 蔡忠惠集 13/9b

禁軍都虞候已上及藩方馬步軍都指揮使並御前忠佐南郊加恩封贈父母妻制 蔡忠惠集 13/11b

諸軍班都虞候制 蔡忠惠集 13/13a

兩制兒男制 蔡忠惠集 13/15a

司天監五官正制 蔡忠惠集 13/15b

中書録事以下制 蔡忠惠集 13/16a

京官等加恩制 蔡忠惠集 13/16a

詔令一 制詞 臣僚 無姓名者 929

蕃官加恩制　蔡忠惠集 13/16b

准本院帖進納空名試監簿　韓南陽集 16/13a

端明殿學士兼(闕)部侍郎充(闕)前尚書吏(闕)學士知(闕)　韓南陽集 18/5a

明堂加恩制　韓南陽集/附録 1a

罷諸路同提點刑獄使臣置轉運判官　公是集 30/9a

加護軍食實封制詞　公是集/續拾遺 1a

特進觀文殿大學士除節度使開封府儀同三司　元豐稿 20/1a

中書舍人除翰林學士制　元豐稿 20/1b

金吾衛上將軍除邊鎮節使制　華陽集 26/14b

三司判官轉運使等加勳邑制　華陽集 28/4b

內外朝官加勳制　華陽集 28/5a

見任兩府奏薦子孫弟姪制　華陽集 28/5a

在外前兩府奏薦子孫弟姪制　華陽集 28/5b

內外待制制　華陽集 28/5b

中書提點至堂後官制　華陽集 28/6a

空名試將作監主簿制　華陽集 30/16b－17a

封百官父制　華陽集 31/17b

封百官母制　華陽集 31/18a

封百官妻制　華陽集 13/18a

殿前都指揮使節度使加宣徽南院使　傳家集 16/1a

翰林學士禮部侍郎除三司使制　傳家集 16/1b

殿前都指揮使節度使加宣徽南院使制　司馬溫公集 56/4a

翰林學士禮部侍郎三司使制　司馬溫公集 56/4b

御史中丞除河陽三城節度使　蘇魏公集 29/1a

中書舍人除壽州觀察使　蘇魏公集 29/1b

皇族出官敍詞　蘇魏公集 29/2b

河北都轉運司空名攄助教五道　蘇魏公集 30/12a

磁州空名助教二道　蘇魏公集 30/12b

軍員換諸司使副及崇班承制　蘇魏公集 33/12a

軍都指揮使諸班都虞侯與除忠佐帶遞郡不帶遞郡　蘇魏公集 33/12a

軍都指揮使諸班都虞侯與轉軍分帶遞郡或己有遞郡　蘇魏公集 33/12b

廂都指揮使與落權正任　蘇魏公集 33/12b

廂都指揮使　蘇魏公集 33/13a

太理寺丞依前充職散官如故　蘇魏公集 34/2a

京朝官知縣磨勘詞　蘇魏公集 34/6b

承制以上磨勘詞　蘇魏公集 34/6b

南郊百官封贈父母妻共五道亡父　蘇魏公集 34/14a

南郊百官封贈父母妻共五道父在　蘇魏公集 34/14b

南郊百官封贈父母妻共五道亡母　蘇魏公集 34/14b

南郊百官封贈父母妻共五道母在　蘇魏公集 34/15a

南郊百官封贈父母妻共五道妻　蘇魏公集 34/15a

南郊百官封贈父母妻共五道兩制母在改封　蘇魏公集 34/15b

南郊百官封贈父母妻共五道兩制妻改封　蘇魏公集 34/15b

南郊諸州軍衛前加恩　蘇魏公集 34/17b

南郊致仕率府副率加恩　蘇魏公集 34/17b

節度使加宣徽使制　臨川集 49/2b

翰林學士除三司使制　臨川集 49/3a

誡勵諸道轉運使經畫財利寬恤民力制　臨川集 49/3b

磨勘轉官制二道　臨川集 51/3b

明堂宗室加恩制　臨川集 51/4a

英宗即位罷恩轉官龍圖閣學士至龍圖閣直學士制　臨川集 52/5a

發運轉運提刑判官等制　臨川集 52/5a

卿監館職制　臨川集 52/5a

京官館職制　臨川集 52/5b

分司致仕正郎以下京官等制　臨川集 52/5b

諸司使副至崇班內常侍帶遞郡不帶遞郡制　臨川集 52/5b

皇兄叔大將軍以下制　臨川集 52/6a

皇弟姪大將軍以下制　臨川集 52/6a

中書提點堂後官制　臨川集 52/6b

諸州軍并轉運提刑弟姪男恩澤等並試監簿制　臨川集 52/14a

轉員制　臨川集 52/16b

落權團練刺史制　臨川集 52/17a

軍員等換諸司使副承制崇班制　臨川集 53/5b

安化中下州比退鎮人一百一十人並銀酒

監武制　臨川集 55/16b
空名助教並試監簿制　臨川集 55/17a
覃恩轉官制一　臨川集拾遺/6b
覃恩轉官制二　臨川集拾遺/6b
節度使加宣徽　王文公集 10/4b
翰林學士除三司使　王文公集 10/5b
磨勘轉官三道　王文公集 13/2a
覃恩轉官二道　王文公集 13/3a
三司使工部尚書可邊鎮節度使制　郡溪集 1/2a
知制誥可翰林學士制　郡溪集 1/4b
知制誥制　郡溪集 1/5a
侍讀制二首　郡溪集 1/5b
太子家令率更令制　郡溪集 1/6a
秘書丞制　郡溪集 1/6a
太子賓客制　郡溪集 1/6a
太子司議郎制　郡溪集 1/6b
東宮官制　郡溪集 1/6a
雜學士制　郡溪集 1/7a
學士出鎮制　郡溪集 1/7a
起居舍人制　郡溪集 1/7b
給事中可禮部侍郎制　郡溪集 1/8b
給事中可工部侍郎制　郡溪集 1/9a
中書舍人除御史中丞制　郡溪集 1/9b
諫官制五首　郡溪集 1/9b
御史知雜制　郡溪集 1/11a
御史制　郡溪集 1/11a
侍御史制　郡溪集 1/11a
太原府兵馬鈴轄制　郡溪集 2/5a
帥臣制　郡溪集 2/5a
三司使制　郡溪集 2/7b
兵部尚書可三司使制　郡溪集 2/8a
三司判官制五首　郡溪集 2/8b
四廂指揮使制二首　郡溪集 2/9b
功臣後制三首　郡溪集 2/10a
郎官制　郡溪集 3/1a
發運使可兵部郎中制　郡溪集 3/1b
近侍加吏部郎中制　郡溪集 3/2a
吏部郎中制　郡溪集 3/2b
大理少卿制　郡溪集 3/5a
宗正寺丞制　郡溪集 3/5b
國子監直講可大理寺丞制　郡溪集 3/7b
秘書監可左散騎常侍制　郡溪集 3/9a
靈臺郎制　郡溪集 3/9b
天章閣侍制可都轉運使制　郡溪集 4/1a
中書舍人可宣州觀察使制　郡溪集 4/6a
客省使制　郡溪集 4/6a
觀察使可節度觀察留後制　郡溪集 4/6b
駙馬都尉可越州觀察留後制　郡溪集 4/7a
兩府制四首　郡溪集 4/7b
知開封府制二首　郡溪集 4/9b
知成都府制　郡溪集 4/10a
知雄州制　郡溪集 4/12a
兵部郎中知潭州制　郡溪集 4/12a
知洪州制　郡溪集 4/12b
知廣州制　郡溪集 4/13b
郎官可赤縣令制　郡溪集 4/14b
開封府判官制　郡溪集 5/1a
荊湖刺史制　郡溪集 5/2a
侍從可刺史制　郡溪集 5/2b
諸衛將軍可鄭州刺史制　郡溪集 5/2b
武臣可刺史制　郡溪集 5/3a
邊郡刺史制　郡溪集 5/3a
遙郡刺史制　郡溪集 5/3b
刺史制　郡溪集 5/4a
閤門使可刺史制　郡溪集 5/4a
東宮傳制二首　郡溪集 5/6b
致仕制　郡溪集 5/8a
大臣致仕制　郡溪集 5/8b
致仕制　郡溪集 5/8b
翰林書畫等侍詔覃恩轉官制　郡溪集 6/1a
登極覃恩轉官制　郡溪集 6/1a
朝臣轉官制　郡溪集 6/3a
大藩通判轉官制　郡溪集 6/3a
簽判轉官制　郡溪集 6/4b
登極覃恩致仕轉官制　郡溪集 6/5a
英宗南郊今上即位加恩轉官制　郡溪集 6/5b
立太子賜爲人後者勳一轉官制　郡溪集 6/5b
沿邊都監轉官制　郡溪集 6/6a
沿邊巡檢轉官制　郡溪集 6/6a
武臣轉官制三首　郡溪集 6/6b
邊將轉官制　郡溪集 6/6b
朝官轉官制　郡溪集 6/7a
郎官轉官制　郡溪集 6/7a
登極致仕官可轉官制　郡溪集 6/7b
國子監直講轉官制　郡溪集 6/7b

詔令一　制詞　臣僚　無姓名者

英宗南郊百官加勳制 郎溪集 6/8a
諸班直廂禁軍指揮使以下一次經恩加勳階制 郎溪集 6/8a
殿前馬步軍諸班廂禁軍指揮使已下兩經恩加勳階制 郎溪集 6/8a
登極賜爲人後者勳一轉官制 郎溪集 6/8b
諸州衙前押登極進奉加恩制 郎溪集 6/9a
登極賜爲人後者勳一轉官制 郎溪集 6/9a
英宗南郊致仕官可加恩制 郎溪集 6/9b
賜出身制 郎溪集 6/10a
贈父制 郎溪集 7/6a
都虞侯指揮使已下贈父制 郎溪集 7/6a
宗室贈官制 郎溪集 7/6b
追贈宮人制 郎溪集 7/6b
治平登極覃恩百官敍封父制 郎溪集 7/8a
南郊百官贈父制 郎溪集 7/8a
南郊百官贈父母制 郎溪集 7/8b
贈母制 郎溪集 7/8b
又敍封母制 郎溪集 7/9a
封妻制 郎溪集 7/9a
封妻制 郎溪集 7/9a
敍封妻制 郎溪集 7/9b
開封府推官制 彭城集 22/13b
觀文殿大學士除節度使知邊鎮制 西溪集 4（三沈集 1/56a）
翰林學士除御史中丞制 西溪集 4（三沈集 1/57b）
內臣加恩 西溪集 4（三沈集 1/63a）
空名試監簿 西溪集 5（三沈集 2/17b）
空名試監簿助教各壹道 西溪集 5（三沈集 2/20b）
特奏名進士諸科可並逐州長史文學 西溪集 6（三沈集 2/40a）
皇親兒男賜名四十七人可並右內率 西溪集 6（三沈集 2/56b）
吏部郎中制 淨德集 8/2a
吏部侍郎除户部尚書制 淨德集 8/2b
禮部郎中除吏部員外郎制 淨德集 8/2b
除户部侍郎制 淨德集 8/4b
兵部侍郎除禮部尚書制 淨德集 8/5a
給事中除禮部侍郎制 淨德集 8/5b
除刑部郎中制 淨德集 8/7a
中書舍人遷給事中制 淨德集 8/8a
除殿中侍御史制 淨德集 8/10b
除節度制 淨德集 8/12a
侍從乞郡制 淨德集 8/12b
皇族郊恩封贈制 淨德集 9/3a
三司使父某加贈制 淨德集 9/3b
賜邊鎮節度使加宣徽使制 王魏公集 2/2b
百官封妻制 王魏公集 2/2b
兩制封父制 王魏公集 2/4b
明堂軍員封父制 王魏公集 2/4b
百官封父制 王魏公集 2/5a
百官贈父制 王魏公集 2/5a
父任兩制子升朝官制 王魏公集 2/5a
兩制贈父制 王魏公集 2/5b
贈父制 王魏公集 2/5b
宣德郎至承務郎磨勘制 王魏公集 2/6a
中大夫至朝議大夫磨勘酬獎制 王魏公集 2/9b
朝請大夫至朝奉郎磨勘酬獎制 王魏公集 2/9b
宣德郎至承務郎酬獎制遷人同 王魏公集 2/9b
承議郎至通直郎酬獎制 王魏公集 2/10a
將官制 王魏公集 2/11a
進納授官制 王魏公集 3/3b
諸司人伎術人授官制 王魏公集 3/3b
承議郎至通直郎磨勘制承制崇班通事合人同 王魏公集 3/12b
文臣升朝封父母妻 樂城集 32/2b－3a
文臣升朝追封父母妻 樂城集 32/3b－4a
御試制策 樂城應詔集 12/1
翰林學士除節度使制 陶山集 10/1a
宣徽南院使除河陽三城節度使制 陶山集 10/1b
宗室除節度使制 陶山集 10/2a
邊鎮節度使除開府儀同三司制 陶山集 10/3a
吏部尚書除尚書右僕射制 陶山集 10/3b
吏部尚書除節度使制保試中書舍人 道鄉集 15/1a
中書舍人除翰林學士制 道鄉集 15/1b
武康軍節度使除開府儀同三司某制 擴文集 3/6b
除檢校少保充護國軍節度使開府儀同三司依前充太一宮使加食邑食實封差遣如故某制 擴文集 3/6b
除保大軍節度使充熙河蘭湟路經略安撫使

兼知熙州某制 摘文集 3/7a
除少保某太宰制 摘文集 3/7b
光祿卿除户部侍郎某制 摘文集 3/10b
殿中丞某官可秘書丞制 摘文集 4/1b
入内洛苑使某人可化州刺史依舊洛苑使制
摘文集 5/2b
西蕃大首領皇城使某與轉遙郡團練使制
摘文集 6/1a
皇城使成州團練使某人可依前成州團練使
充昭宣使制 摘文集 6/5b
空名招納諸司使官制 摘文集 6/7a
左侍禁充學士院侍詔巡訓爲三次書寫汎使
國書特與轉一官制 摘文集 7/3a
皇城副使某與轉兩官制 摘文集 8/1a
蕃官男爲父陣亡補承信郎制 襄陵集 1/2a
冬祀贈故父宣教郎敕 襄陵集 3/2a
橫行皇城使皇城副使等換官 劉給諫集 2/12a
將校降官 劉給諫集 2/13b
節度使開府儀同三司除尚書左僕射兼中書
侍郎制 翟忠惠集 1/13b
工部侍郎除節度制 翟忠惠集 1/14b
武臣磨勘制 翟忠惠集 4/9b
翰林技術官等磨勘制 翟忠惠集 4/9b
醫官遷轉制 翟忠惠集 4/10a
水利司官措置湖秀州圩田成推恩制 翟忠
惠集 4/10b
子弟所呈試弓馬推恩制 翟忠惠集 4/11a
效用推恩制 翟忠惠集 4/11b
邊功推賞制 翟忠惠集 4/12b
納級推賞制 翟忠惠集 4/13a
追贈將官制 翟忠惠集 4/13a
陣亡遺蔭勅 翟忠惠集 4/13a
内侍五人直睿思殿制 翟忠惠集 4/16b
内侍遷轉制 翟忠惠集 4/17a
衛士賜官制 翟忠惠集 4/17b
西番歸朝首領賜官制 翟忠惠集 4/17b
溪峒賜官制 翟忠惠集 4/18a
内宰視太宰制 翟忠惠集 4/18a
副宰視少宰制 翟忠惠集 4/18b
文林郎河南府孟汝唐州鎭撫使司幹辨公事
任直清與改合入官直秘閣仍賜緋章服
程北山集 24/1b
使臣橫行已上 程北山集 27/2a

南道總管司屬官詔齊降兩官勒停制 浮溪
集 9/10a 浮溪集/附拾遺 9/110
除國子監主簿諸詞 盧溪集/序 7b
除直敷文閣諸詞 盧溪集/序 8a
承信郎效用空名告 鴻慶集 25/8a 孫尚書集 25/
11b
鎭洮軍節度使除太尉制 孫尚書集 26/13a
宰相除二少 梁溪集 35/1a
宰相除三公 梁溪集 35/3b
觀文殿大學士中太一官使除太保少宰 梁
溪集 35/4b
觀文殿學士中太一官使除少保左輔 梁溪
集 35/5b
觀文殿大學士中太一官使除節度使 梁溪
集 35/6a
彰信軍承宣使除武寧軍節度使 梁溪集 35/
7a
節度使中太一官使兼侍講移鎭除檢校三少
開府儀同三司 梁溪集 35/8a
知樞密院除節度使體泉觀使 梁溪集 35/8b
殿帥 梁溪集 35/9b
觀文殿學士諸路經畧安撫使除節度使 梁
溪集 35/10b
吏部尚書除節度使 梁溪集 35/11a
彰化軍節度使煕河路經畧安撫使除檢校少
保雄威軍節度使 梁溪集 35/12a
節度使殿前都指揮使除檢校少保移鎭充鄜
延路經畧安撫使 梁溪集 35/13a
戚里承宣使除節度使 梁溪集 35/13b
誡諭百官毋得越職犯分 梁溪集 36/3b
尚書左丞除中書侍郎 梁溪集 36/4a
門下侍郎除特進知樞密院 梁溪集 37/3a
中書侍郎除門下侍郎 梁溪集 37/3b
尚書右丞除尚書左丞 梁溪集 37/5a
吏部尚書除尚書右丞 梁溪集 37/5b
翰林學士除吏部尚書 梁溪集 37/6a
户部尚書 梁溪集 37/6b
禮部尚書 梁溪集 37/7a
兵部尚書 梁溪集 37/8a
刑部尚書 梁溪集 37/8b
工部尚書 梁溪集 37/9a
御史中丞除吏部尚書 梁溪集 37/10a
翰林學士除兵尚書 梁溪集 37/10b
開封尹除刑部尚書 梁溪集 37/11a

太常少卿除禮部侍郎 梁溪集 37/12a
給事中除户部侍郎 梁溪集 37/12b
殿中監除工部侍郎 梁溪集 37/13a
翰林學士除承旨 梁溪集 37/13b
中書舍人除翰林學士 梁溪集 37/14a
吏部侍郎除工部尚書 梁溪集 37/14b
大司成除翰林學士 梁溪集 38/3a
給事中除大司成 梁溪集 38/3b
給事中 梁溪集 38/4a
中書舍人除給事中 梁溪集 38/4b
中書舍人 梁溪集 38/5a
起居舍人除中書舍人 梁溪集 38/5b
中書舍人除御史中丞 梁溪集 38/6a
侍御史除御史中丞 梁溪集 38/6b
開封尹 梁溪集 38/7a
工部尚書除延康殿學士知青州兼安撫使
梁溪集 38/7b
户部侍郎除顯謨閣直學士知揚州兼淮南東
路鈐轄 梁溪集 38/8b
中書舍人除徽猷閣待制知廬州 梁溪集 38/
9a
殿中監 梁溪集 38/9b
太常卿 梁溪集 38/10a
宗正卿 梁溪集 38/10b
秘書省 梁溪集 38/11b
光祿卿 梁溪集 38/12a
大僕卿 梁溪集 38/12a
太府卿 梁溪集 38/12b
司農卿 梁溪集 38/13a
大理卿 梁溪集 38/13b
都水使者 梁溪集 38/14a
鴻臚卿 梁溪集 38/14a
軍器監 梁溪集 38/14b
少府監 梁溪集 38/15a
將作監 梁溪集 38/15b
觀文殿學士可除宣武軍節度使制 北海集
7/15a
徽宗皇帝册寶轉左朝奉郎制 東窗集 9/5b
觀文殿學士中太一宮使兼侍讀(案)此下缺姓
名除應道軍節度上清寶錄宮使制 昆陵
集 8/5a
觀文殿學士中太一宮使除右弼制 大隱集
1/1b
又直龍圖依前知黃州制 大隱集 2/21a

除保寧軍節度使河東路經畧安撫使制 棣
溪集 5/13b
除大理評事制 東牟集 7/3a
郎官制 東牟集 7/5b
大禮都虞候換給定本制 東牟集 7/6b
士珸磨勘制 東牟集 7/7a
横行換官制 東牟集 7/8a
三節官屬轉官制(賀正旦生辰) 東牟集 7/26a
陞加五斗力更轉一官制 東牟集 7/29a
一石五斗弓各轉一官制 東牟集 7/29a
罷吏部侍郎落職提舉宮觀誥 東牟集 8/24a
吏部尚書制 紫微集 11/4a
禮部尚書制 紫微集 11/5a
正任承宣觀察防禦團練刺使制 紫微集 11/
7a
參知政事制 紫微集 13/12b
參知政事制(又) 紫微集 13/13b
擬觀文殿大學士提舉江州太平觀制 紫微
集 16/4b
工部尚書制 紫微集 16/6b
刑部尚書制 紫微集 16/7a
行御史中丞制 紫微集 16/8a
兵部尚書制 紫微集 16/8b
横行帶承宣觀察防禦制 紫微集 16/10b
小使臣帶閤門祗候制 紫微集 16/15b
王使帶團練刺史閤門宣贊舍人制 紫微集
16/16a
給事中制 紫微集 16/16b
翰林學士制 紫微集 16/19a
進武校尉至守闕進義副尉制 紫微集 17/1a
擬除萬壽觀使兼侍讀制 紫微集 17/1b
户部尚書制 紫微集 17/4b
起居郎舍人制 紫微集 17/10a
磨勘制 紫微集 17/12a
中書舍人制 紫微集 18/3a
名闕特贈兩官制 紫微集 19/16a
恩澤並係建炎年間因隨軍陣亡官兵 紫微
集 19/18b
某人入内侍省副都知 斐然集 12/13a
某人追復待制 斐然集 12/191a
某人司農丞 斐然集 13/24a
某人直秘閣 斐然集 14/7a
某人太府丞 斐然集 14/8a
某人加職 斐然集 14/8b

某人改合入官 斐然集 14/8b

擬觀文殿大學士太乙宮使除樞密使制 鄞峰錄 6/2a

高郵軍立功人轉官制 盤洲集 24/7a

御史中丞除吏部尚書誥 盤洲集 25/3a

觀文殿大學士體泉觀使兼侍讀除保平軍節度使開府儀同三司江南東路安撫大使知建康府兼行宮留守制 盤洲集 27/1a

雄武軍節度使利州路安撫使兼知興元府除檢校少保護國軍節度使加食邑實封制 盤洲集 27/2a

御史中丞除禮部尚書誥 盤洲集 27/2b

給事中除翰林學士誥 盤洲集 27/3a

晉安郡王加食邑制 海陵集 11/6b

邊鎮節度使制 文定集 8/3a

宋孝宗授右僕射制 魏文節遺書/附錄 1a

宋孝宗免右僕射制 魏文節遺書/附錄 2a

宋孝宗贈魯國公制 魏文節遺書/2b

宋孝宗贈太師諡文節制 魏文節遺書/附錄 3a

《日抄》外制節文（一至十七節） 范成大佚著/93-96

清遠軍承宣使某授華容軍節度使提舉佑神觀奉朝請進封開國侯加食邑食實封制 益國文忠集 91/1a 益公集 91/145a

端明殿學士知洪州充江南西路安撫使某授保寧軍節度使知福州充福建路安撫使馬步軍都總管加食邑食實封制 益國文忠集 91/2a 益公集 91/146a

徽猷閣直學士提舉體泉觀某除禮部侍郎誥 益國文忠集 91/3a 益公集 91/147a

太常少卿某除右諫議大夫誥 益國文忠集 91/3b 益公集 91/148a

檢校少保寧國軍節度使提舉佑神觀某授檢校少傅武昌軍節度使矢判南府荊湖北路安撫使馬步軍都總管進封加食邑制 益國文忠集 93/1a 益公集 93/178a

報登實位使副下三節人轉官 益國文忠集 94/4b 益公集 96/68a

德壽宮吏諸色人各轉兩官 益國文忠集 94/4b 益公集 94/16b

立皇太子潛邸官吏等特與轉兩官資登實位應隨龍官吏並諸色祇應人軍兵等各特與轉四官資 益國文忠集 94/8a 益公集 94/29a

前執政某除端明殿學士依舊官祠 益國文忠集 96/3b 益公集 95/48a

前執政某人落職饒州居住 益國文忠集 96/4b 益公集 98/114a

前執政子右承直郎某特降一資勒令今隨侍 益國文忠集 96/5a 益公集 98/114b

正任防禦使刺史通侍大夫至右武大夫帶遙郡同加封父母制 于湖集 19/10b

橫行副使及武功大夫至修武郎父加封制 于湖集 19/11a

宗室橫行至任防禦使父母加封制 于湖集 19/116

進書賞人吏等轉官制 于湖集 19/14a

在外侍從登極恩贈父制 尊白堂集 5/24a

在外侍從明堂恩贈父制 尊白堂集 5/24b

在外侍從登極恩贈母制 尊白堂集 5/32b

在外宰執登極恩贈妻制 尊白堂集 5/33a

在外侍從登極恩封妻制 尊白堂集 5/33b

百歲老人授官致仕制 尊白堂集 5/35a

建雄軍節度使知潭州荊湖南路安撫使除檢校少保寧遠軍節度使殿前副都指揮使制 東萊集/外 3/1a

龍圖閣直學士除禮部尚書誥 東萊集/外 3/1b

龍圖閣直學士除禮部尚書誥 東萊集/外 3/1b

中書舍人除翰林學士誥 東萊集/外 3/2a

中書舍人除翰林學士誥 東萊集/外 3/2a

旰眙軍通判 降一官 止齋集 13/6b

在外侍從 登極恩贈父 止齋集 15/6a

在外侍從 登極恩贈母 止齋集 15/6b

在外宰執 登極恩贈妻 止齋集 15/6b

在外侍從 登極恩封妻 止齋集 15/6b

在外侍從明堂 止齋集 16/1b

在外宰執明堂加恩 止齋集 16/1b

在外侍從 明堂恩贈父 止齋集 16/8b

在外侍從 明堂恩封妻 止齋集 16/9a

潛邸有勞轉官 止齋集 17/5b

武節郎提轄製造御前軍器所曹組職事修舉轉一官 止齋集 18/8b

遙郡刺史知和州某依舊武功大夫祁州團練使 宋本攻媿集 30/12a 攻媿集 34/11a

帶御器械某知閤門事 宋本攻媿集 36/4a 攻媿集 40/4a

壽聖皇太后慶八十詔書文武陞朝官等加封祖父母父母定詞

臺諫卿監郎官以上封祖父並父 攻媿集 38/18b

詔令一 制詞 臣僚 無姓名者 935

壽聖皇太后慶八十詔書文武陞朝官等加封祖父母父母定詞

臺諫卿監郎官以上封祖母並母　攻媿集 38/19a

壽聖皇太后慶八十詔書文武陞朝官等加封祖父母父母定詞

職事官内外陞朝官京局京官選人在外京官選人封祖父母父母　攻媿集 38/19a

皇太后慶壽武學生加封祖父母父母定詞上舍内舍生　攻媿集 39/2a

皇太后慶壽武學生加封祖父母父母定詞外舍生　攻媿集 39/2b

慶壽詔書宗子年八十以上使臣年八十以上願致仕者並轉一官定詞　攻媿集 39/20a

覃恩文臣承務郎以上轉官選人在任並嶽廟循資定詞　攻媿集 40/11a

文臣承務郎以致仕定詞　攻媿集 40/11b

監察御史並卿監郎官該覃恩轉官定詞　攻媿集 40/20b

百歲補官封號　育德堂外制 1/5a

立太子文式臣封父母　育德堂外制 4/7b

太府卿樞密副都承旨制　山房集 2/5a

四川宣撫使制　山房集 2/8b

江西轉運判官制　山房集 2/9a

諭經筵講官誥　洛水集卷首/1b

召試館職策　平齋集 16/11b

朝議大夫知叙州魏公　鶴山集 81/10a

不擢加恩制　鶴林集 5/15b

舉佑神觀免奉朝請制　鶴林集 6/3b

度正授試禮部侍郎兼侍讀制　鶴林集 7/4a

贈高年制　鶴林集 10/25a

除將作監丞制　蒙齋集 8/16a

除大理寺簿制　蒙齋集 9/2a

除司農寺簿制　蒙齋集 9/3a

觀文殿學士特進授少保觀文殿大學士充萬壽觀使兼侍讀提舉秘書省制　靈巖集 1/1a

端明殿學士提舉江州太平興國宮授昭慶軍節度使知襄陽府京西南路安撫使制　靈巖集 1/1b

光山軍承宣使樞密副都承旨授寧武軍節度使領閤門事兼客省四方館事提舉皇城司制　靈巖集 1/2a

朝奉大夫給事中特授武康軍節度使簽書樞

密院事制　靈巖集 1/2b

龍圖閣直學士通直郎提舉佑神觀兼侍讀授昭慶軍節度使鎮江府駐劄御前諸軍都統制　靈巖集 1/3a

鎮南軍節度使提舉江州太平興國宮授太尉鎮南靖江軍節度使充醴泉觀使制　靈巖集 1/3b

太尉昭慶軍節度使授開府儀同三司鎮東軍節度使制　靈巖集 1/3b

少師昭慶軍節度使授太傅鎮東軍節度使制　靈巖集 1/4a

秘書監除中書舍人誥　靈巖集 1/5b

大同軍節度使提舉佑神觀除宣徽南院使誥　靈巖集 1/6a

禮部侍郎除右散騎常侍誥　靈巖集 1/6a

吏部尚書除參加政事誥　靈巖集 1/6b

給事中除翰林學士誥　靈巖集 1/7a

禮部侍部除翰林學士誥　靈巖集 1/7a

龍圖閣直學士中大夫提舉江州太平興國宮除端明殿學士提舉佑神觀兼侍讀同修國史誥　靈巖集 1/7b

朝奉大夫權知婺州除華文閣待制兼侍講兼秘書監誥　靈巖集 1/8a

左千牛衛大將軍婺州觀察使親衛大夫主管江州太平興國宮授監閣衛大將軍湖州觀察使

樞密副都承旨知閤門事主管皇城司誥　靈巖集 1/8a

權吏部尚書落權字誥　靈巖集 1/8b

宣諭空名告詞三道恭人　後村集 73/11b

宣諭空名告詞三道令人　後村集 73/11b

宣諭空名告詞三道安人　後村集 73/11b

宣諭空名贈告詞五道令人　後村集 73/12a

宣諭空名贈告詞五道恭人　後村集 73/12a

宣諭空名贈告詞五道宜人　後村集 73/12b

宣諭空名贈告詞五道安人　後村集 73/12b

宣諭空名贈告詞五道孺人　後村集 73/12b

昭慶軍承宣使左金吾衛大將軍荊湖北路安撫副使兼知鄂州授寧武軍節度使神龍衛四廂都指揮使變路安撫使兼知婺州兼提領措置屯田兼控扼濾叙昌合四州邊面加食邑食實封制詞科試中第一場首選　四明文獻集 4/1a

特進觀文殿大學士提舉臨安府洞霄宮授少保寧武軍節度使荊湖廣南宣撫使判潭州軍州事荊湖南路安撫大使加食邑食實封制　四明文獻集 4/2b

寧江軍節度使左驍衛上將軍金州駐劄御前諸軍都統制授武康軍節度使右金衛上將軍興元府駐劄御前諸軍都統制加食邑食實封制　四明文獻集 4/4a

翰林學士知制誥兼侍讀除同知樞密院事誥　詞科所業後篇同　四明文獻集 5/1a

起居舍人兼侍講除中書舍人兼禮部尙書誥　四明文獻集 5/1b

寧江軍承宣使左驍衛上將軍金州駐劄御前諸軍都統制授武康軍節度使右金吾衛上將軍興元府駐劄御前諸軍都統制加食邑食實封制　深寧先生文鈔 2/13b

初補承事郎授平江劍判誥　山房遺文/外 1/1a

除正字誥　山房遺文/外 1/1b

除校書郎誥　山房遺文/外 1/2a

轉宣教郎誥　山房遺文/外 1/2b

除秘書郎誥　山房遺文/外 1/3a

除著作郎誥　山房遺文/外 1/3b

除尙書郎誥　山房遺文/外 1/4a

除司封郎誥　山房遺文/外 1/4b

轉朝散大夫誥　山房遺文/外 1/5a

除秘書少監誥　山房遺文/外 1/5b

除秘撰江東提刑誥　山房遺文/外 1/6a

轉朝議大夫誥　山房遺文/外 1/6b

陞集英殿修撰誥　山房遺文/外 1/7a

除江西運使誥　山房遺文/外 1/7b

〔失題〕　四庫拾遺 90/浮溪集

贈太子太師制　四庫拾遺附錄 639/鄱陽集

追尊皇太妃制　宋詔令集 17/85

尊太妃制　宋詔令集 17/85

立皇太子制　宋文鑑 34/7a

立皇太子制　宋文鑑 36/3b

徐王改封冀王制　宋文鑑 36/11b

進納人空名海詞　宋文鑑 37/7b

磨勘轉官　宋文鑑 38/11b

除右僕射麻　播芳文粹 90/1a

除觀使麻　播芳文粹 90/6a

節度使加宣徽　播芳文粹 90/11a

翰林學士除三司使　播芳文粹 90/12a

刑部侍郎改兵部侍郎制　播芳文粹 90/19b

除皇子伴讀　播芳文粹 90/20b

尙書左丞除同知樞密制　播芳文粹 91/1a

左司監除御史中丞　播芳文粹 91/1b

吏部侍郎兼太子詹事　播芳文粹 91/2a

中書舍人除給事中　播芳文粹 91/2b

國子祭酒權鴻臚寺　播芳文粹 91/3b

資平殿學士院簽書樞密院　播芳文粹 91/3b

監察御史除著作佐郎　播芳文粹 91/4a

除太學春秋博士　播芳文粹 91/4b

除少府監丞　播芳文粹 91/5a

除秘書省校書郎　播芳文粹 91/5b

除大理寺丞　播芳文粹 91/5b

除吏部侍郎　播芳文粹 91/6a

給事中除禮部侍郎　播芳文粹 91/6b

節度使開府儀同三司除尙書左僕射兼中書侍郎制　南宋文範 11/2b

中書召試制　蜀文輯存 37/1a

寶謨閣學士告詞　蜀文輯存 96/3b

盧陵郡侯告詞　蜀文輯存 97/22a

某　氏

長安縣君可封仁壽郡君制　文恭集 19/13a

興平郡主等　武溪集 11/5a

楊王第三女封安定郡主　樂城集 32/16a

某氏衞國夫人　劉給諫集 2/14a

贈婦人高年制　鶴林集 10/25b

（五）擬　　制

擬封田千秋爲富民侯制　小畜外集 12/3a

擬追封建成元吉爲巢王惠王制　小畜外集 12/4a

擬拜屈突通爲兵部尚書制　小畜外集 12/4b

擬陳王判開封府制　小畜外集 12/6b

擬除開封縣令可鄭州刺史　小畜外集 12/9a

制誥擬詞册立皇太子制　元豐稿 23/1a
制誥擬詞王制一　元豐稿 23/1a
制誥擬詞王制二　元豐稿 23/2a
制誥擬詞王制三　元豐稿 23/2b
制誥擬詞皇子制　元豐稿 23/3a
制誥擬詞贈第八皇子制　元豐稿 23/3a
制誥擬詞王子制　元豐稿 23/4a
制誥擬詞韓琦制　元豐稿 23/4b
制誥擬詞相制一　元豐稿 23/5a
制誥擬詞相制二　元豐稿 23/5b
制誥擬詞相制三　元豐稿 23/6a
制誥擬詞節相制　元豐稿 23/6b
制誥擬詞侍中制　元豐稿 23/7a
制誥擬詞門下侍郎制　元豐稿 23/8a
制誥擬詞門下侍郎尚書左右丞制　元豐稿 23/8a
制誥擬詞給事中制　元豐稿 23/8b
制誥擬詞左右常侍郎制　元豐稿 23/9a
制誥擬詞左右諫議大夫制　元豐稿 23/9b
制誥擬詞二起居制　元豐稿 23/9b
制誥擬詞左右正言制　元豐稿 23/10a
制誥擬詞諫官制　元豐稿 23/10a
制誥擬詞中書令制　元豐稿 23/10b
制誥擬詞門下中書侍郎尚書左右丞制　元豐稿 23/11a
制誥擬詞中書舍人制　元豐稿 23/11b
制誥擬詞知制誥制一　元豐稿 23/12a
制誥擬詞知制誥制二　元豐稿 23/12b
制誥擬詞尚書左右丞制　元豐稿 23/12b
制誥擬詞左右司郎中制　元豐稿 23/13a
吏部尚書制　元豐稿 24/1a
吏部侍郎制　元豐稿 24/1a
户部尚書制　元豐稿 24/1b
户部侍郎制　元豐稿 24/2a
禮部尚書制　元豐稿 24/2b
禮部侍郎制　元豐稿 24/3a
兵部尚書制　元豐稿 24/3b
兵部侍郎制　元豐稿 24/3b
刑部尚書制　元豐稿 24/4a
刑部侍郎制　元豐稿 24/4b
工部尚書制　元豐稿 24/5a
工部侍郎制　元豐稿 24/5a
禮部制　元豐稿 24/5b
主客制　元豐稿 24/5b
庫部　元豐稿 24/6a
膳部制　元豐稿 24/6a
駕部制　元豐稿 24/6a
都官制　元豐稿 24/6b
比部制　元豐稿 24/6b
司門制　元豐稿 24/6b
屯田制　元豐稿 24/6b
虞部制　元豐稿 24/7a
水部制　元豐稿 24/7a
御史中丞制　元豐稿 24/7b
知制誥授中司制　元豐稿 24/7b
中司授太中大夫制　元豐稿 24/8a
責御史制　元豐稿 24/8a
御史遷郎官制　元豐稿 24/8b
御史知雜制　元豐稿 24/9a
監察御史制　元豐稿 24/9a
秘書監制　元豐稿 25/1a
著作郎制　元豐稿 25/1b
秘書郎制　元豐稿 25/1b
正字制　元豐稿 25/1b
殿中監制　元豐稿 25/1b
殿中丞制　元豐稿 25/2a
太常丞制　元豐稿 25/2a
衛尉卿制　元豐稿 25/2a
太僕卿制　元豐稿 25/2b
大理卿制　元豐稿 25/2b
國子祭酒司業制　元豐稿 25/3a
太學博士制　元豐稿 25/3a
少府監制　元豐稿 25/3a
太宗正丞制　元豐稿 25/3b
軍器監制　元豐稿 25/3b
諸丞制　元豐稿 25/4a
知開封府制　元豐稿 25/4a
開府儀同三司制　元豐稿 25/4b
開封府獄空轉官制　元豐稿 25/5a
樞密遷官加殿學士知州制　元豐稿 25/5a
侍讀制　元豐稿 25/5b
殿前都指揮使制　元豐稿 25/6a
使相制　元豐稿 25/6b
節度使制　元豐稿 25/7a
節度加宣徽制　元豐稿 25/7b
軍帥制　元豐稿 25/8a

將軍制 元豐稿 25/8a
都虞候制 元豐稿 25/8b
都知制 元豐稿 25/8b
內臣制 元豐稿 25/9a
責帥制 元豐稿 25/9a
廣西轉運制 元豐稿 25/9b
監司制 元豐稿 25/9b
轉運使制 元豐稿 25/10a
蜀轉運判官制 元豐稿 25/10a
陝西轉運使制 元豐稿 25/10b
提舉常平制一 元豐稿 25/10b
提舉常平制二 元豐稿 25/11a
知州制 元豐稿 26/1a
知河陽制 元豐稿 26/1a
通判制 元豐稿 26/1b
知軍制 元豐稿 26/1b
賞功制一 元豐稿 26/2a
賞功制二 元豐稿 26/2a
罷館職加官制 元豐稿 26/2a
團練使駙馬都尉制 元豐稿 26/2b
磨勘轉官制一 元豐稿 26/2b
磨勘轉官制二 元豐稿 26/3a
軍功制一 元豐稿 26/3a
軍功制二 元豐稿 26/3b
軍功制三 元豐稿 26/3b
責將制 元豐稿 26/4a
新及第授官制 元豐稿 26/4a
堂後官轉官制 元豐稿 26/4a
正長各舉屬官詔 元豐稿 26/6a
擬試武臣節度使除開府儀同三司制己下六

道擬試觀文殿學士除保大軍節度使制 程北山集 28/2a

擬試武臣節度使除開府儀同三司制己下六
道擬試宗室開府郡王檢校太保加食邑制
程北山集 28/2b

擬試武臣節度使除開府儀同三司制己下六
道擬試資政殿大學士安撫大使奉國軍節
度使制 栻北山集 28/3a

擬孟忠厚加恩制 楳溪集 4/17a
擬張浚加恩例制 楳溪集 4/18a
擬中書侍郎除少宰制 傅忠肅集/下/16a
擬延康殿學士體泉觀使除中書侍郎制 傅
忠肅集/下/16b
擬太宰除使相官使制 傅忠肅集/下/17a
擬安武軍節度使守司空開府儀同三司除鎮
海軍節度使守太保開府儀同三司制 傅
忠肅集/下/18a
擬資政學士除鎮海軍節度使制 傅忠肅集/
下/18b
擬中書舍人除禮部侍郎制 傅忠肅集/7/19a
擬不傳建節襲封嗣濮王制 後樂集 4/7a
擬立皇子嘉王皇太子 攻媿集 42/1b
擬建儲制 後村集 53/18b
擬除治平章事 後村集 53/19b
擬册皇太子妃制 後村集 53/20b
拔擬制二道 後村集 52/21a
擬趙汸降官制詞 蜀文輯存 59/9a
擬丁摶朱珪轉官制詞 蜀文輯存 59/9a
擬王琦進直秘閣制詞 蜀文輯存 59/9a